JN457691

범죄심리학

홍성열 지음

학지사

범죄심리학 책을 출간하면서

이 세상에 범죄가 없다는 가정을 해 보자. 어떤 세상이 될 것인지 아무리 생각해도 머리 속에 그려지는 것이 없다. 왜냐하면 범죄 없는 세상은 인류 역사상 없었고, 또한 앞으로도 없을 것이 확실시되기 때문이다. 물론 옛날 농경 사회의 부락 단위에서 오순도순 지내는 마을 사람들은 범죄가 무엇인지조차 모를 것이라고 주장할 수도 있지만, 인간의 마음 속에 범죄적 성향은 우리들을 깨끗하게 놓아 두지 않았을 것이다.

세상의 범죄는 인간의 욕심이 존재하는 한 언제나 발생되게 마련이다. 그러나 한편 우리들의 이런저런 욕심은 세상을 발전시키는 원동력이 된다. 무엇인가 필요한 욕심, 갖고 싶은 욕심, 먹고 싶은 욕심은 사회의 발전을 가져오지만, 이런 가운데 범죄의 가능성은 자란다. 사실상 어찌 생각하면, 필자는 범죄의 근절과 완벽한 예방이라는 명제를 포기하고 글을 쓰는 셈이다. 한 번 큰 소리를 쳐서, "이 책을 참고하면 범죄를 막을 수 있다"고 하고 싶지만 금세 필자는 세상의 웃음거리가 되고 말 것이다. 그러면 "이 책을 왜 쓰느냐?"하는 반문을 할 수 있다. 이유는 이것도 또 하나의 욕심이다. 범죄가 왜 일어나는지 원인을 파악하고, 범죄예방에 기여할 수 있는 조그만 구석을 찾아서 세상에 알리고 싶기 때문이다.

세상에는 필자와 같은 생각을 가진 사람들이 허다하게 많을 것이다. 그래서 그들 나름대로 범죄의 원인과 예방을 사회학, 법학, 경제학, 의학, 인류학 등을 통해서 널리 알리려고 노력하고 있다. 그러나 힘든 노력에도 불구하고 그들의 주장은 대부분 범죄행동을 설명하는 전체 중의 일부에 지나지 않는다.

범죄행동의 원인은 신체, 생리, 환경, 그리고 심리 등 여러 차원에서 고려되지만, 모든 구석을 뒤적이는 것은 오히려 주제의 핵심을 잡지 못한다. 이러한 생각에서 필자는 지금까지 나름대로 연구하고, 가르쳐 온 심리학에 의해서 범죄행동의 원인과 예방을 설명하고 파악하려고 노력하였다. 다시 말하면, 심리학적 해석 이외의 다른 면은 본서에 포함되지 않았거나 혹은 양념상 조금 소개되었을 뿐이다. 어쨌든지 이러한 노력도 결국은 전체의 일부에 불과하다는 생각을 부인하지 않는다. 그러나 인간의 행동이 사고에서 시작된다는 것을 부인하지 않는다면, 범죄행동에서 심리학의 주장은 헛되이 넘겨 볼 수 없는 중요한 주제가 된다.

본서는 기존의 딱딱하고 엄격한 스타일의 문체를 벗어나 편한 마음에서 써 보려고 시도하였다. 그러다 보니까, 사투리도 섞이고, 소설과 같이도 써졌다. 왜냐하면 지식의 전달이라는 의미에서 보면, 교과서적 설명보다는 이야기식의 소개가 효과적이라고 생각했기 때문이다.

인간의 고귀한 인권과 생명들이 이 세상 여기저기서 이런저런 이유로 침해를 당하고 또한 사라져 간다. 수많은 사람들이 이를 막기 위해서 노력을 게을리하지 않았어도, 범죄는 흘러가는 강물과 같이 우리들의 사회를 유유히 흘러가고 있다. 우리들은 이 강물의 범람을 막기 위해서 둑도 쌓고, 댐도 건설하는 노력으로 범죄의 홍수를 막았지만, 언제나 그렇듯이 헛된 일을 한 기분에 젖는다. 그래서 사람들은 정치하는 사람, 경제를 다루는 사람, 식자들은 뭐하는 건가 하고 불평할 수도 있지만, 그래도 현 상태를 유지하고 있는 것은 모두 이들의 노력이 있기 때문이다.

본서를 읽어 가는 중에 혹자는 성격 이론의 설명이 차지하는 몫이 크다고 불평할 수도 있다. 그러나 우리들의 사고와 행동을 형성하는 동기적 힘이 일생의 어느 시기에 결정된다는 것 그리고 각각의 성격 이론이 그러한 힘의 형성 시기를 지적한다는 점을 감안한다면, 성격 이론의 긴 설명은 불가피하다. 성격 이론의 이해가 바로 범죄행동의 근원적 이유를 파악하는 길이기에 이론의 설명은 다소 길게 이어져간다.

본서는 나름대로 범죄행동의 원인을 심리학의 이론에 근거해서 찾으려고 다각도에서 시도했으며, 범죄예방 방안까지 제시하였다. 이런 제시들 중에서 어떤 것은 이미 알고 있는 것이어서 우리들에게 전혀 새롭지 않을 수도 있다. 그러나 그런 내용이라도 또 한번 강조한다는 점에서 중요성을 인정받고 싶은 마음이다. 평범한 것 중에 좋은 아이디어를 얻는다는 평범한 생각으로 학생들은 물론 범죄 관련 연구자와 종사자들이 참고하기 바란다.

본서를 설명하면서 신문에 게재된 여러 가지 사례를 예로 들고 범죄행동을 설명해 보았다. 물론 사례에 포함되는 사람들의 이름을 제시한 것은 아닐지라도, 설명을 위해서 여러 번 소개된 사람도 있다. 그러한 설명에 포함된 사람은 물론 그들 주위의 사람들에게 송구스런 마음을 가지며, 단순히 사건의 설명이라는 차원에서 이해하여 주었으면 한다.

창문을 통해서 비치는 높은 빌딩과 어지럽게 널려 있는 주택들, 바쁘게 움직이는 사람들, 줄을 이어가는 자동차들을 보면서 삶의 복잡함과 그런 와중에 어쩔 수 없이 발생되는 범죄에 대한 무력함을 느낀다. 그러나 그런 가운데서도 범죄행동을 줄이고, 방지하는 방안을 찾는 것은 인간이 갖는 생의 한 도전이며, 또한 기쁨이다.

필자에게 이러한 생각을 갖게 한 여러 학문적 선배와 선생님들에게 감사드린다. 특히 중앙대학교의 고홍화 교수님, Pepperdine대학의 Jim Hedstrom 교수님, Brigham Young 대학의 Richard Williams 교수님에게 한없이 고마울 뿐이다. 또한 정리되지 않은 강의를 듣고, 원고를 정리하느라 수고한 대학원의 김주노, 유경, 이희주, 라민오에게 고맙기만 하다. 그리고 학지사의 김진환 사장님과 여러분, 고맙습니다.

2000년 1월, 새 천년을 맞이하며

홍 성 열

서재의 창문을 통해서 멀리 보이는 동녘의 검단산
그 봉우리를 붉게 물들이며 솟아오르는 해님,
태고적부터 세상의 모든 구석,
모든 일을 환히 알고 있을 해님에게
범죄예방의 묘안을 여쭤 본다.
혹시 알고 계시는지
그러나 해님은 아시는지 모르시는지
빙글빙글 웃고만 계신다.

차 례

제1장 범죄행동

제2장 성격 이론을 통한 범죄행동의 설명

제3장 범죄자의 심리적 특성: 자아, 정서, 동기

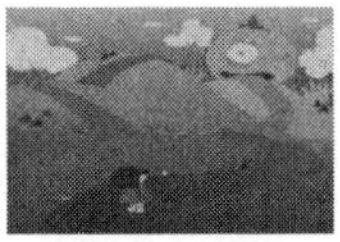

제4장 범죄행동의 원인: 기존의 연구 결과

제5장 정신병과 범죄행동

제6장 여성범죄자

제7장 범죄행동의 분류별 이해

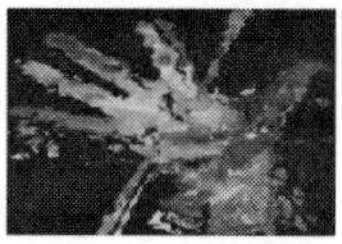

제8장 범죄피해자

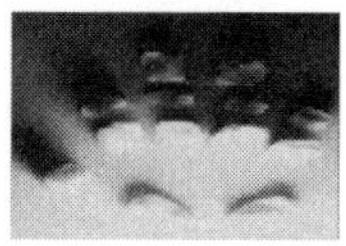

제9장 범죄행동의 수정과 예방

CHAPTER 1

제1장

범죄행동

우리들 모두는 생로병사(生老病死)의 과정을 밟아 가며 끝없이 이어지는 희로애락(喜怒哀樂)의 미로를 지나간다. 세상에 태어난 이상 "먹고, 살아야 한다"는 단순한 생각은 "먹고, 살아남아야 한다"는 강박관념으로 바뀌고, "남보다 더 잘 살아야 한다"는 평범한 욕심은 타인의 몫을 탐한다. 더욱이 세상에 존재하는 제한된 먹이는 우리의 탐욕을 부채질하고 있다. 그래서 우리 주위에는 "잘 나가는 사람과 못 나가는 사람", "가진 자와 못 가진 자", "행복한 사람과 불행한 사람"이 공존한다. 그러나 인간의 차별적 삶은 신이 인간에게 내린 가장 큰 축복으로 보아야 할 성싶다. 왜냐하면 차별의 한계를 넘으려는 강한 노력은 사회, 경제, 문화, 정치 등 각 방면의 발전적 요인이 되기 때문이다. 하지만 지나친 욕구는 탐욕을 낳고 끝을 모르는 탐욕은 죄를 낳는다.

죄가 무엇인가? 남파선에서 혼자 살아 남은 행운아 Robinson Crusoe는 "제기랄, 왜 하필이면 나 혼자야!"라는 푸념을 한다. 먹을 과일과 바다의 물고기가 배를 불려도 생존의 기쁨은 잠깐이었다.

그는 다른 조건이 충족되어도 혼자 있는 고통을 견디기 어려웠나 보다. 자신 이외에 아무도 없는 무인도에서 생활하는 Robinson이 죄를 지을 수 있을까? 물론 종교적 의미에서는 분명히 죄를 지을 수 있다. 머리 속으로 자신이 살던 옆집의 예쁜 여자를 탐할 수 있고, 부잣집의 물건을 내 것으로 만들 수도 있다. 그러나 Robinson이 범죄를 저지르기 위해서 충분한 계획을 세웠더라도, 그 의도는 단순히 머릿속에서 맴도는 것에 그치고 만다. 머리 속에 맴돌았다는 사실만으로 범죄를 저질렀다고 한다면, '이 세상의 모든 사람은 범죄인'이다. 너도 그리고 나 자신도 범죄인이 아니라고 반박할 수 있을까? 아마도 그런 사람은 세상에 없을 것이다. 신 이외에는 이 천지 어느 곳에도 그런 장담을 할 뻔뻔스런 사람은 없게 마련이다.

Robinson이 범죄인이기 위해서는 범죄행동(criminal behaviors)을 할 대상이 있어야 한다. 범죄의 대상은 물건도 사람도 될 수 있지만, 무인도에 있는 모든 물건은 주인이 없으니 Robinson이 어떤 물건을 가졌다 해도 범죄행동으로 인정받을 수 없다. 즉 어떤 행동이 범죄로 판결되기 위해서는 범죄행위의 대상이 되는 사람과 사물이 있어야 하고 그러한 대상에 계획적인 범행의도가 포함되어 있어야 한다. 당신은 인간사가 복잡해서 싫다는 이유로 아무도 없는 오지에서 타잔처럼 혼자 살아갈 수 있겠는가? 그렇다면 우리는 범죄가 없는 세상에 살 수 있다.

Robinson과 같이 혼자서 산다는 상상을 해 보자. 정상적인 사람이라면 그런 생활을 원할 사람은 이 세상에 아무도 없을 것이다. 사람들은 아무리 인간사가 복잡하게 얽히고 설키더라도, 친구, 친척, 그리고 이웃이 있는 세상을 원한다. 그래서 범죄는 인간사와 함께 시작되었으며, 또한 영원히 이어질 것이다. 비록 우리들이 범죄를 예방하고, 줄이기 위해서 노력한다 하여도 범죄는 어느 누구도 피해 갈 수 없는 그런 길인가 보다. 그래서 그런지 인간의 삶과 함께 공존하는 범죄행동은 우리들의 줄기찬 노력에도 불구하고 끊임없이 이어져 간다.

Erickson(1963)은 세계 인구의 반 혹은 그 이상이 범죄를 저질렀다고 주장한다. 또 Walters(1992)는 많은 사람들이 일생에 한 번 혹은 그 이상의 범죄를 저지르지만, 거의 보고되지 않는다고 주장한다. 그러한 설명에 걸맞게 1995년 말 현재 서울의 하루 범죄발생은 970건에 이른다(조선일보 1997년 1월 18일). 범죄행동이 헤아릴 수 없이 많다는 것을 설명하기 위해서 현재 죄없이 깨끗한 양 살고 있는 필자의 경험을 소개해 본다. 아래 예문은 독자에게 소개할 수 있는 내용들이지만, 이것들 이외에 부끄러운 경험들이 많다. 그러나 체면상 생략할 뿐이다.

범죄행동에 대한 기억

필자가 범한 범죄행동 3가지에 대한 기억을 더듬어 본다. 나는 6.25동란 때(당시 5살), 아프리카 어린이같이 뼈가 앙상하고 배가 뽈록한 영양실조의 어린이였다. 대구 피난 시절 시내 역전 근처 어딘가에 세들고 있었다. 그때 구멍가게를 운영하는 주인집에서 땅콩을 몰래 훔쳐 먹었다. 또 한 예를 들면, 군에 입대해서 훈련병 시절 점호를 받는 시간에 나는 양말이 보이지 않았다. 나는 옆 친구의 것을 슬쩍 나의 관물대에 갖다 놓고 매를 면한 적이 있다. 물론 그 친구는 양말이 없다는 이유로 얻어 맞았고 나는 그것을 지켜보았다. 역시 군에서 나의 방한용 장갑 한 짝을 누가 훔쳐 갔다. 아침 작업나가기 전 정렬해 있을 때, 상사가 나의 손을 지켜보았다. 그날 밤 나는 할 수 없이 소대의 다른 친구 것을 훔쳐서 나의 이름을 써 놓고, 나의 한 짝은 화장실에 버렸다.

물론 세상에서 나와 같은 경험을 하지 않은 사람도 많이 있을 것이다. 그러나 역으로 범죄행동을 저지르지 않았다고 고집을 부릴 사람은 또 몇 명이나 될지 생각해 보자. 아마도 그런 사람은 없을 것이다. 이것이 무리한 주장일까? 성경에 간음한 여인에게 "죄가 없는 사람이라면 돌을 던져라"하는 예수의 말에 아무도 그 여인에게 돌을 던지지 못했다. 너도, 그리고 나도 범죄의 경험을 갖거나 혹은 충분한 가능성을 갖는다고 보아야 할 것이다.

모르고 짓는 범죄

요즈음 컴퓨터 프로그램의 불법 복사, 책의 복사는 범죄가 아닌 것으로 오해하는 사람들이 많다. 엄격히 말하면, 다른 사람의 말을 인용할 때는 그 말을 담고 있었던 책, 잡지 등의 출처와 저자를 분명히 밝혀야 한다. 그러나 그에 대한 인식 없이 남의 말을 인용하는 경우가 허다하다. 말의 인용이 아니라 아예 책을 통째로 카피하고도 죄를 짓지 않은 양 하는 사람도 꽤나 된다. 필자가 미국에서 공부할 때, Allen Bergen이라는 성격심리학 교수에게 책(current controversies & issues in personality)을 빌리면서, 복사하고 내일 돌려주겠다고 하니까, 그 교수는 자기 방에서 보고, 오늘 다 못 보면 내일 와서 보라는 것이다. 나는 그제야 정신을 바짝 차리고, 또한 한국인의 자존심을 지켜야 한다는 생각이 들었다. 나는 교수에게 책을 구입해서 보겠다는 말을 남기고 황망히 방을 떠났다. 일주일 후, 나는 없는 돈에 책을 구입하고 일부러 그 교수에게 책을 보여 주면서 한국인으로서 자존심을 찾으려 했다. 그러나 일단 나의 허술한 마음을 보였으니 찜찜한 마음을 떨쳐 버리기 어려웠다. 이제 필자의 경험을 듣고 "나는 깨끗해"라고 말할 사람이 얼마나 될까?

1. 범죄행동이란 무엇인가?

앞의 Robinson의 예와 같이 범죄는 범죄의도(criminal intention)가 행동으로 옮겨졌을 때 성립된다. 그러면 범죄자란 무엇인가? 범죄는 사회의 질서와 구성원의 안녕을 위해서 정해진 법에 위배되는 행동을 저지르는 것이다. 그러나 이러한 행동이 범죄냐 혹은 아니냐 하는 문제는 재판의 판결에 따른다. 그래서 범죄인은 판결이 나기 전까지는 단순히 법과 규율에 위배된 행동을 저지른 사람이고, 그 사람이 행한 행동이 범죄적이냐 혹은 아니냐는 재판의 판결에 달려 있다. 그러면 범법행동이란 무엇인가?

범법행동이란 "범을 위배해서 그에 상응하는 벌을 받는 행위"를 가리킨다. 범법행동의 의미가 전해 주는 것같이 법을 위배한 것 자체만으로 범법자(criminals)가 되는 것은 아니다. 이런 경우는 단순히 "법과 규칙에 반하는 행위(guilty act)"를 한 사람이다. 예를 들자면, 법원의 재판을 받기 위하여 구치소에 대기하고 있는 사람들일 것이다. 범법자로 지칭되기 위해서 행위자는 범법행위로 인한 응징의 대가인 벌을 받아야 한다.

범법행위자가 벌을 받을 것인가 혹은 아닌가를 가르는 중요한 기준은 행위 전 범행자의 의도이다. 그러므로 법원의 판결은 범행의도를 확인할 수 있을 때에만, 범법자로 형을 줄 수 있다. 결국 범법자는 죄가 되는 행위를 저지르고, 그러한 행위에 대한 의도를 가지고 있어서 법의 결정에 따라 벌을 받은 사람들이다. 그러면 이러한 판결을 할 수 있는 근거인 법이란 무엇인가?

옛날에는 왕이 절대적 존재였고, 왕의 말은 바로 법이었다. 이러한 사회는 왕의 마음대로 국가를 좌지우지했기 때문에 현재의 시각에서 보면, 우스꽝스러운 일도 많았다. 예를 들면, KBS가 한때 인기리에 방영한 〈용의 눈물〉에서 태종은 사돈이 될 사람의 허락도 없이 며느리를 마음대로 정하는 것을 보았다. 또한 역적죄를 진 사람의 집 대문을 누구도 넘지 않는 것을 볼 수 있었다. 이러한 일들은 현재의 시각에서 보면, 숨이 탁 막히도록 엉터리지만, 그 시대에 당당하게 존재하였던 법이었다. 그러나 이렇게 한심한 사례가 현재에도 당당히 존재하고 있다. 예를 들면, 북한의 김정일, 쿠바의 카스트로, 그리고 리비아의 가다피 같은 사람들은 자신의 존재에 위협을 준다고 생각하면, 어떤 사람이든지 처형을 감행한다. 그런 사회에서 권한을 가진

자에 대한 도전과 위협은 바로 범죄행동이 된다.

그러나 범죄행동은 그렇게 간단하게 정의될 수만은 없다. 현재 민주사회에서 법이란 사회의 구성원 모두가 행복하게 살 수 있는 사회를 건전히 유지하기 위해서 다수가 합의를 거쳐서 정해진 것이다. 물론 이런 사회에서도 법을 집행하는 사람은 소수지만, 이들은 다수가 자신들의 권한을 모아서 대표자에게 이양한 것으므로 결국 이들의 힘은 다수의 힘이라고 간주될 수 있다. 그러나 그러한 권한의 위임은 힘의 상징이 될 수 있고, 힘의 표현은 소수가 다수를 통제하는 것으로 나타날 수도 있다. 어찌 되었든지 법이란 민주사회든지 혹은 독재사회든지 사회의 안녕과 질서를 지키기 위해서 정해진 규율이다. 이러한 규율의 위배가 바로 범죄행동이다.

범죄행동에서 의도(intention)를 중시하는 이유는 범행에 대한 책임소재를 찾기 위함이다. 범죄의 책임(criminal responsibility)이 있느냐 혹은 없느냐에 따라서 형벌을 받는냐 혹은 무죄인가가 결정된다. 범법행동, 범법의도, 범법책임, 형벌 유무의 관계가 다소 복잡한 것 같아도 책임의 소재가 어디에 있느냐에 따라서 범법행위자는 범죄자가 될 수도 혹은 안 될 수도 있다. 그래서 살인을 하고 도주한 사람일지라도, 법에 의해서 벌을 받기까지는 범죄자가 아니다. 이들이 구속되기 전까지는 단지 지명수배자다. 왜냐하면, 법의 결정이 있기까지는 그 사람의 책임소재를 확인할 수 없기 때문이다.

범법행동을 저질렀어도 혹은 범행의도가 있어도 범법자가 되지 않는 여

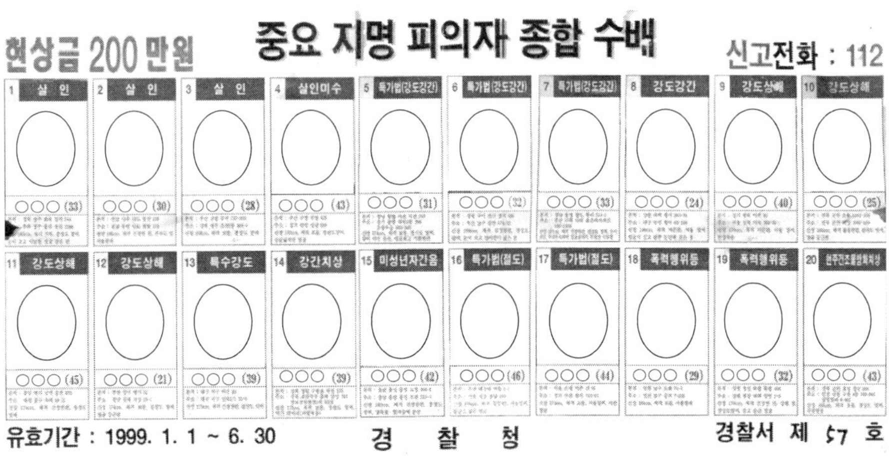

〈그림 1-1〉 지명수배자 공고문

러 가지 경우를 주위에서 심심찮게 찾아볼 수 있다. 첫째, 어떤 사람이 범법행동을 저질렀어도, 그에게서 범죄의도를 찾지 못하는 경우다. 예를 들면, 현재 치매(알츠하이머병)로 고생하는 미국의 전 대통령 레이건을 저격한 Hinkley는 대통령에게 총을 쏘아 심한 상처를 입혔어도 정신 이상자이기에 범죄의도를 인정받지 못하고 무죄판결을 받았다.

둘째, 어떤 사람의 행동에서 범죄의도를 찾을 수 있지만, 범죄의 책임을 물을 수 없는 경우다. 한 예로 우리 나라에서 1997년 같은 동네에 사는 초등학생 두 명이 공모해서 한 아이를 물에 빠뜨려 죽인 사건이 있었다. 범행자인 두 아이는 친구를 죽였고, 사전에 친구를 죽일 계획을 세웠지만, 연령이 14세 이하라는 이유 때문에 범죄책임을 물을 수가 없어서 귀가조치되었다. 이러한 연령제한이 우리 나라는 14세지만, 연령의 기준은 국가마다 각기 다르다. 예를 들면, 스웨덴은 15세, 프랑스는 13세 등 여러 가지이다. 이러한 연령에 못 미치는 아이들은 어떤 범죄행동을 저질러도, 범죄자로 인정받지 못한다.

셋째, 성인이 사전에 범죄의도를 가지고 행동을 했지만, 범법자가 되지 않는 경우도 있다. 예를 들어서 미성년자와 성관계를 갖은 성인이 상대가 미성년자인 줄 몰랐을 경우이다. 성인의 연령을 대체로 18세 이상이라고 정하지만, 16세, 17세 청소년을 성인으로 착각할 수도 있다. 오늘날 고등학생들의 헤어스타일과 교복의 자율화 내지는 허술한 규제가 미성년자의 구별을 어렵게 한다. 그래서 본인이 밝히지 않는다면, 상대방이 미성년자인지 모를 수밖에 없다. 그러나 우리 나라에서는 청소년과의 성관계가 예외적이라서 관심을 갖는다. 아래의 예문을 보고 이해해 보자.

우리 나라에서 미성년자와 성관계

우리 나라의 경우 만 19세 미만의 청소년과 성행위를 하거나 이를 알선, 고용한 성인은 이름, 직업, 나이 등 신상이 공개되며, 징역과 벌금형 등 중형에 처해진다. 물론 실수로 상대가 미성년자인 줄 몰랐을 경우에도 적용되며, 신상 공개는 일심 판결이 난 직후 이루어진다. 매매춘 행위자는 5년 이하의 징역 또는 3억원 이하의 벌금, 청소년 음란물 제조자는 1년 이상 10년 이하의 징역 또는 1억원 이하의 벌금에 처하는 법안을 확정 발표하였다(조선일보, 1999년 8월 19일).

넷째, 완전한 범죄행동과 의도가 분명하지만, 범죄가 되지 않는 또 다른 사례는 자기 방어의 경우이다. 예를 들면, 한밤중에 자신의 집을 침입한 괴한으로부터 공격을 받을 때, 신체적 상해를 면하려고 침입자에게 오히려 상해를 입히는 경우다. 이러한 경우는 자기 방어(self-defense)가 된다.

마지막으로, 위의 예와 달리, 특별한 범죄의도는 없지만 범죄자로 판명되는 경우도 있다. 음주운전(drinking driving)이 이에 해당된다. 이런 사람들은 운전하기 전에 술을 먹으면 운전을 제대로 하지 못할 것은 물론이고, 음주운전이 법에 위배된다는 것을 이미 알고 있었기 때문에 범죄의도를 간접적으로 인정하는 것이다.

위에서 설명한 여러 가지 예와 경우가 있지만, 범죄행동이냐 혹은 아니냐 하는 문제의 중심은 결국 범죄의도에 있다. 미성년자와 정신이상자가 범죄책임을 추궁받지 않는 것은 범죄의도를 인정받지 못하기 때문이고, 사고 당시 사고의도는 없었다 해도 음주운전의 책임을 추궁당하는 것은 바로 범죄의도를 간접적으로 인정받기 때문이다.

지금까지 위법행동, 범행의도, 범죄자 등 다소 법과 관련된 설명을 해 왔지만, 본서는 심리학적 해석이라는 명제 하에서 법의 문제를 뒤로 하고 타인에게 신체적 그리고 심리적 상해를 입히는 행동의 원인을 여러 각도에서 찾으려고 시도할 것이다. 그래서 본서의 제목을 더 정확히 언급하면, '범죄심리학' 이라기보다는 '공격행동' (aggressive behavior)이 더 적합할 수 있다. 그러나 범법행동의 근원이 바로 공격성에서 비롯되었고 또한 공격적 행동이 바로 범법행동으로 이어질 수 있다는 이유 때문에 범죄심리학이란 제목을 택했다.

범죄행동은 타인과 어울려 사는 사회에서 발생된다. 다시 말하면 무인도에 혼자 사는 Robinson 혹은 밀림에서 동물과 생활하는 타잔은 범죄를 저지르려고 해도 할 수가 없다. 범죄란 타인과 함께 섞여 있을 때, 존재할 수 있다. 그래서 범죄는 법이 존재하고, 범죄대상이 있고, 그 대상에 대한 범죄의도가 있을 때 가능할 수 있다. 그러므로 범죄심리학을 전개하기 전에 우주의 탄생과 인간의 출현, 그리고 사회의 발전 과정을 재미삼아 훑어 보고자 한다.

2. 인간 발달사

우주의 발생과 지구의 탄생은 인간에게 있어서 영원한 수수께끼에 그칠 것이지만, 아무튼 지구는 45억 년 전에 나타난 것으로 추정된다. 그리고 호흡할 수 있으며 등뼈가 있는 생물은 3억만 년 전에, 어린이들의 흥미를 돋우는 다이나솔, 새와 포유동물은 4억만 년에서 2억만 년 전에 살았다. 또한 최초의 원숭이와 사람 형상의 유인원은 7천만 년 전에 지구상에 나타났다.

인간의 특성을 닮은 최초의 유인원은 천백만 년 전에 아프리카와 인도에서 나타났다고 한다. 그리고 우리들의 조상이라고 간주되는 최초의 인간은 130만 년 전에 아프리카와 동 인디아에 있었으며, 이들은 모든 열대성 지역으로 이주하였다. 그러나 우리들과 같은 형태를 가진 인간은 그보다 훨씬 후인 24만년 전에 살았다.

유럽에는 네안데르탈(Neanderthals)인이 3만 년에서 2만 년 전 빙하기까지 살았고, 언어와 기호(symbol)를 사용한 흔적을 찾아볼 수 있다. 이들이 북 이라크의 루거스 자그로스(Rugger Zagros)산에 있는 샤니달(Shanidar) 동굴에서 발견된 것을 보면, 사람이 죽은 후에 예식을 가지고 장례를 치렀음을 짐작할 수 있다. 이러한 예식은 영혼이 불멸한다는 종교적 신념에서 행해진 것으로 해석된다. 결국 인간은 현세에서 먹고 마시며 타인과 어울려 생활하지만, 사후에 대한 가치 체계가 성립되면서 현재 삶은 물론이고 사후의 삶에 대한 준비를 위해서 어떤 규율이 존재했어야만 했을 것이다. 또한 이러한 규율은 사람들의 행동을 통제하면서 금지적 행동과 허용적 행동을

원시생활

구분했을 것으로 추측된다.

빙하기가 끝난 B.C. 3만 년에서 2만 년 전에 크로마뇽(Cro-Magnon)인이 살았는데, 이들이 현대 인간의 조상으로 인정받고 있다. 이들은 기름 램프를 사용했으며, 영혼이 불멸한다는 신념, 그리고 도구의 사용은 물론 언어로 의사소통을 하였다. 또한 동물을 잡기 위해서 활과 창을 만들고, 옷을 만들기 위해서 동물의 뼈로 된 바늘을 B.C. 10000년 전에 이미 사용했다.

이들은 B.C. 8500년 전에 개와 양을 길렀으며, 이 때부터 농업을 시작해서 작물을 수확하였다. 이전까지는 나무 열매 채집, 동물의 사냥으로 일정한 주거지를 갖지 못했기 때문에 재산에 대한 소유욕이 없었다. 그러나 일정한 주거 지역이 필요한 농업을 시작한 후로 농사짓기에 좋은 땅, 수확량이 많은 땅을 차지하려는 욕심을 갖게 되었다. 또한 땅에 대한 관심은 더 많은 땅을 요구하게 했을 것이다.

일정 주거 지역의 필요성은 여리고(Jericho)라는 첫번째 도시를 B.C. 9000-8000년 사이에 처음 나타나게 만들었다. 도시의 성립과 일정한 거취는 시장경제를 발전시켰으며, 따라서 땅 소유에 의한 싸움이 시작되었다. 이 책을 쓰고 있는 시점에서 볼 때, 우리 나라의 도시 성립 연도는 확실치 않지만, 단기 4332년(서기 2000년) 전에 나라가 성립된 것으로 보아 우리 나라의 도시가 나타난 연도는 Jericho보다 먼 후의 일임은 확실하다.

소달구지를 이용한 농사

약 B.C. 3500년 전에 인간사에 한 획을 긋는 발명품인 바퀴의 발명으로 농사가 더 발전할 수 있었다. 그러나 예전이나 지금이나 과학의 발전은 우리들을 편하게 만드는 한편 인간의 소유 욕망과 함께 사회를 복잡하게 만든다. 상상할 수 있듯이 바퀴의 발명은 요즈음 컴퓨터의 발명과 비교될 수 있는 큰 발전이었지만, 인간의 생활은 복잡해져 갔다. 그래서 자연적으로 복잡해진 인간의 삶을 정리하고 유지하기 위한 규율이 나타나게 되었다. 이렇게 해서 생겨난 인간 최초의 법이 『수메리아법전』(sumerian code)이며, 현재 형사법 체계의 시작이 된다.

인간의 욕심은 삶을 어지럽게 만들었기 때문에 그에 상응하는 규율이 발전되어 바빌론(Babylon)에서는 B.C. 1750년 전에 『함무라비법전』, B.C. 1215년에 『모세율법』이 나타났다. 또한 B.C. 451~450년에 로마에서 지켜지던 관습과 규칙(12표법: twelve tables)이 짧은 문장으로 나무에 새겨 있었다.

범죄행동에 상당한 영향을 주고 있는 술은 B.C. 4,000년 전에 마시기 시작하였으며, B.C. 1000년 전에는 포도주의 목록이 이집트에서 발견되기도 하였다. 그리고 B.C. 1000~900년 정도에는 헤브로, 그리스, 그리고 라틴(고대 로마)에서 동사를 과거, 현재와 미래로 구분하기까지 하였다.

이때까지만 해도 사회는 친족과 종족의 테두리를 벗어나지 못하였으며, 정신적 삶은 종교를 중심으로 유지되고 있었다. 이런 사회에서 종교는 가족과 친족의 단합을 요구하는 통제 수단으로 이용되었는데, 그러한 사회적 현상은 18세기까지 인간을 통제하기 위한 기본 방법이기도 하였다.

종교는 인간에게 "마땅히 해야 할 일"과 "하지 말아야 할 일"을 분명하게 지적했으며, 죄에 대한 의식을 강하게 심어 주었다. 이들은 자신들이 이해할 수 없는 천재지변에 스스로를 일개의 미물로 인식하고, 마술적 힘을 갖는 자연에게 제물을 바쳐서 마음의 안정을 찾았다. 제물의 종류는 여러 가지일 수 있겠으나, 특히 처녀 혹은 어린 남아를 제물로 바치는 예식은 세계 어디서나 찾아볼 수 있다.

우리 나라 제주도에 있는 금녕굴에 전해지는 이야기를 보면, 해마다 굴에 사는 뱀에게 처녀를 제물로 바쳐서 그해 농사와 고기잡이의 무사안전을 기원했다는 전설이 있다. 또한 우리들이 잘 알고 있는 소설 『임꺽정』에서 돌팔매를 잘하는 부두목이 포졸에게 지명수배를 받고 쫓기는 신세에 있었지만, 동네 사람들이 바친 처녀 제물을 만나서 함께 살게 된다는 멋진 횡재의 이야기도 잘 알려져 있다. 과거에 제식에서 사람을 제물로 바치던 것이 현재는 동물로 바뀌었지만 금세기까지 인간사에서 자연에 대한 숭배의 예식은 계속되고 있다. 그러나 합리적 사고를 할 수 있는 인간은 우주에서 질서가 있고 이러한 질서는 자연의 법과 규칙에 의해서 지배된다는 생각을 갖기 시작하였다.

인간사에서 첫번째 물리학자는 Hippocrates(460~377 B.C.)로 인정되는데, 그는 인간행동의 본성은 체액, 즉 혈액(blood), 점액(phelegm), 흑담즙(black bile), 그리고 황담즙(yellow bile)에 의해서 구성된다는 주장을 하였다. 그에 다르면 혈액은 명랑성, 흑담즙은 우울성, 황담즙은 화와 열기, 그리고 점액은 게으름의 기초가 된다는 것이다. 그래서 사람들의 성격은 이들 4요소가 어떤 비율로 구성되었는지에 따라서 결정된다고 주장한다. 한편 Platon(428/7~348/7. B.C)은 인간의 영혼(soul)이란 추리(reason), 욕망(desire), 그리고, 정신(spirit)의 3요소로 구성되는데, 이 중에서 정신이란 열정(passion)을 극복하기 위한 수단으로 사용하는 도구라고 하였다.

대부분의 교과서들은 고대 철학자를 운운하면서 출발한다. 이러한 기술은 책을 대하는 학생의 입장에서는 별다른 의미를 갖지 못하고 또한 학생들에게 이렇다 할 흥미를 주지도 못하는 것 같다. 그러나 본 장에서 지구의 탄생부터 시작하여 바퀴의 발견이나, 종교까지 들먹거리며 Hippocrates가 주장한 행동의 4구성분자를 따지는 이유는 범죄행동은 인간의 삶과 함께 시작되었고, 따라서 범죄행동의 원인 자체가 여러 각도에서 설명되고 있기 때문에 인간사의 발전 과정을 한 번 훑어보기 위함이다. 또 다른 이유는 이러한 설명을 대하는 독자가 본서에 더 많은 흥미를 갖게 하려는 것이다. 실제로 범죄행동의 원인에 대한 설명은 다각도에서 시도된다. 앞에서 Hippocrates의 혈액, 점액 등의 이야기는 범죄행동을 설명하는 초기 학문의 기초가 되며, 이런 것들을 근간으로 많은 설명들이 발생되었다.

과학의 발전은 인간의 행동을 설명하려는 생리적 입장과 종교적 입장을 서로 대립하게 만들었다. St. Augustine은 인간이란 근본적으로 신에게 복종하도록 만들어졌다고 주장한다. 왜냐하면 모든 인간은 악해서 성격이 더럽혀져 부패되었기 때문이라는 주장이다. 그러므로 인간은 자신의 지능과 행동에 의해서 구원받지 못하고 단지 신에게 의지할 때, 구원받는다는 것이다. 그리고 그러한 구원은 교회와 같은 사회적 제도를 통해서 가능할 수 있다고 생각했다.

위에서 설명한 것같이 중세기까지 인간의 본성은 종교적 해석의 테두리

안에서 벗어나지 못하였다. 이 당시까지 인간의 존재는 아래와 같은 계층에서 설명되고 있었다.

인간의 존재와 의미

신(god)	순수한 실제적 존재(Pure actuality)
천사(angels)	순수한 지적 존재(pure intellect)
인간(men)	이성적 존재(reason)
동물(animals)	감각적 존재(sense)
식물(plants)	성장의 존재(growth)
무생물(stone)	존재(being)

(Walters, 1992)

위에서 볼 수 있는 것같이 인간의 존재는 하찮은 물질도, 그리고 고귀한 존재도 아니다. 인간은 신과 천사, 그리고 동식물과 무생물의 중간 위치에서 양면성을 갖는 존재이다. 그래서 Gelli(1498~1563)는 인간이란 신체와 땅, 그리고 신과 하늘의 두 측면을 갖는 이성적 존재라고 주장하였다. 이런 사고는 지금까지 신 앞에서 미물(微物)에 불과한 인간이 스스로 판단할 수 있는 이성적 존재라는 의미를 나타낸다. 그래서 Descartes(1596~1650)는 자연 법칙은 인간의 외부적 사건뿐만 아니라 인간 내부의 사건에 의해서도 지배된다고 주장해서 인간의 자유의지(free will)가 행동의 원인이 됨을 지적하였다.

행동에 대한 자유의지의 설명은 범죄행동에서 아주 중요한 의미를 갖는다. 앞에서 설명한 바와 같이 행동의 책임 유무에 따라서 범죄자냐 혹은 아니냐 하는 갈림길에 놓이게 되기 때문이다. 이러한 사상은 1770~1812년 사이 영국의 형사법을 출현하게 만들었다.

3. 범죄행동 연구의 시작과 흐름

범죄학(criminology)이라고 불릴 수 있는 학문은 Beccaria(1775)로 거슬러 올라가야 한다. 그는 범죄행동의 원인을 밝히려는 것보다 오히려 법의 성격(the nature of crime)에 더 관심을 가지고, 법이란 사회에서 권한을 가진 소수 사람에 의해서 통제된다고 생각했다. 그러므로 지배자가 법을 어떻게 해석하는지에 따라서 어떤 행위자는 범죄자가 되기도 하고 안 되기도 한다는 것이다. Beccaria는 범죄가 개인차에 의해서 발생되는 것이 아니라 통제자가 누구냐에 따라서 결정되기 때문에 범죄원인을 규명함에 있어서, 개인 모두를 동일 차원에서 보려고 하였다.

범죄행동에 관한 학문이 시작되었던 시기는 바로 유럽에서 산업혁명이 일어나던 바로 그런 시기였다. 이러한 분위기에 부응해서 인간의 존엄성, 타고난 자유의지와 평등성이 사회의 분위기를 조성해 가고 있었다.

Beccaria 이후에 범죄행동학에서 지목되는 사람은 Bentham(1821)이다. 그는 Beccaria가 주장한 바와 같이 올바른 제도적 구조에 관심을 가지는 동시에 인간의 자유의지를 강조하였다. 그러므로 범죄행동에 대한 벌이란 범죄의 통제를 위해서 필요한 것이며, 사람들 모두는 스스로를 통제할 수 있는 자유의지를 갖기 때문에 범죄인이라도 보통 사람과 같은 차원에서 고려되어야 하고 동물과 같이 심한 벌을 받아서는 안 된다는 주장을 하였다.

이 당시 노동계급의 지위 상승으로 노동자들은 사회의 분위기를 압도하고 있었다. 그러므로 이때에 범죄의 원인이란 빈곤(poverty) 자체가 아니라 오히려 빈부 격차와 신속한 경제 변화라고 생각하면서, 범죄를 전적으로 행위자의 책임으로 돌릴 수 없다는 생각을 갖게 되었다(Berne, 1987). 이러한 주장들은 Beccaria가 사회의 법 제도에 누가 권한이 있느냐 하는 문제에 관심을 가지고 모든 범죄자를 동일시한 것보다 더 세분화된 주장이지만, Berne의 주장 역시 개인차를 무시하고 범죄자를 모두 동일한 차원에서 보려는 시각을 벗어나지 못했다.

개인을 환경이라는 동일 차원에서 조명하려는 시도와는 달리 개인차를 중요시하려는 접근이 있었다. 그러나 이러한 차원은 각 개인의 행동 차이, 특히 범죄행동의 원인을 단지 생리적, 신체적 차원에서 찾으려 하였다. 이런 학자 중에서 가장 대표적인 인물은 Lomboroso(1895)다.

Lomboroso에 의하면, 범죄자들은 인간의 진화 과정에서 유인원 정도의 초기 단계에 머물고 있으므로 문명사회의 적응에 어려움을 겪는다. 우리들이 유인원의 생김새를 머릿속에 그릴 수 있는가? 툭 튀어나온 이마와 입,

원숭이 같은 얼굴 모양으로 타인과 원만한 관계를 유지하기가 어렵게 생각된다. 그래서 이들은 일반인처럼 대인 관계를 갖기가 어렵고, 타인은 이런 사람들과 통상적인 관계를 원치 않는다. 원만한 대인 관계가 삶의 기본이기에 그런 인간 관계를 갖지 못하는 사람은 범죄의 가능성을 보인다 (Lomboroso & Ferrero, 1911).

지금까지 범죄행동의 원인을 설명함에 있어서 종교적, 경제적, 생리적, 사회적 주장 등을 살펴보았다. 여기서 이런 주장들이 내세워졌던 시기를 과거인 것처럼 표현했지만, 현재에도 이런 주장들은 공존 상태를 유지하고 있다. 그러나 과거와 다른 점은 각 주장에 대한 지지 세력의 비율이다. 예를 들어서 Lomboroso가 주장하는 것같이 머리가 억세고 양미간이 넓은 사람이 그렇지 않은 사람들보다 더 범죄를 저지른다고 생각하는 학자는 과거와 달리 적은 수에 불과하다. 그러나 그러한 주장이 현재 완전히 없어진 것은 아니다. 생김새를 가지고 범죄자의 가능성을 논함은 현재의 입장에서 볼 때, 관상학과도 흡사하게 생각된다. 물론 Lomboroso와 같은 학자들은 자신의 연구 결과에 대해서 나름대로 통계적 의미를 부여하고 있지만, 그들의 주장이 학문적 의미에서 범죄행동의 원인으로 널리 인정받기 어렵다. 왜냐하면, 현재 범죄행동의 원인을 내세움에 있어서 생리적 주장을 하는 학자들도 신체 구조나 인상을 논하는 경우가 드물기 때문이다.

앞에서 설명된 여러 가지 주장들은 현재의 입장에서 볼 때, 과학적 방법에 의한 이론으로 받아들이기가 다소 거북스럽게 느껴진다. 이제 이러한 관념을 벗어난 과학적 방법에 의한 범죄행동의 이론들을 소개할 것이다.

4. 범죄행동 원인에 관한 이론들

범죄행동의 이론이란 다름 아닌 범죄행동의 원인을 찾는 데 관심을 갖는 것이다. 범죄행동이 왜 일어나는가 하는 의문의 답은 여러 각도에서 찾아볼 수 있지만, 우리들이 늘상 생각하는 바대로 범죄원인은 ① 유전적, ② 환경적, ③ 유전적 × 환경적 측면, 그리고 ④ 자유의지로 나누어진다. 그리고 유전적 측면은 다시 생리적 그리고 심리적 측면으로 분류된다. 생리적 측면이란 신체의 기능과 구조를 의미하며, 심리적 측면은 성격을 뜻한다. 또 다시 성격을 논함에 있어서 마음과 몸이 하나냐 혹은 별개의 것이냐 하는 질문을 던진다면, 이에 대한 답은 복잡해지고 만다. 왜냐하면, 몸과 마음이 하나냐 혹은 별개의 것이냐 하는 문제는 과거는 물론이고 앞으로도 끝없이 이어질 수 있는 논쟁 중의 하나이기 때문이다.

환경적 측면에서 지적되는 가정, 학교, 사회적 규범, 경제적 상황, 온도와 계절 등이 학자들간에 범죄행동의 원인으로 주목된다. 가정의 분위기, 특히 부모의 갈등, 가족 구성원간의 역학 관계, 사별과 이혼 등 다양한 것들이 범죄행동에 영향을 줄 수 있다. 초등학교에 입학해서 대학을 졸업할 때까지 가까이 만나는 또래집단의 영향이 바로 환경적 영향이며, 범죄행동에 많은 영향을 줄 수 있다. 아래 예문에서 볼 수 있는 것같이 범죄행동에서 환경 조건의 영향이 지대할 수 있고, 무시될 수 없는 원인이지만, 본서가 추구하는 심리학적 입장을 고려하여 가볍게 다루게 될 것이다. 물론 본서가 환경적 요인을 다루지만, 환경에 의해서 영향받은 심리적 요인을 취급하기 때문에 환경 요인과 범죄행동의 직접적 관계를 설명하지 않을 것이다.

범죄행동의 환경적 영향

우리들이 겪은 IMF 사태는 짧은 기간이었지만, 환경이 범죄행동의 주요한 원인임을 입증하는 현장 실습의 장이었다. IMF 사태 이후 신속한 경제 악화는 전국의 재소자를 1997년 12월 63000명에서 1998년 11월 73500명으로 불어나게 만들었다. 일 년 사이에 무려 10500명이 늘어난 셈이다. 물론 이 들 중에서 상당수가 경제 관련 범죄자들이지만, 강력범죄가 9.8%, 약물 관련 범죄가 5.0% 증가하였다(법무부 교정국, 1999). 경제가 어려워지면서 범죄자의 수용 능력이 30%를 초과한 상태였다. 정부는 이러한 문제를 해결하는 방안의 하나로 범죄자 수용의 민영화를 추진중이다.

행동의 원인이 유전적이다 혹은 환경적이다라는 주장은 어떻게 생각하면, 에너지 소비에 불과하다. 왜냐하면 어느 쪽의 주장도 무시될 수 없고 또한 전적으로 받아들여질 수도 없는 것이기 때문이다. 그래서 이들 두 주장에 반대하는 학자들은 유전과 환경 두 측면을 함께 받아들이는 견해를 택한다. 그러나 이들은 양쪽 견해를 인정하지만, 어느 쪽이 더 강하다. 혹은 약하다 하는 식의 입장을 취하는 것은 아니다. 이제 환경, 환경과 유전, 그리고 자유의지로 나누어서 각각의 이론들을 설명할 것이다.

4-1. 환경에 근거한 범죄행동 이론들

환경적 측면에 근거해서 발전된 범죄행동의 이론들은 주로 사회학에서 다루어지는 것들이다. 이러한 이론들에는 무규범 이론, 차별적 접촉 이론, 낙인 이론과 같은 것들이 있다.

1) 무규범 이론

규범이란 법과 달리 성문화되지 않은 것이지만, 우리들이 사회의 질서를 지키게 하는 큰 역할을 한다. 이러한 규범은 겉으로 나타나지 않기 때문에 어떤 사회에 처음 접한 사람은 어떤 규범이 존재하는지 알 수 없다. 그러나 규범에서 벗어나는 행동을 했을 때, 비로소 그러한 규범이 존재하고 있다는 것을 알게 된다.

Durkheim 이후에 Shaw와 McKay(1942)는 범죄의 원인을 개인이 소지한 유전적 측면보다는 오히려 사회적 부조화(social disorganization) 혹은 사회통제의 부족(lack of community control)에서 보려는 시도를 하였다. 이들의 연구에 따르면, 위에서 지적한 두 특성을 나타내는 지역에서 범죄율이 높다. 이러한 사회적 현상을 주장하는 흐름은 1930년에는 무규범 이론과 차별적 접촉 이론을 낳게 하였다.

무규범 이론(Merton, 1938)은 사회가 지향하는 목표와 개인이 추구하는 목표 사이의 불일치에서 나타난다. 자본주의 사회가 추구하는 것은 금전의 우대며, 이것은 바로 사회가 지향하는 목표일 수 있다. 그래서 가난한 사람들은 사회가 지향하는 목표에 다달아야 하지만, 사회가 인정하는 수단만으로 원하는 목표를 달성할 수 없기에 범죄라는 수단을 택해서 목적을 이룬다.

범죄자들은 개미같이 일해서 조금 얻는 수입으로 자신들이 원하는 기대에 언제 도달할지 알 수 없다고 생각한다. 1999년 7월 2일 SBS 8시 뉴스에서는 어떤 청년들이 고속도로 휴게소에 정차한 여성들의 차를 일부러 펑크

낸 뒤 도와 준다는 이유로 접근해서 금품을 빼앗고, 성폭행한 후에 암매장한 사건을 방송하였다. 이들에게 왜 범죄를 저질렀는지를 물었을 때, 범인들은 "제대로 벌어서 언제 큰 돈을 만지겠느냐?"고 반문하였다. 범인들의 말에 동감을 하지만, 이들은 규범의 존재를 까맣게 잊거나 혹은 무시하고 있었나 보다. 건전한 사회는 강한 규범의 영향으로 사람들의 행동을 통제하게 마련이다. 무규범 이론은 사회가 이러한 통제 능력을 상실했거나 혹은 그러한 능력이 약화되었기에 사회의 구성원들이 범죄를 저지른다고 주장한다.

2) 차별적 접촉

프랑스 학자 Gabriel Tarde는 청소년 비행과 범죄는 다른 직업과 마찬가지로 학습되며, 학습은 다른 사람과의 관계에서 발생된다고 주장하였다. 그에 따르면, 범죄는 개인의 유전된 특성 혹은 그가 접한 사회적 병폐에 의한 것이 아니라 타인으로부터 배운 하나의 직업(occupation)이다(Haskell & Yablonsky, 1974). 범죄적 직업과 합법적 직업의 차이는 다 같은 직업이지만 학습된 내용이 무엇인가에 달렸다.

범죄행동이 학습된다는 차별적 접촉 이론은 Sutherland(1939)에 의해서 좀더 구체화되었다. 차별적 접촉 이론의 주제는 범죄행동이란 타인 특히 동료와의 관계에서 학습된다고 주장한다. 범법자들은 동료들과의 관계에서 범행의 호의적 태도, 동기, 기법 등을 배운다.

Sutherland의 차별적 접촉 이론(differential association theory)은 다음의 5가지 특성으로 요약된다(Wlaters, 1992, p.218). ① 범죄행동은 다른 행동과 같이 학습된다. ② 범죄를 저지른 사람과의 친숙한 관계에서 범죄행동이 학습된다. ③ 범죄의 결과는 범죄행동의 빈도, 강도, 기간, 그리고 연상에 따라서 우선 순위가 정해진다. ④ 문화적 갈등은 차별적 접촉 과정을 촉진한다. ⑤ 개인차는 접촉의 정도에 영향을 준다. 다시 말하면, 미국같이 여러 민족이 섞여 사는 사회는 차별적 접촉이 촉진되므로 범죄의 가능성이 높다.

사회가 무질서하고, 개인이 사회적 통제 방법으로 조절되지 않는 경우에 이것저것 가치 있는 물건에 대한 연상을 하며, 이런 연상은 범죄를 통해서 행동으로 옮겨지고 이런 행동은 학습된다. 이와 같은 과정들이 타인과의 관계에서, 특히 범죄의 경험이 있는 사람과의 관계에서 더 강하게 진행된다.

3) 갈등 이론

법은 사회적 규범에 기초된 것이며, 규범은 사회 구성원 다수의 합의에 따라서 만들어진 사회의 불문율이다. 물론 합의라는 의미는 구성원들이 모여서 함께 논의한 결과라는 것이 아니라, 긴 시간이 흐르면서 자연스럽게 형성된 규약이다. 그래서 법이 다수의 합의에 의한 기능을 갖지 않는다면, 과거 왕권이나 혹은 독재 정치와 마찬가지의 사회 현상을 나타낼 수 있다. 물론 우리 사회에서 법을 통제하는 사람은 선출된 대표자들이지만, 그런 이들이 결정한 내용은 다수의 의견을 대신하는 격이다. 그러나 대표자가 이러한 의미를 망각하고 자신의 의도대로 법은 통제할 수 있다는 착각을 할 때, 모두에게 어려움을 주고 만다. 그래서 우리들이 살고 있는 이 사회는 자칫 잘못하면, 권력을 가진 자와 지배를 받는 자들 사이에 갈등이 개입된다.

갈등 이론을 주장한 Turk(1969)는 "범죄란 생리적, 심리적, 혹은 행동적 원인에 기인하는 것이 아니라 법적 권한을 갖는 자가 지각하고, 평가하고 취급하는 방법에 따라서 나타날 수 있는 사회적 현상이다"(p.25). 라고 정의한다. 심지어 Quinney(1970)는 범죄는 지배층의 관심에 위협을 주는 행동이라고 정의하고 있어서, 범죄란 권한 없는 사람이 권한 갖는 계층에 대해서 부정적으로 반응하는 것이라고 볼 수 있다.

위에서 설명한 갈등 이론 다음에 새로운 범죄학 이론이 소개되었다. 즉 Taylor, Waton, 그리고 Young(1973)에 의해서 제기된 비평 범죄학(critical criminology)이다. 이 이론은 범죄행동과 범죄를 통제하는 방법이 자본주의 체제에 의해서 설명될 수 있다는 것이다. 그래서 사회의 하층계급인 노동계급(blue collar)은 욕구 좌절을 경험하고 양식을 차지할 힘이 없어서 도둑, 절도, 폭력과 같은 범죄를 저지를 수 있다고 생각한다. 물론 상층계급은 사회로부터 호의적인 대접을 받기 때문에 범죄를 저지를 이유가 없다고 본다. 요컨대 비평 이론에 의하면, 자본주의의 입장에서 경제적으로 어려움을 겪는 사람은 범죄의 가능성이 높고, 부유한 사람은 범죄의 가능성에 벗어난다.

4) 낙인 이론

Tannenbaum(1938)은 자본주의에 입각한 범죄행동의 이론들에 반대하고, 사회 안에 있는 집단간 가치에 따라서 범죄가 발생한다는 낙인 이론(lebelling theory)을 제시하였다. Tannenbaum은 범죄를 행한 사람은 자신의 행동을 일상 생활의 한 면으로써 평범하게 지각하지만, 관찰자는 그러한 행위를 범죄로 본다고 주장한다. 관찰자와 행위자 사이의 지각 갈등은 관찰자가 행위자를 부정적으로 보는 동기가 된다. 이런 생각은 Lembert(1951)에 의해서 더 발전되었다. 그는 사회적 규범에 위배되는 행동을 일차적 일탈(primary deviance)과 이차적 일탈(secondary deviance)로 구분하였다. 전자는 행위자의 행동이 이해되고, 인내될 수 있는 수준의 것이다. 사회 구성원은 이때에 강한 처벌을 생각하지 않는다. 그러나 이런 행동이 계속될 경우에 더 이상 인내할 수 없는 것은 물론이고 행동의 대가로 강한 벌을 주게 되는데, 이것이 이차적 일탈이다.

일탈 행위자는 사회에서 자신의 행동이 수용적이 아니라는 것을 인식하게 되고, 그래서 점점 고립된다. 그렇기 때문에 자신과 입장이 같은 사람을 찾으면서 사회의 주류에서 멀리 떨어진 하위집단을 형성한다. 이런 이유 때문에 약물을 경험한 사람은 같은 경험을 한 사람을 찾고, 거리의 청소년은 갱스터가 되고, 바늘 도둑이 소도둑이 되면서 유사한 입장에 있는 사람을 찾아서 하나의 집단을 형성한다. 이들의 행동은 점점 더 강화되어 단순한 규범의 일탈을 넘어서 범죄로 향하게 된다.

4-2. 환경과 유전의 상호 작용 이론

Walters(1992)에 따르면 유전과 환경의 두 측면을 수용하는 범죄행동의 원인으로 지적되는 것은 사회적 관계성(social bonding), 자아 존중감, 그리고 역할 정체성(role identity) 같은 것들이다. 한 예로 대인 관계에서 남에게 친절하고, 상냥하고, 예의를 지키면, 상대방은 이런 사람을 거부감없이 받아들인다. 어떤 사람이 이런 특성을 가지려면, 좋은 인상을 타고나야 하며, 또한 성장하면서 가정의 분위기가 그런 특성을 십분 발휘하도록 조성되어야 한다. 유전적으로 좋은 성격을 물려받았다 하여도, 가정의 갈등 분위기는 그러한 특성을 소멸하게 만들 수도 있다. 이런 예는 자아 존중감, 자아 정체성 등 유전과 환경의 두 측면을 수용하는 어떤 요인에도 동일한 설명이 적용되게 마련이다.

우리들이 가장 관심을 갖는 인적 특성 중의 하나인 지능도 결국 유전과 환경의 두 측면적 영향으로 정해지는 것 같다. 물론 지능이 "유전적이다 혹은 환경적이다"라는 논쟁이 끝난 것은 아니지만, 필자의 생각으로는 다분히 유전과 환경의 합작으로 보여진다. 지능이 좋은 유전적 특성을 타고났다 하여도, 그런 지능을 개발할 수 있는 환경이 뒷받침되지 않으면, 훌륭한 유전적 소인은 빛을 잃고 만다.

범죄행동의 원인이 유전과 환경의 두 측면의 영향으로 형성된다는 주장과 함께, 그러한 행동이 "유전적이다 혹은 환경적이다" 하는 논쟁은 아직도 꼬리의 꼬리를 물며 이어져 간다. 예를 들어서, Taylor(1983)는 범죄행동은 확실히 유전적이라고 주장한다. 그에 따르면, 사람들의 유전자를 조사한다면, 징병검사에서 군에 입대할 수 있는 사람과 그렇지 못한 사람을 구별하듯이 범죄성향이 있는 사람을 확인할 수 있다고 생각한다. 그러나 이러한 주장은 인간의 존엄성 때문에 생각에 그치고 만다. 한편 Goldstein(1981)은 환경론을 주장하면서, 감옥에 수감된 사람과 그렇지 않은 사람들의 유전자적 차이를 구분할 수 없기에 범죄자를 유전적 측면에서 설명하는 것은 적절치 않다는 반대 의견을 제시한다.

사실상 범죄행동에 별다른 지식이 없는 사람이라도, 범죄행동이 유전이냐 혹은 환경적이냐 하는 질문의 답이 쉽게 얻어지지 않는다는 것쯤을 알 수 있다. 범죄행동이 "유전적이다 혹은 환경적이다" 라는 답이 분명히 주어진다면, 그 이후 학문은 힘을 잃고 말 것이다. 왜냐하면 두 양극이 팽팽히 당겨질 때, 그 사이에 힘이 개재되기 때문이다. 그렇다고 확실한 존재를 부인하면서 결정을 망설이는 것은 더욱 아니다. 결정을 못 하는 이유는 그것이 그만큼 어려운 문제이기 때문이다.

범죄행동이 유전이다 혹은 환경이다라는 차원은 개인의 의사와는 관계없이 우리들은 유전 혹은 환경에 의해서 피동적인 행동을 한다는 것이다. 즉 개인의 의사와는 관계없이 주어진 조건 때문에 범죄를 저지른다는 주장이다. 이런 차원에서 범죄행동의 원인을 파악한다면, 범죄의 정의에 핵심이 될 수 있는 책임소재가 범죄인 개인에게 전가되는 것이 아니라 유전으로 혹은 환경으로 아니면 유전과 환경의 합작으로 돌려지게 된다. 더 쉽게 말하면, "부모로부터 물려받은 특성 때문에 어쩔 수 없었다" 혹은 "세상이 나를 죄짓게 만들었다"고 말하는 사람에게 "그 죄는 당신이 저지른 것이야"라고 말하면 아귀가 맞지 않는다. 그러나 이와 대비되는 것으로 선택 이론은 범죄자에게 행위에 대한 책임을 묻는다. 다름 아니라 범죄행동은 범죄자 자신의 선택에 의한 것이며, 다른 이유를 둘러댈 수 없는 것이다.

4-3. 선택 이론

선택 이론(Choice Theory)은 범죄행동이 행위자 자신의 의사에 따라서 결정될 수 있음을 시사한다(Cornish & Clarke, 1986; Hirschi, 1969). 그래서 이론의 주장을 요약하면, 범죄자는 범죄상황에서 범죄를 할 것인가 아니면 말 것인가 하는 선택의 기회를 갖는다(Walters, 1992). 이러한 선택 이론은 범죄행동이란 사건에 대한 행위자의 주관적 해석이 범죄를 선택하게 만든다(Waldo & Chiricos, 1972)는 것이다. 즉 범죄결과에 대한 예측, 손해와 이득의 관계, 범죄의 성공 여부 등 다양한 측면의 해석이 범죄행동을 결정하게 만든다. 범죄 가능자는 이러한 상황 판단에 의해서 범죄를 감행할 수도 혹은 포기할 수도 있다. 범죄행동은 이러한 판단의 결과로 행해진 것이므로, 그에 상응하는 벌을 받는 것은 적당하다고 생각한다.

처벌이란 범죄행동의 의도를 확인했을 경우에 주어진다. 또한 범죄의도를 확인하는 이유는 그 행동에 대한 책임소재를 따지기 위함이다. 그래서 범죄상황에서 범죄자가 범죄를 할 것인가 혹은 말 것인가 하는 양자택일에서 범죄를 선택했기 때문에 범죄자는 그 행동에 책임소재가 있고, 따라서 범죄의도 역시 확인될 수 있다.

지금까지 설명한 범죄행동의 원인은 유전, 환경, 유전과 환경, 그리고 자유의지의 선택이라는 유목으로 나누어진다. 물론 이들 유목 안에 상당수의 변인들이 포함되어 있고, 그러한 변인은 나름대로 범죄행동의 원인이 됨을 서슴지 않고 주장할 수 있다. 그러나 본서가 지향하는 큰 목적 중의 하나는 범죄행동의 심리학적 원인을 규명하는 것이므로 범죄의 원인에 대한 신체, 생리적 측면의 유전적 설명은 별도로 취급된다. 유전적 설명을 소홀히 다루는 이유는 그것의 중요성이 약해서라기보다는 본서의 주제와 부합되지 않기에 조금 소개될 뿐이다.

5. 범죄행동의 구분

지금까지 범죄행동의 정의, 그러한 행동의 원인적 측면, 그리고 그에 상응하는 이론들을 살펴보았다. 그래서 우리들은 커다란 범위에서 범죄가 왜 발생되는지에 대한 대략적 아이디어를 가지고 있다. 이제 이러한 지식을 가지고 범죄의 종류를 간략하게 찾아볼 것이다.

우리들이 살고 있는 사회의 안녕과 질서를 유지시켜 주는 것은 법과 규범 등이다. 법을 위반했을 경우는 그에 상응하는 벌을 받지만, 규범의 위배는 그렇지 않다. 예를 들어서 추석이나 설날이 되면 전국은 귀성객들로 몸살을 치른다. 고속도로를 포함해서 전국의 도로는 주차장과 다를 바 없다. 우리들은 명절 때 기차도 버스도 미리미리 예약을 해야 고향에 갈 수 있다. 특히 서울역 청사는 가장 복잡한 곳이 되고 만다. 1960년대인가 그 후인가, 그 시대에는 먼저 달려 가서 좌석을 차지하는 사람이 편하게 여행할 수 있었다. 어느 해 표를 구한 귀성객들이 먼저 승차하려고 계단을 급히 내려가다 아래쪽으로 와르르 밀려서 밑에 깔린 사람들이 사망하는 사고가 있었다. 최근에는 어느 외국 록 가수가 한국에 내한했을 때, 먼저 입장하려는 청소년들이 밀치고 당기는 북새통에서 크게 부상을 입은 경우도 있었다. 위의 두 예에서 서로 양보했더라면 사고를 면할 수 있었을 것이다. 그러나 이 두 사건 중에서 상해를 당한 사람의 책임을 물어서 처벌받은 사람은 없다. 양보하는 것은 글로써 명시하지 않더라도 사회의 구성원이 당연히 지켜야 할 도덕적 차원의 약속이지만, 법적 요구는 아니다.

규범은 사회 구성원들이 금지적이든지 혹은 허용적이든지 도덕적 차원에서 행위에 대한 규명을 하고 있다. 그래서 규범은 법적인 구속력은 없지만 해야 할 행동과 하지 말아야 할 행동을 지시하는 내용을 포함한다. 그러므로 규범을 위배한 것이 바로 범법행위가 되지는 않는다. 너도 그리고 나도 같이 살고 있는 사회는 무수하게 많은 규범들을 포함하고 있다. 우리들은 어떤 것들이 규범인지 특별한 관심을 두고 있지는 않지만 대부분의 사람들은 규범을 지키며 살고 있다.

규범이 지시하는 금지적 행동에 대한 인내 한계를 넘어서 발전된 것이 바로 법이다. 예를 들어서, 10년 전인 1990년 즈음에 우리들은 길가다 침을 뱉거나 담배꽁초를 함부로 버리는 행동을 주위에서 흔히 볼 수 있었다. 물론 그 시기에도 침을 뱉거나, 담배꽁초를 버리는 것은 사회의 금지적 규범이었지만, 잘 지켜지지 않았다. 우리들은 더 이상 참을 수가 없어서 그런 지나친 행동을 법제화해서 제재를 가하게 되었다. 우리 모두가 아는 바와 같이 길에 담배꽁초를 버리거나, 침을 뱉는 행동에 대해서 벌금형을 받는다. 이에 더해서 이제는 담배꽁초를 무단 투기하는 사람을 신고하면 4만원의 포상금을 받기까지 한다.

규범이란 급속하게 변하는 것이 아니며, 아주 서서히 발전해 간다. 위에서 예를 든 침뱉기, 담배꽁초 버리기에 대한 벌금형을 생각할 때, 침을 뱉는 행동은 인간이 존재할 때부터 있었으며, 담배는 임진왜란(1592~1598) 이후에 일본에서 들여온 것이기에 담배꽁초 버리기를 오래 전부터 해 왔다. 그러나 이런 행동을 싫어하게 된 것은 최근에 가까이 와서이고, 그 전에는 별다른 관심을 갖지 않았을 것이다. 넓은 들에서 침을 뱉고, 방뇨하는 행동, 담배꽁초를 버리는 행동이 이상할 것 없다. 그러나 도시의 길거리에서 그런 행동은 많은 사람들에게 혐오감을 주게 되고, 혐오감이 한계를 넘으면 벌을 요구하게 된다. 그리고 벌의 요구는 법의 제정을 만든다.

담배

담배의 유해성이 매스컴을 통해서 자주 우리들에게 보도된다. 며칠 전(1999년 1월) KBS 뉴스에서 담배의 간접 흡연이 직접 흡연보다 건강에 더 나쁘다는 내용을 발표했다. 그러나 한때 우리들은 아무 데서나 담배 연기를 뿜었다. 1978년쯤인가 필자가 어느 날 버스에서 친구를 만났다. 우리들은 만난 즐거움에 버스 뒷좌석에 앉아서 담배를 입에 물고 맛있게 피웠다. 지금은 상상도 할 수 없는 일이다. 그러나 그런 끔찍한 일이 그때는 자연스럽게 일어났다. 지금부터 20여 년 전 일이다.

이렇게 자연 발생적으로 혹은 인위적으로 만들어진 법은 사람들의 갖가지 행동 중에서 범죄가 되는 것 혹은 아닌 것을 구분한다. 범죄행동은 우리들이 일반적으로 알고 있는 살인(homicide), 강도(robbery), 강간(rape), 도둑(theft), 주거침입(burglary), 방화(arson) 등과 같이 개인에 의해서 저질러지는 것과 조직에 의해서 저질러지는 불법적 도박, 매춘업, 기업에 의한 비합

법적 경제 활동 등이 포함된다. 이러한 불법적 사례는 몇 년 전 ○○맥주회사가 인체에 해로운 폐놀을 낙동강에 흘려 버린 일, 어느 라면회사에서 식용류 대신에 공업용 유지를 사용했다는 '우지 사건' 들을 떠올릴 수 있다. 또한 화이트칼라(white-collar)범죄라든가 정치범죄들을 조직범죄로 지적할 수 있다. 그러나 화이트 칼라 범죄 혹은 정치범죄 등은 본서가 의도하는 목표, 공격적 행동의 설명과 관련성이 약하다. 그러므로 본서에서는 주로 개인범죄의 원인, 예방, 그리고 행동 수정에 관심을 가질 것이다.

위에서 지적한 여러 가지 범죄행동들 이외에도 사회 발전에 따른 복잡성 때문에 문제시되고 있는 유아성폭력(child abuse), 성폭력, 알코올중독(alchol abuse), 약물중독(drug abuse) 등이 소개된다. 물론 약물중독이나 알코올중독이 공격적 행동은 아니지만, 약물과 알코올에 중독되었을 경우에 공격적 행동의 가능성을 보이기 때문에 본서에 포함된다. 또한 상대방의 의사와 무관하게 어떤 한 사람을 집요하게 따라다니며 괴롭히는 스토킹(stalking), 개인 컴퓨터의 대량 보급으로 나타나는 컴퓨터 해커(computer hacker), 학원 폭력의 일종인 왕따(일명 이지메) 같은 행동은 사회의 발전 내지는 변화에 따라서 새로이 나타난 범죄유형들이다.

범죄행동은 결과의 심각성 차원에서 나누어지기도 한다. Cohen(1988)은 심각성이 높은 범죄행동은 살인, 강간, 유아납치(kidnapping), 그리고 강도라고 지적하고, 심각성이 낮은 범죄행동은 도박, 매춘 등이라고 주장한다. 여기서 심각성이라는 의미는 상대방에게 얼마만큼의 신체적, 심리적 상해를 입히는가를 기준으로 한 것이다.

종합적인 의미에서 법이 사회의 소수를 위한 것이든지 혹은 다수를 위한 것이든지 금지적 법을 위배한 의도적 행위를 저질렀을 때, 그리고 이러한 행동이 법에 의해서 죄로써 인정받을 때, 범죄행동을 저지른 범죄인이라고 말할 수 있다. 그러나 본서는 서두에서도 언급했듯이 범죄행동에 대한 원인적 설명과 해결책을 설명하는데 목적을 두고 있다. 그래서 어떤 행동이 범죄가 되는가 혹은 아닌가 하는 문제는 사실상 본서가 취급할 범위가 아니다. 그러므로 본서에서 설명하게 될 살인, 강도, 도둑, 방화, 강간 등은 법적으로 이미 판결을 받은 결과라 간주하고 그에 대한 원인을 설명하고자 한다.

6. 범죄행동에서 심리학의 위치

인간의 행동을 학문적으로 설명한다면, 어떤 학문이라도 제각기 한 몫을 차지할 것이라는 주장을 배제하기 어렵다. 왜냐하면 우리들의 행동은 수없이 많은 원인들에 의해서 영향을 받고, 이러한 원인들은 제각기 적합한 학문에 의해서 충분히 설명되기 때문이다. 범죄행동의 한 예를 들어보자, 첫 아들의 돌잔치 비용을 걱정하는 한 아버지가 있었다. 그는 1998년 1월 아들의 돌잔치 비용을 마련하기 위해서 남의 집에 들어가 물건을 훔치다가 체포되었다. 이 사람의 범죄행동을 설명하기 위해서 심리학, 경제학, 사회학, 종교학, 인류학, 법학 등 다양한 학문들이 제각기 한 몫을 차지할 것이다.

지금까지 범죄행동은 사회학과 법학에 의해서 주로 설명되고 해석되었다. 그러나 현재는 인간의 행동을 어떤 특정한 학문에 의해서 설명하기보다는 오히려 포괄적 입장에서 접근하려는 노력이 명백하다. 앞에서 기술한 여러 가지 학문을 묶어서 행동과학(behavioral sciences)이라고 부르는데, 이름 그대로 행동과학은 인간의 행동을 이해함에 있어서 어떤 특정한 학문보다는 포괄적 입장에서 접근한다. 그러나 독자의 입장에서 모든 학문을 통합한 행동과학으로 범죄행동을 설명하려는 것이 무엇을 의미하는지 이해하기 어려울 수 있다.

행동과학

우리 나라에 '행동과학연구소'(KIRBS:Korean Institute for Research in the Behavioral Sciences)가 있다. 이 연구소에는 경제학, 사회학, 심리학, 교육학, 행정학, 인류학 등 여러 분야의 전공자들이 함께 모여서, 인간의 행동-소비자 행동, 출산행동, 학습행동, 조직행동 등을 여러 각도에서 설명하려고 시도한다. 높은 산에 올라가서 산 밑을 내려다 보면 한눈에 모든 것을 조망할 수 있는 장점도 갖지만, 자세히 보기 위해서는 산 아래로 내려가서 하나씩 하나씩 확인해야 한다. 이렇게 확인하는 것이 바로 각 학문의 측면에서 설명하는 것이며, 높은 산봉우리에 올라가서 밑을 내려다보는 것이 바로 행동과학적 접근이다.

행동과학적 접근이란 특정 학문에 의존해서 범죄행동을 설명하는 것이 아니라 여러 가지 학문을 종합적으로 고려해야 한다는 뜻이다. 혹은 특정 학문에 의해서 범죄행동을 설명하더라도, 그러한 설명이 절대적인 것이 아니며 다른 측면의 해석도 가능하다는 여유를 가져야 한다는 의미이다. 그런 생각에서 각 학문은 인간의 행동을 설명하는데 각기 다른 측면에서 기여한다. 위의 예에서, 아들의 돌잔치 비용을 마련하기 위해서 도둑질을 한 행동이 '경제적으로 어려웠기 때문이다', '사회의 규범이 와해되었기 때문이다', '그 사람의 성격적 문제 때문이다', '신체적 특성이 타인과 다르기 때문이다'는 식의 설명이 있을 수 있다. 다시 말하면, 모든 학문이 힘을 합쳐서 범죄행동을 설명해야 한다는 의미다. 어느 학문 하나만으로 범죄행동을 설명하는 것은 전체의 일부분을 지적하는 격이다. 그러나 모든 학문을 들먹이며 설명하는 것은 초점도 흐리고 필요 이상의 노력을 경주해야 하는 어려움도 있다. 그러므로 전체적인 조망을 피하고 산 아래에 내려가서 경치 하나하나를 살펴볼 필요성이 있다. 이렇게 하는 것과 비교되는 것이 각 학문의 탐색이다. 그렇다고 이런저런 학문을 모두 동원할 필요가 없고, 범죄행동과 가장 관계있는 학문을 선택하는 것이 가장 합리적이라는 생각이다. 이러한 학문은 대체로 사회학, 법학, 그리고 심리학으로 알려진다.

범죄행동은 범죄의도(behavioal intention)가 선제 조건이다. 다시 말하면, 경제적으로 어려워도, 사회의 규범이 와해되어도, 신체적 조건이 범행과 관계있어도, 결국은 범죄자 자신이 그러한 행동을 의도적으로 선택했기 때문에 벌을 받아야 한다. 범죄의도는 범행자의 심리적 결정임이 본명하다. 이렇게 주장하는 이유는 모든 범죄행동을 설명함에 있어서 심리학이 기본이라는 것을 강조하기 위함이다.

심리학은 어떤 행동이 범죄인지 아닌지에 관심을 두지 않고 그러한 행동이 왜 발생되었는지에 관심을 갖는다. 또한 범죄원인을 해석함에 있어서 환경적 조건보다는 오히려 성격, 태도, 지각 같은 심리적 변인에 더 많은 관심을 갖는다. 물론 환경적 조건에 관심도 갖지만, 환경 자체가 아니라 환경에 의해서 형성된 성격 특성 같은 개인변인이 관심의 대상이 된다.

아래의 〈그림 1-2〉에서 볼 수 있듯이 심리학은 모든 학문의 기초가 된다. 행동과학을 설명하면서 산에 올라가서 밑을 조망하는 것이 행동과학적 접근이라고 주장했지만, 결국 이러한 이야기는 바로 인간의 삶인 사회적 행동을 언급한 것이다. 그래서 산봉우리에 올라가서 아래를 조망하든지, 산 밑

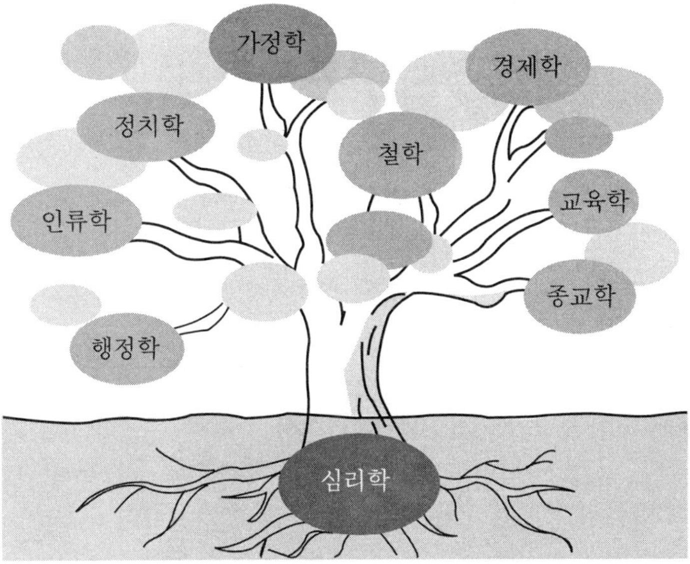

〈그림 1-2〉 각 학문에 대한 심리학의 기여

에 내려가서 가까이 관찰하든지 인간의 삶을 보는 것이라고 말할 수 있다. 우리들 삶의 주체는 산, 강, 바람, 비, 바다 등이 아니라 바로 사람이다. 그러므로 사람의 마음을 이해하는 것 없이 경제, 사회, 정치 등을 이해하기 어려울 것이다.

사회학은 범죄행동을 규명하려는 최초의 학문으로 인정받는다. 그러나 사회학은 범죄행동을 설명함에 있어서 사회적 구조에 초점을 맞춘다. 그래서 범죄의 발생을 사회의 구조적 불균형에서 찾으며, 특히 사회 계층간의 갈등, 빈곤 같은 변인으로 해석하려고 한다. 이러한 취지에서 범죄자의 개인차를 무시하고 각 개인을 동일 차원에서 범죄의 가능성을 갖는 것처럼 다룬다. 예를 들면, 사회학에서 가난(poverty)은 범죄의 가장 강력한 변인 중의 하나로 지적된다. 그러므로 가난한 사람은 본의 아니게 범죄의 가능성을 갖는다는 비난을 받을 수 있다.

법학은 일단 발생된 행동에 대한 법적 적용에 관심을 갖는다. 즉 어떤 행동이 범죄적인가 혹은 아닌가를 구별하고 또한 범죄적이라면 얼마나 무거운 것인가 하는 것에 눈을 돌린다. 물론 법적 적용을 위해서 범죄행동의 원인을 중요한 주제로 다루고 있지만, 관심은 이미 저지른 행동의 법적 해석에 모아진다.

요약하면 사회학의 관심을 사회의 구조와 현상에, 법학은 어떤 행동의 결과가 범법행동인지 혹은 아닌지에, 그리고 심리학은 공격적 행동에 대한 개인차에 관심을 가진다. 그래서 본서는 어떤 행동이 범법행동이냐 혹은 아니냐하는 문제에 특별한 관심을 갖지 않는다. 대신에 범죄행동의 가능성을 개인적 차원에서 찾고, 이미 범죄행동으로 인정받은 살인, 강도, 강간, 절도와 같은 행동에서 원인을 찾고, 행동의 예방책을 심리학에 의존해서 탐색할 것이다. 아울러 심리학이 모든 학문의 중심이라고 설명하면서 심리학적 해석이 전체며 핵심인 양 주장하였지만, 범죄행동에 관한 심리학적 설명도 여러 가지 원인적 해석의 하나의 불과하다.

범죄행동의 가장 강력한 원인 중의 하나가 돈이다. 물론 금전적 원망이 충족되었다고 범죄가 일어나지 않는다는 것이 아니라, 범죄의 상당 부분이 다른 사람의 금전을 탈취하려는 욕심에서 나타나기 때문에 아래에 돈과 관련된 글을 소개한다.

돈, 돈, 돈

우리들에게 없어서는 안 되고, 그리고 있어도 더 갖고 싶은 것이 돈이다. 그래서 우리 모두는 돈에 지대한 관심을 가진다. 한편 돈에 욕심이 없는 사람은 돈이란 만병의 근원, 악의 씨이기에 마음을 비우라고 한다. 그러면 편한 마음을 갖는다고, 그러나 그들도 가지려는 마음에 현실은 어렵고, 최후의 수단으로 마음을 정리한 결과가 아닐까. 여하튼 돈이란 별천지에 사는 원주민을 제외한 모든 사람들이 가지면 가질수록 좋아하는 그런 것이라 한다. 이 책을 읽는 독자 모두가 범죄의 가능성에 벗어나고, 성취적인 사람이 될 것을 기대하면서 백만장자가 되는 길과 자신의 위치를 점검하는 부자 계산법을 제시한다.

백만장자의 7가지 공통점

부자란 여유로움, 부유함 등의 개념으로 물질적 재산이 많고 적음만을 의미하지 않는다. 그러나 돈이 삶의 기본이니 어쩌랴!

① 백만장자들은 자신의 소득보다 훨씬 밑도는 수준으로 생활하고 있다.
② 그들은 재산을 모으는 데 낭비가 없도록 시간과 에너지와 돈을 가장 효

율적으로 할당한다.

③ 그들은 재정적인 안정을 이루는 것이 사회적으로 지위를 과시하는 것보다 더욱 중요하다고 생각한다.

④ 그들은 부모로부터 아무런 경제적 원조를 받지 않는다.

⑤ 그들의 성인 자녀들은 경제적으로 자립 능력이 있다.

⑥ 그들은 시장기회를 포착하는데 매우 뛰어나다.

⑦ 그들은 자신의 가치를 극대화시킬 수 있는 적당한 직업을 선택했다.

백만장자가 되는 법이라는 책의 공동저자인 토마스 스탠리와 윌리엄 댄코의 조사는 미국에서 100만 달러 이상을 가지고 있는 1,000명의 부자들의 특성을 위와 같이 밝혔다. 그들은 어떤 사람이 부자인지를 알기 위해서 아래와 같은 방정식을 개발했다.

부자 방정식

나이×연간총소득 / 10 = 순 기대재산, 방정식의 예를 홍길동이라는 사람에게 대입해 본다. 예; 이름 홍길동, 나이 40세, 직업 회사원, 연봉 5,200만원, 투자수익; 2,000만원, 연간 총소득액 5,200 + 2,000만원 = 7,200만원, 총 기대 재산 7,200만원×41 / 10 = 2억9천5백20만원(홍길동이라는 사람은 이 정도의 돈을 가지고 있어야 한다.)

세상에서 역대 부자

지난, 1,000년 동안 역사에 등장한 수많은 황제, 상인, 발명가, 사업가, 투자자들을 선정하는 가운데, 밀레니엄 최고 갑부 50인을 순서와 관계없이 선정하였다. 이들 중에서 몇 명의 예가 교황 인노켄티우스 3세(1160~1216), 자동차를 발명한 앤드류 카네기(1835~1919), 미국 철도왕 코르넬리우스 벤더빌트(1974~1877), 그리고 개인 컴퓨터를 발명한, 현존하는 빌 게이츠(1955~)다. 남의 이야기만 할 것이 아니라서, LG 전자가 판촉 홍보물에서 구분한 우리 나라 부유층은 다음과 같다.

한국의 부자

서울에서 50평, 그리고 분당과 일산에서는 60평 이상 아파트에 살고, 개인 소유 3000cc급 이상의 차를 소유한 사람이며, 대기업 임직원이나 전문직 종사자, 혹은 개업의이다. 이런 기준에 맞추어 볼 때, 국내에서 약 10,000명이 대형 아파트-승용차-직업과 직위에서 겹친다. 돈만 많이 가졌다고 부자는 아니다. 부자는 그에 상응하는 사회적 지위도 확보해야 한다.(이상 돈에 대한 기술은 Nobleness, 1999년 2월호에서 참고하였음)

7. 본서의 구성

본서는 지금까지 대부분의 교과서에서 지적한 범죄행동의 원인에 대한 막연하고 구태의연한 설명 방식을 벗어나서 범죄행동의 원인이 무엇인지를 꼬집어 줄 수 있도록 시도하였다. 예를 들면 빈곤과 사회적 계층간의 갈등, 신체적 조건들은 우리들이 범죄의 원인으로 알았다 하여도 별다른 효과를 찾기 어렵다. 경제가 어려운 것을 어찌 하란 말인가? 경제를 살리는 길이 범죄예방의 방법이지만, 이 같은 주장을 하는 것은 담장 넘어 날아가는 닭은 바라보는 바둑이가 될 수밖에 없다. 또한 범죄자의 신체, 생리적 구조가 범죄를 일으킨다고 했을 때, 생리, 신체적 구조를 바꿀 수도 없는 일이다. 그러나 개인적, 심리적 차원의 해석은 개인의 수정만을 요구하기가 환경적 수정보다 훨씬 더 쉬울 수 있다. 이런 이유가 본서의 특성이라고 주장할 만하다.

본서는 모두 9장으로 구성된다. 제1장은 지금까지 설명한 내용들로써 범죄행동 연구의 시작과 정의, 관련된 이론들이 소개되며, 범죄행동에서 심리학의 위치를 강조한다. 제2장은 성격 이론을 통해서 본서가 역점을 두고 있는 범죄행동의 근원적 설명을 제시한다. 즉 인간행동의 원점이라고 할 수 있는 동기적 힘의 형성 시기를 검토한다. 인간은 세상에 태어나기 전부터 자신의 사고와 행동에 영향을 주는 유전적 특성을 갖는다. 이런 유전적 측면은 신체적인 것만을 의미하는 것으로 알 수 있으나, 심리적 특성도 여기에 포함된다. 우리들은 인생은 살아가며 얻는 경험에 의해서, 미래에 대한 목표에 의해서 그리고 사후의 세계관에 의해서 행동에 영향을 받게 마련이다. 이러한 영향이 우리의 성격과 행동을 결정한다.

사람들의 행동을 일관성 있게, 일정하게, 그리고 특이성 있게 나타나게 하는 것이 바로 성격이며, 성격은 그러한 행동을 일으키는 동기적 힘(motivational forces)을 갖는다. 이러한 설명을 이론적으로 정리한 것이 성격 이론이며, 각 성격 이론을 인생(人生)이라는 시차원상에서 시기에 따라 놓여진다. 또한 성격 이론은 시차원상에서 각 개인의 성격 특성이 형성된다고 주장하고 있으며, 이러한 시기가 범죄행동의 원점이 된다는 것을 지적한다. 그래서 과거, 현재, 그리고 미래를 강조하는 성격 이론에 따라서 범죄행동의 발생 이유가 주어진다.

제3장은 정서(emotion)와 동기(motivation)가 범죄행동의 원인임을 지적한다. 정서는 우리들의 희노애락의 감정이며, 행동은 감정에 의해서 발생된 결과다. 화가 난 사람, 분한 사람, 슬픈 사람들은 화가 나고, 분하고 슬픈 감정을 갖는다. 그래서 이러한 마음의 상태는 사신을 그렇게 만들었다고 생각하는 사람에게 정서의 화살을 되쏘려 할 것이다. 이와 같이 정서는 화살을 상대방에게 되쏜다는 것이 아니라, 되쏠 준비 상태에 있다는 의미이다.

동기는 바로 욕구(need)로 바꾸어서 생각해도 크게 잘못은 없다. 욕구는 결핍 상태를 의미한다. 결핍 상태란 말 그대로 무언가 모자라는 상태이다. 우리들은 이런 모자라는 상태를 해결하기 위해서 어떤 목표를 가지고, 그러한 목표를 향하여 에너지를 소비한다. 범죄행동과 관련해서 생각할 때, 돈에 결핍된 사람, 애정(affection)에 결핍된 사람들은 그런 결핍 상태를 채우기 위해서 목표를 정해야 하고, 목표 달성을 위해서 행동을 취해야 한다. 이런 과정이 동기이다. 그래서 정서와 동기는 범죄행동을 설명함에 있어서 중요한 자리를 차지하기에 특별히 하나의 장을 마련하였다.

제4장은 지금까지 범죄행동의 원인이라고 지적된 연구 결과들을 정리하였다. 개인변인, 환경변인, 개인×환경변인의 3차원, 그리고 이들 3측면과 함께 개인의 자유의지가 설명된다. 개인변인으로써는 연령, 성별 등이며, 환경변인은 가정, 학교, 직장, 사회, 그리고 사회의 경제적 상황들이다. 개인×환경변인의 상호작용 결과로써 나타난 자아 존중감과 자아 정체성 같은 변인들이다.

범죄행동이 유전적이다, 환경적이다. 혹은 양자의 복합적 결과다라는 주장은 범죄행동이 사람의 책임이 아니라, 진짜 원인은 환경과 유전에 있다는 주장을 하고 있어서 범죄행동 정의의 핵심인 범죄의도를 받아들이기 어렵다. 이러한 취지에서 범죄행동이 자유의지에 의한 선택이라는 선택 이론이 지지를 받는다. 본 장은 유전적, 환경적, 유전×환경변인, 그리고 선택 이론에 의한 범죄행동의 연구 결과들을 소개한다. 범죄심리학이라는 제목하에서 환경, 신체, 생리적 원인을 설명하는 것은 범죄행동의 전체적 조망을 위해서이다.

제5장은 정신병과 범죄행동의 관계성을 찾는다. 범죄행동의 심리적 연구는 바로 정신 이상자로부터 시작되었다고 보아야 한다. 성격심리학의 중요한 주제가 정신 이상자와 정상자를 구별하기 위한 것이고, 이러한 목적으로 정신 이상자를 가리는 노력은 수많은 척도를 만들게 하였다. 본 장에서는 이러한 목적으로 사용되는 몇 개의 대표적 성격검사 척도들을 설명할 것이다. 또한 정신 이상자는 범죄처벌의 중요한 기준이 되는 범죄의도가 없는 사람들이기에 범죄책임을 추궁할 수 없다는 성명이 함께 주어진다.

제6장은 남성 범죄자와 비교되는 여성 범죄자의 특성을 설명한다. 여성 범죄자의 급속한 증가율은 세간의 관심을 모은다. 또한 이들의 범죄성향이 남성의 것을 추격해 오고 있지만, 몇 가지 다른 특성을 갖는다. 즉 남성과 살인율은 비슷하지만, 살인의 대상이 남성과 다르다. 여성들에 의해서 피살되는 사람은 다름 아니라 자신의 아이들이다. 세상에 갓 태어난 유아, 그리고 어린 아동이 엄마에 의해서 죽임을 당하는 경우가 있다. 또한 여성들은 월경 즈음에 상점에서 물건을 훔치는 행동을 보인다. 물론 남성들도 상점에서 물건을 훔치는 경우가 있지만, 여성들이 훔치는 물건들은 값비싼 것이 아니며, 왜 훔치는지 이유가 분명치 않다는 것이다.

우리들은 '여성' 하면 범죄와 거리감 있고, 범죄자로써 다소 예외인 듯 생각해 왔었으나, 이제 이들의 범죄성향은 과거와 다른 변화를 계속하고 있다. 그리고 여성의 범죄성향도 남성의 것과 다를 바 없이 폭력범죄에서도 급증세를 보이고 있다. 본 장에서는 남성과 여성의 유사성, 그리고 상이성을 지적하고, 남성과 여성의 범죄적 성향을 함께 설명할 것이다.

제7장에서 범죄행동의 유형별 원인과 해석을 할 것이다. 범죄행동으로써, 도둑과 강도, 살인과 자살, 방화, 유아 성폭력, 그리고 성폭력의 원인에

대한 설명이 주어진다. 또한 직접적인 폭력행동은 아니라도, 갱조직과 약물 중독에 대한 설명이 있을 것이다.

자살이 타인에 대한 폭력행동은 아니지만, 법적인 차원을 넘어서 인간이 부여받은 생명의 존엄성을 타인이든지 자신이든지 지켜야 한다는 사고에서 함께 포함하였다. 본 장은 유아 성폭력과 성폭력을 구분하여 설명한다. 이유는 성폭력 사건이 사회의 발전과 더불어 매우 신속하게 증가하는 범죄 중의 하나라는 점과, 폭력의 희생자가 전자는 유아, 후자는 성인이라는 점에서 구분되기 때문이다.

본 장에서는 각 범죄유형에 적합한 실제 보도를 같이 첨가해서 범죄의 상황을 머리 속에 그리도록 하며 설명해 나간다. 그래서 본서를 읽는 학생들도 범죄의 심각성을 느끼며, 주위의 범죄를 예방하고, 지적하고, 나아가 훌륭한 시민으로 발전할 수 있는 기회를 갖도록 노력하였다.

제8장은 지금까지는 설명해 온 것과 성격을 달리한다. 세상은 범죄자에게 거의 모든 관심을 보여 왔지만, 그들로부터 피해를 당한 피해자들에게 별다른 관심을 보이지 않는다. 그러나 범죄 피해는 수적인 면에서도 외면하기 어려운 사회적 일이며, 그러한 숫자는 점차 증가되고 있다는 사실을 부인할 사람은 없다. 국가나 사회는 범죄자를 구속하고 찾는 것만으로 피해자에게 봉사한다는 생각을 가질 수 있으나, 범죄 피해자들이 범죄로부터 받는 심리적 영향은 생각보다 더 클 수 있다. 더욱이 성폭력에 의한 피해자들은 일생을 통한 심리적 영향을 받지만, 밖으로 드러나는 두려움 때문에 숨기고 살 수도 있다.

폭력범죄의 피해자들은 보복이 두려워 입을 다물고 지내야 하는 고통을 가질 수도 있다. 아울러 직접적인 피해자는 아니라도, 가족 중의 한 사람이 강력범죄의 피해자일 경우에 그의 가족들 역시 심한 심리적 충격을 경험하게 마련이다. 예를 들어서 살해당한 가족들, 성폭행당한 여인의 애인들을 생각할 때, 직접 폭행을 당한 만큼이나 어려움을 겪어야 한다. 그러므로 정부나 사회는 범죄자의 색출에 관심을 갖는 것은 물론이며, 동시에 피해자와 그의 가족에 대한 관심도 아울러 가져야 한다는 의미에서 범죄 피해자라는 장(chapter)을 마련하였다.

제9장은 범죄행동의 수정과 예방에 대해서 심리학적 탐색을 할 것이다.

어떻게 하면 범죄가 없는 사회를 성취할 수 있을까 하는 마음은 모든 사람의 염원이다. 심지어 범죄자라고 하더라도 범죄의 발생을 원치 않은 것이다. 범죄행동의 수정과 예방책을 위한 수많은 이론과 주장들이 범죄행동의 원인만큼이나 지적되었지만, 본서의 주된 관심은 사회 심리학적 측면의 설명에 주력할 것이다.

범죄별 금전적 손실

본서가 범죄행동, 특히 공격행동에 대한 관심을 갖지만, 금전적 측면에서 보면 이런 행동은 너무나 미약하다. 오히려 근엄한 자리에 앉아서 허세를 부리는 사람들이 더 많은 금전을 부정적으로 착복할 수 있다. 그래서 금전적 측면에서 범죄를 설명한다면, 탈세 같은 범죄를 더 중하게 다루어야만 한다. 그러나 공격적 행동을 중요시하는 이유는 인간이 부여받은 존귀한 권리 때문이다. 이것은 타인은 물론 자신까지도 귀하게 생각해야 한다는 점을 고려한 것이다. 그래서 금전적 측면을 뒤로하고 공격적 범죄행동에 관심을 갖는 것이다. 아래에 프랑스의 한 연구소(1991)가 발표한 범죄별 금전적 손실의 양을 제시한다. 연구의 결과에서 볼 수 있듯이 탈세를 제외한 다른 범죄의 손실액은 탈세에 비해서 아주 미약하다.

범죄별 금전적 손실 액수

탈세	1천3백76억6천6백만 프랑
대형매장 절도	1백17억8천1백만 프랑
경제-재정범죄	63억4천1백만 프랑
자동차 도난	63억2천5백만 프랑
각종 절도	35억 7천만 프랑

* 1프랑은 한화 200원 정도임.

CHAPTER 2

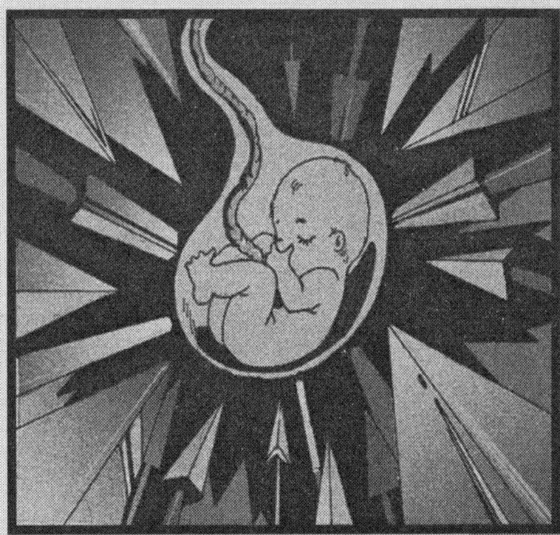

제2장

성격 이론을 통한 범죄행동의 설명

우리 사회에서 커다란 범죄사건들이 터질 때마다, 각 신문사와 방송사는 일반인들의 궁금증을 풀어 주기 위한 목적으로 전문가를 찾아 "사람이 어찌 그런 흉악한 범죄를 저질렀는가?"라는 질문을 한다. 그러면 대부분의 사람들은 범인의 과거 혹은 현재 생활 환경이 어쩌고저쩌고 하면서 환경의 탓으로 돌린다. 그러나 그런 답변을 듣는 우리들은 으레 그런 식의 답이 있을 것이라는 것을 이미 알고 별다른 깨달음이 없다. 물론 질문을 받는 전문가의 입장에서도 청취자의 귀를 솔깃하게 만드는 특별한 답을 주기도 어렵다. 예를 들어서 "그 범인은 나쁜 조상을 두어서 그렇습니다", "그 사람은 신체적 구조상 범죄를 저지르게 되어 있습니다", "그 청년은 사후에 대한 신념이 약해서 그렇습니다" 등의 답변을 한다고 가정해 보자. 이런 설명을 듣는 사람들은 무척 흥미로울 수 있지만, 설명하는 사람의 원인 해석이 금방 궁해지고 만다. 왜냐하면 조상이니 사후의 세계관이니 하는 것을 간단하게 설명할 수 없기 때문이다. 그러니까 힘들이지 않고 답할 수 있고, 어쩌다 보면 정답의 가능성을 가질 수 있는 환경을 들먹거리게 마련이다.

지금까지 범죄행동의 원인으로 밝혀진 수많은 변인들은 "환경적이다", "유전적이다", "환경과 유전의 상호작용이다", "자유의지에 의한 선택이다"라는 4개의 유목으로 묶여질 수 있지만, 이런 유목들은 또다시 세분되어서 나누어질 수 있다. 예를 들자면, "환경이 과거냐 혹은 현재냐?" "유전이 생리적이냐 혹은 심리적이냐?"라는 식의 질문을 던질 수 있다. 또한 그 질문들을 면밀히 검토하면 개인의 생활사와 관련되고, 하나의 차원, 시차원(time dimension in life)상에 놓여질 수 있다.

한 개인의 입장에서 생각할 때, 시차원은 그의 먼 조상 시대부터 미지의 세계인 사후로까지 연장될 수 있다. 그리고 시차원의 각 유목은 출생 전, 출생 시기, 유아기 등으로 나누어지고, 각 시기는 성격 이론이 주장하는 어떤 시기에 해당된다는 것을 알게 된다.

"왜 그런 범죄를 저질렀는가?"라는 질문의 이면에는 그 사람의 행동 특성이 언제 형성되었는지에 대한 시기를 논하고 또한 그 이후 지금까지 같은 행동을 반복하고 있는지에 대한 답을 요구하고 있는 것이다. 대체로 사람들 각자의 행동과 사고는 반복되므로 유사한 흐름을 갖는다. 이러한 주장을 범죄행동에 적용해 볼 때, 초범자에게는 반복이라는 단어가 어울리지 않지만, 재범율이 85~95%에 이르고 있다는 주장(홍성열 · 임영식 역, 1991)이 뒷받침하는 것을 보아서 한번 형성된 행동은 반복되므로 유사한 행동이 시간과 더불어 흘러간다는 것은 별로 이상한 것이 아니다.

어떤 사람의 행동이 비슷한 흐름을 탄다는 것은 바로 성격(personality)을 의미한다. 성격이란 무엇을 의미하는가? 이러한 답을 갖기 전에 우선 다른 질문을 가져 보자. 소, 뱀, 개 같은 동물이 성격을 갖는가? 이런 질문을 하는 이유는 이러한 동물들도 역시 각각에 따라서 비슷한 행동을 보이기 때문이다. 예를 들어서 순한 개, 거친 개 등 각 개들 모두가 다르게 행동한다. 그러나 우리들은 동물이 성격을 갖는다고 이야기하지 않는다. 왜냐하면 동물들은 단순히 습관(habit)에 의해서 행동하는 것이며, 이성적인 판단을 하면서 행동하지 않기 때문이다. 만약, 동물의 행동이 습관이 아니고 스스로의 판단에 의한 사고라는 주장을 받아들여서 개, 소, 뱀 등이 이성적 사고를 한다고 가정해 보자. 어떤 일이 일어날까? 끔찍할 뿐이다. 힘센 소가 얻어맞은 분풀이로 주인을 박아 버릴 수 있고, 영리한 개는 보신탕의 보복으로 인간을 물어뜯고 다닐 수 있다. 그러나 우리들이 소를 때려도, 그리고 보신탕을 마구 먹어 치워도 박히지 않고 물어뜯기지 않는 것은 소와 개가 이성적 사고를 못하기 때문이다.

성격에 의해서 우리들은 개인차를 발견하게 된다. 개인차는 바로 너와 내가 다르다는 의미다. 이러한 차이를 가지려면, 타인과 달라야 하고, 그 차이가 일정하게, 일관성 있게 나타나야 한다. 그래서 성격은 특이성(uniqueness), 일정성(consistency), 그리고 안정성(stability)의 3요소를 포함한다.

사람들은 자신의 본성을 숨기고 공적 얼굴(public face)을 보이며 생활한다. 그런데 주위 사람들은 이런 공적 얼굴을 보고서 그 사람의 성격이라고 오판하는 경우가 허다하다. 오판의 예를 얼마든지 찾아볼 수 있다. 밖에서는 아주 다정다감한 사람이 귀가해서 폭군이 된다. 학생들에게 친절한 교수가 동료 교수에게 아주 몰인정하다. 손님을 반갑게 맞는 음식점 주인은 주방 일꾼에게는 엉망이다. 이런 예들에서 볼 수 있듯이 사람들은 몇 개의 얼굴을 가지고 살아간다. 이와 같이 사람들은 이해 관계 혹은 어떤 의도(intention)와 목적(purpose)을 위해서 본심과 다른 공적 얼굴을 보이며 생활한다. 그러므로 타인에게 보여 주는 공적 얼굴을 그 사람의 성격이라고 생각한다면, 실망할 수밖에 없다. 물론 어떤 상황에서든지 공적 얼굴과 같은 행동을 보이며 생활하는 사람이라면, 그것은 바로 그 사람의 성격이라 해도 좋다.

사람이 동물과 다른 이유는 이성적 사고를 한다는 것이다. 그래서 사람들이 상황에 따라 다르게 행동할 수 있지만, 성격이란 앞에서 설명한 특이성, 일정성, 안정성을 갖는다는 것 자체가 그다지 변화적이 아니라는 것을 의미한다. 그러면 성격을 어떻게 정의할 수 있을까? 성격이란 "가면 아래의 진짜 사람(a real person beneath the mask)"(Monte, 1980, p.1)이다. 가면이란 남에게 보이며 사는 우리들의 얼굴이다. 그 가면 아래 우리 모두는 진짜 사람을 갖는데, 이것이 성격이다. 그 진짜 사람은 대체로 동일한 행동과 사고유형을 나타낸다.

얼굴 아래 진짜 사람은 행동과 사고에서 특이성, 일정성, 그리고 안정성을 늘 보이게 마련이다. 그런데 가면과 가면 아래의 사람이 동일한 사람을 찾을 수 있을까? 물론이다. 그러나 다름 아닌 예수, 석가모니 같은 성자들일 수밖에 없다. 즉 인간이라면 누구나 두 개의 얼굴 -가면과 같은 공적 얼굴과 그 아래에 진짜 얼굴을 갖게 마련이다. 사람들 간에 차이가 있다면 두 얼굴 사이의 간격 정도에 따라서 다를 뿐이다. 그래서 솔직 담백한 사람은 두 얼굴의 간격이 좁고, 사회적 카멜레온(social cameleon) 같은 사람들은 넓은 간격을 가질 것이다. 이런 이유 때문에 타인을 이해하기 원하면, 아주 오랜 시간을 두고 관찰할 수밖에 없다. 그러니 답답한 마음에 점쟁이나, 역학자를 찾아서 궁금증을 풀어 보려고 하지만 언제나 컬컬한 마음뿐이다.

조상님들의 헛갈리는 성격 정의

우리 나라에 "열 길의 물 속은 알아도, 한 길 사람의 마음은 모른다."와 "한 가지 행동을 보고 그 사람의 열 가지 행동을 알 수 있다"는 속담이 있다. 서로가 대비되는 말이지만 한편 모두 수긍할 수 있는 것들이다. 위의 예에서 알 수 있듯이 사람의 마음은 물리적으로 열 길 물 속보다 훨씬 낮지만, 내용면에서 열 길 물 속보다 훨씬 깊다는 의미이다. 또한 타인에게 보여 준 한 가지 행동이 그 사람의 성격을 대표하는 것이라면, 하나를 보고도 그 사람의 열 가지를 알 수 있다는 의미이다. 그러나 사람의 성격을 파악하기 어려웠던지, 조상들도 왔다갔다 하며 정의했다.

그러면 무엇이 우리들에게 그러한 성격을 나타내도록 하는가? 이러한 질문의 답은 바로 성격 이론(the theories of personality)에서 얻을 수 있다. 그리고 각각의 성격 이론은 동기적 힘(motivational forces)에 의해서 구분된다(Rychlak, 1981). 사람의 동기적 힘이란 샘물과 비교될 수 있을 것 같다. 샘물은 날이 가물거나 장마가 들어도 대부분 일정량의 물을 솟아나게 한다. 이와 같이 우리들의 사고와 행동을 샘물과 같이 일정하게 만드는 것이 바로 동기적 힘이다.

동기적 힘은 언제 형성되는가? 하는 질문은 성격 이론의 가장 핵심적 질문이 된다. 다시 말하면 그 힘이 과거, 현재, 미래의 시차원에서 어디에 근거를 두고 있느냐 하는 것이다. 질문의 내용이 지적하는 것같이 각 성격 이론은 우리들의 행동에 에너지를 조달하는 시차원상의 강조 시기(the time stressed on the time dimension)를 갖는다. 예를 들어서 Freud의 이론은 과거를 중시하며, 우리들이 기억할 수 없는 과거의 경험에서 동기적 힘을 찾는다. "3살 버릇이 여든까지 간다"는 속담은 유아 시절을 강조하지만, 이 세상에 3살 적 경험을 기억할 수 있는 사람은 거의 없을 것이다. 그러나 그때에 얻은 경험은 일생을 통해서 우리의 행동과 사고에 영향을 미친다. Freud의 이론을 과거에 놓을 수 있듯이 다른 이론들도 시차원상의 어느 부분에 놓을 수 있다. 이제 여러 가지 성격 이론을 시차원상에 〈그림 2-1〉과 같이 나열하였다.

출생전 조상의 경험 경험	경험했지만 기억못하는 있는 경험	경험하고 기억할수 목표	현재	가까운 미래	먼 미래	사후 신념
Jung의 분석심리학	Freud의 정신분석학	학습 심리목표 이론	실존주의 심리학	Maslow의 자아실현	Rogers의 내담자 중심이론	종교적 가르침

〈그림 2-1〉 인생이라는 시차원상에 놓인 성격 이론들의 위치

모델에서 볼 수 있듯이, 사람들의 인생은 크게 과거, 현재, 미래로 나뉘고, 과거는 다시 ① 태어나기 전, ② 경험을 했지만 기억하지 못하는 과거, ③ 경험을 했고, 기억할 수 있는 과거로 구분된다. 미래는 ① 가까운 미래, ② 먼 미래, ③ 사후의 세계로까지 이어진다. 이러한 시기적 구분에 적합한 성격 이론들이 시차원상에 위의 그림과 같이 놓여졌다.

Jung의 분석심리학을 시작으로 Freud의 정신분석 이론, Skinner 등의 학습 이론, Binswanger와 Boss의 실존주의 심리학, Rogers와 Maslow의 인본주의 심리학, 종교적 신념들이 각각의 강조되는 시점에 놓였다. 물론 위에서 언급된 이론들 이외에 다른 학자들의 것들도 시차원상에 놓일 수 있지만, 제시된 것들이 가장 대표적이라는 생각에서 선택되었다.

이제 각 학자들의 이론을 통해서 실제 범죄행동을 해석하고, 그 행동의 형성 시기와 원인을 검토해 볼 것이다. 이론과 함께 설명될 사건은 1998년 9월 11일 보험금을 타내기 위해서 아들의 손가락을 자른 아버지의 범죄행동이다. 이 사건의 설명은 독자의 기억을 새롭게 하기 위해서 각 이론의 설명 후에 매번 제시될 것이다.

1. 과 거

과거(past time)의 경험이 우리들의 행동에 영향을 미친다는 주장을 하는 이론들이 상당수에 이르지만, 그런 경험들이 모두 동일 차원에서 과거를 다루지는 않는다. 과거는 다시 ① 우리들의 경험과 전혀 관계없는 태어나기 전의 과거, ② 모든 사건들을 경험했지만 전혀 기억할 수 없는 과거, ③ 경험도 했고, 기억도 할 수 있는 과거로 나누어진다. 이제 이런 시기에 맞추어 행동특성의 형성 시기를 주장하는 이론들을 살펴보기로 한다.

1-1. 태어나기 전 경험

Jung은 사람들의 사고와 행동의 원인으로써 우리들이 태어나기 전 조상들이 경험한 정서적 누적의 유전을 이론의 핵심으로 내세운다. 그래서 우리의 의식 뿌리는 집단 무의식[1]에 있으며, 또한 우리들이 그것의 영향을 받고 있다는 것이다. 이제 Jung의 이론을 점검하고, 다음에 범죄행동을 어떻게 설명할 수 있는지를 살펴볼 것이다.

1) Jung의 분석심리학

성격 이론은 Freud가 주장한 정신분석의 역반응으로 나타나기 시작하였다. 그러나 본서는 각 이론이 주장하는 시차원상의 시기에 관심을 두기 때문에 정신분석학보다 Jung의 분석심리학을 앞에 내세웠다(〈그림 2-1〉). Jung은 Freud의 성 에너지(sex energy)에 근거한 리비도(libido)를 받아들이지 않았다. 그에 따르면, 우리들의 정신에너지는 Freud가 주장하는 리비도가 아니라 대립 원칙의 이론(theory of opposite principle)에서 비롯된다고 강조했다. 예를 들어, 밧줄 당기기 시합을 연상해 보자. 경기에 임한 두 팀이 대등한 힘으로 맞설 때는 밧줄이 팽팽해지면서 그 사이에 힘이 생성된다. 그러나 어느 한 쪽의 힘이 달리면, 볼품 없는 꼴이 되고 양 팀 사이에 아무런 힘이 존재하

1) Jung의 이론에서 가장 중요한 개념이다. 이것은 조상의 강한 정서적 경험들이 누적되어서 다음 세대에서 다음 세대로 전해지는 정신적 유전의 주제가 된다. 집단 무의식의 설명은 계속해서 주어질 것이다.

지 않는다. 대립 원칙은 바로 이런 의미를 갖는다.

Jung은 또한 우리의 정신에서 유전(heredity)을 강조한다. 그러나 이러한 강조는 신체적이라기보다는 오히려 정신적이다. 신체적 유전은 자연 발생적인 반면, 정신적 유전은 목적적(teleological)이기 때문에 한 세대에서 다음 세대로 목적을 가지고 이어져 간다고 생각했다. 그래서 Jung은 다음과 같이 주장했다. "우리들의 정신은 오늘의 것이 아니다. 정신은 수백만 년 전으로 거슬러 올라가야 한다. 그래서 개인의 의식은 땅 아래 뿌리를 내리고 있는 계절의 꽃이며 또한 과일에 불과하다"(Rychlak, p.181). 그러므로 지금 우리들이 나타내고 있는 사고와 행동의 근거는 내가 아니라 우리 조상들이 경험한 것들의 누적에서 비롯된 것이다.

우리들의 최초 조상, 태고인들은 혼미한 상태에서 지적인 활동보다는 오히려 주위 환경에 대해서 동물과 같이 주관 없는 행동을 보였을 것이다. 이때에 그들은 의지에 의해서 행동하는 것이 아니라 본능에 의해서 모두가 공통적으로 행동을 했으므로, 주관적 사고가 없고 단지 주위 환경과 생리적 요구에 따라 적절히 사고하며 살았을 것으로 짐작된다. 그때의 생활은 생리적으로 배가 고프니까 먹고, 욕구가 있으니까 자식을 낳았을 것이다. 이들의 생활은 모두가 공통적이었기에 사고 역시 구별이 없었으며, 그래서 조상들의 눈에는 세상이 하나의 묶음에 불과했을 것이다. 그러나 시간이 흘러 생활하는 가운데 어느 날 한 사람이 아주 강한 정서적 경험을 하면서 자신이 다른 사람과 다르다는 것을 알게 된다. 예를 들어, 모두가 며칠을 굶어서 매우 고통스러웠지만 꾹 참고 사냥을 하고 있었다. 그런데 유별나게 한 친구가 돌팔매질을 잘해서 토끼를 잡는 것을 목격한다. 이때에 이 사람은 '나는 왜 이렇게 못 잡아!' 라는 생각을 하며, 나와 그를 구별하게 된다. 이런 진한 정서적 경험은 피가 응고하듯이 유사한 경험을 흡수해서 의식으로 발전된다. 이렇게 발전된 의식은 〈그림 2-2〉와 같이 4개의 심리적 기능을 가지며, 각 기능은 서로 대립 관계를 갖는다.

우리의 의식에서 합리적 기능을 하는 것은 사고(thinking)와 감정(feeling)인데, 사고는 논리적 사고의 기능을 가지며, 감정은 사물과 사건에 대한 가치 평가를 한다. 비합리적 기능을 갖는 감각(sense)은 사실 그대로 지각하고 사물을 자세히 기억하는 기능을 갖는다. 마지막으로 직관(intuition)은 가치 판단 없이 지각하고, 사물의 변화를 무의식적으로 파악한다. 그래서 사물의 전체 분위기를 받아들인다.

〈그림 2-2〉 개인의 의식구조

위에서 볼 수 있듯이 4개의 기능은 서로 대치되는 위치에 있어서 서로 대립 관계를 유지한다. 그러나 이들 중에서 어떤 하나가 다른 것보다 우세할 수 있는데, 이것이 발달해서 의식의 주기능 역할을 한다. 그래서 이런 유형이 바로 개인의 정신 활동 형태라고 말할 수 있다.

네 기능의 균형을 이룬 사람은 자신의 주요 기능은 물론이고 두 번째, 세 번째 기능을 이용할 수 있고 마지막 열등 기능까지도 이것이 어떤 것이며 언제 나타날 수 있는 것인지 미리 알 수 있는 사람이 된다. 만약 어떤 사람이 4개의 기능 모두를 의식에 떠올릴 수 있다면, 그 사람은 완전하게 성장한 사람이 된다.

의식의 네 기능 중에서 열등 기능은 믿음직스럽지 못하고, 쉽게 영향받으며, 다듬어지지 않았고 또한 애매하다. 이 기능은 누구도 통제할 수 없으며, 경우에 따라서 오히려 열등 기능이 사람을 좌지우지하게 된다. 왜냐하면 그것은 원시적이고 본능적인 집단 무의식의 영향을 가장 많이 받기 때문이다. 그러나 열등 기능이 열등한 상태로 남아 있기를 원치 않을 때, 집단 무의식의 영향을 받아서 주기능과 같이 불쑥 나타난다. 이러한 경우는 멀쩡한 사람이 어느 날 범죄자로 변한다든가 혹은 엉뚱한 말을 해 놓고는 그런 말한 적이 없다고 하는 사례들이다. 이런 사람들은 본인이 행동이나 말을 하는 경우에 자신도 모르는 상태에 있게 된다.

위에서 설명한 4개 기능 이외에 인간의 심리를 알기 위해서는 Jung이 주장하는 외향성과 내향성의 특성을 알아야 한다. 이 특성은 어떤 자극에 대한 반응의 형태인데 이 둘은 서로 보상적 관계를 갖는다. 만약 의식이 외향적이라면, 무의식은 내향적이다. 또한 의식이 내향성이라면, 무의식은 외향성이다. 사람들이 갑자기 이해할 수 없는 행동을 보이는 것은 미분화되고 강박적인 내향성의 무의식 때문이다. 그러므로 "내향형의 무의식이 폭발하면 외향형의 주체적 요소는 힘을 잃는다. 이런 경우 마음이 긍정적이고 세상과 어울려 사는 사람이 일시적으로 또는 영원히 자기 중심적이며 비판적이며 불평하는 사람으로 변한다"(홍성화 역, p.37). 역으로 외향성이 주체적 힘을 얻는다면, 이러한 사람은 자신의 내면을 감찰하는 행동을 보이지 않고 자신의 외향성을 너무나 강조한다. 이렇게 내면을 보지 못하는 사람은 내면의 세계가 낯설기만 해서 자신의 내면을 언제나 보지 못하고 밖의 세상에서 맴돈다. 한편 내향적인 사람은 더 이상 안으로 갈 수 없을 때까지 계속 가며, 자신의 내면을 타인에게 보이지 않는 그런 사람이 된다. 이러한 이유 때문에 우리들이 외향성 혹은 내향성의 어느 한쪽으로 기울게 되면 위험하다.

한쪽으로만 기울어서 등한시되었던 기능이 고개를 들고 나타나기를 원하는데, 이유는 우리의 정신이 갖는 목적이 바로 완전한 성숙이기 때문이다. 이것을 위해서 의식의 네 기능, 그리고 외향성과 내향성이 서로 배척하고 보완적 관계에서 균형을 이루고 있어야 한다. 그러나 만일 어느 한 기능이 계속 일방적 성향을 보일 경우에 감추어진 기능은 나타나기를 원할 수 있고 일방적 성향 때문에 나타날 수 없다면, 그 기능은 신경증으로 바뀐다.

우리의 정신(psyche)이란 집단 무의식에서 생활과 더불어 의식이 분화된 것이고 의식에서 다시 개인 무의식이 발달된 것이다. 개인 무의식은 기억하기 싫은 것, 부정적인 사건으로 구성된다. 그래서 우리의 정신은 아래의 〈그림 2-3〉같이 의식, 개인 무의식, 집단 무의식의 영역으로 구분된다.

위의 그림에서 집단 무의식에 자리잡고 있는 원형(archeypes)과 의식의 영역에 자리잡고 있는 페르조나와 자아(ego), 개인 무의식에 위치한 섀도우(shadow), 집단 무의식과 개인 무의식의 중간에 자리잡고 있는 자기(self)는 모두가 어떤 강한 정서적 경험의 누적들이다. 정서적 경험이 강하면 강할수록 더 많은 유사 경험들은 스노우볼 효과(snow-ball effect)와 같이 처음의 경험에 누적되어서 힘도 커지고 점점 자라서 하나의 콤플렉스(complex)[2]를 형성한다. 그래서 이것들은 마음에서 나름대로 어떤 힘을 갖는다.

2) 콤플렉스는 보통 심리적 문제와 관련지어서 생각하기 쉽지만, 여기서는 단순히 강한 정신적 힘의 형태를 의미한다.

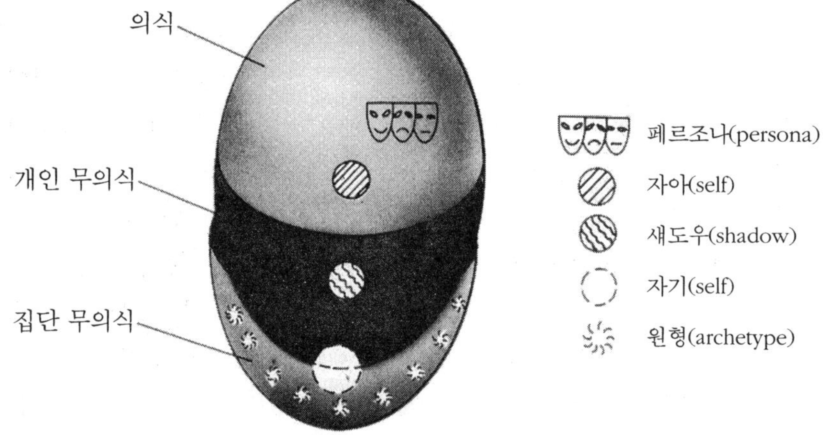

Rychlak, 1981, p.190

〈그림 2-3〉 Jung의 정신 구도

자아 콤플렉스의 주된 활동 영역은 의식이다. 자아는 우리들 스스로를 부정적으로 혹은 약하게 보기보다는 오히려 긍정적이고 또한 강하게 생각한다. 자아는 우리들이 생활하면서 경험한 것들인데, 특히 자아는 중요한 일을 성취한 후에 얻는 성취감이다. 우리들이 혼자 조용히 차를 몰고 갈 때, 스스로와 대화하는 대상이 바로 자아이다. 좋은 친구와 대화를 나누고 싶은 것같이 자아는 우리들에게 기분 좋은 대상이다. 실망스런 일을 맞이했을 경우에 우리들은 " 야, 너 실망하지마! 세상은 다 그런 것이야. 힘 내!"라고 하면서 얼마든지 자아와 대화 경험을 갖는다. 그러나 우리들은 기분 나쁜 사람(비록 자신이지만 섀도우)을 일부러 만나서 대화할 사람은 아마도 없을 것이다. 우리들이 자아를 일부러 불러서 대화하는 것을 보면 분명히 기분 좋고 성취적인 경험의 누적이 자아라는 것을 알 수 있다.

페르조나는 그리스 언어로 가면(mask)이라는 의미를 갖는다. 이것은 우리들이 일상 생활을 하면서 타인과 사이에서 만들어진 얼굴이다. 그림에서 볼 수 있듯이 우리들은 여러 개의 가면을 쓰고 산다. 학교에서, 가정에서, 친구 사이에서 각기 다른 가면을 쓴다는 것이 이상할 것 없다. 결국 이런 가면은 우리들이 사회에 적응할 수 있도록 돕는다.

개인적 입장에서 사람들은 의식의 주기능으로 환경에 적응해야 하지만,

사회의 규범, 종교적 가르침, 부모와 학교의 교육에 따라서 주기능에 가면을 씌운다. 그와 달리 가면을 벗고 주기능으로 세상을 산다면, 엉망진창인 세상을 만들게 된다. 왜냐하면 가면을 벗은 주기능은 너무나 솔직하기 때문에 대인 관계에서 마찰만을 유도하기 때문이다. 이런 이유 때문에 적응 차원에서 좋은 기능을 가진 페르조나는 정신 건강에 절대적으로 중요한 역할을 한다.

섀도우는 우리들이 잊어버리고 싶은 내용, 실패감 등을 포함하고 있으므로 자아와 대립 관계를 갖는다. 섀도우 콤플렉스의 핵심적 정서는 시기 혹은 적대감같이 부정적인 것이다. 이런 콤플렉스는 성격의 어두운 곳에 위치한다. 개인이 잊어버리고 싶은 기억들을 구석으로 밀어 내기 때문에 섀도우의 영역은 의식에서 멀리 있는 개인 무의식이다. 이곳은 덜 발달된 기능과 함께 숨기고 싶은 정서를 감추어 둔 곳이다.

자기(self)는 모든 사람에게 형성되지 않는다. 왜냐하면, 자아는 성격발달의 궁극적 단계이므로, 이 단계에 이를 경우에 자아, 섀도우, 페르조나의 내용이 자기에 의해서 밝혀지고 다루어질 수 있기 때문이다. 자기가 발달한 사람은 사랑(ego)과 미움(shadow)은 물론 이기심(shadow)과 정열(ego) 모두를 알 수 있다. Jung은 우리들이 자신의 기본적 의미를 이해하는 용어로 완전성(wholeness), 성격의 중심(the center of personality), 전체성(totality)과 같은 단어를 사용하는데, 자기는 이것들을 대신할 수 있는 용어다(Jung, 1958). 미래에 대한 가능성과 야망이 역사적 과거와 결합되는 경우에 우리들은 완전한 개인이 된다. 그러므로 자기는 연속되는 시간의 흐름 속에서 주체적 역할을 한다. 그러나 우리 모두가 완숙된 사람으로 발전하지 못하므로 이런 이야기는 소수에 그치고 만다.

집단 무의식은 우리 조상들이 너와 나를 구별 못하는 혼미한 상태에서 세상을 살았을 때부터 시작된 감정의 누적이며 정신의 가장 밑바닥에 위치한다. 그리고 원형(archetype)을 통하여 정신 구조의 모든 요소에 은은하게 영향을 미친다. 그래서 "집단 무의식은 인류가 진화하여 오는 동안에 쌓인 강력한 정신 유전인자이며, 개개인이 태어날 때부터 뇌의 조직에 유전된다(홍성화 역, 1985, p.53)."

집단 무의식을 좀더 자세히 이해하기 위해서 다음과 같은 예를 들어 본다. 드라큐라 같은 무서운 괴기 영화에서 유령이 사는 집은 먼지가 쌓인 낡은 집에 거미줄이 이리저리 쳐진 창살, 그 창살을 통해서 희미하고 은은한 등불 빛이 계속 흘러나온다. 이와 같이 정신 구조의 가장 깊고 후미진 구석에 자리잡고 있는 집단 무의식은 아무리 파악하려 해도 찾을 수 없는 그런 것이다. 원형은 드라큐라 영화에서 침실의 등불 같은 것이다. 그래서 원형은 〈그림 2-3〉과 같이 우리의 정신 구조의 아주 깊은 곳에서 모든 면에 빛을 발하고 있다.

태고적 우리 조상들은 한 곳에 머물지 못하고 먹이를 찾아 이리저리 돌아다니다가 적절한 곳을 찾아 정착하였을 것이다. 그래서 이들은 하나의 씨족사회를 이루고, 이것이 점차 커져서 공동사회, 민족국가, 연합국가를 형성하게 되었고, 각각의 사회와 국가는 나름대로 경험을 쌓아 갔을 것이다. 이와 동시에 조상의 원초적 경험의 누적(집단 무의식)이 각 사회와 국가의 형성 과정을 거치면서 차이를 갖는다는 측면도 있지만, 집단 무의식의 영향으로 공통분모를 갖는 면도 있다. 이러한 설명은 아래의 〈그림 2-4〉가 잘 나타내고 있다.

〈그림 2-4〉에서 집단 무의식은 "절대로 의식되지 않는 집단 무의식"과 "집

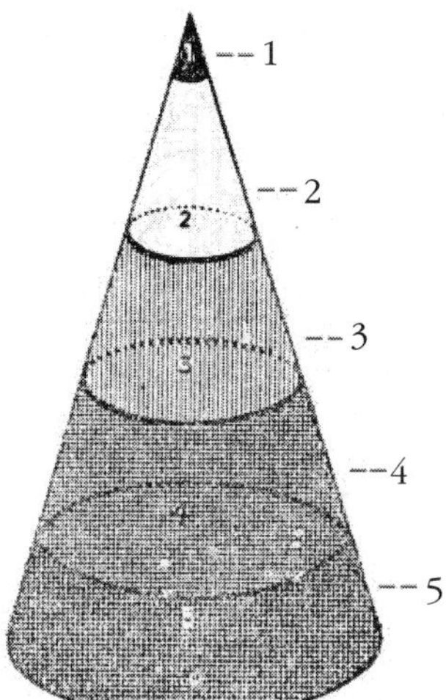

1－자아
2－의식
3－개인 무의식
4－집단 무의식
5－절대로 의식되지 않는 집단 무의식

홍성화 역, 1985, p.53

〈그림 2-4〉 집단 무의식에서 자아까지

단 무의식"으로 나뉘어 있다. 여기서 전자는 조상의 정서적 경험의 누적으로 세상 사람 모두가 공유하는 것이고, 후자는 각 민족 혹은 각 국가의 조상들이 경험 한 것의 누적일 것이다. 개인의 경험에 의해서 만들어진 자아, 의식, 그리고 개인 무의식은 전체 정신 영역에 비해서 작은 부분을 차지하며, 대부분의 영역은 조상의 정서적 누적들이 차지하고 있다. 그러므로 우리의 정신은 Jung이 말한 바같이 집단 무의식의 영향하에 있기에 계절의 꽃이고 열매에 불과하다.

우리의 정신이 분화된 과정을 〈그림 2-5〉가 설명하고 있다. 그림에서 I, II, III은 태고인의 정신이 중심을 이루고 동물과 같은 인간을 거쳐서 인류의 조상, 인종(한민족, 유태민족, 셈족 등), 국가, 씨족, 가족, 개인에 이르면서 중심력의 영향을 받는다. 여기서 중심력이란 인류가 공동으로 경험한 정서의 누적임을 의미한다는 것을 보여 준다. 그래서 Jung은 엄격하게 인류의 조상, 동물의 조상 등으로 구분을 했지만, 이것들을 하나로 묶어서 집단 무의식으로 표현해도 큰 문제가 없을 성싶다. 어쨌거나 그림에서 알 수 있듯이 집단 무의식은 우리들 자신의 의식에 구애받지 않고 조상의 원초적 영향을 곳곳에 미치고 있다. 그러나 한편, 우리들은 각 민족과 국가가 다른 문화를 형성하고 행동과 사고에서 차이를 갖는 이유를 아래의 그림을 통해서 이해할 수 있을 것이다.

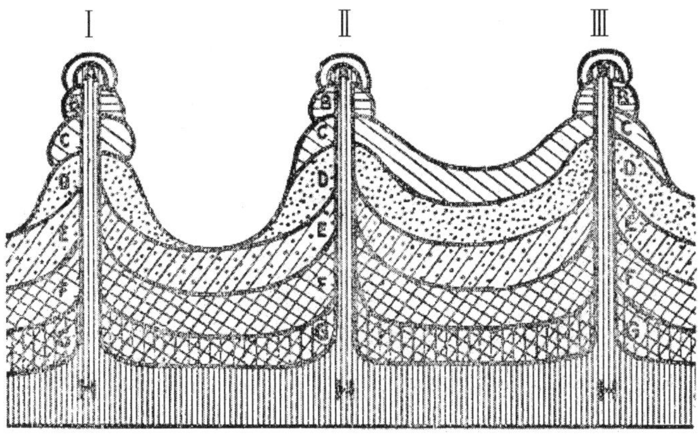

A = 개인 B = 가족 C = 씨족 D = 국가 E = 인종
F = 인류의 조상 G = 동물의 조상 H = 중심력

홍성화 역, 1985, p.54

〈그림 2-5〉 원형의 표출의 범위

집단 무의식은 우리들이 전혀 알 수 없는 그런 존재인가? "그렇다." 우리들은 언제나 집단 무의식의 영향을 알 수 없다. 집단 무의식은 의식에 떠올려서 파악될 수 있는 존재가 아니다. 그러나 우리들은 꿈, 신경증세, 환상을 통해서 집단 무의식의 존재를 경험하게 된다. 예를 들어, 우리 나라 사람들은 꿈에서 본 해가 아버지를 의미한다고 생각하지만, 아프리카의 사람들은 큰 물고기를 아버지로 해석할 수 있다. 아버지의 상을 우리들은 해(sun)로, 아프리카 사람들은 물고기(fish)로 인식하는 이유는 각기 다른 경험을 하며 생활해 왔기 때문이다. 이에 대한 또 다른 예를 들어 보자. 각 국가는 자신의 나라를 상징하는 국기를 갖는다. 미국의 성조기, 한국의 태극기, 일본의 일장기, 중국의 인민기…. 이와 같이 표현은 다르지만, 국기가 상징하는 주제는 모두 동일하다. 다시 말하면 국기는 조상의 정서적 경험이 누적되어 하나의 그림으로 표현된 것이지만 각나라의 경험에 의해서 다소 다르게 표현된 것이라고 생각할 수 있다.

성조기를 밟는 학생들, 누구를 밟고 있는가?

학생 데모가 한창이어서 반미의 목소리가 높을 때, 캠퍼스에서 흔히 볼 수 있는 것은 학생들의 발길이 가장 많은 길에 그려진 성조기이다. 지나가는 학생들은 성조기를 피해 갈 틈이 없기에 할 수 없이 밟고 지나가야 한다. 그러나 무심히 밟는 성조기는 바로 미국 조상들의 얼굴을 밟는 셈이다. 우리들은 무심하게 지나가지만, 그것을 지켜보는 미국인의 마음에는 조상의 얼굴을 밟히는 것으로 생각할 수 있다. 역으로 얼마나 미웠으면, 찾고 찾은 최고의 보복책으로 국기를 밟는 것이었겠느냐 하는 반문을 할 수 있지만, 밟히는 쪽이나 밟는 쪽 모두의 원형이 작용하고 있음을 알아야 한다. 조상의 얼굴을 밟히면, 최고의 모욕이고, 국기를 밟는 것은 최고의 보복이지만 결국 조상의 얼굴을 밟고 또한 밟히는 것이다. 그래서 그런지 증오와 보복의 악순환이 거듭될 뿐이다. 집단 무의식은 최초의 인간이 경험한 것을 시작으로, 민족에서 국가로, 국가에서 씨족으로, 씨족에서 가족으로 계속 분화되면서 개인의 독특한 정신 꼭대기까지 분화되는 것을 나타낸다. 그래서 결국 우리들은 성조기든지 혹은 태극기든지 결국은 공통적 조상의 얼굴을 서로 밟고 있는 셈이다. 그래서 그런지 밟는 쪽도, 밟히는 쪽도 모두 개운한 마음은 아니다.

원형은 집단 무의식의 원초적 상(primordial image)이며, 이 상(symbol)은 언어적 표현보다는 오히려 그림(picture)으로써 표출되고 여러 가지 의도가 복합적으로 뭉쳐진 것이어서 수많은 사람들 사이에서 동시에 표현된다. 단군 신화도 언어적 표현보다는 곰과 호랑이같은 상으로 설명되고 있다. 원형이 만들어 내는 상은 각 국가의 국기, 건국 신화 같은 것이다. 그래서 우리들이 갖는 신화는 집합적 무의식에서 나타난 환상적 꿈 혹은 꿈의 연장에서 비롯되었을 수 있다. 원시 생활에서 생각지 않게 일어나는 사고(事故)는 인간에게 우연한 일이기 때문에 신화는 꿈 같은 환상(hallucination)과 유사하다. 이러한 이유 때문에 신화는 이런 환상에 근거하기 때문에 전적으로 참일 수 있거나 혹은 전적으로 허위일 수 있다.

원형은 우리들이 전혀 알 수 없는 깊고 깊은 집단 무의식에 자리잡고 정신 구석구석에 은은히 빛을 발하고 있다. 앞에서 예를 든 허름한 집구석(집단 무의식)의 등잔불(원형)이 흘려 보내는 빛은 상을 만든다. 전등이 일정량을 발하고 있는 것같이 "원형은 우리의 마음이 표현하고, 성취하고, 배우고, 나타내려고 의도하는 바로 그 필수적 요소를 반영하는 규격화된 정신행동"(Jung, 1961, p.131)이다. 〈그림 2-3〉에서 볼 수 있듯이 원형은 길고 긴 집합적 역사라고 하는 커튼 밖으로 끊임없이 상(象: symbol)을 만들고 있다. 그래서 Jung은 "인간을 상징화 동물(symbolizing animals)"(Rychlak, 1981)이라고까지 표현한다.

원형

원형은 집단 무의식 안에 머물며 우리들의 생활을 간섭하고, 집단무의식의 내용을 의식에 떠올리는 것이 과제이고 의무다. 원형은 우리들이 우연이라고 생각하는 사건, 즉 동시에 두 사건에 대한 예감을 원형의 작용으로 설명한다. 예를 들어, 잠을 자다가 멀리 살고 있는 자식의 교통사고를 꿈으로 본 후, 자식이 꿈을 꾼 그 시각에 교통사고를 당했다는 사실을 알게 된다. 동시에 두 사건이 일어난 것을 Jung은 동시성 원칙(synchroniccity)이라고 불렀다. 그는 이러한 현상을 무의식에 역사성과 함께 존재하는 지식의 효과 때문이라고 해석한다. 이 지식은 우리들의 의지와 관계없고 소우주와 대우주의 성질에 근거를 둔다. 내상과 외사건의 의미 있는 일치가 동시성 현상을 결정하는데, 이 일치에서 원형의 정신적 면과 물질적, 신체적 측면을 드러낸다. 원형은 증가한 에너지의 양 또는 영적 감정의 작용으로 동시성을 경험하는 사람을 자극하여 강력한 감정을 줄이거나 부분적으로 정신 수준을 저하시킨다. 정신 수준의 저하는 이런 동시성 현상을 발생시키고 또 이러한 것이 지각되기 위해서 꼭 있어야 하는 것이다(홍성화 역, 1985, p.71-72).

정신적 유전을 강조하는 Jung의 이론은 계속 흘러가는 역사의 흐름 속에서 우리들이 과거의 영향을 받는 동시에 그러한 우리들 자신도 무언가 첨가한다는 주장이다. 영겁의 세월을 흘러온 역사에다가 개개인이 첨가하는 내용은 정말 하잘것 없지만, 세월이 흘러 언젠가는 누적된 내용으로 변하여 힘을 발할 때도 있을 것이다. 하여간 우리들은 '나'라는 가면을 쓴 우리의 조상들이라고 요약하면 어떨까 한다.

2) 분석심리학에 의한 범죄행동의 설명

보험금을 위해서 아들의 손가락을 자른 아버지

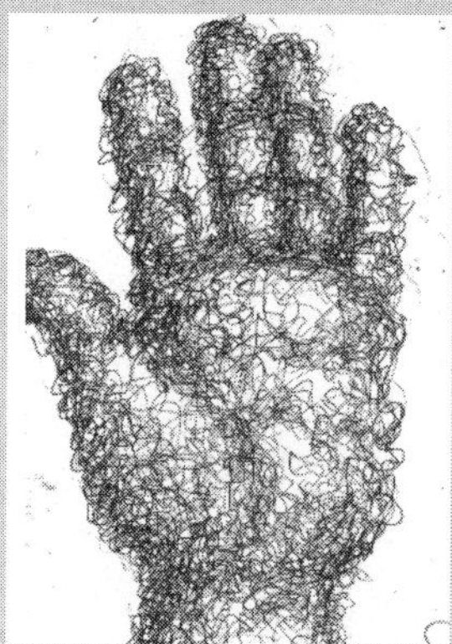

1998년 9월 11일 보험금을 타내기 위해서 아들의 손가락을 자른 비정한 아버지에 대한 보도는 TV를 보는 사람의 마음을 무겁게 했다. 자식을 둔 부모, 부모를 모시는 자식의 입장에서 모두가 할 말을 잃고 말았다. 정말 세상에 이런 일이 왜 일어날 수 있는지 도무지 알 길이 없는 모양이다. 더욱 놀라운 것은 손가락을 자르기 위해서 예행 연습까지 했다는 사실에 모두가 엉엉 울어 버리고 싶었을 것이다. 통한의 후회를 하는 아버지와 손을 붕대로 감은 채 그 아버지를 용서해 달라는 아들은 한국 사람을 모두 침묵케 했다. 어째 그런 일이… ?

아내와 이혼하고 병까지 얻은 아버지는 생계가 막막해서 아들의 손가락을 자른 후, 보험금 7,8백만 원을 타려고 했다는 것이 범죄행동 동기였다. 생리적 욕구, 먹고 살아야 한다는 각박한 생각이 범죄동기라고 사람들은 해명한다. 물론 이와 같이 생리적 욕구가 범죄행동의 원인으로 지적될 수 있다. 왜냐하면 어떤 이론이든지 아들의 손가락을 자른 범죄행동을 설명하는데 한몫을 하기 때문이다.

Jung의 이론에서 사람의 행동을 특이하고, 일관성 있게, 일정하도록 만드는 동기적 힘은 상징화(symbolizing)와 대립 원칙(principle of opposite)으로 설명된다. 그가 인간을 상징화 동물(symbolizing animals)이라고 한 것같이, 우리들은 언제나 우리의 성격 구조의 아주 깊은 곳(집단 무의식)에서 흘러나오는 정신 에너지를 밖으로 상징화해야 한다.

Jung이 주장하는 상징화를 설명하기 위해서 우선 표시(sign)와 상(symbol)을 구별해 보자. 표시는 "단순한 의미의 전달이지 적극적으로 의미를 만들어 내는 대리자(agent)는 아니다"(Rychlak, 1981, p.190). 예를 들어서, 길을 건너기 위해서 교차로에 서 있을 때, 우리들은 '빨간색'이 정지라는 것을 안다. 여자들의 입술에서 빨간색은 립스틱을 의미한다. 그러나 상은 한 가지 이상의 복합적 의미를 가지며, 집단 무의식에 근원을 가지는 그림의 상으로 보여진다.

상은 문화와 시대에 따라 각기 다른 모양으로 표현되지만, 동일한 주제(원형)를 갖는다. 국가가 위태로울 때 나타나는 원형의 상은 국가마다 다르지만, 동일한 특성을 공유한다. 예를 들면, 물고기, 도마뱀, 현자 등이다. 이런 상징은 "적을 무찌르고, 물 가까이 있는 괴물이나 용을 죽이고, 난세를 구한다"(Jung, 1917, p.99)". 이와 같이 국가 영웅이 모양은 다르지만 그 영웅의 역할은 모두가 공통적이다.

한국 국민에게 '단군'은 집단 무의식으로부터 나온 상이다. 우리는 단군이라는 상을 통해서 한민족의 당위성을 가질 수 있고, 또한 마음의 안정을 찾는다. 더 가까이 국가가 매우 어지러울 때, 나타났던 상의 예로는 홍길동을 들 수 있다. 홍길동은 비록 한 소설의 주인공이지만, 그 시대 모든 사람들이 난세를 비방하고 극복하려는 집단 무의식의 주제인 영웅 원형(홍길동)을 표현한 상(象)이라고 생각한다.

광수생각

세상을 향한 따뜻한 이야기, 따뜻한 세상을 꿈꾸는 이야기. 조금은 바보스럽고 사람 냄새가 나는 만화가 IMF로 마음 고생이 이만저만이 아닌 상황에서 한국민의 마음을 훈훈하게 만든다. 만화의 주인공, 신뽀리는 국자 모양의 긴 턱을 가진 만화가 박광수의 중학 동창인 실제 인물이라고 한다. 박화백은 동창생의 바보스럽지만, 인간 냄새가 뭉클 나는 모습을 광수생각이라는 만화를 통해서 1998년 4월 4일 조선일보에서 첫 지면과 함께 우리들의 마음에 던져 주었다(대우자동차, 1998년 10월호).

현재 IMF 시대를 맞이해서 우리의 영웅 원형의 표현을 볼 수 있다. "광수생각"이 바로 그것이다. 광수생각의 주인공 신뽀리는 어리석게 생겼지만, 그를 보고서 예전의 훈훈한 세간의 정을 생각한다. 신뽀리가 원형의 상이라는 주장은 삽시간에 퍼진 그의 인기에서 알아볼 수 있다.

(조선일보 7月)

아래 〈그림 2-6〉은 정신과 신체의 기능을 나타낸다. 여기서 정신적 에너지는 상징화(symbolizing)를 하고 있으며, 상징의 뿌리는 집단 무의식이다. 또한 집단 무의식의 주제는 앞에서 설명한 원형임을 알 수 있다.

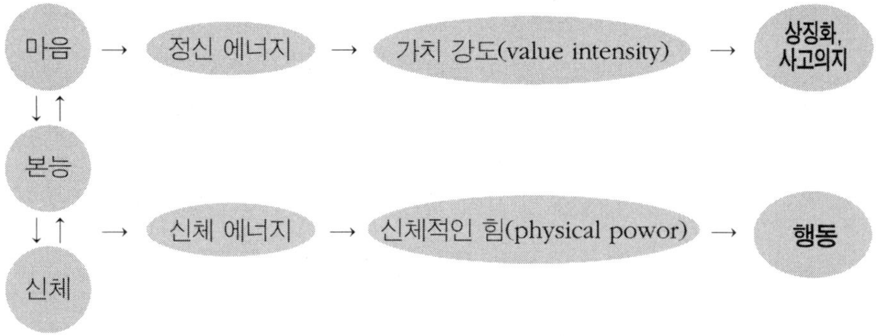

〈그림 2-6〉 본능, 신체와 마음의 관계

그림에서 마음과 신체는 본능에 의해서 연결된다. 마음은 가치 추구를 목적으로 하며 이러한 결과 나타나는 것이 앞에서 설명한 상징화이다. 한편 신체는 힘을 추구하기 때문에 행위를 나타낸다. 그래서 Jung은 본능이란 마음의 작용에서 나타나는 의지와 반대 의미를 갖는 것으로 본다. 그러므로 행동이 의지적(willful)이 아니라 자동적으로(authomatically) 발생될 때를 본능적이라고 생각한다. 아들의 손가락을 자른 아버지의 본능은 마음과 신체를 연결하지 못하고, 신체의 기능에 의해서 행동한 셈이다. 그래서 집단 무의식에서 흘러나오는 동기적 힘이 미약했기에 그에게서 목적적 상징화의 기능은 찾기 어려웠다. 미약한 동기적 힘에 더해서 상징화의 몫을 담당하는 의식적 작용도 역시 신체적 힘에 비교가 안 될 만큼 작은 것이었다. 이러한 이유 때문에 강모씨는 의식에 의해서 보다는 신체적 힘에 의해서 폭력적 행동을 저질렀다는 설명이 더 적합한 것 같다.

Jung은 여러 가지 원형을 찾아냈다. 그 중에서도 그림자 원형은 우리들의 성격 중에 억압되고, 수용되지 않고, 바람직하지 못한 어두운 측면이다. 신화적으로 그림자 원형은 악마, 마귀, 악한 사람으로 나타난다. 예를 들면, 우리 나라의 콩쥐와 팥쥐에서 팥쥐는 바로 그림자 원형의 투사로 볼 수 있다. 우리들이 원인 모르게 어떤 사람을 미워하는 것은 그림자 원형의 영향 때문이다. 그림자 원형은 본질적으로 억압되고 기억하기 싫은 정서적 경험의 누적이어서 위험스런 측면이 있다. "이 원형은 모든 사람들에게 공통적이다. 그래서 그림자 원형은 개인적이며 동시에 집합적 무의식이다"(Jung, 1958, pp.21-22). 이러한 이유 때문에 우리들은 그림자 원형을 알 수도 있고 또한 모를 수도 있다. 만일 우리들이 자신의 열등한 어두운 면을 인식하지 못한다면, 자아로부터 분리(dissociation)되는 것이며 이런 분리는 "우리의 성격을 불완전하게 만들고 그래서 일부가 잘린 것 같은 상태를 갖게 한다" (Monte, 1980, p.287). 아들의 손가락을 자른 아버지는 생활고에 시달리며 여러 가지 심리적 고통을 한 곳으로 밀어붙여서 그림자 원형의 힘을 강하게 키워 갔을 것이다. 이런 상태는 그를 자아로부터 분리하였고, 이런 불완전한 상태는 우리 모두를 놀라게 하는 일을 저지르고 말았다.

Jung 이론의 핵심은 대립 원칙이다. 해가 떠서 낮이 되고 해가 지면 밤이 된다. 햇빛이 비쳐지는 양지가 있으면, 음지가 있고, 남자가 있으면 여자가 있다. 낮과 밤, 양지와 음지, 남자와 여자 모두가 대립되는 위치에 있지만, 서로 보완적이다. 또 Jung의 이론에서 의식과 무의식, 내향성과 외향성이 서로 대립되는 위치에서 상호 보완적 관계를 갖는 것같이 대립의 관계는 우리들의 사회 생활에서도 얼마든지 찾아볼 수 있다. 예를 들어서 여당과 야당, 도시와 농촌, 가진 자와 못 가진 자 등 많은 예들이 있다. 대립의 관계가 없이 어느 한 쪽이 월등하게 우세하다면, 어떤 상태가 일어날 수 있는지 짐작할 수 있다. 여당이 너무 우세해서 야당의 존재가 미약하다면, 독재사회가 형성된다. 낮이 몇 개월씩 지속되는 알래스카는 낮과 밤이 엇갈리는 사회에 비해서 활기가 약하다. 더욱이 남자나 혹은 여자만 존재하는 사회는 생각하기조차 싫다. Jung은 온 세상의 질서가 대립의 원칙(the principle of opposit)에 의존하는 것이라 주장하였다.

대립한다는 의미는 서로의 힘이 비슷하기에 균형이 이루어진다는 뜻이다. 대립되지 않고 어느 한 쪽으로 힘이 몰려서 불균형을 갖는 것을 일방성(one-sideness)이라고 이름지었다. 앞의 〈그림 2-3〉에서 의식은 무의식과 대립하고 또한 그림자 원형은 자아와 대립한다. 이들이 서로 대립적 위치에서 동일한 힘을 가질 때, 정신 에너지는 강한 힘을 얻는다. 앞의 어느 부분에서 예를 든 것같이 밧줄을 양측이 당길 때, 중간 부분에서 뜨거운 힘이 생성된다. 그러나 한 쪽의 힘이 다른 쪽에 비해서 월등히 강하다면, 밧줄은 힘을 잃고 한 쪽으로 쏠리고 만다.

아들의 손가락을 자른 아버지의 의식에서 대립 상태를 기대할 수 없다. 그의 자아는 계속해서 일방적 상태에 머물고 있었을 것이다. 또한 그림자 원형이 우세하기에 집단 무의식에서 흘러나오는 마음의 작용인 상징화, 목적적 사고는 기대할 수 없었다. 이런 마음의 상태는 의식의 내용인 감정, 직관, 사고 그리고 감각이 서로 당기는 일에 실패하여서 그의 의식구조는 목적을 위한 상징화보다는 죽음이라는 표시와 먹어야 한다는 표시만을 보고 있었다. 그래서 그가 이상한 행동을 보임은 당연하게 생각된다.

우리들이 사회의 적응 수단인 가면(페르조나)을 벗고 현실을 보고자 할 때, 자아를 위해서 정신 에너지를 사용할 수 있다(Rychlark, 1981, p.202). 이런 측면에서 볼 때 아들의 손가락을 자른 강모씨는 페르조나를 여러 개 갖지도 않았고 또한 자아와 섀도우가 균형을 이룬 상태도 아니다. 그는 힘없는 자아에 비해서 섀도우의 힘이 너무나 강했었나 보다. 그래서 그에게는 성취감, 자신감을 대표하는 자아가 기분 나쁜 경험의 누적이 쌓인 섀도우의 힘에 형편없이 밀리는 일방적 성향을 가졌다.

일반적으로 사람들은 Jung의 학설을 순수하게 역사성에 비추어서 모든 일이 온전히 조상의 탓이라고 오해할 수 있다. 왜냐하면 우리들 자신은 계절의 꽃이고 열매라는 설명을 여러 번 했기 때문이다. 그러나 "우리의 영원한 마음의 심층에 있는 창작력을 불러 복권시키고 우리의 이성 수준까지 올려서 이성과 본능의 평형을 이룰 수 있지만 이 변화는 개인만이 시작할 수 있다"(홍성화 역, 1985, pp.188-189). 그래서 변화와 성숙은 개인의 책임이다. 그러나 이런 것들을 인식하지 못하고 콤플렉스가 형성될 때, 우리가 전혀 알 수 없는 내용으로 나타나기도 한다(Rychlark, 1981).

Jung의 이론에서 가장 강조되는 것이 집단 무의식이라 할지라도, 변화와 성숙의 책임은 개인 자신에게 있다. 이런 점에 비추어 볼 때, 강모씨는 자신의 변화를 전혀 추구하지 못한 사람이기에 섀도우의 힘을 극복하지 못했고, 또한 강한 섀도우의 내용은 상상을 넘어서는 행동으로 나타났다. 대립원칙에 따라 그림자 원형과 자아가 같은 힘을 가지고 균형을 이루어야 하지만, 어느 한 쪽이 아주 강해서 다른 무의식의 내용과 합쳐져 의식에 오를 때, 자아의 존재는 빛을 잃고 다른 사람이 되고 만다. 이때에는 의식이 이것을 통제할 수 없으므로 페르조나는 어떤 영향을 미치지 못한다.

아들의 손가락을 자른 아버지는 자신의 어두운 면을 계속해서 한 쪽으로 몰고 갔기 때문에 결국은 그의 섀도우 콤플렉스가 개인 무의식의 영역을 떠나서 의식의 영역으로 옮겨졌으며, 이것은 다른 의식의 내용과 결탁해서 정말 이해할 수 없는 행동을 나타냈다. 기분나쁜 내용을 계속해서 한 쪽으로 몰고 가는 것은 전적으로 의식적인 것이 아니다. 그러나 이것을 알아채는 것은 의식의 몫이다. 그래서 우리들이 건전한 정신을 갖기 위해서는 대립적 원칙하에 있는 의식을 가져야 한다.

의식의 중심인 자아(ego)는 사고, 감정, 감각, 직관의 4요소로 구성되고 서로가 대응한다. 이런 상태는 정신의 균형을 이룬 것이며, 행동의 선택 역시 건전할 수 있다. 만약 감정이 없이 사고에 치중하는 사람이라면, 논리적 사고는 타당할 수 있지만, 행위에 대한 가치 판단이 약한 사람이 된다. 사고에 끌려가는 감정을 상상해 보자. 또한 모든 것을 세세하게 지각하지 못하고(약한 감각) 판단 없이 지각하는(강한 직관) 상태를 상상해 보자. 이러한 경우는 Jung이 지적한 것같이 일방성 상태이기 때문에 균형을 잃고 만다.

아들의 손가락을 자른 아버지는 감정과 감각이 약했고 사고와 직관이 강했다. 그는 보험금을 타기 위해서 논리적으로 사고를 전개했지만, 그 행동의 결과에 대한 가치 판단이 약했고 상황을 세세하게 파악하지 못한 채 돈을 얻는다는 전체적인 결과만을 받아들였기 때문에 범행을 저지른 것이다.

정신적으로 건강하다는 의미는 세상의 쓴맛과 단맛을 모두 경험해야 한다는 것이다. 사람은 고생스럽게 살아 보기도 하고 넉넉하게 살아 보기도 해야 정신적 건강을 유지하며 살 수 있다는 것이 Jung의 주장이다. 이러한 사람은 자아의 4요소가 균형을 이루고 있으며, 정신 에너지를 강하게 솟아나게 한다. 그러나 강모씨의 정신은 앞에서도 언급했듯이 정말 일방적이었

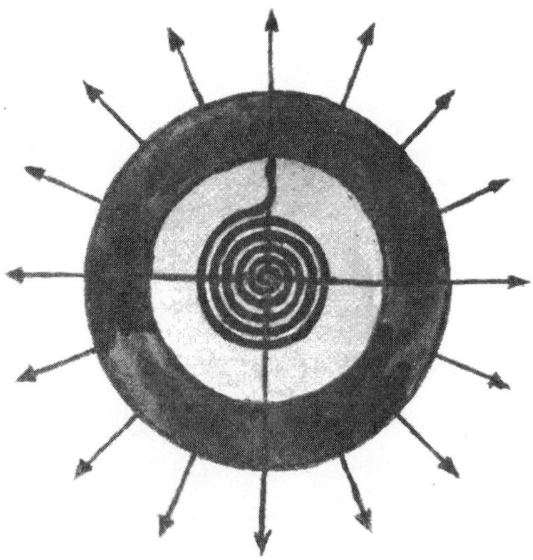

Monte, 1981, p.302

〈그림 2-7〉 환자가 그린 만다라

Monte, 1981, p.303

〈그림 2-8〉 Jung이 그린 자신의 만다라

다. 그의 정신은 불균형 상태에서 정신 에너지를 발산하지 못했다.

Jung은 자아를 만다라[3]라는 그림으로 표현한다. 그는 신화, 종교적 제식, 환자의 꿈과 환상에서 원형의 모양을 발견하고 그와 비슷한 모양의 만다라를 자아로 표현하였다. 〈그림 2-7〉은 환자의 만다라며 〈그림 2-8〉은 Jung이 직접 그린 자신의 자아에 대한 만다라다. 환자의 그림에서 뱀의 모양은 밖으로 뛰쳐나가려고 한다. 그러나 정상인의 정신은 4개의 축이 균형을 이룬다. 위의 Jung의 만다라는 4개의 축, 사고와 감정, 그리고 감각과 직관을 의미하는데, 왼쪽과 오른쪽에 두 여인 음(어두운 면)과 양(밝은 면), 위와 아래에는 현자와 협잡꾼(trickster)이 대립되는 위치에서 균형을 이루고 있다.

만다라를 보고 있는 사람까지도 환자의 것을 볼 때보다는 Jung의 것을 보면서 더 편한 마음을 가질 것이다. 그림을 보는 사람의 마음이 이럴진대, 정작 불균형 상태의 정신을 가진 사람은 더 어두운 마음을 가질 것이고, 균형 잡힌 정신을 가진 사람은 더 편한 마음일 것이다. 아마도 아들의 손가락을 자른 아버지에게 만다라를 그리게 한다면, Jung의 것과 같이 균형 잡힌 것

3) 조화와 질서가 있는 완전한 도식화다. 기하학적으로 도형을 이루며, 각 도형에 신상 또는 신의 속성이 그려져 있는 원형의 그림이다. Jung은 만다라를 통해서 자신은 물론 사람들의 정신 상태를 표현하면서, 조화와 질서를 완전하게 도식화했을 때, 정신적으로 건강한 사람이라고 생각했다.

이 아니라, 환자의 것처럼 밖으로 나가려는 모양, 아니면 불균형의 만다라를 보여 줄 것이다.

Jung의 이론에 입각해서 아들의 손가락을 자른 아버지의 행동을 어떻게 결론맺어야 하는가? 우리의 정신 에너지는 앞에서 설명한 바와 같이 목적적이다. 우리는 집단 무의식에 젖어 있는 유아 상태를 빠져 나와 자아를 성숙하게 만들어야 한다. 이러한 일을 하기 위해서 우리는 이성, 결혼, 자녀 양육, 대인 관계, 직업 같은 외계의 문제를 해결해야 한다. 이런 목적을 달성하기 위해서 우리들은 우월 기능을 최대로 이용해야 한다. 인생의 전반기에 이런 과업을 해결한 다음에 정신 에너지는 내계에 적응하는 데 사용되어야 한다. 이때에 우리들은 진정한 삶을 생각하고 지금까지 세상일이 모두 헛수고였다는 것을 깨닫게 된다. 이렇게 되었을 때, 우리들의 생은 성공적이다. 이런 경우에 나이가 들면서 지금까지 노력해 왔던 외계는 점점 희미해지고 내계가 우리를 강력하게 지배하게 되며, 우리들의 인생은 끝을 맞이한다(홍성화 역, 1985).

보험금을 타기 위해서 아들의 손가락을 자른 아버지의 정신은 유아 상태에 머물고 있어서 외계에 적응하는 데 급급했었나보다. 그래서 자신의 정신 수양을 위한 내계의 적응은 아예 생각조차 하지 못했다. 의식에 침입한 그림자 콤플렉스를 갖는 사람은 외계의 시급한 과제에 의한 죽음이 무엇보다 무서운 것이다. 그는 죽지 않기 위해서 외계의 급한 일을 성취해야 했기에 엄청난 일을 저지르고 말았다.

1-2. 기억할 수 없는 경험

우리들이 태어나기 전 조상들의 경험이 집단 무의식을 형성하면서 의식의 영역에 계속해서 영향을 주고 있다. 그러나 우리들은 이것이 집단 무의식의 작용이라는 것을 모르고 그러한 표현을 경험한다. 그래서 우리의 정신은 계절의 꽃과 열매로 비유된다. 그러나 이런 과거의 역사성을 발전시키고 성숙하게 하는 것은 우리들 개인의 몫이라고 하지만, 정신의 주체는 우리 이전의 역사성이고 현재 우리의 정신은 그 역사성에 묻혀 있는 셈이다. 이와같이 성격 형성의 주된 시기를 개인 이전의 시기로 돌리는 Jung의 이론을 벗어나서, 개인의 경험을 주장하는 Freud의 이론에 눈을 돌려 보자. 즉 그의 이론은 성격 형성의 중요한 시기가 과거는 과거지만, 우리들이 기억할 수 없는 과거라는 주장이다. 즉 기억은 안 되지만 과거의 경험에서 얻는 결과가 일생을 통해서 우리에게 영향을 미친다는 생각이다.

1) Freud의 정신분석학

Freud의 이론은 유아기 이전(4~5세 전)을 성격 형성의 가장 중요한 시기라고 주장한다. 그의 이론은 1897년 『자기 분석』(self-analysis)을 통해서 시작되었지만, 1900~1901년 『꿈의 해석』(the interpretation of dream)과 『일상생활의 정신병리학』(the psychopathology of everyday Life)이라는 두 개의 유명한 저서를 통해서 현대 성격심리학의 아버지라 불리게 되었다.

Freud는 우리의 정신을 의식(consciousness), 전의식(preconsciousness), 무의식(unconsciousness)으로 구분하였다. 의식은 "물리적 자극의 이해를 위한 감각기관"(Alexander & Selesnick, 1966, ch.18)으로 정의된다. 그래서 우리들이 보고, 듣고, 냄새맡는 감각기관을 통해서 얻는 즐겁거나 혹은 불쾌한 직접적 경험 자체가 의식이다.

의식은 기억을 유지하지 못하기 때문에 의식의 내용은 현재 우리들이 깨달을 때만 알고 있는 것들이다. 그러므로 사고(thought)는 의식으로부터 오는 것이 아니다. 예를 들어서, 어떤 친구가 나를 비난하는 말을 했다면, 의식은 불쾌함을 느끼는데 이것은 의식의 작용 때문이다. 왜냐하면 지금 불쾌한 자극을 받아서 의식적 작용이 있었기 때문이다. 그러나 혼자 조용히 있으면서 과거 친구가 비난했던 일을 기억하고 불쾌한 생각을 갖는다면, 이것은 의식의 작용이 아니라 전의식의 작용이다.

전의식은 필요할 때, 의식에 불러올 수 있는 기억들의 내용을 담고 있다. 친구의 전화번호를 쉽게 기억할 수도 있지만, 어떤 경우는 힘들게 기억할 경우도 있다. 이렇게 임의로 혹은 무의식적으로 의식에 떠올리거나, 떠올려지는 기억을 우리는 전의식이라고 한다. 현재는 기억이 없지만, 며칠이 지난 후 혹은 몇 년이 지난 후 기억할 수 있는 내용도 결국은 전의식의 내용이라고 간주할 수 있다.

기억을 아무리 더듬어도 재생할 수 없는 것들이 있다. 그러나 우리들은 영영 기억 못하는 내용의 영향을 받는다. 이렇게 기억을 재생시킬 수 없는

군대 친구, 이점동

북한의 특수 공작대원 김신조 등이 청와대까지 침투했을 때, 나는 최전방 부대의 일등병이었다. 이때에 전군은 전시를 방불케 하는 비상사태에서 잠잘 때도 완전군장을 하고, 집합하면 총을 금세 들고 나갈 준비를 하고 있었다. 나는 원래가 정돈을 잘 못하는 사람이라서 배낭에서 담요를 떼었다 부쳤다 하는 일이 아주 귀찮았다. 그래서 아주 낡은 매트리스를 이불삼아 잠을 잤다. 다른 동료들은 불평없이 배낭의 담요를 잘도 이용하였다. 그런데 또 나와 같은 사람이 있었다. 전라도 이리 출신의 일등병 이점동이다. 군을 제대한 지 30년이 지났지만, 글을 쓰면서 희한하게 그의 이름이 기억난다. 점동이라는 이름이 나의 전의식에 묻혀 있다가 의식에 떠올랐기 때문이다. 보고 싶은 점동이….

이유는 언어를 사용하기 전의 경험들은 코드화되지 못하기 때문에 성장한 후에 기억을 어둡게 한다. 다시 말하면, 언어 형성 이전 시기(3~5세 전)의 경험은 기억이 거의 불가능하다. 이런 내용을 포함하고 있는 기억을 무의식이라 부른다. 무의식의 기억들은 대체로 기분나쁜 경험들이기 때문에 대체로 억압된다. 그래서 아무리 노력해도 의식에 떠올릴 수 없는 것이 대부분이다. 그러나 이런 무의식의 내용들이 정신 작용의 주역할을 한다.

정신의 영역, 즉 무의식, 전의식, 의식은 흔히 빙산과 비교된다. 알래스카의 해면 위에 떠 있는 빙산은 물 아래에 전체의 상당 부분이 있고 물 위로는 아주 적은 부분이 보인다. 이같이 우리들의 정신 내용도 무의식이 거의 전부분을 차지하고 의식은 수면 위에 떠서 보이는 아주 적은 양에 불과하다. 전의식은 해면 아래와 윗부분의 중간에 위치하는 얼음과 같이 무의식과 의식의 중간에 서 있다. 그래서 "전의식의 영역은 의식과 무의식 둘의 기여로써 만들어지며, 무의식의 검색이 일어나는 영역이다. 그리고 의식과 무의식은 절대 직접적인 의사소통의 방법이 없고, 전의식의 중계 정도에 의해서만 있을 수 있다"(Rychlak, 1981, p.47).

전의식의 일차 검색은 무의식과 전의식의 중간 부분에서 발생되는데, 만약 어떤 사람이 가지고 있는 무의식의 내용이 전의식의 수준 아래에 있다면, 성격에 아무런 위협이 없다. 그러나 이 한계를 넘는 내용이라면, 성격은 무의식의 내용이 촉진되기에 성격상 위협을 느낀다. 왜냐하면 그 사람은 무의식의 내용을 실행하도록 종용받을 수 있고, 적어도 의식에 이런 내용이 알려지기 때문이다. 예를 들어, 변심한 애인을 죽이고 싶은 원망을 늘 갖고 있지만, 무의식과 전의식의 중간 부분에서 검색을 당하고 무의식에 그냥 머물게 하거나 혹은 그 수준을 넘게 할 수도 있다. 무의식에 내용이 눌려질 때를 억압(repression)이라고 부르고, 그렇지 않을 때를 전진[4] (progression)이라고 표현한다. 애인을 죽이고 싶다는 무의식의 내용이 의식에 자리잡을 경우에 실행에 옮길 수도 있다. 그런 형편이 안 된다면, 죽이고 싶은 욕망을 눌러서 밖으로 표현되지 않도록 한다.

Freud는 환자들에게서 일어나는 정신역동성(psychic dynamics)을 이해하기 위해서 의식, 전의식, 무의식으로 만족하지 않았다. 그래서 후에 그는 유형 모델(topographical model: topographical은 지형, 지세의 의미를 지님)을 정신 영역에 더해서 정신 영역과 유형 - 원초아(id), 자아(ego), 초자아(superego)의 관계를 〈그림 2-9〉로 설명하였다.

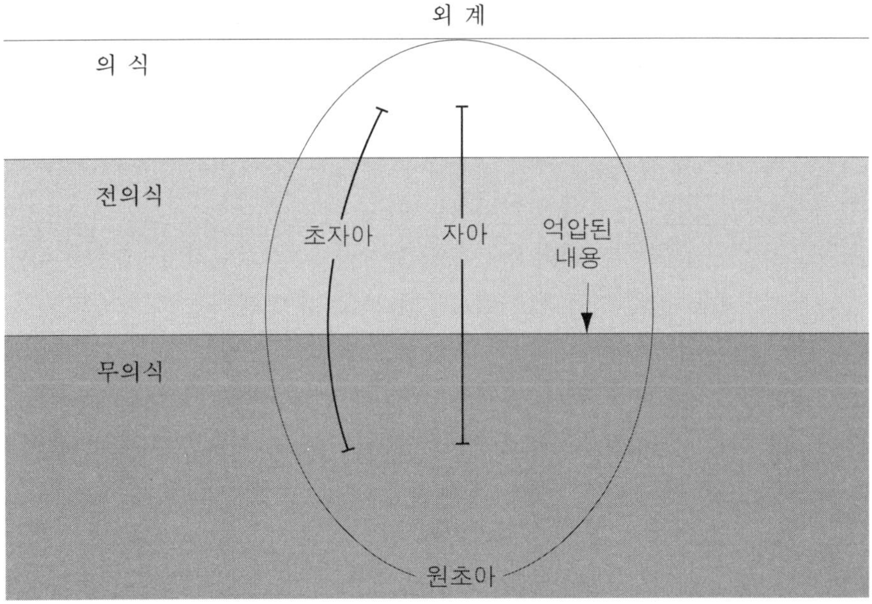

Rychlak, 1981, p.49

〈그림 2-9〉 Freud의 정신 구도

4) 심리학적 용어로 적절히 사용되는 공통적 용어를 찾을수 없게 억압과 대비되는 의미로 전진이라고 표현해 보았다.

그림에서 볼 수 있듯이, 원초아는 정신 영역의 가장 밑에 있는 무의식에 자리잡고 있다. 우리들이 세상에 태어날 때, "전체는 원초아의 덩어리이다"(Freud, 1940, p.163). 원초아(Id)는 논리적으로 다듬어지지 않았고, 참을성이 없어서 즉각적 만족을 추구한다. 원초아는 신체적 욕구하에서 본능과 함께 만족을 위해서 노력할 뿐이다. 그리고 원초아는 무의식의 영역을 벗어나지 않고 늘 그 곳에 묻혀 있다. Freud는 원초아를 시적으로 "흥분을 추구하는 부글부글 끓는 용기"(vol. XXII, 1964, p.73)라고 표현한다. 한 예로 사람을 물려고 하는 개는 이것저것 따지지 않고 다짜고짜 물고 본다. 원초아는 선악을 구별함도 없고 또한 아주 조직화되지 않은 타고난 그대로여서 만족을 주는 것이라면 어떤 것이든지 가차없이 실행에 옮기려 한다. 그래서 "원초아는 유연성 없는 쾌원칙(inexorable pleasure principle)을 따른다"(Freud, 1946, p.198).

우리들은 사회 생활을 하면서, 원초아가 갖는 특성에 의해서 행동할 경우에 규범, 규율, 법 등으로 많은 제재를 받게 됨을 깨닫는다. 즉 외부 자극에 대해서 어떤 일정한 형태를 갖는 행동을 해야 함을 배운다. 자아는 원초아가 현실의 요구와 내부 요구 사이의 중계자로 발달한 것이다. 즉 자아는 원초아의 전체 덩어리 중에서 한 부분이 분화된 것이다. 그래서 자아의 특성은 어디까지나 원초아가 일차적이다.

자아는 원초아의 쾌락적 목표를 달성하는 데 기여하지 않는다면 생성되지도 않는다. 이런 이유 때문에 자아는 원초아가 원하는 것과 동일한 것을 얻기 원한다. 원초아와 자아의 차이점은 단지 표현방식에서 다를 뿐이다. 즉, "자아는 합리성과 좋은 감각을, 원초아는 다듬어지지 않은 열정을 나타낸다"(Freud, 1964, vol. XXII, p.76). 이렇게 발전된 자아는 내부의 요구를 고려하는 현실 지향적 원칙(the reality-oriented principle)을 따른다.

자아는 현실적 상황을 파악하고 원초아의 요구를 즉각적으로 만족시켜야 되는지, 지연시켜야 하는지, 혹은 완전히 무시해야 하는지를 결정해야만 한다. 그러나 자아가 아무리 합리적 사고를 한다 해도, 결국은 원초아로부터 분화된 것이기에 어디까지나 자기 중심적 사고에서 벗어나지 못한다. 현실과의 접촉에서 원초아의 요구를 묵살하는 경우가 있다면, 그러한 행동은 우리들 자신을 보호하려는 것이지, 정당성(justification)을 고려한 결정은 아니다. 왜냐하면 〈그림 2-9〉에서 볼 수 있는 것처럼, 자아의 영역은 무의식에서 의식까지 연결되어서 일차적 욕구를 갖는 원초아를 무시하기 어렵기 때문이다.

자아가 외부 세계의 요구와 내적 요구 사이에서 갈등을 겪는 한편, 삶과 죽음의 사이에서 정신 구도의 3번째 측면인 초자아(super-ego)를 생성한다. 그러니까, 자아는 원초아(Id)에서 발전한 것이고, 초자아는 자아에서 분화된 것이다. 우리들은 안으로부터 양심이라고 하는 어떤 소리를 듣는다. 그리고 초자아는 자아-이상(ego-ideal)을 따르므로 외부의 형편에 관계없는 내부의 판단이다. 이것은 밖의 상황과 관계없이 우리가 어떻게 행동해야 하는지에 대한 기준이 된다.

우리들은 4세경에 부모를 동일시(identification)하면서 정의, 도덕, 선을 모방하는 한편, 부모는 어린이에게 자신의 가치관을 따르도록 요구한다. 그러므로 어린이들은 부모를 모방하면서, 초자아의 기초가 되는 수많은 금지적 사항을 배우고 기억한다.

아버지는 아들이 사랑하고 싶은 엄마를 소유한 힘센 사람이기에 무서운 존재며 동시에 생존을 위해서 아들이 닮아야 하는 존재다. 그래서 어린이는 아버지에 대한 적대감과 엄마에 대한 소유 욕구를 눌러서 내재화(internalization)시켜야만 한다. 이렇게 내재화된 내용의 정도가 바로 초자아의 강도를 나타내는 것이다. 그러므로 "본능적 만족이 거절당할수록, 초자아는 자아에서 더 강하게 성장한다"(Freud, 1964, p.54). 초자아는 자아에서 성장한 것이지만, 자아와 달리 이상 원칙(the ideal principle)을 따른다.

〈그림 2-9〉에서 보면 초자아는 자아와 마찬가지로 무의식에서 의식까지 연결되어 있다. 이 같은 이유는 앞에서 언급된 것같이 초자아는 자아에서, 자아는 원초아에서 발전된 것을 보면, 자아와 초자아의 근원은 원초아라는 것을 알 수 있다.

초자아도 원초아와 마찬가지로 비합리적이고 유연성이 없다. 이것은 성경의 십계명과 같이 절대로 변경될 수 없는 일종의 상속 같은 것이다. 그래서 자아는 원초아의 요구와 초자아의 금지적 제한 사이에서 갈등을 경험할 수 있다. 자아가 원초아와 초자아의 요구를 적절히 조절한다면, 건강한 성격을 유지할 수 있지만, 그렇지 못한 경우에 갈등을 경험하고, 약한 성격을 갖는다. 너무 강한 초자아 혹은 너무 약한 초자아는 사회 생활의 부적응을 초래한다. 또한 Freud에 의하면 우리의 정신 에너지는 유한(有限)한 것이기 때문에 적절히 배분되어서 균형을 이루어야 한다. 특별히 어느 한 쪽에 에너지가 치우친다면, 불균형을 초래하며 그래서 성격 결함을 피할 수 없게 된다.

Freud는 행동의 근원이 되는 동기적 힘을 리비도(성적 에너지)라고 주장하고, 그 힘의 저장고가 바로 원초아라고 한다. 리비도는 성적 에너지이지만, 육체적이기보다는 심리적이다. 리비도는 출생에서 성인에 이르기까지 4개의 단계인 구강기, 항문기, 요도기, 성기기를 거치면서 흘러간다. 여기서 각 단계는 리비도가 집중되는 육체적 부위며, 흘러간다는 의미는 신체적 발달과 함께 하는 심리적 성숙을 의미한다. Freud에 따르면, 한 단계에서 다음 단계로 적당한 양의 리비도가 흘러가지 않는 경우가 발생되는데, 이것을 고착(fixations)이라 하며, 성인이 되어서도 고착된 에너지를 찾기 위해서 노력하는데, 이것을 퇴행(regression)이라고 하였다.

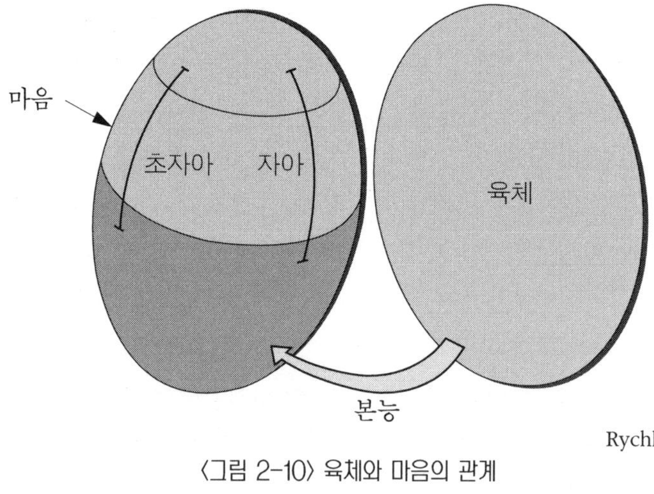

Rychlak, 1891, p.52

〈그림 2-10〉 육체와 마음의 관계

고착은 어느 한 단계가 너무 만족스러울 때 혹은 아주 불만족할 때 발생된다. Freud는 마음과 육체를 별개(dualism)의 것으로 취급하며, 본능이 그 둘을 연결한다고 주장한다. 그래서 육체적 발달 단계를 거치면서 리비도가 신체의 각 단계로 전이된다는 것이다. 〈그림 2-10〉은 바로 그 사항을 설명하며, 〈그림 2-11〉은 육체적 발달단계와 리비도의 고착과 퇴행을 표현한다.

그림에서 볼 수 있듯이 정상적인 리비도의 흐름은 각 단계에서 리비도의 고착 현상이 두드러지지 않는다. 그러나 비정상인의 것은 각 단계에서 상당

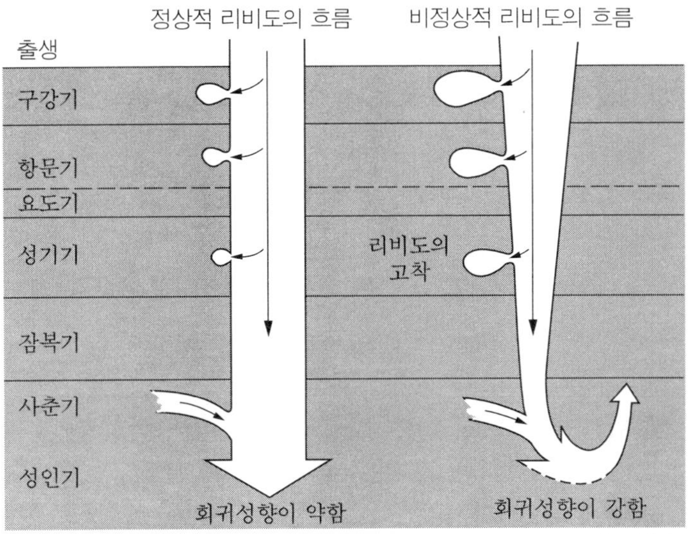

Rychlak, 1981, p.57

〈그림 2-11〉 육체적 발달단계와 리비도의 흐름

량의 리비도가 고착됨을 본다. 고착된 경우는 성인이 되어서도 잃어버린 리비도를 찾기 위하여 퇴행하려는 힘이 강하게 보인다. 리비도가 고착된 경우는 다음 단계로 흘러가는 양이 적으므로 성격 구조(원초아, 자아, 초자아)의 균형을 이룰 수 없어서 비정상적 사고와 행동을 하게 된다.

구강기에 고착된 사람은 수동적이고 지도자가 되기보다는 추종자가 된다. 이러한 사람은 희망적이고, 웃음을 지니며 또한 일을 손쉽게 생각한다. 그래서 일이 잘 진행되지 않을 때, 곧 실망하지만 적대감을 갖지는 않는다. 이러한 사람들은 입과 관련된 활동을 즐기며, 대식가일 수도 있다.

항문기에서 상당량의 리비도가 고착된 사람은 청결하고 인색하고 완고하다. 어린이에게 있어서 배변은 자신의 노력의 결과이며, 부모를 위한 첫번째 선물이다. "똥꿈을 꾸면, 돈이 생긴다"는 말이 여기에서 비롯된 것이라고 추측된다. 왜냐하면 인간이 세상에 태어나서 처음 만든 노력의 결과며, 가장 가까운 사람인 엄마에게 첫번째로 보일 정도로 귀한 것이기 때문이다. 한편 똥이 자신에게는 무척 귀한 것이지만, 부모에게는 더러운 것이기에 강한 배변 훈련을 통해서 지나친 청결을 강요받았을 수 있다. 이러한 사람들은 지나치게 완전해지기 원한다. 그래서 세상을 좁은 눈으로 보며 그러한 영향으로 세상에 대해서 적대감을 갖기 쉽다.

요도기에 리비도가 고착된 사람은 타인의 성공을 시기하고 자신의 빠른 성공을 기대한다. 이런 성향 때문에 첫번째 시도를 실패하면, 다시 도전하지 않는다. 이러한 사람들은 강한 열등감에서 자신의 성공 목표를 경쟁이라고 생각한다. 이들은 열등감을 없애려고 노력하지만, 일이 마음대로 진행되지 않을 경우에 쉽게 식상한다. 그림에서 볼 수 있듯이 요도기는 다른 단계에 비해서 짧고 또한 리비도의 고착 역시 정상인 혹은 비정상인 모두가 거의 차이 없이 지나간다. 그러한 이유 때문인지 Freud 자신도 이 시기에 대한 설명을 짧게 하고 있다.

4, 5세경에 이르는 성기기는 Freud의 이론에서 가장 중요한 시기이다. 이 시기에 남아는 엄마를 소유하고 싶은 욕구가 강하지만, 그 옆에는 힘이 장사인 아버지가 버티고 있다. 엄마를 소유하자니 아버지가 자신을 거세할 것 같은 두려움에 휩싸이고 만다. 이것을 Freud는 오이디푸스 콤플렉스(Oedipal complex)라고 불렀다. 여아의 경우는 소유의 대상이 아버지이며, Freud는 이것을 일렉트라 콤플렉스(Electra complex)라 하였다. 어린이는 자신의 욕구도 만족시키고, 아버지에 대한 두려움을 벗어나기 위해서 아버지를 동일시한다. 동일시는 결국 어린이의 편에서 생각하면, 생사가 걸린 막중한 결정이다.

성기기의 성격은 어떤 경우에 아버지를 동일시하기보다는 오히려 개혁적이 될 수 있다. 이러한 유형의 사람들은 현재 잘 진행되고 있는 사회적 운동을 무시하는 방해자일 수 있으며, 범죄성향을 나타낸다. Freud는 자신의 환자 중에서 아주 종교성이 강한 아버지 혹은 성직자의 아들 중에서 많은 범죄자들이 있다는 것을 지적했다.

성기기에 이르러 모든 사람들의 성격이 거의 완성된다. 그림에서 보듯이 성기기 이후에는 잠복기를 거치며 성인기에 이르기까지 리비도의 고착은 일어나지 않는다. 정신분석학에서 정신질환의 증세는 사춘기를 넘어 성인기에 이르러 발생되는데, 이유는 고착된 리비도를 찾기 위해서 퇴행하는 그 때가 바로 성인기부터이기 때문이다. 그러나 병의 발생 원인은 4,5세 전으로 돌아가서 찾아야 한다.

사춘기에 아주 적은 량의 리비도가 원류와 합치는 것은 이차적 성적 발달이며, 이 시기에 리비도의 양적 증가를 경험한다. 이것은 환경에 의한 발달이 아니라, 유기체 내부의 변화이며, Oedipus complex의 발생을 자극한다. 정상적 리비도의 흐름을 갖는 사람은 부가적 리비도의 합류가 성장과 발달에 도움이 되지만, 비정상적 흐름을 갖는 사람은 부가적 리비도의 합류가 성장과 발달에 도움이 되지만, 비정상적 흐름을 갖는 사람에게는 현재의 리비도를 처치하기 곤란한 형편에 부담을 더해 받는 셈이다.

정상적인 성인이 된 경우에 원초아, 자아, 초자아의 역학적 균형이 잘 이루어졌기 때문에, 이러한 사람의 자아는 원초아와 초자아의 요구를 잘 조절하고 환경에 잘 적응하며 살아간다. 필요한 경우에 자아는 백일몽, 승화 등과 같은 방어기제를 적절하게 사용한다. 그러나 발달단계를 거치면서 상당량의 리비도를 고착시킨 사람은 자아가 원초아와 초자아를 잘 조절하지 못하며, 지나치게 방어기제에 기대거나 혹은 신경증세를 보이게 된다.

Freud이론은 지나치게 리비도를 강조했으며, 성격형성 시기를 유아기에 제한하였고, 경험적 증거의 제시력이 약하다는 점에서 비난을 면치 못했다. 이러한 이유 때문에 정신분석의 역반응으로 Jung, Adler, Erickson, Sullivan 등의 이론이 세상에 나타났다.

보험금을 위해서 아들의 손가락을 자른 아버지

1998년 9월 11일 보험금을 타내기 위해서 아들의 손가락을 자른 비정한 아버지는 TV를 보는 사람의 마음을 무겁게 했다. 자식을 둔 부모, 부모를 모시는 자식의 입장에서 모두가 할 말을 잃고 말았다. 정말 세상에 이런 일이 왜 일어날 수 있는지 도무지 알 길이 없는 모양이다. 더욱 놀라운 것은 손가락을 자르기 위해서 예행연습까지 했다는 사실에 모두가 엉엉 울어 버리고 싶었을 것이다. 통한의 후회를 하는 아버지와 손을 붕대로 감은 채 그 아버지를 용서해 달라는 아들은 한국 사람을 모두 침묵케 했다. 그런 일이 왜 일어날 수 있는지 도무지 알 길이 없는 모양이다. 어찌 그런 일이… ?

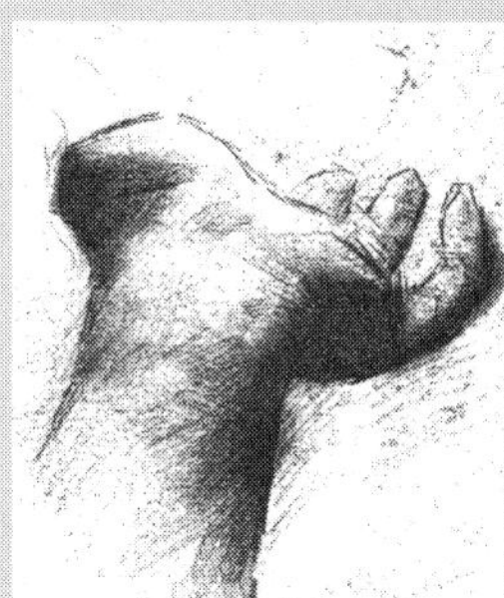

2) 정신분석학에 의한 범죄행동의 설명

보험금을 타내기 위해서 아들의 손가락을 자른 강모씨의 행동을 어떻게 이해할 것인가? Freud의 정신분석 이론에 비추어 볼 때, 강모씨는 원초아, 자아, 초자아의 구성 비율이 불균형 상태에 있었을 것이다. 원초아가 차지하는 리비도의 몫이 초자아나 자아보다 월등히 컸을 것이라는 짐작을 할 수 있다. 자아이상을 추구하는 초자아의 힘도 원초아에게는 역부족이었고, 현실에 관심을 갖는 자아도 원초아의 욕구를 조절할 힘을 갖지 못했다. 강모씨는 리비도의 불균형 배분으로 원초아의 요구에 따라서 생각하고 행동하는 그런 사람이 되었다. 그래서 그는 주위 사정을 더 깊이 생각하지 않고 아주 급하게 쾌를 추구하였나 보다. 강모씨는 먹이를 본 동물이 주저없이 달려드는 것같이 보험금을 타기 위해서 끔찍한 일을 저질렀다.

강모씨가 왜 그런 성격을 갖게 되었는지를 알기 위해서 우리는 그의 어린 시기를 돌아보아야 한다. 출생해서부터 어린 시기의 언제 리비도의 심한 고착현상이 있었는지를 찾아보는 것이 그의 범죄행동의 원인을 찾는 길일 것이다. 이를 위해서 리비도의 흐름을 구강기, 항문기, 배뇨기(요도기), 성기기를 거쳐가면서 다시 더듬어 보자.

구강기의 특성은 피동적이고, 수용적이다. 이러한 사람은 모든 일을 쉽게 생각하는 사람이고 또한 입과 관련된 행동으로 말을 많이 하거나 많이 먹는다. 이런 성격을 갖는 사람은 "일이 꼬여 갈 때, 우울해지기는 하지만 신경질적이거나 적대적인 사람이 되지는 않는다"(Rychlak, 1981, p.76). 그리고 이들은 수동적일 수 있고 또한 세상이 주는 대로 받는 그런 사람들이지 주위의 세상을 변화시키는 인물은 아니다. 이런 의미에서 본다면, 강모씨의 리비도가 구강기에 심한 고착 상태를 경험하지 않았다는 주장을 주저없이 내세울 수 있다.

항문기 성격을 갖는 사람은 보통의 정도를 넘어서 인색하고 완고하다. 그리고 완벽을 추구한다. 이런 성격 때문에 좁은 눈으로 세상을 대하게 되고 적대감을 가질 수 있다. 이런 사람들은 완벽을 추구하기 때문에 자신들이 하는 일에 과도한 노력을 경주한다. 항문기 성격을 갖는 사람들은 뭔가 따지기 좋아하는 사람들이라서 법률가 같은 직업이 적합하다. 또한 수전노 같은 사람들이 이런 성격을 갖는다. 완벽을 추구하고 따지기 좋아하는 사람들이라서 세상에 대한 적대감을 가질 수 있지만, 범죄행동을 자행하여 완전성을 잃어버릴 그런 사람은 아닐 것이다. Freud의 이론에서 사람들의 범죄성향을 찾으려면, 다른 어떤 것보다 성기기를 보아야 한다.

성기기에서 가장 중요시하는 점은 동일시며, 동일시는 어린이가 사느냐 혹은 죽느냐 하는 갈림길에서 어느 한 쪽을 결정해야 하는 급박한 상황에 놓이게 된다. 강모씨가 그런 상황을 해결한 방법을 3가지로 추측해 볼 수 있다. 첫째, 강모씨는 오이디푸스 콤플렉스를 해결하기 위해서 아버지를 모방했을 수 있다. 그러나 불행하게도 그의 아버지가 포악한 성격을 가졌다는 짐작을 해 본다. 둘째, 강모씨는 오이디푸스 컴플렉스를 해결할 수 없어서 성기기에 많은 리비도를 고착시켰을 수 있다. 예를 들어서 어린이들이 자연스럽게 아버지를 모방하는 행동으로 아버지의 안경을 한 번 써 본다거나 혹은 신발을 신어 볼 수 있지만, 그런 때마다 아버지로부터 칭찬을 받기보다는 심하게 야단을 맞고 거세불안을 경험했을 것으로 짐작된다. 그래서 강모씨의 리비도는 원활하게 흐르지 못하고 물이 고이듯이 고착되었을 것이다. 셋째, 강모씨의 아버지가 그의 눈에 위협적인 존재가 아닐 수도 있었다. 그래서 강모씨가 아버지를 모방하기보다는 차라리 반기를 들어서 오이디푸스 콤플렉스를 해결했을 측면도 고려해 봄직하다. 이런 경험을 갖는 사람들은 사회의 개혁을 주도하거나, 반사회적 행동을 보이고 범죄자일 수 있다. "성직자나 혹은 신앙심이 높은 아버지 밑에서 역사적으로 유명한 범죄자가 있다"(Rychlak, 1981, p.78)는 것은 그리 놀랄 일도 아니다.

동일시와 IMF 시대 후의 사회현상의 예측

활의 달인 고구려 주몽이 어렸을 때, 돌멩이의 적중률이 높았던지라, 어느 아낙네의 머리에 있는 물동이를 돌멩이로 던져 맞추었다. 이때에 여인이 "애비 없는 후레자식"이라고 쏘아대었다. 이 말은 Freud의 이론에서 보면, 주몽이 동일시할 대상이 없어서 제 마음대로 버릇없이 컸다는 의미다. 아들의 성장 과정에서 초자아가 형성되는 데 결정적 역할을 하는 아버지의 위상이 오늘날 IMF에 의해서 무너지고 있다. 이와 같은 현실을 감안할 때, Freud에 따르면, 우리 나라의 범죄율이 앞으로 증가될 것이 어느 정도 확실하다.

앞에서 설명한 3가지 측면 모두 강모씨의 범죄행동을 설명할 수 있는 가능성을 지닌다. 그래서 강모씨를 코너로 몰고 가는 색조를 띠고 있지만, Freud의 이론에서 본다면, 이런 강조는 이상할 것이 없다.

손가락을 잘린 아들은 붕대를 감은 채 아버지의 죄를 용서해 달라고 사회에 호소하지만, 이 아들이 성장했을 때, 어떤 사람으로 자랄까? 아버지가 엄마와 아주 일찍 헤어져서 아들이 엄마와 오랫동안 떨어져서 살았다면, 소유하고 싶은 엄마가 없기에 아버지는 무서운 존재가 아니므로 동일시의 필요성도 없었을 것이다. 그래서 그 아이는 아버지의 태도와 행동을 닮지 않은 성인으로 성장했을 수도 있다. 그러나 엄마와 같이 생활한 기간에 동일시의 시기를 가졌다면, 그 아이 역시 아버지와 같은 성인으로 성장할 가능성을 배제하지 못한다. 어린 지금은 아버지의 용서를 원하지만 성인이 되어서 아주 어려운 상황에 부딪친다면, 그도 또한 폭력으로 문제를 해결한 아버지와 같은 행동을 보일 것이라는 짐작을 가능케 한다. 한편 통한의 후회를 하는 아버지가 어느 정도 시간이 흘러서 범행시기와 동일한 상황을 맞는다면, 지금과 같은 행동이 재현될 수도 있다. 왜냐하면 성격은 일정성, 안정성, 특이성을 갖는 것이기에 현재의 행동이 처벌과 아들의 호소로 단번에 사라졌다고 보지 못한다. 적어도 Freud의 이론에서 보면 그렇다.

어느 신부의 처참한 기도

신부의 기도

신부는 결혼도 하지 않고 성스런 생활을 해야 하는 성직자이다. 그래서 일반인들과 다른 생각과 행동을 하면서 세상의 본을 보인다. 특히 이들이 다른 사람들과 달라야 하는 점은 성욕(sexual need)에 대해서 무관해야 한다는 것이다. 이를 지키기 위해서 결혼도 마다하고 세상의 고민을 들어 주는 훌륭한 일을 한다. 그러나 아무리 성직자라 하여도 머릿속에서 진행되는 성적 사고(thought about sex)의 흐름은 막을 도리가 없는 것인가 보다. 어느 신부가 그런 잡스런 생각을 없애기 위해서 장미가시 위에 뒹굴면서 간곡한 기도를 올렸다는 이야기가 있다. 그러나 하나님은 그의 애절한 기도를 들어 주셨을까?

정상적인 발달 과정을 밟은 사람의 경우라 해도 원초아의 영향은 엄청나다. 우리의 머릿속에서 무의식적으로 진행되는 사고의 흐름을 솔직히 털어놓는다면, 우리 모두는 얼굴을 붉힐 뿐이다. 그러나 우리의 자아가 예의 없고 막무가내인 원초아의 기세를 적절하게 꺾고 조절하고 있어서 다행한 일이다.

1-3. 기억할 수 있는 경험

지금까지 설명해 온 Jung과 Freud의 이론은 과거의 시간을 중시하지만 개인의 입장에서는 기억할 수 없고, 행동에 영향을 주는 이유조차 모른다. 그러나 이제부터 설명하게 될 학습 이론은 과거의 시간을 중시하며, 또한 기억할 수 있는 기억들이 행동에 영향을 준다는 주장이다. 그래서 기억할 수 없는 사건은 학습 이론(learning theories)에서 제외된다. 즉 의식에 떠올릴 수 있는 사건의 경험만이 행동에 영향을 준다.

1) 학습 이론

제주도의 수족관, California와 Florida의 Sea World 등에 가면 아주 멋진 돌고래쇼를 볼 수 있다. 커다란 덩치는 조련사가 시키는 대로 물 속으로 잠수도 하고 밖으로 솟구치기도 한다. 그러한 장면을 보는 우리는 마냥 신기하게 느낀다. "야! 어찌 돌고래는 사람의 지시를 그렇게 잘 따를까?" 그놈들 머리가 좋은가 봐"하는 생각을 갖는다. 그러나 조련사는 쇼가 끝나면 어김없이 고래의 입에 물고기를 던져 준다. 이런 장면을 보고 어린이들은 고래가 물고기를 받아먹고 싶어서 쇼를 하는 것으로 착각한다. 어린이뿐 아니라 어설픈 어른도 그렇게 생각한다. "먹고 싶어서" 쇼를 한다면, 돌고래가 이성적 사고를 한다는 말인가? 그렇지 않다면 "먹고 싶어서"가 아니라 다른 이유가 있을 것이다. 고래에게 쇼를 시키는 것은 물론 조련사지만, 그것보다 더 중요한 것은 조련사가 주는 먹이, 물고기다. 즉 고래에게 신호하면 고래는 물고기(먹이)를 연상한다. 결국 연상의 법칙이 고래가 쇼를 하도록 학습시킨다. 여기서 돌고래의 연상(association)을 이성적 사고로 착각하지 말아야 한다. 이때에 연상은 단순히 습관적 행동이다. 습관적이란 의미는 결과를 생각하지 않고 저절로 수행되는 행동을 의미한다.

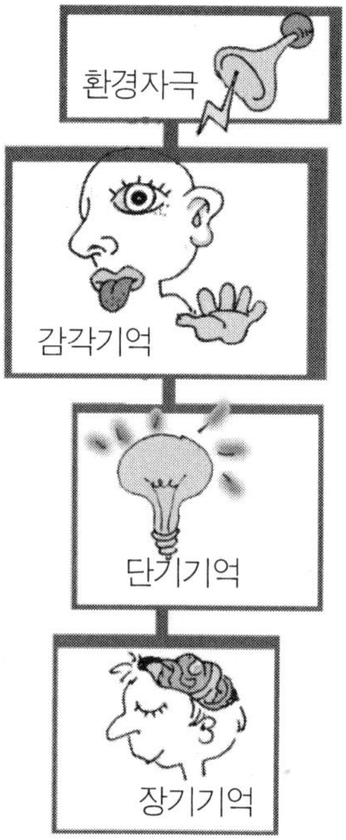

감각기억(sensory memory): 우리 주위의 수많은 자극이 오관을 통해서 입력되고 감각기억은 이것들을 접한다.

단기기억(short-term memory): 단기기억은 작업기억(working memory)라고도 불린다. 단기기억은 병목과 같은 작용을 하므로 수없이 입력되는 자극 중에서 선별하는 일을 한다. 단기기억에서 리허설을 거친 내용은 장기기억으로 넘어간다.

장기기억(long-term memory): 장기기억에 저장되는 내용은 계층을 이루며, 새로이 입력된 내용은 계층의 어디엔가 붙는다. 한 번 붙고난 내용은 평생을 통해서 기억되며, 우리들의 사고와 행동에 영향을 미친다.

〈그림 2-12〉 기억 과정

"학습은 인지, 감정, 태도, 동기, 행동, 경험 등을 포함하는 성격의 영구적 변화이며, 기억을 포함한 다른 요인 혹은 통찰력에 의해서 일어났더라도 행동의 변화를 실제로 일어나게 하는 것이다"(Sahakian, 1976, p.3).

학습의 정의에서와 같이 경험의 기억을 토대로 하는 학습 이론은 크게 연상 이론(association theories), 강화 이론(reinforcement theories), 동인감소 이론(drive reduction theories), 그리고 인지학습 이론(cognitive theories)으로 나누어진다. 각 유목 중에도 다양한 이론들이 포함되지만, 지면 관계상 각 유목의 대표적인 것만을 소개할 것이다.

위에서 지적한 연상, 강화, 동인감소, 그리고 인지학습 이론 모두가 기억에 있던 내용이 의식에 떠오를 때, 행동과 사고에 영향을 미친다는 주장이다. 그래서 기억에 없는 내용이 사람을 움직이는 힘을 갖지 못한다. 기억은 3단계의 과정을 거치며 경험한 바를 장기 기억에 저장한다. 〈그림 2-12〉는 기억 과정을 설명한다.

a) 연상학습 이론

연상학습 이론은 러시아 생리학자 Pavlov가 종소리와 먹이를 연상토록 한 것을 시작으로 발전되었다. Pavlov는 개를 묶어 놓고 종을 울리고 먹이 주기를 계속했다. 그러자 개는 먹이가 없이 종소리만 들어도 침을 흘리는 반응을 보였다. 종소리와 먹이가 동시에 연상된 것이다. Pavlov는 이러한 연상이 동일한 종소리에 국한되는 것이 아니라 유사한 소리에도 침을 흘리는 것을 발견하고, 일반화(generalization)를 소개하였다. 한편 그는 먹이 없이 종소리만 계속 들려 주었을 때, 침의 양이 점점 줄어드는 것을 알고서 소거(distinction)가 일어남을 주장했다. 이러한 Pavlov의 실험을 조건반사(reflexible responses)라고 부른다.

이름에서 나타나는 의미와 같이 자극에 대한 반사적 행동(reflexible behaviors: 종소리와 타액반응)이 나타난다. 그러므로 반사적 행동은 기억할 수 있는 과거 경험에 근거를 둔 학습 이론이 아니기에 여기서 Pavlov의 고전적 학습 이론(classical learning theory)의 자세한 설명은 접어 두기로 한다. 그러나 용어가 전하는 것처럼 그의 이론은 말 그대로 고전(classics)이다. Freud의 이론을 필두로 많은 성격 이론이 나타난 것같이 Pavlov의 이론을 시작으로 많은 학습 이론들이 선을 보였다.

ⓐ Guthrie의 인접성 연상 이론(association by contiguity)

Guthire의 인접성 이론은 한 번-시도 연상(one-trial association)에 근거를 둔다. 인접성 이론은 Pavlov와 같이 여러 번의 연상을 시도한 후에 자극과 반응의 관계가 형성되는 것이 아니라, "행위는 첫번째 경우에 충분한 강도(strength)가 있었다면, 단 한 번의 시도에 의해서 학습된다"(Guthrie, 1952, p. 115)는 것을 주장한다. 그래서 기억(memory)은 빈번한 반복보다 이와 같은 첫번째 경험에 의해서 얻어진다.

Guthrie에 따르면, Pavlov가 실험용으로 사용했던 개는 첫번째 자극-연상의 학습이 이루어지지 않았기 때문에 자극을 반복적으로 주어서 연상할 수 있었다. 이런 주장을 설명하기 위해서 Guthrie가 실험실의 다른 소리를 제거했을 때, 자극과 연상의 짝수(the number of pairs)가 줄어들었다는 것을 알 수 있었다. 이 말의 의미는 Pavlov가 개에게 주었던 자극이 매번 약간씩 달랐다는 것이다. 그래서 만약 학습하기에 충분한 강도의 자극이 첫번째 주

한 번-시도 학습 경험

어느 해 아주 무더운 여름날 필자는 제2호선 성내 전철역 가까운 좌회전 차선에서 신호 대기중에 있었다. 필자의 차가 서 있는 머리 위는 2호선 전철이 지나는 길이라서 철길과 차의 지붕은 여유가 많지 않았다. 파란불이 켜지면서 나는 좌회전하려고 했지만 반대편에서 머뭇거리며 철길의 밑바닥을 피해 나의 차선으로 약간 침입한 차와 마주쳐서 회전할 수 없었다. 나는 창문을 내리고 "야, 이 ××야!" 하고 있는 목청을 다해 소리쳤다. 상대자는 빵을 배달하는 봉고차 운전기사였으며, 나와 비슷한 연령의 남자였다. 갑자기 당하는 사건에 그만 당황하며 차에서 막 내려와 달려들려는 태세였다. 나는 그의 표정을 읽고 그만 내가 너무했다는 생각에 뺑소니치고 말았다. 도망치는 가운데서도 나는 그 사람에게 너무 미안한 생각에 젖어 있었고, 그 감정은 오래 계속되었다. 그 일이 있은 후부터 나는 아무리 화가 나는 일이 있어도 차와 관련해서 절대 소리지르지 않는다.

어졌다면, 그렇게 많은 자극-반응의 연상이 필요치 않았을 것이라는 주장이다(Sahakian, 1976). 그러므로 Guthrie에 따르면 "조건화(coditioning)는 유무사건(有無事件: an all-or-nothing affair)이다"(Gurhrie, 1952, p.81).

'충분한 자극'이 무엇인지 이해하기 어려울 수 있겠지만. 다음의 예가 이해를 도울 것이다. 어린이가 뜨거운 주전자에 손을 댔다가 혼쭐이 난 경우에 다시는 주전자에 손을 대려 하지 않는다. 만일 어린이가 어설프게 주전자에 손을 대었다면, 또다시 그것에 손을 댈 것이다. 예에서 알 수 있듯이 혼쭐이 난 것은 충분한 자극이다. 그래서 어린이는 다시 뜨거운 것에 손을 대지 않는다.

별다른 생각 없이 신청한 과목으로 애먹은 학생은 다음부터 철저한 사전조사를 거친 후에 과목을 신청한다. 행정고시를 아주 얕잡아 보고 도전해서 먹물을 뒤집어 쓴 사람은 더 이상 도전을 생각하지 않을 수 있다. 대부분의 사람들은 학습이 여러 번 반복됨으로써 성사될 수 있는 것으로 알고 있지만, 단 한번의 시도로 학습된다는 것을 알면 더 효과적인 학습 방법을 고안할 수도 있을 것이다.

망각은 자극이 있을 때 일어나야 할 반응이 나타나지 않는 경우다. 반응이 나타나지 않는 이유는 자극이 식역 수준 이하였거나, 피곤해서 다른 반응을 보이는 것 등이다. 어쨌든지 자극-반응의 연상은 성격상 행동적(behavioral)

이기에 예측될 수 있다. 왜냐하면 비슷한 조건을 맞이하면 그가 마지막 연상에 의해서 행했던 것을 다시 행동으로 보여 줄 수 있기 때문이다.

학습된 행동은 비슷한 조건이 주어지면 반복된다. 이런 행동이 바로 습관(habit)이다. 그러나 "습관은 아주 다양한 환경에 대해서 일정한 방식으로 행동하는 경향"(Guthrie, 1938, p.65)이다. 그러므로 우리들의 습관은 아주 다른 상황에 직면해서도, 정해진 식대로 행동한다.

Guthrie의 이론에서, "습관을 제거하는 방법은 새로운 습관으로 먼저 것을 대치하는 것"이다(Guthrie, 1952, p.115). 다시 말하면, 어떤 행위를 일으키는 단서를 찾아내고, 이러한 단서에 다른 반응을 행하게 하는 것이다. 공부를 안 하고 컴퓨터 게임에 열중하는 학생에게 게임을 못하게 할 것이 아니라, 게임을 이용해서 공부할 수 있는 다른 방안을 찾게 한다. 이러한 "대치 방법(sidetracking)은 습관을 아주 깨버리는 것보다 더 쉽다"(Sahakian, 1976, p.46).

b) 강화 이론

ⓐ Skinner의 조작적 학습이론

사람이든지 혹은 동물이든지 어떤 행위에 대해서 보상이 뒤따를 때 학습된다는 주장이 바로 강화 이론이다. 강화 이론을 대표하는 것은 바로 Skinner의 조작적 학습 이론이다.

"환경을 통제하면, 당신은 행동의 질서를 볼 수 있다"(Skinner, 1967, p. 339)는 것이 Skinner의 주장이다. "환경을 통제한다"는 의미는 주어지는 자극을 조절한다는 의미이며, "행동의 질서"는 행동을 나타내는 법칙과 규칙성을 의미한다. 이것이 바로 조작적 학습 이론에서 주장하는 학습의 정의다. Skinner의 이론에서 중요한 의미를 지니는 것은 유기체가 방출하는 행동(emitting behavior)이다. 전 절의 Pavlov 이론에서도 자극과 반응의 연상관계에서 행동이 나타나지만, 이때에 행동은 반사적 행동(reflexible behavior)이었다. 방출된 행동과 반사적 행동은 매우 큰 차이를 갖는다.

영어 단어 "emit"와 "elicit"의 차이를 보면, 전자는 "발하다, 내뿜다", 후자는 "끌어내다, 유도하다"라는 의미를 갖는다. 단어의 의미가 전해 주는 대로 "emit"는 스스로 행동을 나타내는 것이며, "elicit"는 외부의 자극에 의해서 자신과는 관계없이 행동이 이끌려 나타나는 것이다. Skinner의 학습이론은 자극-반응의 연상을 기본으로 하는 행동주의 심리학에 포함되지만, 다른 이론들과 근본적인 차이를 갖는 것은 바로 행동이 이끌려서 나오는 것이 아니라 유기체가 스스로 만들어 낸다는 점이다.

Skinner의 이론을 조작적 학습 이론이라고 일컫는 이유는 다음과 같다. 예를 들어서 병아리를 바(bar)가 있는 새장에 놓는다. 새장에 있는 병아리는 우연히 바를 쫀다. 한 번 쫀 바를 다시 쪼고, 다시 쪼고, 반복해서 쪼아 댄다. 우연히 10번을 쪼았을 때, 먹이가 나온다. 다음에 또 10번 바를 쪼았을 때, 먹이가 나왔다. 이렇게 되었을 때 병아리는 정확히 10번을 계속해서 바를 쪼고 먹이를 먹는다. 즉 병아리는 먹이를 얻기 위해서 스스로 바를 조작하는 행동을 학습한다. 이때에 병아리의 행동은 스스로 만들어서 밖으로 방출하는 것이지, 외부의 자극에 의해서 끌려 나오는 것이 아니다.

학습은 조작적 행동에 의해서 강화(보상)를 받아야 성취된다. 만약 병아리가 바를 아무리 쪼아도 먹이를 얻지 못한다면, 점차 그런 행동은 사라지고 말 것이다. 그래서 "환경을 통제하면, 행동의 질서를 볼 수 있다"는 Skinner의 말은 바로 강화를 어떻게 줄 것이냐에 따라서 행동을 조절할 수 있다는 의미다.

그러면 어떻게 환경을 통제할 수 있을까? Skinner의 학습 이론이 강화 이론(theory of reinforcement in learning)이라고 불리는 것을 보아서, 환경의 통제란 강화를 어떻게 줄 것인가 하는 문제와 관계된다. 앞의 병아리 예에서 바를 어떻게 하면 더 많이 쪼게 할 수 있을까 하는 생각에서 일정하게 바를 쪼았을 때 먹이를 주는 것이 아니라, 불규칙하게 쪼았을 때 먹이를 준다면 바를 쪼는 행동은 더 많이 일어날 것이다. 즉 보상을 주는 방법에 따라서 행동의 강도 즉, 학습의 정도가 달라진다는 것이 그의 주장이다.

Skinner box

Skinner는 이론을 개발하는 과정에서 비둘기를 넣을 상자(box)를 만들었다. 그 안에서 이리저리 돌아다니던 비둘기가 우연히 바를 쪼게 된다. 몇 번을 쪼았는지 먹이가 나왔다. 비둘기는 10번 쪼면 먹이가 나온다는 것을 안 다음부터 먹이를 얻으려고 바를 10번 쫀다. 먹이는 비둘기가 스스로 쪼는 대로 나오는 것이지 밖의 조건과는 아무런 관련성이 없다. 그래서 Skinner의 학습 이론을 "조작적 학습 이론", 그가 사용했던 상자를 "Skinner box"라고 부르게 되었다.

조작적 학습 이론에서 긍정적인 강화는 긍정적인 행동의 발생빈도를 높인다. 예를 들어서 병아리의 실험같이 바를 쪼는 행동에 따라서 먹이를 얻는 것은 바로 긍정적 강화를 받는 것이고, 따라서 바를 쪼는 행동은 더 많이 발생된다. 한편 부정적 강화란 전기 쇼크를 받고 있던 쥐가 우연히 우리 안에 있는 바를 눌러 전기 쇼크를 피할 수 있었다. 이후에 쥐는 바를 눌러 전기 쇼크를 피하는 것이다. 이와 같이 강화는 긍정적이든지, 부정적이든지 모두가 행동의 발생빈도를 높인다.

Skinner는 비둘기들에게 강화를 계속하여 탁구를 할 수 있는 행동까지도 만들었다. 그는 연속적인 행동의 단계들을 강화하므로써 행동이 학습된다는 것을 알았다. 그래서 그는 행동을 형성할 수 있는 5가지 방안을 다음과 같이 고안하고 어떤 것이 가장 효과적인지를 알아보기 위한 시도를 하였다.

① 연속적 강화(contineous reinforcement): 어떤 행동을 보일 때마다 먹이를 주는 것
② 고정간격 강화(fixed interval schedule): 일정한 시간적 간격을 두고 먹이를 주는 것
③ 고정비율 강화(fixed ratio schedule): 일정한 반응을 보일 때마다 먹이를 주는 것
④ 변동간격 강화(variable interval schedule): 예측할 수 없는 시간적 간격에 의해서 먹이를 얻는 것
⑤ 변동비율 강화(variable ratio schedule): 일정 반응에 따라서 상을 주지 않고 예측할 수 없는 반응에 따라서 먹이를 얻게 하는 것

위의 다섯 가지 강화계획 중에서 마지막의 변동비율이 가장 효과적이라는 주장이다. 이 강화계획이 가장 효과적이라는 증거는 우리들의 생활에서 흔히 볼 수 있는 것들이다. 예를 들어, 뜨거운 태양볕 아래에서 언제 물고기를 낚을지 모르지만 한없이 기다리고 있는 강태공은 언젠가 한 번 힘차게 낚싯대를 끌어 당긴 잉어를 연상하고 있을 것이다. 도박에 빠져서 전 재산을 다 말아먹은 도박꾼들은 예전에 한 번 멋지게 터진 대박을 연상하며 "이제 한 번 걸리겠지" 하는 마음에서 오늘도 계속하고 있다.

Skinner에 의하면, "상은 부가적 의미를 가져서 행동의 발생률을 높이지

만, 벌은 반대로 발생빈도를 낮춘다. 그리고 벌의 효과는 행동의 일시적 억압이므로 전체 반응수의 감소는 아니다"(Skinner, 1953, p.184)고 주장한다. 이런 이유 때문에 벌은 그 효과가 끝날 때 다시 이전의 상태로 돌아가므로 비효과적이다.

요약하면 벌은 일시적일 수는 있지만, 영구적인 효과는 없다. 그래서 벌을 받는 사람은 단순히 벌을 피하는 것을 배울 수는 있지만, 행동 수정의 수용성을 배우는 것은 아니다. 도박을 좋아하는 꾼이 계속해서 돈을 날리면, 그 날은 손을 털고 일어설 것이다. 그러나 다음 날 새 마음으로 다시 도전할 것은 자명하다. 돈을 털렸다는 것은 그에게 일종의 벌이다. 그래서 그의 행동은 일시적으로 주춤하지만, 사라지지 않는다.

c) **동인감소 이론**(動因減少理論)

ⓐ Hull의 동인감소 이론

동인감소 이론(drive reduction theory)은 Hull(1943)에서 시작되었지만, 그를 시작으로 많은 이론들이 생겨났다. 그의 이론은 독립, 중계, 종속변인으로 나뉘어서 수학적 공식으로 설명된다. 먼저 독립변인은 실험자가 조작한 입력변인(input variavbles)을 의미한다. 이런 것들에는 물, 음식과 같이 환경으로부터의 외부자극들을 포함한다. 중계변인은 개인 안에 존재하는 변인으로 독립변인과 종속변인 사이를 연계하는 역할을 한다. 이러한 변인들은 정신적(mental), 이론적, 상징적 구성체(symbolic constructs)이다. 그래서 이것들은 직접적으로 관찰될 수 없고, 심리학자들에 의해서 논리적으로 상징화되며, 사고를 촉진시키는 것으로 간주된다. 이러한 변인들은

① 자극추적(stimulus trace: S),
② 자극강도 역동성(stimulus intensity dynamism: V),
③ 동인, 일차적 동기, 혹은 욕구(drive, primary motivation, or need: D),
④ 강화량(amount of reinforcement: K),
⑤ 강화지연에 따른 유인가(incentive based on delay of reinforcement: J),
⑥ 습관강도(strength of habit: H),
⑦ 조건화된 금지(conditioned inhibition: SIR),
⑧ 반응적 금지(reactive inhibition: IR),

⑨ 자극유발 반응 식역 수준(reaction threshold evoking reacton: SLR),
⑩ 행동의 비일정성(momentary behavioral oscillation: SOR)이다.

마지막으로 종속변인은 ① 잠재성(latency)- 반응이 만들어지는 속도와 활력, ② 확대성(amplitude)- 반응의 폭과 크기, ③ 저항성(resistance to extinction)- 소거에 대한 저항, 그리고 ④ 빈도(frequency)- 반응의 확률이라고 주장한다. 그는 행동이란 시도를 많이 하면 할수록 더 빈번히 일어난다고 생각했다. 그리고 우리들의 주위에 수많은 자극들이 있지만, 이들 중에서 반드시 감각기관에 도달하는 것이 있어야 행동이 일어난다고 주장한다. 위에서 제시한 독립, 중계, 종속변인의 관계성은 아래의 수학적 공식으로 표현된다.

〈표 2-1〉 Hull의 동인감소 이론 공식

rerponse=V2×D×K×J×SHR−IR−SIR−SOR−SLR

공식에서 알 수 있듯이 복잡한 수학의 부호와 곱셈으로 인간의 정신작용을 표현하려고 노력하였지만, 우리들의 이해를 어렵게 한다. 어쨌든지 Hull의 주장은 행동이란 외부자극으로부터 발생된 감각기관의 요구가 있어야 하고, 그 자극의 영향으로 유기체 내에서 이미 획득한 습관의 저항, 욕구의 강도, 자극의 강도, 반응유발 식역 수준 등 다양한 중계변인에 따라서 행동이 일어날 가능성을 가늠할 수 있다는 것이다.

공식에서 볼 수 있듯이, 심리적 작용을 수학적으로 표현하려는 노력은 높이 살 수 있다. 그러나 그의 이론은 주로 쥐를 대상으로 하는 실험의 결과며, 이러한 결과를 모든 인간의 행동에 적용하려 했다는 점(Sahakian, 1976), 그리고 동물도 종(species)에 따라서 심리적으로 다른 반응을 보인다는 주장(Bolles, 1975)과 함께 신뢰성을 얻지 못했다. 더욱이 수학적 공식을 거북스러워하는 사회과학도에게 복잡한 Hull의 이론을 설명하는 이유는 그 이론을 배워야 한다는 주장보다는 그의 이론을 시작으로 새로운 동인감소 이론들이 나타난 점을 알려 주기 위해서다. Hull의 영향으로 나타난 이론들은 신-Hull 학파 이론(neo-Hullians theories)이라 불리는데 이들 중에서 Miller의 이론을 소개한다.

ⓑ Neal E. Miller의 동인-단서-반응-강화 이론(drive-cue-response-reinforcement theory)

Miller(1951)는 행동을 획득하기 위해서 4개의 기본적 단계 - ① 동인(drive), ② 단서(cue), ③ 반응(response), 그리고 ④ 강화(reinforcement)를 지적한다. 동인은 우리들이 어떤 행동을 유발하도록 추진한다. 그래서 동인은 바로 자극이다. 일차적 동인은 성욕, 고통, 피곤, 갈증 등을 포함하는 생득적인 것이며, 이차적 동인은 우리들이 생활하며 학습한 돈과 명예 같은 것들인데, 일차적 동인의 결과로 만들어진다.

단서는 동인에 의해서 형성된 추진력이 무엇을 하고 어디로 가고 언제 할 것인지를 결정한다. 또한 단서는 강도와 크기에서 각각 다르다. 그래서 단서는 반응과 동인을 연결하는 것이어야 한다. 그리고 단서가 동인과 반응을 정확하게 연결하였을 때, 행동에 대한 강화가 뒤따르며 발생빈도를 높인다.

강화는 반응이 반복될 수 있는 확률을 높이며, 반응은 아주 높은 것에서 아주 낮은 것으로 계층을 이룬다. 높은 반응확률을 보이는 행동은 자주 나타나며, 그렇지 못한 것은 발생확률이 낮다. 그러나 발생빈도가 높은 반응일지라도 보상이 뒤따르지 않는다면, 약해지거나 아주 소멸된다.

학습은 한 상황에서 다른 상황으로 전이되는 일반화에 의해서 만들어진다. 두 상황이 비슷하면 비슷할수록, 더 강한 전이 현상이 발생된다. "바늘도둑이 소도둑 된다"는 속담은 바로 한 번의 도둑질에서 보상을 얻은 사람은 비슷한 상황에서 같은 행동을 하며, 이러한 행동은 계속될 수 있다는 가능성을 보이는 말이다. 강화의 속성은 가장 가까이 있는 것이 가장 강하며, 멀리 있는 것은 효과적이지 못하다. 그러므로 보상의 지연 정도에 따라서 반응 속도와 강도가 정해지게 마련이다.

d) 인지학습 이론

"사람은 자극에 반응하는 것 이상이며, 목표에 대한 신념, 조건, 태도, 노력에 의해서 행동한다. 그리고 공간적 표시를 배우고, 행동 과정을 도식화하며, 목표에 대한 기대에서 행동한다"(Sahakian, 1976, p.210). 지금 언급한 내용은 앞에서 설명한 학습 이론과 기본적으로 다른 의미를 준다. 왜냐하면, 인지학습 이전에 설명된 이론들은 입력된 자극에 한해서 반응이 나타난다는 주장이었기 때문이다. 그러나 인지학습 이론은 입력된 자극 이상의 반응을 보인다는 주장을 하고 있다.

Tolman은 강화 이론에 불만을 가지고 표시-게슈탈트 이론(sign-gestalt theory)에 관심을 가졌다. 표시는 말 그대로 어떤 의미의 함축이다. 예를 들어서, 도로에서 초록색은 진행을, 빨강색은 정지를 의미한다. 또한 게슈탈트는 부분의 합은 전체보다 적다는 뜻이다. 그러므로 표시-게슈탈트가 가지고 있는 의미는 지금까지 설명해 온 Guthrie의 연상 이론, Skinner의 강화 이론, Miller의 동인-단서-반응-강화 이론들과 성격을 달리한다. 왜냐하면 이들 이론은 유기체가 주어진 자극 혹은 강화에 국한된 반응을 보인다는 것을 주장하지만, Tolman의 인지학습 이론은 자극의 양이나 특성에 제한되지 않고 인지적 과정에 의해서 게슈탈트적 결과를 갖는다는 것을 내세운다. 즉 하나의 자극이 입력되면 하나의 반응을 보인다는 것이 지금까지의 설명이었으나, 인지학습 이론은 하나의 자극에 대해서 2개 혹은 그 이상의 반응을 기대할 수 있다는 것이다.

"표시-게슈탈트란 표시(자극) 자체를 의미 있게 하고, 목적과 수단의 관계를 의미 있게 만든다. 그래서 외부적 감각(표시)과 내적 상(지각)이 연상을 만들며, 이들 둘은 게스탈트를 만들기 위해서 서로 결합하여 상호 관련성을 갖는다"(Sahakian, 1976, p.202). Tolman에 따르면, 행동은 환경 단서와 게슈탈트의 결과로 나타난 유기체 내부의 기대 사이에서 만들어진다. 이런 주장이라면, "보상은 모든 학습에서 필요로 하는 조건이 아니다"(Tolman & Gleitman, 1949, p.811). 왜냐하면 인지학습 이론은 유기체의 요구와 기대에 대한 확신을 중시하기 때문이다. 예를 들어서 고시 공부를 하는 한 젊은이가 판사(표시)의 꿈을 가진다. 그는 사법고시에 합격해서 멋진 법관으로 사회에 공헌할 기대에 부푼다. 이런 경우에 합격이라는 보상이 없어도 시험을 3번, 4번 혹은 그 이상 시도한다. 이런 이유는 그 젊은이의 머릿속은 바로 게슈탈트적 결과를 갖기 때문이다. 즉 합격을 하면 전반적으로 어떤 결과를 얻게 된다는 것(전체)은 합격되면 어떤 어떤 결과를 갖는다는 부분적인 합보다 더 강하기 때문에 실패를 두려워하지 않고 자꾸 도전하는 것이다.

Tolman(1932)은 "행동은 목적적이고, 인지적이다"(p.12).라고 주장한다. 행동이 목적적이고, 인지적이라는 뜻은 환경에서 보이는 어떤 단서와 그 단서를 통한 유기체의 기대 사이의 관련성을 학습한다는 의미다. 그리고 이것을 표시-게슈탈트의 관계로 설명한 것이다. 표시-게슈탈트는 "① 노력이 향하는 목표, ② 목표를 얻기 위한 수단, ③ 목표와 수단과의 관계"(Sahakian, 1976, p.202)로 구성된다. 노력이 향하는 목표가 우선 존재해야 하며, 목표를 나타내는 표시가 있어야 한다. 앞에서 예를 든 고시생의 경우를 보자. 이 예에서 표시는 판사로서의 명예와 돈이다. 이런 표시를 얻기 위한 수단으로 사법고시를 치른다. 그리고 명예와 사법고시의 합격의 관계성을 점친다. 위의 예에서 소개된 젊은이는 명예를 얻는 수단으로 사법고시를 택했지만, 그가 법관으로 명예를 얻기 힘들다는 생각을 했다면 생각을 고쳐서 교수가 되려고 노력했을 수도 있다.

목표의 획득을 위해서 유기체는 시간, 거리, 방해물, 노력 정도 같은 여러 가지 조건들을 모두 고려하면서 마음 속에 인지도(cognitive map)를 그린다. 그러한 지도가 바로 표시-게슈탈트적 사고며, 그러한 지도에서 부분의 합은 전체보다 적다는 원리에 따른다. 그래서 우리들은 게슈탈트적 사고를 통해서 될수록 짧은 시간과 노력으로 목표에 이르는 지름길을 찾는다.

2) 학습 이론에 의한 범죄행동의 설명

지금까지 소개된 학습 이론은 연상 이론, 강화 이론, 동인감소 이론, 인지적 이론으로 각각이 주장하는 강조점이 다르다. 그러나 이론들이 공통적으로 갖는 것은 모두가 과거의 기억에 근거를 둔다는 것이다. 행동이 한 번에 획득되든지, 여러 번의 반복을 거쳤든지 일단 형성된 행동은 기억에 남아서 다음의 유사한 상황에서 동일한 행동을 만든다. 앞에서 들었던 예, 보험금을 타내기 위해서 아들의 손가락을 자른 강모씨의 범죄행동을 학습 이론으로 설명해 본다.

Guthrie의 연상학습 이론의 핵심은 유기체에게 주어지는 자극이 적절한 강도를 갖는다면, 행동은 단 한 번의 시도로 형성되며 유사한 상황 조건에서 그 행동은 다시 나타난다는 것이다. 강모씨가 아들의 손가락을 자른 것은 과거 언젠가 형성된 행동으로 간주된다. 물론 전에도 아들의 손가락을 잘랐다는 의미는 아니지만, 과거 언젠가 아주 끔찍한 행동을 저질렀을 수도 있다. 그 행동의 대상이 아들일 수도 있고 아니면 다른 대상일 수도 있다.

여하튼 그는 그러한 행동으로 어려운 상황을 벗어난 경험을 기억에 담고 있었다고 짐작된다.

Guthrie가 행동은 동일한 상황이 주어지면 반복되어서 습관이 되고 이런 습관은 비슷한 상황은 물론이고, 아주 다양한 조건에서도 나타난다고 주장한 바같이, 강모씨는 아내와 헤어지고 병들고 생계가 어려운 상황에서 문제해결을 위하여 과거 기억 속에 있는 사건을 회상하였을 수도 있다. 강모씨는 어려운 상황에 부딪치면 정당한 방법보다는 부적절한 방법에 의해서 문제를 해결하는 습관을 가지고 있을 수도 있다. 물론 그의 행동이 습관적이 아니라 해도 현재의 상황은 과거에 그가 행했던 조건과 비슷한 것일 수도 있다. 그래서 한 번으로 학습된 행동이 이번 사건에 나타났나 보다.

강모씨가 아들의 손가락을 자른 행동이 온 천하에 밝혀지고, 또한 자신이 통한의 후회를 하고 있으므로, 이것 역시 하나의 다른 행동을 형성했을 수도 있다. 다시 말하면, 이제부터는 이번 범행시와 유사한 상황에 부딪쳐도 아들의 손가락을 자르는 끔찍한 행동을 보이지 않을 수도 있다. 왜냐하면 그것 역시 하나의 행동으로 형성되었을 것이기 때문이다.

Skinner의 조작적 학습 이론에 의한 범죄행동의 설명을 생각해 보자. 강모씨가 아들의 손가락을 자르는 끔찍한 행동을 보인 것은 그가 그 전에도

보험금을 위해서 아들의 손가락을 자른 아버지

1998년 9월 11일 보험금을 타내기 위해서 아들의 손가락을 자른 비정한 아버지는 TV를 보는 사람의 마음을 무겁게 했다. 자식을 둔 부모, 부모를 모시는 자식의 입장에서 모두가 할 말을 잃고 말았다. 정말 세상에 이런 일이 왜 일어날 수 있는지 도무지 알 길이

없는 모양이다. 더욱 놀라운 것은 손가락을 자르기 위해서 예행연습까지 했다는 사실에 모두가 엉엉 울어 버리고 싶었을 것이다. 통한의 후회를 하는 아버지와 손을 붕대로 감은 채 그 아버지를 용서해 달라는 아들은 한국 사람을 모두 침묵케 했다. 어찌 그런 일이…?

동물을 자르는 행동을 보였을 수 있다. 예를 들어서, 칼을 가지고 개와 닭 같은 동물을 잡은 경험이 있거나, 칼을 지니고 주위 사람들을 위협했을 경우도 생각해 볼 수 있다. 이러한 행동에서 강모씨는 강화를 받았으며, 차차 더 큰 행동으로 옮겨졌다고 생각한다. 그가 받은 강화는 Skinner가 가장 효과적이라고 주장하는 변동비율강화로써 예기치 않은 상태에서 큰 이득을 본 경험이 있을 법하다.

현재 후회의 후회를 거듭하고 있는 강씨가 정말 다시는 그런 행동을 하지 않을 것이라는 생각은 Skinner의 이론으로는 부당하다. 왜냐하면 Skinner는 벌이란 일시적이기 때문에 벌의 효과가 끝나면 다시 전 상태로 돌아간다고 주장한다. 그래서 현재 그가 벌을 받아서 후회를 하지만, 다시 어려운 상황이 닥치면 그와 유사한 행동이 재현될 수도 있다. 또한 Skinner에 따르면, 형성된 행동은 일시에 소거되지 않는다. 점차적인 강화의 감소와 함께 행동이 소멸된다. 그러니까 강모씨가 보이는 참회는 Skinner의 이론에서 사실 그대로 받아들이기 어렵다.

Miller의 동인-단서-반응-강화 이론으로 강씨의 범행원인을 검토해 보자. 일단 생계에 대한 막연함이 범죄행동의 시작이다. 아들의 이름으로 보험을 들어 놓은 것이 단서로써 작용된 것으로 해석된다. 어려운 상황에서 벗어날 수 있는 단서로 보이는 것은 아무것도 없는 실정에서 보험을 들어 놓았다는 사실이었을 것이다. 행동을 유발시킬 단서로 보인 보험금을 향해서 나타낸 반응은 아들에게 가장 약한 상처를 주는 것으로 손가락을 자르는 것이라고 생각했었나 보다. 물론 이러한 행동을 함으로써 보험사로부터 돈을 탄다는 강화를 예상했을 것이다. 강씨는 과거에 유사한 행동으로 보상을 받은 경험이 있는 것으로 간주된다. 이런 과거의 기억에서 강화를 예상하고 아들의 손가락을 잘랐을 것이다.

생계가 막연하다는 생각에서 모두가 끔찍한 범죄를 저지르는 것은 아니다. 강씨가 아들의 이름으로 보험을 들지 않았다면, 그는 다른 방향에서 단서를 찾았을 것이다. 왜냐하면 다른 욕구가 아닌 먹고 살아야 한다는 일차적 욕구가 발생되었기 때문에 생명이 붙어 있는 한, 어떤 해결책이든지 찾게 마련이기 때문이다. 강씨의 상황에서 아들은 문제 해결의 단서며 가장 가까이 있는 단서였다. 이러한 단서는 가까이 있을수록 큰 힘을 갖는다. 그래서 아들의 손가락을 자르면, 금방 돈이 생긴다는 기대는 열심히 종교 활동을 해서 신의 축복을 기대해야겠다는 희미한 기대보다 더 큰 작용을 한다. 거리의 걸인이 되어서 한푼 두푼 구걸해서 문제를 해결한다는 것은 너무나 멀리 있는 한심한 희망이다. 그런 것에 비해서 당장 문제 해결을 할 수 있는 방법을 택한 것이 그에게는 당연지사였을 것이다. 강모씨는 힘도 없고, 아내도 없고, 모든 상황이 칠흑 같은 처지에서 문제를 해결할 수 있는 것은 아들밖에 없는 것으로 판단한 것이다.

인지학습 이론으로 강씨의 범행을 어떻게 설명할까? 위에서 Tolman의 이론이 복잡하게 설명되었지만, 그의 이론은 쉽게 "S(timulus) - s - r - s - r - s - R(esponse)"로 표현된다. 공식에서 볼 수 있듯이 자극을 받은 우리들의 머릿속에서 수없이 많은 자극-반응이 일어난다. Tolman은 이러한 과정을 인지 과정으로 본 것이다. 그 과정에서 게슈탈트의 현상이 일어난다. 자극-반응-자극-반응을 거듭하면서 나타난 결과는 입력된 자극에 비해서 큰 결과를 가질 수 있다. 즉 입력된 자극 이상의 다른 결과를 낳는다.

우리들은 아버지가 어떻게 아들의 손가락을 잘랐는지 이해하기 어렵다. 물론 강씨가 처한 상황만으로 아들의 손가락을 자르는 무지한 행동을 유발하기 어렵게 생각되기도 한다. 그러나 전체는 자극의 합보다 크다는 게슈탈트 현상을 이해한다면, 왜 그러한 범죄가 가능했는지에 대한 답을 얻을 수 있다. 강모씨가 처한 상황 조건들이 모두 합쳐져서 게슈탈트의 결과를 낳게 하였으며, 그 결과는 우리들이 상상하기 어려운 지경을 넘어갔다.

학습 이론은 각기 다른 측면에서 자기 나름대로 주장을 펴지만, 공통적인 점은 모두가 과거 경험에 의한 기억에 근거를 두고 있다는 것이다. 과거의 경험으로 정적 보상을 받았는지 혹은 부적 보상을 받았는지가 앞으로 행할 행동을 결정하는 데 중요한 기준이 된다. 그러므로 정신의 주체는 우리가 아니라 할아버지와 할머니들의 정신이 집합된 집단 무의식이라는 Jung의 이론, 그리고 우리들이 경험했지만 아주 어린 시기에 체험했기 때문에 기억하지 못하는 경험들이 우리의 사고와 행동을 통제한다는 Freud의 이론은 학습 이론과 색깔을 달리한다.

학습이론에서는 집단 무의식은 물론이며, 무의식도 허용하지 않는다. 모든 행동은 기억에 근거해서 나타난다는 주장이다. 우리들이 기억 못하는 것은 기억된 내용을 회상하기 위한 코드를 찾지 못한 것이며, 언젠가는 우리들이 코드를 찾는 경우에 의식에 떠올릴 수 있다는 것이다. 그러나 기억에 포함된 것이라도 의식에 떠오르지 못한 내용은 우리의 행동과 사고에 영향을 미치지 못한다.

2. 현 재

지금까지 우리들은 과거를 3유목으로 나누어서, 각 유목을 중시하는 이론들을 검토하였다. 즉 원형을 대표하는 Jung의 집단 무의식, 원초아를 포함하고 있는 Freud의 무의식, 그리고 과거 경험에 대한 기억을 기초로 하는 학습심리학을 설명하였다. 즉 우리들이 태어나기 전, 경험을 했지만 기억할 수 없는 시기와 우리들의 기억에 남아서 현재의 행동과 사고에 영향을 주는 시기로 나누어서 검토하였다. 이제부터는 과거를 넘어서 현재의 시기를 중시하는 실존주의 심리학을 설명할 것이다.

2-1. 실존주의 심리학

인간의 삶에 관해서 골똘히 생각하는 한 청년이 인생을 살아가면서 과거, 현재, 미래 중 어느 시기가 가장 중요한지를 간절히 알고 싶었다. 이 궁리저 궁리하던 그는 문제의 답을 혼자서 얻지 못함을 깨닫고 깊은 산 속에서 은둔 생활을 하며 도를 닦는 한 은자(隱者)를 찾기로 하였다. "선생님, 인간에게 현재, 과거, 그리고 미래 중 어느 것이 가장 중요한 시기입니까?" 하고 정중히 물었다. 그 청년의 질문에 은자는 길고 흰 턱수염을 쓰다듬으며, "여보게, 그건 바로 지금일세"라고 대답해 주었다. 그 답을 들은 청년은 자신의 행동 방향을 마음 속에 다지면서 하산하였다.

이 말은 필자가 배운 고등학교 영어 교과서의 내용이다. 현재의 중요성은 재고할 필요도 없다. 그러나 지금까지 설명된 이론들은 과거에 무게의 중심을 두었다. 과거가 중요하다면, 현재 내가 아무리 잘해도 소용없다. 과거를 기억하든지 못하든지 일단 과거가 우리들의 행동과 사고를 통제한다고 생각하면, 현재도 미래도 빛을 잃고 만다. 그래서 현재를 무시한 주장은 인간의 삶에 싱그런 내음을 발하기 어렵다.

지금까지 설명된 이론들은 다소간 현재를 가볍게 다루었다. 그러한 이유를 여러 조건에서 찾을 수 있지만, 현재의 시차적 정의가 하나의 이유가 되지 않을까 하는 생각을 갖는다. 왜냐하면, 현재는 찰나적으로 흘러간다. 지금 글을 쓰고 있는 이 시간, 그러니까 앞의 기술은 벌써 과거로 흘러가 버리고 말았다. 그러면 현재는 존재하지 않는 것인가? 현재는 어디서 어디까지를 현재라고 할 수 있을까? 이렇게 따지면, 어김없이 철학적 설명이나 혹은 수학적 공식이 개입되어 복잡해질 것이다. 이제 현재 시기를 근거로 하는 이론을 전개하려고 하지만, 여기서 현재가 무엇인지 정확히 따질 필요는 없을 것 같다. 그래서 현재는 과거와 미래를 잇는 시간적 개념으로 "지금" 혹은 "오늘" 정도로 알면 될 성싶다.

Binswanger와 Boss는 실존철학을 심리학에 도입한 대표적 학자들이다. 이들은 정신분석학에서 내세우는 몸과 마음이 둘이라는 이원론(dualism)을 배제하고, 이들 둘은 하나(monism)여서 분리하여 생각할 수 없다는 주장을 한다. 실존주의 심리학자, Bingwanger(1958)는 마음과 몸을 하나의 단위로 간주하고 "사람은 'is' 며 한 단위(one unit)로 존재한다"(p.231)고 주장한다. 그래서 실존주의 심리학자들의 연구 대상은 '존재(being)' 이다. 더 학술적인 용어로 표현한다면, 바로 'ontology(존재를 연구하는 학문)' 이다. 단어가 의미하는 것처럼 ontology는 과거가 아닌 현재의 존재를 연구의 대상으로 삼는다.

실존의 진정한 의미는 주관(subjective view)을 포함한다. 그래서 우리들이 생활하면서 만나거나 혹은 만드는 사건은 과거의 영향으로 나타난 것들이 아니라 모두가 현재 개인의 주관적 생각에서 비롯된 것이다(Boss, 1958). Boss에 의하면, "우리는 우리의 경험이고, 우리는 사물에 의해서 아이디어를 갖는 것이 아니라, 우리는 우리자체가 바로 아이디어다"(Boss, 1963, p. 82). 이 말의 의미는 우리들이 사물을 지각하는 것은 오관을 통하여 입력되는 자극에 의한 뇌의 작용이 아니라, 자극에 대해서 부여하는 주관적 의미(subjective meaning)라는 것이다.

Boss는 "우리들이 자신의 필수요건(essence)을 밝히고 세상을 넓히기 때문에 눈과 귀와 코를 가질 수 있다고 보았다. 그러나 우리들이 눈, 귀, 코를 갖는다고 세상을 보고, 듣고, 냄새 맡는 것은 아니다"(Boss, 1963, p.140)는 주장을 한다. 이 말은 뇌의 작용, 신경세포들의 화학적 반응 모두가 타당하지만, 이러한 과정은 단순히 감각적 작용이며, 여기에는 주관적 의미가 포함되지 않기 때문에 무용지물과 같다는 주장이다. 물론 이러한 감각작용이 완전히 무시된다는 것이 아니라, 그러한 작용을 통해서 입력되는 자극의 해석이 더 중요성을 갖는다는 뜻이다.

실존주의 이론에서 핵심을 구성하는 단어는 실존(existence), 세상 내의 존재(being-in-the-world), 현존재(Dasein)들이다. 또한 이들 용어들은 비슷한 의미를 갖는다. "실존은 모든 존재의 필수요건이며, 모든 경험의 질(qualities)에 전달된다"(Rychlak, 1981. p.633). 그러므로 세상의 모든 일들은 우리들, 현존재를 떠나서 무의미할 수밖에 없다. 존재(Being)의 의미를 더 잘 이해하기 위해서 Hegel이 말하는 존재의 의미를 보도록 한다.

바위의 문제를 떠나서 우리의 경우를 보자. 사람들이 자신을 면밀히 조사한다면, 무엇을 발견할 수 있을까? 만약 우리들이 정직하고 진실되게 자신의 경험을 들여다본다면, 우리의 존재에서 경험 자체를 찾는 것이 아니라 의미가 부과된 현상학적 경험을 볼 수 있다. 의미가 부과된다는 것은 어떤 것이 일어날 수 있도록 어떤 것을 제공한다는 뜻이다(Bingswanger, 1958). 즉 의미를 더하므로 어떤 경험을 하도록 한다는 주장이다. 이 글을 읽는 사람들이 자신의 경험 자체를 가지고 있는 것이 아니라, 경험에 의미가 더해진 것을 가지고 있는 한편 그것 때문에 다른 경험을 할 수 있음을 부인할 수 없다.

Bingswanger의 "실존적 이론에서 주요한 것은 'priori ontological structure'인데, priori는 전에 오는 것(coming before)이다. 그리고

존재의 의미: Hegel과 Bingswanger의 비교

"우리들이 흔히 볼 수 있는 흙덩어리인 바위의 존재는 색깔 때문인가?"라는 질문에 대한 답으로 "바위는 색깔, 무게, 모양 등 때문에 존재하는 것이 아니다. 그리고 이러한 특성 중의 어떤 하나 혹은 이런 것들의 복합성 이유 때문에 존재하는 것도 아니다. 그러므로 이러한 모든 질을 다 없애 버려도 바위의 존재가 없는 것에는 변함없다." 이와 같이 바위가 존재는 하지만 아무 것도 아닐 수도 있다는 생각에서, Hegel은 존재와 비존재(nothingness)는 서로 밀접하게 관련된다고 생각하였다. 그러나 Bingswanger와 Boss는 Hegel의 주장이 이치에 맞지 않는다고 생각하였다. 왜냐하면, 바위는 모든 질의 합이며, 이러한 것이 없을 때, 바위는 존재하지 않는다고 생각했기 때문이다. Hegel의 주장은 바위의 질을 무시하고 그래서 존재(being)와 같은 개념을 간과하였다(Rychlak, 1981, p.633).

ontological structure는 사람들의 생에서 갖는 일종의 시작 틀(a frame for beginning) 그리고 '세상 설계'(world-design)인데 사람들은 현재 진행되고 있는 경험을 이해하려고 이것을 이용해서 의미의 틀을 구성하기 시작한다는 것이다"(Bingswanger, 1963, p.180).

Boss에 대해서 "존재는 어떤 것에 대한 예측이 아니라 단순히 일어나는 것이어서, 존재는 구체적 발생이다". 그러므로 "생이란 살아 있는 사람(living person)과 함께 수반되는 빛에 의해서 항상 일어나는 것"(Rychlak, 1981, p.635)으로 보았다. 즉 사람들이 살아가면서 의미라는 빛을 발하고, 그 빛에 의해서 비추어지는 것이 바로 현상적 사건들이라는 의미다. Bingswanger와 Boss가 약간의 차이를 보인다 하더라도, 두 사람이 중시하는 것은 "존재에 대한 의미(meaning existence)며, 존재는 언제나 즉각적(immediate)이고 진행적(ongoing)인 being(sein)과 there(da)로 구성된다"(Rychlak, 1981, p.635)고 주장한다. 즉 두 사람 모두는 현존재의 의미를 강조한다.

현상심리학에서 가장 중심되는 용어는 현존재(Dasein)이다. 현존재의 유사어로서 발광(發光 : lumination)이라 불리는 용어가 비유되는데, 발광이라는 용어가 의미하는 것처럼, 발광은 어떤 어두운 곳을 밝히는 것이며, 그래서 가렸던 것이 세상 밖으로 나타나는 것(disclosure)이다. 그러므로 "Dasein(현존재)의 da(threre)는 가렸던 것이 빛에 비추어진 사건(a luminated happening)"(Boss, 1963, p.30)이다. 그러므로 현존재는 필연적으로 그리고 시작부터 밖으로 나타난 상태며, 일정한 시간에 앞을 밝힌다. 또한 현존재는 일시적, 공간적 의미를 갖는다. 따라서 우리의 존재는 시간과 함께 흘러가며, 여러 방향으로 확대된다. 이런 이유 때문에 현존재(Dasein)의 현재성(temporalization)에 비추어 보면, 그러한 과거 기억 역시 과거보다는 미래에 우선적으로 관심을 둔다. 실존주의자들은 이것을 미래성(futurity)이라고 부른다.

미래성이라는 말의 의미를 생각하기 위해서 자신의 기억을 더듬어 보자. 우리들이 어떤 과거의 기억을 더듬을 때, 미래에 대한 계획을 무시하지 못한다. 예를 들어서, 세계 헤비급 챔피언 권투경기에서 타이슨은 홀리필드의 귀를 물어서 실격패당했다. 귀를 문 사람이나 귀를 물린 사람이나 그 사건을 기억하면서, 다시는 그놈하고 싸움을 하지 않을 것이야, 혹은 귀를 문 타이슨은 추한 모습을 팬에게 보여 주었으니까 다음에는 멋진 경기를 보여 줘야지 하는 생각을 하는 것이 일반적이다. 즉 우리들은 과거 경험을 통해서 다가오는 미래를 의도적으로 계획한다. 다시 말하면 과거는 현재의 일부며, 현재는 미래의 목표와 관련성을 갖는다. 그러므로 앞 절에서 설명한 Jung, Freud, Skinner와 같은 학자들이 주장한 것 같이 전에 일어났던 과거에 의해서 우리의 사고와 행동이 형성되는 것은 아니다.

실존주의 이론에서는 과거를 과거로 보지 않고 현재의 연속선상에서 보려고 한다. 우리들은 세상에 태어나기 전에 이미 신체적 조건, 사회적 규범, 가정 환경 등 다양한 과거의 영향하에 있다. 이러한 과거는 우리들의 힘으로 전혀 변화시킬 수 없거나 변화시키기 힘든 일이다. 이러한 과거를 실존주의 학자들은 우리들이 그러한 환경에 던져졌다고 말하고, 이러한 상황을 역사성(historicity)이라고 부른다. 역사성은 우리의 현존재(dasein)도, 조상의 현존재도 연속적이라는 의미이다. 그러나 조상들이 가졌던 현존재는 현재 우리들이 갖고 있는 현존재의 한 부분으로 역사성의 일면에 포함된다. 그래서 우리들이 세상에 태어나면서 어떤 신체적, 심리적 특성을 갖든지 현존재는 어디까지나 현세적이다.

현존재의 다른 면은 다른 사람과 함께 있다(being with others)는 의미를 갖는다. 우리들의 존재를 개인의 사적 세계(personal world)로 잘라서 생각할 수 없다. 그래서 Bingswanger는 우리의 현존재는 ① 아이겐 벨트(eigenwelt)- 우리의 몸 안에서 진행되는 감정과 애정의 자기세계, ② 움벨트(umwelt)- 우리를 둘러싸고 있는 환경, ③ 미드벨트(midwelt)- 대인 관계에서 비롯되는 사회적 세계(social world)로 구성된다고 주장한다. 특히 Boss는 "현존재의 세계란 필연적으로 미드벨트"(Boss, 1963, p.55)라고 강하게 주장한다. 그래서 우리들은 홀로 외로이 존재하는 것이 아니라 타인과의 관계 속에서 생활하는 것이다. 현존재는 아이겐벨트와 움벨트를 포함하지만, 대부분 우리들이 생활하면서 만나는 사람들에 의해서 발생되는 경험에 의미를 부과하는 사회적 활동으로 구성된다.

지금까지 현존재의 전반적인 견해를 기술해 왔지만, 성격을 설명하면서 소개된 자아가 실존주의 이론에서는 어떻게 표현되는지 알아본다. Freud는 마음을 원초아, 자아, 초자아로 나누어서 생각했지만, 실존주의는 마음의 어떤 구조적 유형을 필요로 하지 않는다. 또한 정신을 의식과 무의식의 영역으로 나누지도 않는다. Freud는 무의식에 근거를 둔 과거 지향적 견해에서, 그리고 폐쇄적 구조의 정신 유형(원초아, 자아, 초자아)을 포함하면서 인간의 행동을 설명하였다. 즉, 의식과 무의식의 범위 안에서 정신 유형의 활동을 기술하였다. 그래서 Freud와 Jung이 주장하는 과거 중심의 이론, 정신 유형(psychical typology)은 개인 자신이 스스로 의미를 부과하는 현상심리학과 근본적 차이를 갖는다.

실존주의는 성격을 설명하기 위해서 자기 확인(identity)이라는 개념을 사용한다. 다른 이론의 자아, 자기 등과 같은 단어는 실존주의에서 자기 확인이라는 단어로 대신한다. 자기를 확인할 때, 우리들은 마음 속에 부과하기(endowing)와 열기(disclosing)를 구별해야 한다. 여기서 부과하기란 스스로 경험한 사건 혹은 주위의 사건에 의미를 부여하는 것이며, 열기란 의미의 부여로 밖으로 나타난 사건들을 의미한다. 〈그림 2-13〉은 자기 확인과 현존재의 관계를 보여 준다. 현존재는 설명해 온 것같이 현재 유기체 내에서 발생되는 감정, 정서 등(eigenwelt)이며, 유기체의 환경(umwelt), 유기체의 사회적 세계(midwelt)를 의미한다. 이들 "세 특성은 현존(ex-ist)하는 것이고, 언제나 밖을 향하고 있으며, 세상에서 만나는 사물, 동물, 사람과의 관계를 갖는다(Boss, 1953, p.183)".

아래의 설명에서 보듯이, 자아는 의미라는 빛을 발하며 앞을 향한다. 그래서 과거에 무게가 실린 무의식이나 혹은 집단 무의식은 가치를 잃는다.

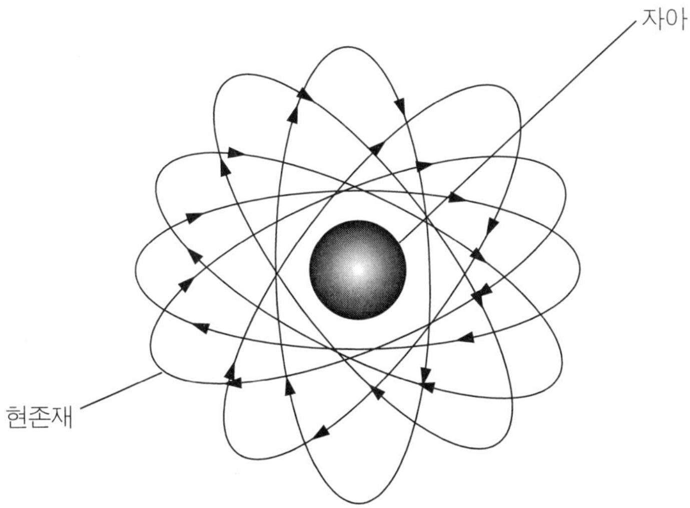

Rychlak, 1981, p. 638

〈그림 2-13〉 자기 확인과 현존재의 관계

실존주의에서 "무의식적 행동 경향은 아마도 제한된 세상 계획(constricted world design) 혹은 너무 좁거나 제한된 세상 보기(world-outlook)의 영향" (Binswanger, 1963, p.171)에서 비롯된 것으로 생각한다. 제한적이든지 협소하든지 실존주의 심리학에서 보면, 우리들의 삶에 대한 구상은 현존재에서 비롯된다. 그림에 미루어서 생각할 때, 현존재의 범위가 아주 협소하다면, 삶에 대한 구상 역시 협소할 수밖에 없다.

실존주의 심리학에서 동기적 힘은 에너지라는 용어로 대신할 수도 있고, 에너지는 어떤 목적을 성취하려는 노력으로 간주되기도 한다. Boss는 인간의 기분(mood), 정열, 혹은 현존재에 영향을 주는 감정(affect)을 동기적 힘이라 생각했다. Boss는 이것을 현존재의 던짐(the pitch of dasein)이라고 이름붙였다. '피치(pitch)' 는 단어가 주는 의미같이 던지는 것이다. 야구에서 피처(pitcher)는 공을 던지고 케처는 공을 받는다. 이와 같이 앞에서 현존재가 외현적이라는 설명은 현존재가 기분이라는 것을 밖으로 던진다는 것이다. 이러한 기분이 바로 실존주의에서 말하는 동기적 힘이며 우리의 정신 에너지임을 알 수 있다. 기분은 다시 말하면 정서(emotion)인데, "정서는 우리들이 갖는 아이디어보다 그 이상의 것도 그 이하의 것도 아니다. 그렇다면 우리들이 아이디어인 것처럼 우리들은 우리의 정서다. 그러므로 정서는 전체로써 우리의 존재를 조율한다"(Boss, 1963, pp.113-114).

실존주의자들이 사용하는 동기 개념은 인간이 미래 지향적 존재라는 견해에서 비롯된다. 동기가 미래 지향적이므로 현재 무엇이 존재하는지를 파악하고, 타인과 자신을 위하여 좀더 좋은 미래를 만들기 위하여 노력한다. 그래서 인간은 언제나 현존재가 제공하는 가능성(possibilities)에 따른다. 즉 미래에 대한 가능성이 우리를 앞으로 나가게 한다. "동물이 동기를 갖지 않는 이유는 이들이 자연의 덕분으로 자신들의 환경을 갖지만, 환경을 능가하는 자유를 갖지 못한다"(Bingswanger, 1958, p.198)는 것이다. 인간은 자신들이 자유롭게 만나는 사람이나 사건과 관련해서 수많은 가능성과 함께 존재한다. 그러나 동물이 존재 가치를 갖지 못하는 것은 그들이 미래에 대한 가능성을 갖지 못하므로 동기적 힘 역시 없기 때문이다.

Boss는 "현존재의 열린 가능성(opened possibilities)을 깨달아 받아들이고, 그러한 가능성을 자유롭게 사실로 불러오는 것이 진정한 삶의 핵심이다"(1963, p.47)라고 주장한다. 그러나 "많은 사람들이 타인의 삶과 견해에 자신을 너무나 투자하기 때문에 자신의 진정한 가능성을 보지 못한다. 이런 사람들은 살고는 있어도 다른 사람의 삶을 대신 사는 것이며, 따라서 자신의 삶을 헛되게 한다"(Rychlak, 1981, p.641). 우리들이 삶에 대한 가능성을 가질 때, 용기를 가질 수 있고 순수한 삶을 갖는다. 반면에 삶의 가능성이 없을 때, 우리들은 세상에서 존재 가치를 상실한다.

인간의 정신 에너지는 바로 미래에 대한 가능성이다. 그러나 이러한 가능성이 성취되는 경우와 그렇지 않은 경우의 차이는 바로 걱정과 죄의식이 개입되기 때문이다. Bingswanger는 존재적 불안(existential anxiety)과 신경증적 불안(neurtic anxiety)을 구별한다. 존재 불안은 세상에 대한 기본적 상실을 의미하며, 세상의 상실은 바로 자신의 상실을 포함한다. 우리들이 세상을 더 이상 자유롭게 디자인할 수 없다면, 자아의 상실 때문에 고통을 받는다(Binswanger, 1963, p.337). 이런 사람들에게 세상은 마치 빈 공간 같아서 아주 공허하고 피하고 싶은 곳이 된다.

신경증적 불안은 우리들 주위에서 어렵지 않게 볼 수 있는 것으로, 이러한 증세를 보이는 사람은 규모가 적은 세상을 디자인한다. 반면에 심리적으로 건강한 사람은 넓은 규모의 세상을 계획한다. 존재 불안이든지, 신경증 불안이든지 우리들이 불안해하는 이유는 죄의식을 갖기 때문이라고 주장한다(Richlak, 1981). Boss는 "죄의식을 다시 존재 죄의식(existential guilt)과 신경증적 죄의식(neutoric guilt)으로 구분한다"(1963, p.100).

우리 모두는 미래에 대한 가능성을 성취해야 하는 빚을 지고 있다. 그러나 이런 가능성을 이루지 못할 때, 빚진 것으로 생각하고 존재 죄의식을 느낀다. 이러한 죄의식은 우리들이 미래에 대해서 책임감을 갖게 한다. 이렇게 책임감을 주장하는 이유는 우리들이 언제나 우리 스스로를 만들고 있기 때문이다. 이런 생각을 받아들인다면, 인간은 원천적으로 어디에선가 빚을 지고 세상에 태어난 셈이다. 다시 말하면 우리 모두는 죄의식과 빚에 대한 책임감을 갖는다.

세상의 모든 것들이 존재(being)와 무존재(nothingness)의 두 측면으로 구별된다면, 존재를 위해서 죄의식은 필요한 것이다. 왜냐하면, 우리들이 죄의식을 덜기 위해서 열심히 노력하는 자세를 가질 수 있기 때문이다. 이렇게 하는 것이 바로 우리의 가능성을 보는 것이며, 가능성을 높이고, 넓히는 것이다. 이러한 죄의식은 바로 인간이 갖는 존재에 대한 양심이며 다음과 같이 말할 수 있다. "인간은 양심이 부르는 계속적인 소리를 들을 때, 존재 죄의식을 깨닫는다"(Bingswanger, 1963, p.97). 그래서 존재 죄의식은 우리들의 삶에 가장 필수적인 개념이다.

신경증적 죄의식은 우리들이 생활하면서 경험하는 불미스런 사건에서 비롯된다. 그래서 신경증적 죄의식이 우리를 송두리째 흔들어 놓지는 않는다. 그러나 존재 죄의식은 우리가 가능성을 찾아서 현존재를 확장시키지 못하는 죄의식에서 비롯된다. 그래서 세상을 사는 우리의 과제는 "현존재(dasein)를 확장시키고 풍부하게 만드는 것이므로 우리의 가능성을 성취하기 위한 책임을 느끼고 적극적인 자세로 전진해야만 한다"(Rychlak, 1981, p.645).

결론적으로 실존주의 심리학에서 "정신치료는 환자가 자신의 현 상황을 될수록 철저하고 정직하게 이해하도록 돕는 현상학적 연구 과정"(Rychlak, 1981, p.652)이라고 지적하는 것같이, 비록 실존주의 이론이 미래의 가능성에 관심을 둔다 하더라도, 주된 핵심은 현재 상황에 대한 이해를 향한다.

2-2. 실존주의 심리학에 의한 범죄행동의 설명

보험금을 위해서 아들의 손가락을 자른 아버지

1998년 9월 11일 보험금을 타내기 위해서 아들의 손가락을 자른 비정한 아버지는 TV를 보는 사람의 마음을 무겁게 했다. 자식을 둔 부모, 부모를 모시는 자식의 입장에서 모두가 할 말을 잃고 말았다. 정말 세상에 이런 일이 왜 일어날 수 있는지 도무지 알 길이 없는 모양이다. 더욱 놀라운 것은 손가락을 자르기 위해서 예행연습까지 했다는 사실에 모두가 엉엉 울어버리고 싶었을 것이다. 통한의 후회를 하는 아버지와 손을 붕대로 감은 채 그 아버지를 용서해 달라는 아들은 한국 사람을 모두 침묵케 했다. 어찌 그런 일이…?

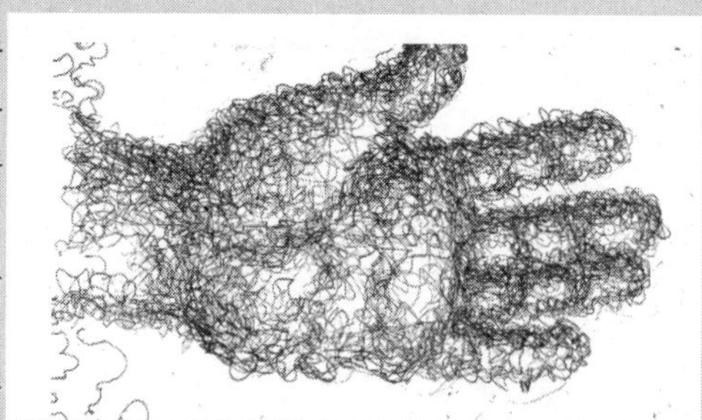

지금까지 우리의 예로서 사용되었던 사건, 보험금을 타내기 위해서 아들

의 손가락을 자른 아버지의 범행을 실존주의 심리학으로 어떻게 설명할 수 있는지를 생각해 보자. 왜 아버지는 아들의 손가락을 잘랐을까? 돈 때문인가? 신문과 TV에서는 보험금을 타내려고 범행을 하였다는 설명이다. 그러나 범행을 저지른 아버지가 돈 때문에 범죄를 저질렀다는 해석은 근시안적이다.

지금까지 설명한 이론들은 정신적 유전, 세상에 태어나서부터 경험은 했지만 기억 못하는 무의식, 경험한 사건에 대한 기억을 범죄행동의 원인으로 지적하였다. 이와 같이 범죄행동의 원인이 무엇이든지 시차원상에 놓인 위치는 과거다. 그러나 이와 달리 실존주의 심리학은 시차원상에서 현재를 중시한다. 즉 아들의 손가락을 자른 아버지의 행동을 단순하게 돈 때문이라는 해석보다는 아버지의 현존재, 존재, 실존 등의 의미에서 설명하는 것이 우리의 이해력을 더 높일 것이다.

현존재를 중시한다는 의미는 실존주의 이론이 과거와 미래를 완전히 무시한다는 것이 아니라, 현재가 과거와 미래에 다리를 놓는 격이다. 그래서 현재가 없는 과거와 미래는 존재하지 않는다. 이런 이유 때문에 실존주의 심리학은 과거와 미래를 현재의 일부라는 의미에서 역사성과 미래성으로 표현한다. 앞에서 예로 들었던 권투선수, 타이슨과 홀리휠드같이 자신들이 과거에 어떻게 경기했다라는 그 과거 자체보다 오히려 과거에 어떻게 경기했으니까, 앞으로 어떻게 해야겠다는 미래의 가능성을 갖게 한다. 그리고 미래는 현상황에 의해서 가능성을 점친다. 그래서 현재는 과거 혹은 미래보다 훨씬 중요성을 갖는다. 타이슨과 홀리휠드는 현재 자신들의 상황으로 앞으로의 승패를 점쳐 볼 것이 틀림없다. 두 사람 모두는 재대결해서 상대방을 이기는 것이 목표지만, 현재의 조건이 그것을 결정한다.

아들의 손가락을 자른 강씨는 현상황에서 미래에 대한 어떤 가능성도 갖지 못했다. 우리들의 미래 목표가 동기 부여를 한다는 생각에서 강모씨가 멋진 삶을 가져야겠다는 목표를 가질 수 있고, 또한 그에 따라서 행동할 것이라고 추정할 수 있다. 물론 그런 목표를 가지면, 목표의 성취를 위해서 노력할 것이다. 그러나 그러한 목표를 갖게 하는 것이 바로 현존재며 실존이다. 강씨는 현재의 상황에서 미래의 열린 가능성을 찾지 못했으며, 자신의 삶 자체에 대해서 어떤 의미도 부여하지 못하고 패쇄적인 삶을 살고 있었다.

실존주의 심리학에 의하면, 우리들은 근본적으로 삶에 대한 빚을 지고 있다. 이 빚을 갚기 위해서 자아를 확장시키고 개선해야 한다. 이것이 삶의 근원적 힘이다. 빚을 진 사람이 빚 갚을 가능성을 갖지 못할 때, 걱정을 하고 나아가서 채권자로부터 가진 물건에 대한 차압을 두려워하는 것같이 우리들은 삶의 두려움, 존재의 두려움을 갖는다. 이런 면에서 강씨는 삶에 대한 빚을 갚을 능력이 아주 없었던 사람이다. 이러한 사람은 삶에 대한 의미를 부여하기보다 오히려 삶 자체가 두려울 수밖에 없다. 그런 사람에게 자아의 확장이나 개선은 사치에 가까운 것이다.

현존재가 다른 사람과 함께 있다는 의미를 갖는 것같이 우리들은 삶의 빚을 갚기 위해서 다른 사람과 함께 열심히 관련성을 가지면서 활동하고, 그러한 가운데 미래에 대한 가능성을 가져야 한다. 그러나 강모씨는 다른 사람과의 관계가 전혀 없었을 것이다. 우리들의 존재는 내적 세계(eigenwelt), 환경세계(umwelt), 사회적 세계(midwelt)로 나누어지지만, 다른 두 세계를 뒤로 하고 우리의 존재는 필연적으로 사회적 세계다. 그래서 만약 우리들이 타인과 사회적 세계를 갖지 못한다면, 존재의 확인이 어렵기만 하다. 강모씨는 사회적 세계가 아주 협소하거나 아주 없었을 수도 있다. 그가 바람직한 사회적 세계를 가지고 있었다면, 아무리 생계가 어려워도 그의 행동이 범죄로 이어지지 않았을 것이다. 열심히 노력하는 자세로 두려움 없이 자신의 존재를 가능성 있는 미래에 던지려고 노력했을 것이다. 강씨의 범죄원인을 한마디로 지적한다면, 그의 현존재의 사회적 세계가 거의 없었기 때문이다.

강씨는 실제로 다른 사람과 대인 관계를 갖지 못하였다는 것을 짐작할 수 있다. 자신은 병들고, 아내마저 가출했고, 가진 것은 없고 모든 면이 어려운 상황에서 타인과 관계를 가졌을 것이라는 생각을 할 수 없다. 그래서 그는 삶 자체에 의미를 부여하지 못했다. 또한 그는 사회적 관계를 갖지 못했기에 두려움 없이 미래에 가능성을 넘볼 수가 없었다. 즉 그는 살아 숨쉬고 있었지만, 존재가 없는 그런 사람이었다. 그래서 가치 없는, 의미 없는 존재는 그런 끔찍한 사건을 벌이고 말았다.

강모씨는 존재 불안을 가졌으므로, 그에게서 정신 에너지를 찾아볼 수 없다. 어떤 생물체든지 에너지가 없으면 어떤 움직임도 없는 것처럼 강모씨는 삶에 대한 의욕을 상실한 사람이다. 이런 사람이 나타내는 행동은 보통 사람들의 상상을 초월할 수밖에 없다.

3. 미 래

현재의 상황이 어떠하든지 우리들이 계획하고 있는 목표는 행동과 사고가 미래를 향하도록 추진력을 제공한다. 미래의 시간은 다시 가까운 미래, 먼 미래, 그리고 사후로 나누어진다. 또한 이런 각 시기에 적합한 이론들은 경험한 바는 없지만, 과거나 현재보다는 오히려 우리들의 목표가 사고와 행동에 영향을 더 미치고 있다는 주장이다. 이러한 이론들에는 Maslow의 자아 실현 이론, Rogers의 내담자 중심 이론, 그리고 사후에 관한 신념이다. 사후의 신념은 이론상의 설명보다는 종교적 신념과 행동적 차원에서 설명될 것이다.

3-1. 가까운 미래에 대한 목표

Maslow 이론은 궁극적으로 멀리 있는 자아 실현에 초점을 맞추고 있지만, 현재 욕구를 해결하지 못하면, 그 다음 단계의 욕구에 집중적인 관심을 기울이지 못한다. 그래서 그의 이론이 강조하는 시점을 현재라고 주장할 수 있지만, 현재 목표가 완전하게 만족된 후에 다음 단계의 목표로 넘어가는 것은 아니다. 현재의 욕구가 어느 정도 만족된 후에 다음 단계의 욕구에 관심을 가질 수도 있다. 역으로 말하면, 하나의 목표를 위해서 노력하는 가운데에서도 다음 단계의 목표를 염두에 두고 있는 것이다. 그래서 우리는 자아 실현이라는 최종 목표에 관심을 갖는 Maslow와 Rogers의 두 이론 중에서 하위 단계의 목표를 거치는 Maslow 이론을 가까운 미래(near future), 그리고 단계별 욕구의 해결을 거치지 않고 수평선 너머 멀리 보이는 자아 실현을 추구하는 Rogers의 이론을 먼 미래(far future)의 목표를 향하는 이론으로 간주해 본다.

1) Maslow의 자아 실현 이론

Maslow(1908~1970)는 다른 성격 이론가들이 이상행동(abnomal behavior)에 관심을 가졌던 것과 달리 건강한 사람(a healthy person)에 관심을 두고서, 그들에 관한 연구에 처음으로 노력을 경주한 사람이다. 사실상 그의 이론은 다른 사람들의 것과 정반대편에서 성격이라는 주제를 다루었다.

Maslow는 "① 대부분의 사람들은 비교적 건강하다, ② 다른 성격 이론가들은 비정상적 성격에 관심을 두었다, ③ 비정상적인 사람들(abnormal persons)로부터 얻은 결과들이 전 인구에 적용되는 원칙이 되었다"(Monte, 1980, p.550)고 비난하면서 비정상적인 사람보다는 정상적인 사람에 관심을 모았다. 특히 그는 대부분의 사람들이 이루고자 하는 궁극적 목표인 자아 실현을 성취한 사람에 관한 연구에 몰두하였다.

그는 "자아 실현을 성격의 훌륭한 통합적 상태(a state of exemplary personality integration)"(Monte, 1980, p.550)라고 정의하고, 그의 생애를 자아 실현을 달성한 사람 혹은 자아 실현에 거의 도달한 사람에 관한 연구에 바쳤다. 자아 실현을 성취한 사람으로 Maslow가 인정한 사람은 "① Abraham Lincoln, ② Thomas Jefferson, ③ Albert Schweitzer, ④ Eleanor Roosevelt, ⑤ Jane Addams, ⑥ William James, ⑦ Albert Einstien, ⑧ Aldous Huxley, ⑨ Spinoza로 단지 9명뿐이다. 또한 자아 실현의 가능성을 지녔던 역사상 인물로는 Adlai Stevenson, Ralph Waldo Emerson, George Washington, Walt Whitman, Martin Buber, Geothe"(Maslow, 1970, p. 152)들이다. 그러나 Maslow가 온 세계 사람들 모두를 연구 대상으로 하였다면, 우리 나라의 역사적 인물 중에서 자아 실현을 성취했거나 가능성을 지닌 사람으로 이순신 장군과 세종대왕 등이 지적되지 않았을까 하는 생각을 가져 봄직하다. Malsow는 아래에서 제시되는 여러 가지 특성을 기준해서 위에 열거한 사람들을 선정하였다.

자아 실현의 기준은 15개 특성(Maslow, 1970, pp.153-176)을 포함한다(〈표 2-2〉). 이러한 특성이 보여 주는 종합적 특성은 "인내력, 순수성, 타인으로부터의 두려움에서 해방됨이며, 진실과 정의가 자아 실현의 핵심"(Monte, 1980, p.560)이라고 주장한다. 이런 사람들은 단순히 먹고, 마시는 것을 위해서 노력하는 것이 아니라 자신들의 삶을 좀더 의미 있게 만들기 위해서 정진한다. 그리고 이러한 노력을 기울이는 과정 중 위의 표에서 열거한 행동과 사고 특성들을 나타낸다.

현재까지 헤아릴 수 없이 많은 사람들이 지금 우리들이 살고 있는 이 세상을 거쳐갔지만, 겨우 9명만이 자아 실현자로 지적된 것같이 자아 실현이란 아무나 따 먹는 열매가 아님을 알 수 있다. Maslow는 그가 살고 있었던 시기에 3,000명 이상의 사람들을 면밀히 조사하고 난 후에 겨우 몇 명(a handful

〈표 2-2〉 자아 실현의 15개 특성

특성	설명
현실을 받아들이고(1), 문제 중심적(4)	현실에 대한 좀더 효율적이고 정확한 지각
자신과 타인을 받아들이고(2), 자발성과 단순성(3)	극기 상태에서 자신의 본성을 받아들이고, 변화될 수 없는 것을 받아들이며, 자발적이고 언제나 자연적이고, 겉치레와 인공적인 것에 대해서 단순함을 선호함
사생활의 필요성(5), 문화와 환경에 독립적이고(6)	자신의 판단에 따름, 자신을 신뢰하고, 타인과 문화적 동화에 저항함
사회적 동화에 저항(15) 삶에 신선함(7), 창의성(15)	경이로움과 놀라움을 일정하게 유지함, 세상의 일(먹는 일, 여행, 성생활, 스포츠 등)을 즐기고, 어린이같이 매일매일의 생활에서 창의적이다.
유머적인 비적대감(13), 민주적(11), 사회적 흥미(9) 친숙한 대인 관계(10)	타인에게 상처주는 유머를 사용하지 않음, 사회적, 종교적 구분 없이 모두가 즐기는 것을 좋아하고, 타인과 사회에 흥미를 갖음
신비한 경험(8), 수단과 목적 구별(12)	무한한 감정으로 신비한 상태를 경험하고, 좀더 독립적이고, 수단적이 아님
불완전성(14)	완전한 사람은 없다: 자아 실현을 달성한 사람이라도 상황에 따라서 차가움을 나타낼 수 있고, 걱정과 죄의식이 나타날 수도 있음

Maslow, 1970, pp.153-176

persons)만이 자아 실현의 가능성을 가지고 있다는 것을 알았다(Monte, 1980).

자아 실현을 성취한 사람은 위에서 설명한 사고와 행동의 특성을 나타내지만, "이들은 그러한 특성을 보이면서 자신이 타고날 때부터 가지고 있는 재능, 능력, 잠재성 등을 충분히 개발해서 사용하는 사람들이다"(Maslow, 1970, p.150). 다시 말하면, 이들은 자신이 소유하고 있는 모든 가능성을 꽃이 만개하듯이 활짝 피운다. 만개된 꽃과 봉우리를 피지 못하고 시드는 꽃을 머리에 그려 보면, 자아 실현의 의미를 더 잘 이해할 수 있을 것이다. 물론 꽃들은 자연 발생적으로 꽃을 피우지만, 인간은 자신의 의지에 따라서 자아 실현을 달성하기도 하고 그렇지 않을 수도 있다.

Maslow는 인간의 욕구와 동물의 생리적 욕구를 구분하기 위해서 특별히 "instinctoid"라는 용어를 사용하였다(Liebert & Speigler, 1982). 그가 동물과 인간의 욕구를 구분한 이유는 "인간은 본능이라는 생리적 욕구에 의해서 최소한의 영향을 받는다"(Libert & Speigler, 1982, p.346)고 확실히 믿었기 때문이다. 이와 같이 동물의 본능적 욕구와 인간의 의지적 욕구를 동일선상에서 비교하는 것을 부당하다고 생각한 것은 인간이 갖는 자유의지의 중요성을 강조하기 위함이다.

Malsow의 연구가 지적하는 것같이 자아 실현을 성취하는 경우는 매우 희박하다. 그러나 이러한 성취는 단번에 이루어지는 것이 아니라 몇 개의 단계를 거쳐가야 한다. Maslow는 이러한 단계를 동기의 욕구 계층 이론(a hierarchical theory of motivation)이라고 이름붙였으며, 각 단계는 ① 생리적 욕구, ② 안전 욕구, ③ 사회적 욕구, ④ 존중감 욕구, ⑤ 자아 실현 욕구로 구분하였다(〈그림 2-14〉).

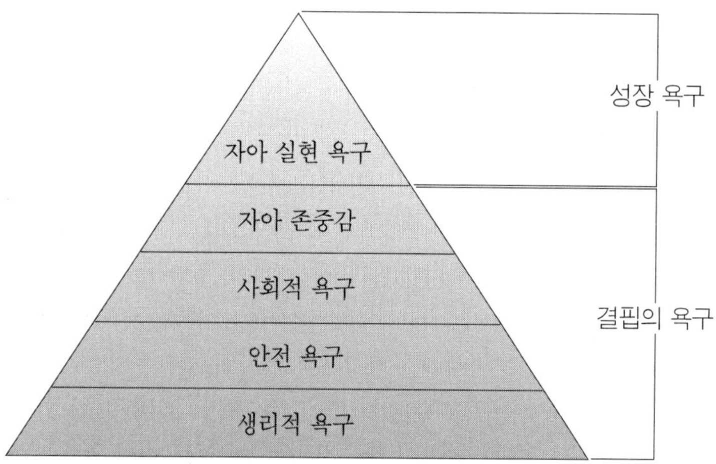

〈그림 2-14〉 Malsow의 욕구 계층 이론

생리적 욕구는 숨쉬고, 먹고, 마시고, 잠자고, 성관계를 갖는 등 삶을 위한 필수적 요건들로써 동물의 욕구와 다를 바 없다. 안전 욕구는 신체적, 심리적 안전에 대한 욕구이며, 사회적 욕구는 타인을 사랑하고, 어떤 모임에 가담함으로써 소속감을 가지려는 욕구이다. 그리고 존중감 욕구는 타인으로부터 인정받고 존경받고 싶어하는 욕구를 의미한다. 이러한 기본적 단계를 거쳐서 자아 실현이라는 욕구로 넘어간다.

우리들은 낮은 수준의 어떤 한 욕구를 만족한 후에 다음 단계의 욕구에 관심을 갖는다. 그리고 낮은 단계의 욕구가 완전하지 않을 경우에 윗단계의 욕구에는 관심을 기울이기 어렵다. 우리 옛말에 "개 눈에는 뭣만 보인다"는 것같이 낮은 단계의 욕구가 채워지지 않았을 때 우리들은 그 단계의 욕구 한계 안에서 대부분 맴돌게 된다. 물론 두부 자르듯이 한 단계의 완벽한 욕구 만족이 상위 욕구로의 관심 전환을 의미하지는 않는다. 어느 정도 욕구가 만족될 경우에 다른 상위 욕구 단계로 옮겨 갈 수 있으며, 상위 욕구의 관심은 하위 단계의 만족 정도와 관계 있을 것이다.

"사람은 욕구에 의해서 밀려지는 것이 아니라 성취되는 욕구에 의해서 당겨진다"(Monte, 1980, p.562)고 주장되는데, 인간의 자유의지(free will)를 통한 욕구의 전환은 바로 수동적이고 피동적인 욕구의 전환이 아니라 적극적이고 주관적이다. 그래서 성취된 동기는 바로 인간이 가지고 있는 의지의 결과며, 우리의 의지는 사고와 행동을 당긴다. 그러므로 자아 실현을 성취한 사람이 갖는 특성, 즉 문화와 환경에 독립적이고, 신비의 극치를 좋아하고, 창의적인 것 등과 비교하면, 다른 이론가들의 견해와 아주 다른 각도에서 성격 이론을 전개한 Maslow 역시 자아 실현 성취자들과 동일하게 취급되어야 할 것 같다.

Maslow의 이론을 대하면서, 우리들은 한 번 어떤 수준에 이른 욕구는 다시 내려오지 않는다는 생각, 그리고 하나의 욕구가 성취되어야 다음 단계로 옮겨 간다는 것을 절대적인 것처럼 착각할 수 있다. 그러나 성취된 욕구는 하위 단계로 내려올 수도 있고, 완전한 성취 후에 윗단계로 올라가는 것만도 아니다. 어쨌든지 단계별로 상승 혹은 하락하는 Maslow의 욕구 계층설에 몇 가지 예외의 경우도 있다(Liebert & Speiger, 1982). 첫째, 정상적인 사회적 통념에 저항하는 사람이 예외가 된다. 예를 들면, 아주 창의적인 사람은 신체적 욕구를 위해서 먹고 마시고 하는 일을 억제하는데, 이러한 사람들은 Malsow가 주장하는 생리적 욕구를 억제하는 셈이다. 소설이기는 하지만, 수호지의 인물 "노지심"은 좌선한 상태에서 호흡을 중단하고 스스로 숨을 거둔다. 또한 건강을 위해서 단식하는 사람들, 기도하는 중에 40일씩이나 금식하는 사람들과 같이 우리 주위에서 예외적인 사례를 얼마든지 볼 수 있다.

두 번째, 우리들이 높은 수준의 욕구 단계에 도달했다 하여도 생활하는 가운데 일시적으로 기본적 욕구의 좌절을 경험하고 다시 원래의 욕구 상태로 돌아간다. 이에 대한 예를 들어보자. 안데스 산에 추락한 특별기 사고는 너무나 유명하다. 이 비행기의 승객들은 우루과이에서 시합을 마치고 칠레의 샌디에고로 돌아가는 럭비선수와 그들의 친지들이었다. 남미에서 가장 높은 산, 안데스의 중턱에 추락한 생존자들은 추위와 굶주림에 시달리다 결국 죽은 친구와 친지의 인육을 먹고, 나중에는 서로 많이 먹으려고 눈치 싸움을 하기까지 했다. 이들은 사고가 난 지 70일 후에 구출되었다. 물론 이들은 사고를 당하기 전에 먹고 마시는 것은 안중에 없었고, 사랑과 자아 존중감 나아가서는 자아 실현의 단계를 넘보고 있었을 것이다. 그러나 사고를 당한 후에 아주 낮

〈표 2-3〉 욕구 단계별 작업표

욕구 수준		최근 행동의 사례	소비한 시간 (전체 100%)	만족 측정
자아 실현	1			
	2		%	
	3			
자아 존중감	1			
	2		%	
	3			
사회적	1			
	2		%	
	3			
안전	1			
	2		%	
	3			
생리적	1			
	2		%	
	3			

각 욕구에 대한 예:
1) 자아 실현 욕구: 잠재성에 맞게 행동, 자신의 능력과 한계를 받아들임, 타인을 수용하고, 창의적 활동, 독립적으로 행동함
2) 자아 존중 욕구: 자아 존중감, 성취, 자신감, 지배력, 인정, 지위, 명성
3) 사회적 욕구: 사랑, 애정, 소속감, 우정, 타인과 보낸 시간
4) 안전 욕구: 신체적 안전, 종속적, 안정, 두려움으로부터 해방
5) 생리적 욕구: 음식, 물, 휴식, 잠, 운동, 건강, 성적 행동

각 욕구의 만족 평가
1) 전적으로 불만족 2) 일반적으로 불만족 3) 약간 불만족
4) 약간 만족 5) 일반적으로 만족 6) 전적으로 만족

은 생리적 욕구로 내려가고 말았다. 그렇지만 이들이 구조된 뒤 생리적 욕구에서 벗어나 그 윗단계의 욕구에 관심을 가졌을 것은 당연하게 생각된다.

마지막으로 Maslow가 주장하는 욕구는 절대적으로 한 단계씩 단계별로 움직이는 것이 아니다. 이유는 Grasha(1978)의 욕구 단계 작업표를 보면 알 수 있다. 아래의 〈표 2-3〉은 현재 욕구의 평가를 나타내는 작업표이다. 표에서 욕구 수준과 각 수준에 맞게 최근에 경험한 사례, 각 욕구 단계에서 보낸 시간, 각 단계의 중요도를 요구하고 있는 것으로 보아서 우리들의 정신 에너지는 어떤 특별한 욕구 수준에 완벽하게 머물고 있는 것이 아니라 다른 욕구에도 관심을 기울인다. 그러나 주된 관심이 어디에 있느냐에 따라서 그의 욕구가 어떤 것이라고 말할 수 있다.

Maslow가 제시한 5개의 욕구는 다시 결핍 욕구(deficit need: D-need)와 성장 욕구(growth need)로 나누어진다. 결핍 욕구는 자아 실현을 제외한 4개의 욕구며, 성장 욕구는 자아 실현을 의미한다. Maslow는 결핍 욕구가 다음과 같이 5개의 특성을 갖는다고 주장한다(Malsow, 1968). 즉 ① 기본적 욕구가 성취되지 않을 때, 병이 발생한다. ② 기본적 욕구가 성취되면, 병을 예방한다. ③ 기본적 욕구를 다시 만족하면, 병이 치료된다. ④ 선택의 자유가 주어지는 경우에 높은 수준의 욕구보다 낮은 수준의 욕구를 더 강하게 선택한다. ⑤ 건강하지 않은 사람은 그렇지 않은 사람과 비교해서 결핍 욕구에 더 관심을 갖는다. 그래서 굶주린 사람은 자아 실현보다는 먹는 일, 마시는 일, 신체적 안전에 강한 욕구를 나타내는 것이 일반적이다.

생리적 욕구의 절실한 체험

필자가 몇 년 전 체중을 줄이기 위해서 포도요법을 한 적이 있다. 이틀 동안은 물만 먹고, 그 다음 12일간 하루에 포도 1kg을 다섯 몫으로 나누어서 3시간에 한 번씩 포도 먹고 물 먹고 포도 먹고 물 먹고를 반복하였다. 이 기간 동안 강의도 하고, 동료들과 늘상 해 오던 등산도 거르는 일없이 하였다. 나는 밥을 굶는 14일 동안 배가 고프다는 생각보다는 밥 그 자체에 묻혀 있었다. 배가 고파서 먹어야 한다는 생각보다 그냥 막연히 밥 생각에 머물고 있었다. 나는 2주를 넘어서 포도요법을 더 연장하려 했지만, 이태원 어느 음식점의 설렁탕을 너무나 맛있게 먹어 치우는 마누라의 앞자리에서 인내의 한계를 느끼며 무너지고 말았다.

자아 실현을 성취한 사람은 존재 욕구(being need) 혹은 B-value 〈표 2-4〉를 발달시킨다(Monte, 1980). 이러한 욕구를 갖는 사람들은 자아 실현 단계에 이른 사람들이며, "이들은 결핍 욕구에 의해서 동기화되는 것이 아니라, B-value에 의해서 자극받는다"(Maslow, 1971, p.311). Maslow는 B-value의 특성을 열거하면서, 동시에 그러한 가치관을 갖지 못한 사람은 심리적 어려움을 겪는다고 주장한다. 왜냐하면 B-value는 인간이 존재하기 위해서 필요한 물, 공기, 비타민과 같이 자아 성장을 위해서 필수적이라고 주장하기 때문이다(Monte, 1980, p.563). 우선 B-value의 특성을 〈표 2-4〉에서 보기로 한다.

〈표 2-4〉 B-value의 특성과 그에 따른 병적 증후

B-value	B-value 부재에 따른 반응	B-value 부재에 따른 특수한 증세
1) 진실(truth)	부정직(dishonest)	의심, 냉소적
2) 선(goodness)	악(evil)	이기적, 미움, 허무감
3) 미(beauty)	추함(guiltiness)	야비함, 피곤, 긴장
4) 전체성(wholeness)	혼돈(chaos)	독단적, 비통합적
5) 생명력: 과정 (aliveness process)	죽음: 규격화 삶 (deadness: merchandising of life)	로봇화, 수동적 느낌, 흥미의 상실
6) 독특성(uniqueness)	동일성: 균일성 (sameness)	개인성의 상실
7) 완전성(perfection)	불완전성(imperfection)	무기력
8) 필연성(necessity)	비일관성(inconsistency)	노력의 상실
9) 정의(justice)	부정의(injustice)	불안전, 노여움, 비꼼
10) 단순성(simplicity)	복잡성(complexity)	복잡함, 방향감각 상실
11) 풍부함: 전체성 (richness;totality)	빈곤(poverty)	우울증, 흥미의 상실
12) 노력(effortfulness)	비노력(effortlessness)	피곤, 긴장, 눈치없음
13) 유머감각 (playfulness)	비유머감각 (humorlessness)	무서움, 우울 유머감각 상실
14) 자기 효율성 (self-efficacy)	우연성(accident)	타인과 지각자에 종속적
15) 의미 (meaningfulness)	무의미 (meaningfulessness)	실망, 의미 없는 삶

(Maslow, 1971, pp.318-319)

자아 실현을 성취한 사람이 아주 극소수라는 설명과 함께 B-value가 인간의 삶에 필수적이라는 의미는 자아 실현에 이르지 못한 사람이라도 일시적이나마 자아 실현의 장면을 연상할 수 있으며, 따라서 잠시나마 건전한 사고를 가질 수 있는 것이다. 만약 우리들이 이러한 일시적 자아 실현까지 맛보지 못하고, 늘상 기본적 욕구에 묻혀 있다면, 심리적으로 위축되고, 또 독립적이지 못하며, 자기 효율성을 생각할 여유가 없기에 퇴보할 수밖에 없다.

자아 실현의 단계에 이른 사람은 자신이 살고 있는 이 세상을 좀더 깊이 이해하고, 알기 원하며, 또한 세상의 참맛(beauty)을 알려고 노력한다. 즉 우주 삼라만상의 이치를 골똘히 생각하고 삶의 의미를 즐기는 사람들이다. 이런 사람은 "강한 B-value 상태라고 하는 절정적(絶頂的) 경험(peak experiences)을 갖는다. 그런 사람에 비해서 절정적 경험을 갖지 못한 사람들의 생활은 로봇같이 기계적이고 동물같이 물질 지향적이다. 그래서 이들은 의도적으로 생의 중요한 정신적 시기에 자신을 파괴시킨다"(Monte, 1980, p.566). 또한 이들의 인생은 중요한 시기에 자신을 잃어버리고 사회의 규범과 문화에 동화되어 자신을 찾을 수 있는 기회를 잃고 허무와 무질서, 무의미로 채워지게 마련이다.

"자아를 실현한 사람은 한 차원의 연속선상에서 현재에다가 과거와 미래를 묶는다"(Shostrom, 1974, p.13). 즉 과거, 현재, 미래를 별도의 것으로 보지 않고 하나의 일직선상에 구별 없이 놓인 것으로 보려는 것이다. 그러나 "자아 실현 단계에 이르지 못한 사람은 현재의 시점을 과거와 미래로 나누고, 과거와 비현실적인 미래 목표에서 오는 후회와 죄의식을 경험한다" (Liebert & Speigler, 1982, p.366). 말 그대로 과거에 대한 후회와 미래에 대한 두려움을 갖기 때문에 정의, 선, 순수함 등과 같은 가치관이 이들에게 어울리지 않는다.

Maslow의 욕구 계층설에 따르면, 궁극적인 인간의 목표는 자아 실현이며, 이러한 실현은 바로 우리들의 의지에 근거를 두고 있다. 그래서 각자의 의지에 따라 머물고 있는 욕구 수준의 단계는 각기 다르다. 또한 이 학설은 낮은 단계일수록 욕구가 강하며, 올라갈수록 하위단계에 비해서 약한 욕구가 된다고 주장하고 있다(Liebert & Spiegler, 1982). 낮은 욕구는 강한 결핍상태를 유발해서 문제 해결에 상당한 에너지를 소비하게 만든다. 예를 들어서 배고픔은 안전 욕구를 앞지르고, 안전 욕구는 사랑 욕구를 앞지른다. 한편 높은 수준의 욕구가 지속되지 않을 경우에 우리는 낮은 욕구로 회귀(回歸)해서 일시적으로 낮은 수준의 욕구에 머문다.

자아 실현의 단계에 머물고 있는 사람이 기본적 욕구를 갖는 경우는 대체로 일시적이어서 삶에 아무런 지장을 주지 않을 수 있다. 그러나 이러한 결핍 상태가 장기간 지속될 경우에 자아 실현 단계에 이른 사람일지라도 낮은 수준의 욕구 상태에서 벗어나지 못할 것이다. 왜냐하면, 음식, 배설, 호흡, 성욕 등은 우리의 생존과 직접적 관계를 갖기 때문이다. 생리적 욕구의 결핍은 어느 누구라도 더 이상의 발전을 막는다. 먹고, 마시고, 잠자고, 호흡 잘하고, 이성의 짝을 만나야 한다. 그것이 없으면 우리 모두는 생의 존재 가치를 잃고 만다.

1999년 발생된 발칸 반도의 갈등, 유고를 대상으로 한 미국과 유럽 동맹군의 전쟁은 코소보 지역 주민들을 아주 어렵게 만들었다. 이들 난민 중에 각계각층의 사람들이 있었겠지만, 모두는 먹고 마시고 잠자야 하는 생리적 욕구에 젖어 있음을 보았다. 아무리 성취 욕구가 강한 사람도 지속적인 생리적 욕구의 결핍하에서 무릎을 꿇을 수밖에 없다.

2) 자아 실현 이론에 의한 범죄행동의 설명

보험금을 위해서 아들의 손가락을 자른 아버지

1998년 9월 11일 보험금을 타내기 위해서 아들의 손가락을 자른 비정한 아버지는 TV를 보는 사람의 마음을 무겁게 했다. 자식을 둔 부모, 부모를 모시는 자식의 입장에서 모두가 할 말을 잃고 말았다. 정말 세상에 이런 일이 왜 일어날 수 있는지 도무지 알 길이

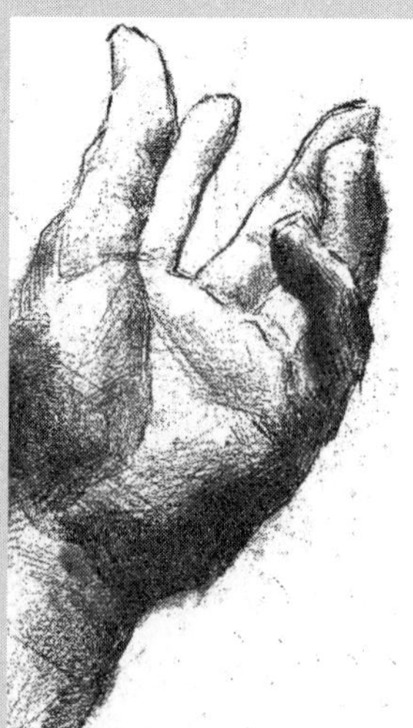

없는 모양이다. 더욱 놀라운 것은 손가락을 자르기 위해서 예행연습까지 했다는 사실에 모두가 엉엉 울어 버리고 싶었을 것이다. 통한의 후회를 하는 아버지와 손을 붕대로 감은 채 그 아버지를 용서해 달라는 아들은 한국 사람을 모두 침묵케 했다. 어찌 그런 일이…?

보험금을 타내기 위해서 아들의 손가락을 자른 강모씨는 Malsow의 욕구 계층 중에서 어디에 머물고 있을까? 물론 강씨가 자아 실현 욕구에 계속 머물고 있었다면, 아마도 굶어 죽는 한이 있어도 그런 끔찍한 행동을 범하지 않았을 것이다. 혹은 아주 잠시나마 머릿속에 그런 범행을 그려 볼 수 있음직하지만, 금방 지워 버렸을 것으로 추정된다. 한편 계속되는 생활고가 그를 생리적 욕구에 머물도록 했을 것이다. 이런 가정을 하다 보면, 그는 확실히 생리적 욕구에 머물고 있었음에 틀림없다.

생리적 욕구는 말 그대로 삶을 위해서 필수적 요건들이며, 이들 중에서도 숨쉬기, 물과 음식을 먹기, 잠자기 같은 생리적 욕구가 잠시라도 충족되지 않는다면, 우리는 삶을 포기해야만 한다. 사람들이 범행에 관한 뉴스를 들었을 때, "아! 어떻게 아들의 손가락을…" 하고 머리를 저을 수 있다. 그러나 머리를 흔드는 사람, 바로 당신이 오늘 당장 먹을 끼니가 없고, 또한 이런 상황이 기약 없이 이어진다고 가정해 보자. 그러한 경우에 당신은 어떤 행동을 할 수 있을까? 물론 처음에는 그러한 질문에 당황하고 불쾌함마저 느낄 것이지만, 극한 상황이 닥치면 생각 없이 강씨와 같은 일을 감행할 수도 있는 문제인 것 같다.

생리적 욕구의 결핍은 삶을 위해서 어떤 금지적 행동도 실현 가능케 할 것이다. 본문에서 예로 들었던, 안데스 산에 추락한 비행기 생존자들은 추위와 굶주림에 못 이겨서 친구와 친지의 인육을 먹고 말았다. 이들도 처음에는 굶어 죽을지언정 어떻게 사람의 살을 먹을 수 있느냐고 반문도 해 보고, 메스꺼움을 느끼기까지 하였다. 그러나 그러한 저항은 며칠을 지속하다가 꺾이고 말았다. 이 세상 어느 누구도 생리적 욕구가 결핍된 상태에서 자아 실현이니 B-value를 따질 여유가 없다. 왜냐하면, 생리적 욕구는 결핍 상태가 시급하게 채워지기를 재촉하고 있기 때문이다.

아들의 손가락을 자른 강모씨는 존중 욕구, 사회적 욕구 같은 다소 높은 기본적 욕구의 결핍을 경험한 것이 아니라, 생명과 직접적 관계를 갖는 생리적 욕구의 결핍 상태를 경험하고 있었을 것이다. 생명이 끊어지는 상황에서 끔찍하고 과감한 행동이 나타나는 것은 당연지사처럼 생각된다. 앞에서 예를 든 몇 가지 예외 중에서 창작 활동이나 수도를 하는 사람이 굶을 수도 있다는 것은 인정하지만, 이들은 그 기간이 끝나면 먹을 수 있다는 생각에 마음의 여유를 가질 수도 있다. 그러나 강씨같이 먹을 것이 없는 날이 기약

없이 이어진다면, 다급한 마음을 억제하기 어려울 것이다. 이러한 사람에게 순수성, 정직, 유머감각 등이 어울릴 수 없다.

생리적 욕구에 머물고 있는 사람에게 타인과 어울리고, 사랑을 하고, 어떤 서클에 가입하는 것은 강아지가 먼 산 넘어 뉘엿뉘엿 지는 해를 바라보는 것같이 아무 상관없는 일이다. 만일 강모씨가 안전 혹은 소속의 욕구를 가졌다 해도, 생리적 욕구의 결핍은 강씨를 다시 먹을 것을 찾는 사람으로 돌아가게 할 수 있다. 이러한 상황에서 병들고 먹을 것 없는 강모씨가 당장 문제를 해결해 줄 수 있는 아들의 손가락을 자른 것은 Maslow의 이론에 비추어 볼 때 별로 이상한 것이 아니다.

범행 후 후회의 눈물을 흘리고 있지만, 그는 그런 사람일 수밖에 없었다. 어찌 보면, 강모씨를 비난할 수도 없는 그런 상황이었지 않나 하는 생각을 갖는다. 이것에 대한 이해가 어려우면, 당신을 강모씨의 상황에 놓아 보라. 여전히 그런 행동이 어려울 것이라고 생각한다면, 그것은 가상적 상황이기 때문이다. 실제 상황이라면, 당신은 강씨의 사정을 이해하는 사람으로 변할 것이다. 억지로 강모씨와 같은 상황으로 몰고 가는 듯하지만, 결국 이야기하고자 하는 바는 먹는 일이 그만큼 중요하고, 이것이 해결되지 않으면, 어떤 일도 할 수 있다는 뜻이다. 강씨는 우선적으로 급한 욕구를 채우기 위해서는 다른 욕구는 안중에도 없었다. 그에게는 가까운 목표인 생리적 욕구가 시급하였다.

3-2. 먼 미래에 대한 목표

Rogers는 생리적 욕구, 안전 욕구 등을 세세하게 구분하지 않았다. 그의 이론에서 자아 실현은 우리들의 궁극적 목표이며 이것은 아주 멀리 있다. 그는 Maslow가 주장한 생리적 욕구, 안전 욕구 같은 것을 일일이 지적하지도 않고, 수평선 너머 가물거리고 있는 자아 실현을 위해서 노력하는 것이 인간의 삶이라고 생각했다. 멀리 있는 목표를 향해서 나아갈 때, Maslow가 이야기하는 욕구 계층은 당연한 기본 전제다. 그래서 일부러 지적하기보다 그냥 지나쳤나 보다.

1) Carl Rogers의 내담자 중심 이론

Rogers(1902~1987)는 1974년 미국 심리학회에서 수여하는 "탁월한 전문가상"(a distinguished professional contribution award)을 받는 자리에서 "개인은 자아 개념, 태도 등 자기가 스스로를 이해할 수 있는 방대한 자료를 가지고 있다. 한편 자기를 촉진시킬 수 있는 분위기가 제공된다면, 자신이 소유한 자료를 찾아낼 수 있다는 가정을 검증하고 또한 증명했다"(Rogers, 1974, 116). 그는 우리들 자신이 가지고 있는 힘과 자원을 스스로 이용하고, 이해하도록 도와 주는 것에 관심을 모았다. 그래서 그의 이론은 이름 그대로 내담자 중심적 이론(client centered theory) 혹은 비지시적 이론(indirective theory)이라고 불린다.

Rogers 이전에 설명된 이론들은 지시적 방법(directive method)들이다. 예를 들어서, Freud는 어떤 한 단어를 제시하고 자유롭게 그 단어와 관련 있는 단어를 연상하도록 했으며, 또한 Jung은 100개의 자극 단어를 제시하고 그 단어에 대한 반응을 관찰하였다. 이와 같은 방법들은 권위 있는 상담자가 그렇지 못한 환자에게 지시하는 일방적 대화로 이어진다. 그러나 비지시적 방법에서는 환자가 그의 감정과 사고를 명확하게 깨닫고 이해하도록 돕는다. 내담자에게 어떤 것을 상상해 보라는 식의 명령이 아니라, "당신은 정말 어려운 상황에 있었다고 생각이 듭니다" 혹은 "그런 일을 밖으로 표현하는 것은 힘들게 생각됩니다"라는 식의 대응을 하면서 계속 내방자가 자신의 생각을 구체화하도록 도와 준다. 그래서 "심리치료자는 고개를 끄덕이든가, '음', '흠'(mmm hmm) 소리를 자주 한다든가 혹은 문제와 관련해서 아주 방대한 질문을 하는 것이 일반적이다"(Rychlak, 1981, p.609).

Rogers가 비지시적 방법에 관심을 기울인 두 가지 이유가 있다. 첫째, 그는 정신분석 이론가, Otto Rank와 그의 동료들에 의해서 학문적 영향을 받고 청소년 비행에 관한 연구를 하면서 초기 학문의 길을 걷는다. 거기서 그는 성적 갈등은 청소년 범죄와 관계없음을 깨달았으며, 그가 그들로부터 받은 교육의 전부는 "그것이 들어먹느냐?(Does it work?)"(Rogers, 1961, p.10)하는 것이었다. 여기서 그것이란 다름 아닌 성적 갈등을 의미한다.

두 번째, Rogers는 선배들이 사용한 지시적 방법을 이용하면서 한 비행 청소년의 엄마를 상담하는 중에 어떤 통찰력을 얻어 내려고 노력했지만 실패하고 말았다. 상담을 끝내고 문을 나서려던 그녀가 다시 자리로 되돌아와 앉았을 때, 상담이 다시 시작되었다. 그러한 상황을 Rogers는 다음과 같이 이야기한다.

> 결국 나는 포기했다. 나는 그녀에게 우리 둘은 모두 피곤한 것 같다고 이야기했다. 그녀 또한 수긍하였다. 그래서 우리는 면담을 끝내고 악수했으며, 그녀는 사무실의 문쪽으로 향했다. 그때 그녀는 돌아서서 물었다. "당신은 전에 여기서 어른을 상담해 본 적 있습니까?" 내가 그렇다고 대답하니까, 그녀는 "그럼 좋습니다. 나는 어떤 도움을 원합니다"라고 대답했다. 그녀는 자신이 앉았던 의자에 다시 돌아와 앉아서 방금 전에 말했던 사례와 남편, 결혼에 대한 실망감, 그리고 생의 실패감을 쏟아 붓기 시작했다. 진짜 상담이 다시 시작되었다(Rogers, 1961, p.11).

Rogers에 의하면, 앞의 예문에서 한 소년의 엄마같이 "내담자 자신은 상처받은 것, 가야 할 방향, 무슨 문제가 결정적인지, 어떤 경험들이 깊게 묻혀 있는지를 가장 잘 알고 있는 사람"(Rogers, 1961, pp.11-12)이라고 믿게 되었으며, "권위주의적, 지시적 방법은 내담자가 자유스럽게 이야기하고 느끼게 하는 방법보다 효과적이지 못하다는 견해를 갖게 되었다"(Monte, 1980, p.573).

"인간은 생에 있어서 종자적 아이디어(seminal idea)를 갖는다. 이러한 아이디어는 우리들이 스스로를 건전하고 긍정적인 방향으로 개발하고, 성장시키고, 변화시킬 수 있는 잠재성을 갖는다. 또한 이러한 잠재성은 사람들의 모든 행동을 이끈다"(Liebert & Speigler, 1982, p.313). Rogers는 이러한 아이디어를 "자아 실현"이라고 불렀다. 자아 실현은 모든 인간이 스스로를 긍정적이고, 건전한 방향으로 이끌도록 하며, 우리의 자아(self)를 유지하고 높이도록 모든 행동을 이끈다.

자아 실현을 언급하기 전에 자아가 어떻게 형성되는지 알아보기로 하자. 어린이들은 세상에 태어나서 어느 기간까지 내가 누구고 어느 것이 내가 아닌 것인지를 구별하지 못한다. 그러나 시간이 흘러가면서, 나와 나를 둘러싸고 있는 외부 환경의 차이를 알게 된다. 즉 나와 나의 외부 환경을 구별하면서, 어린이는 자아를 발달시킨다. 이러한 과정에서 나 자신에 대한 어떤 아이디어를 구체화해 간다. 이러한 아이디어가 바로 자아 개념(self-concept)이다. 다시 말하면, 자아 개념은 자신에 대한 정의다. 말 그대로, 정의는 어떤 사물이나 사건에 대해서, "이것은 무엇이다"라는 설명이다. 그러므로 자아 개념은 "나는 어떤 사람이다"라는 의미다. Rogers의 이론은 철저하고 완전한 자아를 파악하는 데 중요성을 두기 때문에 자아 이론(self-theory)이라고 불리기도 한다. 우선 〈그림 2-15〉를 통해서 자아와 자아를 둘러싸고 있는 장(場)을 보도록 한다.

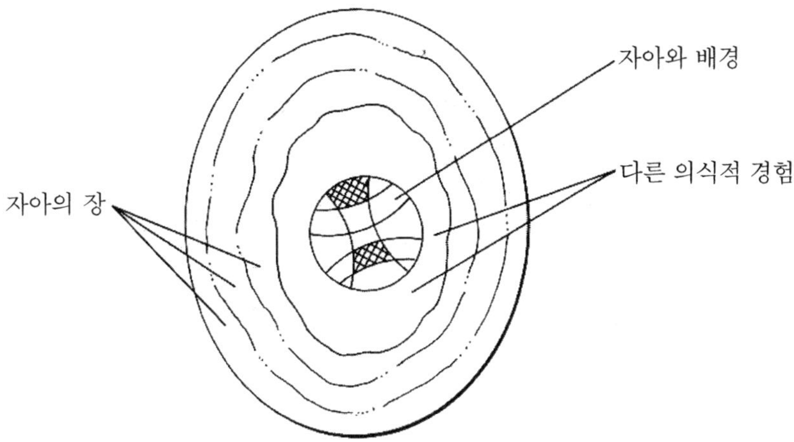

Rychlak, 1981, p.565

〈그림 2-15〉 자아와 그의 장

그림에서 자아는 몇 개의 하위 영역으로 나누어지며, 각각의 영역은 전체적인 자아 안에서 서로 구별된다. 그림에서 체크 무늬의 두 영역은 자아에서 강한 부분을 나타낸다. 예를 들면, 둘 중에 하나는 미래 판사로서 자아상이고, 다른 하나는 예쁜 처녀 소리와의 결혼을 생각하며 자신을 소리의 남편으로 보는 자아상이다. 소리를 마음에 그릴 때, 모든 산천초목이 싱그럽고, 훈훈한 봄바람은 향내와 같다. 또한 소리와의 멋진 결혼 생활과 판사로서의 근엄한 지위를 머릿속에 그릴 수 있다.

자아는 법대에 다니면서 예비 판사로서, 그리고 소리를 신부로 맞이하기 위한 실제적 노력을 아끼지 않는다. 이러한 상황은 그림에서 선의 끊어짐이 없이 자아를 둘러싸고 있다. 그 다음에는 의식의 가능할 수 있는 경험들이 끊어진 선으로 보여지는데, 이것들은 자아가 머릿속에서 그리는 예상들이다. 이와 같이 자아는 현재 의식하고 있는 경험과 가능할 수 있는 의식들의 장으로 둘러싸여 있다. 이러한 상황이 계속된다면, 우리들의 자아는 건전하게 유지된다. 그러나 자아가 어려운 상황을 갖는 경우를 보도록 하자.

미래의 부인으로 생각하고 있던 소리가 자신이 잘 알고 있는 완배와 다정하게 대화하고 있는 장면을 목격한다면, 아래 〈그림 2-16〉에서 보여지는 것 같이 자아는 희미해지고 자아의 장(場)에는 다른 두 사람, 소리와 완배가 뚜렷하게 나타난다. 이때는 싱그런 산천초목과 싱그러운 향내는 멀리 사라지고 만다. 자아의 장에 다른 사람의 상이 뚜렷한 경우에 그림에서 보는 바와 같이 자아의 존재는 끊어진 선으로 이어져서 약해지고, 그래서 행동의 방향을 잃고 만다. 소리에게 다가갈까? 아니면 피할까? 생각하다 어떤 결정을 하고, 행동으로 옮긴다. 이때에 자아는 다시 본래의 자태를 갖는다.

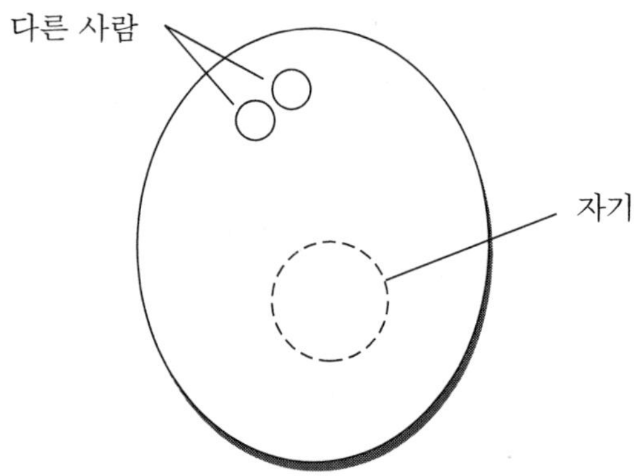

Rychlak, 1981, p.586

〈그림 2-16〉 자아가 약해진 상황

위의 두 그림에서 볼 수 있듯이 Rogers의 이론에서 자아는 상황에 따라서 달라지기 때문에 일정한 형태를 갖지 않는다. 그래서 Rogers는 "인간의 성격을 형태(typology)에 의해서 고정된 것(fixed form)으로 보려는 주장을 반대하고, 액체와 같이 늘 변하는 과정"(Rychlak, 1981, p.587)이라고 주장한다. 고정된 성격 형태를 주장하는 학자로는 Freud와 Jung의 이론을 연상하면 된다. 여하튼, 이 같은 주장을 아래의 설명으로 이해를 더해 보자.

어린이는 세상에 태어나서 자신이 경험하는 어떤 일이나 사물에 대해서 가치를 부여하며 삶을 시작한다. 예를 들어 배고픔에 대해서 부정적 가치를, 음식에 대해서 정적인 가치를 준다. 이러한 가치 부여는 삶과 함께 계속되며, 가치들이 모여서 행동과 사고에 영향을 주게 된다. 또한 그 가치들은 우리들의 행동을 규칙적으로 만든다. 그러나 이러한 가치가 차지하는 영역은 한 개의 단위로 존재하는 것이 아니라, 시간이 흐르면서 점차 여러 개의 하위 영역으로 나누어진다. 〈그림 2-15〉에서 보는 것과 같이 자아는 여러 개의 하위 영역이 모여서 전체적인 하나(a total gestalt: self-concept)를 형성하고 있다. 그래서 Rogers는 성격을 "현상학적 장(phenomenological field)에서 개인이 독특하게 경험한 전체"(Rychlak, 1981, p.592)라고 정의한다.

Rogers의 이론은 성격을 고정적인 것이 아니고 언제나 진행중인 과정으로 보고 있기 때문에, "우리의 행동은 과거에 일어났던 어떤 것에 의해서 발생되는 것이 아니라, 현재의 긴장과 욕구에 의해서 유기체가 욕구를 만족하고 긴장을 해소하게 한다. 그리고 과거 경험은 현재 상황을 지각하는 의미에 영향을 주며 현재 욕구를 제외한 행동은 존재하지 않는다."(Rychlak, 1981, p.588)고 주장한다. 이런 이유 때문에 우리들의 자아는 결코 과거에 전적으로 영향을 받는 것이 아니며, 현재의 유기체적 상태와 심리적 상태에 의해서 일어나는 행동과 사고는 현재에 머물지 않고 언제나 미래의 가능성을 넘본다. 즉 "유기체(생리적 존재)와 자아(심리적 존재)는 성장, 확대, 다양성, 풍부함이라는 미래의 자아 실현을 넘본다."(Rogers, 1959, pp.196-197).

Rogers는 마음과 몸을 분리해서 생각하지 않았다. 그는 몸과 마음이 하나의 단위로 작용한다는 주장을 하였다. 한 예를 들어보자. 배가 고프다는 생각은 생리적 욕구가 없이 발생되지는 않는다. 배가 고프다는 생리적인 욕구가 있을 때, 먹어야 한다는 심리적이며 주관적인 욕구가 나타난다. 물론 이러한 욕구는 개인의 독특한 경험과 이해에 따라서 영향을 받게 마련이다. 먹을 것이 없는 사람은 참아야 한다는 생각을 할 것이고, 먹을 것이 많은 사람은 어떤 것을 먹어야 한다는 선택을 할 것이다. 이와 같이 마음과 몸은 별개의 개체로 존재하지 않고 동시에 함께 존재한다. 그러나 마음의 작용은 위의 설명과 같이 어디까지나 주관적이다. 그래서 우리들은 자신의 주관적인 세계 속에 살고 있다. 심지어 "수학, 과학같이 가장 객관적인 견해도 주관적 선택과 주관적 목적의 결과"(Rogers, 1959, p.191)라고 생각한다.

Rogers의 이론에서 주관성은 매우 중요한 의미를 갖는다. 왜냐하면 그의 이론에서 인간이 경험하는 모든 것이 주관적이기에 자신을 가장 잘 알고 있는 사람은 상담자가 아니며, 내담자 자신이기 때문이다. 자신에 대해서 가장 잘 알고 있는 사람에게는 조언도 평가도 가치 없는 것이다. 그래서 그는 다른 이론과 달리, 내담자가 스스로를 더 잘 알도록 사고를 촉진시켜서 자신에 대한 통찰력을 갖도록 하는 내담자 중심 이론(client centered theory)을 내세운 것이다.

비지시적 방법, 내담자 중심적 이론에서 심리적 문제를 가지고 있는 내담자를 대할 때, "심리치료자는 그 내담자에 대한 평가, 깊이 있는 질문, 내방자가 어떻게 행동할 것이라는 가정이나 해석, 어떤 개인적 반응을 보이지 않아야 한다"(Rogers, 1951, p.209). 왜냐하면, 자신에 대해서 가장 잘 알고 있는 사람이 바로 내담자 자신이기 때문에 어설프게 제한적 질문을 하는 것은 내담자의 사고 폭을 좁히는 셈이기 때문이다. 그래서 내담자 중심적 심리치료자는 상담 과정에서 내담자가 긍정적으로 반응하도록 강화를 주거나 통제할 필요가 없다. 치료 과정에서 두 사람은 일상 생활을 하며 특별한 이유 없이 우연히 만난 사람들처럼, 서로가 대인 관계를 가져야 한다. 그래서 Rogers는 "심리치료 과정이 생활이고, 생활이 심리치료"(Rychlak, 1981, p. 600)라고 주장한다.

심리치료자는 내담자의 동반자로써 그의 문제를 수용하고 내담자가 그의 문제를 이해하도록 도와 주는 촉진자의 역할만을 할 뿐이다. 물론 문제가 있는 사람이 스스로 자신의 문제를 해결한다면, 상담자는 존재 가치를 잃고 말 것이다. 그러나 스스로 해결할 수 없기에 동반자로서 상담을 할 뿐이다. 왜냐하면 내담자 자신이 자신의 정상적인 기능을 상실했으므로 상담은 내담자가 소유한 지식 혹은 이해에 의해서 시작되는 것이 아니라, 치료자의 가치관에서 시작되며 내담자가 자신에 대한 통찰력을 갖도록 도와 주는 것이다. 그러므로 "심리치료는 완전한 가능성을 지닌 우리들이 이미 가지고 있는 능력을 발휘토록 하는 것이지, 전문가에 의해서 조작되는 과정이 아니다"(Rogers, 1959, p.221). 이러한 결과로 내담자는 자신의 감정에 반응하기 시작하고, 미래의 가능성을 보게 되고, 이러한 가능성을 성취하기 위해서 노력한다. 그리고 자신의 독립성과 생의 안녕감을 꾸준히 증가시켜 나간다.

본문에 적절한 기술이 아닐 수 있는 심리치료에 관한 설명이 다소 길게 느껴질 수도 있지만, 그러한 의도는 Rogers의 이론이 개인의 주관성을 강조한다는 것과 우리 스스로가 자신을 가장 잘 이해할 수 있는 사람이라는 것을 설명하기 위한 것이다.

주관성의 중심이 되는 자아 개념(심리적)이 유기체(생리적)가 만나는 모든 경험과 일치할 때, 즉, 자아의 이상과 현실이 일치할 때, 우리들은 긴장으로부터 자유를 얻게 되며, 원만한 환경 적응을 한다. 그러나 자아 개념과 유기체의 경험이 불일치하는 경우가 있다. 이런 불일치는 부모의 가치관을 전혀 받아들이지 않으면서 성장하는 경우, 어떤 경험을 받아들이지 않고 배제하는 경우, 다른 사람과 종속적인 관계에서 어떤 역할을 수행하는 경우, 그리고 자신을 진실되게 받아들이지 않는 경우에 나타난다(Rychlak, 1981). "이런 불일치는 정도의 차이는 있지만, 거의 모든 사람들이 가지고 있다. 불일치가 심할 때, 이런 상태는 긴장과 혼란을 가져오며, 우리의 행동은 유기체적 욕구에 의해서 지배받는 한편, 자아 실현과 관련성이 없고 또한 적절하지 않은 행동이 나타난다"(Rogers, 1959, p.193).

자아 개념과 유기체의 경험이 불일치하는 경험에 의해서 얻게 되는 자아를 현실적 자아(actual self), 그리고 일치하여 얻게 된 자아를 이상적 자아(ideal self)라고 부른다. 앞에서 언급한 것같이, 우리들은 자아 실현이라는 종자적 아이디어를 갖는다. 이런 아이디어는 우리들의 자아 개념과 경험이 일치할 때, 성취되는 것이다. 다시 언급하면, "나는 어떤 사람인가?"하는 현실적 경험에 의한 자신의 지각(perceived self)과 나는 "어떤 사람이어야 하는가(how I would like to be)"하는 이상적 자아 사이에 불일치의 간격이 좁으면 좁을수록 건전한 정신을 갖는 사람이다. 그러나 둘 사이의 거리가 멀면 멀수록 문제 있는 사람이 된다.

"이상적 자아와 현실적 자아가 크게 불일치할 때, 우리들은 그것을 깨닫지 못하고, 그래서 우리는 삶의 경험을 걱정하고 위협적으로 생각하게 된다"(Rogers, 1959, pp.203-204).

이상적 자아와 현실적 자아가 차이가 없이 거의 일치할 때, "만약 모든

Q-sort 기법

Rogers는 상담을 하기 전에 현실적 자아(who I am)와 이상적 자아(how I would like to be)의 관계를 측정하기 위한 방법으로 Q-sort를 사용하였다. 상

담에 임한 사람들은 "3×5" 카드에 인쇄된 문장들이 자신을 정확하게 기술하는 것인지 혹은 아닌지를 분류한다. 예를 들면, "나는 다른 사람을 만나면 즐겁다" 혹은 "나는 다른 사람을 만나면 귀찮다"와 같은 것들이다. 자신을 기술하는 카드를 선정한 후에 이에 대한 정도를 7점 척도에서 지적하게 한다. 이렇게 하는 이유는 상담을 받는 사람이 정상분포곡선하에서 어디에 위치하는지를 알기 위함이다. 이런 작업이 끝난 후에 다시 동일한 카드를 갖고 어떤 사람이기를 원하는지 혹은 아닌지에 대한 척도상에서 질문을 받는다. 즉 이상적 자아에 대한 정도를 측정한다. 이러한 측정이 끝난 후에 두 척도에 대한 상관 관계를 산출해서 환자의 이상적 자아와 현실적 자아의 관계를 파악한다.

일이 잘 진행된다면, 자기 증진(self-enhancement: 심리적 측면)은 유기체적 증진(생리적 측면)과 일치하고 병행하게 된다"(Rogers, 1961, p.191). 그 상태를 갖는 사람은 "충분히 기능을 발휘하는 사람(fully functioning person)"이라고 불리는 결과를 갖는다. "이런 사람들은 방어적이지 않고, 자기 자신의 행동에 대한 책임을 지며, 자신의 입장에서 경험을 평가하고, 새로운 경험에 의해서만 경험의 평가를 바꾸고, 타인을 자신과 다른 독특한 사람으로 받아들이고, 자신과 타인 모두를 존중한다"(Rogers, 1959. p.207).

Rogers는 여러 나라 사람들을 치료하는 가운데, 인간은 동일한 종으로 공통 지향적 가치, 자아 실현을 위해서 노력한다는 것을 알았다. 그래서 인간의 본성은 언제나 자아 실현을 향한다. 그러나 이상적 자아와 현실적 자아 사이에 큰 차이를 갖는 사람은 앞에서 설명한 자아 성취자와 달리 언제나 방어적이고, 자신에 대한 책임감이 없고, 자신을 독특한 인간으로 받아들이지 않으며 자신도 타인도 존중하지 않는다. 이들은 인간의 종자적(種子的) 아이디어인 자아 실현의 방향감각을 상실하고 만다.

Rogers의 이론 하면, 우리들은 먼저 "I am OK. You are OK"를 연상하게 된다. 너도 나도 문제 없다면, 우리들 주위의 모든 것이 Ok이다. 그러나 그렇지 않은 사람은 "I am bad, you are bad and so everything around us is bad"이라고 생각한다. 이런 경우에 세상의 모든 것이 무가치해서, 만날 사람도, 노력해서 얻을 것도, 미래도 없는 그런 사람이 되고 만다.

Maslow와 Rogers의 자아 실현 욕구의 차이

Maslow와 Rogers의 이론 모두가 인간의 자유의지가 자아 실현이라는 궁극적 목표를 향하고 있다는 주장을 한다. Malsow의 이론에서는 인간은 몇 가지 하위의 기본적 단계를 거치면서 자아 실현이라는 높은 수준의 욕구에 이른다. 그러므로 기본적 욕구가 만족스럽지 않을 때, 자아 실현의 성취는 어렵다. 우리들은 자아 실현을 아주 망각하고 사는 것이 아니라, 각 계층의 단계를 왕래하면서 생활하고 있다. 우리의 주된 관심이 어디에 머물고 있느냐에 따라서 그 사람의 현재 욕구 단계를 지적할 수 있다. 그러니까 Maslow의 자아 실현은 우리들이 노력해서 획득하는 것이다. 한편 Rogers의 이론에서 자아 실현은 인간이 본래 가지고 있는 종자적 욕구이다. 이것은 획득해서 얻는 것이 아니라, 이미 존재하는 자아 실현 욕구를 성장, 발달시키는 것이다. 요약하면 Maslow는 자아 실현을 무에서 유를, Rogers는 유에서 더 큰 유를 찾는 것이다.

2) 내담자 중심 이론에 의한 범죄행동의 설명

보험금을 위해서 아들의 손가락을 자른 아버지

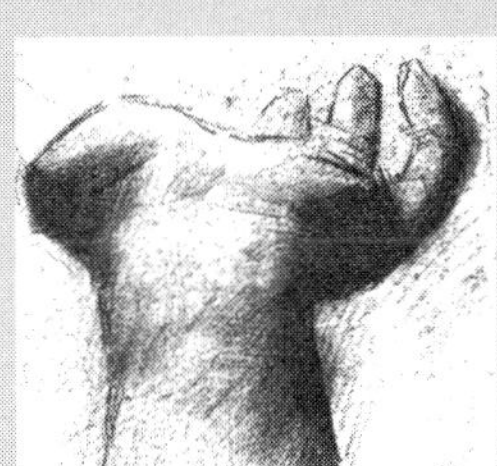

1998년 9월 11일 보험금을 타내기 위해서 아들의 손가락을 자른 비정한 아버지는 TV를 보는 사람의 마음을 무겁게 했다. 자식을 둔 부모, 부모를 모시는 자식의 입장에서 모두가 할 말을 잃고 말았다. 정말 세상에 이런 일이 왜 일어날 수 있는지 도무지 알 길이 없는 모양이다. 더욱 놀라운 것은 손가락을 자르기 위해서 예행연습까지 했다는 사실에 모두가 엉엉 울어 버리고 싶었을 것이다. 통한의 후회를 하는 아버지와 손을 붕대로 감은 채 그 아버지를 용서해 달라는 아들은 한국 사람을 모두 침묵케 했다. 어찌 그런 일이… ?

보험금을 타내기 위해서 아들의 손가락을 자른 강씨의 행동을 내담자 중심 이론으로 설명해 보자. 자아 개념과 유기체적 욕구가 일치할 때, 인간은 심리적 긴장에서 해방되고 환경에 원만하게 적응한다. 그러나 반대로 양자가 불일치할 때, 긴장과 혼란이 일어나서 유기체의 욕구에 지배받게 된다. 여기서 유기체적 욕구라는 것은 바로 신체적, 생리적 욕구를 의미한다. 자아 개념과 유기체적 욕구가 일치하는 것은 무엇을 의미하는 것인가? 높은 자아 존중감을 갖는 사람이 신체적, 생리적 욕구가 만족되지 않을 때, 현실적 자아와 이상적 자아 사이에 큰 간격을 갖는다. 예를 들어서 장래 훌륭한 정치가가 될 것을 꿈꾸는 사람이 생계가 어려운 상황에 처해 있다면, 이상적 자아와 현실적 자아의 간격은 크게 마련이다. 이런 사람에게 이상적 자아는 심리적 부담감을 안겨 줄 뿐이다. 그러나 Rogers의 이론에서 지적한 바와 같이 우리들 모두는 이상적 자아의 종자적 아이디어를 갖는다. 차이가 있다면 각자의 이상적 자아를 얼마나 성장, 발달시켰느냐 하는 것뿐이다.

우리들은 아무리 어려운 상황에 처해 있다 하여도, 이상적 자아를 가지고 있게 마련이다. 그러니까 이상적 자아와 현실적 자아를 모두 가지고 있는 셈이다. 그러나 이들 양자 사이의 차이가 크면 클수록, 우리들은 삶을 걱정하고, 그러한 사람의 삶 자체는 위협적일 수밖에 없다. 이런 주장에 비추어 볼 때, 강모씨는 이상적 자아와 현실적 자아 사이에 상당한 거리가 있었고, 그래서 그의 생활 자체는 걱정덩어리였고 위협적이었다.

이상적 자아와 현실적 자아 사이의 거리감이 너무 크면 차이를 좁히려고 시도하기 전에 포기하는 것이 일반적일 것이다. 이와 같은 생각에 미루어 볼 때, 강씨는 두 자아 사이의 거리가 상당히 멀기 때문에 거리를 좁히는 노력을 상실했을 수도 있다. 그래서 자아 발전이니, 주관적 사고니 하는 것이 그에게는 어울리지 않았을 수 있다. 어찌 되었든지, 결과적으로 그는 자신이 자아 실현의 종자적 아이디어를 소유했다는 생각도 없었을 것이며, 따라서 그의 어떤 주관성도 기능을 잃었을 것이다.

〈그림 2-16〉에서 볼 수 있는 것처럼 강모씨의 자아는 아주 희미하고, 그의 장에는 다른 사람이 오히려 선명하게 자리잡고 있었을 것이다. 자아의 장이 아주 협소해서 그의 장에는 자신은 없고 오직 아들이 선명한 자태를 보이고 있었지 않나 하는 생각도 해 본다. 자아가 아주 희미하다는 의미는 결국 주관성이 없다는 것이다. 쉽게 말해서 주관성이 없다는 것은 생리적 욕구에 의해서 움직일 수밖에 없다는 뜻이다.

주관성을 상실한 강씨는 자신의 행동에 대한 책임감도 없었고, 자신이 타인과 다른 독특한 존재라고 생각하지도 않았다. 또한 타인은 물론 자기자신에 대한 존경심도 없었을 것으로 간주된다. "I am Ok and You are Ok"가 아니라 "I am bad and you are bad"라는 생각에서 그를 둘러싸고 있는 세상이 온통 나쁘게만 느껴졌을 것이다. 그는 자신의 아들까지도 자신을 괴롭히는 나쁜 아들로 생각했을 수 있다. 왜냐하면 자신도 병이 들어 주체하기 어려운 상황에서 아들은 먹여야 하고 입혀야 하는 귀찮은 존재다. 그에게 아들은 아무런 의미가 없고, 그는 신체적 욕구가 시키는 대로 행동했을 뿐이다.

배고픔의 욕구는 누구에게나 다 존재한다. 그러나 우리는 주관성을 갖기에 똑같은 신체적 욕구를 경험하고 있더라도, 그 욕구는 다양하게 표현된다. 이러한 주관성을 포기했을 때, 우리는 너와 나의 구별이 없는 동물과 같은 사람이 됨을 부인할 수 없다. 강모씨는 자아 실현이라는 원대한 생의 목표가 현실에서 너무 멀리 있기에 그것이 존재하는지조차 염두에 두지도 못했을 것이며, 주관성을 포기한 생은 주위의 모든 것들에게 가치 부여를 한다는 것 자체가 이상할 정도였다. 그래서 아버지와 아들의 관계는 사건 발생 전에 이미 의미 없는 것이 되었을 것이다.

강모씨의 사건을 전해 들은 전국민은 슬픔에 멍들어 있었지만, 그렇게 생각하는 우리들은 생의 의미를 찾고, 가치 추구를 하고 있는 사람들이기 때문이다. 그래서 대부분의 사람들이 놀라고 노여워했지만, 강모씨의 편에서 생각하면 그다지 이상한 것이 아니었다. 자신을 버린 사람은 보통 사람들의 생각을 넘어가는 일을 쉽게 해치우게 마련이다.

3-3. 사후의 신념

우리들이 살고 있는 세상에서 이해할 수 없는 일들이 허다하게 일어나고 있지만, 인간의 지능과 과학의 발달은 이러한 것들을 하나하나 밝혀 내고 있다. 그토록 많은 사람들을 쓰러지게 했던 암(癌)도 이제 더 이상의 큰 문제가 안 될 것이다. 또한 후천성 면역 결핍증(AIDS)도 곧 정복된다는 희망을 갖는다. 아스라이 보이던 달나라, 몇 광년을 가야 하는 먼 별들도 하나하나 베일이 벗겨지고 말 것이다. 아마도 인간의 질기고 질긴 호기심은 모든 수수께끼를 다 풀어 버릴 것으로 생각된다. 그러나 단 하나, 우리들이 죽은 다음에 어떻게 되는가 하는 문제는 인류의 영원한 수수께끼로 남는다. 왜냐하면 죽었다가 살아와서 사후의 경험을 이야기한 사람이 인류 역사상 아무도 없기 때문이다. 영혼은 불멸한가? 영원히 존재하는 것이라면, 도대체 어디로 가는가?

영혼이 불멸하지 않고 나와 함께 없어진다면, 무엇 때문에 우리들은 죽음을 그토록 두려워하는가? 이 세상이 빛나고 황홀하고, 기쁨이 넘치는 그런 곳이기에 미련을 두기 때문인가? 그러나 일찍이 이 세상을 떠난 선배들이 "세상은 고해의 바다", "산 너머 산", "작열하는 태양 아래 끝없이 이어지는 사막"이라는 것을 이미 귀띔해 주었다. 혹 가다 반짝하는 생각에서 행복이니 뭐니 하지만, 우리의 삶은 여전히 고행의 연속이라 한다. 그래서 "젊은이여 야망을 가져라!", "행복은 내 마음에 있다", "의지를 굳게 하여라" 하면서 독려를 하지만, 마음 한구석에 켕기는 기분은 쉽사리 사라지지 않는다.

거대한 자연 앞에 미약한 인간은 마음의 위로를 받을 존재가 필요했다. 폭풍우 몰아치는 날씨에 크나큰 나무가 송두리째 뽑혀 나가는 장면을 목격하면서, 어느 곳엔가 존재하는, 보이지 않는 거대한 힘을 믿게 되었을 것이다. 세상 삶의 고달픔과 죽음에 대한 두려움은 이런 힘에 의지하게 되었다. 더욱이 그 힘에 대한 자신들의 행위에 따라서 은총을 받는다는 생각은 종교적 예식을 탄생케 했으며, 누구도 알 수 없고 또 가야만 하는 미지의 사후세계까지 의지하게 되지 않았을까?

사후의 세계는 우리 모두가 다시 이 세상으로 돌아올 수 없는 그런 곳이며, 영혼이 불멸한다는 생각은 우리들이 죽은 후에도 육신은 없어져도 영혼은 사라지지 않는다는 신념을 갖게 한다. 그래서 사후 세계관은 현재 우리들이 살고 있는 이 세상이란 찰나와 같고 사후의 세계는 영원하다는 믿음을 준다. 물론 사후에 모든 것이 끝이라고 믿는 사람도 있지만, 종교적 신념을 갖는 대부분의 사람들은 이 세상은 찰나와 같고 사후에 천국과 지옥 혹은 다른 동물로의 탄생으로 끝없이 연장되는 것으로 믿는다.

종교란 무엇인가? 라틴어에 의하면, 종교는 "regio"로부터 유래된다. regio는 "우리 자신과 신과의 연결, 우리와 타인 사이의 약속(obligation), 신에 대한 의무적 헌신을 뜻한다"(Flower, 1997. p.1). 현재의 종교적 의미는 "일단의 사람들이 행하는 예배와 특수한 신념 체계, 인간이 복종하고 헌신할 수 있는 어떤 초능력적 존재, 자신들을 통제하고 지도할 수 있는 자신 밖의 어떤 것을 추구하는 것이다"(Flower, 1997, p.1). 이같이 인간이 초능력적 존재를 갈구하는 것은 결국 현실 세계의 축복과 사후 세계에 대한 두려움을 달래기 위한 것이라 볼 수 있다.

종교인이 되는 궁극적인 이유는 찰나적인 이 세상보다는 영원한 세상인 사후의 삶을 위해서 준비하는 것이다. 현재 세상의 어려움이 사후의 세계에서 보상된다는 강한 신념은 힘든 삶을 이겨 나가게 하며, 현재의 삶이 행복하더라도 더 행복한 삶, 사후의 세계를 위해서 준비하게 만든다.

우리들이 알 수 있는 것처럼, 세상에는 다양한 종교가 있다. 예를 들면, 기독교, 이슬람교, 힌두교, 불교 등 규모가 크고 세계적으로 알려진 종교들도 있지만, 알려지지 않은 수많은 소규모의 종교도 헤아릴 수 없이 많다. 이러한 종교 모두가 내세(來世)의 삶에 대한 굳은 약속을 내걸고 있다. 그래서 그 약속은 현 세상을 살아가는 우리들의 모든 행동에 큰 영향을 미친다. 현세에서 신에 대한 경배는 인간적 탐욕을 버리게 하고 내세에서 신의 보상을 기대하게 만든다.

종교적 신념을 관찰하기 위해서 어느 한 종교만을 국한해서 조명하기보다는 여러 가지 종교를 비교하면서, 이들 종교의 내세관과 현세 생활과의 관계를 찾아서 범죄행동의 관계성을 찾아보도록 한다.

종교는 크게 ① 유일신을 섬기는 기독교, 유태교, 이슬람교 ② 여러 신의 존재를 인정하는 다신교로서 힌두교, Shinto와 원시종교(primal religion) ③ 창시자의 가르침에 의해서 세상의 고통을 벗어날 수 있다고 믿지만, 신의 존재를 부인하는 불교와 같은 종교가 있다(Flower, 1997). 이들 중에서 세계적으로 널리 알려 있고, 또한 상당수의 신도를 갖는 4대 종교를 소개한다.

1) 유태교

유태교(Judaism)는 4,000년 이상의 역사를 갖는 인류 역사상 가장 오래된 종교로 지목된다. 물론 샤머니즘은 인류가 삶을 시작하면서 나타났지만, 하나의 종교로서 인정받는 첫번째는 유태교다. 유태교는 하나님이 아브라함에게 다음과 같은 언약을 함으로써 시작되는데, 성경에 기록된 바:

> 여호와께서 아브라함에게 이르시되 너는 너의 본토 친척 아비 집을 떠나 내가 네게 지시할 땅으로 가라. 내가 너로 큰 민족을 이루고 네게 복을 주어 네 이름을 창대케 하리니 너는 복의 근원이 될지라. 너를 축복하는 자에게는

내가 복을 내리고 너를 저주하는 자에게는 내가 저주하리니 땅의 모든 족속이 너를 인하여 복을 얻을 것이니라 하신지라(창세기 12장 1~3절).

유태인은 자신들이 한 민족(one people)이며, 신에 의해서 선택된 민족이라고 믿는다. 그리고 모든 인류의 사랑과 빛의 표본이라는 굳은 신념을 가지고 갖은 고난을 끈질기게 이겨 왔다. 유태교는 우주의 모든 만물과 규율의 창조자이신 유일신에 대한 믿음을 가르친다. 신은 영원하며, 그만이 경배를 받아야 한다는 믿음을 갖게 한다.

신은 유태교에서 가장 위대한 예언자로 인정받는 모세를 통해서 인간에게 예언을 하였다. 모세는 시내산(moutain Sinai)에서 5경(Torah: 창세기, 출애굽기, 레위기, 민수기, 신명기)의 가르침을 배웠다. 이러한 가르침은 하늘의 법칙이어서 영원하고 불변하다. 그리고 이들이 믿는 신은 인간에 대한 모든 것을 알고 볼 수 있으며, 그만이 인간에게 벌주며 상을 준다.

신은 아브라함의 자손인 다윗의 후손을 통해서 죄로 인하여 죽을 수밖에 없는 인간을 구할 메시아(messiah)를 보낼 것을 약속했다. 그러나 오랜 시간이 지난 지금까지도 신이 약속한 메시아는 오지 않았다. 그래서 유태인들은 지금도 메시아를 간절히 기다리고 있다.

유태교는 일정한 영토를 갖지 않은 헤브루(Hebrew) 민족 중의 하나였던, 아브라함의 자손을 선민으로 지적하면서 시작된다. 또한 신은 이들에게 영원히 소유하게 될 땅, 젖과 꿀이 흐르는 가나안(Cannnan)을 줄 것을 약속했다. 그 이후에 이 약속한 땅은 이상적 이스라엘 건립의 중심이 되어 왔다.

이스라엘 민족은 수많은 고초를 겪는다. 신의 약속이 있은 후 유태 민족은 이집트에서 400년 간의 노예 생활을 하게 된다. 그러나 신은 모세를 통해서 유태 민족을 이집트에서 탈출하게 만들고 신이 약속한 땅, 가나안으로 향하게 했다. "신이 선택한 민족"이라는 선민의 신념은 반유태이즘(anti-Jewishness)을 불러일으켜서, 우리들이 잘 알고 있듯이 나치는 600만 명의 유태인을 가스실에서 죽게 했다. 이런저런 이유로 방랑 생활을 하며 세계 곳곳에 흩어져 있던 유태인들은 1948년 5월 14일 이스라엘이라는 국가를 건립하게 된다. 유태인들의 생활과 사고 방식은 모세 5경에 근거를 두고 있지만, 엄격한 생활 양식은 현세보다는 내세에 대한 삶에 더 큰 의미를 부여하고 있다. 구약의 예언서, 말라기 4장 1절에서 3절은 다음과 같이 전한다.

"만군의 여호와가 이르노라. 보라 극렬한 풀무불같은 날이 이르리니 교만한 자와 악을 행하는 자는 다 초개 같을 것이라. 그 이르는 날이 그들을 살라 그 뿌리와 가지를 남기지 아니할 것이로되 내 이름을 경외하는 너희들에게는 의로운 해가 떠올라서 치료하는 광선을 발하리니 너희가 나가서 외양간에서 나온 송아지같이 뛰리라. 또 너희가 악인을 밟을 것이니 그들이 나의 정한 날에 너희 발바닥 밑에 재와 같으리라. 만군의 여호와의 말이니라."

성경에서 악인은 하나님의 지엄한 심판을 받을 것과 의인 곧 하나님을 온전히 섬긴 자들은 영원한 나라의 주역이 된다는 사실을 보여 준다. 한시적인 현세에서 신의 섬김은 영속적으로 이어지는 사후의 세계에 대한 복된 약속을 얻어 낼 수 있다는 것을 강조한다.

2) 기독교

유태인들은 지금도 여전히 신이 약속한 메시아를 이제나 저제나 하며 기다리고 있다. 그러나 그 오매불망하던 메시아는 이미 우리에게 와서 가르침을 주고 2,000년 전에 죽었다가 부활하고 승천하였다. 그리고 기독교인들은 언젠가 재림할 예수를 믿고 있다. 죄로 인해서 죽을 수밖에 없는 우리를 대신해서 죽고, 신의 메시지를 전할 메시아가 바로 Jesus Christ라고 기독교인들은 믿는다. 예수는 갈릴리 베들레헴에서 목수의 아들로 태어났다. 그의 어머니는 남편이 있지만, 처녀의 몸으로 그를 잉태한다.

예수가 태어날 당시 호적을 정리하라는 왕의 명령에 따라서 모든 유태인들이 고향을 찾았다. 이 여정 중에 여관방을 얻지 못한 예수의 어머니 마리아는 마굿간에서 그를 낳았다. 목수의 아들로 태어난 예수는 성장하여 사막에서 40일을 기도한 후, 요한에게 세례를 받은 다음부터 그의 가르침을 시작했다. 그는 30세부터 설교를 시작하고 33세에 십자가에 못 박혀 죽임을 당한다. 그의 가르침은 겨우 3년이라는 아주 짧은 기간이었지만, 2,000년이 지난 현재 세계 인구의 1/3을 차지하는 기독교인을 낳는다.

예수의 가르침은 제자들의 기록에 남겨져 있다. 즉 신약성경의 마태복음, 마가복음, 누가복음, 요한복음에서 예수의 이적과 행적에 관한 기록을 찾아볼 수 있다. 이러한 기록들의 저자는 각기 다르지만, 기록서의 내용은 모두가 일치되는 사건들을 포함한다. 예수 그리스도의 가르침은 마가복음 1장

15절에서 잘 나타난다. "가라사대 때가 찼고 하나님의 나라가 가까웠으니 회개하고 복음을 믿으라." 또한 현세의 생활을 내세의 생활에 대한 준비라는 것을 가르친다. 마태복음 5장 3절에서 12절까지를 인용하면, "심령이 가난한 자는 복이 있나니 천국이 저희 것이요. … 기뻐하고 즐거워하라 하늘에서 너희의 상이 큼이라." 또한 요한복음 13장 1절을 보면, "유월절 전에 예수께서 자기가 세상을 떠나 아버지께로 돌아가실 때가 이른 줄 아시고 세상에 있는 자기 사람들을 사랑하시되 끝까지 사랑하시니라" 하는 내용에서 알 수 있듯이 우리들의 현재 생활은 내세에 대한 준비에 불과하다.

기독교인들이 예배시마다 암송하는 사도신경은 "몸이 다시 사는 것과 영원히 사는 것을 믿사옵나이다"라는 말로 끝난다. 이와 같이 성경은 영원한 삶을 얻기 위해서 우리들이 어떤 준비를 해야 하는지를 가르치고 있다. 기독교인이 즐겨 부르는 찬송가, 405장(나 같은 죄인 살리신)은 기독교인들의 현세와 내세관을 다음과 같이 잘 표현하고 있다.

이제껏 내가 산 것도 주님의 은혜라
또 나를 장차 본향에 인도해 주시리

거기서 우리 영원히 주님의 은혜로
해처럼 밝게 살면서 주 찬양하리라

진정한 기독교인이 갖는 삶의 목표는 위의 찬송가에서 나타나듯이 본향, 영원한 나라에 들어가는 것이다. 현세의 삶이 고통스러워도 영원한 삶에 비추어 극히 찰나적인 시간이기에 얼마든지 참고 견딜 수 있다고 기독교인들은 믿고 있다.

오늘날 성경은 전체로는 300개 언어로 번역되었으며, 신약과 신약의 부분 번역은 1,500개 언어로 번역되었다. 세계 국가가 200여 개라는 사실에 비추어 볼 때, 300개 언어로 번역된 성경의 보급률은 우리가 생각하는 한계를 넘는다.

3) 이슬람교

이슬람은 앞에서 설명한 유태교와 기독교에 같은 근원을 갖는다. 유일신을 섬기며, 기본적인 진리를 서로가 공유하고 있다. 유태교와 기독교의 성경에 가장 먼저 등장하는 아담과 이브, 에덴 동산 등은 이슬람교(Islam)에서 예언자 Muhammad의 등장까지 동일한 내용이다. 이슬람교에서 믿고 있는 코란(Qua' ran)은 아브라함(Abraham), 이삭(Isaac), 요셉(Joseph), 모세(Moses), 노아(Noah), 예수(Juses)까지도 모두 무스림(muslim: 신에 대해서 충실하고 헌신한 사람)이라고 강조한다.

무스림들은 신은 물리적, 정신적 세계의 창조자시며, 세상의 모든 것을 굽어보고 있다고 믿는다. 그리고 이들이 첫번째 배우는 것은 "다른 신은 없고 단지 신만 계시다(There is no other God but God)"인데, 이러한 유일신 사상이 무스림 생활과 믿음의 기본이 된다. 물론 이슬람에도 순니(Sunni)와 시아(Shi' a)의 두 파가 있지만, "다른 신은 없고 단지 신만 계시다"라는 신념은 인종, 국가에 관계없이 믿음의 기초를 이룬다. 무스림에서 지칭하는 신(God)은 유태교와 기독교에서 "신"이라 부르는 대상과 일치한다.

이슬람에서 최고의 예언자로 통하는 Muhammad는 주후 570년경에 메카(Mecca)시에서 태어났다. 그는 25세인 610년경에 설교를 시작하였지만, 이슬람교가 시작된 것은 622년경이다. 이슬람교의 주요 사상을 담고 있는 코란은 이슬람의 성경인데, 코란의 내용은 예언자 Muhammad의 가르침을 담고 있다. 코란은 선과 악, 옳고 그름, 진실과 헛됨을 궁극적으로 구분하는 것을 가르친다. 또한 이것은 이슬람교도들이 지켜야 할 생활 양식과 행동을 지적한다. 코란은 모두 114개의 장으로 구성되며, 이것들은 내용의 길이에 따라서 정리된다. 그래서 내용이 많은 것은 앞에, 가장 짧은 것은 맨 나중에 나열된다.

코란은 세상 끝 날에 선과 악의 심판을 빈번히 강조한다. 무스림의 성경 코란은 모든 무스림의 이상향인 에덴 동산 이후의 행복을 약속하면서 삶의 선행을 강조한다. 나쁜 짓을 하면 지옥에 간다고 믿지만, 이것은 어디까지나 인간의 선택이다. 그래서 선행을 하면 지옥에 가지 않고 에덴 동산과 같은 기쁨의 영생을 맞는다는 것이다.

이슬람에서 가르침은 매일매일의 실천을 통해서 신의 세계에 대한 접근을 강조한다. 이슬람의 예언자 Muhammad의 가르침은 "이슬람의 5기둥"(five pillars of islam)으로 알려지는데, ① 믿음의 고백(sheathed), ② 경배(salah), ③ 자선(zakat: alms-giving), ④ 금식(sawm), ⑤ 성지순례(hajj)이다. 세계 도처에 산재해 있는 무스림들은 위의 5가지 가르침을 받아들인다.

믿음의 고백은 기독교에서 사도신경과 비교될 수 있다. "다른 신은 없고 단지 알라만 계시다: 무하마드는 신의 전달자다(There is no other God but Allah; Muhammad is His messenger)." 여기서 첫번째 구절은 유태교나 기독교와 시비의 대상이 되지 않는다. 그러나 후반에 Muhammad가 신의 메시아라는 것, 그리고 그가 예언자 중에서 마지막이며 최고라는 의미는 앞의 두 종교와 근본적으로 색조를 달리하고 있다.

무스림들은 혼자서 신에 대한 경배를 드리든지, 집회를 통해서 집단으로 경배를 하든지 하루 5번 기도예식을 갖는다. 이들에게 신과의 대화는 개인적이기 때문에 사제를 통한 회중의 기도보다 개인적인 기도에 더 가치를 둔다. 그러나 일주일에 한 번은 회중기도(금요일 정오: al-juma)를 해야 한다. 경배는 3부분의 동작- 서기(standing), 구부리기(bowing), 땅에 손을 뻗고 얼굴을 대기 (prostrating)로 구분된다. 이들은 자신들이 어디에 있든지 하루에 5번, 성지를 향한 방향으로 경배를 드린다.

자선은 가진 자가 갖지 않은 사람에게 주는 기쁨의 행위를 의미한다. 이것은 물질뿐 아니라 시간, 노력 등을 포함한다. 무스림들은 금식을 통해서 몸과 마음을 정결케 해야 한다고 생각한다. 이들은 라마단(ramadan: 이슬람 연력에서 9번째 되는 달) 동안 해가 떠서 질 때까지 먹지도, 마시지도, 부부관계도 삼가한다. 그리고 이 기간 동안 화내거나, 나쁜 생각도 갖지 말아야 한다. 이들은 이러한 행위를 지키기 위해서 코란을 30부분으로 나누어서 매일 한 부분씩 읽어 나간다. 그들의 예언자 Muhammad가 신에게서 받았다고 믿는 경전, 코란을 송축하면서 읽기를 계속한다.

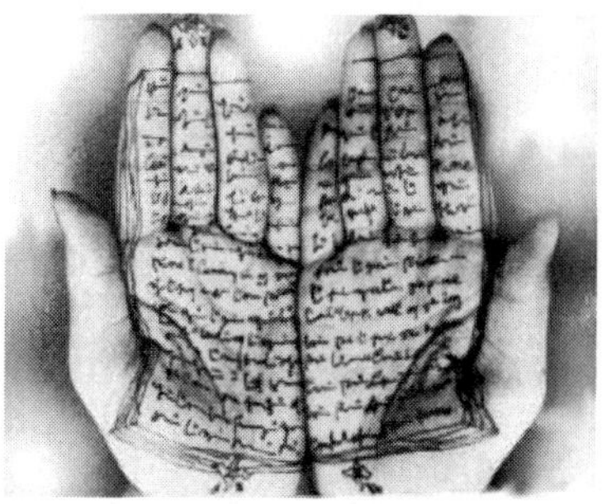
코란

무스림들은 생전에 적어도 한 번 정도 성지를 순례해야 한다. 성지순례는 무스림들이 살아가면서 해야 할 가장 중요한 일이다. 세계 각지에서 몰려온 교도들에게 무스림의 종교 지도자(iman)는 예언자 Muhammad의 마지막 가르침에 의해서 설교를 한다.

위에서 설명한 교리의 원칙이 이방인들에게는 숨막히도록 엄격한 행위같지만, 이들은 이러한 규칙에 충실함으로써 자신들이 죽은 후 바라는 천국, 에덴 동산에 갈 수 있다는 신념을 갖기 때문에 기쁨으로 행할 수 있다. 교리를 따르는 행동이 어려우면 어려울수록, 기쁨이 더 충만해서 따른다. 왜냐하면 자신들이 바라는 소원이 바로 5가지 무스림의 교리를 통해서 얻어질 수 있다는 신념을 갖기 때문이다.

4) 힌두교

인더스 계곡에서 힌두(Hinduism)의 조각상과 일치하는 것들이 발견되는 것으로 보아 서기 2,000년 전에 벌써 힌두교가 있었음을 짐작케 한다. 힌두교는 호전적인 아리안족과 조용한 농부형인 인더스 두 문화가 만나 성장하였다. 그 당시 이들의 신앙은 간단했다. 즉 착한 행동을 하면 반드시 하늘의 상을 받고, 나쁜 짓을 하면 영원한 지옥의 벌을 받는다고 믿었다. 그 당시 예배는 노래를 부르며, 신에게 제물을 바치는 것이었다. 그러나 아리안족이 남쪽, 동쪽, 중앙 평원을 차지하고부터 제물을 바치는 예식이 윤회(samsara: 출생, 사망, 환생)와 환생(moksha: samsara로부터 자유)의 이론으로 변화하는데, 이 두 원리가 현재 힌두교의 필수요건이 된다. 이때가 기원전 1,200년쯤이고, 처음 베다(Vedas:고대 힌두 정신)에 기록된다.

윤회와 환생이 종교적 신앙으로 받아들여진 후 산에서 마음을 수양하는 은자(hermits)들이 나타났다. 이들 은자들은 자기 수련(mediation), 자기 부정(self-denial), 자기 학대(self-flagellation)를 통해서 성자(holy priests)의 가르침에 반대하고 자기 계몽의 길을 간다. 이런 은자들이 바로 불교의 선각자들이 되었다. 여하튼 윤회와 환생을 위해서 수양을 하는 은자들이 나타났던 것은 B.C. 6세기 쯤이다.

힌두교의 정신적 핵심은 “sanathan dharma”에서 찾아볼 수 있는데, 이것이 갖는 의미는 “언제나 처음과 끝이 없다는 신앙(a faith that has always been, without beginning or end)”이며 “모든 사람들은 자신이 원한다면 누구나 연결될 수 있다”는 신념을 의미한다. sanatana dharma는 모든 힌두교도가 그 개념을 깨닫든지, 그렇지 않든지 간에 세상 사람들 모두가 소유하고 있는 다음과 같은 공통 개념이라고 믿는다.

① 세상에 존재하는 모든 것은 신의 표현이다.
② 생의 목표는 신에 가까이, 신을 깨닫고 신과 융화되는 것이다.
③ 세상의 기쁨은 신에 가까이 하려는 우리들의 목표를 방해하는 유혹이다.

이들 3가지 아이디어는 베다에 포함된 영원한 진리다. 신은 어느 곳에나 있고, 생물이든지 무생물이든지 모든 사물에 신의 정신이 깃들어 있다. 그러므로 영혼(soul: atman)은 모든 것(all beings)에 다 있고, 모든 것들은 출생, 사망, 환생의 과정을 거치면서 돌고 도는데, 이것은 이런 과정이 깨지지 않는 한 계속된다. 윤회의 과정이 끝난다는 의미는 우리들이 진리를 터득할 때, 즉 인간이 가질 수 있는 최고의 정신(supreme sprit: brahaman)을 깨달을 때, 윤회에서 벗어나 출생과 사망의 순환 과정에서 자유(moksa)를 얻는다는 뜻이다.

힌두 신앙의 최고 목표는 자유이다. 이런 자유에 이르는 가장 쉬운 길은 다음과 같은 길을 걷는 것이다.

① 헌신(bhakti: devotion): 기도와 헌신을 통해서 환생을 성취할 수 있다.
② 옳은 행동, 선행(the path of good works or karma: right actions): 일상생활에서 선을 행하므로 환생의 길을 걷는다. 이러한 길을 따르는 사람들은 자신들의 행위에 대해서 어떤 대가도 기대하지 않고 사회의 발전을 위해서 자신이 소유한 것을 아낌없이 내놓는다.
③ 지식의 길(jnana: the path of knowledge): 지식을 얻기 위해서 선생(teacher)을 만나야 하고 경전을 이해해야 한다.
④ 요가(yoga): 신을 찬양하는 것은 물론이며, 삶에 대한 의무를 하나로 묶는 마음과 몸의 훈련이다. 이것은 궁극적으로 자유를 얻게 한다.

위에서 지적한 4가지 길은 상호 관련성을 갖는다. 사실상 많은 힌두교도들은 이들 중에서 두 개 혹은 그 이상의 길을 택한다. 그래서 힌두교도들이 환생에 이르는 길은 여러 가지지만, 깨달음을 위해서 어떤 방법을 택하느냐 하는 방법의 문제를 떠나서 얻고자 하는 것은 최고의 깨달음(supreme spirit: brahman) 그 자체다.

힌두의 도덕성에 관한 개념은 4가지로 구분된다. 첫째, 종교적, 도덕적 원칙, 직업, 연령에 따라서 옳은 일을 행하는 것(Dharama)이고, 둘째, 가족의 발전을 위해서 부와 소유를 얻는 것(Artha)이고, 셋째는 생을 위해서 신체적 쾌락을 즐기는 것이고, 마지막으로 윤회의 끝없는 순환에서 자유로워져서 지존(supreme being)에 이르는 것이다. 힌두들의 4가지 원칙은 사회계급을 나타내는데, 각각의 계급은 그들 자신의 행위와 도덕성을 갖는다.

힌두에서는 무엇을 믿는가보다는 오히려 힌두의 생활(the Hindu way of life) 그 자체가 바로 믿음이다. 생활의 사건 중에서 힌두의 장례식은 중요하다. 죽은 자의 시신을 씻고, 천으로 싸고, 공터에 놓는다. 그의 아들이 기름을 붓고 불을 당기는데, 이들은 이렇게 해야만 영혼이 자유로워져서 하늘에 오른다고 믿는다. 이러한 예식이 없이는 영혼(여기서는 망령: ghost)은 하늘에 오르지 못하고 지상에 머문다고 생각한다. 시신이 탄 재는 갠지스강에 뿌려지며, 장례식이 끝난 후에 아들은 우리들의 제사 형식과 같이 망령에게 규칙적인 제물을 드린다.

힌두교도, 인도 영웅 마하트마 간디

인도의 독립 영웅 마하트마 간디의 암살 49주년을 맞아 30일 성대한 행사 속에 간디의 재가 갠지스 강에 뿌려졌다. 한 전기작가, 루드랑슈 마크헤르지 씨는 가족들의 주장과는 달리 이 재가 그의 것이 아닐 가능성이 매우 크다고 주장했다. 그는 이날 간디家가 정부 고위관리를 비롯 2천5백 명이 참가한 가운데 한 은행금고에서 찾아낸 재를 강에 뿌리는 행사를 거행한 것과 관련, 이 재가 "간디의 것이라고 믿을 수 없는 이유가 많다"면서 강한 의구심을 표명했다. 화장 직후 전국적으로 간디의 재를 강에 뿌리는 행사가 거행될 수 있도록 각 주정부에 분배할 계획이었지만, 기념관 건립 계획의 일환으로 재를 일단 한 은행금고에 보관시킨 후 근 50년 동안 존재를 잊고 있었다고 주장하였다. 그래서 이 은행을 상대로 2년 간의 송사 끝에 재를 받아내 이날 갠지스 강에 뿌리는 행사를 하였다. 은행측은 재가 누구의 것인지 명기돼 있지 않아 아직 어느 누구에게도 내줄 수 없다고 주장하면서 "간디家가 왜 그 재를 간디의 것으로 생각하는지를 알고 싶다"고 주장하였다(조선일보, 1997년 1월 31일).

대부분의 헌신적 힌두는 하루에 다섯 번 이상 집에서든지 사원에서든지

기도를 한다. 힌두의 사원은 신의 집이라고 생각되며, 경배할 때 꽃과 음식을 드린다. 힌두들은 특히 물을 숭배하기 때문에 갠지스강 혹은 Jumma 강을 위대한 성스러운 장소 혹은 다음 세대의 장소로 간주한다. 우리들이 보기에 역겨울 정도로 더럽게 보이는 갠지스강에서 목욕하고, 마시고 하는 힌두들을 보면서 이해하려고 노력하지만, 이들에게는 정말 성스러운 곳이다. 아무려면 어떨까 보냐, 성스러운 곳, 출생, 사망, 윤회의 고통을 벗어나기 위해서 거쳐야 하는 그런 곳이지 않는가?

인도의 하급계층은 우리들이 보기에도 딱할 정도의 생활을 한다. 그래서 사회계층간의 갈등이 심화될 것으로 기대되지만, 언제나 그렇듯이 사회의 갈등은 찾아보기 힘들다. 이러한 원인은 힌두교의 가르침인 옳은 행위에 의해서 다음 세대에는 자신들이 원하는 바대로 태어날 것을 믿기 때문이다.

위에서 가르친 여러 가지 수도의 길에 더해서 힌두교도들은 생의 주요한 행사의 하나로 성지를 순례해야 한다. 인도에는 모두 24개의 성지순례 장소가 있다. 인구 8억의 인도에 24개는 너무나 적은 숫자다. 한 곳에 어림잡아 5,000만 명을 할당받을 때, 한 곳에 얼마나 많은 인파가 몰려드는지 상상할 수 있다. 현세의 생활이 어떠하든지 다음 세대가 어떻게 시작되고 다음 세대에 무엇이 될 것인가는 이 세상을 살아가는 힌두교도들의 삶에 달렸다.

5) 불교

불자(Buddhist)의 가르침은 2,500년의 역사를 갖는다. 불교(Buddhism)는 "buddha"라는 언어로부터 왔다. buddha는 깨달음을 얻었다는 뜻을 갖는다. 불교 역사상 신앙을 이끌어 낸 한 명의 Buddha가 있다 하여도, 불교는 이슬람교나 기독교같이 어떤 경이적인 사건에 의해서 시작된 종교가 아니다. 불교는 시작이 없고 끝도 없는 신념체계다. 왜냐하면 언제나 있었고, 언제나 있을 것이라는 진리(truth)를 포함하고 있기 때문이다. 불교의 가르침은 3가지, ① 부처(Buddha), ② 부처의 가르침, ③ 수도자의 공동체(Sangha)를 포함한다.

a) 부처

Buddha는 인도와 네팔의 경계인 룸비니라 불리는 지역의 통치자의 아들로 태어났다. 통치자의 아들로서 그는 아무런 어려움 없이 자랐으며, 결혼하여 한 명의 아들을 두고 행복한 삶을 살았다. 그리고 위대한 종교 지도자로부터 정신적인 양식도 얻고 있었지만, 그는 자신의 생활에 만족할 수 없었다. 그래서 그는 5명의 다른 수도자와 같이 고행을 시작하였다.

그는 보리수 아래에서 죽음과 환생의 비밀에 깊이 빠져들며, 죽음과 사망에 대한 순환의 의미를 포함해서 모든 진리를 깨닫게 되었다. 이때에 그는 4개의 고귀한 진리(四道:four noble truth)를 터득한다. Buddha는 수도 전에 Siddhartha라는 이름을 가지고 있었지만, Gotama 혹은 Sakyamuni라는 이름으로 더 불렸다. 그러나 세상의 이치를 깨달은 뒤에는 Buddha라고 불린다.

Gotama는 수도중에 무아지경(無我地境: nirvana)에 들어갈 수 있었고, Dhamma(우주의 법칙, 진리)를 알게 되었다. 그는 44년 동안 사회적 계급, 성별 등에 차별을 두지 않고 갠지스강가에서 우주의 법칙과 무아지경을 가르치는 데 전 생애를 바쳤다. 또한 그는 수도자들의 새로운 공동체(Sangha)를 만들었다.

Buddha는 말로써 진리를 가르치는 것이 아니라 생활을 통해서 가르치려고 하였다. 그는 80세를 일기로 생을 마쳤지만, 불가의 의미에서 우리들에게 연속적으로 오고 있는 미래 Buddha 중의 한 사람이었다.

b) 부처의 가르침

인생의 목표는 정신과 육체의 한계를 넘는 무아의 상태를 얻는 것이다. 무아의 상태는 아무것도 없는 것이며, 모든 것이 있는 것이다. 난해하겠지만, 여하튼 무아지경에 이르기 위해서 우리들은 두 가지를 깨달아야 한다. 첫째는 4가지 고귀한 진리와 karma(원인과 결과에 대한 법칙)를 이해해야 한다. 둘째는 우리들이 이러한 진리를 받아들일 준비가 되어 있어야 한다.

Buddha가 가르친 교훈 중에서 dhamma는 우주의 법칙인데, 모든 것들은 끊임없이 변하고, 소멸한다는 법칙이다. 그래서 세상의 모든 것들은 원인과 결과에 관심을 갖는 karma의 법칙뿐 아니라 물리적 법칙하에서 서로 관련성을 갖는다. 인간이 독립적 존재(independent being: 모든 것들과 관련없다)라고 하는 것은 망상이다. 왜냐하면 인간은 오감(五感 : five senses), 색깔, 소리, 정서, 이유(reason), 의지, 성, 배고픔, 죽음으로 구성된 존재이기 때문이다. 그래서 상호 관련성을 가져야 하는 이런 요소들은 인간이 죽은 후에 다른 개체를 준비하기 위해서 다시 정리된다(Flower, 1997).

모든 우주의 법칙은 전생(前生)의 원인과 결과의 법칙을 이어받는 새로운 탄생에서 조합된다. 그러니까 현재의 우리는 전생에 관한 업의 조합에 의해서 결정된 것이다. 그래서 모든 우주의 법칙은 원인과 결과에 의해서 진행되어 나간다. 원인과 결과의 법칙은 인간의 물리적, 정신적 삶의 모든 면에서 작용된다. 그러므로 우리들이 행하는 모든 일이나 행동들은 우리들의 다음 생에 대한 조건을 결정한다.

원인과 결과의 법칙을 깨달은 사람은 다음 생을 준비하여서 자신의 미래를 창조한다. 이런 사람들은 이것을 위해서 자선(dana: giving)과 수도(sila)를 수행하는 사람들이다. 또한 이 두 가지의 수행은 "4가지 고귀한 진리"를 터득하는 데 기본이 된다.

자선은 남에게 선을 베푸는 것을 의미하는 것이 아니라, 이미 진리를 터득하기 위한 길에 들어 있는 사람에게 종교적 자선을 주는 것을 의미한다. 이러한 행위는 기쁨, 관심(care), 사려심(dedecation)을 가지고 수행된다. 남에게 베푼다는 것은 그만큼 타인에게로부터 동일한 것을 받는 것과 비교된다. 자선을 수행하는 사람은 선을 행하고, 도덕적이다. 이런 사람들은 이 세상에서도, 다음 세상에서도 행복할 수 있다.

수도를 행하는 것은 부처에 이르는 길이다. 이를 위해서 우리들은 생을 살아가면서 다음과 같은 5가지를 지켜야 한다. ① 살인하지 말 것, ② 남의 것을 탐하지 말 것, ③ 성적 쾌락에 빠지지 말 것, ④ 거짓말하지 말 것, ⑤ 중독되는 것을 취하지 말 것. 그리고 자선과 수도를 수행하는 사람들은 4가지 고귀한 진리를 깨닫고, 8가지 고귀한 길을 걷게 된다.

c) 4가지 고귀한 진리와 고귀한 8가지 길

ⓐ 4가지 고귀한 진리(四道)

① 이 세상은 과거 원인과 결과의 법칙을 되풀이하기 때문에 고통으로 가득 차 있다(加行道).

② 세상 고통의 원인은 우리들이 지구상에서 갖기 원하는 물질적 욕망과 그 외에 다른 어떤 것을 원하는 욕망 때문이다. 그러나 지구상의 물질이나 기타 어떤 것들도 궁극적으로 우리들의 욕망을 채우지 못한다(無間道).

③ 세상의 고통은 궁극적 행복, 영원한 도피 상태인 무아에 이를 때 모두 끝날 수 있다(解脫道).
④ 모든 고통을 끝낼 수 있는 진리를 찾는 길은 아래의 8가지 고귀한 길을 걷는 것이다(勝進道).

ⓑ 8가지 고귀한 길(八正道 : the nobel eightfold path)

① 올바른 지식 - 4가지 고귀한 진리를 인정해라.
② 올바른 사고 - 선하고 평화스런 태도를 가지고 사물에 접근해라.
③ 올바른 말 - 진실되고, 현명하고, 정중한 말씨를 사용하고, 흥분하지 말라.
④ 올바른 행동 - 도덕적 규범에 따라서 행동해라.
⑤ 올바른 삶 - 타인을 해하지 않는 일을 해라.
⑥ 올바른 노력 - 언제나 선한 의도를 가질 것이며 나쁜 생각은 버려라.
⑦ 올바른 마음가짐 - 모든 것에 대해서 심사숙고해라.
⑧ 올바른 냉정성 - 진리에 정진할 수 있는 길에 다다르라.

d) 불자의 공동체

불자들은 흩어져서 수도를 하기보다는 모여서 공동체를 이루고 수행하기를 배운다. 이런 수도승의 공동체는 두 가지 이유 때문에 세상 사람들에 의해서 칭송을 받는다. 첫째, 이들은 세상을 구하기 위해서 자신의 영달을 포기하고 고난의 길을 택한 사람들이라는 것, 두번째, 이들은 부처의 가르침을 실제로 실천한다는 것 때문이다.

4가지 진리와 8가지 고귀한 길을 걷는 목적은 환생의 고통을 벗어나 영원한 기쁨을 얻는 열반에 들어가 자유를 얻는 것이다. 이를 위해서 불자들은 현세의 쾌락을 억제하고 불도를 닦는다.

6) 사후 신념에 의한 범죄행동의 설명

우리 나라의 전체 성인 인구 중에서 46.9%인 1,493만 명이 종교인이다. 거의 성인 인구의 절반이 종교인인 셈이다. 그런데 어찌 그토록 많은 범죄가 끊임없이 이어지는지 알 수 없다. 1996년 말 현재 통계청 자료에 의하

보험금을 위해서 아들의 손가락을 자른 아버지

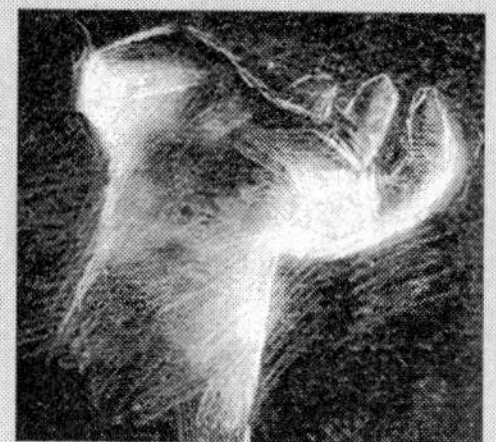

1998년 9월 11일 보험금을 타내기 위해서 아들의 손가락을 자른 비정한 아버지는 TV를 보는 사람의 마음을 무겁게 했다. 자식을 둔 부모, 부모를 모시는 자식의 입장에서 모두가 할 말을 잃고 말았다. 정말 세상에 이런 일이 왜 일어날 수 있는지 도무지 알 길이 없는 모양이다. 더욱 놀라운 것은 손가락을 자르기 위해서 예행연습까지 했다는 사실에 모두가 엉엉 울어 버리고 싶었을 것이다. 통한의 후회를 하는 아버지와 손을 붕대로 감은 채 그 아버지를 용서해 달라는 아들은 한국 사람을 모두 침묵케 했다. 어찌 그런 일이… ?

면, 우리 나라의 남자 범죄자는 1,634,349명, 여자가 288,200명이었다. 그러나 검거되고 밝혀진 범죄건수는 실제 범죄건수에 훨씬 미치지 못한다는 점을 감안하면, 그보다 상당히 더 높을 수 있다. 여하튼 그토록 많은 종교인이 살고 있는 우리 사회에 생각하기 싫을 정도의 높은 범죄율이 나타나고 있다.

우리들이 예를 들고 있는 범죄, 보험금을 타내기 위해서 아들의 손가락을 자른 강모씨가 종교적 신념이 강한 사람이라면, 설상 앉아서 굶어 죽는 한이 있어도 아들의 손가락을 자르지는 않았을 것이라는 생각을 하게 된다. 왜냐하면 종교적 신념은 죽음을 초월할 수 있는 힘을 제공해 줄 수도 있기 때문이다. 그가 아들의 손가락을 잘랐다는 것을 생각하면, 그는 진정한 종교인이 아니었나 보다. 만일 그가 진정한 종교인이었다면, 현세의 삶이 아무리 어려워도 내세를 바라보고 참았을 것이며, 참아야 마땅하다고 생각할 수 있다.

우리들이 진정한 종교인이라면, 염치 좋게 자신의 축복만을 요구하지 못한다. 늘상 자신의 죄를 고백하고, 사죄를 빌게 마련이다. 그러나 많은 종교인들은 자신이 믿는 신에게 오직 축복만을 요구하나 보다. 그래서 우리 사회에 상당수의 종교인이 있지만, 사회와 타인을 위해서 노력하는 신실한 종교인은 드문 것 같다.

강모씨가 어떤 종교를 가졌는지 모르지만, 그는 분명히 내세에 대한 생각을 하지 않은 사람 같다. 왜냐하면 우리 모두는 자신이 죽은 후에 어떻게 되는지에 대한 의문을 가질 때, 세상의 탐욕과 욕심은 약해질 수 있기 때문이다. 그러나 강씨는 적어도 사건 당시 그것에 대해서 아무런 생각을 갖지 못했다고 생각한다. 영혼이 불멸하고, 자신의 영혼이 거처할 곳은 그가 현세에서 어떻게 행동하며 살았는지에 달려 있다고 믿는 사람이라면, 그런 끔찍한 일을 저지르지 못했을 것이다.

진정한 종교인은 죽음조차 두려워하지 않는다는 실례를 우리 주위에서 얼마든지 볼 수 있다. 예를 들면, 일제 시대 신사참배를 거부한 죄목으로 못이 거꾸로 박힌 나무 위를 찬송가를 부르며 한발 한발 딛고 지나간 주기철 목사, 신라에 불교를 전래하는 과정에서 순교한 이차돈, 조선 말기에 그토록 심한 박해를 받으면서도 천주교를 전래한 수많은 순교자들, 이들의 목을 자르던 자리에 세워진 한강변의 복자성당을 보면서 종교적 신념이 죽음을 초월한다는 생각을 굳힐 수 있다. 위의 사례와 달리 나타나지 않고 숨어서 헌신한 사람들은 헤아리기 어려울 정도로 많다. 이들 모두는 확실한 내세관을 가졌기에 그런 큰일을 할 수 있었을 것이다. 지금 예를 든 사례들은 종교인으로서도 특별한 경우지만, 종교적 신념에 따라서 살려고 노력하는 사람들 역시 상당수가 됨을 짐작할 수 있다. 강씨가 적어도 종교적 신념에 의해서 노력하며 생활하던 사람이었다면, 보험금에 눈이 어두워서 아들의 손가락을 자르지는 않았을 것이다.

우리들에게 내세관이 없다는 가정을 해 보자. 죽음과 함께 모든 것이 끝난다고 상상할 경우에 우리는 먹고, 마시고, 남기고 갈 것도 없으니 신나게 쓰고 돌아다녀야 한다. 우리의 민요에서 나타낸 것같이, "노세 노세 젊어 노세 늙어지면 못노나니… 십일홍이야…" 이런 노래를 부르는 사람들에게 내세관을 질문하기 어렵다.

우리의 생활 전반에 사랑이 깃들고 있기에 멋지고 아름다운 음악, 영화, 연극, 소설, 시가 존재하듯이 내세관은 음악, 영화, 시 등은 물론이며 우리의 삶을 중후하고 가치 있게 만든다. 강씨가 아들의 손가락을 자르기 전에 잠시라도 내세관을 생각할 여유를 가질 수 있는 사람이었다면, 나쁜 생각을 거두었을 것이다. 우리들이 죽은 후에 어떻게 되는지 알 수 없지만, 종교적 신념은 현세의 행한 결과에 따라서 내세의 생활이 결정된다고 확실하게 가르친다.

우리 나라와 세계의 종교 인구

우리 나라 18세 성인 3천1백8십3만 명 중에서 종교인은 46.9%인 1천4백9십3만 명이다. 종교인 중에서 기독교인은 20.3%, 불교인은 18.3%, 그리고 천주교인은 7.4%다(한국갤럽, 1997). 전세계 인구 중에서는 기독교인 19억 6천5백 99만3천 명, 이슬람교 11억7천9백32만6천 명, 힌두교 7억6천7백42만4천명, 불교 3억5천6백87만5천명, 부족전래종교 2억4천4백16만 명, 무신론자 1억4천6백40만6천 명, 신흥종교 9천9백19만1천 명, 시크교 2천2백87만4천명, 유태교 1천5백5만 명, 그리고 무종교 7억6천6백67만2천 명이다(데이비드 바렛, 연례통계, 한국주간 1998년 6월 7일).

4. 성격 이론에 의한 범죄행동의 설명 요약

지금까지 범죄행동의 원인이 언제 형성되는지를 ① 태어나기 전의 시기, ② 자신이 경험했지만 기억하지 못하는 시기, ③ 자신이 경험을 하고 기억할 수 있는 시기, ④ 현재 시기, ⑤ 가까운 미래, ⑥ 먼 미래, ⑦ 사후로 나누어서 살펴보았다. 이들 중 어떤 시기가 범죄행동의 원인 형성에 가장 중요한 것인지를 확정짓고 싶은 마음이지만, 지금까지 각 이론들을 검토한 결과는 이들 중에서 어떤 것도 간과될 수 없는 것임을 알 수 있다. 그렇다고 모두를 중요하다고 인정한다면, 각자의 중요성이 희석되어서 모두가 중요하지 않다는 결과를 갖는 셈이다. 한편 어느 한 이론을 중요하다고 지적한다면, 다른 이론들이 중요하지 않다는 부당한 결론을 얻게 된다. 이런 이유 때문에 각 이론을 받아들여서 어떤 한 이론이 범죄행동의 주된 이론으로 선택될 수 있지만, 그것은 어디까지나 선택한 사람의 한계에 머문다.

사람의 일생을 생선토막 식으로 나누어서 어느 시기에 행동 특성이 형성된다는 식의 주장도 다소 억지에 가깝다고 생각된다. 왜냐하면 사람의 행동 특성이 어찌 보면 전 생애를 통해서 만들어질 수도 있기 때문이다. 이렇게 주장하는 이유는 지금까지 설명한 성격 이론의 형성 시기를 부인하려는 것이 아니라, 성격이 절대적으로 어느 한 시기에 국한되어서 형성되지 않는다는 의미와 범죄행동과 관련된 성격 이론을 다음과 같이 설명하기 위함이다.

조상들의 누적된 경험, 아주 어린 시기에 형성된 무의식, 경험에서 얻은 지식, 현재의 상황, 가까운 미래의 목표, 먼 미래의 목표, 마지막으로 약한 신앙심 내지는 종교관이 없는 상태 모두가 범죄행동의 원인이 된다. 첫번째 조상의 누적된 경험이 우리의 사고와 행동에 주된 영향을 미치고 있지만, 범죄행동의 원인은 그림자 원형과 집단 무의식의 합작으로 보여진다. 그림자 원형은 우리들이 기분 나쁜 경험에서 얻은 정서를 어느 한쪽으로만 몰고 가서 형성되는 것이다. 그래서 집단 무의식의 기능이 우리의 정신에 영향을 미치고 있어도 변화와 성숙은 자아의 몫이므로 자아가 강하게 형성되면 피할 길이 있을 법도 하다. 두번째 범죄의 원인은 무의식에 자리잡고 있는 원초아이다. 이런 주장은 어릴 적에 어떤 경험을 하였고, 가정 환경 조건이 어떠했는지를 논하는 것이다. 이 주장에 의하면, 어릴 적 가족 구성원간의 관계와 가정 형편이 범죄행동의 원인이라는 것이다. 학습 이론에서는 범죄행동의 원인은 우리들이 살아온 경험과 그에 따라서 얻은 지식을 말한다. 행동의 결과로 어떤 보상을 받았는지가 범죄행동의 중요한 설명이다. 콩 심은 데 콩나고, 팥 심은 데 팥난다는 이야기가 아주 적절한 설명같다.

현재를 중시하는 실존주의에서는 능동적 대인 관계를 유지하면서 세상에 존재하는 의미를 깨닫는 것이 생의 기본적 이유라고 주장한다. 이런 점에 비추어 볼 때, 범죄행동은 그런 존재의 의미를 깨닫지 못함에서 비롯된다. 가까운 미래, 먼 미래에 자아 실현의 목표를 갖고 이에 의해서 사고하고 행동하는 사람은 범죄행동을 저지르지 않을 것이다. 또한 이러한 목표는 외부에서 힘을 얻는 것이 아니라 우리 자신의 의지에 의해서 달성될 수 있다. 이런 측면에서 볼 때, 범죄행동의 원인은 자아 실현의 목표를 갖지 않은 것은 물론이며, 그러한 목표에 다다를 의지조차 없는 것이다.

인생이라는 시차원을 따라가면서 범죄행동의 원인을 추적해 본 결과, 너무나 방대한 범위에 걸쳐서 원인들이 지적된다는 것을 알 수 있었다. 그래서 어떤 연구에서 돈이 문제다, 가정 환경이 문제다, 어린 시기에 문제가 있을 수 있다는 등의 주장은 전체 중에서 아주 작은 점에 불과하다. 그래서 범죄행동의 원인을 어떤 것이라고 찍어서 주장하는 것은 가치 없는 것처럼 생각된다. 그러면 범죄행동의 원인을 지적하지 말아야 한다는 결론을 가질 수 있다. 그러나 물론 그런 대답은 아니다. 범죄행동의 원인으로 어느 것이나 지적할 수 있지만 그것은 지적하는 본인의 생각이며 다른 요인이 개입될 여지는 얼마든지 있다는 것을 염두에 두어야 한다는 설명이다.

아들의 손가락을 자른 아버지의 참회와 가정의 재건

평생 속죄하는 마음으로 열심히 살겠습니다. 어린 아들에게 돌이킬 수 없는 상처를 입힌 아버지가 무슨 말을 하겠습니까? 1999년 1월 14일 오후 3시에 보험금을 타내기 위해서 아들의 손가락을 자른 강모씨는 장모(72)의 집에 들어서면서 속죄의 눈물을 흘렸다. 1998년 9월 보험금을 노려 아들의 손가락을 자르고 강도를 당한 것처럼 허위 신고한 혐의로 구속 기소된 강모씨는 징역 3년에 집행유예 5년을 선고받고 풀려났다. 강모씨는 마산 구치소에 있으면서 아들에게 용서 편지를 수십 통 보냈고 아들도 떳떳하게 살자며 수차례 답장을 보냈다. 이들 부자는 다시 떨어지지 않겠다는 듯 오랫동안 두 손을 꽉 잡고 있었다. 또 이날 아들에겐 꿈에도 그리던 어머니가 돌아온다는 낭보까지 전해졌다(동아일보, 1999년 1월 25일). Oh, Happy Days!

CHAPTER 3

제3장

범죄자의 심리적 특성 : 자아, 정서, 동기

지금까지 성격 이론을 통해서 범죄행동의 원인을 살펴보았다. 그러나 그러한 이론에서 지적되는 범죄의 원인은 너무나 포괄적이고 각 이론이 주장하는 주제가 다양하다. 이러한 이유 때문에 여러 가지 성격 이론을 검토한 후에 얻게 되는 종합적 느낌은 어느 이론을 중시해야 할지 난감할 뿐이다. 물론 개인의 취향과 학문적 목적에 의해서 어떤 한 이론이 내세우는 범죄의 원인을 주장할 수도 있지만, 그것이 바로 범죄행동의 정확한 원인일 수도 있고 또는 아닐 수도 있다. 그런 이유 때문에 어느 한 원인을 꼬집어서 그것만 범죄원인이라고 고집하기 어렵다

지금까지 설명해 온 범죄행동의 원인들이 포괄적이기는 하지만 분명히 범죄행동의 원인으로 지적될 수 있다. 그러나 좀더 구체적인 범죄의 원인으로 주장하기는 좀 거북스럽게 생각된다. 예를 들어서 미래의 목표, 집단 무의식, 과거의 경험에 대한 기억이 범죄의 원인이라는 식의 설명은 안개 속에서 물체를 정확히 보려는 욕심과 비교된다. 그래서 본 장은 포괄적 의미에서 범죄행동의 원인을 지적하기보다는 좀더 구체적인 설명을 시도할 것이다.

행동은 사람들이 직면하고 있는 사건에 대한 긍정적 혹은 부정적 평가를 통해서 나타날 수 있고, 그러한 사건을 평가하는 역할을 하는 것이 바로 자아(self)이다. 우리들은 이런 자아의 평가에 따라서 정서를 경험하고, 정서의 표현은 행동으로 나타난다. Kuhl(1986)은 이러한 과정을 인지-정서-동기의 과정으로 설명한다.

인지는 우리들에게 입력되는 외부자극에 대한 지식이며, 이것을 자아가 평가한다. 또한 이런 평가에 의해서 정서가 나타난다. 그러한 정서 상태는 어떤

목표를 향하게 하는 힘을 갖게 하는데, 이것이 바로 동기다. 그리고 이런 힘의 표현이 바로 행동이다. 이와 같이 행동은 자아의 평가에서 시작된다. 그래서 우리들은 자아란 무엇이고, 어떻게 형성되었는지에 대한 의문을 갖는다.

자아가 무엇인가에 대한 답을 얻기 위해서 우리들은 제2장에서 다루었던 성격 이론으로 다시 돌아가야 한다. 그러나 본 장은 자아의 형성 시기와 이유를 뒤로 접어 두고, 단순하게 우리들 주위의 사건을 자아가 평가함에 따라서 정서가 나타나고, 그리고 그 결과에 따라서 행동이 표현된다는 것을 설명할 것이다. 왜냐하면 이제부터 설명하게 될 자아는 지금까지 설명해 온 성격이론과 다른 차원의 또 다른 성격 이론이라고 할 수 있기 때문이다. 이런 이유 때문에 본 장에서는 또 다시 자아가 무엇이고, 자아가 평가한 결과로 나타난 정서, 정서에 의해서 발생된 동기, 동기에 의해서 표현된 행동을 설명해 갈 것이다.

1. 자 아

최초의 자아 이론가(self-theorist)로서 인정받는 James(1892)는 "사람의 자아는 그가 자기 것이라고 부를 수 있는 모든 것"(Wells & Marwell, 1976, p. 15)이라고 주장한다. 다른 이론가들의 주장에서 자아란 통합된 힘(Lecky, 1945), 성격의 적응 차원(Ziller, 1969), 관찰자와 행위자로서의 자아(Fitts, Adams, Fadford, Richard, & Thomas, 1971) 등 다양하게 정의된다. 또한 "자아는 통합적 감각을 포함하고 있으며, 이것은 개인이 경험한 모든 것의 총합(summation)이거나 조합(combination)이므로 자아는 성격의 핵심이다"(McCandless, 1961, p.74)라고 강조한다. 여기서 기술되는 자아란 성격 이론에서 설명한 것들과 성격을 달리한다. 예를 들어서, 앞으로 설명되는 자아는 Freud가 주장하는 것과 같이 의식과 무의식을 모두 포함하는 그런 실체가 아니며, Jung이 주장하는 바 같이 집단 무의식에 근간을 둔 것도 아니고, Skinner 등의 학습심리학자들이 주장하는 것같이 상벌의 경험을 바탕으로 만들어진 것도 아니다. 또한 자아란 Bingswanger와 Boss같이 현재만을 고집하는 것도 아니며, Maslow와 Rogers처럼 자유의지를 바탕으로 하지도 않는다. 여기서 기술되는 자아는 앞에서 설명한 성격 이론이 내세우는 일관성, 일정성, 특이성을 고집하지도 않는다. 어찌 생각하면, 또 하나의 성격 이론이라고 말할 수 있다. 그래서 최초의 자아 이론가로 Freud를 논하지 않고, 바로 James의 이름이 거론된다.

자아란 과거 경험, 현재 경험에 대한 자신의 평가 그리고 타인들의 평가에 대한 지각으로 형성된 것이다. 그래서 성격 이론이 주장하는 것들을 포함하기도 하지만, 여기서 주된 관심은 현재의 상황에서 자신에 대한 주위 사람들의 평가를 지각한 것이라고 본다. 예를 들어서, 자신과 관련된 친구, 부모, 직업, 경제 사정, 학업 성적에 대한 사람들의 평가가 있을 것이고, 우리들은 이런 평가를 지각하는데, 이런 지각의 결과로 자아가 형성된다. 그래서 자아는 의식적이고, 주위 모든 것들에 대한 평가를 지각한 총합이다. 자아는 다른 사람들이 자신을 평가한 것에 대한 지각인 한편 다른 사건과 사물에 대한 평가의 기능을 갖는다.

자아는 입력된 자극을 평가하는 기능을 가지므로 자아의 평가적 결과로 나타난 행동은 의식적인 것이며, 습관적이 아니다(Blumer, 1969). 종합하면, 여기서 기술되는 자아란 의식적 차원에서 경험의 총체며, 행동의 핵심이다. 그래서 자아는 행동 연구의 가장 중요한 주제가 됨을 알 수 있다.

우리들이 주위의 모든 대상에 대해서 태도를 갖는 것처럼 우리 자신에 대해서도 태도를 가진다. 태도가 평가적 요소(evaluative element)를 포함하고 있는 바와 같이 우리들은 자신에 대해서도 평가를 한다. 즉 우리 자신에 대한 호, 불호의 감정을 갖는다. 그러한 자아가 자신을 평가한 결과에 따라서 나타난 감정을 갖는데, 우리들은 이것을 자아 존중감이라고 부른다. 즉 자신에 대한 정적 혹은 부적 감정을 의미한다. 자아 존중감은 자신에 대한 좋고 나쁜 감정이며, 우리들의 사고와 행동을 조율한다. 그래서 자아 존중감은 우리들의 사고와 행동 구석구석에 결정적일 수 있다.

1-1. 자아 존중감

Ellies와 Taylor(1983)에 따르면, 자아 존중감은 걱정, 내외통제, 확신 등 수많은 심리적 요인과 관련된다. 또한 Epstein(1973)은 일생을 통해서 쾌와 불쾌의 균형을 최적의 수준으로 유지하려는 것이 바로 우리들이 갖는 목적인데, 스스로에 대해서 갖는 생각, 바로 자아 존중감에 의해서 수행된다는 것이다. 자아 존중감과 관련해서 설명된 많은 주장들은 Gergen(1971)에 의해서 다음과 같이 요약된다. 그에 따르면, "자아 존중감은 우리들의 행동을 결정하는 아주 중요한 역할을 한다"(p.34). 또한 Maslow(1970)에 따르면, 자아 존중감이 만족되는 경우에 우리들은 자기 확신, 자기 가치, 능력에 대한 확신을 갖는다고 주장한다. 특히 자아 존중감은 개인적 만족과 관련되기 때문에, 우리들이 자신에 대해서 만족하지 못할 때, 그에 상응하는 행동, 즉 자신에 대한 불신임, 무가치, 무능력 등의 생각을 갖는다.

Shavelson, Hubner, Stanton(1976)은 자아 존중감을 환경에 대한 개인의 반응으로 생각한다. 또한 Gergen(1971)은 인간의 삶은 자아 존중감에 의해서 지배받는다고 주장하며, Carlhoun과 Morse(1977)는 자아란 자신의 것이라고 할 수 있는 모든 것의 합이라고 고집한다.

자아 존중감은 위에서 설명한 것과 같이 그 중요성 때문에 여러 가지 유사한 용어들로 표현되어 왔다. 예를 들면, 자기 사랑(self-love), 자기 존중(self-respect), 자기 수용(self-acceptance), 자기 만족(self-satisfaction), 자기 가치(self-worth), 자아 존중감(self-esteem), 자기 개념(self-concept) 등 다양하다. 그러나 이러한 여러 가지 용어들 중에서 자아 존중감과 자기 개념이 가장 보편적으로 인용된다(Wells & Marwell, 1976).

자아 존중감과 자기 개념을 상호 교환적으로 사용하는 연구자들과 이들 중에서 어느 하나를 각각 고집하는 학자들도 있다. 자아 존중감을 주장하는 연구자들은 자기를 기술하는 경우에 정서가 개입되기 때문에 자아 존중감이 더 적절하다는 주장이다(Rosenberg, 1965; Coopersmith, 1967, Wells & Marwell, 1976). 여기서 정서란 호·불호의 평가적 요소를 의미한다. 한편 자기 개념을 주장하는 학자는 넓은 의미에서 자기를 기술할 때는 자기 개념이며, 그래서 자아 존중감은 자기 개념의 일부가 된다는 주장이다(Wylie, 1974). 다른 사람들은 이 두 개의 용어가 상호 교환적으로 사용되어야 한다는 입장을 갖는다(Marsh, 1983). 그러나 본 글에서는 자아를 기술하는 데 감정의 개입을 배제할 수 없다는 이유를 지지하면서 자아 존중감을 택하기로 한다.

자아를 존중한다 혹은 비하한다는 표현은 모두가 자기 평가의 결과다. 이러한 평가의 기준은 문화적 가치와 규범의 내재화, 타인의 성공, 자신의 개인적 목표, 자신의 과거 업무수행에 의해서 형성된다(Lewin, 1951). Festinger(1954) 같은 학자들은 어떤 특수한 사람이 자기 평가의 기준이 될 수 있다고 주장한다. 또한 Goethals와 Reckman(1973)은 특수한 사람의 특성은 우리들의 능력을 평가하는 기준이기 때문에 정서적 차원에서 우리에게 의미 있는 인물이라는 것이다. "그 사람보다 더 나아야 한다" 혹은 "그 사람보다는 내가 낫지" 하는 자기 평가는 정서를 유발한다.

사람들은 자신을 평가할 때, ① 사회적 유목(social categories), ② 의미 있는 타인(meaningful others), ③ 자서전적 내용(autobiographical), ④ 사회적 내용(social context)과 같은 4가지 기준을 갖는다(Higgins, Strauman, & Klein, 1986). 사회적 유목 기준이란 어떤 집단 혹은 사회의 평균적 행동을 의미한다. 여기서 행동의 평균은 사회적 규범과 혼동될 수 있다. 규범은 사회 구성원이 꼭 지켜야 하거나, 피해야만 하는 행동지침이지만 평균적 행동은 지나친 행동과 그렇지 않은 행동의 중간 정도를 의미한다. 예를 들어서 IMF 시대를 맞이한 우리들은 외제 상품의 구입을 자제하는 것이 사회적 규범으로 나타나지만, 외제 선호 성향은 쉽사리 사라지지 않는다. 그래서 사회적 규범은 외제 상품을 불매하는 것이지만, 평균적 행동은 외제 상품의 불매도 지나친 구입도 아닌 중간 정도를 의미한다.

사회에서 두드러진 사람은 우리들의 판단 기준이 된다. 이러한 사람은 과거에 살았든지 혹은 현재 살고 있든지 관계없다. 이순신 장군, 세종대왕, 성삼문, 박정희 대통령, 클린턴 미국 대통령 등 다양할 수 있다. 1998년 9월 자식에게 고액 과외를 시켰다는 이유로 서울의 모대학교 총장이 자리를 물러났다. 그 총장이 자리를 물러나지 않고, 묵인되는 경우에 사회에 미치는 파장은 일파만파이다. 특수한 인물이 자신의 판단 기준이 되는 경우를 더듬어 보자. 한때 KBS에서 인기리에 방영되던 연속극 〈모래시계〉는 청소년들에게 갱(gang)을 미화하는 내용을 담았다. 이때에 우리 나라 중학생의 상당수가 장래 갱이 되겠다는 희망을 가졌다. 갱의 말로(末路)를 알고 있는지 혹은 모르는지 갱의 인기는 전국에 산재한 청소년들의 눈길을 모으기에 충분했다. 〈모래시계〉의 주인공이 비참한 종말을 맞이하였다는 방송에도 아랑곳하지 않고, 중학생들은 갱의 좋은 면(?)만을 연상하였다.

자서전적 기준은 평가자의 과거 행동이나 특성일 수 있다. 이런 것들은 현재 존재할 수도 있고 아주 오래 전에 있었던 것일 수도 있다. 어린이들은 자신이 과거에 행했던 경험에 비추어서 자신의 현재 행동을 판단한다(Shantz, 1983). 이러한 경향은 어른에게서도 찾아볼 수 있다(Ross, 1977).

사회적 내용은 우리들이 현재 노출되어 있는 사회를 의미한다. 사회가 요구하는 어떤 것에 의해서 우리들 스스로를 평가하게 된다. 예를 들어서 학력 지향적인 사회에서 자신의 학력을 비교하고, 이에 따라서 어떤 감정이 유발된다.

사회가 요구하는 기준과 자신이 희망하는 기준의 평가는 우리들이 사회의 기준을 받아들이는 수용성과 자신이 희망하는 기준을 낳게 한다. 수용성이란 도덕성과 종교적 영향으로 나타나는데, 이것은 바로 사회의 규범을 받아들이는 것이다. 이 기준은 당위적 자아(ought self)로서 우리들이 도덕적으로 혹은 규범적으로 어떤 행동을 해야만 한다는 기준을 갖게 한다. 그러나 우리들 자신은 목표 달성을 위해서 어떤 행동을 해야만 한다는 기준의 신념을 갖는다. 그래서 어떤 경우에 우리들은 사회의 구성원이 어떤 행동을 해야만 한다고 믿는 당위적 자아와 자신이 원하는 이상적 자아(ideal self) 사이에 불균형을 이룬다. 즉 우리 스스로는 자신의 이상적 자아를 기준으로 해서 자신을 평가하지만, 타인은 규범적 기준에 의해서 우리를 평가한다. 물론 이러한 평가에 따라서 부적 혹은 정적 감정이 유발됨은 당연하다.

위에서 설명한 4가지 기준 이외에도 Festinger(1954)에 의하면, 우리들은 동일한 상황에 있는 비슷한 사람의 능력과 태도를 비교하면서 스스로를 적절하다 혹은 부적절하다고 느낀다. 물론 이러한 자기 평가의 기준은 앞에서 설명한 자아들에 의해서 결정된다.

자아를 기준으로 하는 자기 평가의 과정을 Weiner(1982)는 제시(presentation), 확인(identification), 해석(interpretation), 일반적 평가(general apraisal)의 과정으로 설명한다. 즉 우리들에게 자극이 제시되고, 이것이 과거에 경험한 것인지 혹은 아닌지를 확인한다. 이 과정은 평가의 어떤 기준을 이용하고, 예상되는 가능성을 상상하면서 이에 따른 정서를 유발케 한다.

제시/자극 → 확인 → 해석 → 평가 → 자아 존중감 → 정서

〈그림 3-1〉 자기 평가 과정

해석 단계는 앞의 확인 단계에서 보다 더 짙은 정서를 경험하게 한다. 마지막으로 종합적 평가를 한다. 이 단계는 한 개 이상의 기준을 사용하며, 따라서 한 개 이상의 정서를 나타내게 한다. 정서의 표현은 여러 가지로 나타날 수 있지만, 부정적인 평가에 의한 정서적 표현은 낮은 자아 존중감으로 나타날 수 있다. 또한 낮은 자아 존중감은 행동의 동기적 기능을 가짐으로써 부정적 행동이 나타나게 한다.

낮은 자아 존중감을 갖는 사람은 불안감, 자기 혐오, 정신병적 증세를 보이며, 좀더 자기 의식적이다(Coopersmith, 1967). 또한 높은 자아 존중감을 갖는 사람에 비해 자기 가치에 대한 심한 부족감을 갖는다(Elliott, 1984). 한때 우리 사회를 떠들썩하게 만들었던 갱조직, 지존파, 막가파, 미국 한인사회의 갱조직인 Korean Power, Last Generation Korean Killer 등의 이름에서 알 수 있듯이 이름 자체로 보아서 그러한 갱조직은 자아 존중감이 매우 높은 것처럼 인식될 수 있다. 그러나 낮은 자아 존중감을 갖는 사람들이 자신의 보호에 목적을 두고, 자신의 약점을 최소화하는 데 관심을 갖는다(Sedikides, 1993)는 것을 감안하면, 갱조직이 자신의 약점을 가리기 위한 노력에서 최상의 의미를 지닌 이름을 만든다고 추정할 수 있다. Sedikides에 의하면, 사람들은 자아 존중감이 위협받을 때 혹은 자신의 열등감이 노출될 경우에 자신들보다 나은 사람과 비교를 피하는데, 이것은 자아 존중감이 낮은 사람에게서 더 확실하다.

자아 존중감이 낮은 사람들이 자기 방어를 넘어서 자아 증진을 위하여 노력하는 경우도 있다. 이러한 경우는 자신들의 노력이 긍정적 결과를 가져올 것이 보장될 수 있는 안전한 경우다(Sedikides, 1993). 그러니까 안전하지 않을 때는 언제나 자기 보호에 관심을 기울인다. 결국 이들은 자신들이 노력한 결과가 실패할 경우에 다른 사람과의 비교를 꺼려하며, 긍정적 결과가 확실하다는 생각을 할 때 비로소 노력한다.

낮은 자아 존중감이 폭력행동의 가장 강력하고 위험한 원인이라는 생각은 오랜 동안 지켜져 오고 있다. Anderson과 Anderson(1994)은 낮은 자아 존중감이 청소년 폭력범죄의 원인이라고 주장하며, Gondolf(1985)는 부인을 구타하는 사람들이 대체로 낮은 자아 존중감을 갖는다는 보고를 한다. 또한 Wiehe(1990)는 형제를 구타하는 사람은 자신의 자아 존중감이 낮기 때문에 폭력행동에 의해서 이를 높이려 한다는 생각을 갖는다.

낮은 자아 존중감은 살인과도 관련성을 갖는다. 자신을 입양한 아버지를 살해한 사람들은 낮은 자아 존중감으로 고생하며, 자신이 나쁘다는 생각을 한다(Kirschner, 1992). 또한 이것은 무기를 소지한 강도와도 상관 관계를 갖는다(MacDonald, 1975). 자신을 긍정적으로 느끼는 호의적 태도는 폭력행동을 저지할 수 있다. 그러나 그렇지 못한 경우에 폭력행동이 나타나게 마련이다.

낮은 자아 존중감은 보상적 행동으로 나타날 수도 있다. 그래서 자신의 자아 존중감이 낮다는 생각을 가질 때, 이를 보상하는 행동으로 폭력을 휘두른다(Toch, 1993). 또한 이런 사람들은 어떤 경우에 종종 자신들의 자아 존중감을 높일 수 있는 기회가 제공되어도 피하려는 경향이 있다(Tice, 1993). 그러므로 자아 존중감이 낮은 사람들은 어려운 상황에 부딪혔을 때, 이를 극복하기 위해서 노력하기보다는 주어진 기회를 피하거나 폭력으로 자아 존중감을 높이려 하기 때문에 자신을 더 부적절하게 만들고 그래서 더 낮은 자아 존중감을 갖게 된다.

"자신의 야망 수준에 미치지 못하는 업무 수행을 한 사람은 스스로를 열등하다고 간주하며, 따라서 이들은 죄의식, 부끄러움을 가지며, 결국 자신이 행한 결과가 중요하지 않다는 생각을 갖는다"(Coopersmith, 1967, p.3). 이와 같은 사람들은 모든 행동의 핵심적 역할을 하는 자신에 대한 평가, 즉 부적절한 자아 존중감을 가지므로 자신을 파괴함은 물론이며 타인에게도 공격적이다. 또한 이들의 공격적 행동의 목표는 사람 이외에 다른 공적 일에도 관련성을 갖는다(Rosenberg, 1965). 그러므로 이런 사람들은 사회의 불평자 내지는 파괴자가 될 수도 있다. 깨끗한 유원지에 아무렇게 나뒹굴고 있는 소주병, 라면 등의 비닐봉지들을 마구 버린 사람의 자아 존중감이 높을 것이라고 추정하는 사람은 없을 것이다.

높은 자아 존중감을 갖는 사람은 그렇지 않은 사람에 비해서 야망 수준이 높다(Baumelster & Tice, 1985). 이들은 자신을 의미 있게 생각하고, 자신의 판단에 의해서 행동하고, 그리고 의사결정에서 자신이 매우 중요하다는 생각을 갖는다. 이러한 사람들은 스스로를 높게 평가하고 타인의 평가를 두려워하지 않는다(Ellicott, 1984). 자신을 높게 평가하면 할수록 이들은 자신의 한계점을 피하려 하지 않고 오히려 인정하고, 이를 극복하기 위해서 노력하는 사람들이다. 그러므로 자신을 향상시키려는 자세에서 자기 파괴 혹은 타인에 대한 폭력 등을 기대하기는 어렵다.

지금까지 자아 존중감의 중요성, 자아 존중감과 폭력과의 관계를 알아보았으며, 낮은 자아 존중감이 폭력범죄와 관계성을 갖는다는 연구 결과를 살펴보았다. 그래서 성급하게 결론을 내린다면, 낮은 자아 존중감을 갖는 사람들이 범죄행동을 저지르니까 이런 사람들의 자아 존중감을 높여서 범죄를 예방해야 한다는 주장을 할 수 있다. 물론 자아 존중감은 앞에서 제시한 것같이 생득적이 아니고 환경적이어서 변화될 수 있다는 가정과 함께 시작된 것이다. 변화를 추구할 수 없는 과거 환경을 논하는 것은 결국 시간 낭비적이므로 변화 가능성을 갖는 자아 존중감을 논하고 있는 것이다.

우리들이 높은 자아 존중감 혹은 낮은 자아 존중감을 갖는다는 의미는 자아 존중감이 자기 평가(self-evauation)로부터 시작된다는 것이고, 자기 평가에서 정서가 유발된다는 것을 알 수 있었다. 그러니까 자아 존중감은 바로 정서다. 높은 자아 존중감을 가질 때 긍정적 정서를, 낮은 자아 존중감을 가질 때 부정적 정서를 경험하게 된다. 앞에서 자아 존중감이 높고, 낮음에 따라서 나타나는 여러 가지 행동을 설명하였지만 자아 존중감과 행동 사이에 개재되는 정서와 동기를 건너뛰고 막바로 행동을 기술하였다. 이제 이러한 정서와 동기를 좀더 구체적으로 살펴보기로 한다.

2. 정 서

Freud의 주장이 전적으로 받아들여지는 것은 아니지만, 반면에 전적으로 그것을 부인할 수 있는 사람도 없다. 다시 말하면, 우리들의 사고에 기초를 이루고 있는 동물적 특성(Id)을 부인할 수 없다면, 우리들은 모두가 범죄적 성향을 지닌다는 주장을 할 수 있다. 이 말이 도덕적으로 깨끗한 사람이라고 생각하는 사람들에게는 머리에 먹물을 뒤집어쓰듯 억울할 수도 있지만, 잠시 머릿속에서 진행되는 상념을 점검해 보면 아무도 자신이 깨끗하다는 주장을 하기 어려울 것이다.

결국 누구의 머릿속에나 범죄적 성향을 가지고 있다는 주장을 어려움 없이 할 수 있다고 본다. 그래서 세상 사람들을 한 차원에서 비교할 때, 보통 사람은 평균에, 범죄자는 한 쪽 끝에 가까이 머물고 있음을 알 수 있다. 그러나 보통 사람이라도, 형편에 따라서 범죄성향의 극적 방향(extreme direction)으로 옮겨질 경우도 있다. 그렇다면 어떤 사람은 범죄성향을 생각에 그치고, 다른 사람은 이런 생각을 행동으로 옮겨서 범죄를 저지르는 것인가? 무엇이 범죄성향의 방아쇠를 당기는 것인가? 위의 설명에서 자아가 소유한 여러 가지 기준에 의해서 제시된 자극을 확인하고, 해석하고, 종합적 평가를 하는 과정에서 정서가 유발된다는 것을 알았다. 이러한 정서가 부정적인 측면을 가질 때 범죄행동으로 옮겨질 가능성을 높이며, 긍정적 결과를 가질 때 사회적으로 인정받는 행동으로 옮겨지게 마련이다. 그러니까 사건에 대한 자아의 평가에서 정서가 나타나며, 정서가 향하는 목표가 동기며, 동기의 표현이 바로 행동이다. 권총과 비유하면 자아는 권총이고, 권총의 방아쇠는 정서며, 방아쇠를 당기는 것은 동기이다. 그리고 동기에 의해서 총알이 권총을 떠나는데 이것이 바로 행동이다.

정서는 감정(feeling)과 같은 의미로 받아들여지고 또한 실제로 상당수의 학자들이 정서를 감정과 함께 표현하고 있다. 그래서 정서는 주관적 경험, 표현 반응, 생리적 반응, 특수한 종류의 인지 등으로 표현된다. 이들 중에서 어떤 것이 가장 중요하고, 어떤 것이 정의에 포함되어야 하는지에 대해서 의견이 분분하지만, 정서에 대한 정의는 대체로 ① Darwin학파, ② James학파, ③ 인지 이론(cognitive theories), ④ 사회 구성주의 이론으로 구분된다(Cornnelius, 1996).

Darwin학파 학자들에 따르면, 교감신경계통(sympathetic nervous system)과 함께 나타나는 안면 표정이나 자세(posture)같은 신체적 변화는 우리 조상들이 어려운 생을 살아 나가는 데 필요한 의사전달 수단이었다. 그리고 이러한 신체적 표현은 사람이나 동물 모두가 동일해서 모든 문화에서 공통적으로 찾아볼 수 있다고 한다.

우리들의 조상들이 의사전달 수단으로 사용하였던 정서는 행복, 슬픔, 노여움, 두려움, 혐오, 놀라움이라고 Darwin학파 학자들은 주장한다. 즉, 이들에 의하면 정서는 교감신경계통의 자극으로 나타나는 신체적 표현이다.

William James는 신체적 변화는 흥미로운 사실을 지각하면서 나타난다고 주장한다. 그리고 그런 신체적 변화가 일어날 때 갖는 감정이 정서라고 주장하였다. James학파 학자들은 두려움, 노여움, 슬픔, 행복과 같은 정서는 특수한 자율신경계통(autonomic nervous system)과 관련 있다고 생각한다. 그래서 Ekman(1984)은 “특별한 자율신경계통의 기능을 구별할 수 없다면, 그 상태를 정서라고 부를 수 없다"(p.339)고까지 강력히 주장한다. 결국 이들에 의하면, 어떤 사건에 접하면서 자율신경계통에 변화가 일어나고, 이러한 때 느끼는 감정이 정서라는 것이다. 그래서 자율신경계통에 변화가 일어나지 않는다면, 어떤 정서적 표현도 일어나지 않는다.

진화론적 입장을 취하는 Darwin학파 혹은 생리적 입장을 취하는 James학파의 학자들이 주장하는 것을 범죄행동에 적용했을 때, 정서적 표현을 위해서 자율신경이든지 교감신경에 어떤 변화가 일어나야 한다. 그러므로 이들의 주장을 받아들일 경우에 생리적 측면의 설명이 없이는 정서에 대한 별다른 의미를 찾지 못한다. 그러나 생리적 측면의 고려는 사실상 행동의 개발이나 교정의 여지를 갖기 어렵다. 왜냐하면 자율신경과 교감신경은 우리들이 통제할 수 없으며, 생리적 변화가 정서적 변화보다 우선적이어야 하기 때문이다. 그래서 생리적, 유전적 소인을 뒤로 미루고 여기서는 정서의 사회적 차원(Harre & Parrott, 1996)을 고려하면서 인지적 측면과 사회적 측면에 관심을 갖기로 한다.

정서에 관한 최근의 연구는 "인지적 접근이 우세한 자리를 지켰다"(Campos & Stenberg, 1981, p.273). 인지적 접근의 핵심은 정서를 이해하기 위해서 사람들이 사건을 어떻게 평가하는지에 관심을 갖는다. 왜냐하면, 세상의 모든 일에 대한 평가와 함께 정서가 나타나기 때문이다. 인지적 측면에서 볼 때, 정서는 사람들의 목표와 관련되며, 어떤 사건에 의미를 부여한 결과로 나타나는 반응이다(Roseman, Wiest, & Swartz, 1994). 그러므로 정서는 사건에 대해서 어떤 의미를 부여하고 어떻게 평가하는가에 따라서 나타나게 된다. 이러한 이유 때문에 같은 사건이라도 평가자에 따라서 정서는 다른 식으로 표현되게 마련이다.

사회적 측면에서 고려할 때, 정서의 표현은 사회의 규칙과 문화의 차이에 따라 다르게 나타난다. 그리고 이러한 현상은 어느 집단이나 사회를 단위로 표현하기 때문에 사회의 분위기나 규범 등에 관심을 갖는다. 그러나 한 사회의 규범이나 분위기가 동일하다 하여도, 결국 행동은 개인이 일으킨다. 그래서 공격적 사회의 분위기 속에서도 개인에 따라서 공격적일 수도, 그렇지 않을 수도 있다. 이러한 이유는 개인이 어떤 사건에 대해서 부여하는 의미가 다르기 때문이다. 그래서 정서의 표현은 의미를 부여하는 사람에 달려있으므로, 어떤 사건에 대한 의미 부여가 범죄성향의 준비 상태를 만들기도 혹은 그렇지 않기도 한다.

정서는 노여움, 슬픔, 역겨움, 즐거움, 두려움, 수치심, 사랑, 희망 등 다양할 수 있다. Roseman(1984)에 따르면 정서를 정적(positive), 부적(negative)으로 나누고, 정서의 원인을 환경, 타인, 자신으로 나누면서 세세하게 구분한다. 이런 식의 정서적 구분은 학자들간에 아주 다양하다. 정서를 구분하는 학자들의 주장을 소개한다면, 끝도 없이 지면을 차지할 것이다. 이런 이유 때문에 정서를 구분함에 있어서 대체로 많이 인용되는 Kovecses(1990)와 Cornelius(1996)의 구분을 소개한다.

Kovecses(1990)는 기본적 정서를 노여움(anger), 두려움(fear), 긍지(pride), 존경(respect), 로맨틱 사랑(romantic love)이라고 구분한다. Cornelius(1996)는 두려움, 노여움, 사랑(love), 희망(hope)으로 대별한다. 그러나 두 사람의 기본적 구분에서 Kovecses의 구분은 사랑의 정서를 로맨틱 사랑으로 제한하고 또한 긍지와 존경이 중복되는 감이 있기에, Cornelius의 구분을 받아들이고 이들에 대한 설명을 시도한다.

Cornelius의 정서 구분에서 두려움과 노여움은 모든 사람들이 가지고 있는 원형 정서(prototypical emotion)로 지적된다(Fehr & Russel, 1984; Shaver, Hazan, Bradshaw, 1988). 사랑 역시 모든 사람들의 원형 정서라고 인정받는다(Fehr, 1988). 한편 많은 정서 학자들이 희망을 중요한 주제로 다루지만, 이것은 학자에 따라서 기초적 정서일 수도, 아닐 수도 있다. 이러한 이유 때문에 학자간에는 희망을 체계적으로 다루는 것을 피해 왔다(Cornelius, 1996). 그렇지만 여기서는 Cornelius의 주장을 받아들여서 두려움, 노여움, 사랑, 희망을 기본적 정서로 다루고자 한다.

2-1. 두려움

Darwin학파와 James학파의 정서 이론에서 두려움이란 타고나는 본질적 특성이며, 따라서 외부 혹은 내부의 자극에 의한 반응으로 나타나는 것이라고 생각한다. 이들 학자들은 내적 혹은 외적 상황에서 위험 신호(signal danger)로 보여지는 자극에 대한 반응이 두려움의 정서라고 생각한다(Izard, 1977). Izard는 이러한 자극은 생득적일 수도, 학습된 것일 수도 있다고 주장한다. 생리적 조건을 주장하는 Darwin학파이나 Jame학파 학자들에 따르면, 위험 신호의 자극이 주어지면, 각 개체가 다른 경험을 하고 살아왔더라도, 모두 다 같은 반응을 나타낸다. 그러나 인지적 접근을 따르는 학자들은 어떤 위험 신호가 존재하더라도, 우리들이 이러한 신호를 어떻게 해석하고 평가하는가에 따라서 정서적 표현은 다를 수 있다는 것이다.

인지적 접근에서 먼저 인정받는 학자는 Magda Arnold(1960)인데, 그녀는 우리들에게 속한 환경이 신뢰성 없어 보이고, 해를 줄 수 있어서 피해야만 한다고 평가할 때, 두려움이 나타난다고 주장한다. Arnold의 이론을 더 발전시킨 Roseman(1984)은 사람들은 자신의 환경에 속한 어떤 사건 발생확률이 불확실하고 자신들이 바라고 있는 목표가 일정하지 않다고 평가할 때, 두려움이 나타난다고 주장한다. 다시 말하면, 두려움은 우리들의 목표와 욕구 사이에 갈등이 존재할 때 나타난다는 것이다(Smith & Lazarus, 1993). 이런 두려움의 표시는 우리 주위에서 얼마든지 찾아볼 수 있다. 예를 들어서, 강원운수에서는 "무사고 365일", 동부건설에서는 "혼을 담은 시공", 국민의 정부에서는 "제2의 건국"과 같은 구호를 강조한다. 물론 이것이 각 집단이나 국가가 바라는 목표지만, 한편의 해석으로는 두려움의 잔재를 지워 버릴 수가 없어서 나타낸 표현으로 보는 것이 타당한 듯하다. 사고가 있으면 안 된다는 생각, 정성을 들여서 건설해야 하지만 그렇지 못할까 봐서 걱정하는 마음, 그리고 이대로는 안 되는데 어쩌나 하는 생각에서 내건 슬로건은 두려움의 표현이라고 볼 수 있다.

정상적으로 생활하는 사람들은 Roseman이 지적한 것같이 자신들의 목표가 성취될 수 있는 가능성을 예측하고, 그러한 가능성을 가늠하며 그에 적절한 목표를 정하게 된다. 예를 들어서, 어느 직장에 착실히 근무하는 사람은 자신이 일 년에 얼마의 소득을 얻고, 그래서 몇 년 지나면 집을 장만하는 등의 목표와 실현 가능성을 동시에 갖는다. 이러한 예는 우리들 주위에서 얼마든지 찾아볼 수 있다. 갓 결혼한 신혼 부부가 자신들의 집을 장만하기까지는 결혼 후 10년 혹은 7년이라는 통계를 신문지상이나 텔레비전에서 접하게 된다. 그러나 이러한 사람들이 실직을 당할 경우에 그러한 목표와 실현 가능성은 어렵게 된다. 이때에 두려움이 발생된다는 것을 반박할 이유가 없다.

사회적 정서 이론에서 두려움이란 비도덕적이고, 부적절한 행동을 억제하지 못해서 사회적 가치를 유지하지 못할 경우에 나타난다. Armon-

Jones(1986)는 자연 환경에서 일어나는 원시적 혹은 일차적 두려움이 존재할 수 있지만, 두려움을 자연 환경에 국한하는 설명으로 몰아부칠 수 없다고 생각한다. 예를 들어서 산 속에서 곰을 만난다든가 무서운 들개를 만났을 때 나타나는 두려움이 있을 수 있지만, 두려움이란 여러 가지 사회적 환경에서도 나타날 수 있다.

사회는 사람들에게 제한된 공간의 활용, 제한된 자원의 절약, 협동, 비공격성을 가르친다. 아무튼 세상을 사는 우리들은 서로가 협동하고, 절제하며 살아야 한다. 그러나 우리들이 이러한 것을 실행하지 못할 경우에 두려움은 경험한다. 그래서 사회적 두려움이란 대인 관계와 사회적 통제의 핵심이며 사회의 질서 유지를 위한 복종과 위계 질서 같은 것을 가르쳐 주는 것이다 (Lutz, 1983).

두려움이 사회적, 도덕적 가르침으로부터 발생된다는 의미는 사회적으로, 도덕적으로 행동할 때 두려움이 나타나지 않는다는 것이다. 그러나 이러한 사회의 가르침을 따르지 않을 때 두려움이 나타나고, 그런 두려움은 제거되지 않으면 가중될 수밖에 없다. 사회적 질서를 따라 목표를 달성할 수 없다는 판단을 할 때, 우리들은 목표의 달성을 위해서 노력하기보다는 사회적 가르침에 반하는 생각을 하게 되며 동시에 죄의식이 수반된다.

Freud(1946)에 따르면, "죄의식은 사람을 범죄자로 바꾼다. 이것은 상당히 설득력 있는 사실처럼 인식된다. 왜냐하면 많은 범죄자, 특히 청소년에 있어서 강한 죄의식은 결과가 아니라 동기로써 범죄 전에 존재했다는 것을 찾기가 쉽기 때문이다"(p.52). 이같이 두려움과 죄의식이 범죄를 누르는 효과보다는 조장하는 역할을 하고 있다. 두려움이 발생되기 전에는 두려움이 반사회적 행동을 억제하지만, 일단 두려움이 발생되었을 경우는 죄의식이 유발되고 동시에 이것은 범죄로 이어질 수 있다.

Glover(1960)는 범죄자는 벌받으려는 욕구를 환경에 투사하는데 이것이 범죄라고 주장한다. 즉 죄의식에 의한 자기 비난의 욕구가 범죄라는 행동으로 나타난다는 것이다. 좀더 쉽게 말하면, 현재의 상황을 두려움으로 평가하고, 목표 달성을 정상적인 방법으로 이룰 수 없기에 두려움을 해소하기 위한 행동을 저지르고 만다. 물론 이런 행위에 의해서 범죄자가 됨은 말할 것도 없다. 두려움을 크게 느끼면 느낄수록 범죄의 가능성은 더 높아진다. 범죄자들에게 있어서 두려움은 보편적이고, 지속적이고, 강하다. 범죄자들의 공통분모를 찾으라면, 두려움을 지적할 수 있다(Yochelson & Samenow, 1976).

2-2. 노여움

노여움은 공격성과 직접적으로 관련된다. 왜냐하면 우리들이 화가 날 때, 그 정서를 풀기 위해서 공격의 대상을 찾기 때문이다. 노여움은 무엇이 우리들을 속박하고 있든지 그것을 제거하려는 수단과 동기를 찾게 한다.

Izard(1977)에 따르면, 노여움은 "우리들의 힘을 동원하는 능력이 있으며, 큰 힘과 에너지로 자신을 방어하도록 만든다"(p.333). 이 말에 의심을 갖는 사람은 아주 노한 경험이 있는 자신의 경우를 상상해 보든가, 그러한 경험이 없는 사람은 화난 자신을 그려 보면 이해할 수 있을 것이다. 혈압이 오르고, 눈은 충혈되고 주먹이 불끈 쥐어진다. 그런 상태에서 노여운 마음을 삭히기는 쉽지 않다. 그래서 공격 목표를 찾게 마련이다.

노여움이야말로 범죄성향에 불을 부치는 셈이며, 장전된 권총의 방아쇠에 손가락을 끼어 넣는 셈이다. Ax(1953)에 의하면, 노여움은 우리들의 몸이 격렬한 싸움을 연상케 하는 신체적 활동에 가담하도록 준비케 한다.

격분한 박찬호 선수

LA의 Dargers에서 투수로 활약하고 있는 박찬호 선수는 1999년 5월 아리조나와의 경기에서 상대방 선수가 "야, 거지 같은 놈아 꺼져!"라고 하는 말에 격분을 참지 못하고 쥐어박고, 이단 옆차기를 해서 7경기 중단과 $3,000의 벌금을 물었다. 격분의 정도가 한계에 다달아서 참고 말고 할 여유가 없이 그냥 쥐어박은 것이다. 그에게 내려진 벌이 크지만, 이를 지켜 본 한국인들은 시원했을 것이다. Bravo, 박선수!

우리들이 노여울 때, 심장박동은 증가하고, 혈압이 오르고, 피부의 표면온도가 오른다(Ekman, 1984). 이러한 신체적 변화는 싸움 운동 프로그램(fight motor program)이라는 것을 구성하는데, 이것은 피의 흐름을 말초신경에서 운동할 수 있는 큰 근육으로 역류하게 만든다(Levenson, 1992). 또한 Lakoff와 Kovecses(1983)에 의하면, 우리들이 화났을 때, 얼굴이 뜨겁고, 근육이 팽창하고, 심장이 뛰기 시작한다. 그리고 노여울 때, 통제력을 상실하고 만다(Averill, 1982). 이러한 상황에서 자신을 잠재우기란 어렵기 그지없다. 우리들은 이러한 신체적 변화를 정상으로 돌리기 위해서 공격의 대상을 찾아야 한다. 직접적으로 원인을 제공한 대상에게 공격을 하지 못하면, 그것을 대신할 수 있는 대리 대상을 찾아야만 한다.

인지적 접근을 시도하는 학자들에 따르면, 두려움과 마찬가지로 노여움이란 사람들이 추구하는 목표-성공의 관계가 불확실하고, 이러한 관계가 다른 사람에 의해서 성취될 때 나타난다(Roseman, 1984). 이와 비슷하게, Spellman(1993)은 노여움의 핵심은 타인비난(other-blame)이며, 타인비난의 원인은 자신이 목표를 달성하지 못한 것이라고 주장한다.

목표가 달성되지 않은 경우에 우리들은 책임을 타인에게 돌리고 만다. 이런 측면에서 고려할 때, 노여움의 사회적 대상은 사람, 소유물, 혹은 사회자체가 된다. 그래서 노여운 사람들은 대상을 찾아 범죄를 저지른다. 강력범죄를 저지르는 사람들의 범죄대상은 사회에서 소위 잘 나가는 부유층이다. 그러한 이유는 자신들이 다른 사람들 때문에 못산다는 생각을 가지게 되고, 이런 생각은 노여움을 일으켜서 잘 사는 사람을 공격한다.

내가 못 사는 이유는 너 때문

계획 없이 불시에 발생하는 노여움은 갑작스런 신체적 변화를 경험하게 하고, 노여움의 대상을 찾는 시간도 짧을 것이다. 그러나 사회에 대한 비난이라면 갑작스런 신체적 변화를 경험하지는 않지만, 이때에 심리적으로 균형을 잃을 수 있다. 심리적 불균형을 바로잡기 위해서, 불균형을 초래한 대상을 공격해야 한다. 이러한 공격은 상상으로 대신할 수도 있지만, 그렇지 못할 경우에 행동으로 표현된다.

노여움의 내적 표현

필자가 20여 년 전 한국보건사회 연구원에 재직할 때, 제주도 전 지역을 실험 지역으로 정하고 가족 계획 프로그램을 실시한 적이 있다. 3년 간의 실험 기간이 끝난 후, 특별히 보급이 잘 된 지역과 그렇지 못한 지역이 있기에 몇 개월 그 지역에 상주하면서 원인을 분석하기 위한 문화 인류학적 연구를 계획하였다. 부원장이 해외 출장중에 있는 동안 나는 다른 부장들의 OK사인을 모두 받아 놓고 그를 기다리고 있었던 참이다. 해외에서 돌아온 그는 지금까지 사인받은 것을 무시하고 질문지에 의한 조사를 지시하였다. 졸자인 나는 일순간 "다른 사람들은 다 OK했는데, 부원장님은 왜?"냐고 소리를 질렀다. 하극상이 벌어지고 말았다. 그는 "오후 4시에 소회의실에서 만나자"는 말을 남겼다. 나는 오후 4시까지 부원장의 질문에 답할 준비를 열심히 하였다. 정한 시간에 소회의실에서 단 둘이 만났다. 무슨 거창한 이론을 들이대며 나를 궁지에 몰아부칠 것으로 기대했던 나는 실망하고 말았다. 왜냐하면, 그는 공문 작성을 보면서 글자의 틀린 부분을 지적하고 나의 약점을 잡았다. 그는 그의 고집을 끝까지 굽히지 않았다. 그때부터 나는 가슴앓이가 무엇인지 알게 되었고, 그 후 간혹 스트레스를 받으면 가슴의 통증을 느끼곤 한다. 내가 밖으로 노여움을 표현했다면, 가슴앓이가 나타나지 않았을 것이며, 밖으로의 표현이 진하고 강했다면 폭력행동으로 전환되었을 것이다. 그러나 그러지 못했기 때문에 그때 이후 부글부글 끓는 노여움을 가슴에 안고 있어서 가슴앓이를 했다.

범법자들에게 있어서 노여움은 고질적이다. 그리고 이 정서는 가끔 밖으로 표현되지만, 대체로 안에서 끓고 있는 상태에 있다. 그러나 사실상 밖으로 표현되지 않을 때, 더 위험한 것이다. 왜냐하면 노여움은 성경에서 볼 수 있는 것처럼 "눈에는 눈(The iris is to the eye)"이라는 기본적 개념을 포함하고 있기 때문이다. 속에서 끓던 노여움은 온도가 더해 가면서 점점 더 비논리적이 되고 결국은 이에 상응하는 범법행위에까지 이르고 만다.

2-3. 사 랑

이 세상에 사랑이 없으면, 예술이 존재할 수 있을까? 우리가 사는 세상에 음악, 미술, 소설, 시, 연극… 하여간 이러한 것들이 없는 세상을 상상해 보면, 삭막함에 숨이 막혀 금방 죽을 수밖에 없을 것이다. 복잡하게 상상하기 싫으면, 사랑의 내용이 담긴 음악, 시, 소설 등을 찾아보기 바란다. "사나이 우는 마음 그 누가 알랴", "엄마가 섬 그늘에 굴 따러 가면", "두만강 푸른 물에 노 젓는 뱃사공", "우리 만남은 우연이 아니야",… 지금 노래를 예로 들었지만, 미술, 연극, 어느 곳에나 구석구석에 사랑이 스며 있다.

사랑도 앞에서 설명한 다른 정서와 마찬가지로 우리들의 원형 정서(prototypical emotion)이다(Cornelius, 1966). 그러나 Izard(1977) 같은 학자는 사랑을 흥미 유발, 기쁨, 놀라움, 노여움, 행복, 슬픔과 같은 별개의 정서로 구분하지 않고, 흥미와 기쁨의 조합으로 간주한다. 또한 Ekman(1984)은 사랑을 놀라움, 두려움, 역겨움, 노여움, 행복, 슬픔과 동일선상에서 하나의 정서로 구분하지 않는다. 그러나 그는 사랑이 매우 특별하며, 강력한 정서라고 주장한다. 이들의 주장과 같이 사랑이 다른 어떤 정서들보다 더 특별해서 다른 하위 정서들과 비교가 어려웠을 것으로 생각된다.

Hazan과 Shaver(1987)에 따르면, 성인의 로맨틱 사랑은 접촉(attachment)의 특별한 경우이다. 접촉은 어린이와 보호자(엄마, 아빠) 사이에 정적 관계에 의해서 형성된 생리 사회적(biosocial) 과정이다(Bowlby, 1969). 접촉을 보다 더 잘 이해하기 위해서 갓난아기를 돌보는 엄마를 상상해 보자. 아기의 울음소리는 생리적으로 엄마의 성호르몬을 분비하게 한다(Mayer, 1987). 이같이 유아와 보호자는 밀접하게 접촉을 한다. 이런 과정을 거쳐서 아이와 엄마는 세상에서 둘도 없는 그런 가까운 관계를 형성한다. 이로 미루어 보아 성인 사이의 사랑 관계도 접촉의 정도로 설명될 수 있을 것 같다. 사랑하는 사람끼리 자주 만나고, 좋아하다 보면 더 자주 만나는 것을 모를 사람은 없다.

사랑이 교환적인가 혹은 일방적인가 하는 문제는 젊은이들 사이에 논쟁의 불을 붙이지만, 정서적 입장에서 사랑을 정의한다면, 사랑은 보호자가 유아에게 사랑을 주듯이 무조건적으로 주는 것, 조건 없는 것이라고 할 수 있다. 또한 사랑이 접촉의 발전이라면, 사랑의 정의는 일방적이라는 주장을 받아들일 수밖에 없다. 왜냐하면 자식이 귀여워서 토닥거리고 어루만지는 접촉은 바로 엄마의 사랑 표현이기 때문이다. 물론 엄마도 아이에게서 받는 정서적 기쁨을 얻기 때문이라고 반박할 여지는 있으나, 우는 아이에게 달려 가는 엄마를 보았을 때 엄마가 좋아서 달려 가는 것은 아닐 것이다. 아이가 배고파 우는지, 아파 우는지를 헤아리며 달려 가기에 사랑은 일방적이라고 보아야 하나 보다.

Shaver, Hazan, Bradshaw(1988)에 의하면, 성인의 사랑은 상대방의 흥미에 대한 강한 욕망이라고 생각한다. 즉 상대방의 흥미를 깨달아 채워 주는 것이 사랑이라는 것이다. 엄마와 유아의 관계에서 어린이의 울음소리는 엄마가 어린이를 보호하고, 편안하게 해 주고, 자신을 믿게 한다. 성인의 경우도 어린이와 엄마의 관계와 동일한 관계로 형성된다. 연인 사이의 사랑, 아기와 엄마의 사랑이 비슷하다는 것은 서로의 관계에서 알 수 있다. 엄마가 유아에게 키스하고, 토닥거려 주고, 안아 주고, 만져 주고 하듯이 성인의 관계도 좋아하는 사이라면 마찬가지라는 것을 잘 안다. 그러나 이러한 관계가 아니라 상대방이 주는 정을 거절하거나 흥미없어 할 경우에 주는 사람은 걱정하고, 불안하고, 관심을 집중할 수 없다. 이런 상태가 바로 실연(失戀)이다. 실연을 당한 경우에 큰 범죄(살인, 강간)를 저지르는 사례는 신문이나 텔레비전을 통해서 많이 볼 수 있다. 그러한 범죄는 엄마가 유아를 생리, 사회적으로 보호하는 목적에서 살해하듯이 성인의 관계도 상대방에 대한 분노의 방출로 보기보다는 영원히 차지하려는 사랑의 강한 욕구의 표현이 살인이라고 생각된다.

사랑은 우리의 행동을 이해하기 위해서 사용되는 일종의 청사진(blueprint)이다. 그래서 우리들이 청사진에 따라서 일을 추진하듯이, 사랑은 우리의 행동에 기초를 이룬다. Averill(1985)에 따르면, "사랑은 사람들이 서로의 관계를 만드는 원칙"(pp.90-91)이다. 그래서 어떤 사람이 "나는 당신을 사랑해요"라고 말할 때, 그는 그 사람과 관계, 사회적인 기대와 그러한 기대에 부응하는 관계를 말하고 있는 것이다. 로맨틱 사랑과 같은 정서 패러다임(paradigms of emotion)은 우리들에게 합리적인 행동 모델을 제공한다(Averill, p.93). 그래서 "나는 당신을 사랑해요"라고 말하는 것은 나 자신이나 혹은 다른 사람에 의해서 내가 할 어떤 일이 있다는 것을 의미한다. 그래서 나의 행동이 청사진과 일치할 때, 나는 사랑하고 있다고 말할 수 있다(Cornelius, 1996).

여기서 잠시 우리의 이해를 돕기 위하여 앞에서 언급한 "사회적 기대와 규칙"을 생각해 보자. 정확히 표현하면, 사회적 기대와 규칙은 사랑을 하면, 그에 따라서 기대되는 행동이 있고 그러한 행동을 나타낼 것이라는 것을 의미한다. 예를 들면, 사랑을 하면 나는 당신의 흥미, 취미, 성격 등 모든 것에 관심을 가질 것이고, 그런 관심을 수행할 것이라는 기대를 보여 준다. 이러한 기대나 수행은 우리들이 생각하는 기쁨과 관심의 조합인 연인을 향한다.

로맨틱 사랑을 접촉(attachment)과 구별하기 원하는 학자들이 있다(Hazan & Shaver, 1987; Cornelius,1996). 이들은 로맨틱 사랑이 접촉과 같은 수준에서 설명된다면, 그러한 사랑이 어떻게 나타나고, 어떻게 형성되었는지를 설명하지 못한다는 것이다. 그래서 로맨틱 사랑은 엄마와 아이의 관계와 같이 생리적 기초를 갖는다기보다는 사회적으로 형성되었다는 것이다.

어느 한 여자 혹은 남자를 깊게 사랑하는 사람이 범죄를 행할 수 있을까? 상대방의 기쁨과 흥미에 함께 관심을 갖는 사람이 범죄행동을 한다는 것은 상상하기 어렵다. 왜냐하면, 사랑의 청사진에는 범죄라는 것이 포함되지 않기 때문이다.

애인의 호소로 신모씨 체포 시도

1998년 벽두에 전과 9범 신모씨(키 174cm, 후리후리한 몸매, 얼굴이 갸름함, 부산교도소 탈주범, 곱슬머리, 옹니, 오른쪽 눈에 땅콩 크기만한 검은 점, 현상 수배한 내용임)는 교도소를 탈출하였다. 경찰의 집요한 추적도 허사였다. 추격전을 벌이는 가운데 경찰이 쏜 총에 맞고 흰 눈 위에 피를 흘리며 산으로 도주하였지만, 그의 종적을 찾을 길이 없었다. 신출귀몰하는 그의 행동에 경찰은 수색을 포기한 상태다. 마지막 수단으로 경찰은 임신한 그의 애인의 호소를 미끼로 자수를 권했다. 로맨틱 사랑의 본질인 "나는 당신을 사랑합니다"라는 말에는 앞으로 신모씨에 대한 애인의 행동에 대한 청사진이 포함된다. 그러나 신씨는 애인의 애절한 소원도 뒤로 하고 나타나지 않았다(조선일보, 1998년).

2-4. 희 망

우리들은 목표한 바가 성취될 것이라는 확실한 신념을 갖는 것은 아니지만, 여하튼 어떤 목표에 희망을 걸고 살아간다. 예를 들면, 우리들이 3년 후에는 결혼을 한다, 5년 후에 집을 장만한다, 입사 5년 안에 과장이 된다는 것같이 일상 생활에서 기대와 희망이 없다면, 우리의 존재 가치를 찾기 어렵다. Izard(1977)는 희망이란 기본적 정서인 홍미의 하위 계층이며, "홍미란 정상적인 사람의 일상 생활에서 가장 보편적인 동기이다. 그리고 가장 빈번히 경험하는 정적 정서"(p.212) 라고 주장한다.

홍미는 우리들이 일상 생활에 관해서 배우고, 탐색하는 모든 노력의 뒤에 있다. 이러한 홍미를 좀더 자세하게 말하면, 그것은 희망이다(Cornelius, 1996). 그래서 우리가 어떤 것에 관심이 있다는 것은 희망이 있다는 것이며, 관심이 없다는 것은 희망이 없다는 것으로 해석될 수 있다.

희망이란 우리들이 어떤 목표가 성취될 수 있다는 기대를 가질 때 일어난다. 그리고 목표가 우리들에게 중요하고 성취 가능성이 아주 높을 때, 우리들은 아주 높은 수준의 희망을 가지며 기쁨과 쾌락 같은 정적 감정을 경험한다. 반대로 우리들에게 목표가 중요하지만, 성취 가능성이 아주 낮을 경우에 높은 수준의 부정적 정서를 경험한다(Synde, 1994).

Izard 같은 학자는 희망이란 우리들이 특수한 일에 대해서 갖는 기대이며, 우리들이 타인이나 환경과의 상호작용에서 갖는 기본적 정서라고 주장한다. 그래서 우리들은 희망 없는 삶을 생각조차 할 수 없는 것이다. 현재 아무리 어렵게 생활해도, 쨍하고 해뜰 날이 있을 것이라는 희망은 우리의 생활에 활력을 불어넣는다. 이러한 희망 덕분에 우리들이 끈기 있게 노력하고, 어려운 상황에서도 우리를 지켜나간다.

희망이 없이는 세상에 대한 홍미도, 관심도, 그리고 기대도 가질 수 없다. 대신에 걱정만이 존재할 뿐이다. 걱정을 제거할 수 있는 방법들은 대부분 사회가 인정하고 허락하는 범위에서 수행되는 것들이다. 예를 들면, 법과 규율을 지키며 착실하게 살고, 도덕적으로 행동하면서 생활하는 것을 의미한다. 그러나 범죄자들은 이같은 방법으로 자신들이 원하는 바를 얻을 수 없기에, 이들이 택한 방법은 사회적 규범, 규칙, 법에 어긋나는 범법적 수단일 수밖에 없다.

범죄자들은 대체로 자신을 버린 사람들이다. 이들에게 장래에 대한 희망은 넓은 강 건너 언덕에 희미하게 보일 뿐이다. 도저히 다다르지 못한다는 기대는 희망을 저버리고 그 자리에 주저앉게 만든다.

2-5. 정서의 요약

정서가 행동으로 옮겨지는가 하는 질문은 바로 우리들이 기대를 가지고 정서를 설명해 온 목적이다. 정서가 바로 행동으로 연결된다면, 우리들은 정서가 바로 범죄성향의 방아쇠임을 주장할 수 있다. Arnold(1960)가 이야기한 것같이, 정서는 평가와 함께 존재한다. 그래서 평가가 없으면, 정서도 존재하지 않는다. 이런 이유 때문에 지각-평가-정서의 관계는 함께 연결해서 보아야 한다. 그녀에 따르면, 평가에 포함되는 기준은 사람들의 과거 경험, 개인이 가지는 목표라고 주장한다. 또한 정서는 특수한 방법으로 환경에 반응하는 준비라고 생각한다(Cornelius, 1996). 예를 들면, 화가 났을 때는 무엇인가 부수고 싶은 충동, 걱정되는 일은 피하고 싶은 충동이 유발된다. 그러나 정서 자체가 행동을 의미하는 것은 아니다. 말 그대로 행동에 대한 준비를 의미한다. 그래서 단서가 보이면, 행동으로 옮겨간다.

Izard(1977)에 따르면, 정서는 우리들의 사고와 행동을 조직하고 활성화한다. 우리들이 어떤 정서를 강하게 느낄 때, 에너지의 모음(gathering energy)을 알게 된다. 그리고 이런 특수한 정서는 특수한 행위로 향한다.

정서는 행동의 준비 상태이다. 준비된 상태에서 행동으로 옮길 목표가 정해지면, 가차없이 진행된다. 이렇게 준비된 상태에서 행동할 도구(칼, 권총, 몽둥이 따위)가 손쉬우면 언제나 목표를 향한다. "당신은 왜 살인을 했습니까?" 라는 질문에 "옆에 칼이 있어서 찔렀습니다" 혹은 "나도 모르게 방아쇠를 당겼습니다"라는 범죄자의 간단한 답변을 주위에서 심심찮게 들을 수 있다.

범죄자들은 위에서 설명한 정서들에서 부적 방향 혹은 정적 방향으로 극단적일 수 있다. 즉 불안감이 심할 때, 희망감이 극적으로 높을 때, 평균의 정서를 갖는 사람보다 더 정서적으로 안정감이 없다. 정서적으로 안정감을 갖지 못하는 사람은 행동에서 불안함을 보인다. Yochelson(1976)에 의하면, 범죄자들은 가만히 있지 못하고 번거롭게 움직인다. 그들의 부모나 교사에 의하면, 이들은 어릴 때 무척이나 분주했다. 집중력이 모자라고, 놀이를 빠르게 진행시키고, 예사롭지 못하게 놀이의 정도가 짙다. 이러한 놀이는 자신이 스스로 통제하지 못할 정도다.

범죄자들의 정신적, 신체적 활동을 측정할 수 있다면, 보통 사람보다 총량이 더 많다는 것을 알게 된다. 이 말은 범죄자들의 사고는 빠르고, 연속적이고, 강하다. 여기서 강하다는 의미는 행동의 농도가 짙다는 뜻이다. 그러나 이것이 바로 범죄자로 연결된다는 의미가 아니라, 이러한 신체적 기능과 정신과정이 범죄자에게서 자주 발견된다는 것이다.

Glueck(1950)은 청소년 비행자와 그렇지 않은 사람을 비교하면서 비행자들이 어린이였을 때, 상당히 부산했다고 보고한다. 이들은 학교에서 성적도 나쁘고, 문제가 있고, 학업에 관심이 없고, 정서적으로 안정적이 아니었다고 한다. 이들의 놀이가 심하기 때문에 자신이 행동하고 있는 신체적 활동을 충분히 인지하지 못할 정도라고 한다. 그래서 강도 높은 행동은 더 높은 강도를 유도할 수 있다. 신체뿐만 아니라 정신의 강도도 높아져서, 외부의 제재가 주어지는 상황에서도 마음은 여전히 바쁜 상태에 머물고 있다. 범죄자들의 정신과 신체는 쾌감정에 목적을 두고 있으며, 자신의 그러한 욕구에 부합하는 행동을 찾아서 한다.

범죄성향의 마음을 갖는 사람은 죄의식과 우월감을 동시에 가질 것 같다. 왜냐하면 그들이 무슨 행동을 하든지 상당한 에너지를 소모하기 때문에 자신들이 우수하기를 원하지만, 결과는 언제나 우수성도 찾지 못하고, 사회적 기대에 어긋나서 죄의식을 갖게 마련이다. 그러니까 이들이 하는 일은 언제나 지속적이지 못하다. 이런 범죄성향의 어린이가 성장했을 때, 그의 에너지는 엄청나다. 그런 사람들은 그의 지나친 에너지 소비 때문에 보통 사람들이 하는 통상적인 일에는 언제나 만족하지 못하고, 자신이 원하는 일에 상당한 에너지를 소모하고 또한 피곤한 줄도 모른다. 이런 설명은 아래의 예에서 충분한 이해를 얻을 것으로 추정된다.

지존파(至尊派)

1997년 한국사회를 경악시킨 "지존파"를 우리들은 다 기억할 것이다. 자신들이 거처하는 곳에 시신을 불태우는 화장터를 만들고 스스로를 세상에서 가장 귀한 존재라는 의미에서 "지존파"라고 이름하였다. 이들은 세상에서 가장 귀한 존재가 되고 싶었다. 할 일은 많은 것 같은데, 정작 하려니 막히는 것이 많았다. 그래서 이들은 억눌렸던 에너지를 바람직하지 못한 방향으로 돌렸다. 세칭 말로, 잘 나가는 사람들을 잡아다가 빼앗고, 때리고, 나중에는 죽여서 화장해 버렸다. 그러나 이들은 결국 죽음 앞에서 순한 양이 되고, 이들 중에 몇 명은 회개의 나날을 보내다 형장의 이슬이 되었다.

위의 예문에서 보듯이 지존파들이 얼마나 많은 에너지를 소비하였는지 짐작할 수 있다. 이들이 화장터를 만들고, 실제 인질을 화장하는 폭악한 행동에서 얼마나 많은 양의 에너지를 소비했는지 짐작할 수 있다. 범법자들은 위의 지존파의 예같이 자신을 극히 높게 평가한다. 자신을 남보다 우월하게 평가하는데, 이러한 사고의 특성은 그들의 모든 면에서 나타난다. 예를 들어, 이들은 학교에서 타인에게 평가받는 것을 성가스럽게 생각한다. 왜냐하면, 자신이 타인보다 우월하다고 생각하고 있으며, 그래서 남이 자신을 평가할 수 없다고 믿기 때문이다. 그러나 보통 사람들은 자신과 타인을 같이 존중하고, 타인에게 좋은 것이 무엇인지를 생각한다. 그러나 범죄자들은 반대로 자신만을 존중하고, 타인은 자신의 이득을 챙긴 사람으로 비하하려는 성향을 갖는다. 이러한 오해는 결국 보통 사람들이 생각하는 범주를 벗어난다.

범죄성향은 자신을 우월하다고 생각하는 사고 성향에서 비롯될 수도 있지만, 반대로 스스로를 열등하다고 생각하는 마음에서도 나타난다. 정서적으로 자신을 약하고, 싫어하고, 열등하고, 절망적으로 생각하는 사람은 타인과 정상적인 생활을 이어갈 수 없는 것이다. 정상적인 생활이 어렵다는 것은 비정상적인 삶을 살아야 한다는 의미다. 그래서 사회에서 도태되거나 사회에 저항하는 길을 택할 수밖에 없다.

범죄행동의 원인은 범죄성향을 나타내는 정서에서 비롯된다. 앞에서도 언급했듯이 정서는 행동의 준비 상태다. 그러므로 준비된 상태에서 범죄행동의 단서를 찾는다면, 범죄행동이 발생된다는 것은 이상할 것 없다. 먹을 것이 없어서 아주 불안해하고 있는 사람에게 음식을 살 수 있는 돈, 그리고 힘없는 유아와 여자들은 범죄의 자극물이다.

범죄성향을 가진 자들은 고질적으로 일을 잘 못하고, 가정에서 불복종하고, 약속을 안 지킨다. 이러한 행동의 누적은 사회적 규범을 무시하고, 나아가서 법을 무시하는 사람이 된다. 이들은 일탈적 행동 때문에 다른 사람의 눈에 잘 띄는 소도시에서 생활하는 것이 불편하기에 자신을 숨기기 쉬운 대도시로 옮기거나 좀더 자유스러운 곳으로 장소를 옮긴다. 이러한 곳에서 이들의 범죄행동의 성향은 짙어진다.

3. 동기

왜 사람들은 그들이 하는 식대로 행동하는가? 라는 질문에 대한 답은 동기로써 설명된다. 동기(動機 : motivation)는 말 그대로 행동의 원인이다. 이러한 동기의 선행조건이 바로 욕구(need)라고 할 수 있다. 우리들이 결핍 상태에 있을 때, 욕구가 발생된다. 또한 욕구는 결핍 상태를 해결할 수 있는 목표를 정하고, 목표 달성을 위한 노력을 하는데, 이런 과정이 바로 동기다. 이같은 욕구와 동기의 관계는 생리적 차원을 넘어서, 심리적 차원의 설명을 포함한다. 〈그림 3-2〉를 통해서 욕구와 동기의 관계성을 이해하자.

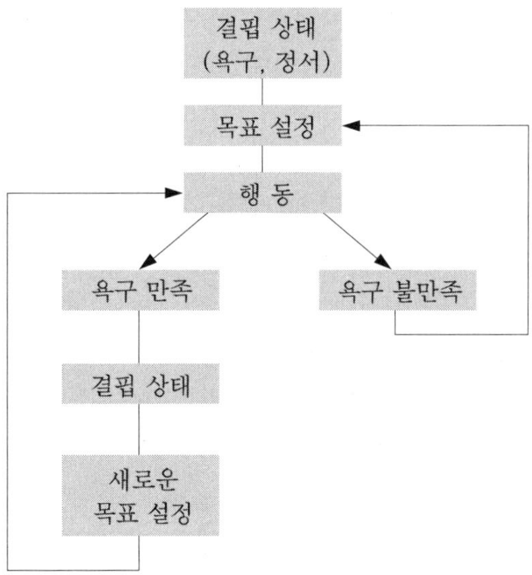

〈그림 3-2〉 동기의 진행 과정

그림에서 동기는 결핍 상태에서 이를 해결하기 위한 목표를 정하고, 목표를 얻기 위해서 움직이는 것을 의미한다. 그래서 욕구는 동기의 첫단계이다. 그러나 행동은 동기의 마지막 단계가 아니라 욕구로부터, 행동을 하기 위한 에너지의 움직임을 의미한다. 그래서 동기에 의해서 행동이 나타나고, 그 행동이 목표를 성취하는지 성취하지 못하는지를 결정하게 된다. 목표를 성취한다면, 다른 결핍 상태에 놓인다. 그리고 성취하지 못한다면, 다시 그 목표를 달성하기 위해서 재시도를 행한다.

욕구는 주어진 조건하에서 어떤 식으로 반응할 것인지에 대한 유기체의 준비이며 잠재성이다(Murray, 1962, p.61). 이것은 어떤 경향이 발생할 것이라는 내부의 힘과 외부 자극에 의해서 발생된다. 이러한 관계에서 보면, 욕구와 동기는 한 차원에서 연속적 흐름을 갖는다. 그래서 욕구와 동기를 별도의 것으로 구별하기 어렵다. Murray는 정서, 욕구, 동기를 동일한 개념으로 보고 있다.

Weiner(1982)에 의하면, 적정 수준의 정서는 정보처리 과정을 증진시킬 수 있지만, 강도 높은 정서 수준은 우리의 사고 과정을 파괴하고 방해할 수 있다(Kahneman, 1973). 이런 측면에서 볼 때, 범죄자들의 적정 수준이 너무 높아서 정보처리에 어려움을 갖기에 정상적인 사고 과정을 밟지 못한다고 볼 수 있다. 그래서 이들의 사고와 행동은 파괴적일 수밖에 없다.

Murray는 욕구를 39개로 분류하고 일차적 욕구를 12개, 심리적 욕구를 27개로 분류한다. 일차적 욕구는 공기, 물, 음식, 성욕 등 어느 누구라도 생명의 연장을 위해서 절대적으로 필요한 것이다. 심리적 욕구는 성취, 인정, 획득, 방어, 우세, 애정, 거절, 양육 등인데, 이러한 욕구는 개인에 따라서 소유할 수도 그렇지 않을 수도 있다.

일차적 욕구는 행위의 빈도, 행위의 기간, 행위의 강도에 의해서 측정되지만, 심리적 욕구는 직접적인 측정이 어렵다. 그래서 심리적 욕구를 측정하기 위해서 사용되는 것이 주제통각검사(TAT: thematic apperception test)이다. 이 검사는 아주 애매한 흑백 그림을 피검사자에게 보여 주면서, 그림 속에 있는 인물의 과거, 현재, 미래를 문장 형식으로 기술하도록 하는 것이다. 물론 이런 기술 속에 피검사자의 욕구가 표현된다고 생각한다.

Murray의 27개 심리적 욕구 중에서 McClelland(1985)는 단 하나의 욕구, 성취 동기에 깊은 관심을 가졌다. 성취 동기는 장애를 극복하기 원하는 욕구를 의미한다. 물론 성취의 목표는 훌륭한 것이어야 한다. 그래서 성취 동기가 높은 사람들은 ① 도전적인 일을 좋아하고, ② 하는 일에 대한 피드백을 원하고, ③ 일에 대한 책임감을 갖는다(Liebert & Speigler, 1982). 이 같은 성취 동기가 높은 사람들의 특성에 비추어 볼 때, 범죄행동을 저지르는 사람들은 타인의 것을 쉽게 탐하려 하고, 자신이 한 일을 돌이켜보기 싫어할 것이며, 책임감 따위는 염두에 없을 것이다. 이에 비추어 보아서, 범죄자들은 성취 동기가 아주 약하거나, 아주 없는 것으로 보아야 한다. 이들은 도전적인 일을 좋아하지 않고, 자신이 하는 일에 대한 피드백을 원치 않으며, 책임감도 없는 그런 사람들이다.

범죄자들은 도전적인 일을 목표로 정하는 것이 아니라, 아주 쉽거나 너무나 분에 넘치는 목표를 정한다. 그래서 이들은 정당한 방법으로, 그런 목표를 달성할 수 없기에 부당한 수단과 방법을 이용하게 된다. 아래의 예문은 너무 분에 넘치는 목표를 정해서, 결국 범죄를 저지르고 만 내용을 담고 있다. 또한 예문의 주인공은 목표를 너무나 쉽게 달성할 수 있는 것으로 계산한 결과 범죄자로 전락하고 말았다.

성취 욕구가 낮은 조카의 고의적 살인

고모를 위해서 고의적인 생명보험을 들고, 죽기를 기다리던 조카는 결국 고모를 차에 태우고 멀리 한적한 곳에 가서 길에 내려놓는다. 병이 든 고모는 이미 조카에게 보험금을 줄 것을 친필로 서명한 후였다. 조카는 차를 후진시켜서 고모가 뺑소니차에 치여 죽은 것으로 위장한다. 세무서원인 조카는 1억 3천만 원을 차지하려고 했지만, 현재 구속중이다(KBS, 1998년 10월 26일). 고모를 고의적으로 살해한 조카가 성취 욕구가 높은 사람이라면, 어떻게 행동했을까? 노력 없이 얻는 소득을 행운이라고 생각하기보다는 오히려 심리적 부담을 느꼈을 것으로 짐작할 수 있다.

본 장에서 소개된, 자아, 자아 존중감, 정서, 욕구, 동기, 성취 동기 등은 심리학에서 행동의 설명을 위해서 자주 거론되는 용어들이다. 사실상 이런 용어들을 가볍게 다루고 행동을 이해하기 위한 시도는 방향감각을 잃고 만다. 다시 말하면 자아는 타인이라는 거울에 비추어진 자아상을 보고 해석한 결과, 즉 자아상의 지각이다(Cooley, 1902). 우리들은 그러한 자아상을 보고서 마음에 스며드는 어떤 감정을 갖는데, 이것이 자아 존중감이며 또한 정서이다.

자아 존중감이 높고, 낮음에 따라서 각기 다른 욕구를 나타낸다. 예를 들어 자아 존중감이 낮은 사람은 생리적 혹은 안전의 욕구에 관심을 가지고, 높은 사람은 자아 실현을 위해서 에너지를 소비할 것이다. 동기는 욕구, 정서 상태를 포함하며 목표를 얻기 위한 과정, 목표 획득의 결과 모두를 포함한다.

결론적으로 본 장에서 범죄행동을 설명하기 위해서 자아, 정서, 욕구, 동기를 특별히 강조한 이유는 행동의 준비 상태, 행동의 실행을 위한 과정, 획득의 결과들을 설명하기 위함이었다. 그러므로 제2장에서 설명한 성격 이론에 의한 범죄행동의 해석은 일반적인 것이며, 본 장은 좀더 구체적인 의미에서 범죄행동을 조명한 것으로 간주할 수 있다.

무서움의 의미

늑대를 만나 놀란 일

애통해하는 사람을 보고서 냉랭하고, 고통을 받는 사람을 보고서 무감각하고, 굶주린 사람을 보고서 무감정하다면 동물과 다를 바 없을 것이다. 깊은 산 속에서 무서운 늑대를 만났다면, 얼마나 무서운지 상상해 봄직하다. 우리들이 무섭다는 것은 늑대와 어떤 정서도 통할 수 없기 때문이다. 늑대가 사람의 정서를 느낀다면, 그도 인간의 머릿속에서 진행되고 있는 애원과 호소를 읽을 수 있을 것이다. 그러나 늑대는 사람에게서 아무런 정서적 교감을 느끼지 못한다. 이런 이유 때문에 우리는 늑대를 무서워한다. 한밤중에 침입한 칼 든 강도와 깊은 산 속에서 만난 늑대는 감정이 통하지 않는다는 의미에서 동일하다. 늑대나 강도와 그런 정서를 통할 수 있다면, 별로 무섭지 않고 무서운 일도 벌어지지 않을 것이다.

CHAPTER 4

제4장

범죄행동의 원인: 기존의 연구 결과

지금까지 범죄행동의 원인을 개인의 시차원상에서 심리학적 이론과 함께 설명하여 왔다. 그리고 자아, 정서, 동기를 통해서 범죄자의 심리적 상태를 파악하려고 시도해 보았다. 그러나 설명된 범죄행동의 원인은 아직도 다소 추상적이어서 머릿속에 그리며 구체화하기가 어려울 것이다. 이러한 원인들이 성격 이론에 입각한 해석이고, 다분히 이론적이어서 실제적 원인이라고 말할 수 있다해도 구체적인 범죄원인을 찾는 사람들에게는 구미에 딱 맞지 않을 성싶다. 이러한 이유 때문에 본 장에서는 현재까지 범죄행동의 연구에서 원인으로 지적된 변인들을 하나하나 검토해 보기로 한다. 그러나 이런 변인들은 본서가 추구하는 "범죄행동의 원인에 대한 심리학적 탐색"이라는 주제를 벗어날 수도 있지만, 전체를 조명한다는 의미에서 포함시켜 보았다. 또한 범죄행동의 연구에서 밝혀진 원인들은 연구자들의 수만큼 나열될 수 있지만, 본 장은 여러 학자들에 의해서 반복적으로 지적된다고 간주되는 것들만을 정리하였다.

인간의 행동이 개인적이냐, 환경적이냐, 혹은 개인 × 환경적이냐 하는 문제는 닭이 먼저냐 달걀이 먼저냐 하는 문제와 같이 끝없는 논쟁을 이어가게 한다. 이러한 논쟁은 어느 쪽이든지 승리자가 될 수도 있고 패자가 될 수도 있다. 그 날 누구의 목소리가 더 컸느냐 하는 것이 결정적이지만, 하루 지나면 논쟁은 다시 이어지게 마련이다. 여하튼 행동의 원인적 측면을 크게 나눌 경우에 개인, 환경, 개인 × 환경으로 나누어지는 것은 확실하다. 이러한 각 측면에서 주장되는 범죄행동의 변인들을 정리해 본다.

1. 개인변인

Walters(1992)는 범죄행동의 인적 변인을 크게 ① 유전, ② 신경체계, ③ 신체적 구성, ④ 지능, ⑤ 심리적 측면, ⑥ 인구학적 측면으로 나눈다.

유전에 관한 설명은 대체적으로 가계(family line), 쌍둥이, 입양아에 관한 연구를 포함한다. 한편 가계에 관한 연구는 유전과 환경의 영향을 구분할 수 없다는 단점이 있기에 단순히 유전과 범죄행동과의 관계성 연구에만 그치는 것이 아니라, 쌍둥이 연구를 통해서 유전의 중요성을 강조해 왔다.

쌍둥이 연구는 일란성 쌍생아와 이란성 쌍생아에서 쌍둥이 두 아이를 비교한다. 일란성 쌍생아들은 공통된 인자를 가지며, 이란성 쌍생아는 50%의 동일한 인자를 갖는다. 연구들에서 주장하는 것은 쌍둥이들이 각기 모르는 곳에서 떨어져 성장했어도 둘은 성격, 취미, 행동이 같다는 것이다. 과거 쌍둥이에 관한 연구가 많이 진행되었으나, 현재는 여기에 관심을 기울이는 학자는 드문 것 같다.

일란성 쌍둥이들 중에 한 명이 범죄를 저지를 경우 다른 한 명도 범죄를 저지르는 비율은 이란성 쌍둥이들보다 훨씬 더 높다. 이 같은 연구의 결과로 보아서 동일한 유전자를 소유한 한 사람이 범죄를 저지르면, 다른 한 사람도 범죄자가 될 확률이 높았다는 유전적 입장의 주장이다.

쌍둥이 연구가 범죄는 가계의 영향을 받는다고 주장하지만, 쌍둥이라 해도 동일한 상황에서 성장했다면 유전과 환경의 차이를 구별하기 어렵다. 이러한 문제를 해결하기 위한 방법이 입양아 연구이다. 왜냐하면 같은 유전자를 가졌지만, 다른 환경에서 성장해야지 서로의 비교가 가능하기 때문이다. Hutchings와 Mednick(1975)는 쌍둥이면서 다른 곳에서 성장한 1,145명의 입양아들을 비교한 연구에서, 생부모든지 입양부모든지 범죄기록이 없으면 입양아들의 범죄율이 10%, 입양부모에게서 적어도 한 번, 생부모에게서 없으면 입양아의 11%, 입양부모에게는 없고 생부모에게 범죄기록이 적어도 한 번 있으면 입양아의 21%, 입양부모와 생부모에게서 적어도 한 번 이상의 범죄기록이 있으면 입양아들의 범죄율은 36%였다고 주장한다. 이와 유사한 연구 결과들을 많이 찾아볼 수 있다. 그러나 그런 연구들도 유전을 너무 크게 확대해서 취급한다는 비난을 면치 못한다. 즉 유전적 연구는 환경적 조건의 영향을 과소평가한다는 평을 받는다.

1-1. 신경학적 요인

뇌활동의 측정을 위해서 electroencephalogram(EEG)을 1940년 초에 사용하기 시작하였다. EEG와 범죄행동의 연구에서 두 변인의 관계성 연구들은 일정한 상관성을 주장한다. 그러나 이런 연구에 대한 비난은 EEG가 측정될 때, 피험자들이 검사에 대해 걱정하기 때문에 결과에 신뢰성이 결여된다는 것이다(Syndulko, 1978). 그리고 또 다른 비난의 이유는 EEG 측정은 비정상 집단(정신 이상집단)과 범죄자들을 구별하지 못한다는 설명이다.

1) 전뇌엽 이상성

전뇌엽은 주의력, 계획력, 충동성 억제, 자발적 행동에 대한 기능을 담당한다. 전뇌엽의 이상이 발생했을 때, 주의력과 계획성이 없고, 충동적인 사람이 된다.

2) 자율신경계통 활동(autonomic nervous system reactivity)

자율신경계통은 수의근, 내분비, 심장 기능을 통제한다. 그리고 자율신경계통은 교감신경(sympathetic)과 부교감신경(parasympathetic)으로 나누어진다. 교감신경이 저장된 에너지를 방출할 때, 혈관의 팽창, 심장 가속화, 피부와 소화기관의 동맥 수축, 흥분시키는 호르몬을 분비하게 한다. 한편 부교감신경은 신체의 에너지를 보존하고 저장한다. 자율신경의 활동을 측정하기 위해서 사용하는 방법은 주로 심장박동(heart rate) 측정이다. Raine과 Venables(1981)에 의하면, 친아버지가 범죄자인 어린이들은 비범죄자 아버지에게서 태어난 아이들보다 느린 심장박동수를 나타내었다. 또한 Wadsworth (1976)는 청소년 비행자들은 그렇지 않은 소년들보다 더 느린 박동률(83.9 vs. 85.9 bpm)을 보였다고 주장한다.

다음으로 사용되는 측정은 피부반응이다. Hare(1978)는 어떤 위협적 자극에 대해서 범죄자들은 전기 전도력에 대한 피부반응이 비범죄자들보다 더 늦은 경향이 있다는 연구 결과를 제시한다.

3) 신경내분비선

범죄행동과 내분비선의 기능에 관한 연구는 주로 여성 호르몬(estrogen)과 남성 호르몬(testosterone)에 관심을 갖는다. 고환의 성장을 자극하는 남성 호르몬은 폭력과 범죄행동과 관련된다는 주장이다(Goy, 1968; Wolf & Eisele, 1977). Ehrenkranz, Bliss와 Sheard(1974), 그리고 Rada, Laws와 Kellner(1976)도 폭력적인 사람은 덜 폭력적인 사람들보다 더 높은 수준의 남성 호르몬을 갖는다는 주장을 한다. 한편 여성 호르몬은 공격적 남성의 폭력수준을 낮추었다(Chatz, 1972; Field & Williams, 1970)는 주장에서 알 수 있듯이 남성 호르몬과 여성 호르몬은 서로 반대 기능을 갖는다. 그러나 호르몬에 관한 연구는 연구 사례가 적기에 결과를 일반화시키기 어렵다는 주장(Matthew, 1979)도 간과할 수 없다.

4) 지각 비대칭

좌측대뇌반구(left cerebral hemisphere)는 이해력, 언어 능력과 정적 상관관계를 갖는다. 한편 우측대뇌반구(right cerebral hemisphere)는 운동과 예술에 관련성을 갖는다고 주장하지만, 상당수의 연구들은 소수의 피험자를 가지고 실시되었고, 일정치 않은 연구 결과를 갖거나(Andrew, 1978; Fitzhugh, 1973), 아주 관계없다(Yeudall, From-Auch, & Doris, 1982)는 주장도 있다. Gabrielli와 Mednick(1980)는 6년 간의 조사를 통해서 왼손잡이 혹은 왼발잡이들이 오른손이나 오른발잡이들보다 더 범죄와 관련있다고 보고 범죄는 우측대뇌반구와 상관있다고 주장했다. Hare와 Forth(1985)의 연구에서도 수감자와 정상인의 비교를 통해서 범죄자는 그렇지 않은 사람들보다 오른쪽 뇌가 더 우세하다는 것을 알았다.

Hare(1984)의 연구는 간단한 과제에서 범죄자와 비범죄자는 차이가 없었으나, 복잡한 과제(semantic material)에서는 범죄자들은 운동과 더 관련성을 갖는 오른쪽 대뇌반구를 더 사용한다는 주장을 한다. Kosson과 Newman(1986)은 범죄자들이나 정신병자들은 진행되는 과제에 주의를 기울이는 데 어려움을 갖는다. 이들의 왼쪽대뇌반구는 언어조작에 특별히 둔하고, 정보처리에 문제를 가지며, 한 과제에서 다른 과제로 전환을 잘 못한다는 연구 결과를 제시한다.

5) 범죄와 신경이상

대부분의 청소년 범죄자들은 일반적 의미에서 뇌 손상자들이 아니고 오히려 신경학적 기능의 장애를 나타낸다. 이러한 장애들은 언어추리 능력, 복잡한 과제의 해결 능력, 그리고 반응에 대한 규칙성의 어려움 등이다. 이와 같은 장애를 경험하는 사람들이 범죄행동의 가능성을 지닌다.

6) 신체적 구조

Lombroso(1911)는 신체적 구조(psychical attributes)와 범죄행동과의 관련성을 이태리 감옥에 수감된 수천 명을 대상으로 조사하고 경사진 이마, 튀어나온 턱, 얼굴이 비대칭인 사람이 범죄성향을 갖는다고 주장한다. 이러한 얼굴은 상상해 볼 수 있는 바와 같이 발달단계에 있었던 원시인과 유사한 형태를 나타낸다. Hootin(1939)도 미국에서 17,000명의 수감자들을 조사한 후, 범죄자들의 얼굴이 비대칭이라는 사실을 찾았다. 이러한 연구들은 사회학적 접근을 시도하는 사람들(Barnes & Teeters, 1943)에게 상당한 반발을 샀고 결국 거의 무시되었다. 그러나 Masters와 Greaves(1967) 같은 사람들은 이러한 얼굴을 갖는 사람들은 정상적인 얼굴을 가진 사람들보다 범죄 가능성이 3배라고까지 고집한다. 비대칭 얼굴을 갖는 사람들은 친구도 적고, 낮은 자아 존중감으로부터 고생을 하기 때문에 범죄성향이 짙다는 생각을 가질 수도 있다.

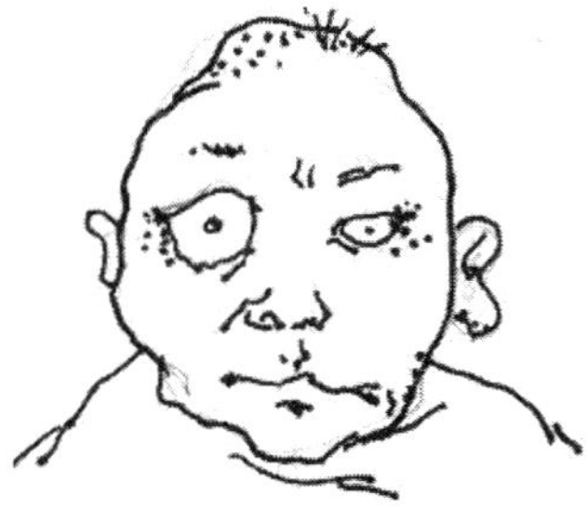
비대칭얼굴

Mednick와 Kandel(1988)은 범죄자들의 얼굴을 조사한 후에 이들은 처진 귀, 굽은 다섯째 손가락, 눈과 눈 사이가 보통보다 넓은 특징을 찾았다. Kandel, Brennan, Mednick, & Michelson(1989)은 11~13세 사이에 신체 이상형으로 판명된 사람은 성장한 후에 범죄로 체포될 확률이 그렇지 않은 사람보다 더 높다고 주장한다.

Sheldon(1954)은 신체 유형을 비만형(obesity), 수신형(linearity), 근육형(muscularity)으로 나누고 근육형의 청소년이 비행을 저지르는 경향이 있음을 내세운다. Glueck와 Glueck(1950)은 근육형의 체형이 그렇지 않은 체형

보다 비행율이 두 배라는 연구 결과를 제시한다. 근육형의 신체를 가진 사람의 비정상적 행동은 소외감을 가지게 하고, 이들은 다른 방법보다는 힘으로 자신의 감정을 해결하려는 경향이 있기 때문에 폭력의 가능성을 높인다.

7) 지능

지능검사는 1905년 Alfred Binet와 Theodore Simon에 의해서 처음 제작되고 실시되었다. Terman(1877~1956)과 Wechsler(1896~1981)는 지능검사의 정의와 평가를 하면서 평균이 100, 표준편차가 15 혹은 16이라고 하였다.

인간의 지능(intelligence)은 대체로 일정한 수준에 머무는 것으로 인정되기 때문에 지능검사의 측정을 통해서 학교 성적과 직업에서 성공을 예측할 수 있다(Anastasi, 1982). Goddard(1914)는 수감자의 25~50%가 지능이 낮다고 주장한다. 또한 Wolfgang, Figlio, 그리고 Sellin(1972)은 고질적인 범죄자가 비범죄자들보다 10점이나 지능이 낮았다고 한다. 또한 일반적으로 청소년을 포함해서 범죄자들의 지능지수는 평균 90 이하인 경향이 있다(Hirschi & Hindelang, 1977).

한편 어떤 학자들은 무조건적으로 IQ와 범죄행동의 관계성을 고집할 것이 아니라, 이 두 변인에 영향을 주고 있는 다른 변인을 통제할 경우에만 지능과 범죄행동의 관계성을 인정할 수 있다는 것이다. ① Gabrielli와 Mednick(1980)는 SES(Social Economic Ststus), ② Hirschi(1969)는 아버지의 직업, ③ West와 Farrington(1973)은 가정의 수입과 같은 변인을 통제하고 IQ와 범죄행동의 상관 관계를 찾아야 한다는 생각이다. 그러나 지능과 범죄에 관한 연구는 소수 집단과 낮은 수입을 갖는 사람을 대상으로 한 연구였으며, 또한 연구의 대상이 범죄자들을 대표하지 않았기에 모든 사람에게 일반화시킬 수 없다는 비난을 받는다.

1-2. 성격적 변인

성격과 범죄행동 간의 관계성에 대한 설명은 제2장에서 이미 제시되었다. 그러나 범죄학자들은 대체로 범죄행동과 관련해서 5가지 성격 특성을 지적한다(Walters, 1992). 이러한 특성들은 ① 기질(temperament), ② 흥분수준(arousal level), ③ 학습과 조건화 능력(conditionability), ④ 인지유형(cognitive style), ⑤ 공격성이다.

1) 기질

Olweus(1980)에 따르면, 어린이의 초기 기질에 대한 엄마의 성찰은 아동의 성인기 동안에 보여 준 반사회적 행동과 일치한다. 가만히 있지 못하고 지나치게 부산한 아동은 성인이 되어서 범죄행동을 보일 가능성이 그렇지 않은 사람보다 더 높다(Taylor & Watt, 1977). 또한 Kellam(1982)도 기질적으로 공격적인 남아는 그렇지 않은 아이들보다 후에 청소년 범죄에 가담할 가능성이 높다고 생각한다.

위의 주장과 달리 어린 시기의 기질과 성인기의 범죄행동의 관계성을 부인하는 학자들도 있다. 즉 나이를 먹어가면서 기질도 변하기 때문에 어린 시기의 기질을 가지고 후의 범죄를 예측하기는 어렵다는 주장이다. 그래서 대부분의 연구자들은 어린이의 기질과 범죄에 대한 연구에 몰입을 하지 않는다. 그러나 두 변인간의 관계성을 부인할 강력한 주장도 찾지 못한다.

2) 흥분 수준

정신병자와 범죄자들은 전기반응(electric responses)과 운동반응에서 그렇지 않은 사람들보다 더 늦게 반응한다. Quay(1965)에 따르면, 범죄자들은 최적의 흥분 수준에 다다르기 위해서 다른 사람들보다 더 많은 감각적 자극을 요구한다. 또한 Zuckerman, Kolin, Price와 Zoob(1964)는 감각 추구 척도(SSS: sansation seeking scale)에서 높은 점수를 얻은 사람들은 부산하고, 충동적이고, 아슬아슬한 행동을 좋아하고, 반사회적이라고 주장한다. Jaffe(1987)에 따르면, 높은 감각 추구 점수와 약물중독 간에 정적 상관성이 있음을 보아서 흥분 수준과 범법행동의 높은 상관성을 짐작할 수 있다.

3) 학습과 조건화 능력

학습은 강화를 통해서 일어날 수 있다. 그래서 보상이 없으면 학습과 조건화가 발생되지 않는다. Mischel(1974)의 연구에 의하면, 청소년 비행자들은 대체로 기다려야만 얻을 수 있는 큰 보상보다는 오히려 적더라도 금방 얻을 수 있는 보상을 더 좋아한다. 이러한 연구 결과가 보여 주는 것같이, 범죄자들은 예상되는 보상과 가능성 있는 보상 사이의 균형을 어렵게 생각한다. 보통 사람의 경우는 예상보상과 가능보상의 차이를 인내하고 노력해서 좁히려 하지만, 범죄자의 경우는 이러한 노력에 한계를 느끼고 금방 얻을 수 있는 보상 이외에는 가치를 두지 않는다(Kosson & Newman, 1986; Newman & Kosson, 1986; Newman, Widom & Nathan, 1985).

4) 인지 유형

Waldo와 Dinitz(1967)는 1950년부터 1965년 사이 연구의 80%에서 범죄자와 비범죄자 사이의 차이를 인지유형(cognitive style)에서 찾았다. 또한 Tennenbaum(1977)은 1966~1975년 사이의 연구에서 인지 유형이 지능보다 더 범죄자와 비범죄자를 가르는 요인임을 주장한다. Conger와 Miller(1966)는 184명의 청소년 범죄자와 184명의 비범죄자들에 대한 나이, 인종, IQ, 사회 경제적 지위(SES), 학교 환경을 통제했을 때, 비행 집단에서 충동성, 적대성, 이기심, 무책임을 찾아내었다. Greene(1980)은 MMPI를 이용하는 연구에서 범죄자들은 반사회적 행동(psychopathic deviate: Pd)과 경조증(hypomania: Ma)에서 높은 점수를 얻었다는 보고를 한다.

Kipper(1977)는 습관적인 범죄자에게 칸 심볼 정리 검사(KTSA: kahn test of symbol arrangement)를 실시하고서 범죄자들의 사고 유형은 반복적이고, 고정적이고, 상상력이 부족하다는 결과를 제시한다. 범죄자들은 이러한 인지적 특성에서 현저하게 규칙성을 보인다. 이들은 자기 방어(self defence)를 위해서 아주 규칙적으로 정당화(justification)와 합리화(rationalization)를 사용한다(Sykes & Mates, 1970; Burt, 1983; Benson, 1985). 이러한 사고 유형은 범죄자들이 그렇지 않은 사람들보다 더 불사신적 자신감에 젖게 만드는 경향이 있다.

5) 공격성

공격성(aggressiveness)이 범죄와 관련성을 갖는다는 연구 결과는, 제2장에서 직·간접적으로 많은 지적을 하였다. 그래서 여기서는 간단히 언급하고 지나간다. 공격성이 범죄의 중요한 변인 중의 하나지만, 이러한 연구는 대부분 유아 시기의 공격성과 성장한 후 범죄행동의 관계성에 관한 연구들(예, Pulkinen, 1982; West & Farrington, 1973)이다. 그러나 이러한 연구의 결과가 지적하는 바를 액면 그대로 받아들이는 일은 쉽지 않다. 왜냐하면 연구에서 찾은 공격성이 지금도 유지되고 있는지에 대한 확실한 대답을 얻을 수 없기 때문이다.

1-3. 인구학적 변인

1) 연령

Hirshci와 Gottfredson(1983)은 연령과 범죄의 관계성은 아주 명확한 것이라고 주장한다. 이들에 따르면, 범죄는 10대 말기와 20대 초기가 최고에 이른다는 것이다. 공식 자료에 따르면 10대들은 재산범죄, 20대는 폭력범죄와 더 관련 있다. 그러나 자기 보고(self-report)에 의하면, 재산범죄와 폭력범죄 모두 10대에서 높다는 것을 발견할 수 있다. 대부분의 고질적인 범죄자들은 10대에서 시작하지만, 이들이 모두 범죄자가 되는 것은 아니다(Shannon, 1982). 대체로 고질적 범죄자들은 10대에 범죄에 발을 들여놓고, 20대 중반에 절정에 이르다가 그 이후부터는 점차 범죄율이 감소한다(Wolfgang, Figlio, & Sellin, 1972). 왜냐하면, 이것은 사회의 변화, 성격의 변화, 남성 호르몬의 감소, 사회적 규율에 대한 인식(사형, 투옥…)의 변화에 따라 달라질 수 있기 때문이다(Loeber & Snyder, 1990).

2) 성별

Simon과 Sharma(1979)는 25개 국가를 대상으로 연구하고서, 여성범죄의 비율은 일반적으로 남성에 비해서 8, 9 대 1이라는 주장을 한다. Ward, Jackson와 Ward(1969)는 남자와 여자의 범죄는 질적으로 다르다는 주장을 한다. 여자는 범죄대상자에게 일반적으로 폭력을 사용하지 않는다. 이들이 강도질을 하더라도 자신은 보조 역할을 한다. 여성범죄자들은 남자범죄자에 비해서 청소년 범죄기록이 낮다(Sarri, 1987). 그리고 남자에 비해서 지능이 떨어지는 것 같다(Cowie, Cowie, & Salter, 1968). 여성범죄가 도시화, 산업화에 의해서 꾸준히 증가하지만, 남자와 여자의 비율 격차는 여전히 크다. 이러한 성별의 차이는 생리적 이유와 사회적 규범의 영향으로 설명된다. 즉 남성과 여성의 호르몬 차이와 사회가 남아와 여아에게 요구하는 행동에서 남성과 여성의 범죄율의 차이를 만든다.

1-4. 개인변인에 대한 요약

개인차의 무시는 범죄와 범죄행동을 이해하는 데 상당한 어려움을 주게 된다. 왜냐하면, 범죄자들에게서 발견되는 특성은 운동반응의 속도가 느리고, 중추신경계통의 활동이 정상을 넘어서고, 많은 자극을 원한다는 것이다. 또한 범죄자들은 오른쪽 뇌가 왼쪽 뇌의 기능보다 더 우세하기 때문에 논리적 사고를 요하는 일에서 다른 사람들보다 더 문제를 갖는다. 성격 특성 이외에 신체적 특성이 범죄행동에 영향을 주게 마련이며, 얼굴이나 신체 구조의 비대칭과 자아 존중감 같은 심리적 특성이 범죄행동에 영향을 준다.

범죄행동이 개인적이라는 주장은 전체 중에서 한 부분에 대한 해석에 불과하다. 즉 인간의 행동이 개인, 환경, 이 둘의 상호작용에 의한다는 주장에서 볼 때, 설명되지 않은 두 측면에 대한 탐색이 무시될 수 없다.

2. 환경변인

범죄학은 생리학을 포함해서 사회학, 심리학 등 여러 사회과학의 종합이다. 이러한 여러 학문 중에서도 사회학의 위치는 초기에 뚜렷했다. 더욱이 환경을 강조하는 행동주의(behaviorism)가 심리학의 판세를 몰아 가는 힘에 더해서, 사회학이 강조하는 환경의 중요성이 더 확실하게 부각되었다. 환경변인(environmental variables)의 설명은 인간의 행동이 개인의 생리적, 심리적 특성에 의해서 결정된다는 인적(personal) 주장보다는 개인 외적 변인의 영향을 더 강조한다.

요즈음에는 행동의 결정 요인은 개인과 환경의 상호작용이라는 주장이 힘을 모으고 있지만, 환경이 행동을 결정한다고 생각하는 주장을 굽히지 않는 학자들의 주장을 살펴보기로 한다. 범죄행동이 환경적이냐 혹은 개인적이냐 하는 문제는 간단하지 않다. 그래서 이것에 대한 답을 기대하기도 어렵고, 오히려 기대하는 것 자체가 우습게 생각된다. 이제 범죄행동이 환경적이라는 주장들을 찾아 나가기 전에 범죄행동의 한 예가 아래 예문에서 소개된다. 이 예를 통해서 범죄가 환경적인지, 개인적인지 혹은 둘의 상호작용 효과인지를 다시 음미해 보자.

동성애 관계 제자의 살인

대학 시절 동성애를 했던 교수에게 돈을 요구했다가 거절당하자 교수를 살해 암매장한 제자 2명이 경찰에 붙잡혔다. 충남 아산 경찰서는 1998년 11월 13일 H대학교 홍모씨를 살해한 혐의로 제자인 안모씨(30, 무직)와 이모씨(29, 무직)를 검거하고 범행 일체를 자백받았다. 재학 시절 홍모 교수와 변태 성관계를 가져온 안모씨는 최근 생활이 어려워지자 홍모 교수가 혼자 살며 많은 재산을 모아 온 것을 알고 그를 유인, 나체 사진을 찍고 1천만 원을 요구했다가 거절당했다. 안모씨는 혼자서 범행이 어렵다는 것을 알고, 5일 자신의 신장을 팔려다 알게 된 이모씨 등을 끌어들여 범행 도구 등을 준비한 뒤 홍모 교수에게 "어제 찍은 사진의 필름을 돌려 주겠다"고 불러 내 다음 날인 6일 범행을 저질렀다(문화일보, 1998년 11월 14일).

위의 이야기에서는 범행의 원인을 환경으로 돌리고 있다. 이와 같이 우리 사회에서 범행의 이유를 따지는 데 개인변인이 끼어 들어갈 틈새가 없다. 실제로 범행의 원인을 개인변인이라 생각하고 설명하려 해도 환경적 설명에 비해서 어렵기만 하다. 왜냐하면 성격을 논하고, 신체적 특성이나 내분비선의 기능을 논하는 것이 쉽지도 않고, 그러한 설명을 이해하기가 어렵기 때문이다. 그래서 우리 사회에서 기술되는 범죄의 원인은 대부분 환경의 탓으로 돌려진다.

개인변인을 통한 범죄의 연구는 주로 정신병에서 찾아왔고 환경변인에 관한 것은 청소년 비행을 통해서 연구되어 왔다. 그래서 범죄원인의 환경변인을 논함은 바로 청소년 비행의 원인을 지적하는 바와 다르지 않다. 환경변인은 크게 ① 좋지 못한 조건, ② 약물남용, ③ 가정과 사회화, ④ 집단과 사회화, ⑤ 스트레스로 나눈다(Walters, 1992).

2-1. 좋지 못한 조건(adverse conditions)

좋지 못한 조건(adverse conditions)이란 개인이 처해 있는 환경이 다른 사람에 비해서 좋은 조건이 아님을 의미한다. 예를 들면, 사회 경제적 지위가 낮은 경우, 빈곤, 실직, 불평 같은 조건들이 범죄행동의 원인으로 지적된다.

1) 사회적 계층

사회적으로 낮은 수준에 있는 사람들이 범죄를 저지를 가능성이 높다는 주장은 사실상, 우리들의 오래된 생각이다. 그러나 이들 두 변인 사이의 연구 결과는 일정치가 않다. Tittle, Villemez와 Smith(1978)는 35개의 연구를 검토한 후 두 변인의 상관계수의 평균이 -.09에 불과하다는 것을 알았다. 그러나 Braithwaite(1979)는 자기 보고와 공식 자료 모두에서 두 변인 사이에 정적 상관 관계가 있다고 주장한다. 또한 Elliott와 Ageton(1980)은 사회적 지위 사이의 차이가 약물남용과 공공 질서 파괴에서는 차이가 없지만, 하층계급의 청년들은 공격적이고 과격한 폭행에서는 중간 계층보다 4배, 재산범죄에서는 2배 더 많다고 보았다.

낮은 사회 경제적 수준이 범죄와 관련되는 연구 결과들이 있지만, 가정 분위기, 아버지의 직업, 청소년 거주 지역의 사회 경제적 수준 등은 성인범죄와 무관하고 개인 자신의 교육 수준, 직업의 안정성과 같은 사회적 지위가 성인범죄와 약간 관계 있을 수 있다고 본다. 이렇게 사회적 계층 연구의 결과가 엇갈리는 이유 중의 하나는 중류, 상류층의 가정 환경에서 성장한 청소년의 비행에 관한 정보가 부족하기 때문이다. Buikhuisen(1984)는 Netherlands의 한 대학에서 82명(연령= 20~21)의 중류와 상류의 가정 출신의 학생을 조사한 결과, 93%가 적어도 한 번은 법에 저촉되는 행동을 했으며, 12%는 심한 범죄를 저질렀다고 주장한다. 이들은 높은 수준의 사회적 수준에 반해서, 걱정 수준이 낮고, 높은 충동성과 적대감, 외적 통제 소재(external in locus control)를 가졌다고 보고한다.

결론적으로 사회적 수준과 범행과는 관련성이 있을 수도, 무관할 수도 있다. 그러나 두 변인이 정적 상관 관계를 갖는다는 주장에 반대할 사람도 없기 때문에 범죄행동의 원인 추정에서 한몫을 차지한다.

2) 빈곤

Shaw와 McKay(1942)에 의하면, 못사는 지역에서 높은 범죄율이 나타났으며 이런 지역에서 범죄율이 오랜 동안 지속되었다. Walters와 White(1989)는 516명의 수감자들을 조사하고 이런 사람들의 대부분이 노동자 계층과 낮은 경제적 수준의 가정 출신이라는 것을 알았다.

앞에서의 주장과 달리, Walters(1992)는 범죄와 빈곤(poverty)의 관계는 범죄의 종류와 관련성을 갖는다는 주장이다. DeFronzo(1983)에 따르면, 가난한 사람들에게 공적인 보조를 해 주는 것이 살인, 강간, 도둑 같은 범죄율을 하락시키지만 강도나 주거침입 같은 범죄와는 관련성을 찾지 못했다. 이러한 연구와 달리 빈곤이 범죄의 원인이 아니라, 상대적 빈곤이 범죄의 원인이라는 주장이 있다. Kornhauser(1978)는 빈곤 자체가 범죄를 유발시키는 것이 아니라 범죄행동의 수준을 높이는 것은 사회적 불일치라고 믿는다. 그리고 Blau와 Blau(1982)에 의하면 경제적 불공평을 통제했을 때, 빈곤과 범죄의 관계를 못 찾았다. 그래서 이들은 빈곤보다는 오히려 경제적 불공정성이 원인임을 밝혔다.

3) 불공평

불공평성(inequity)의 지각이 범죄의 원인이라는 주장은 많은 연구들에서 찾아볼 수 있다. 제2장에서 예를 든 지존파가 그랜저를 몰았던 사장과 외제차를 소유했던 어느 여인을 범행 대상으로 정한 것은 이들이 부유층이라는 점과 자신들이 이러한 사람에 비해서 공정한 대우를 받지 못했다고 생각했기 때문이다. TV 화면에 비추어진, 지존파의 얼굴은 분노에 가득 차서 청취자들을 비아냥거리고 있었다. 죄를 지은 사람이 부끄러워하기보다는 오히려 분노로 가득 찼다는 것은 그들의 얼굴에 사회의 불공정이 표현되고 있음을 알 수 있다. 사회의 구성원이 공정성을 얻으려면, 아래의 공식과 같은 생각을 가져야 한다. 즉 누구든지 노력한 대가를 얻는 결과가 비율면에서 동일해야 한다. A와 B가 등식으로 표현되지 않고, 부등식으로 나타날 경우에 사회의 불일치가 발생된다.

$$\frac{\text{출력}}{\text{입력}} = \frac{\text{출력}}{\text{입력}}$$

〈그림 4-1〉 공평성의 원리

Quinney(1966)는 불공정이 범죄의 근원이라고 생각했으며, Maume(1989)는 불공정성은 범죄행동에 간접적으로 영향을 줄 수 있다고 주장한다. 이러한 주장은 여러 학자들(Braithwaite, 1979; Loftin & Hill, 1974; Messner, 1980)의 연구에서 찾아볼 수 있다.

4) 실업

실업(unemployment)과 범죄행동에 강한 상관 관계를 주장하는 학자들(Chaiken & Chaiken, 1982; Peterson & Braiker, 1980; Walters & White, 1989; Brenner, 1976) 중에서 특히, Brenner는 살인과의 관계성을 강조한다. Chiricos(1987)는 실업과 남성범죄자가 정적 관계를 갖는다는 주장을 한다. 한편 Naffine와 Gale(1989)은 여성범죄자와 실업과는 관계성이 없다고 주장한다.

노숙자

복지부 서민 생계안정 대책본부 소속, 김경수와 한응수 사무관은 IMF 시대를 맞이한 후 노숙자로 가장하고 1998년 4월 30일에서 5월 1일까지 서울역과 영등포역에서 노숙자와 함께 생활하였다. 이를 통해 노숙자의 70%가 30~40대 남자들이었으며, 1~2개월이 지나면 토착화된 부랑인, 앵벌이 감독, 자해 구걸인으로 바뀐다는 것을 알았다. 노숙자의 70%는 노숙자 그대로, 20%는 구걸인, 10%는 부랑인이라고 밝혔다. 노숙자의 수는 서울에 2,000명에 이른다고 한다. 노숙자들은 무료 급식소를 찾아다니며, 연명하고 있다.(조선일보, 1998년)

Freeman(1983)에 의하면, 50%의 실업율 감소는 5%의 범죄율 감소에도 기여하지 않았다고 주장하고 있어서 실업과 범죄율에 의심을 던진다. 그러나

Sampson과 Castellano(1982)는 백인에 비해서 흑인, 농촌보다는 도시에서 실업과 범죄 사이의 관계를 찾아내었다. 또한 Allan과 Steffensmeier(1989)는 실업과 청소년 범죄가 상관 관계를 갖는다고 설명하지만, 성인범죄는 고용의 질(quality of employment)과 관련성을 갖는다고 주장한다. 그래서 단순히 실업과 범죄의 관계를 찾을 것이 아니라, 세분화해서 관계성을 찾아야 할 것 같다.

실업과 범죄 두 변인의 결과는 다른 연구에서와 마찬가지로 엇갈리고 있다. 앞에서 설명한 나쁜 조건, 낮은 사회 경제적 수준, 빈곤, 실업이 범죄행동의 원인일 수도 있지만, 그렇지 않을 수도 있다. 그러나 이러한 변인들은 범죄행동의 원인을 논할 때, 빠짐없이 논의되는 대상임을 기억할 필요가 있다.

2-2. 약물남용

약물남용(substance abuse)이란 적정량을 넘는 양을 사용할 때, 신체적, 심리적 부작용을 갖게 된다는 것이다. 약물이라고 해서 모두가 부정시되는 것은 아니다. 적절히 사용하는 경우에 우리 인간에게 꼭 필요한 것이다. 수술환자에게 약물의 효력을 빌리지 못하면, 어떤 고통이 수반되는지 경험 없이도 잘 알 수 있다. 약물이 나쁘게 여겨지는 이유는 적정 한도를 넘어서 남용되기 때문이다. 그래서 결과적으로 정신과 신체를 망가뜨리고 죽게 만들기 때문이다.

흡연과 금연

필자는 고등학교 1학년 때 배운 담배를 즐기면서도 "끊어야 한다"는 생각이 늘 머릿속에 자리잡고 있었다. 그러나 한번 배운 담배를 좀처럼 끊지 못했다. 금연을 여러 번 시도했지만, 번번이 실패하고 말았다. 금연의 이유는 설명하지 않아도 될 성 싶다. 암, 암 그것이다. 1977년 새해 첫날 독한 마음에서 무작

흡연

정 담배를 끊었다. 담배를 배우고 12년만의 일이었다. 금연 후 8개월이 지나서 니코틴 냄새가 싫어지기 시작하였다. 그리고 나는 현재까지 담배를 피우지 않고 있다. 그러나 중독이란 완전히 끊는 것이 아니라 언제나 "참는 것"이다. 왜냐하면 나는 이 글을 쓰면서도 담배 생각에 입에는 단침이 솔솔 자꾸 새어 나오고 있기 때문이다. Pavlov의 실험에 사용되었던 개가 종소리만 들어도 고기를 연상하고 침을 흘리듯이, 담배 생각에 단침이 계속 흐르고 있다. 담배가 그 정도니까 다른 약물이나 알코올의 중독은 상상을 초월한다. 정말 무서운 것이 중독되는 것이다. 그래서 미국의 초등학교는 입학하자마자 학생들에게 "Just say 'no' to drug"를 가르친다.

1993년 미국 고교생 16,000명을 대상으로 한 연구에서 24%가 마약류 거래, 11.8%가 총기 소지, 7.3%가 총기로 해를 당한 경험을 갖는다(조선일보, 1995년 4월 2일). 이것은 미국의 이야기라고 치자. 그러나 한국의 청소년들도 안전하지는 않다. 1977년도 중, 고, 대학생을 대상으로 한 연구에서 중학생의 3.8%, 고등학생의 5.8%, 대학생의 11.7%가 대마초를 사용한 경험을 갖는다(주왕기, 1989).

한국학생들의 약물남용실태 조사

1996년 서울의 Y 대학교 신입생 5,220명을 대상으로 실시한 연구에서 다음과 같이 남녀별 약물사용실태를 파악할 수 있었다.

	남	여
마 약	26명(.5)	26명(.5)
대마초		
환각제	21명(.4)	21명(.4)
각성제	360명(6.9)	303명(5.8)
수면제	12명(2.3)	12명(2.2)
담 배	1,623명(31.1)	28명(5.3)
술	4,745명(90.9)	4,385명(84.0)

(조선일보, 1996년 5월 7일)

약물이 범죄와 관련 있을 수 있는 4가지 이유는 다음과 같다(Walters, 1992).

① 약물은 사용자의 공격성과 폭력성을 자극할 수 있다.
② 약물은 불법적인 경우가 많다. 그래서 약물의 사용은 범죄 관련 사건과 더 가까이 접근될 수 있다.
③ 어떤 약물의 가격은 금지적이다. 즉 판매를 허용하지 않는다. 그러므로 약물 사용자들은 뒷거래를 통해서 매우 높은 가격에 구입하게 된다.
④ 약물과 범죄는 상호적이다. 즉 서로가 원인과 결과의 관계를 갖는다.

약물에는 알코올, 마리화나, 헤로인, 코카인, 필로폰 등이 가장 많이 보급되고 있다. 이러한 약물에 대한 설명은 제7장에서 구체적으로 설명될 것이며, 여기서는 알코올에 대한 것만 소개한다.

UNDCP: 국제마약통제기구

세계는 불법마약 경작, 알선, 소비, 유통산업에서 벌어들이는 돈을 일 년에 5,000 억 달러 규모라고 추정한다. 우리 나라는 IMF 시대를 벗어났다고 한숨을 돌리면서, 외환보유고가 1999년 초 현재 500억 달러라고 발표하였다. 그러면, 5,000억 달러가 어느 정도인지 상상할 수 있을 것이다. 마약의 한 해 생산량은 4,000톤(한 톤의 값이 1조 원 정도)으로 추정한다. 1993년 미국이 압수한 마약의 양(108톤)은 가격으로 1~2백억 달러다. 태국 AIDS환자의 80%가 마약투입으로 인한 주사바늘을 통해서 전파되었다고 하니 마약의 피해는 한두 가지가 아니다. 세상은 마약의 불법거래를 막기 위해서 각국이 찬조금을 희사하고 있다. 한국은 1년에 UNDCP에 40,000달러를 기부하며 우리나라의 첼리스트 정명화씨가 친선대사로 활약하고 있다.

1) 알코올(alcohol)

알코올중독의 일차적 영향은 금지력의 감소이며 충동의 방출이다(Kaplan, 1984). 그래서 중독자들의 반사회적 행동이 증가된다(Goodwin, Crane & Guze, 1971). 특히 알코올은 폭력범죄, 살인, 강간, 신체적 공격과 관련성을 나타낸다(Berry & Boland, 1977). 그러나 범죄와 알콜 사이의 관계는 연령과 사회적 계층에 따라서 다르다. 범죄 초기보다는 오히려 범죄경력이 쌓였을 때, 알코올은 더 강한 관련성을 갖는다. 또한 알코올은 젊은층의 심한 폭력범죄를 부르며, 낮은 사회적 계층과 강한 관련성을 갖는다.

알코올중독자

Nathan(1988)에 따르면, 아동기와 청소년기의 반사회적 행동이 성인기의 알콜리즘을 일으키는 원인 중의 하나가 된다. 범죄성향의 소질이 알코올 사용을 규칙적으로 만든다. 그래서 알코올 남용은 범죄의 직접적 원인이 아니고 단지 범죄성향을 짙게 한다는 것이다.

Bennett과 Wright(1984)가 91명의 도둑을 조사하고서 거의 모든 사람들이 매번은 아니지만, 대체로 범죄 전에 알코올을 마셨고 3명 중에서 한 명은 매 범죄 전에 알코올을 마셨다. 그러나 많은 연구들이 둘 사이의 원인적 관계를 찾지 못했다. Collins(1981)는 둘 사이에 명확한 원인적 관계를 주장하지 않지만, 반복적 범죄자(lifestyle criminals)에게는 두 변인간에 명확한 상관 관계를 갖는다는 보고를 한다.

2-3. 사회화와 가정 분위기

사회화의 과정, 가정의 분위기와 여건들은 우리들의 사고, 신념, 행동 등에 지대한 영향을 주고 있다. 사회화에 일차적 영향력을 갖는 것이 아마도 가정일 것이다.

1) 부모의 태도

Gleuck와 Gleuck(1950)에 의하면, 청소년 비행자들의 부모는 그렇지 않은 소년들에 비해서 더 공격적이고 애정이 약했다. 이러한 주장은 많은 연구들에서 찾아볼 수 있다(Ferreira & Winter, 1968; Hetherington, Stouwie, & Ridberg, 1971; West & Farrington, 1977). 특히 아버지가 무감정하고, 관심이 없고 소홀한 경우에 범죄율이 가장 높다. 한편 아버지가 따뜻하고 수용적일 때 범죄는 가장 낮다(McCord & McCord, 1958). 그러나 이러한 주장과 달리 부모의 태도(parental attitude)와 범죄와의 관계성 연구는 부모의 배제가 청소년 범죄를 유도하는 것이 아니라 오히려 청소년 범죄 때문에 부모가 청소년들을 배제한다는 주장도 한다(Simons, Robertson, & Downs, 1989). 부모의 태도와 범죄행동의 연구 결과는 언제나 엇갈리는 결과를 제시한다.

2) 부모의 부재

부모의 부재(parental absence)가 범죄행동을 유발하게 하는가 하는 문제는 아동의 연령이 몇 살일 때 부모가 없었는지가 중요하다. 16세 이전에 부모가 이혼하거나 혹은 부재인 경우에 범죄행동과 관련성을 가지며(Walters & White, 1989), 6살이나 7살경 가정에 이상이 있는 것은 청소년기에 이상이 있는 것보다 더 범죄와 관련된다(Wadsworth, 1976; Wikinson, 1980). 그러나 Mednick, Renznick, Hocevar, & Baker(1987)는 남가주 대학생을 대상으로 실시한 연구에서 부모가 이혼할 당시 아이의 나이와 범죄와의 관계를 밝히지 못했다. Rosenquist와 Megargee(1969)도 부모의 부재와 범죄행동에서 관련성을 찾지 못했다.

부모의 부재가 범죄와 관계성을 갖느냐 하는 질문의 연구 결과들은 엇갈리는 답을 주고 있다(Herzog & Sudia, 1973). 오히려 부모의 부재보다는 가정의 불화가 더 범죄와 관련된다는 주장이 있다. McCord, McCord와 Zola(1959)에 의하면, 범죄행동은 부모의 사망과 이혼에 의한 범죄발생보다 집안의 갈등이 훨씬 더 강한 관계성을 갖는다. 이를 지지하는 학자들은 얼마든지 있다(Hetherington, Cox, & Cox 1979; Laub & Sampson, 1988; Robins, 1966). 또한 이러한 경향은 여아들보다는 남아에게서 더 높은 관련성을 갖는다는 것이 연구 결과(Rutter & Giller, 1984)의 설명이다.

3) 박해 가정(abuse home)

Straus, Gelles와 Steinmetz(1980)는 성격 형성 시기에 신체적 박해를 규칙적으로 받은 사람은 그렇지 않은 사람들보다 어린이, 배우자와 같은 관계에서 더 신체적인 힘을 사용한다고 주장한다. Reid, Taplin와

Loeber(1981)는 반사회적 행동을 보이는 3명의 소년들 중에서 적어도 한 명은 그가 자란 어떤 시기에 부모로부터 신체적 구타를 받은 적이 있다는 연구 결과를 발표하였다. 그러나 Langevin, Paitich, Orchard, Handy와 Russon(1983)은 109명의 살인자들을 조사한 후, 어린 시기에 신체적인 상해의 배경을 찾지 못했다.

유아기와 성인범죄의 관계성 연구는 대체로 방법론적인 문제에 부딪친다. 왜냐하면 대부분의 연구들은 과거의 기억을 더듬어서 반응토록 하기 때문이다. 그리고 이렇게 엇갈리는 연구 결과 때문에 신체적 박해와 범죄행동 간의 관계성을 강력히 주장하기 어렵다.

4) 양육 방식

부모의 양육 방식(parenting style)은 어린이들의 자기 통제 발달에 궁극적으로 영향을 미친다. Shore(1971)는 부모의 양육 방식은 어린이의 3가지 성격 차원-강도(intensity), 일관성(consistency), 질(quality)에 영향을 미친다고 생각한다. 부모가 아이에게 온화하고, 일관성 있고, 수용적 태도로 대해 줄 때, 그렇지 않은 조건에서 성장한 아이들보다 더 부모의 금지적인 태도를 내재화한다. McCord, McCord와 Zola(1959)는 아버지가 자식에게 일관성 있게 대할 때, 자식의 비행행동은 잘 나타나지 않는다고 주장한다. Bennett(1960)은 일관성 없고 간헐적 훈육 방식이 성장 후 청소년 범죄와 높은 상관 관계를 갖는다고 한다.

아이들은 자신의 행동에 대해서 야단맞을 것이라는 기대를 한다. 그러나 이때에 부모가 무심히 그냥 넘긴다거나, 혹은 웃고 넘어가는 경우에 아이들의 머릿속이 복잡할 수밖에 없다. 야단맞아야 하는데, 부모가 웃고 넘어간다. 혹은 칭찬받아야 하는 경우에 오히려 야단을 친다. 이러한 경우에 어린이들은 부모의 태도와 행동을 배울 수 없고 혼란스럽기만 할 것이다.

좋은 아버지 모임

우리 나라에 좋은 아버지 모임이 있다. 1991년 40명으로 발족된 좋은 아버지 모임은 1996년 현재 1,100명의 회원을 갖는다. 이 모임에서는 아버지와 가정을 UNESCO 꾸러기 한국판을 부록으로 개제하였으며, 올해의 좋은 아버지를 선정한다. 이 모임의 활동으로는 아버지와 자식이 함께 하는 기차 여행, 아버지 요리 솜씨, 아버지와 함께 춤을, 전방 견학, 아버지 역할 워크숍, 환경 캠프 등이다. 이 모임의 연회비는 5만원이다. 1996년 좋은 아버지로 선정된 사람은 변호사 성문섭(39)씨다. 성씨는 아버지가 우선 모범을 보여야 하며, 친구 같은 아버지만으로는 부족하다는 생각이다. 그는 자식들에게 절제된 생활의 모습을 보여 주고 귀가가 늦는 경우는 아이들에게 그 이유를 꼭 설명하는 사람이다.

2-4. 가정 밖의 사회화

아이들이 성장해서 유치원이나 초등학교에 입학하면서 동료들과 만나게 된다. 그 이전까지는 부모를 동일시하면서 사고와 행동에 영향을 받아 왔지만, 사회적 집단에 속하고부터는 동료들의 영향을 많이 받게 된다. 어린이들에게 영향을 주는 집단은 또래 집단(peer group), 학교 집단 등이다. 이러한 집단의 영향 이외에도 어린이나 청소년들에게 영향을 줄 수 있는 것은 대중매체를 가리킬 수 있다.

1) 또래 집단

Panella, Cooper와 Henggeler(1982)는 동료란 사회화의 중요한 요인이며, 정서 형성의 출처이며 특수한 행동 기준을 갖도록 한다고 주장한다. 이런 주장을 지지하는 Hartup(1983)은 공격성은 동료들로부터 소외당할 때, 관계가 있다고 설명한다. 또한 Southerland와 Cressey(1978)는 범죄행동이란 범죄를 저지르기 전에 이미 범죄에 가담한 사람과 관련 있으며, 특히 청소년의 경우에는 더 그렇다고 주장하고 있어 범죄에서 동료의 영향을 강조한다. 또한 그들은 또래 집단(peer group)은 다른 어떤 것보다도 특히 약물 남용과 더 강한 관계를 갖는다고 생각한다.

Fagan과 Wexler(1987)는 동료 집단의 영향은 가정의 영향을 훨씬 능가한다고 주장하며, Hanson, Henggler, Haefele와 Rodick(1984)은 비행 동료 집단에 가담하는 것은 폭력범죄나 반복적 범죄의 가장 강력한 예측변인일 수 있다고 생각한다.

동료 집단의 영향은 반사회적일 수도 있으며 혹은 친사회적일 수도 있다. 여기서 반사회적 영향을 강조하는 이유는 범죄의 원인을 찾기 위한 것이기 때문이다. 친사회적 영향도 반사회적 영향 못지않게 강할 수 있지만, 이러한 영향은 사회적으로 문제시되지 않기에 눈에 띄지 않는다는 것뿐이다.

2) 학교

학교는 어린이가 처음으로 가정 밖의 규칙에 노출되는 곳이다. 이들은 학교를 통해서 사회, 학습 등 다양한 것들을 배운다. 학교는 어떤 학생을 불명예스럽게 만들어서(labeling) 이들이 비행행동을 하도록 한다(Polk & Schafer, 1972). 청소년기에 비행자가 된 사람들은 초등학교 시절 선생님에 의해서 기록부에 충동적, 공격적, 말썽꾸러기라고 기술되는 경우가 일반적이다. West(1982)에 의하면, 영국의 노동자와 청년을 대상으로 하는 장기간의 연구에서 선생님에게 말썽꾸러기라는 평가를 받은 사람은 범죄행동과 강한 관계성을 갖는다.

Rutter, Mortimore, Outson와 Smith(1979)는 학교변인들보다는 사회 경제적 수준과 지능이 더 범죄행동과 상관 있음을 주장한다. 예를 들어서 학생과 교사의 비율, 학교 환경 등은 범죄행동과 관계가 없다. 이 말의 의미는 학교에서 문제아라는 낙인이 찍힌 아동들의 사회 경제적 수준과 지능을 통제하면 학교 관련 변인은 범죄행동과 관계성을 찾기 어렵다는 뜻이다.

학교가 청소년 비행과 범죄행동에 영향을 주는가 하는 질문의 답은 다른 변인과 마찬가지로 엇갈리는 결과를 제시하고 있지만, 학교에서 좋은 평가를 받는 학생이 후에 범죄에 젖을 확률은 높지 않을 것으로 생각된다. 예를 들어서 Ahlstrom과 Havighurst(1971)가 400명 문제 학생의 연구를 위해서 피험자들을 실험 집단과 통제 집단으로 나누고 6개월의 특수 프로그램의 학습을 받게 하였다. 연구에 포함된 학생들은 연구 전에 이미 문제 학생이라고 낙인찍힌 사람들이지만, 실험 후에 이들은 문제행동을 보이지 않았다.

학교가 학생들에게 좋은 행동을 가르치고, 바른 길로 가도록 선도할 수도 있지만, 학교 안의 소집단은 학생들이 범죄행동을 하도록 유도하기도 한다. 그러나 본서는 범죄행동에 관심을 갖는 한, 학교의 부적 영향만을 다루고 있다.

우리 나라 중 · 고교생의 불량 서클

1995년 11월 현재 서울 시내 중·고교의 불량 폭력 서클은 149개에 이른다. 이것은 5개 학교당 한 개 꼴이다. 특히 고교생의 서클이 31개인 반면에 중학교는 무려 118개에 이른다. 중학생의 경우는 칠공주파, 백마강파, 황소파, 일진파, 오류파 등으로 금품갈취, 구타, 가출, 음주 등을 해 오고 있다. 고등학생 서클은 칠성파, 번개파, 흑싸리파, 포세이돈, 산이슬파 등의 이름으로 결성되어 있으며, 단합을 위해서 문신을 하거나 머리를 붉은색으로 염색한다. 정부는 청소년 범죄를 막기 위해서 "1교직원 1비행학생 가정 결연"운동을 전개하려고 추진중이다. 그러나 효과는 두고 볼 일이었다. 1999년 8월 현재 이들의 활동상은 과거보다 더 진보적이다(조선일보, 1995년 11월 16일). 1995년 11월 15일부터 1996년 2월까지 3개월 동안 전국의 초중고생 3만4천5백63명이 1억6천8백94만원의 금품을 빼앗겼다. 이들 중에서 중학생이 빼앗긴 돈의 액수는 7천5백45만1천 원이었다. 초등학생의 수는 밝히지 않았지만, 총액 중에서 중학생의 몫을 제하면, 9천3백4십8만9천 원이 초등학생의 몫이 된다.(조선일보, 1996년 3월 28일)

2-5. 대중매체

우리들 주위에는 TV, 신문, 잡지, 비디오 같은 매체를 통해서 폭력과 음란물이 넘치고 있다. 이러한 매체가 이를 보는 어린이와 청소년들에게 비행행동을 갖도록 한다는 주장은 Bandura(1977)의 사회학습 이론으로 설명된다. 그의 이론은 학습은 반드시 경험에 의해서 형성되는 것이 아니라 모방을 통해서도 이루어질 수 있다는 것이다. 어린이들은 어떤 모델을 찾고 그 모델의 행동과 사고를 인지적 과정을 거쳐서 모방한다는 주장이다. TV와 영화 같은 매체를 통해서 악당을 폭력으로 물리치는 정의의 주인공을 어린이들은 흉내내기 쉽다(Milavsky, Kessler, Stipp, & Rubens, 1982). 그러나 선한 주인공이라도 문제 해결 방법을 위해서 사용하는 방법이 폭력이기에 이를 지켜보는 어린이들에게 폭력을 가르쳐 주는 셈이다.

매체의 영향은 어린이에게만 국한되지 않는다. 미국의 대통령 John F. Kennedy가 1963년 암살되고, 1966년 Richard Speck에 의해서 8명의 간호사가 살해된 후에 미국의 살인율은 전국적으로 상승하였다. 또한

Philips(1983)는 1973~1978년 사이의 세계 권투 챔피언 시합 후, 살인율이 12% 증가했음을 알았다.

대중매체(mass media)의 영향은 오래 지속되는 경향이 있다. 이러한 주장은 Eron, Huesmann, Lefkiwitz와 Walder(1972), Lefkowitz 등(1977)의 연구가 뒷받침하고 있다. 이들의 연구에서 폭력물을 본 학생들이 더 공격적이었으며, 10년 후에도 마찬가지였고, 또 10년 후에도 그들이 역시 더 폭력적이었다. 대중매체에서 표현되고 있는 공격성이 폭력범죄 이외의 다른 범죄와도 관련성을 갖는지에 대한 연구를 실시한 결과, 사기범죄와 대중매체의 폭력과는 상관없다는 결과를 얻었다(Milgram & Shortland, 1973).

지금까지 설명된 연구와 달리 Clark와 Balckenburg(1972)는 범죄와 대중매체의 폭력은 상관이 없다는 지적을 한다. 이 같은 주장은 내재하고 있었던 공격성이 대중매체를 접하면서 해소되기 때문으로 해석한다.

1) 춘화도

춘화도(Pornography)의 접촉 정도와 강간 횟수와는 정적 상관을 갖는다(Baron & Straus, 1987; Scott & Schwalm, 1988)고 주장하는 반면에 욕구 해소의 효과가 있기에 둘의 관계성은 미미하거나 혹은 약하다는 주장도 있다(Messner, 1986). 혹은 설상 두 변인이 정적 관계를 갖는다 해도, 그것은 오히려 제3의 변인이 개입되었기 때문이라는 해석도 있다. 예를 들면, 이미 공격적 상태에서 춘화도에 접한 경우 공격적 행동을 보일 수 있다. 이런 경우에 춘화도가 직접적 원인이 아니라 이미 내재해 있었던 공격성이 원인이라고 생각한다.

춘화도의 영향

1989년 1월 24일 연쇄살인범 Ted Bundy가 잡혔을 때, 심리학자 James Dobson은 살인의 원인으로 알코올과 짙은 춘화도를 꼽았다. Bundy 역시 그것을 시인했다. 이 Ted는 춘화도(시각적인 수단에서 성을 추구하는 망상과 환상)를 자신의 살인 원인으로 자백하였다.

춘화도

2-6. 스트레서

스트레스는 어느 누구에게나 나타나는 생활의 일부다. 스트레스가 적절한 경우는 우리들의 생활에 촉진제적 역할을 하지만 지나친 경우는 위궤양, 두통, 공격성, 가정 불화 등 신체, 심리적으로 해를 주게 마련이다. 스트레스를 많이 받은 사람으로 생각되는 외상후 장애자(post-traumatic stress disorder)들은 스트레스에 대한 대처력이 약하고 공격적일 수 있다. Pentland와 Rothman(1982)은 California에서, Trial magazine(1977)은 Massachusetts에서, Kehrer와 Mittra(1978)는 Pennsylvania에서 수감자의 25%가 군제대자들이었고, 그 중의 50%가 월남전 용사였다는 지적을 한다.

전쟁에 노출 정도가 범죄행동의 비율로 나타나기도 한다. 전쟁에 많이 혹은 적게 노출된 정도에 따라서 범행의 비율은 26.5% 대 6.3%로 나타났다(Yager, Laufer, & Gallops, 1984). Schultz(1982)는 심한 전투에 가담했던 월남전 용사들의 1/4이 범죄행위와 관련된다는 주장을 한다. 이런 주장과 달리 Walters와 White(1987)는 베트남 전쟁의 경험자들이며, 상습적인 범죄자인 사람들을 대상으로 한 연구에서 표집의 45%는 벌써 입대 전에 한 번 이상의 범죄경력을 가진다는 지적을 하며 전쟁 스트레스가 반드시 범죄의 원인이 아님을 강조한다.

Good House Keeping(미국 잡지)

스트레스가 쌓일 때 국수를 먹어라, 과자는 더욱 기분이 나빠진다. 우울증엔 쇠고기나 닭고기가 좋다. 생리증후군 때는 우유나 채소를 먹어라. 왜냐하면, 음식에 따라서 뇌의 분비물이 다르기 때문이다. 스트레스가 강할 때, 탄수화물이 많은 음식(국수와 감자)이 좋다. 이런 음식은 인슐린을 늘리고, 진정 효과가 있는 세로토닌이라는 분비물을 분비하게 만든다.(조선일보, 1996년 4월 1일)

2-7. 물리적 환경

Lab와 Hirschel(1988)에 따르면, 다른 계절에 비해서 더운 여름과 추운 겨울에 범죄가 더 많다는 주장을 한다. 또한 Baron과 Ransberger(1978)는 온도와 폭력범죄는 역 U자형의 관계성을 갖는다는 지적을 한다. 즉 온도가 높거나 혹은 낮을 때 범죄가 발생할 확률이 낮다. 온도가 중간 정도(화씨 80~85도)일 때 범죄는 증가한다. 그러나 온도와 범죄의 곡선적 관계에 반대하는 입장도 있다. Anderson과 Anderson(1994)은 두 변인의 직선적 관계를 주장한다. 이들은 폭력범죄와 온도는 직선적 관계에 있어서 온도가 오르면 오를수록 범죄성향은 높아간다는 주장이다.

범죄는 또한 계절에 따라서 다른 유형을 갖는다. 여름은 폭력범죄와 강간, 겨울에는 강도의 범죄건수가 높다(Defonzo, 1983). 기온 이외에도 습도가 범죄발생에 한몫을 한다는 주장도 있다. Lab와 Hirschel(1988)의 연구에서 온도는 폭력범죄와 관련 있지만, 습도는 폭력과 재산범죄 모두에 영향을 미친다고 보고한다.

이동흡 박사(산림청)

목재는 항암, 탈모 방지 및 진통 효과가 있는 약효 성분을 갖고, 적절한 온도와 습도를 유지시켜 준다. 그리고 사람의 심지를 곧게 해 주는 20~30KHz대(초고음역)의 소리를 차단하지 않는다. 초고음역은 새의 울음소리, 벌레나 새의 소리, 숲 사이로 바람이 스치는 소리, 파도소리들이다. 나무는 이러한 소리를 차단하지 않으나, 콘크리트는 차단하게 된다. 콘크리트 건물 속에서 생활하는 학생들은 요사이 학교폭력으로 몸살을 앓고 있다. 이런 상황을 읽은 약삭빠른 보험회사에서는 학교폭력에 대비한 보험상품을 내놓았다. 이들의 예상대로 이 상품은 인기리에 팔려 나가고 있다.(조선일보, 1996년 3월 21일)

3. 인적, 환경적 변인의 상호작용

상호작용 변인이란 유전적 소인이 환경의 영향으로 더 강해지거나 혹은 약해져서 나타나는 특성이다. 예를 들면 기질적으로 급한 성격을 갖는 사람이 나쁜 환경에서 성장한 후에 더 급한 성격을 갖는 경우를 생각할 수 있다. 기질 이외에 체격조건을 예로 들 수도 있다. 근육형의 신체적 구조를 갖는 사람이 실직을 했을 경우에 가냘픈 체격을 갖는 사람보다 더 범죄성향을 가질 수 있다. 이런 경우에 범죄성향은 환경의 탓이 아니라 신체적 구조와 환경의 상호작용에서 나타난 결과이다. 인적, 환경적 상호작용(interaction variabler for person and situation) 변인에 대한 설명을 다음 〈그림 4-2〉로 요약해 본다.

개인변인

환경적 변인		신체적	생리적	기질적(심리적)
	과거	a	b	c
	현재	d	d	f
	미래	g	h	i

〈그림 4-2〉 유전적, 환경적 상호작용 변인

Walters(1992)가 분류한 개인변인을 다시 회상하면, ① 유전, ② 신경체계, ③ 신체적 특성, ④ 지능 ⑤ 심리적 특성, ⑥ 인구학적 변인이다. Wlaters는 이들 6가지 요인들 중에서 유전적 소인을 별도로 취급하고 있다. 그러나 그가 이것을 별도로 취급한 것은 쌍둥이 연구에서 유전자의 동일성을 내세우며 신체적, 생리적 조건의 동일성을 강조하기 위함이었다. 그래서 유전을 별개의 변인으로 볼 것이 아니라 〈그림 4-2〉의 표에서와 같이 신체적, 생리적 요인을 유전적으로 보고 개인변인으로 간주해도 관계없을 것이다.

개인변인에 자주 인용되는 성별과 연령을 생각해 보자. 성별은 따질 것 없이 타고나는 것이며, 남자와 여자가 신체적 구조와 생리적 구조에서 다르다는 점을 감안한다면 별개의 변인으로 취급하지 않고 신체적, 생리적 변인에 속한다고 볼 수 있다. 그리고 이것이 개인변인으로 간주되었지만 남자와 여자라는 신체적 특성보다는 생활하는 가운데 얻게 되는 남성성과 여성성이 더 가까운 의미를 가진다. 그래서 좀더 깊게 생각하면 성별도 상호작용변인으로 볼 수 있을 것 같다. 연령도 역시 개인변인이기보다는 오히려 상호작용변인에 더 가깝게 생각된다. 왜냐하면 나이가 들어가면서 환경과의 상호작용으로 결정된 지수로 연령을 보는 것이 더 타당할 것이다.

환경변인은 가정, 학교, 사회, 문화들의 여러 측면에서 고려할 수 있지만, 묶어서 보면 과거, 현재, 미래에 대한 환경적 측면에서 이해될 수 있다. 과거의 환경이란 어린이가 자라 온 가정 환경, 초등학교 시기 등 범죄행동을 저지르기 이전의 기간을 말한다. 그리고 현재의 의미는 실직, 경제적 여건, 대인 관계 등 다양할 수 있다.

미래 환경이란 개인이 앞으로 맞이하게 될 환경에 대한 예측이다. IMF 시대를 맞이해서 우리들이 가장 궁금해하는 것은 IMF 시기를 언제 벗어나느냐 하는 것이다. 그래서 1998년 11월 현재 매스컴에서 "한국 경제는 이미 플러스 성장으로 돌아섰다", "올해는 마이너스 성장을 기록하지만, 다음 해는 2퍼센트의 성장을 기록하게 된다", "2003년에는 다시 개인소득이 10,000불이 된다" 등의 뉴스는 경제적으로 어려움에 처한 우리들에게 미래에 처할 환경을 예시하는 것이다. 그러한 뉴스를 접하면서 우리들은 "지금 어려워도 조금만 참자"라는 생각을 가질 수 있다. 그러나 아무리 참아도 희망적이지 못할 때, 공격적 행동이 조성될 수 있다.

〈그림 4-2〉은 상호작용변인을 설명하기 위해서 유전적 요인과 환경적 요인을 엇갈리게 하면서 칸을 만들었지만, 이것은 어디까지나 설명을 쉽게 하기 위한 것이며, 절대적으로 명확한 선의 구별이 존재한다는 것은 아니다. 왜냐하면, 각각의 칸들은 서로 얽혀서 여러 개가 더 크게 묶여질 수도 있고 이것이 하나로 묶여질 수도 있기 때문이다.

그림에서 볼 수 있듯이, 우리들의 행동원인이 순수하게 유전적이다 혹은 환경적이다라는 양분된 주장을 내세우기 힘들다. 이유는 유전적 소인이 세월의 흐름과 함께 변할 수 있기 때문이다. 태어날 때 그대로의 순수함을 유지한다면, 범죄행동에서 유전적 영향을 자신있게 주장할 수 있다. 그렇지만 모든 것들은 시간의 흐름을 타고 변하게 마련이다. 〈그림 4-2〉 a의 경우에 강한 신체적 구조를 가지고 태어난 사람은 그렇지 않은 사람보다 더 범죄성향을 갖지만, 시간의 흐름은 이러한 사람을 사회에 더 이바지하는 방향으로 이끌 수 있다. 예를 들어서 직업군인이 된다거나 혹은 체육인이 된다. 한편 강한 체격을 갖는 사람이 가정환경이 나쁘다거나 혹은 실직 같은 나쁜 환경의 영향으로 범죄행동을 저지를 가능성을 높일 수도 있다.

〈그림 4-2〉은 a에서부터 i까지 나누어져 있지만, a의 경우와 같은 해석이

다른 것에도 가능하다. i의 예를 들어 본다. 기질적 혹은 심리적으로 충동적인 성격을 가진 사람이 현재까지 별다른 어려움 없이 살아왔다. 그러나 자신의 미래에 어려움이 닥칠 것이라는 예견을 하면서 이 사람은 더 충동적이 된다. 예를 들어서, 앞으로 사업이 어려워지고 사채를 갚을 길이 막힐 것이라는 예측에 인내심 약한 사람은 채권자를 협박해서 빚을 연기토록 강요할 수도 있다. 사실상 앞으로의 어려움을 예견하고 고의적으로 부도를 낸 사람들을 주위에서 얼마든지 찾아볼 수 있다.

시간과 함께 살아간다는 생각은 모든 범죄행동의 원인이 개인과 환경의 상호작용 효과라는 생각을 갖게 한다. 예를 들어서 아주 개인적이고 유전적 소인을 갖는 어떤 사람의 가상적 경우를 보도록 하자. Reagan 대통령의 암살을 시도했던 Hinkley는 정신분열증이라는 이유로 무죄판결을 받았다.

정신분열증이 유전적이냐 혹은 환경적이냐 하는 논쟁은 아직도 이어지고 있다. 정신분열증이 유전적이라는 주장을 하는 사람들의 기준은 혈연 관계에서 증세를 보인 사람들이 더 정신분열증세를 보인다는 것이다. 이러한 사람들의 주장을 사실로 받아들인다 하더라도, 그러면 왜 혈연 관계 외에 다른 조건에서도 그런 증세가 나타나는 것인지에 대한 답을 유전적 소인만으로 해결할 수 없다. 다시 말하면 환경의 영향을 고려해야 한다는 의미다.

여기서 유전이다 혹은 환경이다라는 주장을 내세우려는 것이 아니라 이미 존재하고 있는 연구 결과들을 정리해서 보여 주려는 것이 목적이다. 이제 상호작용변인의 기존 연구들을 살펴보기로 한다. Daitzman과 Zuckerman(1980)에 의하면, 남성 호르몬이 감각 추구(sensation seeking)와 관련 있음을 주장한다. 그래서 남자가 여자보다 8, 9배 범죄행동의 가능성이 높다(Simon & Sharma, 1979)는 연구결과가 있다. 기질, 자동반응(autonomic reactivity), 흥분 수준(arousal level), 남성 호르몬은 모두 개인변인들이다. 이러한 개인변인이 정상 수준 이상이지만 환경이 원만치 못할 때, 범죄성향은 짙어진다. Sameroff, Seifer와 Zax(1982), Werner와 Smith(1977)는 기질적으로 어려움을 갖는 어린이는 부모가 일관성 없는 가정 교육을 시키는 경우에 청소년 범죄에 가담할 가능성이 높다고 생각한다.

DeMyer-Gapin과 Scott(1977)에 따르면, 정신병 어린이는 검사기간 동안에 신경증적 어린이에 비해 이상한 자극에 더 신속하게 습관화되었고, 좀 더 자기 자극적인 행동(이야기하기, 주위를 서성거리기)에 더 가담하였다. 이와 같은 연구 결과들은 많은 연구들에서 흔히 찾을 수 있다. 예를 들면, 범죄성향이 짙어질수록 더 높은 자극을 추구하게 되며, 범죄적인 사람은 최적의 각성 수준을 얻기 위해서 더 큰 자극을 요구한다는 것들이다.

범죄성향을 보이는 사람은 높은 수준의 자극과 흥분을 추구하지만 이러한 추구 방법에는 여러 가지 길이 있다는 것을 알게 된다. 이러한 길은 어떤 사람을 모델로 삼거나 혹은 집단에 가담하는 것들이다(Walters, 1992). 이러한 주장을 뒷받침하는 Schalling(1987)은 공격성과 남성 호르몬은 관련성을 갖지만, 연령이 높아지면서 더 강한 관계성을 보인다고 주장한다. Baldwin(1984), Baldwin과 Baldwin(1977)은 자극 추구 경향은 청소년 말기에 절정에 이른다고 주장하고 있어서, 자극을 추구하려는 개인변인과 그에 걸맞게 관련성을 갖는 환경이 범죄를 만들어 낸다고 할 수 있다.

Giordano와 Cernkovich(1979)은 청소년 말기와 성인기 초기에 가장 강한 범죄성향을 보이는 개인변인 중의 하나로 흥분(excitement)을 꼽고 있다. Walters(1992) 는 자극과 흥분에 과도한 반응을 보이는 사람은 내부적 요건보다는 환경적 조건이 더 그러한 성향으로 몰고 간다고 생각하고 있어서 환경과 인적 변인의 관계성을 강조한다. 그러나 이러한 자극 추구 성향, 흥분과 같은 특성은 30세를 지나면서 점차 하락하기 시작한다(Zuckerman, 1974; Hirschi & Gottfredson, 1983).

개인변인과 환경변인 사이에서 형성된 상호작용변인 중에서 가장 보편적인 것은 자아 존중감이다(Walters, 1992). 개인변인의 예로서, 체격조건을 생각해 보자. 바람직하지 못한 체격조건을 가졌을 때, 그와 관계를 갖는 사람들이 보통의 경우와 다르게 대해 줄 수 있다. 이러한 행동을 지각한 사람은 또한 정상적인 자아상을 갖기 곤란하다. 물론 그러한 체격조건을 갖는 사람이라 할지라도, 부모나 학교 교육을 통해서 강한 자신의 상을 구축할 수도 있다. 예를 들어서, 어려서부터 부모와 가까운 신체적, 심리적 접촉을 통해서 높은 자아 존중감을 가질 수 있다.

신체적 자아상, 얼굴 비대칭과 같은 비정상성은 자아 존중감에 큰 영향을 미친다(Stone & Church, 1979). 예를 들면, 처진 귀, 넓은 눈과 눈 사이를 갖는 사람이 그렇지 않은 사람들보다 더 범죄성향을 보인다는 연구결과를 보았듯이 보통의 사람들보다 대인 관계에서 문제를 가질 수 있고 그래서 폭력적이 되기 쉽다. Stone 등에 따르면, 어린이들은 3~4세에 신체적 자아상을 형성한다. 이러한 자아상은 유전과 환경의 상호작용 결과다. 왜냐하면, 신체적 매력을 갖지 않은 사람은 생활하는 가운데 타인에 의해서 무시되고, 그래서 타인을 싫어하게 되기 때문이다(Krebs & Adinolf, 1975).

자아상과 관련된 환경적 요인으로 부모의 훈육 방법이 지적된다. 부모의 마음에 들지 않는 성격 혹은 심리적 특성을 갖는 자식의 예를 들어 보자. 이러한 부모들은 초기에 언어적 혹은 비언어적 표현을 통해서 어린이들의 자아상을 형성케 한다. 부모가 무시한다든지, 혹은 "바보 같은 놈", "너의 엄마" 혹은 "아버지 같은 놈"하는 식의 나무람은 낮은 자아 존중감을 갖게 한다(Steiner, 1974). 이와같이 자아상은 유전과 환경의 복합적 영향에서 형성된것임을 알수 있다.

Reckless, Dinitz와 Murray(1956)는 초등학교 6학년 125명의 착한 아이들을 조사하고 다음과 같은 결과를 얻었다. ① 이들은 책임감 척도에서 높은 점수를, 비행 가능성 척도에서 낮은 점수(california personality inventory)를 얻었다. ② 자신을 복종적이라고 평가했으며, ③ 호의적인 지각과 가족 관계를 표현했으며, ④ 결혼과 경제적 측면에서 안정적인 가정의 출신이었으며, ⑤ 103명 중에서 95명은 4년 후에도 여전히 훌륭한 어린이로 평가를 받았다. 연구에 포함된 어린이들은 생활하면서 정적 보상을 계속 받아 왔을 것으로 짐작된다. 착한 성향을 지닌 어린이들이 환경조건 때문에 일정한 자아 존중감 수준을 유지해 왔을 것이다.

자아 존중감과 함께 개인과 환경의 상호작용변인으로 지적되는 것은 자기 정체성(self-identity)이다(Walters, 1992). Erickson & Empey(1963)에 따르면, 5단계의 심리적 발달(자아 정체감 대 역할갈등)에서 자아 정체감을 갖지 못하는 사람은 사회의 역할과 타인과의 관계를 불안하게 생각한다. 자기 정체감은 "내가 사회에 어떻게 적응해야 하는가?"하는 질문의 답을 찾는 것이다. 이러한 질문의 답을 얻는 것이 바로 자신이 사회를 살아가면서 경험하는 역할에 대한 기대이며, 따라서 자신의 정체감을 확인하는 것이다. 연속적인 실패는 자기 파괴적 태도와 신념을 유도한다고 주장한다(Egan,1982).

우리들의 사회에서 적절한 역할을 찾지 못할 때, 원만한 사회적 관계를 갖지 못하는 사람이 된다. 이러한 사람들은 ① 사회적 규범을 염두에 두지 않고, ② 타인을 사물로써 보고, ③ 세상일이 마음대로 안 될 때 남을 미워하고, 화를 잘 내고 격분한다(Walters, 1992).

이 세상의 낙원, 서사모아

남태평양의 서사모아(독립국) 인구는 고작 17만 명이며, 수도 아피아에는 고물차 9대가 4발 달린 물건의 전부다. 이 곳에서는 배고플 때, 아무 집에나 가서 먹는다. 함께 여행하던 안내원이 배가 고프니까 어느 집에 들려서 막 뒤져 먹었다. 그래서 이 곳이 "너의 집이냐? 너의 친척집이냐?"라고 물으니까, "아니오"라는 대답을 하였단다. 그 안내원의 대답은 "음식은 하늘이 내려 준 것이기에 네 것, 내 것이 없다"라는 것이었다.(쌤 스토리, 1996년, 3월호)

위의 예문에서 소개되는 서사모아에도 성질 급한 사람이 있겠지만, 환경이 너무 좋다 보니까, 그런 사람도 환경에 묻혀 버리나 보다. 더운 지방의 사람들은 급하고, 폭력적이라는 것이 일반적 기대이다. 그러나 위의 예에서 보듯이 급한 기질을 갖는 유전적 소인도 서사모아의 좋은 환경은 모두를 동일하게 만든다

앞에서 개인변인은 별도로 취급하였지만 결국 필자의 주장대로라면 개인변인으로 간주되는 신체, 생리, 심리적 요인들도 모두 환경변인으로 취급될 수 있다는 생각을 내세워야 할 것 같다..

4. 자유의지

신이 인간에게 내린 선물 중에서 가장 멋진 것이 바로 자유의지(free will)라고 말할 수 있을 것 같다. 이 말에 의심이 간다면, 우리들의 세상에 자유의지가 없다는 가정을 해 보자. 이 지구상에는 동물만이 움직이고 있을 것이다. 우리들의 생활을 밝게 해 주는 음악, 미술, 소설, 영화 같은 예술도 존재하지 않는다. 경제 생활도 엉망이고, 물론 정치도 존재하지 않을 것이다. 공산주의에는 자유의지가 인정되지 않는다고 반박할 수 있지만, 그러한 사회를 지도하는 사람의 자유의지에 대한 출처가 궁금해진다. 또한 공산주의 사회라도 우리들의 자유의지는 끝없이 지배받는 것을 용납하지 않는다. 왕의 권력 하에서 충성을 다하던 우리의 과거를 현재 드라마를 우리들은 즐

기고 있다. 그러나 이렇게 멋진 자유의지는 남의 것을 탐하고, 폭행하고, 사기치는 등의 나쁜 행위로 나타날 수 있는 어두운 면을 동시에 갖는다.

지금까지 소개된 인적, 환경적 변인의 설명은 개인의 의지와 관계없이 범죄행동에 영향을 미친다는 것이다. 신체적 구조나 생리적 상태가 원래 어떠했으니까 그런 결과가 나타날 수밖에 없다. 혹은 환경조건이 그러하니까 그에 걸맞은 행동이 나올 수 있는 것이 아니라는 식의 해명이다. 그래서 그런 식의 해석은 범죄행동에 대한 책임을 묻기가 곤란하다. 결론적으로 내가 한 것이 아니라, 나의 환경조건, 나의 신체적 조건이 나를 그렇게 만들었다는 주장이다. 현재 감옥소에 수감된 모든 사람들은 "세상 사람들이여 나를 비웃지 마소. 당신도 나와 같은 조건을 가지면, 언제든지 이 곳에 들어올 수 있어"라고 말할 수 있을 것이다. 인적, 환경적, 인적 × 환경적 원인으로 범죄행동을 해석한다면, 행위에 대한 책임도 없는데 수감자들은 감옥소에 갇혀 있는 셈이다. 그러나 우리의 현실은 "다른 사람은 그러한 조건에서도 죄를 짓지 않는데, 왜 당신은 그런 짓을 했어"라는 의미로 벌을 주고 있다. 결국 자유의지에 의해서 범죄를 선택한 것이고 그래서 벌을 받아야 한다는 것이다.

인간의 행동이 자유의지적이냐 혹은 결정론(determinism)적이냐 하는 논쟁은 끝을 모르고 계속된다. 그러나 법의 입장에서는 책임을 묻고 그에 응당한 벌을 주고 있기 때문에 자유의지를 지지하고 있는 셈이다.

범죄행동을 선택하게 하는 원인은 물론 자유의지에 의한 것이지만, 이러한 선택을 결정하게 하는 요인들 중에서도 경제적 계산이 으뜸이다. 범죄행위에 따른 손익계산에서 득의 결과를 얻을 때, 범죄행동이 나타날 수 있다(Decker & Salert, 1986). 손익계산에 포함되는 요인으로는 부(money), 불법행위에 대한 보상, 범죄행동에서 얻은 강화와 예상되는 벌들이 포함된다(Block & Heineke, 1975).

범죄행위의 결과가 행위의 결정에 많은 영향을 주지만, 범죄자들은 간단한 손해를 무시하고 큰 보상에 관심을 모은다(Wilson & Herrnstein, 1985). Waldo와 Chiricos(1972)는 범죄행위의 선택은 지각과정(perceptual process)이며, 상과 벌을 주는 사건 그 자체보다는 사건에 대한 해석이라고 생각했다. 이러한 과정에서 처벌자(punisher, 법과 규범)와 강화자(reinforcer, 범죄로 얻는 이득)의 관계에서 계산이 시도되지만, 여기에 지능, 충동성 등의 영향이 개입된다(Ghali 1982).

범죄자의 처벌이 확실하고, 벌의 심각성이 높다 하여도 범죄행동이 발생되는 경우가 있다(Paternoster, 1987). 왜냐하면 범죄자들은 범죄행위로부터 얻는 이득의 확실성과 벌의 심각성을 제나름대로 해석하기 때문에 확실한 것을 불확실하게, 심각한 것을 간단하게 고쳐 생각해서 범죄행동에 가담하고 만다. 이와 유사한 주장을 하는 연구자로서 Carroll(1978)은 범죄자와 비범죄자를 구별하는 4가지 점을 제시하였다.

첫째, 범죄를 멀리할 수 있는 가능성이다. 범죄자들은 그렇지 않은 사람들보다 범죄의 가능성과 가까이 살고 있다. 예를 들면, 도시 지역 거주, 밤 시간의 활동, 범죄성향의 친구 집단 등과 인접해 있다. 둘째, 범죄행동으로 예상될 수 있는 체포확률을 지각함에 있어서 범죄자들은 아주 낮게 생각하지만, 비범죄자들은 이런 확률을 아주 크게 확대해서 지각한다. 셋째, 손익계산에서 범죄자들은 실보다는 득에 더 많은 관심을 갖는다. 손해의 정도가 크더라도, 득의 양이 클 경우에 범죄행동을 저지르게 된다. 마지막으로 범죄자들은 체포될 경우에 받게 되는 벌을 과소평가하지만, 그렇지 않은 사람들은 범죄자들보다 더 크게 과대평가한다. 위에 소개된 네 측면 중에서 범죄자들은 자신의 기준에 맞추어서 판단하는 경우가 대부분이다. 범죄자들은 범죄행동을 저지르지 않는 사람들보다 종합적 판단력에서 약하고, 또한 이들은 범죄의 기회를 나쁘다고 생각하기보다는 바람직하게 생각하는 경향이 있다.

범죄행동의 결정은 앞에서 설명한 것같이 행동 그 자체가 아니라 사건에 대한 지각 과정이다. 〈그림 4-3〉에서 제시되는 모델(Walters, 1992)은 범죄행동의 입력-처리 과정-출력으로 나누어서 제시한다.

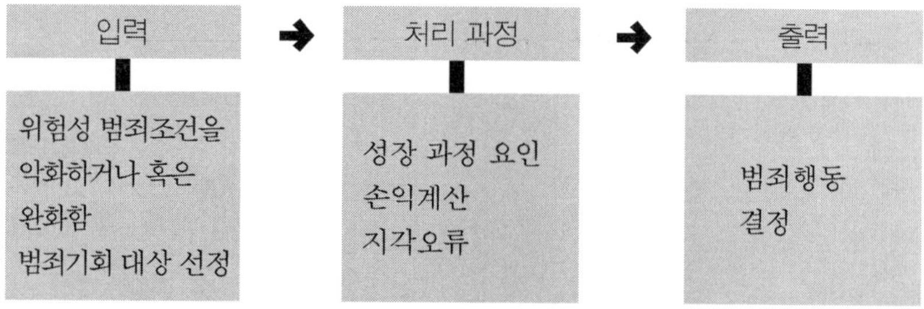

〈그림 4-3〉 범죄행동의 의사결정 모델

〈그림 4-3〉에 있는 각각의 변인들을 보다 상세히 검토하면서 범죄자들의 정보처리 과정을 아래에서 검토해 본다.

4-1. 입력

범죄행동에서 자유의지의 문제가 매우 중요하여도 인적, 상황적, 이들 둘의 상호작용도 간과할 수 없는 것들이다. 왜냐하면 이들 변인들이 범죄행동의 범위를 결정하는 데 한몫을 하기 때문이다. 즉 이러한 입력변인들이 직접적인 원인은 되지 않더라도 결정의 내용과 범위를 정하는 데 영향을 주게 마련이다.

1) 위험성 조건과 범죄의 예방

어떤 사람은 높은 범죄행위의 기회를 갖는다. 한편 다른 어떤 사람은 범죄의 기회를 억제한다. 이러한 범죄행동의 높은 기회와 억제가 개인이 범죄에 얼마나 포함될 것인지를 결정케 하는 요인이다. 범죄행동의 가능성을 지녔다고 해서 언제나 위법행동을 일으키는 것이 아니라 어떤 시기에 상황에 대한 잘못된 해석을 해서 범죄행동이 유발된다.

범죄행동의 결정에 영향을 미치는 변인의 성향이 높다 혹은 낮다는 식의 구분을 하는 것이 아니라, 정도로 표현하는 것이 적절하다. 예를 들면, 엄마와 자녀의 불안한 관계 대 안정적 관계, 높은 지능 대 낮은 지능, 나쁜 또래 집단의 가담 대 비가담, 높은 집중력 대 낮은 집중력, 높은 공격성 대 낮은 공격성같이 흑백의 구별이 아니라, 이들 양극의 중간에 어떤 위치에서 범죄행동의 가능성이 말해져야 한다. 아래에서 제시되는 여러가지 조건들도 정도의 차이로서 이해하여야 한다. 예를 들어서 “낮은 사회적 직위”라는 변인은 어느 정도 사회적 지위가 낮은지 설명은 없었어도 이런 잣대가 범죄행동의 원인으로 포함될 수 있다는 의미이다. 다른 조건들도 모두 동일한 조건에서 이해될 수 있다.

Rutter, Quinton, Rowlands, Yule, 그리고 Berger(1975)는 6개의 위험변인 - ① 낮은 사회적 지위,② 대가족, ③ 부모의 범죄기록 ④ 엄마의 정신병적 기록, ⑤ 가정불화, ⑥ 사회봉사 참여-을 제시하고 이들 변인은 시너지

효과(synergy effect)를 갖는다고 주장한다. 이를 지지하는 West와 Farrington(1988)은 400명의 높은 범죄성향을 보이는 청소년들을 조사하고 위의 6가지 변인들을 확인하였다. 이들은 ① 불법적으로 출생했으며, ② 4명 이상의 형제를 가지며, ③ 15세 전에 한 부모에 의해서 성장했으며, ④ 사회의 도움을 받는 가정이며, ⑤ 빈민가에서 거주했으며, ⑥ 적어도 한번 사회의 제재하에 있었다.

2) 범죄조건의 악화와 완화

범죄행동은 주위 조건에 따라서 악화(exacerbate)될 수도, 완화(mitigate)될 수도 있다. 예를 들어서 희생자가 ① 술에 취해 있거나, ② 신체적으로 공격적이고, 무기를 소지하고 있을 때, 살인당할 확률은 높아진다(Felson & Steadman, 1983). 혹은 주위에 범죄행동을 약화시킬 수 있는 조건으로 경찰, 목격자 등을 생각할 수 있다.

범죄에 대한 예측은 3가지 요건이 결정한다(Cohen & Felson, 1979). 즉 ① 범죄에 동기화된 공격자, ② 적절한 목표 인물, ③ 경찰과 같은 범죄 예방을 하는 사람이 현장에 없을 때 범죄가 발생된다.

3) 범죄기회

범죄의 기회를 제공하는 것은 기후, 날씨, 계절, 도시화, 산업화 등이다. Felson과 Cohen(1977)은 도둑의 경우에 3가지 기회에 관심을 갖는다. 즉 ① 15~24세의 연령에 속한 사람, ② 가정의 잠입 가능성, ③ 장물의 운반 가능성을 지적한다. 여름보다는 겨울에 도둑이 더 성하고, 농촌보다는 도시, 도시 중에서도 산업화 정도가 높은 곳은 범죄기회가 더 높다.

4) 범행대상의 선정

범죄를 용이하게 하는 4가지 측면이 Hough(1987)에 의해서 제시된다. 이것들은 인접성, 접근의 용이성, 성공의 가능성, 범행시기이다. 말 그대로 범죄와 가까이 있어야 하고, 범죄에 접근하기 좋은 조건과 시기가 잘 어울릴 때, 범죄행동의 가능성을 높일 수 있다. 한때, 택시를 타면 여자들의 경우에

뒷자석에 앉으라는 사회적 계몽이 있었다. 젊은 택시기사 옆에 앉는 것은 위의 4조건 모두 다 일치시킨다. 운전석 옆에 있으니 가깝고, 접근이 용이하고, 밖과 차단된 차라는 좁은 공간에 핸들을 쥐고 있으니, 성공의 가능성도 높고 범행시기도 안성맞춤이다.

4-2. 정보처리 과정

인간의 정보처리 과정은 종종 컴퓨터와 비교된다. 인간과 컴퓨터의 처리 과정은 유사한 점도 많지만, 다음과 같은 다른 점도 있다. 첫째, 인간은 학습과 사회화 같은 발달 요인(developmental factor)에 의해서 영향을 받는다. 즉, 경험에서 얻게 되는 보상과 처벌이 의사결정에 영향을 준다. 둘째, 인간은 처리 과정에서 컴퓨터보다 더 유연성을 가지고 창의적이다. 셋째, 인간은 컴퓨터보다 과오의 가능성이 높다. 즉 인간의 정보처리 과정은 계속 발달되고, 유연성을 갖는 반면에 과오율이 높다. 이러한 과오는 범죄자들이 상벌의 계산에서 벌보다는 상을 더 중시하고, 범죄를 바람직하게 생각하는 그런 것들이다.

1) 성장 과정

초기의 학습은 실제로 의사결정을 배우는 시기이다. 어린이들은 어떤 행동을 했을 때 상을 받고, 어떤 행동으로 벌을 받게 되는지를 알게 된다. 이러한 과정을 거쳐서 어린이들은 사람, 환경, 사건에 대한 일률적 사고를 갖게 된다.

Piaget(1954)에 따르면, 전 조작적 단계(preoperational stage: 2세경)에 어린이들은 심볼, 상, 언어를 통해서 지적 발달을 한다. 7세경 구체적 조작적 단계(concrete operational stage)에서는 원인과 결과 같은 자연의 기본적 원칙을 이해하기 시작하는데, 범죄자들은 이 시기에 원인과 결과에 대한 개념을 명확히 발달시키지 못했기에 자신의 범죄행위에 책임감을 느끼지 않을 수도 있다. 어린이들은 대체로 가정으로부터 얻은 정보를 이용하지만, 성장하면서 동료, 학교 공부, 텔레비전 등에 의해서 영향을 받는다.

범죄행동에서 중요한 변인으로 지적되는 충동성은 연령의 증가와 함께 높아간다(Mischel, 1974). 충동성이 강한 청소년기에 우발적 행위 때문에 범죄자가 되는 경우가 많다. 앞과 뒤의 정확한 계산 없는 행동은 범죄행동에 발을 들여놓게 한다.

2) 손익계산

우리들이 의사결정을 함에 있어서 3개의 일차적 요소를 갖는다. 즉, ① 대체안이 있느냐, ② 보상은 어떤 것이냐, ③ 결과에 대한 가능성이 무엇이냐 하는 문제들이다(Johsnon & Payne, 1986). 결과에 대한 평가는 손익에 대한 분석에서 얻어진다. 그런 분석에서 손해가 이득보다 크면 대체로 범죄를 행하지 않고, 이득이 손해보다 더 많을 경우에 범죄의 가능성이 높다. 그러나 이런 평상적 사고에서 벗어나 손해가 훨씬 더 큰 경우에도 범죄가 일어날 수 있다. 왜냐하면 과오를 저지르는 것이 인간의 본성이기 때문이다. 예를 들면, 자기 위주 편견(self served biased), 기본적 귀인착오(fundamental attribution error) 같은 것들이 영향을 주기 때문이다. 더욱이 충동적이고, 계산적이지 못한 범죄자에게서 그런 과오가 더 강하고, 더 높을 수 있다(Carroll, 1978). 그래서 일반적 손익계산(cost와 benefit analysis)이 범죄자에게는 통하지 않는다.

3) 정당성 입증

왜 범죄에 가담하는가? 돈, 흥분, 보복 등 다양한 이유가 있을 수 있다. 사실상 범죄의 동기를 유목화하기는 어렵다. 그러나 Feeney(1986)는 범죄의 60%가 필요한 물품을 구입하기 위한 돈을 쉽게 얻을 수 있다는 것이고, 40%는 보복과 같은 분노의 표현, 타인의 통제력 과시, 흥분감을 얻기 위한 수단으로 분류한다. Carroll(1978)은 돈이란 범죄를 저질러서 얻고 난 후 벌받고 어쩌고 하는 부적인 면보다는 정적인 면이 더 강하게 보인다는 것이다. 범죄행동에 대한 여러 가지 이유들이 있지만, 그 중에서 돈이 가장 중요한 설득력을 갖는다(Walters & White, 1989).

Walters(1990)는 임상적 자료에 기초해서, 다음과 같이 4가지 범죄원인을 지적할 수 있었다. ① 노여움과 적대감의 표현; 어떤 범죄자는 사회의 비정당성 때문에 적절한 노력의 대가를 얻지 못한다는 생각으로 자신의 노여움을 사회에 직접적으로 나타낸다. ② 흥분과 쾌감; 범죄자들은 노여움을 범죄행동으로 표현하면서 직접적인 만족을 얻는다. ③ 힘과 통제력의 과시; 범죄자들은 자신들의 좋지 못한 환경에 대한 불만을 행동으로 나타내면서 통제감을 얻는다. ④ 탐욕과 게으름; 범죄는 노력하지 않고 손쉽게 원하는 것을 얻을 수 있게 한다. 이러한 생각이 범죄를 도모하게 만든다. 물론 범죄자들이 범행을 하면서 자신들의 게으름을 인정하는 것이 아니라, 그들 나름대로 정당성과 합리화를 찾는다.

4) 지각오류

"과오를 저지르는 것은 사람이다(To err is human)"라는 말이 있다. 즉 오류를 범하는 것이 보통 사람들이라는 의미이다. 우리들은 정보처리 과정에서 기본적 귀인착오(fundamental attribution error)를 한다. 즉 어떤 행위를 지각할 때 관찰자는 행위자 자신에 의해서 행동이 발생된 것으로 지각하고, 행위자는 자신 이외의 다른 환경적 요인 때문에 행동이 유발된 것으로 지각한다. 그래서 범죄자들은 자신의 행동이 자신의 과오로 발생된 것이 아니라 사회의 좋지 못한 조건, 즉 경제적 여건, 사회의 부당성 때문에 나타난 것이라고 핑계를 댄다. 이러한 식의 해석은 한 번의 범행으로 끝나는 것이 아니라, 자신의 정당성을 인정하고 다시 범죄행동을 저지를 수 있는 근거를 마련한다.

경우에 따라서 망설이거나 결과의 영향 때문에 범죄를 감행하기 어려울 수 있지만, 습관적 범죄자는 어떤 사건에 대해서 너무 단순하고 일차원적으로 생각하는 경향이 있다(Weaver & Carroll, 1985). 그래서 이들은 보통 사람들이 생각하기 어려운 일들을 저지르고 만다. 예를 들어, 이 글을 읽고 있는 자신이 식칼을 들고 다른 사람을 협박한다는 상상을 해 보자. 될 법한 일인가? 그러나 단순한 사고를 하는 사람들은 그것을 하고 만다.

4-3. 출력

범죄행동 모델에서 출력은 범죄행위냐 아니냐 하는 유목으로 대별된다. Weiner(1982)는 행동의 결과와 피드백 요인은 다른 행동에 결정적으로 영향을 준다고 생각한다. 사실상, 범죄의 결과로 얻게 되는 강화와 벌은 다시 범행을 할 것인가 혹은 아닌가를 결정하는 데 중요한 단서를 제공한다. 이론적으로 벌을 받은 사람은 벌의 영향 때문에 다시 범죄를 저지르지 않을 것이라는 예측이다. 그러나 범죄자들은 자신들의 지각 과정에서 벌을 벌로써 받아들이지 않고, 과소평가하거나 부당한 처사라고 생각할 수 있다. 이러한 경우에 교도소의 수감 효과는 사라지고 만다.

범죄의 재범율은 95~90%에 이른다(홍성열 등 역, 1991). 이러한 수치는 벌의 효과성에 의문을 제기하게 만든다. 첫째, 범죄자들이 받은 벌의 양이 실제로 적었을 수도 있고, 둘째, 벌 자체의 양은 충분할 수 있으나 범죄자가 벌을 과소평가했을 수도 있다. 셋째, 벌의 양도 적당하고 그렇게 지각할 수 있지만, 범죄자들이 출감 후 사회에 적응하지 못할 경우에 다시 범죄의 가능성을 갖는다. 아무리 다양한 환경과 신체, 생리적 조건을 가졌다 하여도 범행을 할 것인가 혹은 아닌가 하는 문제는 본인의 결정에 의한다. 즉 자유의지의 선택에 의해서 범죄행동이 결정된다.

5. 요 약

범죄행동의 원인은 크게 유전적, 환경적, 유전과 환경, 자유의지로 나누어진다. 지금까지 범죄행동의 원인으로 수많은 변인들이 지적되어 왔지만, 너무나 많은 원인들의 소개는 오히려 범죄의 원인이라는 색깔을 흐리게 만든다. 그러나 그러한 변인들이 많은 것들 중의 하나라는 이유 때문에 무시하기도 거북스럽다. 왜냐하면, 그 변인들에 의해서도 범죄행동이 충분하게 설명될 수 있기 때문이다.

범죄행동의 원인이 생리적, 유전적 혹은 환경적이라는 것을 수용한다면, 범죄행동은 범죄자의 책임에 의한 것이 아니라 유전적, 환경적 혹은 유전과 환경의 책임이기에 범죄자에게 책임을 묻기가 어렵다. 그러나 범죄행동의 원인이 범죄자 자신의 자유의지에 의해서 나타났다면, 자연스럽게 범죄의 책임을 범죄자에게 전가하고 그에 상응하는 벌을 줄 수 있다. 그래서 자유의지 이외의 범죄행동의 원인은 처벌의 문제에서 비중이 약하다.

세상의 어떤 어려운 문제든지 원인의 발견은 해결의 핵심이다. 예를 들어, 세상 사람들이 무서워하는 후천성 면역결핍증(AIDS)은 아직도 원인을 찾지 못하고 있다. 요사이 침팬지의 몸에서 균을 찾아내고, 균을 가진 침팬지가 별일 없이 생활하는 것에 깊은 관심을 갖는다. 그리고 이들을 연구하면, AIDS의 정복도 멀리 있지 않다고 흥분하고 있다. 이와 같이 원인의 발견은 문제의 해결을 의미한다. 그러나 범죄행동의 원인은 다분히 해결하기 어렵거나, 거의 불가능한 것처럼 생각되는 것들이 많다. 예를 들어, 경제의 악화가 범죄의 원인이라는 것을 확실히 알았다고 했을 때, 범죄를 막고 예방하기 위해서 한 순간에 경제를 활성화할 수 없는 일이다. 또한 공격성이 범죄의 원인이라면, 공격성이 어디서부터 시작되었는지 밝혀야 한다. 만일 공격성이 과거의 환경에서 비롯되었다면, 이미 지나간 과거의 환경으로 되돌아가서 변화시킬 수도 없는 일이다. 또한 환경의 탓이라면, 환경의 어떤 측면을 개선해야 하는지? 가정, 학교, 사회 등 한없이 나열되는 환경의 어떤 것이냐? 더 나아가서 이런 것들이 복합적 영향을 줄 수도 있기 때문에 원인의 진단은 어렵게 생각된다.

신이 인간에게 베푼 지능이 사회를 개발하고 발전시켜 왔듯이, 범죄 역시 지능의 향상과 더불어 다양화되고 개발되고 있다. 그러니까 범죄는 최선의 노력을 기울여 예방하고 막아야 하는 인간의 영원한 숙제인 듯 싶다. 어려움만을 탓하고 두 손을 놓을 때, 이 세상은 어찌 변할 것인지 상상해 볼 수 있다.

CHAPTER 5

제5장

정신병과 범죄행동

정신병과 범죄행동

따스한 봄날 여의도 광장에는 많은 사람들이 자전거 타기를 즐기고 있었다. 겨울의 움츠렸던 마음과 몸을 생동감 넘치는 봄기운과 함께 섞어 가고 있던 중에 느닷없이 사람들 사이로 택시가 질주하였다. 세상 사느라 여러 모로 심사가 꼬였는지 그 택시 운전자는 사람들 가운데로 돌진하면서 자신의 고통을 마음껏 사람들에게 쏟아 부었다. 치달리는 차에 부딪치며 지르는 비명소리는 그에게 베토벤의 교향곡과 같았을 것이다. 삽시간에 일어난 사건에 우리 모두는 "아! 사람이 어떻게 그런 일을 할 수 있을까?"하는 의문을 남겼다. 이 사건은 몇 년 전 여의도 광장에서 있었던 실제 일이다. 그 후 그 택시 운전자는 교도소에 수감중에 있다가 사형을 받고 저 세상으로 가고 말았다.

제2장에서 제시된 예, 보험금을 타기 위해서 아들의 손가락을 자른 아버지, 집에 화장터를 마련하고 애매한 사람을 화장한 지존파의 이야기를 TV와 신문을 통해서 들었을 때, 우리들 모두는 믿지 못할 사건에 귀를 의심할 정도였다. 이와 같은 사건들은 아무리 생각해도 이해의 한계를 넘는다. 우리들이 생각할 때 보통 사람이라면, 배가 고프니까 남의 물건을 훔칠 수 있고 또한 죽도록 미우니까 죽일 수 있을 것이다. 이런 이야기들은 그래도 우리들이 상상할 수 있는 한계에 머물고 있는 것들이다. 그러나 남의 돈 몇 천 원을 가지려는 욕심으로 살인을 한다거나, 전철이 다가오는 순간에 옆에 있는 사람을 밀어 죽게 하는 일들은 우리들이 상상하기조차 어려운 일이다. 그래서 이 같은 일들은 정상적인 사람이 저지르는 것이 아니라는 주

장을 해 봄직하다.

우리들은 예상을 아주 크게 벗어나는 일들이 정신이상자에 의해서만 발생되는 것으로 생각하기 쉽지만, 이것은 너무나 지나친 착각이다. 왜냐하면 정신이상자의 공격행동 건수는 정상인의 것에 비해 아주 미미하기 때문이다. 그러나 아주 끔찍한 사건을 어떻게 정상적 사고를 하는 사람이 저지를 수 있을까 하는 생각을 하면, 그런 의문을 지워 버리기 어렵다. 그래서 사람들은 그런 엄청난 짓을 한 것을 보면, 행위자가 분명히 정신이상자일 것이라는 추측을 억지로라도 주장하고 싶을 것이다. 어떤 사람들이 그런 행동을 보일까? 정상인이냐 혹은 비정상인이냐? 하는 질문의 답을 연구하는 것이 바로 성격 이론이다.

성격 이론은 바로 정상과 비정상을 구분하는 것을 목적으로 한다. 우리들이 너무나 잘 알고 있는 성격 심리학자들, S. Freud(1856~1939), A. Adler(1970~1937), G. Jung(1875~1961), H. S. Sullivan(1892~1949), G. Allport(1897~1967), C. Rogers(1902~1986), A. Maslow(1908~1970), A. Bandura(1927~) 등의 노력은 이미 알고 있는 바와 같이, 정상과 비정상의 구별에 있었고 비정상적인 사람들을 정상인으로 변화시키려는 것이었다.

정상과 비정상이라는 단어의 의미가 전해 주는 바와 같이 정상인은 범죄를 저질러도 우리들이 이해할 수 있는 범위 안에서 범행을 저지르고, 비정상인들은 이해의 한계를 넘어서 범행을 저지르는 것 같다. 옆에 있는 사람을 절벽으로 밀어서 죽게 한다거나, 다가오는 차에 옆 사람을 밀어서 치어 죽게 하는 행동은 정상적 사고에서 나올 수 없을 것이다. 정상인이라는 사고차원에서 범죄를 생각한다면, 현재 수감되어 있는 사람이라 할지라도 상당수의 범죄인들에게 책임을 묻기가 어렵다고 생각된다.

정상적 사고를 하며 살고 있는 사람 혹은 그렇지 못한 사람을 구별한다는 것이 그리 간단한 문제는 아니다. 이 문제를 이해하기 위해서 우리들은 정상이란 무엇이고 비정상이란 무엇이냐 하는 문제부터 이해해야 한다. 아래에 소개되는 범행이 정상적 사고에서 비롯된 것인지 혹은 비정상적 사고에서 비롯된 것인지 판단해 보자.

아들을 살해한 어머니

술을 마시고 상습적으로 가족에게 폭행을 일삼는 친아들을 어머니가 흉기로 찔러 숨지게 한 후 경찰에 자수했다. 서울 송파 경찰서는 1998년 10월 1일 오전 6시경 술에 취해 행패를 부리다 잠이 든 안모씨(31)를 흉기로 30여 차례 찔러 숨지게 한 안씨의 어머니 이모씨(59)에 대해 구속영장을 신청했다(동아일보, 1998년 10월 1일).

위의 글에서 상습적으로 가족을 괴롭힌 사람이니까 죽이고 싶은 마음이 들었을 것으로 추정되지만, 아들을 몇 번 찌른 것도 아니고 30여 차례 찔렀다는 것은 정상적인 행동으로 생각하기 어렵다. 그러면 아들을 죽인 어머니는 정신이상자인가?

정상인의 행동이냐 아니냐 하는 문제를 구별함에 있어서 범행 전에도 비정상적이었는지, 범행시에만 비정상적이었는지에 대한 구별이 정상과 비정상을 구분하는 기준일 수도 있다. 그렇게 생각한다면, 위의 예에서 아들을 칼로 찌른 어머니가 사건 전에도 이상한 사람이었다면, 어머니의 행동은 비정상으로 볼 수 있다. 그러나 범행시에 아주 순간적 격분에서 살인을 하였다면 정상적이다.

발생된 범죄행동이 정상적인 사람의 소행인가 혹은 비정상적인 사람의 행동이냐 하는 문제는 범죄유무에 절대적 기준이 된다. 이렇게 따지는 이유는 범죄자가 사건 전에 범행의도(criminal intention)를 가지고 있었는지에 대한 여부를 가리기 위함이다. 범행의도를 가진 사람은 정상적인 사고를 하는 사람이고 그래서 벌을 받아야 한다는 생각이다. 그러나 비정상적인 사람이라면, 자신의 의지에 의해서 사고를 저질렀다고 보기 어렵기 때문에 처벌에 문제가 있다.

전 미국 대통령 Reagan을 암살하려던 Hinkley가 무죄로 풀려날 수 있었던 것은 그가 정상적 사고를 하는 사람이 아니라는 판정을 받았기 때문이다. 즉, 그의 행동에는 미국 대통령을 암살하려는 의도가 없었고 단지 정신분열 증세 때문에 자신의 의지와 관계없이 총을 쏜 것이다. 그러나 중요한 문제는 어떻게 그가 정신병자라는 판정을 받을 수 있었는지 궁금하다.

다른 신체적 병은 병균의 침입으로 발생하므로 병이다 아니다 하는 문제를 판단하는 것이 간단할 수 있다. 그러나 정신병(mental illness)에는 어떤 병균이나 질병도 발견되지 않는다(Bartol, 1980). 그러므로 신체적 이상이 아니라 심리적으로 이상한 사람을 구별한다는 것은 더욱 간단하지 않다.

정신병이냐 혹은 아니냐 하는 문제를 뒤로 하고 우선 누가 정신병의 진단을 해야 할 것이냐 하는 문제도 용이하지 않다. 미국에서 한때, 정신병의 진단을 정신병리학자(psychiatrist)가 해야 하는지, 심리학자(psychologist)들이 진단해야 할 것인지에 대한 논란이 있었다. 정신병에 어떤 신체적 질병이나 혹은 바이러스가 없는 한 외과, 내과 등의 다른 전문의가 진단한다는 것은 어불성설이다. 그러면, 정신병리학자 혹은 심리학자 중에서 판단해야만 한다. 사실상 어느 기간까지 법조계에서는 사건의 90% 이상을 정신병리학자가 판단하도록 했다. 그러나 이러한 처사에 대해서 다른 영역의 연구자와 학자들이 도전을 시도하게 되었고, 그러한 도전은 결실을 맺게 되었다.

1962년 미국에서 정신병의 유무를 밝히는 데 임상심리학자가 개입되어야 한다는 주장이 힘을 얻기 시작하였다. 그러나 정신병리학자 협회에서 심리학자가 정신병의 유무를 가리는 데 능력이 없으며, 그래서 자신들 이외에 다른 연구자나 학자가 개입한다는 것은 타당하지 않다고 주장했다. 이런 고집에도 불구하고 마침내 미국 법원은 자질을 갖춘 심리학자(qualified psychologists)라면 정신병의 유무를 판별하는 데 문제가 없다는 것을 인정하게 되었다.

1966년 정신병리학회는 "정신병의 평가와 그에 관련된 치료의 정의는 법적 결정이 아니라, 의학적 결정의 문제"라고 주장하면서(Bazelon, 1974, p. 22), 정상과 비정상을 구별할 수 있는 전문인의 폭을 넓혔다. 그 이전까지 정신병리학자가 어떤 사람을 비정상적이라고 판단할 때까지 그 사람이 범행을 저지를 위험한 사람이라고 생각하기 어려웠다. 즉 정신병리학자 이외 다른 사람의 의견이 별로 중요하게 생각되지 않았다. 그러나 정신병리학회에서 자신들 이외에 어떤 특수한 전문 능력을 갖는 사람이라면 정신병을 예측할 수 있다고 생각하게 되었다. 심지어 Schwitzgebel(1977)은 정상과 비정상을 구별함에 있어서 정신병리학자들이 오히려 부정확한 예측을 했으며, 어떤 다른 전문가와 비교할 경우에 이들이 더 부정확하다는 주장도 하였다.

법조계는 범죄행동을 입증할 수 있는 신뢰할 만하고, 타당한 증거를 얻기 위해서 보다 전문적 지식을 요구하게 되었다. 그러나 정신병리학자와 심리학자도 범행 당시 행위자가 생각하고, 느끼고 있었던 것을 가지고 정신이상 혹은 정상이라는 판단을 쉽사리 하기 어려웠다. 즉 범죄자가 범행 당시와 전에 자신의 정신을 통제할 수 없는 상황에 있었는지에 대한 확실한 신념을 가질 수 없기에 그 사람을 어떤 정신병 유목에 분류할 수 없었다. 이러한 불확신을 제거할 목적으로 여러 분야의 사람들이 동원되었지만, 사람이 많은 이유로 학자들간에 불일치만 커져 갔다. 이러한 문제를 해결하기 위하여 범행의 원인이 정신병이라고 주장하는 집단과 정신병이 아니라는 집단으로 구분해서 판정의 시비를 논하기까지 했다.

정상-비정상의 기준

정상과 비정상을 구별하는 잣대는 크게 두 가지로 분류된다. 첫째는 규범론에 입각한 것이고 둘째는 신경학적, 생리적, 심리적 이상에서 나타나는 비규범론이다. 우주의 천체가 질서 있게 움직이듯이, 우리의 사회도 질서에 의해서 움직이고 있다. 즉 법률, 규칙, 규범이 이러한 질서를 유지하게 한다. 이들 중에서 규범은 다수의 합의에 의해서 만들어진 성문화되지 않은 규율이기에 위반하지 않고는 규범의 존재를 알 수 없다. 그러나 일단 규범을 위반한 사람은 다수에 의해서 벌을 받고, 심하면 추방되기까지 한다. 어느 사회든지 다수가 행하는 행동은 이상할 것이 없다. 그러나 다수와 다른 행동을 할때, 그 사회에서 이상행동으로 지적된다. 규범론에 의해서 정상과 비정상을 구분할 경우는 사회, 문화에 따라서 정상과 비정상의 구분이 다를 수밖에 없다. 그러나 비규범론은 생리, 신체적 이유에서 구분되므로 어느 사회든지 동일한 정상과 비정상의 구별 기준을 갖는다.

사건의 용의자가 정신병자다 아니다 하는 문제에 대한 완벽한 해답을 얻기는 어렵다. 그러나 임상 분야와 법조계가 공통적으로 이를 가리는 기준을 갖게 되었다. 이 기준의 근거는 미국 정신병리학회가 1968년 출간한 정신이상의 진단과 통계 매뉴얼(diagnostic and statistical manual of mental disorders: DSM-II)인데, 이것이 정신병의 공식적 진단 기준을 제공한다. 그래서 이 책이 제공하는 이상행동의 종류, 진단 종류를 알아보는 것은 매우 중요하다. 이 책을 근거로 해서 비정상적인 사고 때문에 살인이 일어났느냐, 정신분열증이란 무엇인가 등을 판단하게 된다. DSM-II는 발전을 거듭해서 1980년에

DSM-III, 현재 DSM-IV까지 발간되었다. 이들이 정신병을 분류하는 기준을 아래의 〈표 5-1〉에서 찾아보자.

〈표 5-1〉 비정상행동의 분류

1) 정신병(psychosis)
 a) 정신분열증(schizophrenia)
 b) 극한 정서불안(major or severe affective disorders)
 c) 편집증(paranoid psychosis)
2) 신경증(neurosis)
3) 성격이상(personality disorder)
 a) 반사회성 성격이상(antisocial, psychopathic personality disorder)
 b) 정신분열성 성격이상(schizoid personality disorder)
 c) 편집증적 성격이상(paranoid personality disorder)
 d) 충동적 성격이상(explosive personality disorder)

〈표 5-1〉에서 정신병(psychosis), 신경증(neurosis), 성격이상(personality disorder)으로 비정상을 분류한다. 이름에서 보여 주는 의미와 같이 신경증과 성격이상은 정신병과 다르게 취급된다. 여기서 다르다는 의미는 신경증과 성격이상은 병이 아니기에 이런 증세를 보이는 사람이 범죄를 저질렀을 경우에 면책이 어렵다. 이제 가장 보편적으로 지적되는 정신이상의 유형에 대해 좀더 관심을 가져본다.

1. 이상행동의 분류

어떤 사람이 이상행동을 나타낸다고 그가 정신병자라는 것을 의미하지는 않는다. 말 그대로 정상이다 아니다라는 의미는 어떤 행동이나 사고가 평균에서 어느 정도 떨어져 있느냐 하는 문제와 관련 있다. 그래서 어떤 사람의 생각과 행동이 평균에서 아주 멀리 떨어져 있지 않으면 정상이다. 그러나 멀리 떨어져 있다면, 이상한 사람이다. 그리고 이런 이상한 행동과 사고가 지속적일 때, 정신이상자로 간주된다. 경우에 따라서 정상적인 사람도 일시적으로 아주 이상한 행동을 보일 때가 있다. 그러나 그런 행동은 다시 정상을 되찾기 때문에 문제가 되지 않는다.

아래에서 정신이상자와 정신병자를 설명할 것이다. 신경증과 성격이상은 이상한 행동을 하는 사람이며, 정신병자가 아니다. 그러나 정신병에 의해서 비정상 행동을 보이는 사람은 정신병자이다. "정신병, 신경증, 성격이상은 아주 다른 차원의 증세가 아니라, 정도의 차이에서 구별되는 것"(Freud, 1961, p.204)으로 이해하는 것이 타당할 것이다. 그러므로 정신병은 신경증과 성격이상보다 더 심한 증세로 볼 수 있다.

1-1. 정신병

정신병의 가장 두드러진 특징은 현실 감각의 상실이다. 이러한 병을 갖는 사람은 환상(fantasy)과 현실을 구별하지 못한다. 이들은 냄새를 맡고, 소리를 듣고, 사물을 보아도 이러한 지각은 실제의 것과 다르다. 환청과 환시가 일어나며, 실제 존재하지 않는 소리를 듣고 사물을 보게 된다. 예를 들어서 지나가던 사람이 도끼를 들고 자신을 공격하는 환청과 환시를 경험한다면, 어떤 일이 벌어질 것인지 상상해 볼 수 있다.

정신병은 기질적 정신병과 기능적 정신병(functional psychosis)으로 구분된다. 전자는 뇌나 신경계통의 분명한 이상에 의해서 나타나는 것으로 정신장애로 보기는 어렵지만, 후자는 신체와 관련없이 심리적 요인에 의해서 정신적 장애를 갖는 정신병의 형태를 의미한다. 기질적 정신병의 원인을 찾는 것은 기능적 정신병보다 훨씬 용이하고, 따라서 치료의 방향을 확실히 정할 수 있다. 그러나 기능적 정신병은 신체적 이상이 없이 나타나는 이상이므로 원인의 탐색이 쉽지 않기에 치료방법을 찾기가 어려울 수 있다.

최근에는 기능적 정신병에 대해서도 생리, 신체적 이상을 찾는 노력이 활발해서 기질적, 기능적 정신병에 대한 구별을 하는 것은 때때로 의미없는 것일 수도 있다(Coleman, 1976). 이런 이유에서 정신병은 기질적, 기능적 구별없이 정신분열증, 심한 정서불안, 편집증으로 크게 구별된다. 이제 하나 하나를 구분해서 설명해 나갈 것이다.

1) 정신분열증

정신분열증(schizophrenia)은 정서적, 행동적 문제를 모두 포함한다. 즉 극심한 사회적 회피, 예측 불가능한 행동(unpredictable behaviors), 심한 언어장애(severe speech disorder), 주의력과 지각장애, 사고의 장애를 보인다. 간단히 요약하면, 정신분열증은 현실 감각을 잃은 상태라고 말할 수 있다(Rimm & Sommervil, 1977).

미국, 유럽, 일본에서 전 인구의 1%가 일생 동안 정신분열증세를 나타낸다는 보고(Page, 1975)가 있다. 남자와 여자의 발병률은 동일하며, 증세의 시작은 청년기 말기 혹은 성인기 초기(early adulthood)에 나타난다. 정신병동에 입원한 환자들의 50%가 정신분열증으로 진단을 받으며, 이들 중에서 편집증형의 정신분열증이 상당수를 차지한다. 이러한 환자들은 일관성 있는 행동을 보이지 않는다.

정신분열증 환자의 30% 정도가 환청과 환시를 경험하는데, 이들의 내용은 사람마다 각기 다르며 고통을 벗어나기 위한 행동이 다를 수 있다. 정신분열증 환자의 행동은 여러 해 동안 지속될 수 있으며, 상당수의 환자가 일생 동안 정신분열 증세를 나타내며 살아갈 수도 있다.

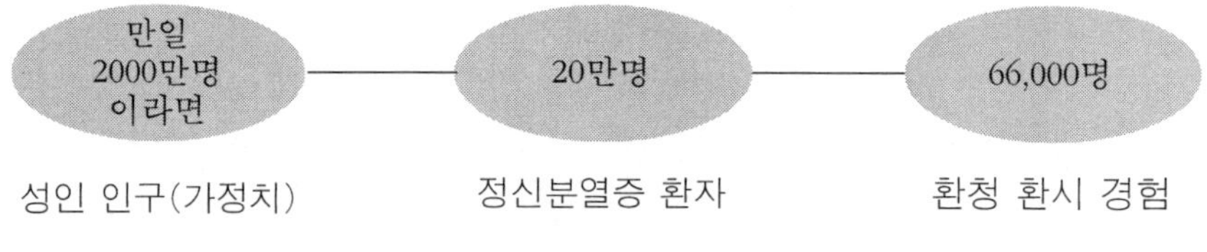

인구비례당 정신분열증 환자수와 환청 환시 경험자 수

정신분열증의 증세는 다음과 같이 4가지의 특성을 갖는 것으로 분류할 수 있다(Bartol, 1980). ① 사고의 비합리성(an irrational and bizarre thought process): 예를 들어서, 어떤 정신분열증 환자에게 다음과 같은 질문을 던졌다고 가정하자. "당신은 몇 명의 자녀를 두고 있습니까?" 그러면 "이 사람은 나는 바다보다 산을 더 좋아하고, 이 나라에서 사형이 없기를 원한다."고 전혀 앞뒤가 맞지 않는 답변을 한다는 것이다. 이러한 예에서 보듯이, 이들의 사고 과정은 자신의 통제밖에 있다. ② 언어장애(speech disturbance): 종종 이들의 언어는 비지능적이고, 이상하고, 비현실적이다. 말도 안되는 것을 우물우물 하거나 혹은 답변을 아주 회피한다. ③ 극도의 사회적 회피와 분리(extreme social withdrawal and detachment form the social environment): 정신분열증 환자는 다른 사람을 적대적으로 대하고, 위협적으로 생각하고 신뢰성이 없는 것으로 지각한다. 그래서 이들이 타인을 대할 때, 상대방을 보지 않고 벽을 향하고 있을 수도 있다. ④ 부적절한 정서적 반응(inappropriate emotional response): 정신분열 증세를 보이는 사람은 울어야 할 장례식에 가서 비실비실 웃고, 웃어야 할 코미디를 보면서 눈물을 흘린다. 예를 들어서, 오랜 동안 객지에 나가 소식이 없던 아들이 고향의 어머니에게 갑자기 안부 편지를 쓰면서 "어머니 전상서. 며칠전 바둑이가 기침하는 꿈을 꾸었는데, 바둑이가 밥은 잘 먹는지요. 바둑이 잘 건사하세요. 아들 올림"이라고 한다.

이 같은 편지를 받아 본 엄마의 마음은 얼마나 복잡했을까? '어 이상하다. 이놈이 왜 이럴까?' 하는 생각에 날밤을 세웠을 수 있다. 정신분열 증세는 어떤 특수한 행동 패턴이 없다. 시간, 장소, 상황에 따라 각기 다른 사고나 행동을 나타내기 때문에 진단에 어려움을 겪는다.

2) 극한 정서불안

정서의 변환이 아주 예측불허인 상태다. 이들은 아주 기쁘다가도 갑자기 극한 노여움을 나타낸다. 극한 정서불안(major or severe affective disorders)의 가장 좋은 예는 몇 년 전, 〈미저리(mysery)〉라는 영화의 여주인공이다. 영화에서 그녀가 자신이 가장 존경하는 소설가를 눈이 덮여 타인과 두절된 산 속 자신의 집에 감금하고 보여 주는 행동은 감정이 극에서 극을 오락가락하는 것이었다. 세상에 둘도 없이 존경하는 사람으로 대하다가 갑자기 죽일 것같이 변하기도 하는 연기에 보는 사람의 간담이 서늘했다.

정서의 급작스런 변화가 의도적이 아니라 자신도 억제할 수 없는 변화에 무방비 상태에 놓인다. 이런 증세를 갖는 사람의 정서는 극히 변화적이다.

3) 편집증적 정신병

편집증(paranoid)이라는 용어는 그리스 언어로 "자신 이외의 것을 생각하는 것"(to think beside oneself)이며, 어원은 2,000년 전으로 거슬러 올라간다(Millon & Millon, 1974). 편집증세를 보이는 사람들은 비논리적이고, 망상적이고, 타인을 믿지 못하는 특성을 나타낸다. 이러한 심리적 특성을 갖는 사람은 생각 자체가 아주 복잡하지만, 비논리적인 사고 속에서 논리 정연한 편견을 갖는다.

다른 사람이 자신의 생존을 위협하기 시작한다는 의심을 강하게 할 때는 매우 위험하다. 이러한 조건하에 있는 사람은 자신을 위해서 먼저 타인을 제거하는 것이라고 생각할 수 있다. 예를 들어서, 과장으로 승진해야 하는 사람이 상관인 부장이 방해해서 진급을 못한다고 생각할 수 있다. 이런 경우에 자신이 살아남는 방법은 부장을 제거하는 것이라고 간주하고, 그를 실제로 제거하는 사례가 발생되기도 한다.

정신질환 전문대생 흉기로 행인 살해

서울 강동 경찰서는 1998년 10월 2일 윤모씨(20, C전문대생)에 대해 살인 혐의로 구속영장을 신청했다. 경찰에 따르면, 윤씨는 지난 1일 오후 10시 55분께 강동구 성내 3동 자신의 집 앞을 지나가던 오모씨(31, 회사원)가 욕을 했다며 집에서 흉기를 들고 나와 왼쪽 가슴 등을 찔러 숨지게 한 혐의다. 경찰 조사 결과 2년 전 강남 중앙병원에서 6개월 간 정신질환 치료를 받았던 병력을 갖고 있었다. 윤씨는 그날 환청을 듣고 살인을 한 것이다(연합통신, 1998, 10월 2일).

편집증세를 보이는 사람은 한 가지 일에 온 정신 에너지를 집중하고 그곳에서 벗어나지 못한다. 백야(white-night)라는 예식을 거행하면서 신도들에게 독포도주를 먹이고 900명 이상의 신도를 죽게 했던 인민사원이라는 사교의 교주, Jim Jones 같은 사람은 자신 이외의 어떤 사람도 믿지 못했다. Jones는 심한 편집증 증세를 보였던 사람이기에 늘 신도들을 신뢰하지 못하고 의심하였다. 그래서 그는 벌로써 신도들을 다스리려고 애썼으며, 영원한

천국의 문

미국 캘리포니아 샌디에고에서 발생된 사교 집단, "천국의 문"의 39명 집단 자살 사건은 지구 종말에 대한 편집증적 반응이다. 이 집단의 지도자 Apple White(당시 66세)는 음악 교수였지만, 1970년대부터 말세론에 몰입하였다. 그를 따르는 사람들은 연령이 20세에서 70세에 이르고, 남자 18명과 여자 21명이었다. 이들의 직업은 컴퓨터 웹사이트 디자이너 등 첨단 직종에 종사하는 사람들이었다는 것을 보아서 판단 없이 남의 말을 따르는 무식한 사람들이 아님을 알 수 있다. 이들은 부활에 대한 광신적 신념에서 집단자살을 시도하였다. 이들 모두는 편집증 환자였나 보다(조선일보, 1997년 3월 27일).

추종을 위해서 독포도주를 먹여서 죽게 하였다.

위에서 예를 든 인민사원과 천국의 문 같은 사교 집단은 심한 편집 증세를 나타낸 것이다. 그러나 이들의 정신 에너지가 밖을 향하지 않고, 부활이라는 광신적 신념에 젖어 있었기에 자살로 끝나고 말았다. 한 가지 일에 몰두하는 에너지가 타인이 나를 의심한다, 혹은 나를 죽이려 한다는 생각으로 바뀐다면, 옆에 있는 사람이 큰일을 겪어야만 한다.

1-2. 신경증

사회의 발달과 더불어 신경 증세를 보이는 사람이 점차 늘고 있다. 이 증세의 가장 두드러진 것은 지나친 걱정(excessive anxiety), 통제하기 어려운 흥분(automatic arousal)이다. 우리들 모두가 경험해서 알 수 있듯이 걱정의 정서적 형태는 불쾌감이다. 이러한 정서를 경험하는 사람은 불쾌감을 덜기 위해서 어떤 행동을 시도한다. 예를 들어서, 대인 관계를 기피하거나, 매시간마다 손을 씻는다거나, 엘리베이터를 피하거나 비행기를 타지 않는 등의 행동을 나타낸다.

정신병과 신경 증세를 갖는 사람의 구별은 정신병에 있는 사람은 자신의 문제를 깨닫지 못하지만, 신경 증세를 갖는 사람은 자신의 문제를 잘 알고 있다. 예를 들어 매시간마다 손을 씻는 사람은 자신의 행동이 다른 사람의 것과 다르다는 것을 잘 알지만, 손에 붙었다고 생각되는 균을 제거하기 위해서 어쩔 수 없이 그러한 행동을 계속하는 것이다. 그래서 타인과 다른 자신의 행동에 대해서 더 불쾌한 감정을 불러올 수 있고, 이러한 이유 때문에 더 손을 씻게 된다. 결국 자신의 문제를 해결하기 위해서 다른 방법을 찾기보다는 오히려 불쾌감을 해소하기 위해서 자신이 현재 행하고 있는 행동을 더 가중시키면서 해결하려 한다. 그러나 이런 사람들은 점점 더 함정으로 깊숙히 빠져 들어가고 만다. 즉 신경 증세를 보이는 사람은 자신의 문제를 해결하려는 데 정신 에너지를 소비하므로 발전 가능성을 점점 잃어간다. 그래서 이들은 스스로를 걱정하고,불행하게 생각한다.

1-3. 성격이상

성격이상은 정신병이나 신경 증세와 아주 다른 부적응 행동을 나타낸다. 일반적으로 성격이상은 일생 동안 지속될 수 있지만, 간혹 성인기 혹은 보다 일찍 그러한 행동 특성에 대해서 자신이 알아차릴 수도 있다. 성격이상은 우리들 내부의 어떤 정서 상태에 따라 행동하는 것이 아니라, 자신이 통제할 수 없는 욕구에 따라 아주 비윤리적 혹은 비도덕적 행동을 하는 것이다. 예를 들어서, 아내를 마음 속으로 사랑하는 성격이상의 사람이 속에서 우러나는 감정을 밖으로 표현할 때, 사랑의 표현이 폭력으로 변한다.

성격이상은 미성숙한 발달(immature development)의 결과이기 때문에 행동은 아주 어린이와 같고, 충동적이고, 이기적이고, 행동 위주이다. 그러니까 Freud가 주장하는 원초아(Id)의 성격 특성을 상상하면 어떤 것인지 알 수 있다. 특히 이들은 자신의 행동이 타인에게 방해가 된다는 것을 깨닫지 못하므로 죄의식을 느끼지 못한다. 또한 성격이상자들은 자신의 행동을 극히 정상적인 것으로 생각하기 때문에 자신들이 처한 상황에 관계없이 습관적 행동을 나타낸다. 성격이상자들의 행동 특성을 미루어 보아서 이들은 아주 완고하고, 사고의 유연성이 없으며, 공격적임을 짐작할 수 있다.

충동적 성격을 갖는 사람은 예측할 수 없는 신체적 혹은 심리적 공격성을 갖는다. 그래서 이러한 행동은 상황에 아주 어울리지 않는다. 그러한 이유 때문에 어떤 경우는 갑작스럽게 타인을 공격하므로 폭력적 범죄를 저지를 수 있다. 범죄 후에 당신은 왜 그런 짓을 했느냐고 물으면, 얼떨결에 그렇게 되었다는 답을 하기 일쑤다.

살인범과의 상담

1998년 11월 11일 필자는 춘천 교도소에서 사기범으로 수감중인 38세 된 한 사람을 면접했다. 현재는 사기범이지만, 과거에 살인죄로 구속된 경험을 갖고 있었다. 살인 당시 자신이 어떻게 행동했는지 전혀 기억이 없고 병원에서 손과 발이 묶여 병상에 누워 있을 때, 의식을 차렸다고 말했다. 그 사람은 자신을 잃어버릴 정도로 자신을 폭발시켰다. 이러한 상황에서 어떤 범죄도 가능할 것이다. 그러나 이 사람은 정신병자가 아니고 일시적 충동에 의한 살인이었기에 법의 처벌을 받았다.

충동적 성격이상은 보통 4가지 특성을 나타낸다(Hare & McPerson, 1984). ① 타인, 특히 부인과 자녀에게 폭력을 휘두르고, ② 병적으로 중독 증세를 보이고, ③ 충동적 성행위를 하고, ④ 다른 사람에 비해서 잦은 교통사고를 저지르는 사람들이다. 위의 특성으로 미루어 보아서 이러한 성격을 갖는 사람이 범행을 저지를 경우는 폭력범죄로 이어질 수 있다.

2. 이상행동과 범죄행동

살인, 강간, 폭력, 방화 등 보통 사람으로서는 행하기 어려운 끔찍한 일들을 저지르는 사람들이 정상적 사고를 하며 생활하는 사람이라고 생각되지 않는다. 그러나 모든 범행이 정신이상에서 발생되었을 것이라는 가정을 한다면, 세상에 벌줄 일이 그리 많지 않을 것이다. 앞에서 예를 든, "지존파"는 사람을 납치하고, 자신들이 머물고 있는 집에 화장 시설을 갖추고 시체를 태우기까지 하였다. 이들은 사형을 받고 사라졌지만, 사형을 받게 된 이유는 이들이 정신병자가 아니고 정상인이라고 판단되었기 때문이다.

우리들은 정신병에 의한 행동과 사회적 일탈행동(social deviation behaviors)을 구별해야 한다. 사람을 죽이거나 성폭행하는 사람들 대부분은 정신병자가 아니다. 물론 정신병자가 살인하는 경우도 있지만, 극한 폭력행동을 보이는 대부분의 사람들은 정상인이다.

정상과 비정상을 구분하는 기준을 위해서 범죄를 저지를 당시에 이상했는지, 범행 전 이미 이상했었는지, 범행 후에 이상한 사람이 되었는지를 파악해야 한다. 물론 이러한 의문에 대한 답은 우리들이 벌써 알고 있는 셈이다. 왜냐하면 앞에서 제시한 정신병의 설명을 통해서 정신병은 지속적이라는 의미를 알 수 있기 때문이다. 정상적인 사고를 하면서 생활하던 사람이 어느 날 갑자기 정신병자가 되어서 범죄를 저지르는 경우는 거의 없기 때문이다. 그래서 정신병자가 범죄를 저질렀다면, 범행 전에도 그는 이상한 행동을 하고 있던 사람이어야 한다.

범죄를 저지른 후에 이상한 사람이 될 수도 있다. 예를 들어, 감옥에 수감된 동안에 정신병을 얻는 경우가 전체 정신병 수감자의 40%에 이른다는 연구 결과가 있으며, 또한 수감된 동안에 과격한 행동을 저지른 사람이 전체

감 방

우리 나라 감방은 3평 남짓한 공간에 10명 정도가 생활한다. 아침에 기상해서 작업하고 저녁식사 후에 좁은 공간에서 잠을 잔다. 잠자리가 비좁고 불편해서 똑바로 누워 잠을 잔다. 더욱이 이들 집단에도 위계를 나타내는 계층이 있어 먼저 들어온 사람이 감방장으로 좀 넓은 자리를 차지한다. 혹시 집단 중에 갱조직 멤버가 속해 있다면, 이들이 대장 노릇을 하며 몇 사람 몫을 차지하는 경우가 있다. 그러한 상황에서 나머지 사람들의 공간적 여유는 생각해 볼 필요도 없다. 그 공간에 잠시나마 자신을 놓아 보아라. 당신은 이러한 상황에서 정상적인 사고를 할 수 있을까? 혹시 긍정적인 답을 주는 사람이라도 얼마나 버틸 수 있을지 알 수 없는 일이다.

철창 속의 범죄자

정신병 수감자의 10% 정도(Steadman & Cocozza, 1974)라는 연구 결과에서 볼 수 있듯이 정신이상은 수감된 후에 발생되는 경우가 있기도 하다.

정상이냐 아니냐 하는 문제의 답을 얻는 것은 난제임에 틀림없다. 범죄자와의 상담을 통해서 정상 여부를 파악하기도 어렵기에 갖가지 투사법과 질문지를 사용하고 있다. 투사법(projective test)에는 주제통각검사(TAT: thematic apperception test), 홀츠만 잉크블럿 검사(Holzman inkblot test), 로르샤 검사(Rorschach test)등이 있으며, 검사에는 다면적 인성검사(MMPI: minnesota multiphasic personality inventory), 캘리포니아 성격검사(CPI: california personality inventory) 등이 사용된다. 이러한 검사들의 목적은 모두가 정상이냐 아니냐를 구별하기 위한 것들이다. 그러나 여기서는 투사법과 검사의 대표라고 할 수 있는 주제통각검사, 그리고 다면적 성격검사만을 간단히 소개하기로 한다.

2-1. 주제통각검사

아주 모호한 흑백 사진을 보여 주고, 그림의 주인공이 과거에 어떤 사람이었고, 현재는 어떤 사람이고 미래에 어떤 사람이 될 것인지를 이야기식으로 기술하게 한다. 그림 속에 있는 사람은 어떤 행동을 하고 있는지 판단하기 어렵게 그려져 있다. 그래서 피검사자들은 애매한 그림을 보고서 그림 속의 인물에 대한 과거, 현재, 미래에 대한 예측을 이야기식으로 기술한다. 이때에 검사를 받는 사람들은 이야기를 통해서 자신들이 가지고 있는 숨겨진 동기(hidden motives)를 표출한다. 예를 들어, 주먹을 불끈 쥔 그림을 보고서 어떤 사람은 억울하게 숨진 아버지의 복수를 결심한다고 기술할 수 있고, 또한 다른 사람은 축구 시합에서 한 골을 기록하고 솟구치는 기쁨을 나타내는 것이라고 말할 수 있다. 이들 두 사람의 숨겨진 동기는 스스로의 표현에서 잘 나타난다.

두 사람 중에서 전자는 억압받고 있는 감정을 언제 행동으로 나타낼지 모르는 위험한 사람이고, 후자는 어떤 일이든지 긍정적으로 생각하는 성취 동기가 높은 사람이라고 볼 수 있다.

2-2. 다면적 인성검사

다면적 인성검사는 피검자의 검사 태도를 측정하는 4개의 타당도 척도와 10개의 임상 척도로 구성된다. 이러한 척도들은 모두 550개의 문항으로 만들어졌으며, 질문은 "예" 혹은 "아니오"로 응답하게 한다. 임상 척도는 ① 건강염려증(Hs: hypocondriasis), ② 우울증(D: depression), ③ 히스테리(Hy: histeria) ④ 반사회성(Pd: psychopathic Deviate), ⑤ 남성성/여성성(Mf: masculinity-femininity), ⑥ 편집증(Pa: paranoia), ⑦ 강박증(Pt: psychasthenia), ⑧ 정신분열증(Sc: schizophrenia), ⑨ 경조증(Ma: hypomania), ⑩ 내향성(Si:social introversion)이다. 검사의 분류에서 볼 수 있는 것과 같이 다면적 성격검사는 정신병은 물론 히스테리와 성격이상을 분류하는 척도임을 알 수 있다.

검사의 맹점은 피검사자가 스스로를 남에게 좋게 보이려는 태도를 보이는 것인데, 검사자가 이것을 알아내기가 어렵다. 예를 들어, "당신은 다른 사람과 만나는 것을 싫어한다"라는 문항에서 "그렇다"라고 할 경우에 썩 좋은 기분은 아닐 것이다. 그래서 사실은 그렇다 해도, "아니오"라고 대답하고 싶을 것이다. 그래서 피검사자가 정직한 응답을 주지 않는다면, 검사의 가치를 잃고 만다. 이런 이유 때문에 다면적 성격검사는 피검사자의 양심을 믿기보다는 검사 자체에서 이러한 거짓 응답을 골라 내려는 노력을 한다.

다면적 성격검사는 이러한 응답자를 골라 내기 위해서 피검사자가 어떤 방향으로 가도록 유도한다. 예를 들면 동일한 질문을 반복적으로 제시하든가, 동일한 질문의 부정문을 긍정문으로 바꾸어서 제시하는 것이다. 이러한 질문들에서 일관성 있는 응답을 찾지 못한다면, 검사태도가 바르지 못한 것으로 간주되고 검사결과를 인정하지 않는다.

열 개의 하위 척도 중에서 남성성/여성성은 과거와 달리 다소 다른 측면에서 해석되어야 한다. 왜냐하면 사람들은 일반적으로 남성이 남성적이고 여성이 여성적이면 바람직한 것으로 생각한다. 그러나 사회의 변화와 더불어 남성과 여성의 역할이 점점 혼합되거나, 격차가 점점 줄어들고 있다. 미국의 경우에 주부의 역할을 하겠다는 남성이 급증하고 있다. 통계에 따르면, 1993년 현재 돈을 벌지 않고 가정을 지키는 25~29세 사이의 남성이 무려 20만 5천 명에 이르는데, 이 수치는 지난 1989년에 비해서 49%나 늘어난 것이다. 이러한 변화의 가장 두드러진 이유는 남자들보다 돈을 잘 버는 여자들이 많이 생겨났기 때문이다(조선일보, 1997).

우리 나라의 동성애자

국내의 동성애자 단체 회원들이 1996년 6월 26일 오전 서울 마포구 연남동 한 빌딩에서 기자 회견을 갖고 "한국 동성애자 인권운동협의회"를 결성했다. 참가 단체는 "친구사이", "끼리끼리", "컴 투게더", "마음 001"이었다. 회원수는 4개 단체 모두 100여 명에 이른다. 올해 초 학보를 통해서 회원을 모집한 "컴 투게더"와 "마음 001"은 각각 Y대와 S대 동성애자 모임이었다. 이들은 발족문에서 "동성애는 비정상적인 현상이 아니며, 이성연애와 똑같은 독자적인 사랑과 성"이라고 주장했다. 그리고 동성애자에 대한 사회적 모욕과 비난 중지, 동성연애 인권운동에 대한 사회적 지원 체계 마련, 동성애에 대한 민주적인 교육 기회 제공 등을 요구했다(조선일보, 1995년 6월 27일).

남성성/여성성 척도는 또한 동성애자를 찾아내는 데 한몫을 한다. 현재 동성애가 사회적으로 허용적인 것은 아니지만, 과거에 비해서 시각을 달리한다. 그러나 아직도 사회적 지지나 무관심 속에서 동성애자들은 힘을 모아서 자신들의 인권을 당당하게 요구하고 있는 실정이다.

이상에서 살펴본 다면적 인성검사의 10개 척도에서 평균으로부터 지나치게 떨어진 점수를 얻는 사람들은 보통 사람과 다른 성격이상자 혹은 정신병자들이다. 성격이상자들이라고 해서 모두가 정신질환자가 아니며 또한 범죄의 가능성을 보인다는 것도 아니다. 건강염려증, 남성성/여성성, 내향성 등에서 폭력범죄의 가능성을 찾기 어려운 것 같지만, 편집증과 정신분열증 같은 증세는 폭력범죄와 관련성을 가질 수 있는 것처럼 보인다. 어쨌든지 이상한 사람이라고 모두 범죄행동과 관련성을 갖지 않는다는 것을 주지할 필요가 있다.

위에 제시된 검사들은 사람들의 정상 여부를 구별하기 위해서 심리학이 오랫동안 노력해 온 결과라고 말할 수 있다. 이런 이유 때문에 검사들은 실제 장면에서 상당한 기여를 하고 있지만, 아직도 범죄행동과 관련된 효과성에 의문을 남긴다. 왜냐하면 위에서 제시된 모든 검사들이 공격성에 의해서 폭력범죄자와 비폭력 범죄자를 구별하지 못하고 있기 때문이다(Megargee, 1965; Megargee & Cook, 1967; Megargee & Mendelsohn, 1962).

공격성은 범죄행동에 큰 몫을 차지하는 변인이다. 그래서 공격성과 비공격성을 구별하지 못한다는 것은 범죄행동과 관련지어 볼 때, 큰 가치가 없는 것이다. 공격성의 예측력을 측정하는 다면적 인성검사의 하위 척도 중의 하나인 반사회성 척도(Pd; psychopathic deviate)가 폭력범죄자와 비폭력 범죄자를 구별하지 못한다는 것은 범죄자가 "정상이다" 혹은 "비정상이다"라는 구별을 못하는 셈이다.

이런 저런 연구 결과들을 검토한 후에 Megargee(1965)는 "정말 어떤 검사도 공격행동을 적절히 예측토록 만들어지지 않았다"(p.145)고 언급한다. 그러나 이러한 검사들이 무용지물이라는 뜻은 아니다. 그 이유는 검사들이 적대감(hostility)과 억제력(inhibition) 같은 성격 특성들을 적절히 측정하고 있기 때문이다(Megargee, 1965).

성격 평가의 질문지들은 대체로 지속적 성격 특성을 평가하는 데 주력하고 있다(Butcher, 1995). 그래서 성격변인의 하나로 인정받을 수 있는 태도

(attitude)도 측정의 대상일 수 있지만, 성격이상과 관련해서 태도 측정에 관심을 기울이지 않는다. 왜냐하면 태도는 자신, 타인, 사물에 대한 호, 불호의 성격변인이고 변화에 저항적이지만, 내향성 혹은 외향성과 같은 성격변인과 비교할 때, 다분히 일시적이기 때문이다.

성격검사는 우리들이 가지고 있는 성격 특성 중에서도 일관성, 일정성, 특이성을 보이는 변인에 대한 측정에 관심이 집중된다. 아울러 앞에서 의문을 가졌던 성격이상이 범죄행동 전후 혹은 범죄를 저지를 당시 중에서 어느 것이냐 하는 문제를 논하는 것은 성격의 지속성, 일정성, 특이성의 측면을 파악해서 범죄의 책임의 유무를 밝히려는 목적을 갖기 때문이다.

앞에서 예를 들었던, 여의도에서 사람들을 향하여 택시를 몰았던 운전사, 보험금을 위해서 아들의 손가락을 자른 아버지, 집안에 화장터를 만들고 사람을 화장한 지존파 등 모두가 범행 전에도 이상한 행동을 지속적으로 보여왔던 사람이라면, 범죄의 의도성이 없기에 범죄에 대한 책임이 없는 사람들이다. 그러나 이들은 범행 전에는 정상적인 생활을 하던 사람들이다. 그래서 모두는 행위에 대한 대가로 벌을 받았다.

Henn, Herjanic, 그리고 Vanderpearl(1976)은 1964년부터 1973년까지 St. Louis 법정에 선 모든 사람들의 정신 평가를 한 결과 정신병자들은 일반 사람들보다 성폭행이나 다른 범죄를 저지를 가능성이 아주 낮다는 것을 찾아내었다. 살인혐의로 체포된 2,000명 중에서 단지 약 1%(20명 정도)만 정신병자로 판정되었다. 이 같은 주장을 뒷받침하는 결과를 Rapport와 Lassen(1965)의 연구에서, 그리고 Zitrin, Hardesty, Burdock와 Drossman(1975) 연구에서도 찾아볼 수 있다.

Rabkin(1979)은 이상행동과 범죄 사이의 관계가 실제보다 훨씬 높게 보고된다는 주장을 한다. 왜냐하면 정신질환이 있는 사람이 범죄 때문이든지 그렇지 않든 간에 무분별하게 체포되기 때문에 두 요인의 결과가 높을 수 있다는 것이다. 그러나 Rabkin의 연구를 좀더 가까이 관찰하면, 실제로 범죄행동과 정신병이 높은 관계를 갖는 것이 아니라, 이미 정신병과 관련된 범죄자들을 대상으로 한 연구에서 자료를 찾기 때문에 높을 수밖에 없다는 것이다. 즉 정신 병원에 입원한 사람들을 대상으로 범죄 경력을 조사하기 때문에 정신질환자의 범죄율이 높게 보이는 것이지 실제로는 둘 사이의 관계성이 높지 않다는 주장이다(Bartol, 1980). 또한 알콜리즘, 약물중독, 성격장애로 판명되는 사람들이 재범을 저지르는 경우가 허다한데, 임상학자들은 이러한 사람들을 어떤 항목에 특별히 넣기가 부적절해서 대충 성격이상으로 구분하므로 정신병과 높은 관계를 갖는 것으로 보고된다(Bartol, 1980). 이런 주장들을 받아들일 때, 정신질환자가 폭력범죄를 저지를 확률은 일반적 기대보다 훨씬 낮다.

3. 정신병 범죄자

범죄행동을 저지른 사람 중에서 정신병을 갖는 사람들을 정신병 범죄자(psychotic criminals)들이라 부른다. Bartol(1980)에 의하면, 이러한 사람들은 ① 정신병 때문에 범죄행동에 죄가 없고, ② 재판정에 나설 능력이 없고, ③ 교도소의 병원에 입원된 정신병 수감자이며, ④ 위험스러워서 조심스럽게 다뤄야 하는 사람들이다.

정신병 혹은 심리적 평가를 받기 몇 개월 전 혹은 수년 동안 정신병을 앓고 있었느냐 하는 문제가 중요한 점이다. 이러한 사실이 있었다면, 그 사람들은 범행 당시 자유의지에 의해서 범죄를 저질렀다는 평가를 받기 어렵기 때문에 범죄에 책임이 없다. 그러나 매우 위험스런 사람이기에 적절한 치료기간을 거쳐서 안전한 상태가 되기까지는 억류되어 있어야 한다. 미국 통계에 따르면, 전체 범죄자의 4%가 정신병적 치료를 필요로 하는 사람들이며(Steadman & Cocozza, 1974; Scheidenmandel & Kann, 1969), 정신병 때문에 죄가 없는 사람은 전체 정신병 수감자 중에서 4%에 이른다(Steadman & Cocozza, 1974). 이들은 수감 전부터 오랜 동안 정신병을 앓고 있던 사람들이다.

Steadman과 Cocozza(1974)에 의하면, 정신병 때문에 재판 과정을 수행할 수 없는 사람들이 전체 정신병 수감자 중에서 40%가 된다. 이들은 주로 정신분열증 같은 정신병 혹은 정신지체자(mentally retarded)가 대부분이다. 정신병 때문에 죄가 없는 사람 4%에 비해서 이렇게 높은 비율을 갖는 이유는 재판을 받기 전에 정신병에 대한 진단을 받지 않았거나 허술하게 진단되었기 때문이다. 만약 이들이 재판 전에 진단을 받았더라면, 아마도 형을 면제받을 수도 있었을 것이다. 그러나 이 사람들은 재판 후에 정신병이 있다는 진단을 받고 병동에 수감되었으므로 정신질환자의 수감율을 높인다.

미국의 경우 정신병적 진단을 위해서 요구되는 기간은 60~90일 사이가 된다. 그 기간이 지난 다음에도 정신병적 이유 때문에 재판과정을 따라갈 수 없는 사람이라는 결정이 내려지면, 그 사람은 능력을 가질 때까지 병원에 있어야 한다.

정신적으로 다소 이상하지만 법적으로 보호를 받지 못하는 사람은 극한 성범죄를 저지른 사람들이다. 왜냐하면 이들은 심리적, 생리적, 행동적으로 안정적이라는 데 의심의 여지가 없고, 이러한 사람들은 다른 정신병자들보다 더 범죄적이고 폭력적이기 때문이다(Hare & McPherson, 1984; Quinsey, 1986).

정신이상자의 책임소재

일본 사법부는 다중성격(multiple personality)의 논쟁을 불러일으키게 했던 한 살인범에 대해서 사형을 선고했다. 이먀자키 쓰도무(34, 인쇄공)라는 사람은 4~7세의 어린이 4명에게 사진을 찍어 준다고 유괴, 추행한 뒤 잔혹하게 목 졸라 죽였다. 범행 후 그는 소녀들의 유골을 상자에 담아 부모에게 우송하는가 하면, 범행 성명서와 고백문을 신문사와 부모에게 보내기도 하였다. 1989년 7월 경찰에 검거된 후 시체 일부를 먹었다고 진술해서 일본 사회를 경악케 하였다. 변호인단은 피고인이 정신병의 일종인 다중성격자이므로 정상을 참작하라고 변호하였다. 재판이 1심에서만 7년 이상을 끌었다. 일차 감정은 "인격장애의 범주에 속하나 정신병 상태는 아니다"였고, 2차와 3차의 감정은 "다중성격을 주체로 하는 반응성 정신병 혹은 정신분열증"이었다. 이날 재판부는 1차 감정을 받아들여서 피고인에게 "완전 책임 능력이 인정되는 만큼, 정상참작 여지가 없다며 최고형을 선고했다(조선일보, 1998년 4월 15일).

CHAPTER 6

제6장

여성범죄자(female criminals)

우리들은 대체로 범죄자하면 남성을 먼저 연상한다. 왜냐하면 여자는 남성보다 약하고, 정이 많고, 행동보다는 오히려 생각에 그치는 것으로 대충 알고 있기 때문이다. 그러나 우리들이 알고 있는 것같이 그렇게 남자와 여자가 다르지만은 않다. 이러한 주장은 구태여 고집하지 않아도 우리들 주위에서 얼마든지 찾아볼 수 있다. 남성과 여성이 근본적으로 다르지 않다는 것은 요즈음 여성의 활동 영역이 전보다 점점 더 넓어져 가고 있음을 통해서 알 수 있다.

여성들의 활동범위는 정치, 경제, 사회 등 모든 분야에서 남성들의 활동영역을 잠식해 가고 있지만, 자녀의 임신과 출산, 훈육과 양육, 가사로 인해서 범죄 행동과 별다른 관련성이 없는 것으로 간주되어 왔을 뿐이다. 여성의 활동은 다른 활동과 마찬가지로 범죄행동에서도 남성들의 뒤를 쫓고 있다. 그러므로 여성에 의해서 발생되는 범죄 사건의 수와 질은 세간의 관심을 모은다. 이러한 관심의 궁금증을 풀기 위해서 우선적으로 남성과 여성이 근본적으로 동일한가 혹은 다른가 하는 주장을 살펴볼 것이다.

1. 남성과 여성의 성역할 변화

도시화와 산업화는 남성과 여성 간의 차이를 사회적 기능면에서 점차 줄어들게 했고 이러한 사회적 현상은 여자들이 남자의 역할을 잠식해 가도록 만든다. 전통적 사회에서 여자는 가사와 자녀의 교육이 생활의 전부라고 해도 과언이 아니었으나, 사회의 발전은 여자들을 가정에 더 이상 머물지 못하게 하고, 가정 밖의 일에 관심을 갖도록 하고 있다. 특히 여성들의 인권 주장은 더 이상 여자가 남자의 내조자가 아님을 확인시켜 주면서 동반자의 역할을 강조한다.

여성 인권의 주장이 먼저인지 혹은 여성의 사회 활동이 인권을 요구하도록 만들었는지 분명하게 가릴 수 없지만, 이제 남성들이 과거의 삶을 고집할 수 없는 현실적 상황에 직면해 있다. 다름 아니라, 남자의 수입으로 가능했던 과거의 가정 생활이 이제는 어려워졌으며, 따라서 가정 경제는 가사에 전념하던 여성들에게 경제적 도움을 요구하고 있다. 이러한 현상은 가정 주부와 직장 여성이라는 두 역할을 담당하는 여성 수를 점점 더 증가시키고 있다. 미국의 경우는 여성들이 남성과 동일하게 직장을 갖는 것이 아주 일반적 사회현상이 된 지 오래되었고, 이제는 종래의 남자와 여자의 역할이 뒤바뀌는 이상한(?) 변화가 일어나기까지 하고 있는 실정이다. 그래서 1965년 이래 미국 주부들은 점차적으로 가사나 어린이를 돌보는 일에 점점 더 적은 시간을 할애하고 있으며, 남편들은 점차 가사나 아이를 돌보는 일에 더 많은 시간을 보내고 있다.

이러한 변화는 경제, 사회 전반에 걸쳐서 남녀의 권리가 동등하다는 신념을 심어 놓으며, 성역할 고정관념의 벽을 무너뜨리고 있다. 또한 성역할 고정관념의 약화 내지 제거의 밑바닥에는 성별에 관계없이 자신이 가지고 있는 잠재력을 개발해야 한다는 기본적 주장이 깔려 있다.

성역할 고정관념의 약화는 경제, 사회 여러 분야에 영향을 미치지만, 범죄행동에서도 적지 않은 영향을 주고 있다. 왜냐하면 여성의 사회 활동 참여도가 높아지면서, 범죄행동의 발생률 또한 증가하고 있기 때문이다. 다음 〈표 6-1〉과 같이 매년 여성범죄율의 증가 추세가 두드러지고 있다.

〈표 6-1〉 여성의 남성 범죄율 차지비율

년 도	남성범죄자	여성범죄자	여성비
1987	1,021,328	97,241	8.3
1988	1,045,811	98,991	8.7
1989	1,220,687	116,990	8.7
1990	1,279,582	140,831	9.9
1991	1,381,734	159,180	10.3
1992	1,386,974	155,061	10.1
1993	1,531,245	207,707	11.9
1994	1,437,929	224,118	13.5
1995	1,548,770	255,636	14.2
1996	1,634,349	288,200	15.0

법무부 연수원 범죄백서 1996, p.75

위의 표에서 알 수 있듯이 여성범죄자의 수가 매년 증가 추세를 보인다. 이러한 추세는 우리 나라의 경우만 해당되는 것은 아니다. 미국의 경우에 1967~1976년 사이에 남자의 범죄율이 15% 증가한 반면, 여성의 범죄율은 64%나 증가하였다. 특히 폭력범죄에서 여성의 증가율은 93%이다. 그리고 여성의 범죄율이 전체의 17%를 차지하며, 모든 폭력범죄 중에서 여성 폭력범죄가 차지하는 비율은 11%이다(Kelley, 1977). 미국의 여성범죄율이 17%에 이르고 있지만, 이 자료는 1977년 자료에 불과하다. 그러니까 지금은 더 높은 범죄율을 보이고 있을 것으로 추정된다. 우리 나라의 경우 여성범죄율이 점차 높아져서 1996년에는 전체의 15.0%를 차지한다.

오늘날 여성범죄율이 증가 추세를 보이고 있다고는 하지만, 여전히 남성의 범죄율에 비하면 훨씬 낮다. 이러한 이유를 여러 측면에서 찾아볼 수 있다. 그러나 그 이유를 찾기 전에 남자와 여자는 근본적으로 동일하다는 주장과 차이를 갖는다는 주장을 자세히 검토해 보기로 한다.

Harris(1979)는 남자와 여자는 서로 반대가 아니며 차이점보다는 오히려 유사점이 많다고 주장한다. 그러나 우리들의 사회는 남성과 여성의 유사점보다 차이점에 더 관심을 갖는다. 왜냐하면 차이점에 비해서 유사점은 우리들에게 별다른 흥미를 주기 않기 때문이다. 감각적 의미에서 생각할 때, 차이점은 유사점에 비해서 새로운 것이며, 생생하게 지각되는 것이기에 흥미롭다. 신문과 TV에서 보도되는 뉴스는 착한 행실보다는 대부분 사고, 범죄

사건을 다루는데, 이러한 이유는 시청자와 구독자의 흥미에 초점을 맞추기 때문으로 해석된다. 이와 마찬가지로 남자와 여자의 유사점보다는 차이점이 세간의 관심을 더 끌게 되므로 우리들은 성차만을 이야기하고 유사점은 가볍게 생각하는 경향이 있다.

유사점이 간과되었다는 근거는 우리 사회에서 얼마든지 찾아볼 수 있다. 왜냐하면 그 동안 성고정관념 때문에 사회적 진출의 기회가 없었던 여성들의 역할이 두드러지고 있는데, 이것이 바로 그동안 남성과 여성의 차이가 없음을 입증하는 증거라고 주장할 수 있다. 그러나 이제는 정치에서, 스포츠에서, 군복무에서 어떤 일이든지 남자와 동일하게 일하는 여성들을 자주 찾아볼 수 있다.

여성 경찰서장

1998년 7월 1일 여경 창설 52주년 기념일을 맞아 우리 나라 경찰 사상 최초로 여자 경찰서장이 탄생했다. 자유당 정권 시절 이후 40여 년만인 1998년 3월 첫 여성 총경으로 승진한 방배 경찰서 김강자(金康子) 방범과장(52, 서울 서초구 방배동)이 7월 1일 충북 옥천 경찰서장으로 발령을 받고 2일부터 업무를 시작한다. 이날 김 총경의 서장 발령은 여경 창설 52주년 기념일에 맞는 것이어서 1천5백여 여경의 사기를 한층 북돋았다(동아일보, 1998년 7월 1일).

한국의 스포츠 영웅 손기정 선수는 1936년 베를린 올림픽에서 2시간 36분대의 마라톤 기록으로 우승하였다. 그러나 1998년 방콕 아시안 게임에서 일본의 여자 마라톤 선수는 2시간 21분대로 손 선수를 무려 15분이나 앞지른 기록을 세웠다. 물론 손 선수가 참가했던 올림픽은 60년 이상 전의 일이며, 지금은 세월이 흘러서 남자 마라톤 세계기록은 멕시코 선수가 세운 2시간 6분 05초로 무려 30분이 단축되었다. 그렇지만 여성 마라톤의 짧은 역사를 감안한다면, 앞으로 20, 30년 후에 여자의 마라톤 기록은 현재 남자들의 세계기록을 압도할 수도 있으리라는 것을 부정할 사람은 없을 것이다. 마라톤 이외에 다른 스포츠 종목에서도 남자와 여자의 차이를 구태여 고집할 이유가 없다. 레슬링, 역도, 권투, 축구 등 여자의 스포츠 참여는 점차 더해간다.

정치, 경제, 사회 등 여러 분야에서 여성은 이제 양념에 그치지 않는다.

미국의 국무장관 올브라이트, 영국의 전 수상 대처, 인도의 전 수상 인디라 간디 등 세상에는 손가락을 수없이 꼽으며 헤아려야 하는 큰 여성들이 있다. 우리들이 이런 여성들을 지적하는 것은 더 이상 다른 나라의 이야기가 아니다. 우리 나라에서도 장관, 대학 총장, 회사 사장 등 여성의 역할이 두드러진다. 그래서 영국의 학자 Samuel Johnson은 "남자와 여자 중에서 누가 더 머리가 좋으냐?"라는 질문에 대한 답으로 "어떤 사람이 여자고 어떤 사람이 남자냐"(Myers, 1987)?라고 반문했을 정도다. 따지고 보면 남자와 여자는 근본적으로 차이가 없다는 강한 주장이다.

남자와 여자는 아버지에 의해서 갖게 된 단 하나의 성염색체에 의해서 결정된다. 그래서 49염색체냐 혹은 48 염색체냐에 따라서 여자와 남자로 갈리고 만다. 그러니까 남자와 여자는 98% 이상의 동일한 유전인자를 갖는 아주 유사한 존재이다.

2. 남성과 여성의 차이점과 유사점

남성과 여성의 실제적 차이가 존재한다는 주장을 뒷받침할 수 있는 단적인 예는 바로 우리들이 가시적으로 볼 수 있는 것들이다. 예를 들어, 진취적인 사회로 인정받는 미국이라도 전 인구의 51%를 차지하는 여성들 중에서 상원의원의 4%, 하원의원과 주지사에 각각 4%만을 여성이 차지하는 데 그친다(Myers, 1987). 대부분 단체의 장은 남자가 차지한다. 우리 나라에서도 이 같은 경우가 예외는 아닐 것이다.

남자와 여자가 사회적 역할에서 차이를 보이는 것은 여러 측면에서 설명될 수 있다. 즉 생리적 이유, 내분비선(호르몬), 문화적 영향에서 찾게 된다. 첫째, 여자는 남자와 달리 임신과 출산, 자녀 양육이라는 역할을 감당해야 한다. 또한 남자는 여자와 달리 식구들을 보호하고 경제적 책임을 져야 한다. 이러한 역할은 먼 조상의 시대로 올라가서 생각하면, 더 심각했을 것이다. 그때에 남자는 식구들을 위해서 위험한 사냥을 해야 하고, 다른 지역의 사람들과 먹이를 차지하기 위해서 싸움을 해야만 했다. 생명을 건 싸움에 이겨서 살아남은 남자와 다소곳이 남자들이 구해 준 먹이를 요리하고 자녀를 키우던 여자는 살아남을 수 있었다. 한편 거친 남자들 틈새에 끼어서 싸움을 하던 강한 여자는 점차 사라졌고 결국 용감한 남자와 다소곳한 여자의 자손이 대를 이어왔다. 유전자적 의미에서 볼 때, 이러한 생리적 유전이 남자와 여자의 차이를 가져왔다고 본다.

둘째, 유아는 태어나면서 빨고, 움켜쥐고 우는 능력을 갖는다. 엄마도 이러한 유아의 반응에 일치하는 반응을 보인다. 예를 들면, 어린이의 울음소리를 듣는 엄마에게서 부부 관계시 젖꼭지를 세우는 성호르몬(oxytocin)이 분비된다. 또한 수유할 때 엄마가 갖는 쾌감은 엄마와 유아의 관계를 강하게 묶는 역할을 한다.

생리적 이유에서 성차가 생긴다는 주장을 뒷받침하는 연구가 Maccoby와 Jacklin(1974)에 의해서 실시되었다. 이들은 문화적 영향을 받기 전 상태에 있던 암놈 원숭이에게 남성 호르몬을 주사한 후에 이 원숭이가 더 공격적이 된다는 것을 알았다. 이러한 연구는 사람에게도 실시되어서 동일한 결과(Money & Ehrhardt, 1972)를 얻었다. 결국 남성 호르몬과 여성 호르몬이 남자와 여자의 행동에 차이를 만든다고 주장할 수 있다.

셋째, 과거와 마찬가지로 대부분의 사회는 남자에게 공격적인 활동을 요구한다. 군인은 거의 다 남자로 채워지며, 강력한 체력을 요구하는 대부분의 스포츠도 남자에 의해서 진행된다. 한편 여자는 가정에 머물면서 가사를 돌보거나 자녀를 키운다. 물론 직장을 갖는 여성들도 많이 있지만, 이들 역시 가사를 돌보는 이중 역할을 하는 사람이 많다. 우리들은 주위에서 직장 여성(working women)이라는 용어는 흔히 들어도, 직장 남성(working men)이라는 단어는 생소하고 또한 의미 없는 단어라는 것을 알게 된다. 남자는 당연히 일을 해서 가족의 생계를 책임져야 한다는 당위성을 갖기 때문이다.

남녀의 실제적 차이는 위에서 설명한 것들 이외에도 공격성, 감수성, 공간지각 능력에서 차이가 있다는 주장이 보편적이다(Myers, 1987). 미국에서 남자가 폭력범죄로 구속되는 것은 여자의 8배이며, 폭력과 힘을 사용하는 주장에 대해서도 여자들보다 남자들이 더 강하다(Smith, Paternoster, 1987). 예를 들면, 사형 제도의 지지율, 학교에서의 체벌 지지도, 군에서의 전략 등에서 남자들이 더 공격적이었다.

여자들은 다른 사람의 감정이입을 남자들보다 훨씬 쉽게 받아들인다. 울고 있는 사람과 같이 울 수 있고, 화난 사람과 같이 화를 낼 수 있는 사람은 남자가 아니라 여자이다. 이러한 성격 특성은 대인 관계에서 잘 나타나고 있다. 그래서 남자들보다 여자들이 더 협조적이며 비공격적이다(Knight & Dubro, 1984).

공간지각 능력에서는 남자들이 여자들을 훨씬 앞선다. Harris(1979)는 많은 연구 결과를 조사한 후에 보통 남자라면 미로 찾기, 기하학적 그림 복사, 숨은 그림 찾기 등에서 여자들의 75% 내지 80%를 능가한다는 결과를 제시한다. 그래서 그런지 고도의 기술을 요하는 건축기사들은 거의 다 남자며 공간 능력을 요하는 체스게임의 고단자들도 모두 남자다(Harris, 1979). 그리고 공항 관제탑에서 근무하는 사람 역시 남자들로 구성되었다는 것은 우리 모두가 알고 있는 사실이다.

남자와 여자가 같으냐 혹은 다르냐 하는 문제는 긍정도 부정도 할 수 없는 논쟁거리다. 왜냐하면 신체적 외모, 생리적 기능에서 남자와 여자가 차이를 갖는다는 것은 우리 모두가 다 인정할 수밖에 없지만, 밖으로 나타나는 전체적 기능은 세월이 흐르면서 점차 구별하기 어렵다. 예를 들면, 남자 같은 여자와 여자 같은 남자가 점점 더 증가하고 있어서, 예전에 울퉁불퉁한 근육형의 남자와 얌전하고 다소곳한 여자는 점차 줄어들면서 둘의 혼합형이 우리 사회의 이상적 인간상으로 등장되고 있다.

여성 2인조 강간범

금발의 여성 두 명이 한 남자에게 비아그라를 먹이고 강제로 윤간을 한 사건이 발생했지만, 경찰은 이 사건을 수사하지 않을 방침이라고 영국의 타블로이트판 신문이 12일 보도했다. 이 신문에 의하면 굉장히 예쁜 금발 여성 두 명이 8일 런던에 있는 나이트클럽에서 한 남성 사업가(25)를 유혹해 호텔 방에 함께 들어가 그를 침대에 묶고 재갈을 물려 꼼짝 못하게 한 뒤 차례로 강간했다는 것. 금발 여성들은 발기부전 치료제 비아그라를 강제로 먹인 다음 입을 테이프로 막고 이 같은 행위를 했다고 피해자는 밝혔다. 방 안에서 재갈물린 신음소리를 들은 호텔 직원이 방문에 "비아그라 강간조는 다시 출동한다"는 문구를 발견, 즉각 경찰에 신고하는 바람에 피해자는 풀려났다. 경찰이 현장에 도착했을 때, 피해자는 여전히 사슬에 묶여 있는 채였고 옆에는 섹스기구와 빈 보드카 병 하나, 비아그라 알약 2개가 남아 있었다(한국일보, 1998년 12월 13일).

양성성

유니섹스(unisex)라는 말에 우리들은 언제부터인지 아주 익숙해 있다. 인간이 원래 유니섹스적인지 아니면 화장품과 의류상들의 판매전략에 흘러가고 있는지 분명히 꼬집지 못하지만, 이제는 남녀의 차이가 점차 좁혀져 가고 있다. 이를 반증할 수 있는 것을 여러 면에서 찾아볼 수 있다. 이러한 것의 예로써, 우리 사회에서 성형수술은 여자만의 전유물이 아니며, 군인이 신는 워커를 애용하는 여자, 화장을 하는 남자, 머리카락을 물들이는 남자 등 허다한 사회 현상을 접하게 된다.

신체적 힘에 의존하는 사냥과 목축으로 생업을 삼았던 과거에 비해서 이제는 점차 기계와 로봇이 힘든 일을 대신한다. 그래서 인간은 이들을 조작하는 지능만 있으면 된다. 이러한 사회에서 더 이상 거칠 필요도 없고 얌전하고 수줍을 필요도 없다. 오히려 그러한 행동은 거추장스럽고, 사회적 적응을 어렵게 만들 뿐이다.

이제 인간은 남성성(masculinity)과 여성성(feminity) 둘만으로 구별되지는 않는다. 물론 신체적, 생리적으로 또 다른 존재가 태어난다는 것은 아니지만, 남성성과 여성성 이외에 양성성(androgeny)이라는 신조어가 우리들의 입에서 오르내린 지 오래된다. 양성성의 남자는 집에서 세탁기를 돌리고, 다림질을 하고, 아이를 업어 주고, 밖에 나가서 돈도 벌고, 과격한 유도와 태권도 같은 운동보다는 볼링과 탁구를 더 좋아한다. 한편 양성성의 여자는 밖에 나가서 남자들과 함께 일하면서 돈도 벌어야 하며, 집안일도 해야 한다. 이런 생활에서 "남자는 부엌에 얼씬거리면 안 된다" 혹은 "암탉이 울면 집안 망한다"는 엄한 가훈(家訓)은 색깔을 잃고 만다. 때에 따라서 암탉이 크게 울어야 하고, 남자라도 퐁퐁을 써가며 그릇을 '싹싹' 닦아야만 된다. 양성성의 부부는 사회적 역할에서 차이를 갖지 않는다. 가정에서나 밖에서 이들이 하는 일은 거의 동일하지만, 신체적 이유 때문에 임신과 출산에서 차이를 가질 뿐이다.

우리들이 과거 앞서 간 사람들의 생활을 답습하며 자신의 성을 끝내 고집한다면, 삶 자체가 어려워질 가능성이 높다. 우리들이 원래 양성성의 기능을 갖는지 혹은 사회의 변화가 양성성을 갖게 했는지 명확히 알 수 없지만

이같은 논쟁은 닭이 먼저냐 달걀이 먼저냐 하는 식의 끝없는 논쟁을 불러온다. 그러나 Bem(1985)의 연구에서 남성성 남자와 여성성 여자 부부보다 양성성 부부가 서로에 대해서, 자신의 생활에 대해서 더 만족한다는 결과를 찾아볼 수 있다. 사회는 시간의 흐름과 더불어 발전해 간다. 그래서 그런지 우리의 사회는 점차 남성과 여성이 모두 만족할 수 있는 양성성의 사회를 향해서 신속하게 움직이고 있다.

위에서 기술한 설명은 남녀간 성역할 변화가 행동의 격차를 줄이고 있다는 의미로 해석되지만, 이런 행동 격차의 감소는 범죄행동에서도 나타나고 있다. 우리 나라의 경우, 1996년 교정국 통계분석 자료에 의하면, 여성 법률 위반자 288,200명 중에서 폭력행위에 대한 처벌을 받은 사람이 35,537명으로 12.3%를 차지한다.

남자와 여자의 성역할이 점차 혼합되어 가고 있어도, 남자와 여자의 신체적, 생리적 차이가 영원히 지속될 것이라는 주장을 반대할 사람은 없을 것이다. 이러한 조건들은 범죄행동에서도 차이를 나타내게 마련이다. 1996년 여자의 범죄유형별 백분율을 〈표 6-2〉에서 찾아볼 수 있다.

〈표 6-2〉 여성범죄의 종류와 범죄자수

사기	92,991	32.3	%
절도	4,242	1.5	%
간통	7,113	2.5	%
횡령	5,269	1.8	%
배임	2,151	0.7	%
도박, 복표	5,853	2.0	%
폭력	35,537	14.5	%
식품위생	33,423	12.0	%
교통사고	22,264	7.7	%
기타	77,140	26.8	%

법무부 연수원 범죄백서, 1996

〈표 6-2〉에서 알 수 있듯이 재산범(32.3%)이 압도적으로 높다. 폭력 및 상해가 차지하는 비율은 14.5%이다. 이 같은 이유를 여러 측면에서 찾아볼 수 있지만, 근본적으로 남자와 여자는 공격적 행동에서 각기 다르게 죄의식

을 느낀다는 연구 결과가 있다(Frodi, Macaulay, & Thome, 1977). 다시 말하면, 여자들은 희생자에 대해서 남자들보다 더 동정적이다. 그리고 공격적인 상황이 모호한 경우에 덜 공격적으로 느끼고, 다른 사람의 공격적 행동을 여러 가지 다른 행동으로 해석하는 경향이 있다. 그래서 여자들은 남자들보다 피해자에 대해서 동정적이거나 공격성이 더 낮을 수 있다.

남자와 여자가 근본적으로 동일한가 혹은 다른가 하는 문제의 시비를 가리기는 어렵다. 사실 이러한 문제의 논란은 한없이 이어져 오고 있는 것 중의 하나이다. 그러므로 여기서 다시 끝없는 논쟁을 벌이려는 의도는 없지만, 범죄행동과 관계해서 남자와 여자가 분명히 다르다는 몇 가지 이유들을 설명할 것이다.

3. 남성과 여성의 범죄행동 차이

남자와 여자가 왜 다른지를 지적해 보라면 신체적, 생리적, 사회적 규범과 규율의 영향 때문이라는 대답을 듣게 될 것이다. 그러한 차이 때문인지 범죄자가 저지른 행동이 동일한 범죄유형에 속한다 해도, 남자와 여자는 범죄행동의 원인에서 차이를 갖는다. 예를 들어서 ① 살인, ② 상점 물건 훔치기, ③ 청소년 비행 같은 범죄는 남자만 혹은 여자만 저지르는 전담 범죄행동은 아니다. 남자와 여자 모두 살인하고 상점에서 물건을 훔치고 비행을 저질러도 남자와 여자는 각기 특이한 이유를 갖는다.

미국의 경우에 살인하는 사람들 중에서 여자가 차지하는 몫은 50%이다(Rosenblatt & Greenland, 1974). 물론 남자와 여자라는 두 유목을 생각한다면, 여자 살인자가 50%라는 것이 유달리 의미 있는 것은 아니다. 그러나 살인이 가장 심한 폭력범죄라는 점을 감안한다면, 여자보다 더 공격적인 남자에 의해서 저질러질 것으로 추정되는데 실제로는 반반의 비율을 보인다. 그래서 이러한 점이 남성과 여성의 범죄행동에서 관심을 끄는 것이고, 또 다른 이유는 남자와 여자의 살인 대상이 다르다는 점이다.

3-1. 살인

여자들의 살인은 남자들의 것과 다른 특성을 갖는다. 통계에서 남자와 여자가 동일한 살인율을 갖기에 여자들도 남자들과 마찬가지로 동일한 포악성을 가졌을 것이라는 주장을 할 수도 있지만, 여자들이 살인하는 경우는 피해자 대부분이 자신의 자녀들이고, 남자의 경우는 타인이며 성인이라는 점이다. 캐나다 연구에서 살인자의 50%가 여자(Rosenblatt & Greenland, 1974)였으며, 덴마크에서는 피살자의 50%가 어린이였다(Harder, 1967). 또한 영국에서도 전체 피살자의 1/3이 어린이였다(Scott, 1973)는 보고가 있다. 이런 수치에 의하면, 살인자는 엄마이며, 피살자는 그의 아이라는 것이다.

Resnick(1970)은 유아살인(infaticide)을 두 종류로 나누어서 설명한다. 첫째는 출생 후 하루 안에 살인하는 신생아 살인(neonaticide), 둘째는 하루 지난 후에 살인하는 자식살인(filicide)이다. 하루가 못된 갓난아이든지 하루를 넘긴 아이든지, 어린 자식을 살인하는 사람은 대체로 아이의 엄마들이다.

엄마들이 자신의 아이를 죽이는 동기는 두 가지로 나누어 볼 수 있다. 첫째, 자식의 고통스런 생활을 벗어나게 하려는 친애욕구(altruistic need)에서 살인을 하며, 둘째는 아이가 있음으로 해서 자신이 많은 희생을 요구받게 된다는 생각에서 살인을 한다. 아이들은 근본적으로 엄마에게 많은 희생을 요구하게 마련이지만, 엄마는 자신을 절대적으로 의지하는 자식을 양육하는 기쁨을 갖는다. 그러나 이러한 양육이 거추장스럽게 생각되기 시작하면, 끝도 없는 길을 가게 마련이다.

자식을 살해하는 엄마들은 일반적으로 욕구좌절되거나 심리적, 경제적으로 어려움을 겪거나, 결혼 생활의 어려움을 경험하고 있는 사람들이다. 이러한 어려운 상황에서 절대적으로 자신을 의지해야만 생활할 수 있는 유아는 도움이 되지 않고, 매우 큰 희생만을 요구할 뿐이다. 물론 심리적, 경제적으로 어려움을 당하고 있는 사람들이 자식을 전적으로 애물단지로 생각하는 것은 아니다. 어려운 상황에 있는 세상의 모든 엄마들이 이런 생각을 갖는다면, 세상은 온통 증오와 분노로 가득 차고 말 것이고, 아마도 우리의 삶은 벌써 종말을 맞이하고 말았을 것이다.

우리들은 TV를 통해서 아프리카 지방의 피골이 상접한 엄마의 젖을 빨고 있는 역시 피골이 상접한 아이들을 흔히 보게 된다. 먹지 못해서 눈이 십리

피골이 상접한 젖먹는 아이

만큼 들어간 엄마에게 거머리같이 붙어서 나오지 않는 젖을 빠는 아이가 얼마나 귀찮은 존재일까 하는 생각도 갖지만, 그 엄마에게 아이는 사랑스러울 것이고, 양껏 먹이지 못해서 마음 아파하고 있을 것이다. 이러한 엄마의 사랑이 없었으면, 너도나도 이 세상에 존재하지 못할 것이다. 어찌 생각하면 자식의 보다 편안한 삶을 위해서 자식을 살해하는 엄마는 사랑의 한도를 넘는 애정의 표현일 수도 있다.

일반적으로 아동을 박해하는 부모들은 자신의 어린 시기에 부모로부터 박해를 당한 사람들이다(Steele & Pollack, 1968; Spinetta & Rigler, 1972; Lascari, 1972). 이러한 가정에서 성장한 사람은 문제가 발생했을 때, 다른 해결책을 찾기보다는 자신이 배운 힘을 사용하게 된다. 물론 자식을 살해하는 엄마가 자신이 성장할 때, 부모의 살인을 목격했다는 것은 아니다. 그러나 부모가 가정의 문제를 주로 폭력으로 해결했던 사람이며, 그런 와중에서 부모에게 폭행당한 사람으로 추정해 볼 수 있다. 나가서 힘의 사용은 더 큰 힘의 사용을 요구하게 되고 살인에 이르게까지 한다.

자식을 살인한 엄마들은 대체로 살인 후에 자살을 시도하거나 심한 우울증세를 보이는 것이 일반적이다(Harder, 1967). 아무리 자식을 위해서 살인을 했다 하여도, 자식을 죽이고 마음 편할 사람은 이 세상에 없을 것이다. 자식을 죽였다는 죄책감도 있지만 자식을 살해할 때, 이미 엄마는 자신의 목숨도 끊을 각오를 하였을 것으로 추정할 수 있다. 그래서 자살을 하거나 혹은 그렇지 못한 경우에 우울증세를 보이는 것은 당연하다.

살인하는 여자는 대체로 희생자를 선택하는 경향이 있다. 선택의 대상은 범죄자가 늘 접할 수 있는 그런 사람들이다. 그래서 여자들의 희생자는 주로 남편, 자녀, 혹은 연인일 가능성이 높다(Hoffman-Bustamante, 1973; Ward, Jackson, & Ward, 1969). 희생자가 성인일 때에는 그가 잠자거나, 술에 취해 있을 때 여자들은 살인할 것을 계획한다. 여자들이 이러한 때를 특별히 택하는 이유는 살인의 성공률이 높고 여차하는 경우에 자신이 당할 확률이 적기 때문이다.

3-2. 상점 물건 훔치기

상점에서 물건을 훔치는 사람들은 대부분이 여자들이다. 이들은 크게 두 유목으로 분류된다. Russell(1973)에 따르면, 상점에서 물건을 훔치는 사람의 85%가 여자라고 주장한다. 이들은 전문적으로 상점의 물건을 훔치는 사람(commercial shoplifters)과 아마추어로서 상점의 물건을 훔치는 사람(armature shopilferers)으로 구분된다. 전자는 자신들이 훔친 물건을 다시 되팔 생각을 하는 사람들이어서 대체로 비싼 물건을 훔치며, 물건을 훔치는 이유가 아주 확실하다. 후자는 왜 자신들이 물건을 훔치는지 이유를 모르는 경우가 대부분이다. 자신도 모르게 물건을 훔친다는 이유를 설명할 수 있는 증거는 훔친 물건들이 값비싼 것이 아니라는 것이다. 그냥 어떤 때 충동적으로 물건이 있으니까 생각 없이 집어넣은 것이다. 상점의 물건을 훔치는 사람들의 대부분은 전문가들보다는 오히려 아마추어들이다.

아마추어들이 물건을 훔치는 이유는 결혼 생활의 스트레스와 외로움이라는 지적을 받고 있지만, 주된 이유가 생리적이라는 견해가 일반적이다. 즉 월경전 증후군(PMS: premenstrual syndrome)이 지적된다. 월경전 증후군은 여자들에게 신체적, 심리적 변화를 가져오게 한다. 여자들은 월경 4~7일 전에 심리적으로 긴장하고, 걱정하고, 불안해하며, 정서적으로 불안정하다. 한편 이런 때에 여자들은 신체적으로 피곤하고, 두통을 앓고, 유방이 부풀어오르는 것을 경험한다.

월경전 증후군

국내에서 PMS는 아직 눈길을 끌지 못하고 있다. 그러나, 미국과 유럽의 경우 PMS는 가정파탄, 아동학대, 자살, 살인까지 초래하는 심각한 질환으로 의학계의 본격적인 연구 대상이 되고 있다. 미국 워싱턴시의 로저 랭글리와 리처드 레비 팀은 미국서 1천2백만 명의 남편이 아내와 싸운다고 평가하고 이 중 20% 정도는 PMS 때문이라고 추정했다. PMS로 인한 부부 싸움에는 아내가 칼로 남편을 공격한 사례도 심심찮게 전해지고 있다. 가정에서 더 심각한 PMS의 폐해는 자녀 구타다. 영국에선 드물지만 살인혐의 여성에 대한 PMS 논쟁이 벌어지기도 한다. 이때 엄격한 의학적 검증에서 PMS가 인정되면 이 여성은 살인 대신 과실치사죄를 선고받는다. 물론 이는 PMS의 극단적인 예이다. 런던 유니버서티 칼리지 병원의 PMS 클리닉이 환자 132명을 대상으로 연구한 바에 따르면 이들 중 34%가 자살-살인을 시도한 적이 있는 것으로 나타났다. PMS는 노동의 생산성에도 문제를 일으킨다. 전기부품 조립에 여성을 고용하고 있는 텍사스 인스트루먼츠사는 여성의 시간당 평균 조립건수가 1백건이지만 생리 시작 전후 4일 간의 기간 중에는 75개로 떨어진다는 것이다. 미국 안전교육센터는 여성 근로자들은 월경 시작 48시간 전에 사고 발생위험이 가장 높다고 밝혔다(조선일보, 1998년 2월 1일).

Morton(1953)은 여성 수감자를 대상으로 연구하고서, 이들의 62%가 대체로 월경 전 주, 17%는 월경 중에 범행한 것으로 보고한다. 62%와 17%를 더하면 79%에 이르는 여성범죄자들은 월경과 관련해서 범죄를 저지른 셈이다. PMS와 관련해서 Morton의 연구가 많이 이용되고 있지만, 연구상황의 어려움 때문에 다른 연구자의 지속적인 연구가 이어지지 않고 있다.

Dalton(1961)은 실형을 선고받은 지 일주일 된 여자 수감자 156명에 대한 조사를 실시하였다. 이들 중에 월경 4일 전에 22%, 월경 기간에 26%가 범행한 것으로 보고되었다. 그러나 Dalton의 연구는 여성들의 폭력범죄를 의미하는 것이 아니라 상점 물건 훔치기, 절도, 횡령(embezzlement), 서류 위조(forgery), 매춘(prostitution) 등이었다. 그러나 월경과 관련해서 나타나는 심리적 긴장, 불안감, 정서적 변화는 폭력범죄와 관련성을 갖기도 한다.

월경전 증후군에 의한 증세

여성범죄자

절도 22범인 박모(56, 여)씨는 지난해 5월 서울 종로의 한 상가에서 핸드백을 훔치다 붙잡혔다. 그녀는 18세인 60년부터 생리 때만 되면 도벽이 일어나서 지금까지 10여 차례에 걸쳐 16년을 교도소에서 보냈다. 1993년 폐경기를 맞아서 도벽이 사라졌지만, 골다공증 치료를 위해서 에스트로겐을 복용함에 따라 다시 생리가 시작되었고 PMS 증상의 도벽이 재발하였다. 영동세브란스 병원에서 치료를 받고 있는 이모(35세, 초등학교 교사)씨는 생리가 다가오면 극심한 피로감과 함께 마치 바보가 된 것처럼 멍해진다. 이런 때면 그녀가 학교에 결근-지각하는 일이 잦다. 미혼인 김모씨(23)는 생리가 가까워오면 문을 걸어 잠그고 어머니를 마구 때린다. 그녀는 PMS가 끝나면 번번이 미안하다고 사과하며 울지만, 어머니는 창피해서 얼굴을 들고 다니지 못한다(조선일보, 1996년).

3-3. 청소년 비행행동

남자와 여자가 학습하는 원칙은 다를 바 없지만, 여자와 남자는 범죄행동에서 다른 학습 결과를 나타낸다. 이런 주장은 범죄행동에서도 나타난다. 일반적으로 소년들은 도둑, 절도, 상해를 저지르지만, 소녀들은 가출(running away), 타락(incorrigibility), 성비행을 저지른다. 물론 소년들도 소녀들이 행하는 비행을 전혀 안 하는 것은 아니지만, 소녀들에 비해서 발생빈도가 아주 낮다(Gold, 1970).

소년들에 비해 소녀들의 비행율이 높은 또 다른 이유는 소녀들에게 일이 발생됐을 때, 부모들은 경찰에 보고하는 사례가 많기 때문이다(Conger, 1977). 자식에게 문제가 발생되었을 때, 부모들은 소녀들에 비해서 소년들을 덜 심각하게 생각한다. 많은 가정에서 딸에게는 "9시가 통행금지라는 것을 알아라"며 단속을 하지만, 아들에게는 그런 별도의 제한을 두지 않는 것, 그리고 가출한 아들보다는 딸에게 더 관심을 갖는 것은 인지상정의 일이다.

대부분의 소년들은 공격성과 반사회적 행동을 직접적으로 표현하지만, 여자들은 이러한 사고와 행동을 간접적으로 표현한다. 즉 소녀 비행자들의 가장 높은 불평은 부모나 다른 기성세대에 대한 반감(antagonism)과 보복(rebelliousness)이다. 반감은 종종 다루기 어려운 소녀나 정서적으로 불안한 소녀를 만든다. 이러한 소녀들은 흔히 가출을 하거나 혹은 성적 비행을 나타낸다. 그런 행동은 남자들의 방화, 파괴적 행동, 상해 등과 같은 행동에 비하면 간접적인 표현이다.

소년들과 소녀들의 이러한 범죄행동 차이는 여러 측면에서 설명될 수 있

일본 10대 소녀 매춘 비상령

일본이 10대 소녀들의 매춘을 막기 위해서 골치를 앓고 있다. 동경도 최근 중, 고등학생들과 아버지뻘 되는 중장년 남성들의 이른바 원조교제가 사회문제로 대두됨에 따라서 청소년 건전육성 조례를 개정, 처벌 규정을 설치키로 하였다. 동경도 조사에 따르면 전체 여중고생의 33%, 여고 3년생의 7.6%가 원조교제의 경험이 있다고 응답하였다. 이 중에서 40%가 용돈조달이 목적이라고 하였다. 하지만 원조교제를 일률적으로 처벌하기도 어려운 현실이다. 순수매춘과 달리 교제의 성격도 약간은 섞여 있기 때문이다(조선일보, 1997년 4월 15일).

지만, 특히 공격적 행동에 있어서 소년들은 사회로부터 보상을 받는다. 물론 공격적 행동이라 해서 실제 장면의 공격적 행동을 의미하는 것이 아니라, 사회적으로 수용적인 공격적 행동을 의미한다. 예를 들면, 남성성의 운동인 태권도, 유도, 합기도, 레슬링은 사회에서 이상적인 남성 운동으로 인정받는다. 요즈음 컴퓨터 게임도 늘 쏘고 죽이고, 싸우는 내용을 담고 있다. 이러한 게임에서 정의를 위하여 악당과 맞서서 대결하는 주인공의 활동이 역시 폭력적이라면, 소년들은 주인공의 폭력을 사회적으로 인정받는 행동이라고 받아들인다. 그래서 남자들은 점점 더 폭력을 정당화하고 내재화해 간다.

한편 여자가 여자 같지 않으면, 우리 사회에서 부정적 보상을 받는다. 현재 우리도 양성성의 사회로 향하고 있다 해도, 여전히 태권도, 유도, 축구 같은 운동을 하는 여자는 별난 사람으로 보는 시각이 다분하다. 또한 사회에서 남자에게는 엄격한 행동관습을 요구하지 않지만, 여자에게는 상당히 엄격한 통제를 가하고 있다. 특히 성적인 문제에서 부모들은 특별한 관심을 기울인다. 예를 들어서 일찍 귀가하라, 얌전하게 굴어라 등의 요구를 하는 것이 일반적 사회 현상이다. 여아들은 아주 화나는 상황에서 공격적 행동을 표현하기보다는

청소년 비행

부모에게, 선생님에게 보고하든가 혹은 그러한 상황을 피하라는 교육을 받으며 자란다. 이러한 교육의 차이가 소년과 소녀들의 비행행동에 차이를 주고 있음을 알게 된다. 이런 이유에서인지 여자들은 남자들보다 공격적 행동에 더 죄의식을 느낀다. 왜냐하면, 공격적 행동에 대해서 부모를 포함한 주위의 사람들이 남아보다는 여아에게 더 많은 관심을 보이고, 여아의 공격적 행동에 대해서 부정적 반응을 예민하게 나타내기 때문이다.

남성과 여성의 사회적 기능이 비슷해져 가는 와중에서 여성들이 남성들의 역할을 대신하는 경우가 허다하다. 예를 들어서 남자들의 독차지처럼 생각되었던 삼군사관학교와 경찰에도 여자들의 진출이 시작된 지 이미 오래다. 물론 외국 경우는 우리보다 훨씬 전의 일이다. 이런 측면에서 생각할 때, 여성범죄자의 출현은 당연시된다. 그러나 신체조건의 근본적 차이는 남성과 여성의 특이한 차이를 만든다. 앞에서 설명한 살인에서 피해자의 선택, 소녀 비행, 상점 물건 훔치기 등은 남성과 여성의 차이에서 비롯된다. 그러나 여성의 사회 진출은 남녀의 평등을 불러 오게 되었다. 그래서 남성과 여성은 모든 면에서 차이를 좁혀 가고 있다. 이러한 흐름 속에서 범죄행동도 같이 흘러가고 있기 때문에 여성범죄 역시 불가피하게 생각된다. 결론적으로 신체, 생리적 차이에서 나타나는 차이를 제외한 남성과 여성이라는 사회적 기능 측면은 동일하게 보아야 하며, 남성과 여성에 대한 편견은 이제 옛것이라는 생각을 가져야 할 것 같다.

CHAPTER 7

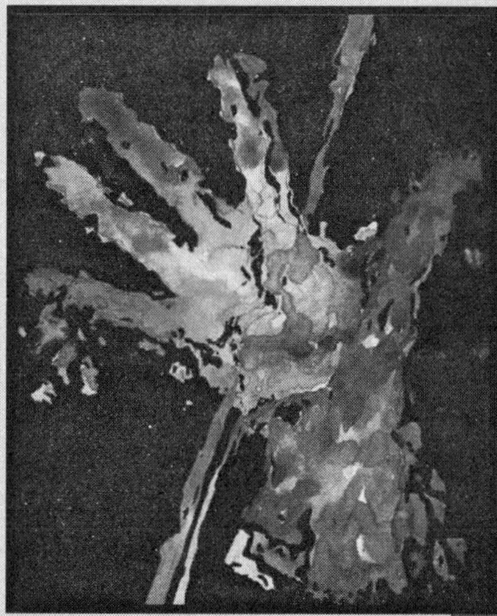

제7장

범죄행동의 분류별 이해

IMF 사태 이후 한국의 범죄동향

IMF를 맞은 1998년에는 범죄건수도 늘고, 범죄유형도 재산·폭력 사건 등이 크게 증가한 것으로 분석됐다. 1월~10월 사이 검찰이 처리한 범죄를 유형별로 분류한 결과 전체 범죄발생 건수는 1997년 같은 기간에 비해 8.4% 늘어난 1,442,654건이었다. 절도는 38,083건으로 22.0% 증가, 사기는 252,925건으로 18.8% 증가, 횡령은 33,767건으로 18.8% 증가되었다. 폭력범죄로는 강도 사건이 3,997건으로 가장 크게(27.3%) 증가했고, 폭행은 27.1% 증가로 4,310건, 상해는 8.9% 증가해서 22,037건, 살인은 1.4%로 774건이 뒤를 이었다(한겨레, 1999년 1월 4일).

경제 활황 이후 미국의 범죄동향

미국의 폭력범죄는 지난 73년 이후 계속 감소 추세를 보여 지난 해 폭력사범 건수는 24년만에 최저 수준을 기록했다고 미법무부가 1999년 1월 27일 발표했다. 연방수사국(FBI) 보고에 따르면 지난 한 해 동안 살인사건도 96년에 비해 8%가 줄어 1만8천2백10명의 희생자를 낸 것으로 집계됐으며 이는 93년에 비해 28%가 감소된 것이다. 폭력범죄 감소 추세에 대해 학자들은 정부의 강력한 단속으로 마약거래가 줄어들고, 이에 따라 청소년층의 총기 사용이 줄어들었기 때문이라고 분석하고 있다. 또 경기 활황으로 실직 청소년이 줄어들고 강력한 총기단속법이 발효된 것도 범죄감소에 기여한 것으로 보인다(한국일보, 1998년 12월 29일).

위의 두 이야기에서 생각한다면 두 나라의 범죄증가 또는 감소의 원인이 경제라는 주장을 서슴지 않고 할 수 있다. 물론 경제의 활성화와 약세는 위의 지적대로 범죄행동의 원인이 될 수 있지만, 경제가 좋아지든지 나빠지든지 자신이 지금까지 해오던 행동에 별다른 변화가 없는 사람들도 있게 마련이다. 그러나 이러한 이유를 내세워서 경제 변화가 범죄행동에 영향을 미치지 않는다는 것을 고집하려는 것은 아니다. 사실상 위의 예에서 본 것같이 경제 상황이 범죄에 미치는 영향은 대단하지만, 이런 경제 사정이 범죄행동의 원인이라는 지적은 너무나 포괄적인 의미를 내포한다. 그러나 본서가 지향하는 심리학적 해석은 그러한 일반적 범죄원인보다는 보다 구체적인 지적을 한다. 예를 들면, 모두가 동일한 상황에 처해 있는데 어떤 사람은 범죄를 저지르고, 어떤 사람은 범죄행동을 보이지 않느냐 하는 의문의 답을 주는 것이 심리학적 해석이다. 즉 경제를 논함은 개인차의 설명을 무시하고 어떤 상황에 처한 모든 사람들을 동일하게 취급하지만, 심리학은 동일한 상황에서 개인의 구별을 모색한다.

지금까지 막연히 범죄행동이라고 지적해 왔던 것을 세분화해서 설명할 것이다. 즉 도둑, 강도, 방화, 살인과 자살, 갱, 약물중독, 유아 성폭력, 그리고 성폭력으로 구분하고 각각에 대한 원인을 차례로 찾아가 보기로 한다.

1. 도둑

우리들이 귀하게 여기는 보물, 돈, 기타 귀중품을 나도 모르는 사이에 다른 사람이 훔쳐 갔다고 가정해 보자. 혹시 어디엔가 그 물건이 있는 것 같아서 찾고 또 찾아보게 된다. 찾기를 거듭하는 중에 도난당했다는 생각이 들면서 분노하고 절망하게 된다. 왜냐하면 첫째, 도난당한 물건은 자신이 귀하게 여기는 물품이고, 둘째, 잃어버린 물건을 찾기란 생각조차 할 수 없기 때문이며, 셋째, 그 물건을 다시 구입하기 위해서 그에 상당하는 돈이 필요하기 때문이다.

도둑(burglary)은 물건을 훔치기 위해서 남의 집이나 혹은 사무실을 무단 침입하는 사람이다(Kelley, 1977). 주로 집안의 사람들이 잠든 사이 혹은 외출하고 아무도 없는 사이에 침입한다. 이들은 범행하려는 집안의 사람들에게 들키지 않기 위해서 사전에 여러 번 답사를 하고 범행의 날짜와 시기를 정한다.

다른 범죄와 마찬가지로 도둑은 젊은이들에 의해서 주로 수행된다. 도둑이 젊은 사람들에 의해서 저질러지는 이유는 사람들에게 들킬 경우에 신속하게 도망해야 하며, 남의 집을 넘나들어야 하므로 나이 든 사람에게 적절치 않기 때문이다. 그래서 도둑으로 검거된 사람들의 10 중 8, 9는 젊은 사람들이었다. 그러나 젊기 때문에 앞뒤를 따지지 않고, 도둑으로서 지혜와 경험이 부족하기 때문에 잡힐 가능성 또한 높다. 도둑은 신속한 동작 때문에 남자들만 도둑질하는 것으로 보통 알고 있지만, 여자들도 5% 정도를 차지한다(Pope, 1977).

도둑은 사람들이 없는 장소, 잠을 자고 있는 곳이 범행 장소이므로 다른 범죄와 달리 위험 부담률이 적고, 사전 계획을 통한 범죄이므로 성공률이 매우 높다. 또한 남들이 잠든 사이 혹은 집을 비운 사이에 범행하기 때문에 범죄 피해자가 없을 가능성이 높고, 무기를 사용하지 않기 때문에 벌이 가벼울 수 있다.

도둑 중에서도 젊은 사람들은 나이 먹은 사람들보다 낮시간을 택하는 경향이 있다. 주로 학교가 끝난 시간, 오후 3~6시 사이에 범행을 하며, 대체로 자신의 거주 지역에서 가까운 곳(2km)에 거주하고 있는 집을 몰래 숨어들어간다(Santa Clara criminal justice pilot program, 1972). 이런 이유는 남의 집을 침입하기 위해서 집식구들의 외출 시간, 취침 시간 등의 사전 지식을 얻기 위함이며, 자신의 거주 지역도 범행대상과 가까이 있어야 필요한 지식을 얻는 데 수월하기 때문이다.

도둑이 다른 범죄와 다른 점은 범행자의 반 이상은 동료와 같이 일을 한다(Chimbos, 1973)는 것이다. 한 사람은 물건을 훔치고, 다른 사람은 망을 본다. 훔치고 망보고 하는 일을 두 사람이면 해 낼 수 있다. 그래서 도둑은 대체로 두 사람이 행하고, 세 사람 혹은 그 이상은 아주 드물다.

일본의 대도와 한국의 대도

일본의 대도

혹 의적(義賊)일까. 일본 나가노(長野)현과 가나가와(神奈川)현의 가정집에 누가 다액의 현금 봉투를 던져놓고 사라지는 사건이 이어지고 있다. 1998

년 12월 9일 가나가와현 하타노(秦野)시. 한 시민이 신문받이통에 들어 있는 현금 1백7만 엔짜리 봉투를 발견, 경찰에 신고했다. 그 다음에는 이 집에서 약 4백m 정도 떨어진 진료소 우편함에 역시 신문지에 싸인 1천2백90만 엔 지폐더미가 들어 있었다. 이 안에는 '병원 건설'이라는 글도 함께 들어 있었는데 진료소는 때마침 주민의 요망에 따라 1년 후 병원으로 확장할 계획이었다고 한다. 세 번째는 마쓰모토(松本)시의 어떤 집 현관 문고리 비닐봉지 안에 첫번째와 마찬가지로 시금치 한다발과 1만 엔짜리 지폐 50장이 들어 있었다. 언론도 비로소 관심을 기울여 '네즈미 고조'라는 이름을 붙이고 있다. 네즈미 고조는 에도(江戶) 시대 말기의 유명한 도둑. 몸은 왜소했으나 동작이 민첩하여 잘사는 무가(武家)들의 저택만 골라 훔친 의적이었다. 불황 속에 보내는 추운 겨울, 한 편의 따듯한 '미담'과도 같지만 당하는 사람들의 반응은 오히려 언짢다는 쪽이다. 돈 봉투와 함께 경찰에 신고한 하타노시 주민은 "밤새도록 기분이 나빠 잠을 잘 수가 없었다. 폭탄이 날아온 듯해 당혹스럽기만 하다"고 했다(문화일보, 1998년 12월 11일).

한국의 대도

전두환 정권의 서슬 퍼렇던 지난 80년대 초 온 나라를 떠들썩하게 만들었던 '대도' 조세형씨는 수식어에 걸맞게 유별난 도둑이었다. 1982년 11월 37살로 체포되기까지 전과기록만도 11범에 16년 동안 감옥살이를 했다. 당시 조씨는 6개월 사이에 11건의 절도를 통해 10억여 원에 달하는 금품을 훔쳤다. 그를 유명하게 만든 절도 원칙은 다음과 같다. 그는 가난한 사람의 집은 털지 않는다. 나라 망신을 생각해 외국인 집은 털지 않는다. 훔쳐 온 물건의 30~40%는 가난한 사람을 위해 쓴다. 검사나 판사의 집은 털지 않는다. 어떤 경우에도 무기를 사용하지 않는다 등의 원칙을 세워 놓고 있었다. 조씨는 주로 대낮을 이용해 20분이란 짧은 시간 안에 현금과 귀금속 등을 훔치는 대담함과 능숙한 기술로도 세인들의 화제를 모았다. 그는 83년 4월 14일 재판 도중 법원 구치감 창문을 통해 탈출에 성공했다 4일 뒤 다시 붙잡혔다. 그가 훔친 물건은 보석류만 마대자루 2개 분량에 수백억 원대에 이르는데 피해자들의 압력으로 축소됐다는 것이었다. 그의 이런 절도 원칙과 독특한 행적은 "의적이다", "단순한 도둑에 불과하다"는 등의 논란을 불러일으키기도 했다(한겨레, 1998년 12월 26일).

살인과 강도 같은 범행은 알코올 혹은 약물중독에 의해서 저질러지는 경우가 많지만, 도둑은 그렇지 않다. Santa Clara criminal justice program에 의하면, 도둑들의 1%만 술을 마시고 범행한다. 그러나 이들 중에서 58%는 범행 전에 도둑으로 체포된 적이 있고, 47%는 약물중독으로 검거된 적이 있다(Pope, 1977). 또한 이들의 80%는 전과자들이다(Pope, 1977). 이로 미루어 보아 처음부터 도둑으로 출발하는 경우는 드물고, 다른 범죄 전과를 갖은 사람들이 사회 적응의 어려움 때문에 택한 생활 방법인 듯하다.

부부 도둑은 혼자 하는 도둑에 비해서 수입이 좋다. 부부가 할 경우는 하루에 400~500$을 벌지만, 혼자 하는 도둑은 일주일에 500$의 수입을 올린다(Santa Clara criminal justice, 1972). 통계에서 볼 수 있듯이 부부 도둑은 혼자하는 도둑보다 7배 정도의 수입이 더 높다. 우리 나라의 도둑은 어떤지 아래의 예문을 보고 참고할 수 있다.

커플 도둑

경기도 남양주 경찰서는 1998년 12월 28일 야간투시가 가능한 적외선 망원경을 이용해 상습적으로 빈집 등을 털어 온 혐의(상습절도)로 윤모씨(25, 경기도 포천군)와 윤씨의 동거녀 오모(24)씨에 대해 구속영장을 신청하였다. 경찰에 따르면 윤씨 등은 27일 오후 6시40분쯤 남양주시 김모(44)씨 집에 들어가 금반지 등 24만 원 상당의 금품을 훔치는 등 지난달 27일부터 최근까지 모두 20여 차례에 걸쳐 2천7백만여 원 상당의 금품을 훔친 혐의를 받고 있다(문화일보, 1998년 12월 28일).

도둑은 심리적으로 매우 도전적이다. 왜냐하면 이들은 성패에 따라서 매번 금전적 이득을 먹느냐 혹은 잡히느냐 하는 모험을 건 갈림길에서 일을 하기 때문이다. 또한 다른 범행과 달리 언제나 새로운 기술을 개발해야 한다. 왜냐하면, 도둑에게 당한 사람들은 그에 대비해서 준비를 철저히 하기 때문이다. 요즈음(1999년 중반)은 도둑들이 아파트의 가스관을 타고 범행을 한다는 자백에 따라서 도둑들이 가스관을 올라 타지 못하게 하는 사업이 재미를 본다고 한다. 어쨌든지 열쇠의 발달, 고급 빌라에서 24시간 돌아가는 무비 카메라들 덕분에 도둑을 맞아 본 경험이 없다면, 우리들은 그런 것들에 대해서 필요성조차 느끼지 않을 것이다.

도둑 또한 그에 맞서서 계속 새로운 기술을 개발해야 한다. 우리들이 단독

주택보다 아파트를 선호하는 경향은 편리하고, 경제적이라는 점도 있겠으나, 더 중요한 이유는 도둑으로부터 안전하려는 욕구가 더 강하기 때문이다.

도둑은 금전적, 물질적 보상 이외에도 도전 의식 때문에 도둑질에 빠져들 수도 있다. 그래서 어떤 도둑은 그의 세계에서 일인자이기를 원한다. 앞의 예문에서 예를 든 일본의 대도와 한국의 대도는 연속해서 성공을 거두었다. 그러나 도둑이 꼬리가 길면 잡힌다는 옛말이 있듯이 결국 이들은 잡히지만, 성공적인 행동에서 사회적 보상과 인정, 그리고 높은 자아 존중감을 얻을 수 있다.

도둑은 거의 언제나 자신의 경제적 수준보다 더 높은 사람의 집을 넘나든다. 이에 더해서 이들은 사회적으로 차별대우를 받는다고 생각하는 사람들이기에 부유층의 재산을 손에 쥐는 것에 별다른 죄책감을 갖지 않는다. 더욱이 자신과 같은 처지에 있는 사람들에게 훔친 물건을 나누어 주는 의협심마저 생길 수 있다. 젊은 사람들은 바로 이러한 이유 때문에 도둑질에 발을 들여놓게 된다(Scarr, 1973).

더욱이 도난당한 집주인은 잃어버린 물품을 한꺼번에 다 확인하는 것이 아니라, 시간이 지나면서 하나하나 알아간다. 도둑들은 이러한 일을 통해서 자신들의 성적 만족(sexual gratification)을 추구하는 경향이 있다. 임상심리학자들(eg., McDonald, 1975)은 도둑들이 성적 흥분과 자극을 위해서 다른 사람의 집을 침입한다고 주장한다. 이를 뒷받침할 수 있는 것으로 도둑은 자신이 전혀 알지 못하는 남의 집에 침입하여 이것저것 마음대로 뒤지는 과정에서 흥분과 자극을 동시에 얻을 수 있다.

Skinner의 4가지 강화 계획에서 고정비율, 변동비율, 고정간격, 변동간격 중에서 가장 강하게 행동을 형성하는 것은 변동비율이다. 변동비율을 설명하기 위해서 인용되는 예가 바로 도박과 낚시다. 도박을 하는 사람은 많은 돈을 계속 배팅하면서 언제 다가올지 모르는 한 번의 기회를 노린다. 그가 원하는 대로 한 번의 기회를 잡게 되면, 이 사람은 도박에서 손을 털기 어려운 사람이 되어서 도박꾼이 되고 만다. 한편 강태공들은 언제 걸려들지 모르는 물고기를 위해서 낚싯줄을 던지고 또 던지고 기다리고 한없는 반복을 거듭하면서 월척을 기다린다. 이러한 사람이 묵직한 느낌을 주며 줄을 당기는 잉어를 한 마리쯤 건졌다고 가정하자. 그는 휴일이면 새벽부터 낚시가방을 메고 강으로, 호수로 가고 마는 강태공으로 바뀌고 말 것이다.

도둑도 강태공이나 도박꾼과 마찬가지로 예기치 않게 행동에 대한 큰 보상을 받을 수 있다. 어쩌다 한 번의 성공은 상상치 못할 금전적 횡재를 얻게 한다. 이러한 기회가 한 번쯤 온다면, 그리고 범죄의 경험이 있는 사람이라면 내친 김에 한 번 해 본다는 식으로 도둑의 길을 택할 것이다.

도둑을 통해서 물질적, 심리적, 성적 보상을 받는 경우의 예를 들어서 자칫 잘못하면, 도둑 예찬론을 펼친 것 같다. 그러나 이러한 생각을 갖는 것은 매우 조심스러운 것이다. 이유는 실제적으로 검거율이 생각보다 높기 때문에 이런 행운(?)을 얻기도 어렵다. 또한 도둑질한 결과로 얻는 보상에 대한 연구가 거의 없기에 도둑에 의해서 얻는 보상을 섣불리 이야기하기 거북스럽다. 그러나 큰 노력 없이 큰 대가를 얻을 수 있다는 생각이 도둑을 염두에 두는 사람들에게는 매력적일 것이다.

다른 사람이 애지중지하는 물건을 훔치는 사람은 자신도 모르는 사이에 양심에 큰 상처를 입고 만다. 아래에 양심에 가책을 받아 고심하던 한 사람의 예를 제시한다.

도둑의 고민

16년 전에 백화점에서 비누를 훔친 고객이 뒤늦게 용서를 비는 편지를 백화점측에 보내와 훈훈한 감동을 자아내고 있다. 1998년 12월 23일 뉴코아 백화점에 따르면 전남 여수시에 사는 김모씨는 이 백화점 서울점 영업팀장 앞으로 현금 1만5천원을 동봉한 한장의 편지를 보내 왔다. 김씨는 98년 12월 9일 소인이 찍힌 편지에서 "저는 16년 전에 그 곳에서 고급 비누를 하나 훔쳤다. 그러나 그 후 '너는 도둑이다' 라는 마음이 들어서 괴로웠다"고 말했다. 김씨는 이어 "세월이 오래 지나서 잊고 있었는데 『왜 포기하십니까』라는 책을 읽다가 갑자기 잊어버렸던 이 일이 생각나면서 가책을 벗어나고 싶어서 이렇게 글을 적고, 적은 액수를 동봉하오니 받으시고 정말로 용서를 바랍니다"라고 적었다. 뉴코아측은 사장단회의를 통해 이 편지에 동봉한 1만 5천원을 구세군 자선냄비에 넣기로 결정했으며 이 고객을 찾기 위해 PC통신의 '이 사람을 찾습니다' 란에 이런 내용을 게재했다. 뉴코아측은 이 고객을 찾을 경우 특별히 마련한 '양심고객상' 을 줄 계획이다(한국일보, 1998년 12월 23일).

2. 강도

강 도

1998년 12월 30일 오전 9시50분경 대구 중구 봉산동 미진포토 사진관 앞길에서 20대 2인조 강도가 B은행 대구지점 직원 조모씨(25, 여), 이모씨(35, 청원경찰) 등 2명을 돌멩이로 마구 때리고 현금 2천2백만 원과 자기앞 수표 19억6천만 원 등 19억8천2백만 원이 든 가방을 빼앗아 달아났다. 경찰 조사 결과 범인들은 가방에서 현금만 꺼내 챙기고 수표뭉치는 범행현장에서 5km가량 떨어진 대구 남구 대명4동 주택가 골목길에 버렸다. 이씨는 "은행에서 150m 떨어진 H증권 대구지점에 영업자금을 전달하려고 걸어가고 있는데 오토바이를 탄 범인들이 다가와 돌멩이로 머리를 때린 뒤 돈가방을 빼앗아 달아났다"고 말했다(동아일보, 1998년 12월 30일).

강도

도둑의 원래 목적은 금품을 획득하는 것이지만, 사람을 해하려는 의도는 갖지 않는다. 그러나 강도(robbery)는 처음부터 무기를 소지하고 여의치 않은 상황이 전개될 경우에 언제든지 사람을 해할 준비를 한다. 이러한 이유 때문에 폭력범죄의 반 이상은 강도에 의해서 발생된다. 또한 강도는 큰 것을 먹기 위해서 의도적으로 사람을 만나서 원하는 것을 위협하고 빼앗는다.

앞에서 설명한 도둑과 강도가 다른 점은 범행시 피해자를 만난다는 것이다. 강도는 처음부터 자신의 일에 방해가 되는 사람을 만난다. 그래서 은행 강도는 복면을 하고, 칼이나 권총을 소지하고 범행장소에 나타난다.

강도는 성공적이기 위해서 무엇보다도 자신감이 있어야 한다. 이들은 자신감이 없이 강도짓을 하지 않겠지만, 강도짓을 하는 사람들의 자신감은 목소리에 반영되게 마련이다. "손들어", "꼼짝마라", "손을 위로 올려라"하는 외침에서 위압감이 있을 때, 상대방은 기가 꺾이게 된다. "이 부대자루에 주워 담아", "움직이면 죽어"하는 우렁찬 목소리에 기가 죽어서 하라는 대로 따를 수밖에 없다. 근엄한 강도는 돈이 든 부대자루를 어깨에 메고 유유히 사라지지만, 강도에게 당한 사람은 죽을까 봐서 한참 동안 고개를 떨구고 천국과 지옥을 왔다갔다할 것이다.

한밤 흉기 강도 주부가 붙잡다

30대 주부가 한밤중에 흉기를 갖고 침입한 강도를 가족, 이웃 주민과 함께 붙잡았다. 13일 오전 1시 30분쯤 대구시 동구 방촌동 장모(건축업)씨 집 안방에 서씨(32, 노동)가 복면을 한 채 흉기를 들고 들어와 딸(12)과 장씨 부인 이모씨(32)를 위협, 금품을 요구했다. 이 순간 이씨는 서씨의 오른손을 물어뜯었으며 딸과 옆방에서 잠자던 아들(15)도 합세해 반항했다. 이씨는 저항에 놀라 흉기를 버리고 대문 밖으로 달아나는 서씨의 허리를 붙잡고 계속 대항했으며, 이씨의 고함소리를 듣고 나온 이웃 주민들과 함께 서씨를 붙잡아 경찰에 넘겼다(중앙일보, 1998년 12월 13일).

강도는 도둑과 비교해서 성격이 급하고, 한 번에 많은 것을 획득하기 원하는 사람일 가능성이 높다. 또한 이들의 인생 계획은 장기적이기보다는 단기적이다. 왜냐하면, 강도의 대부분은 전과범들이기 때문에 사회의 부정적 시각을 극복하고 재활의 기회를 위해서 노력하는 데 상당한 어려움을 겪는 사람들이기 때문이다.

강도는 도둑보다 더 젊은 사람들의 몫이다. 왜냐하면, 필요한 경우에 힘으로 상대방을 제압해야 하기 때문이다. 또한 도둑은 대체로 사람들의 눈에 띄지 않게 행동하지만, 강도는 의도적으로 사람과 맞부딪친다. 이들은 도둑과 같이 차분하게 남의 것을 뒤지며 금품을 얻을 마음의 여유가 없는 사람들이다. 그래서 강도들은 힘과 위협으로 빨리 상대방이 스스로 내주도록 만든다.

강도가 성격이 급하고, 계획이 단기적이라는 이유는 강도짓을 하는 사람들 중에 약물중독자가 많다는 설명이 뒷받침한다. 이러한 사람들은 약물의 영향하에서 쉽게, 빠르게 돈을 손에 쥘 수 있는 방법을 택하고, 돈을 손으로 금방 만질 수 있는 장소를 범행의 표적으로 삼기 때문이다.

개 강도

1999년 1월 2일 오후 9시 10분쯤 부산시 금정구 서1동 금단마을 이모씨(30)의 개 사육장에 3~4명의 떼강도가 들어 사육중이던 개 37마리(시가 7백40만원 상당)를 빼앗아 달아났다. 이씨는 경찰에서 "TV를 보던 중 밖에서 인기척이 나 문을 여는 순간 30대 초반의 남자들이 가스총을 쏘며 방으로 침입, 손발을 묶은 뒤 미리 준비한 트럭에 개를 싣고 달아났다"고 말했다(중앙일보, 1999년, 1월 3일).

3. 방화

방화(arson)는 다른 범죄와 달리 손쉽게 행할 수 있다. 다른 사람에게 들키지 않기 위해서 밤시간을 이용할 필요도 없고, 위협하기 위해서 칼 같은 무기도 필요치 않다. 그러나 범행의 결과는 도둑이나 강도보다 더 심각하다. 재산상의 피해는 물론이며, 인명의 피해가 상상을 넘어설 수도 있다. 예를 들어, 부부 싸움 끝에 LPG 가스 밸브를 열어 놓고, 성냥불을 켜서 자신의 집은 물론 위와 아랫집에 엄청난 피해를 주는 경우를 가끔 보도를 통해서 듣는다. 화가 치미는 중에 결과에 대한 예측이 어렴풋하고, 공격은 단숨에 치명적인 손실을 준다는 생각에서 방화를 한다.

방화의 원인은 여러 가지가 지적되지만, 제일 우선적인 것은 복수다. 또한 방화가 대체로 젊은이들에 의해서 발생된다는 점을 감안한다면, 분노가 충천한 청년이 이것저것 가리지 않고 일시에 복수하는 방법은 어떤 다른 방법보다 방화가 수월하고 간단할 수 있다.

Boudreau, Kwan, Faragher, Denault(1977)는 방화의 원인은 다음의 6가지라고 지적한다.

1) 방화의 원인은 복수와 분노이다

변심한 애인, 갈등을 빚는 이웃, 직장에 환멸을 느끼는 종업원, 사기꾼에게 속은 사람 등 보복과 분노에 관련된 인간사를 나열하자면 끝을 모르고 이어질 것이다. 물론 얽히고 설킨 대인 관계가 반드시 방화로 이어지는 것은 아니지만, 방화범의 범행원인 중에서 50% 정도가 복수와 원한에 의한 것이다(이상현, 1992).

분노로 정신과 몸에 열이 달아오른 상태에서 복수의 대상에게 불을 당기는 것은 타인은 물론 자신에게도 불을 당기는 것과 같다. 왜냐하면 여기서 방화는 의도적(deliberate)이며, 방화의 결과로 자신 역시 자멸한다는 것쯤은 잘 알고 있기 때문이다.

방화는 알코올과 깊은 관련성을 갖는다. 방화범으로 체포된 때에 범인들은 대부분 술을 마신 상태에 있었다(Inciardi, 1970). 특히 보복과 관련된 방화에서 성인의 47%가 취해 있었다(Robinson & Robinson, 1964).

분노에 의한 방화

방화

대구 동부 경찰서는 여자 친구와 교제를 반대하는 것에 앙심을 품고 여자 친구 집에 불을 질러 어머니를 숨지게 한 혐의로 대구시 27살 백모씨에 대해 구속영장을 신청했다. 백씨는 2년 동안 사귀던 23살 장모씨의 어머니 43살 이모씨가 교제를 반대하는 데 앙심을 품고 장씨의 집을 찾아가 신나를 뿌린 뒤 불을 질러 잠자고 있던 이씨를 숨지게 한 혐의를 받고 있다(YTN, 1998년 11월 9일).

2) 장난 혹은 악의 때문에 방화를 한다

정월 대보름날 개불을 가지고 놀았던 사람은 불장난이 얼마나 재미있는 것인지 알 것이다. 깡통에 든 나무 조각들이 타면서 깡통은 벌겋게 달아오른다. 이놈을 빙빙 돌리면, 공기를 가르는 소리가 정말 멋지다. 어떤 방화범들은 남이야 어떻든지 어린이들이 개불놀이를 하듯이 장난삼아 불을 지르는 사람들이다. 아마도 이런 방화범들은 어렸을 때 불장난으로 재미를 본 사람일 수 있다.

방화는 권위에 대한 항거 혹은 권태로부터 벗어나려는 사람이 장난삼아 하기도 한다. Robinson과 Robinson(1964)에 따르면, 이런 류의 방화는 주로 청소년들에 의해서 일어난다. 초등학교에 입학하기 전부터 끝없이 이어지는 공부로 인해 스트레스에 지친 청소년들이 사회에 대한 악의를 품고 장난삼아 방화를 할 수 있다. 아래 예문은 위의 설명을 뒷받침하는 예가 된다.

가위, 바위, 보, 그리고 방화

1998년 10월 서울 구로동과 가리봉동 일대에서 일어난 연쇄방화는 가출한 10대 3명이 저지른 것으로 밝혀졌다. 이들은 가위 바위 보를 해 누가 방화할지를 정하는 등 '죄의식'이라고는 전혀 찾아볼 수 없었다. 이들은 가출한 뒤 함께 밤거리를 떠돌기 시작했다. 처음에는 추워서 불을 피웠지만 점점 불을 지르고 달아나는 일에 재미를 붙였다. 이들은 경찰에게 별다른 죄의식 없이 구로와 금천구 일대에서 지난달 7차례나 불을 질렀다고 말했다. 검거된 10대들은 한결같이 부모의 상습적인 구타 등 가정 문제를 안고 있었다. 서울 남부 경찰서는 이번에 검거된 10대 세 명에 대해 구속영장을 신청하고 비슷한 수법의 10대 방화범이 또 있을 가능성에 대해서도 수사를 펴고 있다(YTN, 1998년 11월 2일).

3) 범죄의 증거를 감추거나 혹은 관심의 전환을 위해서 방화를 한다

방화로 검거된 사람들 중에서 7~9%가 절도, 도둑, 살인 등의 범죄증거를 없애기 위해서 고의적으로 불을 지른다(Inciardi, 1970). 이런 종류의 방화가 갖는 특성은 방화범들이 고의적으로 불을 놓았다는 짐작을 가지고 수사를 할 때조차도 방화의 증거를 찾기 어렵다는 점이다(Haskell & Yablonsky, 1974). 왜냐하면, 방화범들은 방화에 대한 수사가 어떻게 진행될 것이라는 것을 미리 알고 불을 놓았기 때문에 이들은 자신에게 불리한 물건이나 흔적을 사전에 미리 없애 버린다. 아래의 예문은 증거를 없애거나 관심을 다른 곳으로 돌리기 위해 방화를 했던 사건을 소개한 것이다.

범죄사실 은폐 목적의 방화

한국판 OJ 심슨 사건

'한국판 OJ 심슨 사건'으로 불리며 1심과 2심에서 유·무죄가 엇갈렸던 치과의사 모녀 피살 사건에 대해 대법원이 또다시 유죄취지로 원심을 뒤엎었다. 대법원 형사2부(주심 李容勳 대법관)는 13일 살인 및 방화혐의로 구속기소돼 1심에서 유죄가, 2심에서 무죄가 선고된 피고인 이모씨(35)에 대해 원심을 깨고 사건을 서울고법으로 돌려보냈다. 이 피고인은 1995년 6월12일 서울 은평구 불광동 자신의 집에서 부인 최모(31, 치과의사)씨의 불륜 사실을 알고 최씨와 딸(1세)을 죽인 후 이를 은폐하기 위해 사체를 욕조에 넣고 불을 지른 혐의로 같은 해 9월 26일 구속기소돼 1심에서는 유죄를 선고받았다(경향신문, 1998년 11월 13일).

4) 보험금을 타기 위해서 방화한다

세상이 복잡해지고, 삶 자체가 불안하기에 요즘 사람들은 보험에 가입해서 마음의 안정을 얻는다. 생명보험, 자동차보험, 교육보험, 건강보험, 암보험, 왕따보험 등 보험의 종류만도 헤아리기 어렵다. 이런 모두가 앞일에 대한 확신이 없어서 재난에 대한 준비를 하는 것이다. 그러나 이런 취지를 벗어나, 고의적으로 재난을 당한 것처럼 꾸며서 보험금을 타내는 경우가 종종 있다. 그러나 이러한 경우는 보고되는 것보다 실제로 더 많을 것으로 추정된다.

보험금을 타내기 위해서 방화를 하는 사람들은 자신이 아주 조직적이라고 생각할지 모르지만, 연구 결과들에 의해서 밝혀진 바로는 조직적이지 못하고, 지능이 평균 정도이며, 사회적으로 혹은 직업적으로 뒤처지는 상태에 있다. 그러나 이들이 범행을 할 때는 대충대충 계획을 세우는 것이 아니라, 매우 조심스럽게 머리를 짜기 때문에 고의적 방화라는 것을 찾아내는 데 애를 먹는다. 자신의 머리가 둔하다는 생각을 할 경우에는 전문 방화범을 고용하고 자신은 여행을 떠난다. 즉 알리바이를 만들어서 법망을 빠져나가려는 의도를 갖는다. 그러나 보험회사 또한 엄청난 액수의 돈을 선불리 줄 수 없는 형편이어서 회사 나름대로 노력을 기울여 진실 여부를 가리므로 방화범들의 성공률이 높은 편은 아니다.

방화에 의한 보험금 청구

첫번째 사례

IMF 체제로 경제 사정이 어려워지자 자신이 운영하는 업체나 공장 등에 고의로 불을 지른 뒤 거액의 화재 보험금을 타낸 사람과, 이를 알고도 돈을 받고 보험금을 타게 해 준 보험감독원 간부 등 모두 11명이 검찰에 구속됐다. 화재보험을 돈 버는 수단으로 악용하다 검찰에 구속된 서울 도봉동 36살 남모씨 형제는 1998년 2월 자신들이 운영하는 은도금업체인 경기도 양주군 회천읍 K금속 공장에 신나를 뿌리고 불을 지른 뒤 실화인 것처럼 꾸며 보험금 2억 원을 타내는 등 모두 9차례에 걸쳐 8억 원 상당의 보험금을 챙겼다.

두 번째 사례

동두천시 생연동 50살 김모씨는 양주군 백석면에 있는 자신의 경양식집에 고의로 불을 질러 1억여 원의 보험금을 받아 냈고, 포천군의회 의원 40살 이선규씨는 자신의 주방 가구 제조업체에 방화한 뒤 보험금 5억 원을 타내려다 검찰에 적발됐다(YTN, 1998년 7월 28일).

대부분의 방화범들은 완전히 잿더미로 변해 버린 화재 현장에서 물적 증거를 찾기 어렵다는 점을 잘 안다. 그래서 이들은 이런 점을 악용해 불을 지른 뒤 누전으로 불이 난 것처럼 신고한다. 방화범들은 또 보험금이 청구되면 수사 결과에 관계없이 한 달 이내에 신속하게 보험금을 지급해야 하는 보험회사 내부규정을 악용한다. 그러므로 보험약관 개정과 함께 수사 결과의 조기 통보가 이루어져야 할 것으로 지적된다.

5) 협박, 공갈, 사보테지에 의해서 방화가 발생된다

타인을 협박(intimitation)할 때, 대부분 힘을 과시하거나, 무기를 들고 겁을 주게 마련이다. 그리고 이런 협박은 대체로 개인 수준의 일이다. 그러나 방화에 의한 협박은 대개가 개인 수준을 넘어서 조직 수준에서 이용된다. 예를 들면, 노동쟁의를 위해서 방화하는 경우가 그런 것이다. 붉은 띠를 머리에 두른 노동자들이 회사측에 보이는 불만을 방화로 나타내는 사례를 TV 화면을 통해서 보았을 것이다.

이태리를 여행한 사람들은 시내 건물 중에서 불탄 것을 본 경험이 있을 것이다. 이런 방화는 바로 사업의 이득금 중에서 일부를 상납해야 하지만, 슬쩍 삼켜 버렸기 때문에 조직에 의해서 벌을 받은 사례라는 것을 다 알고 있다. 그러나 이런 원인으로 불이 나는 경우는 아주 낮은 편이다.

6) 방화는 방화벽, 방화광에 의해서 발생된다

1900년대 중반에 임상학자들은 성적 장애(sexual disturbance)와 방화가 관련성을 갖는다고 주장했다(Gold, 1962). Gold는 방화의 원인적 뿌리는 성격의 아주 깊은 곳에 자리잡고 있으며, 성적 장애와 소변장애(urinary malfunction)가 어떤 관계성이 있다는 생각을 가졌다. 오줌을 시원스레 방뇨하지 못(했던)하는 사람은 성적 장애를 경험하고, 이런 장애는 방화를 함으로써 대리 만족을 얻는다는 것이다. Abrahamson(1960)은 "방화는 성적 흥분을 대신하며, 불의 파괴적 힘은 자학성(sadism)은 물론이며 방화광(pyromania)의 성적 욕구를 반영한다"고 주장한다(p.12).

성적 흥분(sexual arousal)과 방화의 관계는 설득력이 있다. 왜냐하면, 방화범들 중에서 과거 성적 범죄로 체포된 경력을 갖는 사람이 있다는 사실이 이를 뒷받침한다(McDonald, 1977). 또한 이러한 사람들은 아주 높은 내향성(introvert)의 성격을 가질 가능성이 높다. 그리고 성적으로, 사회적으로, 직업적으로 부적절한 사람일 수 있는데, 이러한 조건 때문에 방화로 자신의 갈등을 해결하려고 한다(Levin, 1976). 방화광들이 표현하는 말로는 방화 자체가 드릴(thrilling), 흥분(exciting), 자극(stimulus)이라는 것들이다. 어떤 연구자들은 방화범의 30%가 발화광이라고 주장한다(Robinson & Robinson, 1964).

Inciardi(1970)는 어떤 방화광에게서도 드릴, 흥분과 같은 것을 찾기 어렵다는 생각을 갖기도 한다. 어떤 방화범이 불이 난 장면을 보고 성적 충동을 얻을 수 있다고는 하지만, 의미 있는 증거를 찾기는 어렵다. 왜냐하면, 68건의 방화범에 대한 집중적 조사를 통해서 별로 다른 성적 이상(sexual abnomality)을 찾기 어려웠기 때문이다(Wolford, 1972). 아무튼 불이 많은 사람의 관심을 끈다는 것은 우리 모두가 잘 알고 있다. 이런 점에서 화염에 싸인 빌딩과 소방관의 소화작업이 주위에 많은 사람들을 모은다는 자체가 방화광에게는 성공적일 수 있고, 이로 인해서 쾌감을 가질 것으로 간주된다. 왜냐하면 그 사람은 정상적인 사람이 아니고 불에 대해서 광적(狂的)이기 때문이다.

4. 살인과 자살

우리들이 살고 있는 이 세상에서 가장 소중한 것 하나만 지적하라면 돈, 명예, 자식, 부모 등 다양하지만, 이렇게 말하는 사람들은 정말 고귀한 것을 예외로 하고 대답하는 것이다. 사람들이 이것을 예외로 생각하는 이유는 우리 모두가 어려움 없이 현재 소유하고 있기 때문이다. 시한부 인생을 살고 있는 암 환자에게 최고의 소원을 하나 들어 보라면, 이들이 돈과 명예를 지적할 것인가? 혹시 자식의 행복을 원할 수도 있지만, 이것은 자신이 죽는다는 가정을 하기 때문이다. 자신이 살아날 수 있는 것도 소원에 포함된다면, 만사를 제쳐 놓고 생명의 연장을 우선적으로 꼽을 것이다.

우리들의 생명이 끝나면, 동시에 우리가 가진 것, 원하는 것, 희로애락 모두가 사라지고 만다. 물론 종교적 의미에서 사망이 새로운 생의 시작일 수 있지만, 현실적으로 입증될 수 있는 범위에서는 모든 것이 끝난다는 것은 진실이다. 그래서 우리들 모두는 생명의 존귀함을 다 알고 있다.

"왜 생명이 이 세상에서 가장 존귀한 것인가?"라는 질문에 종교적, 철학적 대답이 있을 수 있지만, 가장 간단한 대답은 지금 숨을 죽이고 40~50초를 넘기면 간단히 나올 수 있다. 그러므로 죽음을 앞에 둔 모든 사람들은 자신이 가진 모든 것을 희생하고라도 생명을 건지려 할 것이다. 이렇게 귀한 생명이기에 자신의 생명을 귀하게 생각하는 만큼 타인의 생명도 귀하게 여겨야 한다. 이것이 우리들의 삶을 건전하게 지켜 주는 가장 든든한 주춧돌이다. 생명의 귀함은 사고에 그치는 것이 아니라, 의지에 의해서 자신의 것을 지켜야 하고, 남의 것을 행동으로 지켜 주어야 하는 기본적 삶의 뿌리이다.

인간의 생명은 비록 우리 자신의 것이라도, 마음대로 처리할 수 없는 것이다. 그래서 아무리 어려운 상황에 처해 있어도, 참고 견디며 생을 이어나가야 한다.

모두가 잘살거나 모두가 못산다면, 잘살고 못사는 것은 의미를 잃는다. 그러나 세상은 어려운 삶과 넉넉한 삶이 조화를 이루어 간다. 그러므로 아무리 어려운 삶이라도 세상의 조화를 위해서 귀중한 한몫을 차지하고 있는 것이다. 보다 나은 세상의 조화는 모든 것들이 정체된 것이 아니라 변화하는 것이어서 어려운 삶도 노력에 의해서 넉넉한 삶으로 바뀔 수 있다. 그래서 우리들의 삶은 "인생은 물레방아"라는 노래로 불리어 왔다. 아무리 어려운 삶이라도 값진 것이다. 왜냐하면 아주 힘든 삶이라도 열심히 노력해서 바꿀 수 있는 것이 우리들의 삶이기 때문이다.

우리들은 주위에서 단지 존재의 역할만을 하고 있는 사람, 즉 식물인간이라 지칭받는 사람들을 흔히 본다. 인간의 속된 생각으로는 이러한 사람들이 더없이 귀찮고, 성가신 존재이지만 생명이 붙어 있는 한, 고귀한 존재라는 것을 깨닫게 된다. 그래서 우리들은 생명의 고귀함, 부부의 사랑, 형제의 사랑, 이웃의 사랑을 배운다. 이런 이유 때문에 세상에서 가장 귀한 생명을 취하는 것은 범죄 중에 가장 극악한 범죄임을 모두가 인정한다.

타인의 생명을 취하는 것은 살인, 자신의 생명을 취하는 것은 자살이다. 타인을 살해하든지 자신을 살해하든지, 생명을 취한다는 것은 인간이 갖는 권한 밖의 일(?)이다. 그러므로 타인의 생명을 취한 사람은 벌을 받고, 자신의 생명을 취한 사람은 비난을 받는다. 비록 자살에 실패하더라도 비난을 면치 못하며, 본인 스스로도 일생을 살아가며 죄책감에 시달릴 것이라는 추정을 해볼 수 있다.

4-1. 살 인

살인의 형태는 크게 살인(homicide), 다수살인(multicide: genocide, serial and mass murder), 암살(assassination)로 구분된다(Allen, 1980). 여기서 살인은 한 사람에 의해서 다른 사람이 죽음을 당하는 것이며, 중다살인은 여러 사람의 생명을 취하는 것을 의미한다. 그리고 암살은 사업의 목적을 위한 살인을 의미한다. 예를 들면, Kennedy 대통령을 암살한 Oswald는 형무소로 이송 도중에 댈러스의 한 나이트 클럽 주인에 의해서 암살되었다. 물론 Oswald와 그를 암살한 사람의 범행동기가 확실치 않지만, 이들 역시 조직의 명령에 움직였을 것이라는 추측을 한다.

살인은 인류의 삶이 시작되면서 동시에 같이 시작되었을 것이다. 생존을 위한 싸움에서 살인은 불가피한 일이었지만, 그런 삶에서도 살인은 가볍게 볼 수 없는 인간사였나 보다. 그때에는 상대방을 죽여야 자신의 먹이를 얻게 되는 상황이 비일비재했을 것이지만, 그러한 상황에서도 살인은 인간에게 최대의 심리적 부담을 주는 것이었다. 이러한 주장을 지지할 수 있는 증거를 얼마든지 찾아볼 수 있다. Zimbardo(1969)는 옛날 부족 국가에서 전쟁을 시작하기 전에 전쟁 춤과 노래로 전쟁 예식을 거행해서 전사들이 탈개인화 상태(deindividustion)[1]에 이르도록 한 후에 전쟁을 치르도록 했다. 그리고 마오리와 나이지리아의 부족은 인간의 살을 먹기 전에 행하는 의식이 강렬했으며, 산 채로 먹을 때는 더욱 강렬해서 모두가 탈개인화된 상태에서 일을 처리하였다.

인간의 생명은 시대를 불문하고 우리들의 삶에 있어서 가장 귀중한 것임에 틀림없다. 이것이 이해가 안 되면, 죽음을 목전에 두고 있는 자신을 상상하면 충분한 설명을 얻을 것이다. 그래서 타인의 생명을 취한다는 것은 가장 무서운 일이며, 가장 큰 죄악이다.

살인

살인을 연구하는 목적은 가능한 살인을 예방하자는 데 있다. 물론 먹고 먹히는 복잡한 생활 때문에 살인도 불가피한 인간사 중의 하나라고 볼 수 있는 일이다. 예를 들어, 국가를 위해서 상대방 적군을 죽이는 것은 애국이라는 의미에서 명예스럽게 간주된다. 전쟁에서 상대 국가 군인의 생명을 취하는 것이 명예로운 이유는 다름 아니라 자국민의 생명을 지켜 주었다는 것이다. 예를 들어, 우리들

1) 우리 모두는 사회적 규범을 의식하고 산다. 이러한 의식은 여러 면에서 우리들의 사고와 행동에 제한을 가한다. 그러나 탈개인화 상태에서는 자기 의식의 상실을 가져오고, 익명성이 보장된다. 이러한 상태에서 실시하는 행동은 자신을 묶고 있던 제약을 풀어 버리게 하므로 쾌한 감정과 무질서한 행동을 유발한다. 고대 사회에서도 살인은 죄악시되었고, 더욱이 정당한 이유로 살인할 기회를 갖는 전쟁에서조차 살인의 중압감을 벗어 버리기 위해서 전쟁 전에 탈개인화할 수 있는 제식을 맹렬하게 거행하였다.

이 이순신 장군을 존경하는 이유는 임진왜란에서의 승리로 우리의 삶을 지켰기 때문이다. 애국, 애족의 의미를 제외한다면, 이 세상에서 살인은 어떤 의미에서도 용서받을 수 없는 악한 행동이 되고 만다.

살인을 크게 두 가지로 구분한다면, 개인살인과 조직살인이다. 개인살인이란 말 그대로 개인이 타인을 살인하는 것이며, 조직살인이란 조직의 목적을 위해서 개인이나 조직이 살인하는 경우다. 여기서 설명하고자 하는 살인은 조직살인보다는 오히려 개인살인이다. 그러나 개인살인을 보다 잘 이해하기 위해서 조직살인에 대한 설명을 함께 제시한다. 〈표 7-1〉은 개인살인과 조직살인을 비교하며 설명한다.

〈표 7-1〉 개인살인과 조직살인의 차이 비교

개인살인(disorganized murdering)	조직살인(organized murdering)
① 충동적 살인	계획된 살인
② 안면 있는 희생자	안면 없는 희생자
③ 희생자를 비인격화한다	희생자를 인격화한다[2)]
④ 최소한의 대화를 갖음	통제된 대화를 갖음
⑤ 범죄장소가 선정되지 않는다	범죄장소가 엄격하게 선정된다
⑥ 희생자에게 갑작스런 폭력을 사용한다	희생자가 요구에 따르기를 요구한다
⑦ 조건 없이 힘을 사용한다	지시에 의해 힘을 사용한다
⑧ 죽인 후에 성행위를 한다[3)]	죽이기 전에 공격적 행동을 행사한다
⑨ 시체를 숨기지 않는다	시체를 숨긴다
⑩ 무기와 증거를 종종 남긴다	무기와 증거를 없앤다
⑪ 시체를 남겨 둔다	시체를 옮긴다

Ressler, R. K., Bugess, A. W., & Douglas, J. E. (1988)

〈표 7-1〉에서 볼 수 있는 바와 같이 조직범죄는 처음부터 살인 계획에 의해서 이행된다. 한편 개인살인은 아무런 계획이 없고, 갑작스런 충동에 의

2) 폭력영화를 연상할 때, 갱들은 처음에 신사적으로 대하거나 혹은 인간으로 인정하고 폭력을 행사하는 것을 알 수 있다. 즉 희생자를 인간으로서 대하고, 요구할 수도 있다. 그러나 개인살인에서 희생자를 비인간화한다는 의미는 살인자는 희생자에게 어떤 요구도 없고, 격정에 의해서 범하는 살인이기에 희생자는 분노의 분출구에 불과하다. 즉 희생자를 인간으로서 보는 것이 아니라, 분노를 배설하는 도구에 불과한 것으로 생각한다

3) 살인 후에 성행위를 한다는 것은 살인자가 남자인 경우를 의미한다. 이런 살인은 주로 애인관계가 만족스럽지 못할 때, 희생자를 소유하려는 욕구를 채우려는 행동으로 볼 수 있다.

해서 일을 저지르는 것이 보통이다. 살인하는 장소도 조직살인은 철저하게 선정되지만, 개인살인은 불시에 일어나는 분노 때문에 아무 곳에서나 일어난다. 우리들이 낯선 사람과 만나는 경우가 드물다는 점을 감안한다면, 개인살인의 경우에 피해자는 살인자가 이미 알고 있는 사람인 경우가 대부분이다. 그래서 개인에 의해서 살해당하는 사람은 가족, 면식자, 비면식자의 순으로 많은 비율을 갖는다.

밀접한 대인 관계에서 상치되는 의견은 말다툼으로 변하고, 이로 인해서 분노가 치솟게 되면, 더 이상의 대화도 필요 없이 희생자에게 화를 쏟아 붓는가 보다. 가해자는 격정에 못 이겨서 살인을 한 후, 더 이상 그 장소에 머물고 싶은 생각도 없고 그러한 여유도 없기 때문에 희생자와 무기를 남겨둔 채 현장을 떠나고 만다.

조직살인은 개인살인에 비해서 처음부터 끝까지 계획에 의해서 이행된다. 물론 살인자는 조직의 명에 의해 행동하면서 어떤 흔적도 남기려 하지 않는다. 조직살인은 이성(理性)을 잃지 않고 차가운 머리로 일을 행하므로, 범행장소, 필요한 대화, 사용하는 방법, 증거인멸, 시체를 감추는 것까지 완벽을 기하려 노력한다.

〈표 7-1〉은 개인살인과 조직살인의 차이에 있어 살인자 당사자보다는 범행과 관련된 여러 측면들을 지적하였다. 그러나 이제 조직살인자와 개인살인자의 특성을 다시 보기로 한다.

〈표 7-2〉 개인살인자와 조직살인자의 성격 특성

개인살인자(disorganized murders)	조직살인자(organized murders)
① 평균의 지능을 갖는다	평균 이상의 지능을 갖는다
② 사회적으로 비능력자다	사회적으로 능력자다
③ 업무 경력이 불량하다	숙련된 업무 경력을 갖는다
④ 성적으로 무능력하다	성적으로 능력 있다
⑤ 형제가 적다	출생 순위가 높다
⑥ 아버지의 직업이 불안정하다	아버지의 직업이 안정적이다
⑦ 유아기에 부모의 거친 교육을 받았다	유아기에 일관성 없는 부모의 교육을 받았다
⑧ 살인 당시에 격정한다	살인 당시에 정서를 통제한다
⑨ 범행 전에 혼자 술을 먹는다	범행 전에 타인과 술을 먹는다

⑩ 살인 상황에서 희생자에게 별다른 스트레스를 주지 않는다	살인 상황에서 희생자에게 심한 스트레스를 준다
⑪ 혼자 생활한다	파트너와 생활한다
⑫ 범죄장소에서 가까이 산다	좋은 조건에서 생활한다
⑬ 생활 스타일에 변화를 경험한다	직업을 바꾸거나 혹은 이사를 간다

Ressler, R. K., Bugess, A. W., & Douglas, J. E. (1988)

조직살인자와 개인살인자는 〈표 7-2〉에서 알 수 있듯이, 생활 자체에서 차이가 있다. 개인살인자는 지능에서도 떨어지고, 사회적 경력에서도 능력 없는 그런 사람으로 묘사된다. 이들은 유아기 때, 가정도 불안정했고 형제도 없는 사람이다. 그래서 그런지 이들은 혼자 사는 경우가 많다. 한편 조직살인자는 살인하는 동기가 조직의 지시에 의한 것이기에, 이런 사람은 특수한 조직 생활을 할 만큼 능력이 있는 사람들이다. 조직살인자는 조직으로부터 생활비를 지급받고 있으니까 경제적으로 안정된 사람이고, 혼자 생활하는 경우가 드물 것이다.

개인살인자는 사려 깊은 사람이 아니며, 혼자 생활하기에 자신의 세계에 머무는 시간이 다른 사람보다 더 많다. 우리들은 사회 생활을 하는 가운데 자신의 신념, 태도, 행동을 타인과 비교하면서 수정하고 변화시키며 사회에 적응한다. 그러나 개인살인자들은 이런 사회적 비교를 피하거나 모르기 때문에 자신의 사고와 행동을 정상적인 것으로 착각할 수 있다. 그래서 고착된 사고는 점점 더 한길을 가게 되며, 이러한 사고 형태가 범죄로 이어진다.

1) 다수살인(多數殺人)

다수살인은 한 번에 여러 명을 살해하는 범죄다. 중다살인에는 어떤 민족이나 국민에 대한 대량학살(genocide), 한 사람씩 계속적으로 살인하는 연쇄살인(serial murdering), 그리고 집단학살(mass murdering)로 나누어 볼 수 있다. 민족에 대한 대량학살은 독일의 유태인 학살이 한 예가 된다. 연쇄살인은 말 그대로 한 사람이 계속해서 사람들을 살인하는 경우를 의미한다. 또한 집단살인은 한 사람이 일시에 여러 명을 살해하는 경우다.

이제 본서가 추구하는 내용과 일치하는 연쇄살인과 집단살인을 설명할 것이다. 민족적 대량학살은 본서의 내용과 다소 거리감을 갖는다. 왜냐하면, 민족적 학살은 살해하는 민족의 편에서 보면 아주 당연하고, 정의롭고, 애국적 행동이기에 범죄가 아니다. 오히려 자국민의 안녕과 행복을 지켜는 것이기에 좋은 의미에서 오래오래 기억될 수 있는 사건일 뿐이다.

2) 연쇄살인

연쇄살인자는 장기간 여러 사람을 죽인 사람을 의미한다. 우리 나라의 경우에 화성 연쇄살인 사건의 범인이 밝혀지지 않았지만, 바로 연쇄살인자일 수 있다. 경기도 화성의 연쇄살인은 몇 년에 걸쳐서 많은 희생자를 낳고 있지만, 아직도 범인의 행방이 묘연하다. 범인을 아직 검거하지 못하고 있다는 점으로 미루어서 화성 연쇄살인 사건은 단독범의 소행이라는 추정을 가능케 한다. 왜냐하면 여러 명이 화성이라는 단일 지역에서 살인을 저질렀다면, 그 중에 한 사람 정도는 검거될 확률이 높기 때문이다.

연쇄살인자는 희생자를 죽이는 기쁨을 가지고 살인을 한다. 이들은 세상에서 어떤 부류의 사람을 제거하라는 사명을 가졌다고 생각하며, 이러한 사명이 완성되어야 한다고 믿고 있다(Falk, 1990). 본서에서 여러 번 예로 들고 있는 지존파는 우리 사회에서 쉬운 말로 잘 나간다고 생각하는 사람을 골라서 죽였다. 예를 들면, 그랜저 같은 고급 승용차를 소유한 사람 혹은 외제차를 타는 여자만을 골라서 살인하였다. 연쇄살인자는 사회의 어떤 부류의 사람을 처단해야 한다는 사명감을 갖기 때문에 연속적으로 유사한 사람들을 죽이는 것이고, 사명감의 완수로 기쁨을 맛보게 된다.

화성 연쇄살인 사건

1986년 오후 2시 태안읍 이모라는 할머니로부터 시작된 화성 살인 사건은 범인에 관한 아무런 단서도 찾지 못한 채 1990년 11월 9번째 희생자(김미정, 14세)로 이어지고 있다. 그 중 7번의 사건이 태안읍을 중심으로 발생하였다. 그간 범인 검거를 위해서 경찰은 1998년 9월 20일 현재 이 사건 수사에 형사기동대와 여경 등 연인원 45,000명의 수사인력을 투입하였다. 경찰의 이러한 노력은 주로 살인 사건이 발생된 지역 주민에게 초점을 맞춘다. 사실상 1986년 연쇄 사건이 발생한 이후 경찰이 용의선상에 올려놓고 연행, 추적, 수사를 벌여 온 주민들은 3만여 명이다. 9번째 여중생 피살 사건이 발생하자 또다시 주민 60여 명을 연행, 추적, 조사를 벌이기도 하였다(중앙일보, 1998년 9월 20일).

Holmes(1985)는 Bundy라는 연쇄살인자를 면접하면서, 그가 정신병자가 아니며 지능적이고, 합리적 사고를 하면서 계획했다고 보고한다. 또한 그는 Bundy가 살인을 하면서 정신이 고조(psychological high state)되고 그래서 계속 사람을 죽이게 되었다는 것을 알았다.

연속살인자들은 살인을 계속하면서 희생자의 반응에서 쾌감을 맛보고, 성취감에 도취된다. 그리고 희생자가 어떻게 반응할 것이며, 사람을 어떻게 죽이는지를 배운다. 또한 이들은 살인 후에 어떻게 도망하고, 숨어야 하는지도 배운다. 연쇄살인자들은 이러한 학습과 함께 연속적인 성공을 거두지만, 이로 인해서 긴장감을 풀게 된다. 그래서 이들은 처음에 다부지게 세웠던 살인 계획을 지키지 못하고 마음이 해이해져 결국은 잡히게 된다.

Bundy에 의하면, 연쇄살인자는 자신의 속에 살인을 강요하는 힘이 있고, 이 힘은 계속해서 살인을 요구한다. 그러나 언제나 그렇듯이 욕심은 만족을 모른다. 또한 이 힘은 연쇄살인자들만이 가지고 있는 성격적 비밀이어서 다른 사람들은 알아차리지 못한다. 더욱이 한 가지 특기할 점은 이들이 주위의 사람들에게 정상적으로 보인다는 것이다. 연쇄살인자가 정말 어떤 사람인지 알고 있는 사람들은 그에 의해서 끔찍하게 죽어 간 희생자들뿐이지만, 안타깝게도 희생자들은 죽어서 말이 없다.

Tedy Bundy

Bundy는 너무나 유명해서 영화와 소설의 주인공이 된 사람이다. 예를 들면 Ted Bundy: "The Killer Next Door" by Winn, S. & David, M. (1980), 혹은 Bundy: The Deliberate Stranger by Larsen, R. W.(1980)라는 책이 출판될 정도다. Bundy는 1974년 2월 1일부터 1978년 2월 9일까지 12살에서 26세까지의 여자 20명을 죽였다. 그는 한때 멋지고 매력 있는 사람이었다. 대학을 졸업했으며, Washington 시장의 선거운동에도 가담한 적이 있다. 그 후에 Utah 대학 법대에 입학하는 데 추천서를 받았을 정도로 주위에서 신임을 얻는 사람이었다. 그러나 그는 입학하자마자 살인행각을 시작하였다.

3) 집단살인(集團殺人)

집단살인(mass murder)은 단어의 의미가 전해 주는 것같이 반드시 많은 수의 사람을 살해하는 것으로 오해할 수 있다. 그러나 집단은 학문적으로 두 사람 이상을 의미하므로 두 사람 이상의 살인은 집단살인을 뜻한다. 두 사람 이상은 몇 명까지를 집단으로 간주하느냐 하는 문제는 수십 명도 수백 명도 포함될 수 있지만, 심리학에서 집단의 의미는 적은 수를 의미한다. 여기서 집단의 의미를 학문적으로 밝히려는 뜻보다는 집단을 상당히 많은 수를 갖는 것으로 오해할 우려에서 설명한다. 집단이 의미하는 수를 넘어서면, 우리들은 조직(organization)이라는 표현을 한다. 현대건설, 삼성전자, OB맥주, 교육부, 문체부 등 다양한 조직을 연상할 수 있다. 이러한 설명에서 집단의 의미가 확실해졌을 것으로 생각한다.

집단살인은 내 것이어야만 하는 것을 집단의 다른 사람들에게 빼겼다는 생각, 자신이 그 집단에서 배제되었다는 신념에서 발생한다. 예를 들어, 결혼을 반대하는 여자 식구들을 모조리 살해한 사건, 부부 싸움에서 처가 식구들을 있는 대로 살해하는 사건들은 바로 처가라는 집단에 의해서 혹은 여자 친구 식구들이라는 집단에 의해서 자신이 배제되었다는 생각을 갖게 한다.

변심한 애인의 식구나 처가 식구를 죽인 사례

경남 마산 동부 경찰서는 내연 관계인 여인의 아들과 딸, 자신의 장모를 차례로 납치해 살해한 뒤 암매장한 전모(40)씨에 대해 살인 및 사체유기 혐의로 구속영장을 신청했다(조선일보).

다른 살인자와 같이 집단살인자는 자신의 무기력함을 반증하기 위해서 하나의 보상행동으로 살인을 한다(Falk, 1990). 집단살인에서 이 동기는 특별히 강한 것일 수 있다. 왜냐하면 자신이 가져야만 하는 것을 다른 사람이 빼었다는 생각에 젖어서 살고 있는 사람들이기 때문에 타인을 죽임으로써 희생자에게 자신의 힘을 과시하는 통제감(a sense of control)을 얻기 때문이다.

James Hurberty

집단살인의 한 예를 들어 보자. 미국인, Huberty는 언제나 어떤 사람에게 총을 쏘는 이야기를 했으며, 자신이 겪는 고통이 늘 국가 때문이라고 불평했다. 그는 실직되었을 때, 사람 사냥을 간다고 하며 집을 나갔다. Huberty는 총을 사랑했다. 그는 소년 때부터 여러 가지 무기를 소유했다. 결혼 생활을 하면서도 여러 가지 총을 구입하기도 했다. 마침내 집을 나간 Huberty는 1984년 7월 시내 한 음식점 손님들을 향해 기관총을 난사하였다. 이때 부상자는 무려 22명이었다.

집단살인

집단살인은 살인 혹은 연쇄살인과 성격을 달리한다. 즉 살인은 우발적인 충동 혹은 분노에 의해서 사람을 살해하는 것이고, 연쇄살인은 어떤 특정 사회계층을 겨냥한 사명감에서 살해한다. 그러나 집단살인은 자신의 것을 뺏겼다는 생각과 자신이 그 집단에서 배제되었다는 복합적 신념에서 저질러진다. 또한 연속살인의 희생자는 대부분 여자들이다. 그리고 집단살인의 희생자는 수적으로 남녀의 차이가 없고, 희생자들은 왜 자신들이 죽는지 알지 못하고 하늘에서 날벼락이 떨어진 것으로 생각하며 죽어갈지 모른다.

4) 성적 살인

성적 살인(sexual murdering)자는 다른 살인자와 비슷한 인구학적 특성—결혼 상태, 교육 정도, 직업 유무, 범법경력—을 갖지만, 다른 살인자들보다 더 젊은 사람일 수 있고, 희생자는 물론 여자가 대부분이다. 다른 것이 있다면, 두 가지 측면에서 찾을 수 있다. 즉 일반 살인자는 대체로 희생자들이 알고 있는 사람들이지만, 이에 비해서 성적 살인자는 희생자들이 모르는 사람들이 많다(Langevin, Ben-Aron, Wright, & Handy, 1988). Langevin 등에 의하면, 일반 살인에서 살인자와 희생자가 서로 모르는 경우는 8%에 지나지 않지만, 성적 살인자와 희생자는 69%가 모르는 사람들이었다. 한편 캐나다의 통계에 의하면, 보통 살인의 경우 살인자와 희생자가 모르는 경우는 20%지만, 성적 살인자와 희생자는 92%가 살인자와 모르는 사람들이었다(Langevin & Handy, 1987).

두 번째 다른 점은 성적 살인을 할 때는 목조르기(strangulation)를 한다. 비성적 살인자의 8% 정도가 목조르기를 한 반면에, 성적 살인자는 71%가 목조르기를 하면서 살인을 하였다(Dietz, 1986; Cameron & Frazer, 1987). 더욱이 비성적 살인자가 한 가지 이상의 방법으로 살인을 하는 비율이 8%인 반면, 성적 살인자는 38%가 한 가지 이상의 방법으로 살인을 한다.

성적 살인자가 목조르기를 하는 이유는 범행시에 천천히 죽어가는 희생자를 통해서 성적 쾌감을 느끼기 때문일 수 있다. 이 같은 사실을 뒷받침하는 자료는 비성적 살인자의 46%가 권총이나 장총을 사용하는 반면에 성적 살인자는 이러한 기구를 사용하지 않는다(Langevin, 1991). 목조르기를 하는 이유로는 살인자가 목을 조이고 쉬고를 바꿔 가면서 희생자로부터 성적 만족을 얻기 때문이다.

비성적 살인자의 주된 살인 동기는 노여움(anger)이지만, 성적 살인자의 주된 동기는 성적 만족이다. Langevin 등에 의하면, 성적 살인자의 주된 동기는 성적 만족이 31%였으며, 69%는 노여움과 성적 만족이 복합적이었다. 그러나 이러한 노여움이 희생자에 대한 노여움인지 혹은 성적 학대의 일부인지 명확치 않다. 왜냐하면, 성학대자들의 노여움은 그의 성적 극대감의 결정적 요소일 수 있기 때문이다(Weinberg & Kamel, 1983).

알코올은 노여운 감정의 열쇠를 풀게 해서, 공격적 행동에 방아쇠를 당기게 한다. 우리들은 사회적 규범, 규율, 자신에 대한 지각 등으로 금기시하고 있는 제반 사항들을 무시하거나 약하게 보는 경향이 있다. 이같이 알코올은 사람들의 사고와 행동에 주의력을 약하게 한다.

약물과 알코올이 다른 폭력범죄는 물론이고 성범죄 행동에 중요한 영향을 미치고 있지만, 성적 살인자가 약물이나 알코올 때문에 사람을 살해한다는 주장은 일반적이 아니다. 그러나 대체적으로 사람들은 100mg의 알코올을 섭취하여도, 춘화도에 성적 감정을 나타내었으며, 또한 알코올을 섭취하지 않은 사람에 비해서 발기한 시간이 훨씬 더 길었다(Langevin, Ben-Aron, Coulhard, Day, Hucker, Purins, Roper, Russon, & Webster, 1985)는 주장도 염두에 두어야 할 필요가 있다.

성적 살인이 정신병이냐(eg, Revitch, 1965) 성적 학대냐(eg, Dietz, 1986) 하는 논쟁은 오랫동안 계속되고 있다. 그러나 주장하는 양측 모두는 이해할 만한 체계적 자료를 제시하지 못한다. Langvein(1991)의 연구에서 비성적 살인자의 27%에 비해서 성적 살인자의 50%가 범행시 정신병적(psychotic)이라는 결과를 제시한다. 그러나 성적 살인자의 정신병적 비율이 높은 것은 심한 약물중독 때문이며 원래 정신병에 의한 것이 아니라는 주장을 한다. Langvein의 연구에서 한 성적 살인자는 암페타민의 영향하에 있었다. 그의 운동신경과 성적 능력은 약물에 영향을 받지 않았지만, 그의 정신적 판단은 극히 나빴다. 정신병으로 판단한다면 운동신경이 엉망이어야 하는데, 정상인과 같이 행동했기 때문에 이 사람을 정신병자로 보기는 어렵다고 생각했다. Langvein은 이런 사람을 정상이지만 성적 학대자로 간주한다.

DSM III는 성적 학대(sexual sadism)를 "성적 흥분에 이르기 위해서 타인에게 심리적, 신체적으로 주는 고통(苦痛)"(p.274)이라고 설명한다. 아무튼 희생자에게 신체적 혹은 심리적 고통을 가하고, 가해자는 그러한 고통에서 성적 만족을 얻는 것을 의미한다. 이러한 가학적 행동이 일정 수준을 넘으면, 바로 성적 살인으로 이어질 수 있다.

성적 살인이 포함하는 4가지 요소는 성적 학대의 어떤 측면을 가리킨다(Langvein, 1988). 즉 ① 희생자에 대한 통제, ② 희생자의 고통스런 호소, 무기력, 두려움, ③ 희생자의 상처, ④ 희생자의 죽음이다. 어떤 사람이 자기에게 겁을 먹고, 공포에 떨며 살려달라는 호소를 하면, 결국 희생자를 마음대로 할 수 있다는 통제감을 갖는다. 이러한 통제감은 사람을 상하게 해서 자신의 힘을 과시하는 맛을 보고, 희생자의 죽음은 그를 무기력하게 만들어서 최고의 만족을 얻게 된다. 성적 살인자가 아닌 성적 공격자는 희생자의 두려움에서 성적 쾌감을 얻으며, 도가 넘는 성적 만족은 희생자를 죽음으로까지 몰고 간다.

오줌싸기, 불장난, 잔인성의 3요소가 폭력적 개인을 만든다는 주장이 있다. Langvein(1991) 등의 연구는 성적 살인자의 39%, 성적 공격자의 40%, 비성적 범죄자의 10%가 자라면서 동물에 대한 학대를 한 것으로 나타났으며, 또한 성적 살인자의 39%, 성적 공격자의 33%, 비성적 살인자는 20%가 불장난을 하였다. 한편 성적 살인자의 62%, 성적 공격자의 33%, 비성적 살인자의 33%가 5살이 지나서도 이불에 오줌을 쌌다. 그러나 이러한 주장에는 논란이 일고 있으며, 계속적인 연구가 뒷받침되어야 한다.

Langvein은 또 다른 연구를 통해서 가정불화가 성적 살인의 명확한 예측 기준치가 된다는 주장을 한다. 그의 연구(1988) 등에서 비성적 살인자의 10%에 비해서 성적 살인자의 80%가 어린 시기에 가정불화를 경험한 것으로 나타났다. 특히 비성적 살인자의 아버지(40%)에 비해서 성적 살인자의 아버지(60%)가 알코올 중독자인 경우가 훨씬 더 높다.

4-2. 자 살

사람의 목숨은 생명을 다한 자연사, 각종 질병에 의한 병사, 자동차 사고와 같은 것에 의한 사고사, 극악한 죄를 지은 대가로 받는 사형, 악의에 의한 살인, 조국의 명예를 걸고 싸우다 죽은 전사로 대강 분류할 수 있지 않을까 생각한다. 이러한 것들은 대체로 타인에 의한 죽음과 목숨을 다한 죽음으로 대별되지만, 그러한 죽음과 성격을 달리하는 또 하나의 죽음이 바로 스스로 자신의 목숨을 끊는 자살(suicide)이다.

Schneideman(1985)은 자살의 원인을 3가지로 구분한다. 즉 자살하는 사람은 ① 정신적 고통과 심한 스트레스에 시달린다. ② 고통스러운 문제를 해결하기 위한 어떤 심리적, 사회적 방법을 찾을 수 없다. ③ 자살에 대한 강한 의지가 충동적이다. 물론 스스로 자신의 목숨을 끊으며 생의 막을 내리는 사람은 타인을 해하면서 생의 문제를 해결하려는 사람과는 판이하게 다른 특성을 갖는다. 어떤 사람이 자신의 목숨을 끊으면서 삶의 문제를 해결하려는지 알아보도록 한다.

스스로 자신의 목숨을 끊는 것을 어떻게 받아들여야 하나? 조선일보 이규태씨의 칼럼에서 임진왜란 당시 양반집 규수가 배를 타고 한강을 건널 때, 사공은 귀한 몸이 물에 빠질 것 같기에 마님의 손을 잡아줘서 강을 무사히 건네 주었다. 그러나 그 규수는 강을 건너자마자 자신의 손이 남의 남자에 의해서 더럽혀졌다는 이유로 자살하였다는 기사가 게재된 적 있다. 그 당시 상황으로 보아서 그녀의 행동은 정말로 갸륵하고, 거룩한 죽음이어서 만인의 귀감이 되었을 것이다. 그러나 지금의 시각에서 보면 웃음거리에 지나지 않는다. 그녀는 아주 바보 중에 바보로 보일 수밖에 없다. 돌아가신 분이 지금의 상황을 알면, 통곡을 할 일이다. 아마도 지금 우리들의 시각에서 보면, 그 규수의 죽음은 아무 가치도 없는 웃음거리임이 분명하다.

예전이나, 지금도 앞에서 설명한 사회적 명분이 없는 죽음은 비난을 받았다. 생활이 힘들어서, 삶이 고달파서 스스로 목숨을 끊은 사람은 사회로부터 냉대를 받았다. 한 예를 들어 보자. 입시철이 되면, 고등학교 3학년 여학생이 성적을 비관해서 자살하는 기사를 심심찮게 대한다. 이런 기사를 보는 사람들은 그녀의 자살에 대해서 동정을 보내기보다는 시시한 행동에 비난을 한다.

피곤한 삶을 이유로 스스로 목숨을 끊는 행위는 이유를 따지기 이전에 비난이 앞선다. 왜냐하면 우리의 삶은 가족과 친척은 물론 주위의 사람들과 더불어 어려움을 개척하고, 서로 도와 주면서 세상을 발전시켜 나가야 한다는 묵시의 의미가 내포되어 있기 때문이다. 이러한 의미에서 본다면, 자살은 개척과 개선의 대열에서 낙오이며, 책임을 남에게 전가하는 아주 비열한 행동이다. 이러한 차원의 설명을 넘어서 자살한 사람이 가족, 친척, 주위의 사람들에게 주는 심리적 충격은 헤아리기 어려울 정도다(Pritchard, 1995).

자살한 사람의 가족들이 겪는 심리적 충격을 상상할 수 있다면, 어느 정도인지 헤아려 보기 바란다. 남은 사람들은 이 세상 다할 때까지 오래도록 영향을 받는다. 우리들은 가정에서 화난 딸이 엄마에게 "엄마가 속상하게 해서 나 죽어 버릴 꺼야"라는 말을 흔히 들은 적이 있을 것이다. 이 말의 뜻은 내가 자살하면, 당신은 두고두고 마음 고생을 할 것이라는 의미를 내포하고 있다. 딸의 자살은 아마도 엄마에게 세상에서 가장 심한 형벌일 것이다.

자살의 암시 효과

육체파 여배우 마릴린 먼로가 자살하자 그 해에 미국의 자살율은 8배나 증가되었다. 이와 같이 인기 연예인이 자살할 경우에 자살의 여파는 커진다. 일본의 록그룹 "X-Japan"의 히데라는 가수가 자살한 후에 히로시마의 한 소녀가 목을 매어 자살한 사건이 있었고, 그 후 계속해서 여학생 두 명이 자살을 하였다. 히데의 장례식에는 12,500명의 팬들이 몰려들었으며, 이들 중에서 120명이 실신하였다. 이에 당황한 당국은 중·고등학교에 공문을 띄워 학생들을 자제시켜 줄 것을 당부하고, 여학생들의 자살은 히데를 가장 슬프게 하는 것이라는 것을 강조하였다(조선일보, 1998년 5월 9일).

자살이 남에게 나쁜 영향을 주지 않는다면, 자살을 받아들여야 하나? 하는 생각을 갖게 된다. 그러나 아무리 이 세상에서 쓸모 없는 사람이 자살했다 하더라도, 자살은 비난받아 마땅하다. 왜냐하면, 생명은 무엇보다 가치 있는 것이기 때문이다. 다른 한편으로 비록 가치 없는 사람이 자살했다 하여도 주위의 사람이 자살할 가능성을 갖게 한다. 왜냐하면, 은연중에 자살을 생각하고 있던 사람이 다른 사람도 자살한다는 사실을 아는 것은 생각만으로 그치던 자살을 행동으로 옮기게 하는 동기가 되기 때문이다(Mayer, 1987).

신학적인 의미에서 생명은 신의 고유한 권한에 속한다. 우리에게 주어진 것이라도, 내 것이 아니고 너의 것이 아니다. 그래서 인명은 재천이다. 생명에 관한 한 하늘이 계획하고 있고, 우리는 주어진 기간 동안 열심히 생활해야 한다는 주장에 반대하는 사람은 없을 것이다. 이 세상에서 아무리 행복한 사람이라도 세상을 살면서, 죽고 싶은 생각을 하지 않은 사람은 없을 것이다. 그러나 생명은 고귀한 것이기에 아무리 어려워도 던져 버리지 못하고 인내하며 열심히 살아야만 한다.

상담 등의 이유로 사회기관을 찾은 젊은이들 중에서 10% 이상이 어떤 형태의 자살 행위를 생각한 적 있다(Hudson, Cullen, & Roberts, 1993). 그러나 구체적인 자살 방법을 생각한 것이 아니라, 막연히 자살을 생각해 본 사람은 상당수에 이를 것이다. WHO(world health organization)에 따르면, 1992년 영국에서 4,628건의 자살 건수가 있었는데, 인구 백만 명당 121명에 해당하는 숫자이며, 북부 아일랜드의 테러리즘을 합한 살인의 10배다. 미국에서는 일 년에 30,232명이 자살하는데, 이것은 일주일에 540명이 자살한 셈이다. 미국에서는 백만 명당 자살하는 사람이 199명이고 타살된 사람은 144명이다. 신문지상에 오르는 타살자는 조용히 사라져 가는 자살자의 수에 비해서 훨씬 적다.

1) 자살의 원인

자살의 원인(causes of suicide)으로 종종 지적되는 것은 주로 우울증(depression)이다. 왜냐하면 우울증에 의한 자살이 전체 자살 건수의 40%에서 80%를 차지하기 때문이다(Fremouw, Perczel, & Ellis, 1990). 또한 100건의 사망 건수를 조사한 후, 죽어 가는 사람의 70%가 심한 우울증을 나타내었으며, 이들의 10%는 정신병과 관련된 문제(psychiatric-related problems)를 갖는다고 주장한다. 즉 우울증은 사망과 관련 있고, 자살과 관련 있다는 의미이다. 우울증이라고 불리는 정신이상은 우울증과 경조증(輕燥症)에서 비롯된다. 먼저 우울증은 우울의 강도만을 나타내는 감정이상이다.

심한 우울증을 나타내는 사람은 언제나 아주 극한 우울 감정을 갖는데, 이것이 병적 우울증이다. 경조증을 보이는 사람은 이러한 감정이 극에 달해서 지나치게 쾌한 감정을 갖는다. 그리고 모든 사람들은 울증과 조증이 교차되지만, 이런 감정이 모두 극에 달한 것은 아니다. 이 책을 읽고 있는 사람은 누구나 아침에 일어나서 지금까지 감정이 일정하지는 않았을 것이다. 이런 감정을 울증과 조증이라고 말하기는 어렵지만 아무튼 감정의 기복을 가졌을 것이다. 그러나 조울증을 보이는 사람은 감정의 변화가 아주 커서 스스로 억제할 수 없는 그런 상태에 있다. 즉 조증과 울증이 극에서 극으로 교차되는 사람들이다.

우울증과 조증이 심한 사람이 다른 사람들보다 자살하는 경우가 더 잦다. 이런 사람들이 자살하는 경우는 조증 상태에 있는 것이 아니라 우울증 상태에 있을 때다. 〈그림 7-1〉은 경조증의 감정 변화에 대한 폭을 나타낸다.

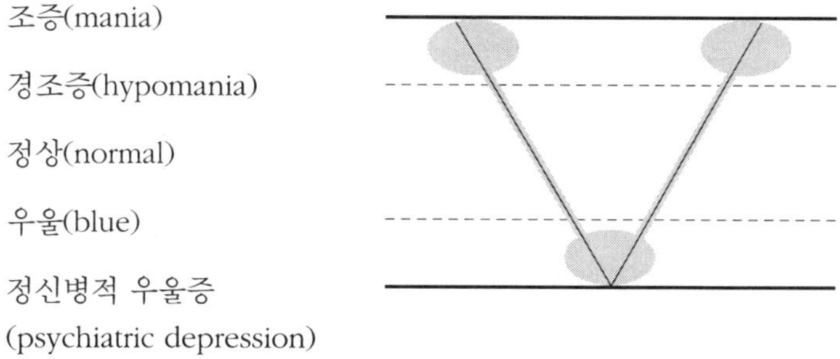

〈그림 7-1〉 경조증의 감정 변화 양상

〈그림 7-1〉에서 볼 수 있듯이, 우울한 감정과 쾌한 감정의 폭이 정상에서 멀리 있을 때, 정신이상을 나타낸다. 정신병(psychosis)이라고 하면, 통찰력과 의식의 부재 때문에 현실 감각을 잃어버려서 정상적인 사고를 못 하는 것을 의미한다. 그래서 (정신병적) 우울증은 현실에 근거하지 않은 불안정한

정서다. 우리들이 정신이상이라고 칭하는 상태는 크게 신경증(neurosis)과 정신병으로 나눈다. 신경증적 우울증은 스트레스를 주는 과거 혹은 현재 사건의 영향을 알고는 있지만, 처리하지 못하고 심리적 불안정성을 나타내는 것이다. 정신병적 우울증은 심리적 불안정성을 넘어 현실 감각을 잃어버린 상태에 있는 감정의 변화를 의미한다. 그래서 정신병적 우울증은 자살과 관련성을 가질 수 있다.

우울증을 나타내는 사람은 생화학적 변화(biochemistry change)를 갖는다는 생리적 주장이 있지만, 이런 변화가 우울증과 관련 있는 것인지에 대한 논란은 계속되고 있다(Pritchard, 1995). 또한 우울증이 한 가족 내에서 발견되며, 더욱이 입양한 사람에게서조차 그러한 경향을 갖는 것으로 보아서 혈연에 의한 유전보다는 환경에 의해서 더 영향을 받는다는 주장도 한다. 아무튼 우울증이 유전적이라는 강한 주장을 내세우는 사람도 있지만(Winokur, Coryell, & Maser, 1994), 대부분의 우울증 혹은 정신분열증 환자들은 그의 친척에서 같은 증세를 찾지 못한다(Pritchard, 1995).

우울증만을 나타내는 일차원 감정이상자(unipolar affective disorder)는 심한 슬픔과 비애 같은 강한 정서를 갖는다. 이러한 상태에 있는 사람을 구하기 위해서 어떤 방법을 시도해도 효과를 거두기 어렵다.

조증(mania)만으로 자살과 연결되지 않지만, 조증과 울증을 다 함께 갖는 양극성 정동장애자(bipolar affective disordering person)는 우울에서 쾌한 상태로 이어지면서 자살을 시도할 수 있다. 왜냐하면 쾌한 기분과 슬픈 기분이 교차되는 양면을 경험하는 사람은 자신의 삶에 대한 이유(reason for living)를 정당화하는 데 어려움을 갖기 때문이다. 이유 없이 우울하고, 이유 없이 기쁜 감정이 교차되는 사람이 생의 목적을 찾기가 쉽지는 않을 것이다.

자살은 어떤 순간에 바로 올 수도 있지만, 여러 차례의 준비를 거쳐서 수행된다는 연구 결과를 갖는다. 즉 자살하기 전에 자신의 신체에 상해를 가하는 것이다. 이러한 행위가 반복될 때, 자살의 가능성은 더 높게 마련이다. "열 번 찍어 안 넘어가는 나무 없다" 혹은 "가랑비에 속옷 젖는다"는 속담과 같이 반복되는 자해 행위에 의해서 자살이 수행된다고 주장하는 학자들이 있다. 자해 행위를 하는 사람들은 자신을 물거나 할퀴거나, 머리를 어디에 박거나(banging his head), 자신을 때리거나, 경우에 따라서는 심한 신체적 상처를 입힌다(Lester, 1988).

Carr(1977)와 DeCatanzaro(1981)는 정신지체자와 정서불안자의 자해 행위에 대한 원인을 연구하고 이런 행동을 강화 이론으로 설명한다. 즉 이런 사람들은 자해 행위를 통해서 어떤 보상을 받는다는 것이다. 물론 물질적 보상을 얻었을 수도 있고, 심리적 보상을 받았을 수도 있다.

요즈음 세간에 자동차 사고를 당한 것처럼 해서 금전을 뜯어 내는 불량배들이 있다. 이들은 얄팍한 생각에 이런 짓을 시도하지만, 자꾸 하다 보면 할 일도 없고 몸도 성치 못해서 결국에는 자신을 버리고 말 것이다.

Ferster(1961)는 머리를 박거나 혹은 얼굴에 상처를 입히는 자해 행위는 때때로 동료나 부모의 관심을 끄는 정적 강화를 받는다고 주장한다. 부모가 머리의 상처를 어루만지고 속상해하는 것(정적 강화)을 경험한 어린이는 머리 박는 행동을 자꾸 한다. 성인의 경우에 이런 사람이 다른 사람과 함께 있는 장소에서 자신의 손목을 칼로 긋는다고 가정하자. 이때에 다른 사람들은 그렇게 못하도록 말리고, 위로하고, 최대의 관심을 기울일 수 있다. 이러한 정적 강화는 자해 행위를 거듭하게 하고 드디어 자살에 이르도록 한다. 이런 행동의 반복은 신체의 상처를 대수롭지 않게 생각하게 되고, 결국은 목숨을 끊는 일도 어려운 것이 안 된다.

자해 행위(deliberate self-harm)는 30대 전의 연령에서 더 많이 발생되고, 특히 여성들은 남자들보다 30세 전에 자해 행동을 더 많이 한다. 전반적으로 남자들의 자살율이 여성의 3배지만, 자해 행위는 여자가 남자보다 두 배나 더 높다(Baraclough & Hughes, 1987; Culleberg, Wasserman, & Stefansson, 1988; Brittlebank, Cole, & Hassanjay, 1990). 또한 나이가 어릴수록 자살에 비해서 자해 행위의 비율이 매우 높다. 대체로 20대 전에는 80대 1, 30대 전에는 40대 1이다. 노인의 경우는 4대 1이다. 그러나 노인이 혼자 살거나 혹은 고립된 상태에 있을 때, 자살율은 더 높게 된다(Henderson, 1989; Platt, Bille-Brahe, & Kerkhof, 1992). 또한 병적 우울증으로 자살한 사람은 단지 우울 증세를 보인 사람보다 자해 행위를 한 횟수가 10배가 더 높다(Baraclough & Hughes, 1987). 위의 연구 결과로 보아서 자해 행위는 자살의 연습 과정처럼 인식된다. 아무리 적은 자해 행위라도 자신의 몸에 고의적으로 상처를 낸다는 것은 자살의 길로 가는 것인가 보다.

자살 방법

남자와 여자는 자살할 때, 각기 다른 방법을 선택한다. 남자들은 여자들보다 더 공격적인 방법을 택한다. 예를 들어, 서구 유럽에서 남자들은 목매달기, 물에 빠지기, 자동차 사고 내기 등의 방법을 택하고, 여자들은 약물을 이용하는 경향이 있다. 그러나 젊은 사람들은 성별에 관계없이 약물을 이용하는 것이 보통이다.

자살

낮은 자아 존중감이 자살과 관계 있는데, 이유는 자아 존중감이 낮은 사람들은 절망적인 감정과 자신이 무가치하다는 생각을 갖기 때문이다(Beck, 1993). 낮은 자아 존중감은 기를 갉아 먹고, 생에 대한 통제감을 약하게 만드는데(Howe, 1993), 이러한 것이 자살을 유도한다.

비정상적 여러 가지 인간사 중에서 스트레스를 가장 많이 주는 사건은 사랑하는 사람의 죽음이며, 이것이 자살의 중요한 요인이 된다. 특히 사망한 사람의 1주기 혹은 2주기가 자살을 시도하는 결정적 시기가 된다(Gibbons, 1978; Shephere & Barraclough, 1978).

비정상적 결혼 상태 또한 자살의 요인이 될 수 있다(Stack, 1992). 결혼한 사람이 혼자 사는 사람보다 더 자살의 가능성을 갖는다. 경제적으로 어려운 사람보다 오히려 부유한 사람들이 더 자살하는 경향이 있다. 부의 만족은 더 이상의 실현 목표를 찾기 어렵게 만들고, 이러한 정신적 방황은 자살로 이어진다는 이야기를 주위에서 흔히 듣는다. 마찬가지로 대부분의 사람들이 성인으로서 치르는 인간사 중에 첫번째는 아마도 결혼일 것이다. 그래서 결혼하지 못한 사람은 결혼이라는 목표를 위해서 정진해야 하기 때문에 자살로 눈을 돌리려 하지 않는다. 그러나 결혼을 한 사람은 그러한 목표를 달성한 사람이기에 미혼자들보다 더 높은 자살율을 보인다.

연령도 자살의 중요한 요인이다. 대부분 14세 이하에서는 자살이 거의 없다. WHO에 따르면, 1992년에 영국에서 14세 이하의 어린이가 자살한 예는 단 2건인데, 이것은 인구 100만 명당 한 건에 불과하다. 그러나 연령이 16세가 되면서 자살율은 급속히 증가한다. 왜냐하면 이런 연령층은 어떻게 죽을 수 있는지에 대한 방법을 알게 되며, 더해서 정신분열증과 정신병적 우울증이 나타나는 시기가 되기 때문이다(Kerfoot & Butler, 1988).

자살은 노인의 경제적, 사회적 지위와 관련 있다. 노인들의 자살율이 높은 시기는 65세에서 75세 사이에 있으며, 75세 이후는 자살율이 떨어진다. 노인들 사이에 자살은 일생 동안 고통을 주었던 문제가 경제적 · 사회적으로 힘없는 사람이 되면서 다시 나타나기 때문이다(Lester, 1993). 그러나 75세가 넘어가면서 자살율이 떨어지는 이유는 경제적 · 사회적으로 안정된 사람이거나 생을 체념하고 사는 그런 노인일 것이다.

신체적 병, 특히 장기간 고통을 주는 병은 자살과 관계를 갖는다. 노인들의 자살율이 높은 이유는 사회적 · 경제적 이유도 있지만, 신체적 병이 큰 원인이 된다(Vogel & Wolfersdorf, 1989). 고질적 병은 노인에게만 국한되는 것이 아니라 젊은 사람에게도 해당된다. 예를 들어, 당뇨병(diabetes mellitus; sugal diabetes)을 가진 젊은 사람은 자살과 관련 있다(Kyvik, Stenager, & Svendsem, 1994). 이러한 병과 함께 나타날 수 있는 심리적 기제는 불안감, 고통, 불분명한 삶의 이유 등인데, 이러한 이유 때문에 자살로 연결되기 쉬운 것 같다. 또한 암과 같이 지속적인 고통을 수반하는 병을 앓고 있는 환자들에게서 "이런 고통을 받기보다는 차라리 죽는 편이 낫다"라는 생각이 자살의 합리성을 제공하게 된다.

실직은 가정 불화, 이혼, 청소년 비행, 약물과 알코올중독, 자해 행위, 자살의 원인이 된다(Platt, 1984; Pritchard, 1993). 실직이 여러 가지 사회적 문제를 야기하는 중요한 이유는 경제적 · 심리적 충격이 오랫동안 지속적이기 때문이다. 장기간에 걸친 충격은 자신은 물론 식구들에게도 상당한 심리적 압력을 주어 생에 대한 사기를 약화시킨다(Warr & Jackson, 1988; Lawson, 1994). 또한 실직은 사랑하는 사람의 사망 다음으로 우리들의 생에서 스트레스를 줄 수 있는 가장 큰 사건 중의 하나로 받아들여진다(Rahe & Holmes, 1980).

장기간의 실직은 약물과 알코올중독, 매춘, 그리고 결국에는 AIDS에 감염되는 경로를 밟게 만든다. AIDS에 감염된 사람들은 자살의 가능성이 높다. 특히 감염 초기에 있는 젊은 사람들의 자살 위험성은 더 높다(Copeland, 1993; Brown, Spirito, & Hemstreet, 1992).

실직, 스트레스, 신체적 이유가 자살의 직접적인 원인일 수 있지만, Freud에 따르면 자살은 본능이다. 그에 따르면, 우리들은 출생과 더불어 죽음에 대한 욕구도 시작된다고 말할 수 있다. 이러한 본능은 일차적으로 매저키즘(masochism)[4)]이고, 이러한 사람은 공격성 혹은 피학성(sadism)[5)]과 같은 행동으로 본능을 표출하려 한다. 그러나 사회적 규범 등이 이러한 파괴적 욕구를 억압하기 때문에 밖으로 표현되기가 쉽지 않다. 그러므로 이러한 성향은 때에 따라서 화살을 자신에게 돌릴 수 있는데, 이것이 자살로 나타날 수도 있다.

죽음의 본능은 자살에 상당한 영향을 줄 수 있을 것으로 생각된다. 그래서 자살 동기는 명백하게 자살 이전의 다른 행동에서 찾아볼 수 있다. 예를 들면 알코올중독, 심한 흡연, 무절제한 생활 습관 등이 자살 본능을 부추긴다. Freud에 의하면, 자살은 자살한 부모에 대한 동일시(identification), 복수에 대한 행동, 굴욕감으로부터의 탈피, 생(生)과 사(死)의 의사소통 기능의 의미를 갖는다. Leenaars(1998)는 Freud의 자살에 관한 견해를 다음과 같이 정리하였다.

① 비록 사람이 자신을 죽이는 것이 의식적이라 하더라도, 그 행위는 무의식적 욕구에 의한 동기 때문이다.
② 자살하는 사람은 그를 거절한 사람, 그가 상실한 사람의 굴레를 벗어나지 못한다.
③ 자살하는 사람은 그를 배제한 사람이나 그가 상실한 사람에게 모호한 감정을 갖는다. 그래서 그는 그런 사람들에게 적대적 감정을 갖는다.
④ 그를 배제한 사람이나 그가 상실한 사람에 대해서 직·간접적으로 동일시를 한다.
⑤ 자살한 사람들은 타인에게 노여움과 공격적 감정을 갖는다.
⑥ 자살한 사람들은 다른 사람에게서 느끼는 수많은 충동을 자신에게 돌린다.
⑦ 자살하는 사람들은 자신을 벌하는 수단으로 자살을 시도한다.
⑧ 자살하는 사람들은 죄의식을 느끼고, 자신에게 비평적이다.
⑨ 자살하는 사람들은 자신의 과거를 뒤돌아보면서 회의를 느끼고, 더 이상 이런 경험을 생각조차 하기 싫어한다.

---

4) 정신적 고뇌, 육체적 고통과 굴욕을 당함으로써 성적 만족을 느끼는 이상정신 상태
5) 이성에게 신체적 고통을 주거나 굴욕을 맛보게 하는 것으로 성적 만족을 얻는 성도착증

위의 지적과 같이 자살은 굴욕감, 타인에 대한 공격성, 적대감, 사랑의 상실감을 타인보다는 오히려 자신에게 돌리는 결과라고 볼 수 있다. 결과적으로 나타나는 행동을 보면, 자살하는 사람이 그렇지 않은 사람보다 직 · 간접적으로 더 공격적 성향을 보인다(Kinsinger, 1973; Lester, 1968)

아버지 묘소 앞에서 일가족 4명 동반자살

경남 창녕군 남지읍 신전리 신전마을 앞 김씨(39, 회사원)의 선친 묘소 앞에서 김씨와 부인 심씨(37), 아들 형제 등 일가족 4명이 승용차 안에 숨져 있는 것을 김씨의 조카사위가 발견했다. 김씨는 가족들로부터 연락이 안 된다는 얘기를 듣고 신전마을 산소에 가보니 승용차 안에 농약 냄새가 심하게 나고 일가족 4명이 모두 숨져 있었다고 말했다. 경찰은 숨진 김씨가 비디오 대여점을 하다 빚을 많이 져 고민해 왔다는 가족들의 말에 따라 일가족이 동반자살한 것으로 보고 있다(한국일보, 1998년 4월 7일).

5. 조직폭력

문민정부 말엽 〈모래시계〉라는 TV 드라마가 한창 인기를 모으고 있었다. 드라마의 줄거리는 정치인과 갱의 공존공생이었다. 그 드라마에서는 갱을 멋지게, 정말 멋지게 묘사하였다. 갱을 얼마나 아름답게 그려 나갔던지, 당시 중학생들을 상대로 한 조사에서 장래 희망을 묻는 질문에 "갱이 되겠다"는 것이 1위였을 정도다. 그때 갱이 되겠다고 생각했던 사람들이 지금 갱이 되었는지는 알 수 없는 일이지만, 식견이 있는 사람들은 자라는 학생들의 장래를 심히 걱정했다.

일제 시대 때 종로 2가 우미관 극장을 무대로 활동하였던 김두한, 이승만 전 대통령 정권하의 갱, 이정재 등을 생각해 보자. 김두한은 후에 국회의원이 되었고 이정재는 형장의 이슬로 사라졌지만, 이들은 당시 철모르는 어린이들에게 우상처럼 보이기까지 했다. 한때 인기리에 상영되었던 영화 〈장군의 아들〉에서 김씨가 멋지게 묘사되었음은 말할 것도 없다.

현재(1999) MBC의 인기 드라마 〈왕초〉에서도 거지 김춘삼과 김두한이 역시 미화되고 있다. 이를 보는 아이들은 〈모래시계〉의 드라마를 볼 때와 같은 감정으로 보고 있을 것이다. 나도 커서 멋진 갱이 되어야겠다는 생의 목표를 정하고 있을지도 모른다. 미국 영화 〈대부(god father)〉가 전 세상 사람들의 눈을 모은 때가 있었다. 너무나 멋진 갱의 생활을 보여 준 영화였다. 물론 영화는 경제적 이득을 염두에 두고 기획되기 때문에 갱과 갱의 생활을 보기 좋게 나타내고 있지만, 갱이 젊은이들 사이에 왜 그렇게 매력적일까?

갱은 집단이다. 집단은 두 명 이상을 의미한다. 그래서 두 명 이상이면 갱이 조직될 수 있다. 이런 갱은 개인 혼자서 할 수 없는 일을 해낸다. 이것이 집단의 형성 이유이며, 갱의 성립 이유이다. 세상에 존재하는 모든 사람들은 집단을 떠나서 존재할 수 없다. 왜냐하면 '가족'도 집단이고, 학교도 집단이다. 아프리카의 오지에서 학교를 모르고 생활하는 사람들도 사냥을 하기 위해서 무리를 지어 다닌다. 부모의 품을 떠나지 못하던 꼬마들도 조금 크면 밖에 나가서 친구를 사귄다. 그래서 우리들 모두는 갱이라는 이야기인가? 그러나 여기서 설명하려는 집단, 즉 갱은 범죄조직(group of criminals)을 의미한다. 이들 갱 조직의 가장 두드러진 특성은 활동을 통해서 경제적 이득을 얻는다는 것이다. 또한 이들은 자신들의 행동이 불법적이라는 것을 잘 알고 있다.

갱은 청소년 비행집단일 수도, 폭력조직일 수도 있다. 그러나 이들 집단이 단순하게 힘을 과시하기 위한 행동을 한다면, 불법적 집단은 아니다. 우리들이 알고 있는 바와 같이 단순히 그냥 비행집단에 불과하다.

청소년 비행(靑少年 非行)은 말 그대로 옳지 못한 행동을 의미한다. 그러나 조직폭력단은 자신들의 활동을 통해서 경제적 이득을 얻으려는 것이 목적이다. 다시 말하면, 이들이 행하는 폭력은 다른 사람의 생활 수단과 비교된다. 그래서 정상적인 활동을 통하여 돈을 벌기보다는 폭력을 행사해서 생활비를 벌고 있는 사람들이다.

요즘 흔히 청소년들의 행동을 보아서는 단순하게 청소년 비행이라고 지칭하는 것이 어울리지 않는다. 왜냐하면 요사이 청소년들은 힘을 과시하는 선에서 그치는 것이 아니라, 행동의 목적이 금품갈취에 있다. 그래서 청소년 비행이라는 용어 대신에 청소년 범죄가 더 적절하다고 생각한다. 이런 주장을 하는 근거를 다음의 예에서 찾아볼 수 있다. 우리 나라에서 1995년 11월부터 1996년 2월까지 3개월 동안 전국 초·중·고등학생 34,563명이 평균 5,000원의 금품을 빼앗겼으며, 16,924명이 폭행당했다. 보고된 금품 탈취액은 중학생의 경우 모두 75,451,000원으로 한 명당 평균 17,820원을 빼긴 셈이다(조선일보, 1996년 3월 28일). 통계에서 볼 수 있듯이 이제는 학생 갱들을 단순히 힘을 과시하는 집단이 아니라, 각종 범죄와 관련된 집단으로 보아야 한다.

5-1. 조직폭력의 발생

사회의 하위계층에 속한 사람들, 사회에서 차별대우를 받는 사람들, 교육수준이 낮은 사람들은 집단을 형성하면서 자신의 존재를 확인하는 경우도 있다. Vigil(1988)은 조직폭력단의 발생 이유를 중다잉여 개념(the concept of multiple marginality)으로 설명한다. 이 개념은 사회에서 편견과 차별을 받고 궁지에 몰린 사람들이 조직폭력단을 형성한다는 의미다.

"사회의 하위계층 사람들이 집단을 형성할 때, 그 집단은 장기간 지속된다"(p.11). 이들이 장기간의 효과를 갖는 이유는 사회적 지위가 성인으로서 쉽게 변하는 것이 아니기 때문이다. 이런 사람들은 정상적인 생활 방법을 고집하는 경우에 언제나 현재와 같은 사회적 지위를 벗어나기 어렵다고 생각한다. 그래서 조직폭력단에 가입하고 변칙적 방법으로 지위의 변화를 도모해서 집단의 구성원으로 오래 남아 있을 수밖에 없다.

O' Connor(1973)는 잉여인구(surplus population)를 상대적(relative), 절대적 인구(absolute population)로 나눈다. 상대적 인구는 간헐적으로, 계절적으로 일하고 노동시장에서 일거리를 기다리는 그런 사람들이다. 그러니까 일할 수 있는 능력은 있지만, 일자리를 못 잡는 혹은 변변한 일자리를 못 잡는 사람들이다. 절대적 인구는 연령과 신체적 조건 때문에 노동인구에 포함시키기 어려운 사람들이다. 이런 사람들에는 청소년, 노인, 부인들이 포함된다.

조직폭력단에 가입하는 사람들은 일할 수 있는 능력은 있으나 노동의 기회를 얻지 못하는 사람들이며, 그래서 자신이 사회로부터 차별대우를 받는다고 불평을 한다. 〈표 7-10〉에서 볼 수 있듯이 범죄자의 학력은 대체로 낮다. 그러므로 이들은 그렇게 낮은 학력으로 좋은 일자리를 얻기가 쉽지 않을 듯하다.

〈표 7-3〉 미국 범죄자 중에서 고졸(11학년) 중퇴자의 백분율

Clemer(1940)	N = 23,458	97.0 %
Rummney & MUrphy(1952)	N = 1,000	92.0 %
Diamond(1977)	N = 221	59.4 %
Knox(1978)	N = 24,047	69.0 %
Leniha(1978)	N = 441	88.8 %

갱의 행동을 이해하기 위해서는 Thrasher(1927)의 연구가 고전적이며 중요성을 갖는다. 그에 의하면 갱은 원래 자발적으로 발생된다. 갱이 어떻게 형성되는가 하는 질문에 대한 답은 사이 영역 집단(interstitial group)이라는 단어에서 찾아볼 수 있다. 이 영역은 원래가 시카고의 부유한 거주 지역과 상업 지역 사이에 위치한 지역을 의미한다. 그러니까 갱이 언제 발생되는지에 대한 답은 경제적 지위가 상반되는 사이 지역(space between)에서 자연스럽게 발생된 것이라고 주장한다. 이들은 서로 만나서 친숙하게 사귀는 가운데 집단을 형성하게 된다.

갱들이 모이는 장소는 매우 중요한 의미를 갖는다. 왜냐하면 이런 장소는 갱들의 활동 범위이며, 범위의 확대는 바로 자신들의 경제적 성장을 의미할 수 있기 때문이다. 영역의 차지와 확대는 우리(we)와 그들(them)을 명확하게 구별하는 동기를 갖게 해서 조직의 내부 결속을 불러 오고, 외부의 경계를 강화하게 만든다. 발생 과정이 어떻든간에 갱의 가장 뚜렷한 특징은 일반적으로 갱 멤버들이 늘상 위법행동을 한다는 것이다(Knox, 1993).

Miller(1980)는 "갱이란 무엇이냐?"라는 질문을 309명의 응답자와 121명의 청소년 관계 업무자, 경찰관, 교육자, 출감자, 법 관계자에게 묻고서 다음과 같은 6개 유목으로 응답을 묶었다. ① 스스로 형성된 동료 집단, ② 흥미를 같이 하는 집단, ③ 확고한 지도력하에 있는 집단, ④ 위계 질서가 잘 잡힌 집단, ⑤ 불법적 행위를 범하는 집단, ⑥ 다른 영역, 시설 또는 기업을 탐하려는 특수한 목적에서 행동하는 집단

갱을 정의함에 있어서 청소년 비행에 근거한 정의는 Klein과 Maxon(1985)에 의해서 비난받는다. 특히 Spergel(1990)은 갱에 대한 어떤 일반적 정의도 존재하지 않는다는 주장을 한다. 심지어 Hagedorn(1988)과 Fagan(1989)은 갱 행동과 범죄행동을 동일시하는 것은 어색하다고 주장하고 있어서 일반

화된 갱의 정의를 내리기가 어렵다.

Morash(1983)는 Miller(1980)의 정의에 근거해서 갱 행동의 척도를 만들어 갱에 대한 정의를 정리하려는 시도를 하지만, 여전히 갱의 정의는 논쟁이 계속되고 있다(Bursik & Grasmick, 1995). 청소년이든지 성인이든지, 갱의 정의에서 논의되는 가장 중요한 핵심은 갱들이 범죄에 가담하느냐 않느냐 하는 문제다. 청소년 집단이라도 경제적 목적을 위해서 범법행동을 하면, 범죄조직이라고 할 수 있다.

청소년 또래 집단과 폭력 조직

필자는 고등학교 1학년 때, 7명의 친구와 우정지회(友情支會)라는 모임을 가졌다. 우리들은 특별히 어떤 활동을 하는 것도 아니었고, 단순히 서로 자주 만나는 다정한 친구들 사이였다. 방과 후에 만나서 탁구 치고, 다른 여자 서클과 어울려 놀러 다니고, 공부도 같이 하는 그런 친구 무리였다. 간혹 술과 담배도 하였다. 졸업 후 지금까지도 가장 자주 만나는 친구들이다. 우정지회도 갱이다. 그러나 본 장에서 설명하고 있는 갱과 근본적으로 다르다. 왜냐하면 우리들은 경제적 이유에서, 범법을 위해서 모인 무리는 아니기 때문이다. 청소년 비행의 의미에서 보면, 우정지회는 분명히 비행집단일 수도 있다. 왜냐하면 37년 전인 1962년의 사회적 규범으로 볼 때 고등학생이 담배 피우고, 술 먹고, 여자 친구들과 어울려 돌아다니는 것은 금지적이었기 때문이다. 그러나 현재 고등학생이 길에서 담배 물고 다니는 것, 여학생과 다니는 것을 이상하게 보는 사람은 없다. 아무튼 오늘날은 사회적 규범이 변한 것인지, 세상이 청소년에 무관심해졌는지 가늠하기 어렵다.

위에서 설명하는 것같이 초등학교 때 금품을 갈취당하는 것은 갈취에 대한 두려움을 형성할 수 있는 반면, 그러한 행동에 대한 욕구를 만들 수도 있다. Monti(1994)에 의하면, 9살과 10살 정도에서는 갱이 무엇인지를 알고, 11세가 되어서는 갱에 대해서 설명할 수 있을 정도가 된다고 한다. 덧붙이면 자기 동료들 중에 갱 멤버가 되기를 원하는 친구가 있다고 설명할 수 있었다.

갱이라는 것은 초등학교 시절부터 많은 어린이들이 좀더 많이 배우기 원하는 어떤 것이며, 이들은 갱에 대한 이야기를 하면서 많은 시간을 보낸다(Monti, 1994). Thrasher가 지적한 대로, 갱은 초등학교 때부터 많이 알기 원하는 자연 발생적 소산이라고 할 수 있다. 물론 이들이 단순히 힘을 과시하는 집단으로 그치는 것이 아니라 금품을 갈취하는 행동을 할 때, 청소년 비행집단 나아가서는 조직폭력단이 되는 것이다.

갱은 작은 무리에 그칠 수도 있지만, 덩치가 커지면 정치와 관련성을 갖는 것이 보통이다. Knox(1995)는 갱과 정치인과의 관계를 "갱이 무엇을 줄 수 있고, 갱은 무엇을 원하는가"라는 질문에 "당신은 나의 등을 긁어 줄 수 있고, 나는 당신의 등을 긁어 줄 수 있다"라는 표현으로 대신한다. 우리들은 한때 각목을 휘두르며, 정치 유세장에 갑자기 나타나서 청중을 흩뜨리는 정체불명의 젊은이들을 보아 왔기 때문에 위의 이야기가 어떤 것을 의미하는지 이해할 수 있다.

갱들은 돈을 벌기 위해서 여러 가지 범법행동을 개의치 않는다. 청부살인, 폭력, 마약밀매, 금품갈취 등 다양하다. 예를 들면, 심부름 센터에서 예비군 동원에 대신 출석해 주는 대가로 일당 200,000원, 빚을 대신 받아 낼 경우에 30% 정도를 요구한다(SBS 1996년 7월 12일 8시 뉴스).

갱 집단은 다른 사람들이 할 수 없는 불법행동을 서슴지 않고 행하는 사람들이어서, 다른 집단과 비교해서 몇 가지 특이한 점을 갖는다. 예를 들면, 영역, 위계 질서, 조직 이탈 방지, 응집력 같은 요인들이다. 이러한 요인들을 통해서 우리들은 조직의 활동 범위, 조직의 성장 가능성, 갱의 규모를 예측할 수 있다.

금품갈취 사례

깡패

부산 경찰청은 16일 조직폭력단을 만들고 부도난 회사를 상대로 청부폭력을 일삼은 배모(29세)씨 등 폭력배 13명을 긴급 체포했다. 경찰은 또 이 조직의 고문으로 활동해 온 전 프로씨름 선수 김 아무개(38, 부산 북구 만덕2동)씨 등 한패 16명을 같은 혐의로 수배했다. 배씨 등은 지난 95년 8월 폭력조직 "대운파"를 결성한 뒤 지난해 11월 부산진 구청 새 청사 공사 시공업체인 A토건이 부도나자 이 회사 대표 김모(46세)씨를 협박해 2,300만원을 뜯는 등 지금까지 4개 업체를 상대로 청부폭력을 휘둘러 모두 1억여 원을 뜯은 혐의를 받고 있다. 배씨 등은 또 북구 덕천동 일대 유흥가를

> 무대로 업소 100여 곳에서 업소 보호비 명목으로 40여 차례에 걸쳐 9천여만 원을 갈취한 혐의도 받고 있다(한겨레, 1998년 4월 16일).

갱 집단의 형성 이론을 주장한 학자는 Thrasher(1927)를 시작으로 Miller(1958), Klein(1971)을 위시해서 최근에는 Moore(1978), Vigil(1988), Taylor(1990), Thronberry, Krohn, Lizotte(1995) 등으로 이어진다. 그러나 이러한 학자들의 주장을 입증할 자료가 거의 없는 실정이다. 이론적으로는 Fagan(1987)이 이와 관련해서 3가지의 모델을 제시한다. ① 선택 모델(selection model), ② 사회적 촉진 모델(social facilitation), ③ 증진 모델(enhancement model)이다.

선택 모델은 갱에 입단하는 사람은 이미 비행행동에 젖어 있거나 그럴 가능성이 아주 높은 사람들이기에, 이미 갱이 되도록 선택된 사람들이라는 의미이다. 이런 사람들로 구성된 집단이기에 범죄의 가능성이 높게 마련이다.

사회적 촉진 모델은 비슷한 일을 하는 사람들이 주위에 있을 때, 행하고 있는 일이 촉진된다는 의미에서 붙여진 이름이다. 일을 하는 중에 타인의 존재는 유기체 내의 각성 상태를 유발하며, 또한 각성은 유기체의 우세한 반응을 증가시킨다는 주장이다(Zajonc, 1965). 비슷한 일을 하는 사람들로 구성된 집단에서 타인의 존재는 사회적 촉진을 유발하게 한다. 그래서 갱의 구성원들은 범죄를 저지르고, 더 악한 범죄를 자책감 없이 감행할 수 있다.

세 번째, 증진 모델은 선택 모델과 사회적 촉진 모델을 합한 기능을 갖는다. 이미 범죄행동의 충분한 가능성을 지닌 사람들이 집단을 이룬 상황에서 비슷한 사람끼리 모였으니까 사회적 촉진은 신속하고 정확하게 발생될 수 있다.

5-2. 영 역

얼마 전 KBS 2의 〈사건 25시〉 프로그램에서 충청남도 예산의 갱에 대한 추적이 있었다. 분명히 "예산"이었다. 경상남도 부산의 갱이, 혹은 전라남도 광주의 갱이 예산에 와서 그들이 늘상 하는 대로, 상점을 돌면서 금품을 요구한다고 가정해 보자. 어떤 일이 발생될 것인지는 불 보듯 훤한 일이다.

아마도 전쟁을 방불케 하는 싸움이 대낮이나 밤을 가리지 않고 일어나고 말 것이다. 왜냐하면 예산은 예산 집단폭력단의 생활 터전이기 때문이다. 자신들의 삶의 터전에 낯선 사람들이 와서 자기들의 몫을 차지하는 경우에 생사를 건 한판 승부가 전개된다는 것은 설명할 필요도 없다.

예산파

충남 예산시 공설 운동장에서 상상하기도 어려운 일이 벌어졌다. 30명의 조직폭력배들이 한 사람을 야구방망이로 무차별 때리고, 인대를 자르기도 하였다. 비협조적 태도에 대한 보복이었다. 더불어 주도권을 장악하고 다른 업주에 대한 시위 차원에서 행해진 피의 보복이었다. 이들은 9개의 행동강령을 갖는다. ① 선배 조직원에게 90도로 인사하고 절대 복종한다. ② 1기수 위라도 맞담배를 피지 못한다. ③ 선배들이 있는 술집에서 술을 마시지 못한다. ④ 선배조직원의 허락 없이는 유흥업소 여종업원들과 교제할 수 없다. ⑤ 타 조직이 관할 구역을 침범하면 즉시 쫓아 낸다 등이다. 이들의 두목은 지역신문(예산 신문사)까지 인수했고, 병원을 인수하고, 충남생활체육 축구연합회장으로 취임하면서, 지역 활동도 하였다(일요신문, 1998년 10월 2일).

각 국가들은 상대방 국가의 영역(territories)을 서로 예의로서 지켜 준다. 이러한 예의를 깨고 남의 나라에 발을 들여 놓게 되면, 전 국민의 생명을 건 한판 전쟁이 일어나고 만다. 6.25동란을 경험한 우리들은 전쟁의 결과가 어떻다는 것쯤은 너무나 잘 알고 있다. 그래서 모두는 목숨을 걸고 자신의 영토를 지킨다. 왜냐하면 영토는 우리들의 경제 활동 무대이며, 이런 영토를 근간으로 우리들의 삶이 영속되기 때문이다. 마찬가지로 갱들이 차지하고 있는 영역은 국가의 영토와 동일하게 경제 활동의 장(場)이며, 안전과 보호의 장이다. 그러니까 갱들끼리도 자신의 영역의 보호와 상대방의 영역에 대한 예의는 철저하게 지킨다.

국가가 영토 없이 존재하지 못하는 것같이, 갱들도 영역 없이 존재할 수 없다. 그래서 어떤 한 조직폭력단이 전국을 통일하지 못한 이상 대한민국은 그들에 의해서 나뉘어 있음을 〈그림 7-2〉를 통해서 추정할 수 있다.

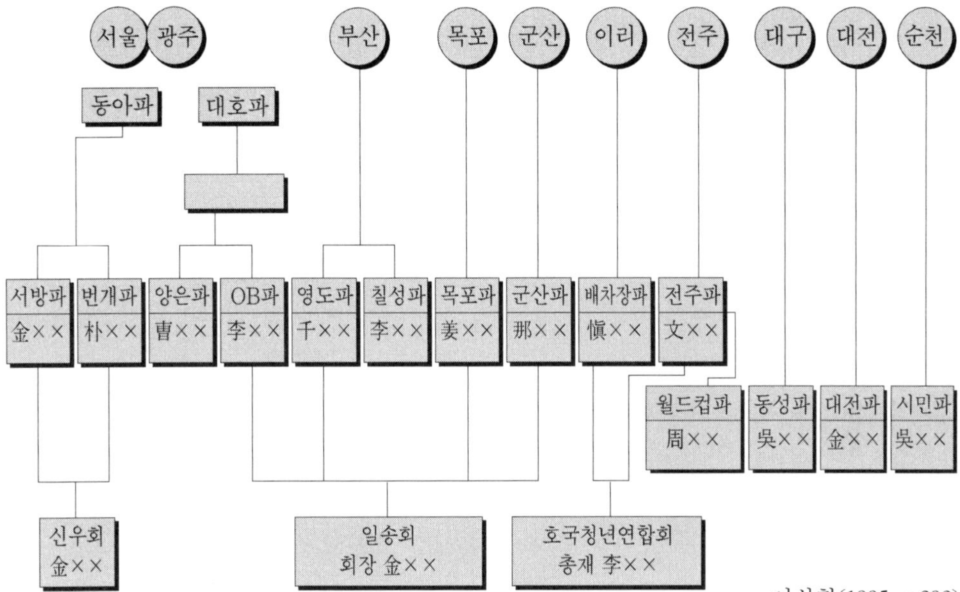

이상현(1995, p.292)

〈그림 7-2〉 전국 10대 폭력조직 계보도

이들이 차지하고 있는 영역은 지도상에 나타나 있지 않지만, 확실하게 경계선이 그어져 있다. 만약 자신들의 영역이 침범당하면, 생활의 터전을 지키기 위해 생명을 건 혈투가 벌어진다.

LA, New York, Chicago 등 미국의 대도시를 여행하면서 볼 수 있는 것은 건물 벽에 지저분하게 쓰여진 낙서들이다. 이러한 낙서들은 도심에 가까울수록 더 심하게 쓰여져 있다. 그러나 이러한 낙서들이 바로 갱들의 영역 표시라는 것을 알 사람은 다 알고 있다.

조직폭력단의 주된 소득원

task force on organized crime(1976)에 의하면, 조직범죄의 주된 7개 소득원은 ① 도박, ② 급전 빌려 주기, ③ 마약류 판매, ④ 매춘과 춘화도 판매, ⑤ 금품갈취, ⑥ 밀매, ⑦ 기타 강도, 도둑, 사기 등이다. 미국의 지하조직이 벌어들이는 일 년 수입은 500억 불. 500억불은 20년 전의 통계니까, 아마도 지금은 이들의 수입이 훨씬 초과할 것으로 생각된다. 1999년 IMF를 맞아 고군분투하는 우리 나라가 지고 있는 외채의 총액은 1,500억 불이라고 한다. 1998년 28억 불을 상환하여 국가신용등급회사 무디스는 우리 나라의 경제 수준을 상향 조정하였다. 그러니까 지하조직에서 움직이는 돈은 상상을 초월할 수밖에 없다. 우리 나라 지하조직의 일 년 수입이 얼마인지에 대한 추정치가 없지만, 어마어마한 액수가 돌아가고 있음을 짐작할 수 있다.

요즈음 강남의 지하철 입구에서 급전을 빌려 준다는 쪽지를 돌리는 여자들을 만난다. 청하지도 않은 명함을 손에 쥐어 주는 이들은 물론 일당 잡부들이지만, 이들에게 누가 일을 시키고 있는지 어렴풋이 짐작할 수 있을 것 같다.

5-3. 엄격한 위계조직

이 세상에 어느 사회나 존재하는 규범(범세계적 규범: universal norm)을 지적하라면, 근친상간의 금지(incest taboo)와 사회적 계층(social hierarchy)이라고 말할 수 있다(Mayer, 1987). 형제들, 부모와 자식 간의 성관계는 어느 사회에서나 금기시된다. 물론 대부분의 사람들은 그런 일이 어떻게 일어날 수 있느냐고 반문할 수도 있지만, 사건들이 간간이 발생되고 있다.

어떤 집단이나 사회든지 힘의 행사는 존재하고, 따라서 힘의 계층이 있게 마련이다. 가정에서도 가장(家長)이 있다. 학급에는 반장, 청소년 집단에서도 두목이 있듯이, 집단에는 힘의 계층이 존재한다.

조직폭력단에도 역시 힘의 계층이 존재하며, 힘에 따라서 다양한 역할을 갖는다. 조직의 역할은 내 · 외적 조직으로 나뉜다. 내적 조직의 역할은 조직원의 모집과 훈련을 담당하는 것이다. 또한 조직 내에서 역할의 분담이 명확하다. 그래서 조직은 두목, 부두목, 자금책, 행동대원 등으로 나누어진다. 우리들의 귀에 익숙한 행동대원, 해결사 등의 이름은 각각 조직폭력단 내의 역할에 기인한 것이다.

조직폭력배의 조직외적 활동은 다른 조직과의 유대 관계를 유지하고, 이득이 될 수 있는 외부 권력자와 연계를 맺으며, 감옥에 수감된 동료를 위해서 교정기관에 근무하는 기관원과 친분을 유지해야 한다. 잘 나가는 조직은 변호사와 24시간 통화할 수 있는 능력을 갖추고 있기도 하다. 또한 조직폭력배들은 사회에 그럴싸한 활동을 하는 것처럼 위장하기도 한다. 예를 들면, 지역 보호, 도둑의 예방, 조기 축구회장 등이다. 앞에서 예를 든 예산파의 두목은 지역 신문을 인수하고, 충청남도 생활체육 축구연합회장으로 취임하여 지역봉사 활동까지 하였다.

서방파의 두목

청송감호소에 수감중인 서방파 두목, 김모씨는 일본 야쿠자 조직인 "이나가와가이" 요코하마 지회장과 접촉을 시도하면서 범서방파 전 부두목이며, 일본에 피신중인 이모씨를 만나서 조직관리 자금을 국내로 유입하려 한 혐의를 받고 있다(조선일보, 1996, 2월 21일).

아래 그림에서 범서방파의 조직 구도를 볼 수 있다. 조직의 구도는 다름 아니라, 갱들의 역할을 의미한다.

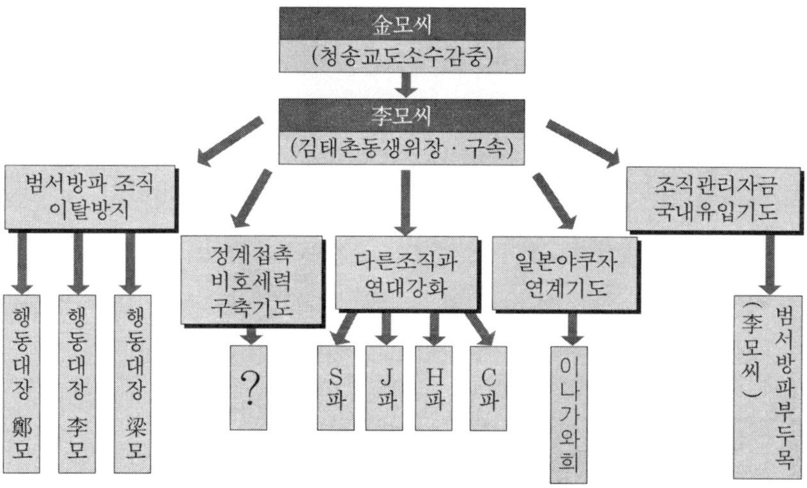

〈그림 7-3〉 범서방파 조직구도

조선일보(1996년 2월 21일)

위의 조직표에서 알 수 있듯이, 조직 구도는 내부 조직의 응집력을 강화하는 한편, 국내 다른 조직 혹은 외국 조직과도 유대를 강화하고 있다. 이 말이 실감나는 것은 한국이 마약 거래의 중간 지점이라는 보도가 대중매체를 통해서 소개된 적이 있기 때문이다. 즉 우리 나라에 마약 거래의 중간 활동의 책임을 맡은 조직원이 있기에 그런 일이 발생되는 것이다.

대만 내 조직폭력 조직 130개 정 · 재계에 끈

대만 내 폭력조직은 130개 정도로, 홍콩, 마카오, 중국대륙 등에 퍼져 있는 삼합회의 5~60개를 훨씬 능가하는 규모다. 조직원은 1만 명으로 추산되지만, 이것은 빙산의 일각이다. 조직의 뿌리는 사회 곳곳에 퍼져 있다. 최대 조직은 죽련방, 방주 황사오천은 1996년 2월 사해방의 총두목의 장례식에 검은 양복 정장으로 통일한 형제들 5,000명을 이끌고 나타나 경찰을 혼비백산하게 만들었다. 폭력조직들은 주로 기업 및 정부 요직에 조직원, 후원 세력들로 알려졌다. 이들은 해외조직과의 연대도 끈끈하다. 홍콩 삼합회는 두목의 장례식 때 3,000명의 조직원을 국외로 파견했을 정도다. 일본 내 야마구치 파도 핵심간부 노구치 마쓰오가 이끄는 조문단 100명을 대만에 보냈다. 미국 내 화교 폭력조직도 대만 내 조직과 뗄 수 없는 사이, 특히 미국 내 화청방과 월청방은 대만 조직과 유대 관계가 두터운 것으로 알려졌다. 심지어 뉴질랜드 내 최대 폭력조직인 "몽그레 모브"도 대만 및 홍콩 폭력조직과 긴밀한 공생 관계를 유지하고 있는 것으로 파악된다(중앙일보, 1998년 11월 16일).

위의 예문에서 알 수 있는 바와 같이 갱들은 보이지 않는 하나의 국가 처럼 행세하고 있다. 해외 폭력조직 혹은 국내 조직과 관계를 다지며, 자신들의 이득을 취함은 국가가 연맹 관계를 맺고 서로의 불이익을 방어해 주는 것과 별다른 차이를 찾기 어렵다.

5-4. 조직의 이탈 방지

조직폭력이 관심을 갖는 것 중에 하나가 조직원의 이탈 방지이다. 범서방파의 조직 구도에서 볼 수 있듯이, 이탈 방지를 위해서 상당한 노력을 기울이고 있다. 이탈 방지를 담당하고 있는 사람들은 앞뒤를 가리지 않고 조직의 명령을 행동으로 옮기는 행동대장들이 맡고 있다. 행동대원의 무자비한 폭력이 어느 정도인지 우리들도 주위의 이야기를 들어서 익히 알고 있는 바이다. 이들이 그러한 행동을 하는 이유는 자신들의 뜻하는 바를 성취하기 위해서 폭력이 필수적이라는 것을 잘 알고 있기 때문이다.

조직폭력단의 행동은 대부분이 법을 위배하는 행동이다. 그래서 계속되는 범법행동에 일부 회원들은 죄의식에 시달린다. 이러한 이유 때문에 집단을 이탈하고 싶어할 수 있다. 집단의 이탈은 결국 죄를 씻는 기회를 가질 수 있지만, 한편 조직으로부터 그에 상응하는 벌을 감수해야 한다.

조직폭력단들이 즐겨 사용하는 슬로건 중의 하나는 "죽이려고 들어오고, 죽기 위해서 나간다(kill to get in and die to get out)", 그리고 "너는 너의 깃발을 절대 내리지 못한다. 만약 네가 조직원이 되면, 너는 죽을 때까지 멤버다"(Camp & Camp, 1988, p.ix)라는 것이다. 이들의 슬로건을 추정해 볼 때, 일단 조직의 구성원이 되면 생명을 불사하고 조직의 명령에 따라서 행동해야 한다. 한편 그런 조직의 일탈은 죽음으로 대가를 치러야 함은 물론이다. 한번 조직에 발을 들여놓으면, 죽을 때가지 한 식구가 된다는 것이다.

"조직폭력단의 거의 2/3는 피로써 형제의 의를 맺은 평생의 동지이다"(Camp & Camp, 1985, p.ix). 이런 분위기에서 집단의 이탈은 죽음을 자초하는 셈이다.

죽음의 서약이라는 오메르타(침묵)를 깨고 이태리 검찰에 전향한 보스급 두목 토마소가 미국에 도피중이지만, 그 대가로 그의 아들 2명과 36명의 친척이 피살당하였다. 이즈음에 마피아의 테러 조직인 "죽음의 엔진"(the engine for death)이 이탈자의 방지를 위해서 활동을 재개하였다. 옛날 우리나라 왕권하에서 반역죄를 지은 사람은 3족을 멸하였다. 마피아의 처벌도 그에 버금가는 것이다. 세계적 조직을 구성하고 있는 마피아는 다음과 같은 죽음의 서약, 오메르타(침묵)를 엄수하고 있다(Taylor, 1962, p.332).

① 두목에 절대 복종할 것
② 어떤 상황에서든지 서로 협조할 것
③ 한 조직원에 대한 공격은 전 조직원의 공격으로 생각하고, 어떤 희생을 감수하고라도 복수할 것
④ 조직의 사건을 외부에 밝히지 말 것
⑤ 조직원의 신원을 밝히지 말 것

이러한 수칙을 엄수하지 않을 경우에 어떤 벌도 감수해야 할 것이다.

5-5. 응집력

조직폭력단이 힘을 가질 수 있는 것은 무엇보다도 이들의 응집력(cohesiveness)인데, 그것은 조직을 유지하는 데 절대적 요인이다. Cartwright(1968)는 응집력이란 "집단구성원들이 그들의 집단에 남아 있고 싶어하는 욕구의 정도"라고 정의했으며(p.91), Festinger는 "집단구성원들이 집단에 남아 있도록 하기 위해서 행하는 모든 힘의 결과"(1950, p.274)라고 정의한다.

다른 집단과 달리 조직폭력단은 응집력의 강조가 두드러진다. 위의 설명에서 집단의 일탈자를 방지하기 위해서 노력하는 피로 맺은 관계, 조직의 일탈은 바로 죽음을 의미한다는 것은 바로 강한 응집력을 형성하기 위한 것이다. 사실상 조직폭력단에서 응집력의 붕괴는 바로 조직의 파멸을 의미한다.

갱 집단이 다른 집단과 달리 강한 응집력을 요구하는 이유는 그들이 행하는 행동이 바로 범법행동이라는 점이다. 이러한 범죄행동이 바로 응집력을 높이는 중요한 강화 요소가 된다(Klein & Crawford, 1994). 법을 위배한 범법자들이기에 다 같이 살거나 다 같이 죽어야 하는 운명이어서 힘을 다해 뭉쳐야 한다. 이들의 응집력이 약할 때, 집단은 외부의 압력을 감당할 힘을 잃고 만다. 그래서 이들은 새 조직원의 입단시부터 조직에 강도 높은 투자를 하게 만든다. 왜냐하면 집단에 대한 투자가 많으면 많을수록 더 충성스런 집단구성원이 되기 때문이다(홍성열 역, 1991).

갱 멤버의 입단 의식에는 무자비한 폭력이 포함된다. 예를 들어 두 줄로 길게 늘어서 있는 곳을 매를 맞으며 통과하는 의식이다. 물론 입단하는 사람은 자신을 방어할 수 있다. 그러나 쓰러지면, 처음부터 다시 시작해야 한다. 이러한 의식을 거치는 이유는 갱 집단의 위상을 공고히 하기 위함이고, 조직의 명령 체계를 확실히 알려 주려는 목적이다(Padilla, 1992). 또한 입단 의식에서 주입시키는 정신적 교육은 갱의 특수한 규칙을 준수하면서 얻는 이득, 탈퇴로 얻게 되는 대가가 어떤 것인지를 알려 주는 것이다.

미국의 아리조나, 조지아, 인디애나, 미네소타, 미주리, 네바다, 뉴저지, 텍사스, 워싱톤, 위스콘신에서 활동하는 The Black Guerrilla Family(BGF)의 입단 관계 서류는 타이프 용지 16장에 해당한다. Mexican Mafia와 Aryan Brotherhood를 적으로 생각하는 BGF는 다음과 같은 입단 서약을 하게 한다.

BGF의 입단 서약

만약 내가 나의 서약을 깨고
그리고 동료의 편에 서기를 꺼려한다면,
이 서약은 나를 죽일 수 있다.

만약 내가 집단이 진실되지 않다는 것을 밝히고
그리고 나의 동료를 배반한다면,
이 서약은 나를 죽일 수 있다.

만약 내가 집단의 명령에 망설이면
그리고 내가 어떤 사람을 두려워한다면,
이 서약은 나를 죽일 수 있다.

만약 내가 집단의 훈육에 게으른 사람이 된다면
그리고 중요한 시기에 나의 손을 거부한다면,
이 서약은 나를 죽일 수 있다.

조직의 응집력이 항상 일정할 수는 없다. 경우에 따라서 외부 세력에 의해서 약화되거나 정부의 지나친 간섭으로 조직의 사기가 해이해졌을 때, 특별히 집단의 응집력을 상기시키는 일을 게을리하지 않는다. 다시 말하면 갱의 내부 결속이 약할 때, 외부의 압력이 강할 때 집단의 결속력을 요구한다. Gerrard(1964)은 내부 결속력이 약해서 결속력을 요구할 때를 다음과 같이 나열한다.

① 외부 압력이 강할 때, 어떤 한 사람을 정해서 그로 하여금 "자기와의 투쟁(self-battlement)", "집단 이미지 개선(improving our group image)", "냉정하라"(holding our cool) 같은 언어적 표현을 공공연하게 떠들고 다니도록 한다. 이러한 행동은 결속보다는 오히려 집단의 해체 위기시에 더 강하게 나타난다.

② 갱 집단 구성원 멤버쉽의 안정성이 약할 때, 결속력이 요구된다. 집단을 떠나는 식구가 많을 때, 즉 짧은 기간 동안 집단에 가담하거나, 구성원이

감옥에 있거나 집단 내의 구성원간에 신뢰감이 낮을 때는 응집력이 약할 수 밖에 없다. 이런 경우에 결속을 요구하게 된다.

③ 집단 내의 역할이 불분명할 때, 응집력을 요구하게 된다. 예를 들어 두목, 부두목, 행동대원 등의 역할이 명확치 않을 때, 결속력을 필요로 한다. 이러한 경우는 역할보다는 지위와 더 관계를 갖는다.

④ 집단 이름은 결속력을 요구하는 행위일 수 있다. 예를 들면, 이름 자체가 결속을 요구하는 구호의 역할을 대신한다. 예를 들면 검투사, 이집트 황제(Egyptian Kings), 천생살수(天生殺手 : Born to Kill) 등이다. 구호의 뜻이 전해 주는 바대로, 갱의 이름은 집단 구성원들에게 결속을 요구하고 있다. 우리들은 "검투사"라는 이름에서 고대 로마의 왕과 귀족들의 흥미를 위해서 죽기까지 싸웠던 용사의 투혼을 상기할 수 있다. "파이팅 검투사!"라는 외침소리에 상대방의 목이 움츠러들게 하려는 것이다.

LA 한인 갱

LA시경 및 보호 관찰국에 따르면, LA 한인 청소년 갱 조직 중에서 Last Generation, Crazy Boy, Korean Town Mob, Korean Play Boys, Korean Don't Die, South Bay Korean Mafia, Korean Rebels, Asian Criminals, 그리고 Family Mobster가 대체로 큰 축에 든다. 앞에서 소개된 한인 갱단의 이름이 전해 주는 것처럼, 이름만 들어도 무시무시하고 겁을 먹게 만든다. 사실 이러한 이름들은 자기 집단의 결속을 요구하는 반면에 타인집단에게 위엄을 과시하기 위한 것들이다. 미국 내 한국계 청소년 갱 집단은 20여 개가 되며, 1995년 3월 현재 조직원은 1,000명에 달한다. 이들 갱 조직 중에서 Last Generation의 세력이 가장 강한 것으로 추정된다(조선일보, 1995년 3월 27일).

외부집단의 위협이 강할 때, 동료들 사이에 집단 내 응집력을 높일 수 있는 기회가 되는 한편 두목은 자신의 지위를 지키는 기회가 되기도 한다. 영화에서 볼 수 있는 갱 두목끼리의 대결이 실제 상황에서도 일어나고 있다. 이러한 일 대 일 대결은 바로 지위의 확보를 의미한다.

마피아 두목 루치아노

미국의 전설적 마피아 두목 럭키 루치아노(1886~1962)가 타임지(30일자)가 선정한 20세기에 가장 영향력 있는 기업가 20인 중 한 명으로 뽑혀 눈길을 끌고 있다. 자동차 왕 헨리 포드, 소니 창업자 모리타 아키오(盛田昭夫), 마이크로 소프트의 빌 게이츠 등 기라성 같은 '합법' 기업인과 동일한 반열에 오른 것이다. 30~50년대 뉴욕을 거점으로 활동한 루치아노는 시카고의 알 카포네와 미국 마피아의 쌍두마차. 1931년 알 카포네를 제외한 다른 갱단들을 평정한 루치아노는 파벌과 계보로 나뉘어 주먹구구식으로 운영되던 마피아 사업에 기업경영 방식을 도입, 사업의 합법화 등 체계적인 조직으로 발전시켰다. 그는 밀조, 매춘, 마약, 도박 등 마피아의 전통적인 사업 외에 제과, 무역 등으로 영역을 확장하며 마피아를 전국적인 범죄 신디케이트로 만들었다. 범죄조직에 현대화 개념을 도입한 셈이다. 특히 그는 프랭크 시내트라 등과 같은 연예인과 교분을 맺고 호화로운 생활과 값비싼 옷으로 치장하며 미희(美姬)들을 데리고 다녀 마피아의 전형처럼 남아 있다. 10세 때 고향 시칠리아에서 뉴욕으로 이민 온 루치아노는 20년대 초부터 마피아에서 두각을 나타내기 시작, 자신의 보스들을 차례로 암살한 뒤 보스가 되었다. 이후 쿠바로 본거지를 옮긴 그는 1962년 나폴리에서 심장마비로 숨질 때까지 미국 내 마피아 사업을 계속 관장하며 절대적 영향력을 행사했다. 타임은 선정 이유를 "범죄조직을 기업화한 인물"이라고 설명했다(중앙일보, 1998년 11월 30일).

5-6. 조직폭력 행동의 특성

두목의 위상

국내 3대 폭력조직의 하나인 "양은이파" 두목 조모(45)씨가 15년 간의 복역을 마치고 T교도소를 출소하던 날, 교도소 정문 앞은 1시간 전부터 조씨의 약혼녀와 친지, 옛 부하들로 보이는 청년 100여 명이 타고 온 40여 대의 고급 승용차로 꽉 메워져 있었다. 조씨는 정문에서 화환을 받고 승용차 편으로 S관광호텔로 직행했다. 이날 청년들은 교도소 앞에서 조씨를 에워싼 채 보도진들의 접근을 막았다(조선일보, 1995년 3월 16일).

사회의 안녕과 질서를 어겨 벌을 받은 사람에게 100여 명이 넘는 사람이 도열하고, 화환을 걸어 주는 멋진 장면을 머릿속에 그리면서, 나도 커서 저런 멋진 사람이 되겠다는 목표를 세우는 어린이가 많을 것으로 추측할 수 있다. Monti(1994)가 지적한 것처럼, 어린이들은 판단력이 부족한 9살, 10살 정도에서 벌써 갱이 무엇인지 알고, 11살 정도에서는 갱을 설명하고 갱이 되기 원한다. 갱들의 강한 응집력, 지도 체계가 이들에게 매력적으로 비쳤기 때문일 것이다.

집단의 특성을 들라면, 공통적 목표, 조직구조, 하나의 마음(single mind)을 지적할 수 있다. 이런 특성에 비추어 볼 때, 갱 조직은 너무나 잘 어울린다. 모두가 돈을 벌기 위한 목표, 엄격한 힘의 계층, 그리고 죽음을 불사하는 한마음이다. 이들 특성 중에서도 조직폭력단에서 가장 두드러지는 특성은 한마음이다.

한마음은 조직 구성원의 탈개인화(deindividuation) 상태를 갖게 한다(Zimbardo, 1969). 강한 집단 의식은 자기 의식의 상실, 자기 검열의 상실을 가져와서 적절한 사회적 규범을 고려하지 못하게 한다. 이런 탈개인화 상태에 있을 때, 행동은 심하게 충동적이고 비합리적이 된다. 그리고 Zimbardo가 지적한 것처럼 탈개인화 상태에서의 행동은 쾌감을 갖게 한다는 점으로 미루어 보아 갱 집단의 활동은 즐거울 것이다. 각종 법과 규범에 얽매여 자유스럽지 못했던 상태에 있던 사람이 아무런 제한 없이 거리낌없는 행동을 할 때, 기쁨을 얻게 된다.

우리들 모두는 진짜 자신을 감추고 가면을 쓰고 생활한다. 사회적 규범과 법, 체면, 규율 등을 염두에 두지 않고 행동하라고 하면, 우리들은 마음대로 행동할 것이다. 그러나 사회적 제재, 종교적 가르침에 의해서 우리들의 욕구를 억누르고, 참으며 살아야 한다. 즉 우리들은 불가피하게 가면을 쓰고 살아간다. 그러나 폭력조직은 애초부터 이런 것을 무시하고 사회적 규범은 물론이고 법을 어길 것을 서약한 사람들의 집단이다. 이들은 개인보다는 집단이 우선이다. 자신을 집단에 묻어 버려서 철저하게 탈개인화된 상태에 있는 사람들이기에 살인도, 상상을 초월한 폭행도 불사할 수 있다. 앞에서 소개된 마피아의 입단 서약에서 한 조직원의 공격은 전 조직원의 공격으로 알라 하는 지침과 같이 이들의 행동은 한 개인이 행동하여도 결국은 집단의 이름으로 행하는 것이다.

개인을 삼켜 버린 집단은 개인의 행동이라도 모두의 책임으로 간주한다. 그래서 이들은 철저하게 책임분산(diffusion of responsibility; Latane & Ninda, 1981) 감정을 갖는다. 너도 나도 나누어 갖는 책임에 아주 극악한 살인도 아무 거리낌없이 행한다. 이러한 책임분산은 조직원이 많으면, 많을수록 더 강해진다.

Freud가 주장한 대로 우리들의 의식은 빙산의 일각에 불과하다. 우리들의 사고에 영향을 주는 것은 의식하지 못하는 무의식이며, 무의식은 원초아의 영향하에 있다. 원초아는 동물적이고 쾌락적이다. 그래서 우리들은 원래 동물적이고 쾌락 추구적이지만, 사회적 제약 때문에 이러한 욕구를 감추고 살아간다. 그러나 조직폭력단은 이런 제한을 무시하고 사는 사람들이다. 이들은 사회 생활을 하면서 필요할 때 언제든지 가면을 벗어 버리는 사람들이다. 또한 이들이 사회에 편견을 가지고 불만을 갖는 사람들이라는 점을 감안한다면, 이들이 행하는 범법행동은 즐거울 수 있다. Zimbardo는 폭도들이 파괴적이고 공격적 행동에 가담할 때조차 즐겁고, 행복해하는 것을 탈개인화로써 설명한다. 조직폭력단들은 즐거운 마음에서 폭력을 행사하고 있을까? 적어도 Zimbardo의 말을 빌리면, "그렇다". 그러나 이들의 종말은 그렇게 이어지지 않을 것이라는 것을 우리들은 영화, 소설, 실제 상황을 통해서 이미 알고 있다.

중국 갱과 한국 갱

중국 갱은 차이나타운에서 금품을 갈취하지만, 자국민을 보호하기 때문에 타운 내에서 타민족의 범죄를 찾아보기 힘들다. 상인의 80%가 개업시 $1000~1300을 갱에게 내고, 매월 $300~500을 갈취당한다. 이들 중국 갱은 영역의 확보를 위해서 한인 상인을 괴롭혀서 다른 지역으로 옮기게 만든다. 이때에 이들은 자기 나라의 부자에게 한인의 상가를 사도록 만든다. LA 경찰은 중국 갱을 full-time gang이라 부르고, 이들은 치밀하고 지략적이어서 승산이 없으면 절대 싸움을 안 한다고 보고한다. 한인 갱은 part-time gang이라 부른다. 이들은 순간적인 흥분에 우선 치고 본다. 한인 갱은 갱이란 사실에 죄책감을 갖지만, 중국 갱은 그렇지 않다. 한인 갱은 공동 목표의 인식이 부족하고, 감정적으로 행동하고, 외세에 의존적이라는 평을 받는다. 한인 갱은 다른 민족 갱의 행동대원 노릇을 한다는 평을 받는다(조선일보, 1996년 3월 16일).

6. 약물중독

중국을 무대로 촬영한 영화에서 꼬르륵 꼬르륵 하며 아편을 피는 토호(土豪)를 볼 수 있다. 피골이 상접해서 곧 죽을 것같이 보이는 노인은 아편을 피워도 아무런 제재를 받지 않는다. 그냥 돈이 많으니까, 비싼 아편을 마음 놓고 피는 것이다. 그러나 오늘날은 어느 나라에서든지 돈은 고사하고 아편을 마음대로 피우면, 법적 제재를 받아야 한다. 우리 나라에서도 아편류의 약물을 사용한 사람은 물론 벌을 받지만, 판매한 사람은 최고형으로 사형을 받을 수 있다.

약물중독

법무부와 보건복지부는 1998년 12월 21일 미성년자를 상대로 한 마약류 판매사범의 처벌형량을 대폭 강화하는 내용의 '마약류 관리에 관한 법률' 개정안을 국회에 제출했으며 통과되는 대로 1999년 7월부터 시행키로 했다. 개정안에 따르면 영리를 목적으로 하거나 상습적으로 미성년자들에게 필로폰, 코카인, 헤로인 등 마약류를 판매 또는 조제하거나 투약시킬 경우 현행 무기 또는 5년 이상의 징역형에서 사형, 무기징역 또는 10년 이상의 징역형으로 대폭 강화했다. 또 성인들을 대상으로 한 마약사범도 현행 10년 이하의 징역형에서 무기 또는 5년 이상의 징역형에 처하도록 했다. 마약류 관리에 관한 법률은 마약류에 대한 불필요한 규제를 폐지한다는 차원에서 "마약법", "향정신성 의약품 관리법", "대마 관리법" 등 3개 법률을 통합한 법률이다(문화일보, 1998년 12월 21일).

약물(drug)이다 아니다 하는 문제는 시간의 경과와 함께 변하는 사회적 관습과 법률에 의해서 정해진다(Smith, 1970). 앞의 예문과 같이 예전에는 아무런 법적 제재 없이 사용할 수 있었던 약물이 이제는 대부분의 나라에서 법적 허락 없이는 사용할 수 없는 물질이 되었다. 물론 지금도 브라질 아마존의 어느 부족은 환각 상태를 일으키는 풀을 씹은 후, 약의 영향으로 용기백배해서 사냥을 한다. 그러나 이런 경우는 극히 예외적이다.

과학자들은 약물에 대해서 각기 구분하는 기준을 달리한다. 예를 들어, 식품학자들은 약물, 독약, 음식, 음료수, 약품, 약초 등으로 구분하고 있다. 약학자들은 아스피린, 담배, 제산제(antacids), 알코올 등으로 구분하지만, 사회과학자들은 좀더 좁은 의미에서 구분한다. 그래서 약물(drug)을 비의학적 내용에서 취하려는 약물남용(drug abuse)과 심리 활동성(psychoactivitiy)을 높이려는 약물사용(drug use)으로 구분한다(Smith, 1970).

약물사용(drug use), 약물오용(drug misuse), 약물남용(drug abuse)이라는 용어를 구별해야 한다는 점에서 반대 의견은 없지만, 사실상 이들 용어를 각기 정의하기가 쉬운 일은 아니다. 약물사용은 치료적으로 사용되는 어떤 화학물질을 법적으로 허용하는 것이며, 이때에 기대하는 약물의 효과는 사람들의 심리적 활동성의 증진이다. 약물오용과 약물남용은 의학적 사용 한계의 범위를 넘거나 법적 한계선을 넘어 사용하는 경우를 의미한다. 이들 두 용어를 엄밀히 구별하기는 어렵지만, 아무튼 "약물에 대한 비의학적 사용"(non-medical use of drugs, 주왕기, 1989)이라는 뜻을 포함한다.

의학적 허용의 한계를 넘어서 사용되는 약물은 사용자 자신은 물론이며, 주위 사람들도 파괴할 수 있는 물질이다. 물론 약물을 남용하는 경우에도 사용자의 심리 활동성을 높일 수 있지만, 이런 경우는 사용 허용치 혹은 사용횟수 이상으로 점차 늘려 나가게 하는 것이 문제다. 즉, 중독된다는 의미이다.

약물남용은 약물에 중독(addiction)되거나 종속적이 되기 때문에 문제를 낳는다. 우리들은 보통 밥을 하루에 3번 먹는다. 그러나 어떤 사람이 6번 혹은 7번 이상을 먹는다고 가정한다면, 어떤 일들이 발생될 것인지 짐작할 수 있다. 이 사람은 늘 밥만 생각해야 하고, 밥을 그렇게 먹으니 몸은 엉망이 되고, 정신도 신체도 밥의 노예가 되고 만다. 더욱이 이런 사람은 밥에 의존하고 있기 때문에 어떤 경제 활동도 할 수 없다. 밥을 적당히 먹으면, 효율적인 사람이 되건만, 그렇게 맛있는 밥, 영양가 있는 밥, 그게 지나치니 엉망이 된다. 적절한 식사량의 도를 넘게 취하는 사람은 가슴이 축 늘어지고, 엉덩이는 쌀가마니 같고, 눈은 밥만 생각하게 마련이다.

중독은 통상적으로 내성(耐性, tolerance), 신체적 의존성(physical dependence), 심리적 의존성이라는 3개의 중요한 개념을 포함한다(Schilit & Gomberg, 1991). 내성은 처음에 얻었던 효과를 다시 얻기 위해서 처음의 양보다 더 많은 양을 요구한다는 것이다. 내성이 발달하기 전까지 약물사용자의 신체조직은 약물사용의 금지를 강요한다. 그러나 내성이 천천히 발달하고, 약물의 화학작용이 신체를 종속적으로 만들면서, 사용자는 약물의 양을 신속하게 증가시킨다.

신체적 종속성은 약물의 화학작용에 대한 연속성으로 발생되는 신체조직의 습관을 의미한다. 그래서 약물에 대한 신체의 종속성은 약물사용의 기간, 빈도, 양이 점점 달라진다. 심리적 종속성은 약물사용에 대한 강압적, 반복적 경향을 나타낸다. 왜냐하면 약물의 사용은 심한 고통을 주고 있는 통증, 불면증, 걱정과 같은 심리적 부담을 덜어 주기 때문이다. 결과적으로 약물의 사용은 더 많은 양의 약물을 요구하며, 신체적, 심리적으로 약물에 의존하는 피동적인 사람을 만들고 만다.

약물은 복용 후의 효과에 따라서 크게 5가지로 구분된다. ① 진통제(narcotic analgesics), ② 중추신경 억제제(central nervous system depressants), ③ 중추신경 진정제(central nervous system stimulants) ④ 인도대마(cannabis), ⑤ 환각제(hallucinogens)(Kinnear, 1995).

6-1. 진통제

진통제는 아편(opium poppy)으로부터 추출되는데, 이것의 대표적인 것은 헤로인(heroin), 모르핀(morphine), 코데인(cordein) 등이다. 이런 약물이 부정적으로 느껴지지만, 의학 분야에서는 강한 통증을 제거하는 필수품들이다. 이해가 되지 않는다면, 자신이 수술을 받는 환자라고 생각하면, 왜 필요한지 알 수 있을 것이다. 또한 이것들은 기침이나 설사에도 아주 효과적이다. 미국에서 약 500,000명이 이 약에 의존하고 있으며, 매년 1,000명이 이 약의 남용으로 인해서 사망하고 있다. 1984년 통계에 의하면, 미국 내에서 이 약물에 소비되는 비용은 대략 $4 billion[6]으로 추정하고 있다.

---

6) 1 billion은 10억불, 그러니까 4billion은 40억불이다. 환율을 1:1000이라면, 4,000,000,000 × 1,000 = 4,000,000,000,000원(4조 원)이다. 너무 많아서 머릿속에 뭔가 잡히지 않는다. 그러나 1999년도 우리 나라 일 년 예산이 83조 원이라는 것을 생각하면, 그 액수가 어떤 정도인지 짐작할 수 있을 것이다.

1) 헤로인

헤로인은 백색이거나 갈색의 가루이며, 강한 쾌감정을 유발한다. 헤로인의 사용은 냄새를 맡거나, 주사를 하거나, 담배같이 피우기도 한다. 헤로인을 사용할 경우에 나타나는 첫번째 효과는 두려움이 없어지고, 걱정에서 해방된다. 그리고 몽롱한 상태를 유지한다. 헤로인은 모르핀의 10배 효과를 가진다. 진짜 순수한 헤로인은 찾아보기 힘들고, 시중에 유통되는 헤로인은 설탕이나 퀴니(quinie: mariwuana에 사용되는 쓴 약)와 함께 10대 1의 비율로 섞어서 유통된다.

2) 모르핀

모르핀은 통증을 해결하는 약으로 오랫동안 사용되었다. 값비싼 헤로인 대신 싼값에 거리에서 팔린다. 소량으로도 기분항진(euporia)[7)]이 얻어지지만, 신속하게 중독되는 경향이 있다. 모르핀은 암과 같이 지속적인 통증에 효과적이다. 그러나 통증을 경험하지 못한 사람은 경우에 따라서 구역질, 두려움과 같이 불쾌한 기분을 갖는다.

3) 코데인

코데인은 감기약으로 가장 널리 사용된다. 모르핀이나 헤로인보다 쾌감정을 만드는 면에서 강하지 못하고 중독성도 떨어진다. 그래서 약물의 효과가 다른 것들에 비해서 약하기 때문에 덜 심각하다. 시중에서 판매되는 감기약 이름 가운데 코푸 시럽, 코, 코 하고 시작되는 것들은 코데인을 함유하고 있는 것들이다. 코데인이 약하다는 점을 얕보고 장기간 복용하면, 중독되는 것은 당연하다. 앞에서도 지적했듯이 중독은 점점 더 많은 양을 요구하므로 결과적으로 신체와 마음에 나쁜 결과를 갖는다.

7) 의학적으로 다행증이라고 부른다. 그러나 다행증(多幸症)은 단어가 전해 주는 것 이상이다. 좀더 정확하게 표현한다면, euporia는 극쾌감이 더 적절하다. 쾌감이 극에 달한 상태를 의미한다.

6-2. 중추신경 억제제

이 약은 중추신경계통의 활동을 억제하며, 최면의 효과를 갖는다. 잠들게 하지만, 헤로인이나 모르핀만큼 통증을 제거하지는 못한다. 그리고 의학적으로 신체 감각의 상실을 유도(induction of anesthesia)하고, 간질병의 치료, 흥분과 걱정을 덜고, 잠들게 한다. 그러나 이 약을 의학적으로 사용하지 않고 남용할 때, 알코올중독과 같은 효과를 갖는다. 습관성이 된 경우에는 술을 먹지 않는 사람이라도, 이 약 다음에는 알코올을 찾는다.

중추신경 억제제의 적정량은 여러 가지 바람직한 효과를 갖게 하지만, 한 계선을 넘는 양은 기억과 정신 기능, 정서의 통제감을 잃게 하고, 자극-반응 시간을 더디게 만든다. 중간 정도의 약물을 취할 경우에 편안한 마음, 긴장완화의 심리 상태를 갖게 되지만, 과용할 경우 적대적이고 공격적인 사람으로 변하게 된다. 이 정도의 약물을 계속 사용할 때에 언어장애, 균형 감각의 상실, 급한 성격(quick temper)을 갖게 한다. 이 약물의 과도한 양은 자신을 죽게 만드는 경우도 있지만(수면제를 먹고 자살하는 경우), 범법행동을 하게 만든다.

중추신경 억제제 중에서 가장 대표적인 것은 알코올이다. 알코올을 적당하게 섭취할 경우에는 게스트린(gastrin: 위액분비를 촉진하는 분비물)과 히스타민(histamine: 위액분비를 촉진함)의 분비로 소화분비물의 증진을 유도할 수 있지만, 알코올의 지나친 섭취는 점액(mucus)을 제외한 소화분비물을 억제한다.

알코올은 성적 욕구에 대한 통제감의 자물쇠를 열게 한다. 성폭력 범죄자들이 알코올의 영향하에서 범죄행동을 하는 것은 그런 감정이 느슨해지기 때문이다. 알코올을 지나치게 섭취한 사람은 교통사고 등 각종 재난을 당할 우려가 높다. 또한 이들은 보통 사람들보다 자살율이 30배 더 높다. 더욱이 과도한 알코올 섭취는 폭력, 근친상간, 가정 갈등의 증가는 물론 학습 부진과 청소년 비행을 높인다.

6-3. 중추신경 자극제

중추신경자극제는 크산틴(xanithines), 암페타민(amphetamines), 코카인

(cocaine)의 3종류로 나누어진다. 이것들은 모두 힘(power)과 인내심을 발산하게 하고, 경각심(alertness, wakefulness)을 갖게 하며, 아주 쾌한 감정을 얻게 한다. 미국에서 600만 명이 이 약을 불법적으로 사용하고 있으며, 1984년 2천만 명이 이런 약물을 위해서 약 180억 불의 돈을 소비한 것으로 추정한다(Roffman Barnhart, 1987). 각국은 약물의 남용을 방지하기 위해서 많은 노력을 경주하고 있지만, 1983년과 1984년 사이에 코카인의 생산은 오히려 1/3이 증가된 것으로 추정된다(U.S. House, 1985).

1) 암페타민

암페타민은 1927년에 발견되었으며, 1930년대에 의약품으로 사용되기 시작하였다. 여러 종류들이 있지만, 일반적으로 암페타민이라고 불린다. 이 약물은 신체조직망을 활성화해서 뇌의 모든 부분에 정보를 전달하게 한다. 이런 약물하에 있는 사람은 흥분(arousal)하고, 경계심(alert)을 갖고, 자극에 매우 민감해진다. 약물로 인한 감각 자체는 매우 쾌하지만, 계속되는 쾌한 감정은 걱정을 유발케 한다. 약물이 입으로 전달되었을 때는 효과가 2~3시간 후에 나타난다. 그리고 약효는 10~12시간 지속되는데 일정한 약효를 유지하기 위해서는 4~6시간의 간격을 두고 약물을 더 취해야 한다. 약물의 효과가 완전히 없어지기까지는 2일이 걸린다.

1970년대까지 우울증과 피곤 해소, 장기간의 체중감량(long-term weight reduction) 등에 널리 이용되었다. 그러나 발작성 수면(narcolepsy), 운동과다증(hyperkinesis), 장기간의 체중감량(long-term weight reduction)에는 사용을 금지시켰다. 발작성 수면 증세를 갖는 사람이 한 곳에 오랫동안 머문다면, 하루에도 50번 이상을 잔다. 그런데 이러한 사람에게 약을 더 주면 더 큰 경각심을 가지게 되어 잠을 이루지 못한다.

운동과다증의 증세를 나타내는 사람은 비정상적으로 높은 수준의 신체적 활동성을 나타낸다. 어린이 100명 중에 4명이 이러한 활동성을 갖는데, 그런 어린이들은 공격적이고, 불안정하고, 말이 많고, 충동적 행동을 보인다. 그래서 이와 같은 아이들은 학급에서, 가정에서 말썽을 피운다. 어린이가 아닌 성인의 경우에는 말썽으로 끝나지 않을 것이며, 범죄로 이어질 가능성이 높다.

암페타민은 과체중을 줄이기 위해서 이용된다. 왜냐하면 암페타민은 배고픔을 통제하는 하이퍼타라무스(hyperthalamus)의 식욕 센터(appetite center)에 영향을 주어 먹으려는 욕구를 억제한다. 그러나 이 약은 사용분량(dose)을 계속 증가시키도록 요구하므로 장기간의 사용은 금지된다. 체중감량을 위해서 암페타민의 99%가 사용되었지만, 계속되는 약의 증가를 우려해서 법으로 억제하고 생산을 감소하였다. 그러나 사용되는 양 중에서 법적으로 인정받는 양은 전체의 10~25% 정도에 그친다(Schilit & Gomberg, 1991).

암페타민의 영향하에 있는 사람은 경각심이 높고, 말이 많고, 높은 자신감과 힘을 갖고, 극히 신경질적이다. 또한 잠을 자지 않고, 먹는 양도 극히 적다. 그래서 이러한 감정을 누그러뜨리는 또 다른 약으로 앞에서 설명한 중추신경 억제제를 찾게 만든다.

암페타민의 사용량이 증가하면 불쾌한 감정에 지배된다. 중독되었을 때는 이를 갈며, 이완된 사고와 행동을 발생시킨다. 일정 한도를 넘는 계속적인 사용은 심리적 장애를 일으키고, 체중을 감소하게 하고, 치료가 불가능한 위궤양, 간, 콩팥에 이상 증세를 갖도록 한다.

2) 코카인

미국에는 400~500만 명의 상습 사용자가 있으며, 코카인 사용자의 6%가 고등학교 3학년들이다. 매년 5,000명 정도가 처음으로 코카인을 접하고 있다. 그리고 미국인 중에서 2천2백만에서 2천5백만 명이 적어도 한 번은 코카인을 사용한 경험을 갖고 있다.

코카인 가격

미(美)세관과 공조 적발한 2백70억 원 상당의 코카인을 일본으로 밀반입하려던 콜롬비아계 국제 마약조직원이 검찰과 미국 세관의 공조 수사로 검거됐다. 서울지검 강력부(박영수 부장검사)는 14일 2백70억 원 상당의 콜롬비아산 코카인 5.5kg을 미국과 한국을 경유, 일본으로 밀반입하려던 국제 마약조직원 후안 코야마 하라다(29, 페루 국적)씨에 대해 구속영장을 청구했다. 검찰에 따르면 하라다씨는 지난 12일 일본 내 콜롬비아계 마약 밀매조직 총책인 콜롬비아인 H씨의 지시를 받고 입국, 미국측이 구속한 로드리게스(41, 콜롬비아 국적)씨로부터 코카인을 인수하려 한 혐의다(문화일보, 1998년 11월 14일).

코카인의 가장 중요한 생리적 효과는 혈액순환 계통에서 나타난다. 즉 혈관을 수축하고, 혈액 내에 과량을 주입할 경우 위궤양(ulceration)이 나타나며, 코의 호흡을 곤란하게 한다. 또한 코를 둘로 나누는 벽에 구멍을 만든다. 심한 경우에는 사망에 이르게 한다. 다른 한편은 구토, 기온의 무감각, 체온의 변화, 불면증, 체중감소, 그리고 입과 목을 마르게 한다. 입으로 전달될 때 폐 장애(lung irritation), 목, 입, 가슴에 통증을 유발한다.

심리적으로는 비정상적인 모험심, 쾌감정, 에너지의 발산, 정신 능력과 사회성의 증진, 성적 자극의 예민성과 흥분을 나타낸다. 그러나 이런 설명은 약효의 반쪽을 말하는 것이다. 가장 두드러지는 것은 쾌감정 후에 나타나는 우울 증세(depressive state)이다.

우울 증세는 정서의 혼돈, 무감각, 걱정, 불안을 발생케 한다. 이 약물이 매일 사용되는 경우에는 환청과 환시, 망상을 포함하는 지각장애를 경험한다. 또한 경우에 따라서 심한 편집 증세를 보이기도 한다. 불행하게도 코카인은 소량을 취하더라도 환청, 환시 같은 것을 경험한다. 이와 같은 부작용 때문에 눈, 귀, 코, 목, 호흡기 계통의 수술에만 사용이 허용된다(Dupont, Goldstein, O' Donnell, 1978). 상상할 수 있는 바와 같이 눈, 귀, 코, 목 등이 신체에서 가장 예민하기에 약물의 힘을 빌리지 않으면, 어떤 수술도 어려울 것이다.

6-4. 대마초

대마초는 인도의 cannabis라는 식물로부터 생산된다. 대마초의 주된 정신활동성 요소(psychoactive component)는 1985년 미국에서 암 환자의 구역질 약품으로만 인정받았다. 그리고 의학적 용법으로 인정을 받지 않았지만, 녹내장과 천식의 치료로 사용되기도 한다. 미국 사람들 중에 적어도 한 번은 마리화나를 피워 봤거나 혹은 현재 사용하는 사람은 1천6백만 명을 초과하는 것으로 알려진다. 가장 보편적인 사용법은 담배같이 흡연하거나 또는 케이크와 함께 씹어서 먹는 것이다.

대마초로 인한 신체적 효과는 뇌조직의 위축(atrophy of brain tissue)을 가져와서 뇌 활동의 EEG 패턴에 변화가 일어나게 한다. 그래서 기억력을 흐리게 하고, 학습 과정을 느리게 하고, 운동신경을 통제하지 못하고, 거리와

마약류 사용률

올 들어 히로뽕, 대마, 마약 등을 흡입하는 마약류 사범이 지난 해보다 부쩍 늘어난 것으로 집계됐다. 1998년 11월 19일 경찰청에 따르면 올해 1~10월 기간에 3천73명의 마약류 사범이 검거돼 지난 해 같은 기간 2,298명에 비해 33.7%가 증가했다. 특히 히로뽕을 복용한 향정신성 의약품 관리법 위반사범은 1,891명 검거돼 지난 해 같은 기간 1,319명에 비해 43.4%가 급증했다. 경찰은 마약류 사범이 급증한 것은 히로뽕 불법유통량이 늘면서 1회 투약분(0.03 g)의 암거래 가격이 작년말 15만 원에서 9만 원대로 떨어진 데다 경기불황 장기화, 대량실업 여파로 과거 마약류 투약경력이 있었던 사람들의 재범사례가 늘고 있기 때문이라고 분석했다(경향신문, 1998년 11월 19일).

높이, 속도감을 잃게 한다. 걸음걸이와 달리기의 형태(gait)가 변하고, 웃음을 억제 못하고, 사고와 안면 표현 사이에 차이가 있게 한다. 그래서 울어야 한다는 생각은 하지만 표정은 웃고 있는 경우가 있다. 그리고 입과 목이 마르고, 몸이 차지고, 구토, 설사를 한다.

대마초의 남용은 심리적 측면에서 욕구 수준을 낮추고, 감정이 없고, 동기도 저하시킨다. 정신 능력이 현저히 약화되고, 환청과 망상, 청각장애를 일으킨다. 또 다른 효과는 흥분을 잘하고, 차분하지 못하고, 의식이 뒤범벅된다. 이러한 심리적 효과가 보여 주는 특성은 범죄행동을 유발케 하는 원인적 요소가 된다는 것을 알 수 있다. 즉 흥분을 잘하고, 의식이 정리되지 못하고, 차분하지 못한 성격이 그렇지 않은 사람보다 더 범죄성향을 보인다는 것을 부인하기 어렵다.

6-5. 환각제

싸이키델릭 약물(psychedelic drugs)[8]이며, 시각, 청각 등에 환청과 환시를 일으켜서 현실 감각을 상실하게 만든다. 인지와 지각에 방해를 불러와서,

8) 강렬한 환각, 환청이 생기며 또 상쾌함과 절망감의 두 극단적인 감정을 수반하여, 깊은 황홀과 도취의 경지에 있는 정신 상태를 일컫는다.

어떤 경우에는 정신병자에게서 발견되는 행동을 나타내기도 한다. 가장 보편적으로 사용되는 환각제(hallucinogens)는 LSD, 메스칼린(mescaline), 사이로사이빈(psilocybin) 등이다. 미국에는 1백만 명의 환각제 습관성 사용자가 있다(Roffman, 1987).

LSD는 입을 통해서 취하게 되며, 정신작용에 영향을 준다. 섭취한 후 2~4시간 지나서 약효가 최고에 달하고 12시간이 지나서야 사라지기 시작한다. 약물남용은 환청과 환시가 빈번하지만, 환각제에서는 환시가 우세하다. 이 약물은 우울증과 쾌한 감정 혹은 걱정을 불러 오고, 약효 때문에 자해 행위가 일어날 수도 있다. LSD의 사용자들은 언제나 쾌한 효과에 흥미를 갖지만, 대부분 불쾌한 감정을 경험하고 만다.

사람들이 환각제를 찾는 이유는 강력한 자아, 행복감(euphoria), 평온함(peace), 의식의 상실(oblivion)과 같은 경험 등이다. 사람들이 약을 찾는 이유를 좀더 구체적으로 정리하면 다음과 같다(Roffman, 1987).

① 사람들은 행복감을 위해서 약을 찾는다.
② 사람들은 스트레스로부터 해방되거나 일시적 탈피를 위해서 약을 찾는다.
③ 또래 집단, 특히 청소년층의 압력이 약을 찾도록 만든다.
④ 대중매체가 고통과 긴장을 피하고 쾌감정을 가질 수 있다는 것을 가르친다.

미국의 한 연구에서, 보통 미국인의 경우에 18세까지 180,000번의 약의 정적 효과에 대한 광고를 접한다(Resnik, 1979). 우리 나라의 경우도 약물의 선전을 자주 보게 되는데, 시청자들은 이것이 어떤 작용을 하는 것인지 모르고 접하고 있다. 예를 들어 감기약, 기침약 등에 바로 이런 류의 약물이 포함되어 있지만, 약의 광고를 통해서 기침의 고통, 감기의 열에서 벗어날 수 있는 정적 효과만을 기대한다.

1) 필로폰

"에페드리나" 식물에서 채취한 마약의 일종이다. 이것은 우리들에게

'뽕' 이라는 이름으로 더 알려져 있다. 필로폰은 천식(asthema)과 감기에 효과가 있으며, 다른 약물과 같이 일시적인 자신감, 행복감 등을 갖게 한다.

뽕 제작의 지위

국내 필로폰 조직은 총장, 교수, 강사직급으로 나누어진다. 해방 전 군수공장에서 학습한 사람을 1세대, 총장이라고 부르며, 정식으로 기술을 학습한 사람을 2세대, 교수라고 칭한다. 2세대에게 비법을 전수받은 사람을 3세대, 전임강사라 부르며, 어깨 너머로 배운 사람들을 강사라고 칭한다. 노모(51)씨는 필로폰 제조책으로 2차 대전 중 일본군 군수화학공장에서 일한 김모(사망)씨로부터 76년부터 3년 간 전수를 받았다. 노씨와 함께 한삼수, 최모, 허모씨는 해군 하사관 출신으로 70년대 국내 필로폰계의 3대 거물로 통한다. 총장들은 노령으로 대부분 사망하거나 강력 단속으로 검거되었다. 그러나 현재 교수들의 활약이 문제시된다(조선일보, 1996년 3월 22일).

지금까지 소개한 약물은 경우에 따라서 적절한 수준에서는 어느 것이나 필요한 것일 수 있지만, 과용하거나 남용했을 때는 부적 결과를 경험하게 만든다. 특히 이들 약물들의 공통점은 사용자들이 자신을 강력한 힘의 소유자인 것처럼 만들고, 무감동 내지는 무감각하게 하고, 행복감을 갖게 한다. 물론 이런 것의 이면에는 우울증, 지나친 예민성, 걱정, 환청과 환시를 수반하는 망상을 경험하게 만든다.

약물사용자가 체험하는 양면은 모두가 정상적인 사고 과정이 아니다. 비정상인 상태에서 감정은 언제나 적절한 표현을 초과한다. 이런 상태는 범죄와 상관이 높다. 환청과 환시를 포함하는 망상적 사고, 무감동한 사고는 범죄를 저지르는 데 아무런 자책감을 갖게 하지 않는다. 그래서 이들의 범죄행동은 때와 장소를 가리지 않고 무자비할 수 있다.

약물남용은 남용 자체가 폭력적 행동은 아니지만, 폭력적 범죄행동이 될 수 있다. 즉 약물남용은 폭력적 범죄행동의 중요한 매개체 역할을 하기 때문에 약물남용을 억제해야 한다는 점을 강조하기 위해 여기서 약물남용을 소개하였다.

물뽕

히로뽕이나 코카인과는 성분이 다른 신종 액체 마약류 'GHB'(일명 물뽕)가 국내에 처음 등장했다. 광주지검 강력부 김희준 검사는 11일 김모(39, 충북 청주시)씨 등이 최근 광주 시내에서 몰래 팔려던 액체 마약 3,700cc를 압수해 미국 공군특수수사대에 성분 분석을 의뢰한 결과, 미국에서 'Date Rape Drug'로 알려진 GHB(감마 하이드록시 부티레이트)로 나타났다고 밝혔다. GHB는 강력한 흥분제 성분을 지녀 알코올과 함께 마시면 생명을 위협하는 물질로 미국식품의약청은 마약류로 지정·단속하고 있다. 검찰은 '물뽕'이 국내에 들어온 것이 확인됨에 따라서 마약류 지정을 추진할 방침이다. 검찰은 히로뽕 1회 투약분이 10만 원선인 데 비해 GHB는 1회 복용분이 1만4천 원 가량으로 값이 싼 데다, 물에 타거나 알약 형태로 먹을 수 있어 매우 빠르게 번질 위험이 있다고 밝혔다. 검찰은 김씨 등을 향정신성 의약품 관리법이나 마약법이 아닌 '마약류 불법거래방지에 관한 특례법'을 적용해 구속하고, 경기 오산 미군부대 인근에서 미국인에게 사들였다는 김씨 말에 따라 정확한 유통 경로를 조사중이다(한겨레신문 1998년 11월 12일).

7. 유아 성추행

이 세상 사람 모두는 어린 시기를 거치니까, 이 책을 읽는 사람도 역시 어린 시기를 거쳐서 성인이 되었음은 당연하다. 이 말이 너무나 당연해서 쓸데없는 이야기 같지만, 옛날로 돌아가서 그 시기에 자신이 어떠했는지 생각해 보는 것도 쓸데없는 일은 아닌 성싶다. 그때는 힘도 없고, 세상에 대한 지식도 부족해서 옳고 그름의 판단, 좋고 싫음의 판단 등이 약했다. 그리고 힘도 없는 시기여서 외부의 압력과 위협에 겁을 먹은 적도 있고, 다른 사람의 꼬임에 넘어갈까 봐 부모로부터 걱정을 사게 한 적도 있을 것이다. 어린이에게 세상에는 신기한 것도 많고, 갖고 싶고, 먹고 싶은 것도 많아서 상대적으로 유혹도 많고, 그러한 유혹에 쉽게 넘어갈 수 있는 기회도 많다. 혹은 마음에 내키지 않더라도 힘이 없고, 겁이 나서 요구에 따라갈 수밖에 없는 상황에 처할 수도 있다.

어린이 성추행의 예방

어린이 성추행·성폭행이 끊임없이 발생하고 있어 주부들의 가슴을 졸이게 만들고 있다. 어떻게 해야 우리 아이들을 보호할 수 있을까. (사)한국성폭력상담소 조중신 부장은 "부모가 24시간 따라다니지 않는 한 성추행과 폭행을 완벽히 피한다는 것은 어렵다."며 "교통사고를 조심시키듯 아이들에게 주의를 주고 교육하는 것이 최선책"이라고 조언한다. 실제 어린이 성추행과 폭행은 엘리베이터, 놀이터, 학원의 공중화장실 등 장소를 가리지 않고 발생한다. 특히 엘리베이터 안에서의 추행은 그것으로 그치지 않고 옥상이나 지하실로 끌고 가 성폭행으로까지 이어지는 사례가 많다. 한국성폭력상담소에 1997년 상반기 동안 이루어진 상담 중 16.6 %인 273건이 어린이, 8.9%인 146건이 유아와 관련한 성추행·성폭행 상담이었다. 전체 성추행·폭행의 30%에 이르는 수치다. 이들 성추행·성폭행에서 자녀를 보호하자면 먼저 평소 자연스런 성교육이 필요하다. 한국성폭력상담소에서 제작·판매하고 있는 성교육 비디오 '내 몸은 내가 지켜요'를 이용하는 것도 한 방법이다(중앙일보, 1998년 12월 16일).

어린이 성추행·폭행은 어린 시기에 판단력 없이 당한 경험이어서, 나이를 먹어 가며 심리적 부담을 오래 안겨 주는 사건이 된다. 더욱이 어린이는 앞으로 생에 대한 태도, 가치관의 형성 과정을 거쳐가야 하므로 과거의 사건에 의해서 상당한 영향을 받는다. 특히 어린이 성추행은 추행에서 끝나는 것이 아니라, 사건의 세상 공개를 두려워한 가해자가 죽음으로 몰고 갈 수도 있다.

유아 성추행(Child Sex Abuse: Child Molester)의 정의는 학자마다 주장하는 측면이 달라서 합의점을 찾기가 어렵다. 그러나 대부분의 학자들이 동의하는 몇 가지 요인이 있다(Fraser, 1981). 즉 어린이의 착취(exploitation of the child), 강압적 힘의 사용(use of coercion), 저항 없는 동의(gentle thought it may be), 성인이 획득한 어떤 만족(some level of gratification gained by the adult)이다. 위에 포함된 요인들을 다시 정리해 보면, 어린이보다 힘이 센 성인이 강압적 힘이나 위협으로 어린이에게 성추행을 할 수도 있고, 어린이가 좋아하는 어떤 물건을 미끼로 꼬여서 자연스럽게 성추행을 할 수도 있다. Baker와 Sylvia(1985)는 유아 성추행이란 "성적으로 성숙한 사람이 성적 흥분에 이르는 행위에 어린이를 포함시켜서 성적 관계를 갖는 것"(p.458)이라고 정의한다.

어린이 성추행이냐 아니냐 하는 문제는 국가나 사회의 기준에 따라서 다르다. 예를 들어서 미국에 이민 온 한국 할아버지가 귀여운 미국 사내아이의 고추를 만지며, "그놈 잘생겼네" 해서 법정에까지 섰다는 이야기를 들어서 알고 있다. 과거에 우리 나라에서는 그러한 행동이 오히려 그 아이의 부모에 대한 예우일 수도 있다.

현재 우리의 사회도 점차 변하고 있다. 오늘날 지나가던 할아버지가 동네 꼬마의 고추를 만지며, "그놈 잘생겼네"하면, 어떻게 될까? 교통과 통신, 문화의 섞임을 통해서 세계는 하나의 문화권을 형성해 가고 있다. 이러한 경향은 우리들의 사회 구석구석에 영향을 주고 있어서 지금도 한국의 사회적 특성을 고집하며, "그놈 고추 한 번 잘 생겼네"하며 만지는 것을 부모가 목격할 경우에는 큰일이 벌어지고 말 것이다. 이 말이 이해가 되지 않으면, 실제 한 번 시도해 보면 곧 알게 되는 일이다.

어린이 성추행은 신체적 접촉(contact)과 비접촉(noncontact)으로 나누어진다. 전자는 키스하거나 성관계를 갖는 것을 의미하며, 후자는 성욕을 부추기는 이야기 혹은 성적 노출 같은 행동이다. 보다 자세하게 성추행의 행동을 지적하면 다음과 같다. 즉, 유아 성추행은 노출(exhibitionism), 훔쳐보기(voyeurism), 키스하기(kissing), 더듬기(fondling), 구음(口淫, fellatio), 성교(viginal or anal intercourse), 어린이 춘화도(child pornography)를 포함한다(Conte, 1986).

강간이나 성추행을 당한 어린이는 우울증, 자살 충동, 악몽, 생의 자포자기 등으로 일생을 통해서 괴롭힘을 당할 수 있다. 이러한 이유는 첫째, 어린이들은 성관계가 어떤 것인지 아무것도 모르는 상태에 있었기 때문에, 별 저항 없이 관계를 가졌다고 하더라도 이것을 동의한 것으로 인정할 수 없다. 왜냐하면, 동의라는 것은 앞으로 진행될 과정을 충분히 이해하고 마음에 들었을 경우에 수락하는 것이기 때문이다. 만일 어린이가 진행될 과정에 대한 설명을 들었다 하여도, 이들은 판단력이 부족하기 때문에 동의로 인정하기 어렵다. 자신이 진정으로 동의하지 않은 사건에 대한 결과가 일생을 따라다니며 괴롭힌다고 생각할 때, 정신 건강에 영향을 준다는 것은 부인할 수 없는 일이다.

둘째 어린이들이 좋아하는 초콜릿이나 사탕을 사 주며 꼬실 수 있다. 혹은 힘이 약한 어린이를 꼼짝 못 하게 하거나 내 말을 안 들으면 너의 엄마를 죽이겠다는 협박 등으로 위협해서 어린이로부터 강제적 동의를 얻어 낸다. 어린이들은 세상에서 가장 사랑하는 엄마를 죽인다는 이야기에 겁을 먹고 엄마를 절대 위기에서 구하는 길이 상대방의 요구를 들어 주는 것이라고 생각한다.

셋째, 어린이들은 이상한 경험에 대해 모호한 감정을 가질 수 있다. 처음 경험에 다소 불안한 감정과 육체적 접촉의 즐거운 감정을 동시에 가질 수 있다. 그러나 이러한 행동은 판단력이 부족하다는 일반적 원칙에서 가해자의 정당성을 인정하지 않는다. 마지막으로 어린이 성추행에는 언제나 힘이 개입된다. 강제적이라는 의미이다. 상대의 힘에 저항할 수 없고, 동등하게 맞서서 싸울 수 있는 능력이 없기 때문에 가해자의 일방적 의도에 따라가게 마련이다.

어른에게 성추행을 당한 어린이에게서 나타나는 심리적 반응을 성추행 적응증후군(sexual abuse accommodation syndrome; SAAS; Summit, 1983)이라고 하는데, 이런 증후군이 보이는 특성은 사건에 대한 함구(secrecy), 무기력(helplessness), 의기소침(entrapment), 부적응(non-accommodation)이다.

어린이들이 자신이 당한 일에 대해서 입을 다물게 되는 중요한 이유는 대체로 양아버지나 가까운 친척에게 당하는 경우가 많으므로 사건 당시에 가해자가 위협해서 비밀을 지키라는 것을 강요하기 때문이다. 그러나 만약 어린이가 비밀을 지키지 않는다면 혹은 스트레스가 너무 커서 어린이가 비밀을 지킬 수 없다면, 사건이 타인에게 알려질 수 있다(Summit, 1983). 대체로 어린이 성추행은 전체의 20~50%만이 보고된다고 주장한다. 사고가 발생된 후에 가족들은 어린이와 성추행자를 떼어 놓거나, 성추행을 못 하게 하는 방법으로 문제를 은폐하기 때문에 밖으로 노출되지 않고 베일에 가려진다.

7-1. 성추행을 당하기 쉬운 어린이

성추행을 당하는 어린이는 남아보다는 여아라는 생각이 압도적일 수 있으나, 현재의 연구들은 이러한 가정을 전적으로 받아들이지 않는다. 왜냐하면 성추행의 정의에 따라서 남아가 포함되는 비율이 낮을 수도 높을 수도 있기 때문이다. 성추행이란 옷을 벗은 어린이를 바라보는 것으로부터 고추를 만지거나 혹은 성교까지 포함한다는 것을 감안할 때, 남아의 성추행률도 무시하지 못할 정도라고 생각한다. 다른 나라와 같이 벌거벗은 어린이를 보는 것, 고추를 만지면서 "그놈 잘 생겼네"하는 식의 찬사를 이상한 행동으로 본다면, 우리 나라에서 남아의 성추행이 높을 수도 있다. 그러나 아직까지 남아가 성추행에 포함되는 비율은 여아에 비해서 아주 미미할 것으로 추정된다.

성추행을 당하는 어린이들은 대체로 8~12세이며(Finkelhor, 1984; Russell, 1983), 사회 계층에 구별 없이 발생되는 것으로 보고된다. 예전에는 대부분의 어린이 성추행은 경제 수준이 낮은 가정의 어린이에게서 흔히 일어나는 것으로 알고 있었으나, 오늘날은 아버지의 교육 수준이나 직업에 관계없이 발생된다(Russell, 1983). 또한 Finkelhor(1984)는 아버지의 직업에는 별 다른 차이가 없다는 주장을 하고 있어서 경제적 요인의 중요성이 특별히 강조되지 않는다.

Finkelhor(1984)는 성추행을 당할 위험이 높은 여아의 특징을 ① 양아버지와 사는 어린이, ② 엄마와 살지 않는 어린이, ③ 엄마와 관계가 소원한 어린이(having a distant or strained relationship with mother), ④ 고등학교 이하의 학력을 갖는 엄마의 어린이, ⑤ 성적으로 벌을 주는 엄마, ⑥ 친구가 둘 이하인 어린이라고 지적한다. 양아버지를 갖는 어린이는 그렇지 않은 어린이보다 성추행의 가능성이 두 배 더 높다. 왜냐하면 친자식이 아니라는 생각, 어린이는 아버지의 권위에 복종해야 한다는 생각이 높은 성추행을 발생케 한다(Conte, 1986).

Finkelhor의 다른 연구(1986)는 가정의 분위기가 성추행을 높인다는 결과를 제시한다. 즉 부모의 부재, 부모와 어린이의 나쁜 관계, 부모 사이의 갈등, 양아버지의 유무가 중요한 요인이라고 주장한다. 양아버지와 함께 생활한 어린이는 그렇지 않은 어린이보다 성추행을 당할 가능성이 훨씬 더 높다(Finkelhor, 1986; Russell, 1986; Peters, 1984). Pecora와 Martin(1994)은 가정에서의 폭력, 엄마와 아빠의 역할이 바뀐 것, 알코올이나 약물에 중독된 아버지나 양아버지를 갖는 것, 병이 든 엄마, 심리적으로 억압받는 엄마, 강압적 아버지를 둔 어린이가 성추행의 가능성이 높다고 주장한다.

많은 연구들은 양아버지의 성추행을 지적한다. 혈연과 관계없는 양아버지들은 딸과의 성관계가 나쁘지 않다는 생각을 쉽게 한다. 미국 National Incident Survey에 따르면, 양아버지-양딸의 성추행이 친아버지-친딸의 성추행을 훨씬 초과한다(NCCAN, 1981).

지금까지 어린이를 둘러싼 환경-가정의 불화, 양아버지의 유무, 관계가 소원한 엄마 등에서 성추행의 원인을 지적했지만, 성추행이 일어나기 위해서 존재해야만 하는 4가지 요인은 다음과 같다(Finkelhor, 1986). ① 성적으로 어린이를 추행할 동기를 갖는 사람이 있어야 하고, ② 이런 사람이 성추행에 대한 내적 욕구를 극복하지 못한 경우이며, ③ 성추행에 걸림돌이 되는 요인이 없어야 하고, ④ 성추행자가 어린이의 저항을 막아야 한다(Finkelhor, 1986, p. 86-87).

근친상간의 예

울산지법 제2형사부(재판장 우성만 부장판사)는 11일 딸을 성폭행한 전모(42)피고인에게 성폭력범죄의 처벌 및 피해자 보호 등에 관한 법률 위반죄를 적용, 징역 15년을 선고했다. 재판부는 판결문에서 "천륜을 저버린 행위로 딸에게 씻을 수 없는 상처를 안겨 평생 고통받으면서 살게 하고 모든 부모와 자식들에게 엄청난 모멸감을 주었기 때문에 피고인을 사회에서 장기간 격리시키는 것이 마땅하다"고 밝혔다. 전피고인은 지난 95년 9월부터 자신의 집에서 친딸(15)을 수차례 성폭행해 오다 딸의 고소로 지난 3월 구속 기소됐다(한국일보, 1998년 7월 11일).

위에서 지적한 대로 성추행의 동기를 갖지 않게 하면, 그런 사건은 발생하지 않는다. 성추행을 막을 수 있는 분위기를 조성하기 위해서 가정 내에 성추행의 가능성을 없애야 한다. 그러나 그러한 조건들은 일상 생활에서 생활하는 가운데 우연히 혹은 어쩔 수 없이 발생되는 일들이기에 인위적으로 제거할 수 없는 것 같다.

어린이 성추행이 주로 아버지와 딸의 관계에서 발생된다는 것을 감안할 때, 엄마의 관심이 중요한 역할을 한다. 또한 성추행을 예방하기 위해서 어린이들은 사전에 철저한 교육을 받을 필요가 있다. 물론 유아 성추행이 반드시 가정 내에서만 발생되는 것은 아니다. 동네 사람, 낯선 사람에 의해서도 발생되므로 엄마의 관심 있는 사전 교육이 앞서야 한다.

7-2. 유아 성추행 가능자

어린이들이 이미 알고, 믿고 있는 사람에게 성추행을 당하는 경우도 있지만, 낯선 사람에게 당하는 경우도 종종 있다. 그래서 유아를 성추행하는 사람은 어떤 사람도 될 수 있다. 또한 성추행자가 성인인 경우도 있지만, 형제에 의해서도 발생된다. Conte(1986)는 유아 성추행자와 비성추행자를 연령, 심리적 특성, 인구학적 특성, 개인적 환경이나 성장사(personal history)의 특성을 통해서 구별하기 어렵다고 주장한다. 그는 MMPI[9]를 통해서 성추행자와 비성추행자를 구별하려고 했으나, 이를 구별할 수 있는 기준을 찾지 못했다. 그러나 Conte(1985)의 연구는 부정(denial), 성적 각성(sexual arousal), 성적 공상(sexual fantasy), 사회적 능력(social skills), 인지적 왜곡(cognitive distortions), 다른 심리적 · 사회적 문제(other psychological & social problems)들이 유아 성추행의 원인임을 지적한다.

성추행의 장면을 보여 주고 성적 각성 수준을 측정해서 성추행자와 비성추행자를 구별할 수 있었다(Abel, Becker, Blanchard, & Djenderedjian, 1978). 성적 장면을 머릿속에 그리며 공상하는 것이 성추행자를 구별하는 지수가 된다. 즉 성적 공상을 많이 하는 사람이 성폭력의 가능성을 더 많이 나타낸다. 아마도 이들의 책상 서랍을 뒤지면, 나체 사진쯤은 쉽게 눈에 띌 것이다.

인지적 왜곡도 성추행 지수로써 한 역할을 한다. 왜냐하면 성추행자는 "어린이는 대체로 저항하지 않는다. 그러므로 저항이 없다는 것은 바로 이들이 성관계를 원하는 것이다.", "나의 딸과 관계를 갖는 것은 안전하게 성을 가르쳐 주는 것이다"라는 엉터리 생각을 자연스럽게 한다. 그러므로 이런 사람들은 경우에 따라서 어린이가 저항할지라도, 안전하게 성을 가르쳐 주는 데 저항하면 안 된다는 생각을 하며 협박과 힘을 사용해서라도 추행을 하고 만다. 성추행자들은 알코올, 약물중독, 약한 자아상(poor self-image)을 갖는다. 위와 같은 사람들은 심리적 · 사회적으로 발전적이지 못한 사람들이다. 발전적이지 못한 사람이 택하는 길은 자포자기만 거듭할 뿐이다.

---

9) Minnesota Multiphasic Personality Inventory: 다면성격검사. 제5장 정신병과 범죄행동에서 상세히 설명됨.

Groth(1978)는 수감자들 중에서 성추행자들을 연구하고 회기집단(regressed group)과 고착집단(fixed group)이라는 이름을 붙였다. 전자는 아주 정상적인 생활을 한 사람들이다. 예를 들면, 청소년기에 여자 친구도 있었고, 결혼해서 부인도 있는 사람들이었다. 그러나 생의 어떤 시기, 30~40대에 어린이에 대한 성에 관심을 가진 사람들이다. 그래서 이런 사람들은 부인에게 관심을 갖지 않고 어린이를 원한다. 고착집단은 어렸을 때 그리고 성장하면서 어린이와의 성관계에 관심을 가지고 자신과 같은 연령의 이성에게는 관심을 기울이지 않는다.

Sgroi(1982)는 성추행자의 일차적 동기가 성추행에 있는 것이 아니라, 통제감(feeling power and controling)이며, 이것 때문에 성추행을 한다는 주장이다. 이러한 동기는 양아버지와 양딸 혹은 양형제와 양형제(stepchildren-stepchildren) 간에 성추행이 발생한다고 주장한다. 일반적으로 가족에 의해서 발생되는 성추행은 거의 폭력적이 아니다. 왜냐하면, 어린이들이 믿고 있는 사람들이기 때문이다. 그러나 가정 내에서 발생하는 성추행은 근친상간이며, 대부분의 경우 성추행자는 아버지고 희생자는 딸이다.

사회가 복잡해짐에 따라서 딸에 대한 친아버지와 양아버지의 성추행을 비교하는 연구도 나타나고 있다. Russell(1983)은 900명의 샌프란시스코 부인들을 무작위로 표집해서 면접한 결과, 이들 중 여섯 명 중에 한 명(17%) 꼴은 양아버지에 의해서 성추행을 당했다. 그리고 40명 중에 한 명(5%)은 친아버지에 의해서 성추행을 당한 경험을 갖는다. 물론 이들이 성추행의 범위를 밝히지는 않았지만, 양아버지의 47% 그리고 친아버지의 2%와 아주 심한 성적 관계를 가졌다고 보고한다.

아버지들이 딸을 성추행하는 이유는 다양하다. 아버지들은 어느 때 어린이에게 아주 강한 욕구를 가질 수 있으며, 주위에 있는 딸이 가장 가까이 있는 대상이 된다. 부인이 성관계를 원치 않을 때, 아버지들은 가정을 파괴하고 싶지 않은 마음에서 딸에게 접근한다. 또한 딸에게 성추행하는 아버지는 딸에게 무조건적인 사랑과 관심을 가지며, 성추행을 강간과 같이 힘을 행사하는 행동으로 생각하지 않는다(Forward & Buck, 1978).

형제간의 성추행은 알려진 것보다 훨씬 더 심각할 수 있다. 성추행을 한 형제나 당한 형제는 누구에게도 말하지 못하고 입을 다물 수 있다. 또한 형제간의 성추행은 상당수가 정상적인 행동으로 착각하기 쉽다. 왜냐하면, 어린이들은 서로 부부 역할을 하는 오락을 하기 때문에 자신들의 행동에 대해서 이상하게 생각지 않을 수 있다. 물론 성추행의 범위를 어디까지로 보느냐 하는 문제를 안고 있지만, 부부놀이에서 성관계를 자연스럽게 가질 수도 있다. Wiehe(1990)는 150명을 대상으로 연구한 결과, 응답자의 67%가 성장기에 형제에 의해서 성추행을 당했다는 보고를 한다.

7-3. 유아 성추행의 결과

성추행 결과의 심각성은 어린이가 성추행을 당한 연령, 이유, 기간, 성추행을 당한 정도, 성추행에 대한 부모의 반응 등에 따라서 다양할 수 있다. 성추행을 당한 어린이가 부정적인 행동이나 태도를 가질 수 있지만, 이러한 것들이 성추행 전에 이미 있던 것인지 사실이 밝혀진 후에 일어난 것인지 확인할 수 없다(Hollenberg & Ragan, 1991). 이들은 어린이의 성추행에는 어떤 한 가지 원인이 있을 수 없으며, 그래서 성추행의 결과는 아주 다양하다. 성추행의 결과는 어린 시기에서 성인에 이르기까지 지속되는 과정에서도 다양한 결과가 나타나기 때문에 정확하게 설명하기 힘들다는 주장을 한다. 그러나 대체로 성추행에서 나타난 결과는 낮은 자아 존중감, 걱정, 적대감, 우울증, 지나친 활동성(hyperactivity), 정신신체장애(psychosomatic disturbance)[10]가 일반적이다.

Finkelhor(1984)는 어린이 성추행의 결과를 ① 성능력장애(traumatic sexualization), ② 오명(汚名)과 낙인, ③ 배반감(betrayal), ④ 무기력(powerlessness) 등과 같이 4가지로 구분한다. 성능력장애는 부석설한 성접촉이나 관계에 의해 나타나는데, 이러한 행동의 결과로 성을 회피하거나 성에 대해서 진절머리 내고, 성에 관한 어떤 것이든지 무가치하게 생각한다. 그리고 성에 관한 문제를 갖게 된다. 성추행으로 자신이 낙인찍혔다거나 오명을 썼다고 생각하는 사람은 성관계 자체가 사회적으로 수용적이지 못하기 때문에, 성관계를 갖게 되면 나쁜 행동을 했다고 간주한다. 그리고 그 행동 자체의 책임이 자신에게 있는 것으로 생각하고 성관계에 대해 죄의식을

10) 정신의 이상으로 신체에 실제적 이상을 경험하는 것: 예를 들면, 자신이 어린 시절에 성추행을 당해서 심장이 나빠졌다고 생각하는 사람은 이러한 심장이상의 생각을 갖기 때문에 실제로 심장에 이상을 경험하게 된다.

갖는 어린이가 된다. 이러한 결과로 어린이들은 가족과 대인 관계에서 수동적이다.

배반감은 자신이 믿고 있는 어른이 자신을 망가뜨렸다는 생각을 일반화해서 다른 성인을 신뢰하지 못한다. 무기력은 성추행 당시 혹은 후에도 자신의 힘으로는 외부적 힘을 막기 어렵다는 생각에서 대부분 무기력감을 갖게 된다.

판단력이 부족하고, 성에 대한 지식이 없는 상태에서 추행을 당한 어린이가 자신이 믿고 따르는 어른에 의해서 추행을 당한 결과는 성장하면서 4가지 심리적 효과를 갖게 만든다(Breslin, 1990). 이러한 것들은 자아상과 관련해서, ① 어린이 스스로가 자신을 어떻게 보는가, ② 대인관계는 어떤 형태를 갖는가, ③ 어린이들이 어떤 욕구를 갖는가, ④ 자신의 성감각을 어떻게 보는가 하는 문제이다. 어린이들은 성추행을 당하고 나서, 자신을 더럽고, 나쁘게 생각할 수 있다. 이러한 생각은 결국 모든 심리적 활동의 중심이 될 수 있는 자아 존중감을 낮게 만든다.

어린이들은 자신이 믿고 의지하던 어른에게 성추행을 당하고 나서, 더 이상 믿고 의지할 사람이 없기에 매우 두려운 생각을 갖는다. 더욱이 그 어른은 "네가 엄마에게 사실을 이야기하면, 엄마는 그 일 때문에 죽고 말 것이야"라고 말할 수 있다. 그래서 어린이들은 두려운 생각을 지속적으로 가지며 대인 관계도 패쇄적이 된다.

성추행을 당한 어린이는 자신이 더럽고, 나쁘다는 생각에서 더 이상의 바람직한 욕구를 발전시키기 어렵다. 그래서 자신에게 어떤 성취적인 욕구가 나타나더라도 억압하고 만다. 자신에 대한 계속적인 비난은 아주 낮은 성취욕구를 갖게 할 수 있고, 대인 관계에서도 피해 의식을 가지며, 결국 범죄인으로 발전될 수 있다.

어린이들은 같은 또래의 어린이들과 함께 성장하고 자란다. 그러나 성추행을 당한 어린이는 자신을 성추행한 사람에게서도 대인관계를 배운다. 그래서 이들은 정상적인 대인 관계와 자신이 경험한 대인 관계가 일치하지 않아서 혼선을 빚는다. 왜냐하면 성추행을 당한 어린이는 대인 관계를 성관계와 관련해서 생각하기 때문이다(Breslin, 1990). 성추행으로 발생되는 심리적 문제를 크게 사후상해 스트레스 장애(post-traumatic stress disorder), 성적 장애(sexual disorders), 섭취장애(eating disorders), 약물남용(substance abuse),

우울증(depression)으로 구분한다(Kinnear, 1995).

DSM Ⅲ(diagnostic and statistical manual of mental disorders III-R)는 성추행을 당한 사람은 보통 사람들이 경험하는 일상적인 일 이외의 것들을 경험한다고 지적한다. 예를 들면, 박탈감(bereavement), 고질적 병(chronic illness), 사업의 실패(business losses), 결혼 갈등(marital conflict) 같은 것들이다. 이런 사람들은 내적으로 심한 공포, 두려움, 무기력을 느낀다. 그래서 성추행을 당한 어린이는 자신의 기억을 잊기 위해서 노력하는데, 이러한 결과는 오히려 심한 정서적 장애를 부른다.

성적 장애란 어린 시절에 성추행을 당한 사람은 성인이 되어서도 정상적인 성관계에서 문제를 갖는다는 것이다. Breslin(1990)은 어린 시기에 성추행을 당한 어린이와 그렇지 않은 집단에 대한 실험에서 유아기에 성추행을 경험한 성인이 성적 문제를 갖는다고 주장한다.

성추행을 당한 사람은 성장해서 섭취장애(eating disorders)를 경험한다(Wiehe, 1990). 이들은 자신의 외모가 괜찮은 것으로 착각하고 다른 사람들이 매력을 느끼지 못하도록 많이 먹거나 안 먹어서 체중을 늘리거나 줄인다(Kinnear, 1995). 또한 이들은 약물중독이나 알코올중독에 걸릴 가능성을 갖는다. 약물류의 중독으로 병원을 찾은 사람들 중에 25%가 어린 시기에 성추행을 당한 경험이 있으며(Wiehe, 1990), 약물중독으로 면접한 118명의 여자 중에서 44%가 어린 시기에 성추행을 당한 경험을 갖는다.

어린 시기에 성추행을 당한 사람은 그렇지 않은 사람들보다 더 심한 우울 증세를 나타낸다. Briere와 Runtz(1988)는 278명의 응답자 중에서 15%가 15세 이하의 어린 시기에 성추행을 당한 경험이 있다는 것, 그리고 이들은 그렇지 않은 사람들보다 더 심한 우울 증세를 나타낸다는 것을 알았다. Wiehe(1990)는 성추행 경험이 있는 여자를 대상으로 한 연구(1990)에서 응답자의 26%가 우울 증세로 병원에 입원한 것, 33%는 자살을 시도했다는 것을 알았다. 성추행과 자살의 관계를 조사한 다른 연구(Deyoung, 1982)에서는 성추행을 경험한 사람들 중에서 50%가 자살을 시도한 적이 있다.

7-4. 유아 성추행을 알 수 있는 표시

성추행은 대체로 어린이들에게 입을 다물도록 강요한다. 그래서 주위의 사람이 성추행을 당했는지 알기 어렵다. 성추행을 당한 어린이들은 평상시와 다르게 신체적 · 심리적 변화를 나타낸다. 그러므로 부모는 이런 변화를 찾아서 어린이의 상처를 달래야 한다.

성추행을 당한 어린이는 임신할 수도 있고, 성병을 가질 수도 있다. 또한 어린이의 성기에 상처, 어린이 성기 주변의 정액, 소변장애 등의 이상이 나타날 수 있다. 성추행을 당한 어린이는 다른 때와 달리 성 관련 그림을 그리거나 이야기할 수 있다. 다른 어린이와 놀이를 할 때, 성적 공격성을 나타낼 수 있고, 성인과 성관계를 제의할 수 있고, 빈번히 자위 행위를 한다. 또한 불면증을 나타내기도 하고, 이불에 오줌을 싸거나 동물에게 잔인성을 보이고, 섭취이상을 나타내며, 우울증과 사회적 회피를 나타낸다.

7-5. 유아 성추행 방지 프로그램

어린이 성추행 취급 프로그램(child sexual abuse treatment program: CSATP)이 1971년 미국 캘리포니아의 싼타그라라에서 만들어졌다. 그 후에 성추행 방지 프로그램이 인기리에 발전되었는데, 이런 프로그램은 ① 대중의 인식 활동(public awareness activities), ② 성추행에 관한 것을 어린이에게 가르칠 부모의 자료, ③ 전문가의 교육, ④ 모든 어린이를 위한 성추행 방지 교육의 4가지로 나누어진다. 미국의 경우 국회에서 각주의 어린이 성추행 방지 프로그램을 지원하기 위해 매년 2천5백만 불의 예산을 집행한다.

1) 부모에 대한 교육

부모들은 자녀의 성추행에 가장 좋은 방어 역할을 하지만, 부모들 자신이 성추행에 관해서 아이들과 대화하는 것을 꺼린다. Finkelhor(1982)는 6~14세 사이의 자녀를 둔 521명의 부모들을 면접하고, 단지 29%만이 아이들과 성추행에 대해서 논의한 것으로 언급했다. 그리고 그러한 논의도 어린이가 9세 경에 했다고 보고하였다. 그러나 성추행의 1/3은 9세 전에 이미 발생되므로 그 전에 교육이 더 필요하다.

2) 전문가에 대한 교육

어린이를 빈번히 만나는 선생님, 경찰, 소아 관련 의무자(pediatricians), 놀이방 선생님은 성추행 예방 방법에 관한 교육을 받아야 한다. Finkelhor(1986)는 전문가 교육 프로그램을 만들 때, 다음과 같은 몇 가지 중요한 사항을 추천한다. ① 전문가는 어린이들이 이해할 수 있는 방법으로 의사소통해야 한다. ② 전문가는 성추행의 가능성을 가진 사람을 찾아야 하고, 성추행 당한 어린이를 찾는 방법을 교육받아야 한다. ③ 전문가는 예민성과 이해로 어린이에게 성추행의 가능성에 관한 질문을 해야 한다. ④ 전문가는 어린이가 성추행을 당했다는 이야기를 할 때, 놀라거나 당황하지 말며, 어린이를 비난하지 않고 대하는 것을 배워야 한다. ⑤ 전문가는 치료와 지원을 위해서 어린이와 가족을 적절한 기관에 소개할 수 있어야 한다. ⑥ 유아 성추행을 방지하기 위해서 전문가들 서로가 기본적인 대화를 할 수 있어야 한다.

3) 어린이에 대한 교육

성추행하려는 사람이 있을 때 어떻게 해야 하는지 어린이에게 성추행에 대한 기본적 교육을 시켜야 한다. 이러한 성추행 교육은 많은 성과를 얻고 있다. 또한 이런 교육에 참여한 어린이는 성추행에 대한 사전 지식을 갖게 되어 어떤 사람이 성추행을 하려 할 때, 자신이 어떻게 행동해야 하는지를 잘 알고 있다. 그러나 문제는 5세 미만의 어린이들이다. 이들에게는 교육을 해도 이해를 못한다. 그래서 전문가들은 어린이의 보호자가 좀더 관심을 가지고 지켜보아야 한다는 주장을 한다. 아울러 될수록 빠른 시기에 교육을 해야 한다는 주장을 하고 있다.

어린이들은 성추행 교육을 받았다 하여도, 8~13개월이 지나면 대부분 잊어버린다(Kinnear, 1995). 그래서 성추행 교육은 6개월 혹은 1년 단위로 반복되어야 한다. Conte(1986)는 어린이 성추행을 예방하는 프로그램에는 다음과 같은 내용이 포함되어야 한다는 주장을 한다.

① 어린이는 자신의 몸을 소유하고, 어떤 사람하고도 이것을 공유할 수 없다는 것
② 이상한 짓(bad touch)과 그렇지 않은 짓(good touch)의 차이를 구별해

야 한다는 것

③ 은밀한 만짐 혹은 어떤 다른 추행을 비밀로 하지 않도록 해야 할 것

④ 어린이가 어떻게 "아니오"라는 것을 말할 수 있는지를 가르칠 것

⑤ 어린이가 성추행을 당하고 있다면, 용감하게 이를 다른 사람에게 말할 수 있는 용기를 줄 수 있는 방법

미국에는 어린이 성추행 예방, 연구, 그리고 상담을 위한 연구소가 61개에 이르고 있다. 예를 들면, ISRN(incest survivors resource network internationa), NCADRC(National Center for Missing and Exploited Children), NCCAN(National Child Abuse Defense and Resource Center, National Center on Child Abuse and Neglect), NCPCA(National Committee to Prevent Child Abuse) 등이 있다.

우리 나라의 경우 성폭력과 성희롱에 대한 논란이 요즈음에 나타나고 있다. 다음 장에서 볼 수 있는 것같이 1999년에 와서야 서둘러 이 두 용어에 대한 정의를 마련하기에 급급한 실정이다. 그래서 어떤 청년은 "여자를 바라보는 것도 성희롱입니까?"라는 질문을 던진다. 대답은 "음흉한 마음으로 바라보면, 성희롱입니다" 그러면 "어떻게 음흉한 것인지 알 수 있습니까?" 애매한 질문에 늘 쉽게 써먹는 말로 "가슴에 손을 얹고 생각해 보세요" 가슴에 손을 얹으면, 본인만 알 수 있으니 방법이 없는 것 같다. 아무튼 우리 나라에서 유아의 성폭력에 대한 제도적 관심이 싹트려 하고 있다.

근친상간의 금기(incest taboo)

어린이 성추행의 상당 부분이 근친상간임을 알 수 있다. 왜냐하면 어린이를 대상으로 한 성추행은 가정에서 발생되는 경우가 흔하기 때문이다. 가정불화, 엄마의 직장 생활 등이 어린이 성추행의 커다란 원인이 되고 있음을 부인하기 어렵다. 근친상간, 특히 아버지와 딸, 엄마와 아들의 성관계는 전 인류가 "금지하고 있는 행동"이다. 그러나 다른 아저씨, 아줌마, 사촌간의 관계는 문화마다 다른 경향을 나타낸다. 근친상간이 금지되는 이유는 생리적, 경제적 이유를 들 수 있다. 같은 가족끼리의 결혼은 옛날 일손이 많이 필요한 시기에는 경제적으로 도움이 안 되는 것이었으며, 생리적 이유는 과거에는 경제적 이유보다 약했지만 과학의 발달로 더 크고 일반화된 이유이다. 그

러나 근친상간은 다른 식구를 안으로 들여와서 경험하는 심리적 갈등을 없애는 이유가 되기도 한다. 인류학자 Mead(1935)는 뉴기니아의 Arapesh족의 관습을 연구하면서, 나이가 많은 노인에게 형제끼리의 결혼을 물어 보았다. 그 노인은 놀라면서 다음과 같이 답변했다 한다. "뭐, 당신은 당신의 누이와 결혼할 수 있는가? 도대체 무슨 말이냐? 당신은 시누이를 원치 않느냐? 당신이 다른 사람의 형제와 결혼하면 두 사람의 형제를 얻지만, 만약 당신이 자신의 형제와 결혼하면 아무것도 얻는 것이 없는 것이야. 당신은 누구하고 사냥하고, 누구하고 농사짓고, 당신은 어디로 마실 가느냐?"(p.84). 위의 노인은 생리적 이유는 모르고 경제적 · 사회적 이유에서 근친상간의 결혼을 반대하고 있다. 이러한 근친상간의 금지적 관습은 또한 가족 내의 경쟁을 예방하는 차원에서도 존재하고 있었다. 근친상간의 금지적 규범이 어떻게 형성되었든지 간에, Foward와 Buck(1978)은 다음과 같이 믿고 있다. "금지적 규범에도 불구하고 근친상간의 뿌리는 우리 모두에게 있으며, 통제할 수 없을 정도로 우리 사회에서 번지고 있다(p.17)". 그러나 결혼하고, 자식을 낳고, 자식의 성장을 책임지고, 자식을 결혼시켜서, 자식의 자식을 낳고 기르는 것을 보는 것이 인간의 근본적 삶이기에 근친상간을 금기시하는 것은 당연하다.

8. 성폭력

미국에서 성폭력 정의의 변화

최근 미국의 한 대학교에서는 한 여학생이 성폭행 혐의로 동료 남학생을 고발한 사건이 발생했다. 그러나 성폭행 여부를 둘러싸고 두 사람의 주장이 크게 엇갈리고 있다. 이 사건은 누가 피해자이고 누가 가해자인지에 대해서 많은 논란을 불러일으켰다. 파티에서 만난 두 남녀가 서로의 동의 아래 성관계를 맺었다. 그런데 다음 날 아침 상대방이 불현듯 성폭행을 당한 것이라고 주장한다면 어떻게 될까? 미국 브라운 대학에서 이 같은 일이 일어나 뜨거운 논쟁거리가 되고 있다. 이 대학 4학년생인 아담은 선배의 방 침대에 누군가 누워 있는 것을 발견했다. 아담이 그 방 바로 옆에 있던 자기 방 냉장고에서 가져온 물을 그 여학생에게 권하자, 여학생은 갑자기 입맞춤을 해 왔다. 그 후 두 사람은 이런저런 얘기를 나눴다. 그러나 6주 후 아담이 전화를 걸었을 때, 그 여학생은 그날 밤 무슨 일이 일어났는지를 기억하지 못했다. 그리고 또 5주 후 여학생은 대학 당국에 자신이 성폭행을 당했다고 보고했다. 브라운 대학의 교칙에는 술을 마셔서 정상적인 판단을 하기 어려운 상태의 학생과 성관계를 맺어서는 안 된다는 내용이 있다. 학생들에게 성폭행의 정의가 무엇인지 물었을 때, 이들은 여성에게 칼이나 총을 들이대고 강제적으로 성관계를 맺는 것만이 성폭행이라는 생각은 구시대적인 발상이라고 말한다. 일부 여성들이 아담의 입장을 옹호하고, 아담의 계속적인 변명에도 불구하고 아담은 3달 후 정학조치를 받았다(YTN, 1998년 8월 8일).

우리 나라에서 성희롱의 정의와 벌칙

성희롱

1999년 1월 6일 직장 내 성희롱 행위에 대한 회사의 책임을 규정한 남녀고용평등법이 '남녀차별금지법'과 함께 국회에서 통과돼 직장 퇴출 0순위는 성희롱을 일삼는 남성들이 될 것으로 보인다. 두 법이 규정하고 있는 성희롱은 '업무와 관련해 언어나 행동 등으로 성적 굴욕감을 느끼게 하는 것'이다. 회사가 성희롱 가해자에게 인사 등 불이익 조치를 취하지 않을 경우 3백만원 이하의 과태료를 물게 하고, 피해자가 문제를 제기했다는 이유로 고용상 불이익을 주었을 때는 5백만 원 이하의 벌금을 물게 한다. 한편 노동부와 각 기업은 '성희롱 가이드라인'을 마련하느라 분주한 모습이다. 노동부는 이달 말까지 외국의 사례를 참조해 구체적인 예규를 만들 예정인데 엄격하게 적용한다는 방침이다. 대표적인 것은 상대방이 원하지 않는 신체적 접촉, 슬쩍 음란물을 보여 주는 행위나 혐오감을 주는 신체의 과다노출도 포함될 것으로 보인다(동아일보, 1999년 1월 8일).

성희롱 처벌을 위한 법률안 3개가 동시에 제정되고 있어 큰 혼선을 빚고 있다. 노동부가 주도한 남녀고용평등법 개정안, 1998년 12월 23일 국회 환경노동위, 대통령 직속 여성특위(위원장 윤후정)가 주도한 남녀차별금지법이 24일 국회 운영위를 통과한 데 이어, 법무부가 마련중인 인권법도 이번 임시국회에 상정될 예정이다. 3개 법안은 성희롱의 개념, 성희롱 판정의 주체, 제재의 강도 등에서 차이가 난다. 같은 성희롱이라도 노동부에 회부되면 3백만원 이하의 과태료, 여성특위에 넘겨지면 시정 명령과 1천만원 이하의 과태료,

> 국가인권위로 가면 시정권고 처분을 받게 되는 결과가 나온다. 정부 3개 부서가 3개의 다른 기준으로 성희롱과 여성차별을 처벌하겠다는 입장 차이를 보이고 있다(조선일보, 1998년 12월 27일).

사회의 발전과 더불어 성범죄는 놀라울 정도로 신속하게 증가하고 있다. 따라서 성범죄의 정의도 엇갈리는 차이를 나타내고 있다. 이제 우리 나라에서 부각되는 사회 문제로서 성 관련 범죄에 대해 정의에서부터 처벌에 이르기까지 관심을 기울여야 할 시기에 이르렀다. 성희롱과 성폭력 행동이 서로 구별 없이 그냥 성범죄라는 용어로 섞여서 사용되고 있지만, 이들 정의에 대한 구별이 필요하다. 성희롱은 위의 예문에서와 같이 상대방의 의지와 상관없는 성적 장난이고, 성폭력은 신체적, 강압적 힘에 의한 성관계를 의미한다. 본 절에서는 성희롱보다는 성폭력에 초점을 맞추고 그에 대한 원인과 피해자에 대한 심리적 변화에 관심을 모으고자 한다.

보건복지부에 의하면 우리 나라에서 강간 사건으로 보고된 것은 1998년 36건이며, 성적 불만(sexual complains)과 관련된 사건은 12,540건에 이른다. 1997년에 비해서 58%가 증가한 셈이며, 1995년에 비해서는 400%가 증가한 수치이다. 실제 보고된 것보다 추정에 의하면, 강간은 4,649건, 성적 학대(sexual assault)가 4,832건이다. 이 중에서 10살 이하가 619건으로 전체의 5%, 10세에서 13세는 1,830으로 15%에 이른다. 또한 이들 강간 사건의 74%는 피해자가 사건 전부터 이미 알고 있는 사람들이었다.

미국의 한 통계에 따르면 폭력범죄의 피해자는 어떤 특정한 사람이 정해져 있는 것이 아니라, 우리 모두가 될 수 있다. 왜냐하면, 우리들 모두가 암과 화재의 희생자가 될 수 있는 가능성을 지니고 있지만, 이것보다 더 높은 가능성을 지닌 것이 성적 폭력범죄의 피해자가 되는 것이다(Bugess, 1991). 더욱이 성폭력 범죄의 증가율이 다른 폭력범죄보다 더 높아지고 있다는 점을 감안한다면, 성폭력 범죄의 피해자로 변할 수 있는 가능성은 점점 더 커진다는 의미로 해석할 수 있다.

성범죄의 피해자들은 사건이 있은 지 수년이 지나도 함구무언으로 지낸다(Williams, 1984; Williams & Burkhart, 1990). 왜냐하면 이들은 사회로부터 동정을 얻기보다는 오히려 냉대를 받기 때문이고(Tetreault & Barnett, 1987),

더욱이 피해자들이 공식적으로 보고를 하였을 경우에 상담이나 재판 등에서 다시 피해자가 되는 경우가 있기 때문이다(Burt, 1980). 이러한 이유 때문에 성범죄에 대한 사건 발생 정도는 베일에 가려 있는 셈이다(Koss & Burkhart, 1989).

다른 범죄의 결과보다 더 심각할 수 있는 강간은 사회에서 실제보다 비중 있게 받아들여지지 않는다. 예를 들어 강간은 우리들의 삶에서 심리적 문제를 야기시키는 스트레스의 심각한 원인으로 받아들여지지 않는데, 이것은 강간의 사례가 눈에 띄게 많지 않고, 희박한 사례까지도 피해자에 의해 숨겨지기 때문이다.

강간은 성폭력의 가장 대표적이고, 가장 관심의 대상이 되는 것이라고 할 수 있다. 그러나 강간이 사회에서 심각하게 받아들여지지 않는 이유 중의 하나는 강간에 대한 사회적 신념이 지배적이기 때문이다. Ward(1995)에 따르면, ① 모든 여자들은 강간당하기 원한다. ② 어떤 여자도 의지와 상관없이 강간당할 수 없다. ③ 여자들은 강간을 요구하고 있다. ④ 만약 당신이 강간당한다면, 당신은 그것을 즐길 수 있다(p.26). 위의 Ward의 주장이 매우 이상스럽게 받아들여져서 많은 여자들을 노하게 만들 수 있다. 그러나 설명을 위해서 일단 그의 주장을 사회적 신념으로 받아들여 보자. 아무튼 Ward는 성폭력에 대해서 사회적 통념상 남자보다는 여자가 비난받아야 한다는 것을 주장하고 있다. 그래서 Barky(1990)는 강간에 대해서 "여권 옹호적 의식은 희생자적 의식이다"(p. 15)라고 결정적인 주장을 하였다. 다시 말하면, 여성의 항변은 희생자로서의 생각이고 사회의 일반적 신념은 그와 다르다는 의미이다. 성폭력의 희생자들은 남성 위주의 사회에서 옹호받고, 주목받기 어렵다.

어떤 사건이 강간이냐 아니냐 하는 문제는 간단히 해결할 수 있는 사건이 아닌 것 같다. 왜냐하면 사회적 신념이 여자는 의지가 강하면, 강간을 당하지 않을 수 있다는 생각이 강하기 때문이다. 통계 자료가 가리키는 것같이, 우리들이 가지고 있는 일반적 신념은 강간의 규명을 더 어지럽게 만든다. 예를 들어, Ward 등(1995)의 연구에서 "여자가 강간을 당한다면, 그것을 즐길 것이다"라는 진술문에 대해서 여자의 7%, 남자의 17%가 긍정적 대답을 하였다. 그리고 여자의 8%, 남자의 32%는 "어떤 여자가 강간을 당하는 것은 좋은 일이다" 또한 여자의 4%, 남자의 17%는 "대부분의 강간은 여자들이 요구한다"라고 응답하였다. 일반적으로 생각할 때, 위의 질문에서 여자들 거의 모두가 "아니오"라는 응답을 해서, 그들의 답이 차지하는 백분율이 "0%"일 것으로 기대된다. 그러나 적지 않은 수의 여자들이 강간에 대해서 긍정적인 응답을 한 것은 간단히 간과하기는 어려운 일이다.

이러한 종류의 반응이 여러 나라에서 비교 연구되었다. Ward와 그의 동료들(1988)에 의해서 진행된 연구를 보면, "건강한 여자라면 강간에 저항할 수 있다"라는 질문에 미국 대학생의 20%, 독일 7%, 영국 8%, 이스라엘 22%, 터키 45%, 인도 50%, 말레이시아, 56%가 "예"라고 응답하였다. 특히 각국의 응답 중에서 강간에 책임을 가지는 쪽은 남자라는 응답율이 50% 미만이라는 것이다. 이 말은 결국 성폭행의 상당 부분이 여자에게도 책임 있다는 의미이다. 성폭력은 이런 저런 이유 때문에 공식적 자료도 부족하고 심각한 사회의 관심거리로 등장되지도 않았다. 그러나 피해를 당한 여자들의 호소는 이제 수적으로도 사회의 관심을 끌기에 충분하다고 생각한다.

이러한 취지에서 성폭력을 구분하고 정의하기 위한 노력으로 Bugess와 Hartman(1991)은 강간 피해자의 면접가이드(the dimensions of rape interview schedule; DORIS)를 개발하였다. 이 지침서는 강간을 하나의 경험으로 간주하고, 강간 사건 자체에 관한 정보처리 모델을 만들고 이것을 일반적 정보처리 과정과 비교하였다. 보통 정보는 감각적, 지각적, 인지적, 대인 관계적 차원에서 처리된다. 이와 마찬가지로 강간의 경험도 이러한 차원에서 정보처리되는 것으로 간주하고 지침서를 마련하였다. Bugess와 Hartman은 강간 희생자 가이드를 통해서 강간의 유형, 피해자와의 관계성, 폭력적 특성, 사건의 특성, 피해자의 반응 등을 헤아리는 관심을 가졌다.

강간은 일반적으로 3가지 요소-삽입(penetration), 저항(抵抗, nonconsent), 위협 혹은 공갈(threat: force)을 포함한다. 이러한 3요소가 개입되지 않으면, 사실상 강간으로 보기는 어렵다. 이런 요소들이 포함되었는지를 가늠하기 위해서 Buess와 Hartman이 개발한 DORIS는 희생자에 대한 강간의 유형, 희생자와 가해자의 특성, 강간 장면, 강간시 가해자의 언어 등이 세세히 검토되고 있다. 왜냐하면 이러한 자료를 통해서 희생자와 상담을 하고 신체적, 정신적 회생의 길을 찾을 수 있기 때문이다.

강간 면접 스케줄의 유목(dimensions of rape interview schedule)
강간의 유형(type of abuse) (Ward, 1995)

1. 신체적 행동(physical acts)

   a. 치고 때림(hit, punched, or beaten)
   b. 자르고, 찌르고 혹은 깨물음(cut, stabbed, or bitten)
   c. 묶기, 입을 막기 혹은 눈가리기(tied up or restrained, gagged, or blindfolded)
   d. 기거나 걷도록 강요함(forced to walk or crawl long distance)
   e. 화상을 입힘(burned)
   f. 약물을 주거나 혹은 알코올을 강요함(given drugs or alcohol)
   g. 기타, 기술(other, describe)

2. 성적 행동(sexual acts)

   a. 폭력에 의한 오랄 섹스(oral penetration by assaliant/object, oral sex)
   b. 삽입(vaginal penetration by assaliant/object, sexual intercourse)
   c. 항문 섹스(anal penetration by assaliant/object, anal sex)
   d. 다른 사람에 의해서 폭력 장면이 목격됨(assault witnessed by other people)
   e. 다른 사람의 성행위를 목격한 희생자(victim witnessed sexual acts of others)
   f. 춘화도 같은 것들이 보여짐(pornographic materials used or produced)
   g. 기타, 기술(others, describe)

3. 무기의 사용(use of weapon)

   a. 총(gun)
   b. 칼(knife)
   c. 기타, 기술(other, describe)

4. 위협(Threats)

   a. 죽일 것 같은 위협(threatened with death)
   b. 신체적 위협(physical injury)
   c. 수입이나 기쁨에 대한 손실의 위협(threatened with loss of joy or income)
   d. 사랑하는 사람의 신체적 상해에 대한 위협(threatened with harm to loved ones)

e. 재강간에 대한 위협(threatened with repeat rape)

f. 기타(other)

5. 희생자와의 관계성 그리고 폭력적 특성(assailant characteristics and relationship to victim)

a. 언어적 사용(verbal strategies)

① 위협(threats)
② 명령(order)
③ 희생자에게 접근이 용이하도록 계획(ploy used to gain access to victim(confidence line)
④ 희생자가 요구한 것처럼 유도(personal inquiries of victim)
⑤ 사실에 대한 폭로(personal revelations by rapist)
⑥ 오명/인종적 악담(obscene names/racial epithets)
⑦ 강요된 희생자의 성적 반응에 대한 악용(exploitation of victim' s forced sexual response)
⑧ 호소, 안전한 귀가, 사회 생활에 지장 없음(soft-sell departure(apologies, safe return, socializing)
⑨ 성적 제압(sexual put-downs)
⑩ 희생자를 소유함(너는 이제부터 내꺼야)(possession of victim. You are mine now.)
⑪ 동반자이기를 요구(taking property from another male, partner statements)

b. 강간자와 희생자의 관계(relationship of rapist to victim)

① 낯선 사람(stranger)
② 친구 혹은 친한 사람(acquaintance or friend)
③ 前동거자 혹은 배우자(former spouse or cohabitant)
④ 데이트 상대(date)
⑤ 권위자(기술하도록)(authority figure, describe)
⑥ 친척 혹은 법률에 의한 친척(relative or in-law)
⑦ 기타, 기술(other, describe)

c. 가해자의 특성(assailant characteristics)

① 성별(gender)
② 연령(approximately age)

③ 인종(race/ethnicity)
④ 알코올이나 혹은 약물의 사용(use of alcohol or drugs)

d. 사건의 특성(event characteristics)

① 여러 명의 가해자(multiple rapists)
② 여러 명의 희생자(multiple victims)
③ 시간, 달, 요일, 밤, 낮(time of day/night, approximately date, month and year)
④ 장소와 여건(location/setting)
⑤ 강도 혹은 다른 범죄의 포함 여부(robbery or other crime committed)
⑥ 공격 시간(duration of attack)
⑦ 잠에서 깨었는지 여부(awakened from sleep)
⑧ 기타, 기술(others, describe)

e. 희생자의 특성(victim characteristics)

① 인종(race)
② 사건 당시/현재의 연령(age at time of attack/now)
③ 사건 당시/현재 교육 정도(education at time of attack/now)
④ 사건 당시/현재 직업(occupation at time of attack/now)
⑤ 사건 당시/현재 결혼 상태(marital/relationship status at time of attack/now)

6. 사건 후의 변화(response/aftermath)

a) 강간에 대한 반응으로 나타난 생의 변화(life change in response to rape)

a. 거주지 변경(change in residence)
b. 대인 관계의 변화(change in significant interpersonal relationships)
c. 직업/작업 시간의 변경(change in job, shift, or hours worked)
d. 전화번호 변경(change in telephone number)
e. 수면습관, 시간의 변화(change in sleep habits, times)
f. 자물쇠 점검과 같은 행동이 나타남(use of rituals such as checking locks, etc)
g. 약물/알코올의 증가, 혹은 감소
(use of drugs/alcohol increased/decreased/same)
h. 직업 목표/생의 변화(change in life/career goals)
i. 체중감소/증가, 섭취습관 변화(change in eating habits/weight(loss, gain)

b) 강간으로 인한 다른 변화(other consequences of rape)

a. 신체적 발병 정신-신체적 불만 호소, 영원한 신체적/심리적 불능 (development of physical illness/somatic complains, permanent disability)
b. 정서적/심리적 발달장애(development of emotional/mental disorder)
c. 성기능 발달장애(development of sexual difficulties)
d. 성병의 발생(development of sexually transmitted disease)
e. 임신-인공유산, 출산, 결혼 실패(pregnancy-abortion, miscarriage, birth)
f. AIDS 검사(victim or rapist tested for HIV)
g. 기타, 기술(others, describe)

위의 질문지에서 알 수 있듯이 희생자가 받는 심리적 혹은 신체적 상해는 각각의 상황에 따라서 다를 수 있다. 예들 들어, 자신의 사건이 다른 사람에 의해서 목격되었지만, 그들이 사건을 막을 수 없었을 경우에 희생자가 받는 정신적 고통은 그렇지 않은 상황보다 더 심각할 수 있다. 또한 약물이나 알코올을 강요받았다면, 상담자는 희생자가 HIV(human immunodeficiency virus)에 노출되어서 AIDS(autoimmune deficiency disease)에 감염되었는지에 관심을 기울여야 한다.

실제로 성범죄자들이 강간 후에 AIDS를 전염시킨 자료를 얻고 있다(Forster, Pritchard, Munday, & Goldmeir, 1987; Murphy, Kitchen, Harris, & Forster, 1989). 더욱이 가족이 지켜보는 가운데서 강간 장면이 행되었다면, 희생자는 물론이고 그것을 지켜보는 가족들의 분노, 그리고 말할 수 없는 감정의 복합성이 모두를 사로잡을 것이다. 이러한 경우에 피해자는 물론 가족 모두에게 심리적 치료가 주어져야 할 것이다.

가정 파괴범

만화가 이모씨 집 강도살인 사건을 비롯해 서울 강남 일대에서 30여 차례에 걸쳐 강·절도와 성폭행을 일삼아 온 10대 떼강도 12명이 경찰에 검거됐다. 서울 수서경찰서는 22일 서울 강남 지역 주택가에 침입해 부녀자를 집단 성폭행하고 금품을 빼앗는 등 강도와 가정 파괴 행위를 저질러온 김모(18, 서울 강동구 암사동)군 등 일당 12명을 강도살인과 특수강도강간 등 혐의로 구속하고 달아난 허모(17, 무직)군을 수배했다. 경찰에 따르면 이들은 1998년 4월 14일 오전 4시50분께 서울 송파구 석촌동 이모씨 집에 침입, 이씨의 어머니 윤모(73)씨를 흉기로 찔러 살해하고 1천2백만여 원 상당의 금품을 빼앗아 달아나는 등 모두 30차례에 걸쳐 2억6천만여 원을 털어 온 혐의다. 이들은 지난 1998년 3월 3일 서울 광진구 능동의 한 주택에 침입해 모녀를 4명이 함께 성폭행한 것을 비롯, 모두 3차례에 걸쳐 부녀자 4명을 집단 성폭행하는 등 가정 파괴를 일삼아 왔다(한국일보, 1998년 5월 22일).

가해자의 언어적 표현을 통해서 그의 공격 스타일과 동기를 찾을 수 있다(Holmstrom & Burgess, 1980). 아래의 언어적 표현은 115명의 피해자를 병원 응급실에서 면접하고 정리한 것이다(Holmstrom & Burgess, 1980). 이러한 언어적 표현은 "웃어라, 죽여 버릴 꺼야", "성행위가 재미없었다", "성행위가 재미있었다", "너는 내 것이야" 혹은 나긋나긋한 작별 인사 등을 포함한다.

낯선 사람에 의한 것이 친숙한 사람에 의한 강간보다 더 강한 심리적 반응을 나타낸다(Koss, Dinero, Seibel, & Cox, 1988; Kilpatrick, Best, & Saunder, 1987). 피해자와 가해자의 관계는 사건에 대한 피해자의 의미와 지각에 영향을 준다. 즉 친숙한 사람으로부터의 강간은 오히려 장기간 동안 좋은 관계를 지속하게 할 수 있다(Alzenon & Kelley, 1988; Koss, et al., 1988). 이와 관련된 연구에서 데이트할 때, 강간을 당한 짝은 사건이 있은 후에도 관계를 계속한다는 결과가 있다(Alzenon & Kelley, 1988). 이것을 보아서도 낯선 사람에 의한 강간이 훨씬 더 큰 심리적 영향을 주고 있음을 알 수 있다.

강간은 사건 후에 생의 상당 부분을 변화시킨다(Divasto, 1985; Frank & Stewart, 1984; Ipema, 1979). 피해자들은 수면장애(Libow & Doty, 1979; Binder, 1981; Forman, 1980)와 알코올과 약물남용자(Divasto, 1985, Mezey & King, 1989)가 될 수 있다. 또한 식욕을 통제하지 못해서 과체중을 가질 수도 있으며(Divasto, 1985; Frank & Stewart, 1984), 신체적(Binder, 1981), 정서적 장애(Kilpatrick, et al., 1987; Myers, 1987)로 고통받을 수 있다. 또한 성적 기능에 장애를 가질 수도 있고, 성병을 옮는 경우도 있다.

앞에서 제시한 질문의 내용을 보아서도 알 수 있듯이, 강간을 당한 피해자의 신체적, 심리적 부담은 매우 크지만 지금까지는 단기간의 영향만을 주시하였고 장기간의 영향에 관한 연구는 많지 않았다. 어린 시기에 성추행을 당한 어린이가 성장했을 때, 악몽(nightmares), 플래쉬백(flashback)[11], 사고의 단절(dissociation), 수면장애(sleep disturbance)와 같은 외상 후 스트레스(post traumatic stress)를 경험한다(Briere & Runtz, 1987; Putnam, 1988). 또한 걱정과 불안(Bagley & Ramsay, 1986; Peter, 1988), 대인 관계장애(interpersonal dysfunction; Bagley & Ramsay, 1986; Elliott & Gabrielson, 1990), 성기능장애(sexual problems; Briere & Runtz, 1990; Elliott, 1987; Gold, 1986)를 나타낸다. Elliot와 Bierre(1990)는 처음 성추행을 당한 시기와 조사 시기의 기간이 평균 9.3년이고 사건 당시부터 14년이 지난 부인들의 연구에서도 앞서 발표된 연구 결과를 지지하는 결과를 발표하였다.

대학 캠퍼스에서 성적 추행

성폭력 당한 여자

미국 대학 캠퍼스에서 성적 추근거림(sexual harassment)을 경험한 여학생의 20~30%가 교수로부터 성적 괴롭힘을 당하고, 15%가 강간당한 것으로 추정된다(McCormack, Azarovitz, Eddy, Michaud, Pailes, & Lowell, 1991). 성적 추근거림(sexual harassment)은 고의적, 반복적으로 요구하지 않은 언어와 신체적 접촉이 공격적인 경우를 의미한다. 물론 위의 통계치는 외국의 사례이며, 우리 나라의 경우는 아니다. 그러나 요즈음 간간이 한국 대학 캠퍼스에서 이러한 문제로 세간의 귀를 기울이게 하는 사례가 일어나고 있다. 무풍지대에 바람이 일고 있는지 혹은 은폐되어 오던 사례들이 밝혀지는지 분간하기 어려우나 문제들이 발생되고 있다.

8-1. 성폭력 범죄자들의 특성

성범죄자들은 그렇지 않은 사람에 비해서 아주 일찍이 성행동에 빠져 있었던 사람들이며, 아주 강한 성적 욕구를 갖는다기보다는 오히려 자신이 힘을 구사할 수 있는 한 표현으로써 단순히 성행동을 하는 것이다. 이들이 다른 사람들과 비교될 수 있는 것은 성에 대한 호기심을 일찍부터 갖는다는

11) LSD 금단 증세의 하나. 중독자가 복용 중지 후 장기간이 지난 뒤, 자기가 제정신을 잃은 것은 아닌가 하는 생각에 빠지는 증상

것이다. 이들은 친구의 집이나 자신의 집에 있는 모든 사람을 관심의 대상으로 삼는다. 그래서 문틈을 통하여 자신의 형제와 부모는 물론 친구의 식구들까지 훔쳐본다. 이런 이유 때문에 성범죄자들에게서 근친상간의 경험(incestuous experiences)을 떠올리기 쉽고, 이들과 형제들간의 성관계의 사례를 찾는 것도 어렵지 않다(Yochelson & Samenow, 1976)

성범죄자들은 자신과 가까이 있는 사람－엄마, 선생, 형제－들과의 백일몽이나 성적 환상에 빠진다. 그러므로 이런 사람들은 수많은 성적 백일몽을 통해서, 실제 경험을 얻게 된다.

성범죄자들은 그렇지 않은 사람에 비해서 다양한 파트너를 찾는다. 이들은 파트너를 사람으로 보기보다는 몸(body)으로 보는 경향이 있어 파트너를 유방, 엉덩이(buttocks), 허벅지(tighs)로 간주한다(Yochelson & Samenow, 1976). 또한 이들이 소년기에 자위 행위를 할 때, 눈에 그려질 수 있는 어떤 성인도 포함한다. 이러한 환상은 결국 강간의 요소가 될 수도 있다. 물론 정상적인 소년도 자위 행위를 하겠지만, 성범죄자와 다른 것은 습관적이 아니라는 것이다.

어떤 성범죄자는 자위 행위를 아주 드물게 하는데 이유는 신체적으로 나쁘고 재생산 능력을 저해한다고 생각하기 때문이다. 그리고 어떤 사람은 자위 행위 자체를 나약함의 표시로 생각하거나 파트너를 찾지 못하는 사람만 하는 것으로 생각하는 경향이 있기 때문이다. 이들은 자위 행위를 나쁜 행동으로 보지는 않지만, 연약한 사나이의 행동으로 생각하기 쉽다.

성범죄자들은 점점 성장하면서 거칠어지고, 용감해진다. 그렇지만 대부분 이들은 조루의 문제를 갖는다. 그래서 이들에게 성행위 자체는 흥미가 없다. 어찌 생각하면 이들에게 성행위 자체는 투쟁이다. 그러한 이유 때문에 이런 사람들은 일이 끝나기 무섭게 그 자리를 떠나고 만다. 이런 성범죄자들은 자신의 성 능력을 평가할 수 없는 대상, 경험이 없는 어린이를 찾는다. 그래서 어떤 성적 범죄자는 자신보다 훨씬 나이가 많은 할머니를 선호한다(McGeorge, 1964). 왜냐하면, 그러한 여자들은 성에 관심이 없기에 자신의 부족함을 나쁘게 평가하지 않을 것이라는 생각을 하기 때문이다. 또한 이런 성범죄자들은 자신의 성 능력에 자신이 없으므로, 완전한 능력을 인정받을 수 있는 어린이를 선호하고, 자신의 능력을 평가할 수 있는 여자는 좋아하지 않는다.

성적으로 강한 사람은 자신의 능력을 성의 어느 한계에 두지 않기 때문에 성 자체에 만족하지 않는다(McGeorge, 1964). 이들은 힘의 과시, 통제감의 표현으로 강간을 하는 것이지, 성적 만족은 뒤로 한다.

성범죄, 특히 강간은 자신의 성적 능력을 과대 혹은 과소평가할 때 일어날 수 있다. 이러한 사람들은 현실적으로 만족스런 파트너를 만나기 어렵다는 판단에서 정상적인 사람들보다 성에 대한 백일몽을 많이 꾸고, 환상적 장면을 자주 그리기 때문에 범죄에 스며들기 쉽다. 이러한 백일몽과 환상이 현실적으로 가능할 때, 이들은 현실로 옮길 수 있는 과감성도 동시에 갖는다. 왜냐하면, 이들은 McGeorge가 지적한 것같이 다소 거칠고, 과격하게 성장한 사람들이기 때문이다.

다른 범죄와 달리 강간은 사회적, 가정적, 혹은 희생자 자신의 문제를 더 야기시킬 수 있는 여지를 포함하고 있기 때문에 은폐되는 경우가 다반사다. 사건의 희생자는 사건의 아픔을 가슴에 안고 있자니, 평생을 두고 괴로움을 당해야 하는 아픔이 있다. 또한 밖으로 노출하자니, 세간의 눈총이 뜨거워 피할 곳을 찾아야 하는 어려움을 함께 갖는다. 그러나 이제 이러한 성관념에서 벗어나서 우리들의 가치관도 빠르게 변하고 있다. 성관념의 전환은 은폐된 사실들을 밖으로 끌어 내고 있다.

성희롱 제보전화는: 02-369-2848/1177

CHAPTER 8

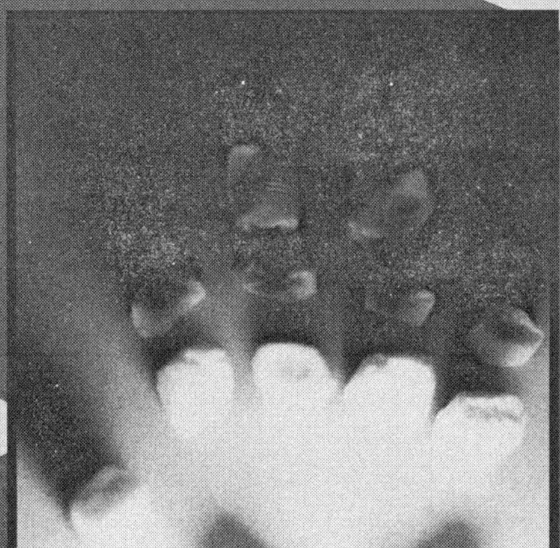

제8장

범죄피해자(criminal victims)

제7장의 범죄 종류와 원인에서 범죄피해자에 대한 신체적, 심리적 상해에 대한 설명을 해 왔지만, 그러한 설명은 단지 범죄 피해자 당사자에 대한 변화를 다룬 것이다. 그러나 본 장에서는 범죄 종류별 상해를 구체적으로 다루기보다는 일반적으로 범죄와 관련된 피해를 역학적 관계에서 검토할 것이다. 예를 들어, 범죄는 범죄피해자 당사자만의 문제로 끝나는 것이 아니라, 그의 주변 사람도 같이 피해를 입는다. 피해자와 주변 사람들은 심리적 고통에 더해서 증인으로써 역할, 면담, 어떤 법적 과정을 밟을 수도 있다. 또한 앞장에서는 범죄의 원인에 초점을 맞추면서 설명을 해 왔지만, 이 장에서는 범죄의 원인보다는 오히려 범죄피해자라는 의미에 초점을 맞춘다. 그래서 이들이 사회로부터, 국가로부터 받고 있는 관심도 아울러 살펴보게 된다. 범죄피해자가 처음 만나게 되는 경찰의 역할, 임무 등도 범죄피해자와의 관계에서 중요한 위치를 차지한다.

노태우 전 대통령은 "범죄와의 전쟁"을 선포했다. 전쟁은 "국가와 국가간의 싸움"이다. 단어의 해석대로라면, 범죄를 하나의 다른 이방으로 생각하고, 싸움을 하겠다는 의미로 받아들일 수 있다. 그래서 범죄와의 전쟁이지만, 따지고 보면 결국 자국민인 범죄자를 적국의 국민으로 생각하고 전 국민의 생명을 건 한판 승부를 하겠다는 단호한 결정이다.

범죄소탕을 위해서 취할 수 있는 많은 단어들이 있지만, 왜 하필이면 전쟁이라는 단어를 선택했느냐는 반문을 할 수 있다. 그러나 이러한 결정의 원인은 범죄로 인한 피해자가 견디기 힘들 정도로 많다는 것으로 해석할 수 있다. 1997년 통계에 의하면, 우리 나라 10가구 중 한 가구가 범죄의 피해자다. 물론 가족 전체가 피해자거나 가족 중의 어느 한 사람이 범죄의 피해자일 수 있다.

범죄가 어느 정도 심각한가는 우리 주변의 상황을 돌아보면 잘 알 수 있다. 예를 들어, 은행에 들어가면, 어김없이 카메라가 돌아가고, 청원 경찰이 무기를 소지한 채 감시를 한다. 상점에는 홀 안 전체를 볼 수 있는 볼록거울이 손님의 행동을 감시하고, CAP의 사업은 날로 번창하고 있다. 우리들이 단독주택보다는 아파트를 더 선호하는 가장 주된 원인은 바로 방범의 효과 때문이다. 가정파괴범들이 주로 범죄의 대상으로 삼았던 것은 단독주택이었다는 것을 우리는 기억하고 있다. 정부가 시민의 치안을 위해서 부단히 노력하지만, 불안한 개인은 스스로 범죄의 피해자가 되지 않으려는 노력을 나름대로 경주하고 있다.

지금까지 우리 사회는 범죄의 원인과 예방, 범죄자의 처벌에 관심을 가져왔지만, 범죄피해자에 대한 관심은 거의 없었다. 그래서 범죄의 피해자는 "왜 모두는 안전한데, 나만 당했는가?"라며 억울하다는 생각에서 스스로에게 질문을 할 수 있고, 그를 지켜보는 사람들은 "그 사람 꽤나 재수 없네", "그 사람 안 됐다"는 식의 아무런 도움 없는 반응을 보이는 경우가 대부분이다. 물론 정부가 범인을 검거해서 벌을 주고 있지만, 피해자는 어처구니없이 당한 희생에 대해서 보상은커녕 억울함을 호소할 곳조차 없다. 다행히 피해자가 보험에 가입하고 있었다면 금전적 보상을 받을 수 있지만, 이것 역시 개인의 노력이지 사회적 측면에서의 보상은 아니다.

미국의 전대통령, Ronald Reagan은 1981년에 "전국 범죄피해자 주간(national victims of crime week)"을 선포하고, 범죄 피해자에게 관심을 보이기 위해서 매년 공식행사를 갖었다. 또한 5,000개 이상의 피해자 서비스 프로그램이 실시되고 있어서, 피해자에 대한 응급조치(emergency care), 위기방지(crisis intervention), 상담, 피해자 보상(예, 범죄로 인한 실직 수당), 증인보호, 공적 교육, 법정 관련 서비스 등을 실시하고 있다.

우리 나라에 "119", "사랑의 전화"와 같은 서비스가 있지만, 이것 역시 재난을 당한 사람을 구한다든가 고민중에 있는 사람의 상담 및 자살 방지 등의 기능만을 갖는다. 우리 나라에서 실시되고 있는 범죄피해자에 대한 서비스는 눈에 띄지 않지만, 방치할 수 없을 정도로 많은 수의 피해자가 있기에 정부도 피해자에 대한 관심을 표명해야 할 수준에 이른 것 같다.

범죄피해자에 대한 관심이 여러 나라에서 보여진다. 이를 반영하는 것으로 1989년 최초로 국제 범죄 피해자 조사(international crime(victim) survey)가 14개 국가에서 실시되었고, 1992~1994년 국제 범죄피해자 연구(UNICRI, 1995)를 하였지만, 이러한 집단 연구에서도 한국의 개입을 찾아볼 수 없다. 이로 보아서 우리 나라는 범인색출에 급급하고, 범죄피해자들에 대한 관심은 생각조차 못 하고 있는 실정이다.

범죄피해학(victomology)은 1940년에 Mendelsohn이 그 용어를 사용한 것, 1948년에 Hentig가 범죄자와 그의 희생자(the Criminal and His Victim)이라는 책을 출판한 것으로부터 시작되었다고 할 수 있다. 이때는 학문으로써 보다는 피해자에 대한 관심에 있었다. 이렇게 피해자에 대한 생각을 갖게 된 것은 보다 나은 사회의 건설과 2차 세계 대전 후에 새로운 사회와 경제의 재건에 대한 관심이 효시가 되었다(Elias, 1986; Wallkate, 1989). 그러나 본서는 범죄피해학(victimology)이라는 학문으로서 전체를 다루기보다는 피해자들의 심리적 상태에 더 관심을 가질 것이다.

범죄의 피해자는 직접적 혹은 간접적 희생으로 나누어서 생각할 수 있다. 물론 직접적 피해자는 범죄자에 의해서 신체적, 물질적, 심리적 상해를 당한 사람이며, 간접적 피해자는 범죄피해자의 주위 인물들이다. 예를 들면, 살해당한

사람의 부모와 형제, 강간을 당한 사람의 연인 등이 바로 간접적 피해자이다.

범죄의 희생은 일차적, 이차적 희생으로 생각해 볼 수 있다. 일차적 희생은 피해자가 범죄로부터 직접 받는 상해이며, 이차적 희생은 피해자가 범죄 사건 후에 범죄와 관련해서 당하는 희생으로, 범죄 때문에 타인에 의해서 당하는 심리적 고통을 의미한다. 예를 들어, 살인을 당한 가정에 대한 주위 사람들의 반응은 여러 가지일 수 있다. 살인당한 사람의 주변 인물들은 범죄의 원인을 추궁하는 기관에 이리저리 불려 다녀야 한다. 그리고 주위의 사람들은 살인 사건이 발생한 집에 발걸음을 옮기기 싫어할 것이다. Symonds(1980)는 이러한 희생을 이차적 범죄희생(second wound crime victims)이라고 부른다. 제7장에서 예문으로 제시한 경기도 화성 연쇄살인 사건에서 조사를 받은 지역 주민은 무려 3만여 명에 이른다. 화성에서 발생된 살인 사건이 모두 9건이지만, 이로 인해서 피해를 입은 사람은 살인 희생자 한 명당 3,300명에 이른다. 이 같은 숫자는 화성군에 살고 있는 웬만한 장정은 모두 다 포함된 것으로 보아야 한다.

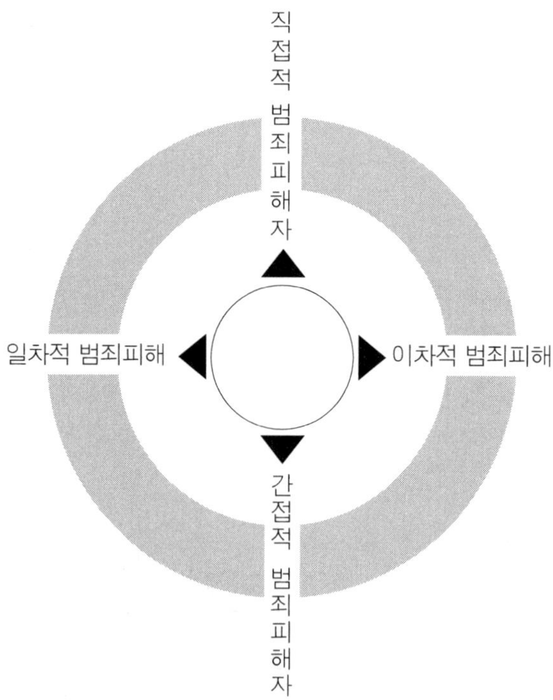

〈그림 8-1〉 범죄피해자

일차적 희생에 비해서 이차적 희생은 약할 수도 있지만, 범죄와 관련해서 또다시 심리적 고통을 당하는 것은 엎친 데 덮친 격으로 피해의 아픔은 가중될 뿐이다. 1999년 중반 우리들의 관심을 모았던 사건에서 신모씨에게 2억여 원을 털리고도 세간의 눈이 두려워 신고하지 못하던 사람은 신씨의 검거로 자신의 사건이 알려지게 되었다. 그래서 돈을 털렸다는 일차적 피해보다는 세간의 눈을 더 두려워하는 이차적 희생에서 더 큰 마음의 상처를 받았을 것으로 짐작된다.

직접적 피해자는 물론이며, 간접적 피해자 역시 어려움을 당한다. 이들은 직접적 피해자가 경험하지 못한 다른 측면에 고통을 더 얹어 받을 수도 있다. 예를 들어서 성폭력을 당한 사람의 부모 혹은 애인의 경우가 그런 것이다.

1. 일차적/이차적 범죄피해자

범죄피해자의 심리나 행동을 어떻게 묘사할 수 있을까? 애지중지하던 물건을 도난당한 사람은 그것이 어느 곳엔가 분명히 있을 것이라는 생각에 찾고 또 찾게 된다. 며칠 동안 잃어버린 물건에서 헤어나지 못하고 거기서 맴돈다. 당한 범죄가 절도가 아니라 강도였다고 가정하자. 이 글을 읽고 있는 사람 자신이 강도를 당했다고 가정해 보자. 어떤 행동이나 심리적 상태를 그릴 수 있을까? 강도의 장면은 끔찍해서 상상하기조차 싫을 것이다. 강도를 당한 후에 사람들은 아마도 전과 비슷한 시간이나 장면을 피하려 하는 아주 소극적인 사람으로 변할 수 있다. 또한 강도와 비슷한 사람을 만나면 경계부터 하고 볼 것이다. 그리고 이런 행동을 하는 사람의 미래는 발전적이지 못할 것이 분명하다.

범죄피해자는 신체적, 경제적, 심리적 손상을 입는다. Harow(1989)에 의하면, 1979~1986년 사이에 미국에서 발생한 폭력범죄의 피해자 중에서 28%가 신체적 상해를 당했고, 그 중에서 13%는 치료를 받아야 하는 상처이며, 7%는 입원을 요하는 상해를 받은 것으로 나타났다. 폭력범죄 피해자의 25% 중에서 85%는 피부의 상처를 입었으며, 1%는 총상, 3%는 칼에 의한 상처, 6%는 뼈와 이가 부러지는 상해를 당했다.

심리적 상해는 어떤 것인가? 심리적 상해는 어떻게 묘사될 수 있을까?

이러한 질문에 대한 답은 "왜 하필이면 나냐(Why me?)"로 시작된다. 피해자들은 왜 내가 피해자가 되었느냐 하는 문제를 극복해야 하며, 범죄에 대한 자신의 행동을 비난하면서 앞으로 당하지 말아야 한다는 강박관념에 사로잡힐 수 있다.

범죄피해로부터 나타나는 일반적 심리적 반응은 두려움(fear), 신경증(nervousness), 불안(anxiety), 우울증(depression), 혼돈과 편집 증세(confusion/paranoia), 악몽(nightmares), 수면장애(sleep disturbance), 직업과 사회의 부적응, 그리고 여러 가지 심리적 반응이 합쳐져서 심리적 외상 후 스트레스 장애(posttraumatic stress disorder : PTSD)를 나타낸다.

Kilpatrick, Saunder, Veronen, Best, 그리고 Von(1987)은 심리적 외상 후 스트레스 장애(PTSD)에 대해서 다음과 같이 기술한다. PTSD는 아주 특이하고, 극히 스트레스를 주는 생활 사건(life event)에 의해서 발생하는 불안장애(anxiety disorder)이며, 몇 가지 증세를 갖는다. ① 범죄의 피해자들은 고통스러운 기억, 금단 증상(flashbacks), 악몽(nightmares)으로 끔찍한 사건을 재생한다. ② 타인에게 적대감과 괴리감(detachment)을 갖게 되고, 의미 있는 일에 흥미를 잃으며, 환경에 무반응하게 된다. ③ 과도하게 놀라는 반응, 수면장애, 기억과 정신집중(concentrating)장애, 타인이 죽었을 경우에 사는 것에 대한 죄책감, 마음에 상처를 받는 사건(traumatic event)을 회피하려 한다(Kilpatrick 등, p.482).

Lurgio(1987)는 강도나 주거침입 피해자의 반응 사이에 차이가 없다는 주장을 하고, Maguire(1980)는 강간이 강도 같은 폭력범죄보다 더 큰 심리적 상처를 받지만, 이들이 복합적일 때, 심리적 반응이 가장 크다고 주장한다. 또한 Kilpatrick과 동료들(1987)은 강간의 피해가 가장 크고, 다음이 강도 같은 심한 공격, 성희롱같이 지분거리기(molestation), 주거침입 순으로 피해가 크며, 다른 범죄는 그다지 심각한 것이 아니라고 주장한다.

Sales, Baum, Shore(1984)는 강간의 충격이 처음에는 약할 수 있지만, 6개월 후에 피해자는 더 심한 정신적 고통을 경험한다는 주장을 한다. 이들에 따르면, 강간에 대한 사법절차를 밟으면서 사건의 후유증이 나타난다는 것이다. 초기 단계에서는 경찰과 의료 서비스의 역할에 불평을 하면서 사건의 심각성을 미리 깨닫지 못하다가, 후의 단계에서 피해자는 법정에 출두하고, 주위의 시선을 알아차리면서 두려움이 가중된다. 이와 같은 이차적 피해의 반응은 다른 범죄 피해자에게서도 찾아볼 수 있다.

이차적 피해(secondary victimization)는 경찰과 법정에 협조하는 피해자 혹은 증인에 의해서 흔히 듣는 이야기이다. 주거침입에 의해서 피해를 당한 사람을 대상으로 조사한 결과, 32%는 경제적 손실을, 41%는 사생활 침해(privacy intrusion), 19%는 정서적 충격을 보고하였다(Maguire, 1980). 사실상 이러한 심리적, 경제적 손실은 피해 당시보다는 시간이 경과한 후에 두고 두고 아픈 마음을 건드린다. 그리고 강도, 성폭력(sexual assault), 신체적 폭력이 주거침입과 같은 범죄보다 이차적 피해의 정도가 더 높고, 장기간에 걸친 지속적인 심리적 상해를 경험한다(Shapland, 1984).

Maguire와 Corbett(1987)는 주거침입, 강도, 폭력범죄에 대한 242명의 피해자를 대상으로 연구를 실시하였다. 이들 피해자들은 경찰에 범죄를 보고하고, 법정에 증인으로 출두하고, 면접에 응한 연구의 대상자들이었다. 이들을 대상으로 한 연구에서 일차적 반응은 일종의 쇼크, 공포, 정서적 혼란이었다. 범죄 후 이차적 반응에 대한 체크목록(check list)을 주었을 때, 일반적으로 보여 준 반응은 걱정, 수면장애, 불안, 두려움과 같은 증세들이었다.

면접을 통한 조사에서 강간피해자들은 Kilplatrick 등(1987)이 지적한 심리적 피해 후 스트레스 장애의 뚜렷한 증후를 찾을 수 있었다. 즉 성폭력에 의한 영향은 두려움, 걱정, 자살 시도, 성적 불능, 자아 존중감의 상실, 우울증, 지속적인 신체적 불평, 약물남용 등이었고, 경우에 따라서 이런 증세는 일생 동안 지속될 수 있다(Katz & Mazur, 1979; Symonds, 1980).

영국의 범죄조사(BCS: British criminal survey)는 범죄의 종류에 따라서 피해자가 받는 영향은 다르다고 주장한다(1984). 이 조사는 범죄를 가구범죄(household crime)와 개인범죄(personal crime)로 나누었다. 전자는 주거침입(burglary)과 같은 범죄며, 후자는 성폭행, 강도, 도둑 등이 해당된다. 가구범죄는 범죄 당시에 집에 어린이를 포함해서 다른 사람이 있는 경우이고, 한편 개인범죄는 범죄 당시 혼자서 있었을 경우를 일컫는다. 연구에서 피해자들에게 다음과 같은 카드를 보여 주고 반응을 조사하였다.

많은 사람들은 범죄피해자가 된 후에 여러 가지 정서적 반응을 나타낸다.
당신 혹은 당신 식구들이 사고 후에 어떤 정서적 반응을 나타내고 있습니까?

이들의 연구에서 응답자의 45%는 노여움, 14%는 충격(shock), 9%는 두려움, 그리고 5%는 울었다는 보고였다. 그리고 이러한 심리적 충격이 얼마나 지속되었는가 하는 질문에서 주거침입과 같은 범죄피해자 중에서 17%가 적어도 일주일 동안 계속되었다는 반응을 보였지만, 성폭력의 피해자는 일생을 두고 후유증에 시달린다. 개인범죄 피해자 중에서 46%, 가구범죄 피해자 중에서 45%가 노여움을 가장 두드러진 반응이라는 지적을 하였다.

영국 범죄조사는 개인범죄가 가구범죄보다 더 심각한 영향을 받는다는 결과를 제시한다. 이러한 이유는 범죄자의 공격을 받을 때, 집안에 여러 사람들이 같이 당하였으므로, 여러 사람과 피해를 같이 나누어 당하기 때문에 가구범죄의 피해가 개인범죄의 것보다 훨씬 가볍다는 해석이다. 책임분산(responsibility diffusion)의 의미에서, 범죄를 당한 사람들의 첫번째 반응이 "왜 하필이면 나에게"라는 생각이 "왜 하필이면 우리들에게"라는 생각으로 바뀌게 되므로 범죄를 당한 억울함과 책임의 문제가 여러 사람에게 나누어 분담될 수 있다.

범죄를 당한 후에 나타나는 노여움은 심리적 영역에서 중요한 위치에 있다. 왜냐하면, Freud의 이론에서 억압된 기억들의 정서가 노여움으로 표시된다는 점, Dallard와 Miller의 이론에서도 공격적인 마음은 결국 노여움에서 비롯되는 것(Rychlark, 1981)이기에 범죄희생에서 나타나는 노여움은 심한 경우 정신질환으로 연결될 가능성도 배제하기 어렵다. 사실상 노여움은 정신분열증에서 보여 주는 가장 두드러진 정서의 하나라는 것을 여러 성격이론에서 찾아볼 수 있다.

2. 직접적/간접적 범죄피해자

이차적 범죄피해자는 직접적으로 범죄를 당한 사람들이 아니고 피해자의 친척, 친구, 애인 관계를 갖는 사람들이다. 이런 피해자들은 대충 4개의 유목으로 묶여진다(Mooney, 1993). 즉 ① 음주운전의 사고로 죽음을 당한 피해자의 가족, ② 살인당한 사람의 가족, ③ 성폭력 피해자의 애인, ④ 부모가 범죄를 당하는 것을 목격한 어린이(p.43)이다. 간접적인 피해자도 직접적 범죄피해자와 마찬가지로, 범죄에 대한 슬픔과 법 관계에 따른 문제를 동일하게 경험하는 것은 물론이지만, 이에 더해서 이들에게는 자신이 범죄의 희생에서 벗어났다는 죄의식이 더 첨가될 수 있다. Edwards(1989)의 연구에서도 강간이나 폭력범죄 때문에 공식적 보고를 하는 과정에서 피해 당사자는 물론이며, 피해자의 가족들도 심한 고통을 경험한다고 한다.

범죄피해자의 주변 사람들은 피해자로 인정받기보다는 오히려 범죄자로 혐의를 받기 쉽다. 그래서 빈번한 조사를 받기도 하고, 법정에 출두하는 어려움도 같이 받게 된다. 간접적 피해자를 관대하게 다루는 기관은 거의 없으며, 성가신 절차가 심리적 문제를 더 악화시킨다(Mawby & Walklate, 1994).

이차적 범죄피해자인 강간당한 사람의 애인은 일차적 피해자인 자신의 애인이 당한 사건의 후유증을 동일하게 경험한다. 즉 언어소통의 장애, 성기능장애, 정서적 통제가 어렵게 되며, PTSD의 증세를 보이기까지 한다. 또한 피해자의 가족들은 불신, 부끄러움, 노여움, 죄의식, 배반감을 경험한다(Kilpatrick 등, 1990). 이런 증후는 성폭력 이외의 살인 사건도 마찬가지의 결과를 갖는다. 증인, 심문, 기타 혐의에 대한 조사가 진행되는 동안 살인당한 가족이 받는 심리적 고통은 살인당한 피해자와 다를 바 없다. 음주운전의 과실로 옆에 타고 있던 식구가 사망하고 자신은 살아남았을 때, 자신의 생명을 구한 것보다는 혼자 살아남은 것에 대한 죄책감이 더 클 수 있다.

부모가 범죄의 희생이 되는 것을 목격한 어린이는 범죄의 피해자와 동일한 충격을 받는다. 예를 들면, 가정파괴범이 한때 서울 장안을 불안하게 한 적이 있다. 물론 이런 범죄자들은 집안에 침입해서, 부녀자를 성폭행하고 금품을 갈취하는 행동을 보였다. 그런 장면은 식구들이 목격하는 중에 진행되며, 그 상황을 자녀들이 목격한다고 가정해 보자. 어린이들은 불면증, 악몽(nightmare), 오줌지리기(bedwetting) 등을 나타낸다. 또한 이러한 증세가 단기간에 해소될 것이라고 기대하는 사람은 아마도 없을 것이다. 어린이들은 생의 모든 일에서 판단력이 부족하고 사고 능력을 키워 가는 과정에 있으므로 어른보다 심리적 충격이 더 오래 지속될 것이다.

3. 범죄피해자를 돕기

범죄의 피해는 오래도록 지속적일 수 있다. 특히 범죄가 일어난 당시의 충격은 어느 때보다 크다. 이것저것 따질 마음의 여유가 없는 상황에서 제일 먼저 접촉하는 사람이 경찰이다. 범죄피해자들은 사건의 처리를 위해서 이런저런 질문을 하는 경찰이 오히려 귀찮게 생각되기도 한다. 그래서 이들은 경찰에게 도움을 청하기보다는 오히려 사건을 은폐하는 것이 더 편하다고 생각할 수 있다. 그러나 범죄의 사실이 알려진 이상 경찰의 개입은 불가피하다.

범죄피해자는 범죄의 피해자라는 것 이외에 또 다른 측면을 갖는다. 왜냐하면 이들은 범죄자를 찾는 데 결정적 역할을 할 수 있기 때문이다. 피해자들은 피해자이면서, 사건의 정보 제공자가 될 수 있다. 경찰은 피해자의 정보가 없으면, 그들의 역할을 제대로 수행하기 어렵다. 피해자들의 즉각적인 보고는 경찰의 정보수사에 60%의 힘을 주고 있다는 주장(Joutsen, 1987)이 있다. 그래서 만약 피해자들의 정보제공이 없다면, 범인검거에 대한 경찰의 역할은 그 만큼 약할 수밖에 없다.

KBS의 사건 25시

시민의 제보가 범인검거에 60%를 차지한다는 통계 결과에 걸맞게, KBS에서 수요일 밤늦게 방영하는 〈사건 25시〉는 시민의 제보를 통해서 범인검거에 큰 몫을 담당하고 있다. 범인에 대한 몽타주나 사진이 방영되자마자, 범인의 소재를 알리는 전화가 걸려 오기도 하며, 전 주에 방영된 범인의 사진으로 범인의 검거 소식을 알리기도 한다. 전국망을 가지고 있는 방송 체계의 위력은 경찰의 업무를 덜고 있음에 틀림없다.

피해자의 정보가 부족할 경우에 경찰은 시민의 정보를 필요로 한다. 이러한 사례는 우리들의 주위에서 얼마든지 찾아볼 수 있다. 가장 간단히 알 수 있는 것은 지명수배자에 관한 전단배포, 몽타주이다. 그래서 정부는 피해자가 범인에 대한 정보를 제공할 수 있도록 용기를 북돋아 주는 것이 필요하다.

신모씨 경찰제보자 특채 검토

신모씨 검거에 일등공신인 제보자 김모(29)씨가 대북 첩보 업무를 맡고 있는 군 특수부대 출신으로 밝혀지고, 본인 역시 제대 후 경찰관 시험에 응시했다가 낙방한 과거가 알려지자, 경찰이 김씨의 특채를 검토하고 있다. 김씨는 이 같은 군경력으로 평소에도 사람을 유심히 보는 습관이 있어 신모씨의 아파트에서 결혼 사진이 있는지 여부와 지나치게 많은 운동기구 등을 면밀히 살피는 철저함을 보인 것이라고 경찰은 평가하고 있다(조선일보, 1999년 7월 19일).

신모씨의 몽타주

경찰은 범죄사건이 보고되었을 때, 범죄의 심각성, 피해자의 불평에 대한 평가에 따라서 사건을 규명한다. 그때 경찰이 무엇을 하는가 하는 문제는 경찰의 사건 해석과 그들의 다른 업무와의 관계성에 달려 있다(Mawby & Walklate, 1994). 그러나 이런 경찰의 활동은 피해자의 생각과 다른 방향일 수 있어서, 경찰이 내세우는 사건 정의가 피해자의 심기를 불편하게 할 수 있다.

사건의 피해자는 경우에 따라서 "경찰도 필요 없어"하는 실망스런 표현을 한다. 예를 들어, 피해자는 사건을 아주 심각한 것으로 보지만, 경찰은 여러 가지 상황 판단으로 사건을 보통 정도로 규정지을 수 있다. 한편 경찰이 사건을 심각한 것으로 규명한 경우에 피해자는 또다시 사건의 두 번째 피해자로 바뀌고 만다. 이때부터 그들은 경찰에게 시간을 뺏기고, 스트레스를 받으며 면담에 응해서 범죄에 관련된 정보를 제공하는 절차를 따라야 하기 때문이다.

경찰은 피해자의 심리적 안정을 유지하기보다는 그들의 임무를 위해서 범인 색출에 관심을 가진다. 이러한 경찰의 활동은 피해자를 실망시키고, 그러한 실망은 경찰에게 보고할 필요성을 갉아먹는다. 사실상 살인과 같은 사건은 경찰에 정확히 보고되고, 범인색출에 적극적일 수밖에 없지만, 주거침입, 강도 사건 등은 시민의 입장에서 경찰에 보고해야 범인색출에 별 다른 성과를 갖지 못할 것이라는 예상 때문에 범죄 사실을 밖으로 나타내지 않는다.

위에서 지적한 경찰의 비효율성, 피해자들의 보고를 장려하기 위해서 유럽연합의 장관위원회(minister committee of europe conuncil)은 경찰에게 다음과 같은 제안을 던진다.

① 경찰은 동정적이고, 건설적이고, 확신을 심어 줄 수 있는 태도로 피해자를 다루기 위해서 훈련받아야 한다
② 경찰은 피해자에게 실제적 조언, 법적 충고, 도움의 가능성, 범인으로부터의 안전과 정부로부터의 보상을 알려 주어야 한다.
③ 경찰은 조사의 결과로 얻은 정보를 피해자에게 알려 주어야 한다(Joutsen, 1987, pp.325-326).

경찰들을 대상으로 하는 어떤 교육 프로그램에서든지 위의 지침이 강조되지만, 실제 경찰들이 범죄현장에서 마음의 여유를 가지고 지침에 따라서 행동하기 어려운 상황이 있을 수도 있다. UN도 "경찰이나 관련 기관은 범죄 피해자의 요구와 적절한 도움에 응할 수 있는 교육을 받아야 한다"(Jousten, 1987, p.297)는 것을 제안한다. 이 같은 요구는 국제 경찰협회(international association on chiefs of police, IACP)에서도 "경찰은 피해자에게 사건의 경과와 사회적 · 경제적 도움을 줄 수 있는 정보를 주어야 한다"(Waller, 1990, pp.134-140)는 것을 강조한다. 이 같은 경찰의 업무를 위해서 국제 경찰협회는 아래와 같은 지침을 갖는다.

① 범죄피해자가 두려움으로부터 벗어나게 한다.
② 경제적 · 사회적 도움의 가능성을 말해 주고, 그러한 것들을 얻을 수 있는 방법을 말해야 한다.
③ 면담이나 법적 절차를 밟는 동안에 안전한 장소를 제공하고, 피해자가 법정에서 증인으로서 출두해야 하는지를 알려 주어야 한다.
④ 증인으로써 더 이상 요구되지 않을 때, 잃어버린 개인 재산을 빨리 돌

려주도록 노력한다.

⑤ 사건을 신속하게 처리하고, 주기적으로 사건의 경위와 결과를 알려 주고, 피해자의 개인적 능력과 자질을 인정하고, 가해자가 구속되는지 여부를 알려 주어야 한다.

⑥ 강간이나 성폭력의 여성 피해자는 여성 경찰에게 면담받아야 한다 (IACP, 1983).

이런 측면에서 가장 관심을 보이는 곳은 네덜란드와 영국이다. 네덜란드에서 범죄피해자에 대한 경찰의 접촉은 두 개의 위원회에 의해서 이루어진다. 하나는 성폭력에 집중적 관심을 갖는 위원회이며, 다른 하나는 성범죄 이외 다른 것을 다루는 곳이다. 전자는 1981년에, 후자는 1983년에 설립되었다. 1986년에는 성폭력 피해자에 대한 경찰의 지침서가 만들어졌고, 1987년에는 모든 범죄피해자에게 확대되었다. 지침서의 일부가 아래에 제시된다.

① 범죄피해자를 친절한 태도로 대하고, 그들의 범죄보고를 신중하게 기록한다. 사건 현장에서 필요하다면, 경찰이 피해자에게 도움을 줄 수 있는 기관을 알려 주어야 한다. 특히 폭력범죄에서 더욱 그렇다.

② 범죄가 보고된 다음 절차에 대한 과정을 피해자에게 알려 주고, 피해자가 손상에 대해서 보상을 요구하는지, 피해자가 조사절차에 대한 과정을 알고 싶어하는지를 정확하게 물어야 한다. 그리고 손상의 회복을 위한 방법과 수단을 알려 주고, 필요한 경우에 도움을 주어야 한다 (Dijk, 1988, p.75).

CHAPTER 9

제9장

범죄행동의 수정과 예방

범죄행동을 어떻게 하면 수정하고 예방할 수 있을까? 범죄행동을 수정하고, 예방하면 세상은 에덴 동산과 같은 세상을 맞이할 수 있을까? 성경에 따르면, 에덴 동산에서도 범죄행동이 발생되고 말았다. 그렇다면 과거, 현재, 미래 어느 시기에도 범죄 없는 세상은 없었고 앞으로도 없을 것이라는 것은 틀림없다.

인간이 원래 악한지, 아니면 세상이 사람을 악하게 만드는지 오리무중이다. 그러나 제2장에서 살펴본 바에 의하면, 두 주장 모두가 옳다. 우리들이 원래 악하고, 또한 세상이 우리를 악하게 만들기도 한다. 이러한 이유 때문에 인간의 삶은 애초부터 범죄와 함께 있었고, 영원히 함께 있을 것이다. 이런 비관적 생각 때문에 범죄를 그냥 무시해 버리면, 세상은 온통 범죄로 꽉 들어찰 것이다. 그러나 다행스럽게 영리한 인간은 범죄의 수정과 예방에 많은 노력을 기울여 오고 있다.

범죄에 무관심한 예를 자동차로 비교해 보자. 서울의 거리는 온통 자동차로 메워지는 기분이다. 서울의 그 많은 자동차들은 좁은 영역 안에서 질서를 지키며 잘도 움직인다. 간혹 러시아워에는 교통 체증으로 짜증스럽지만, 그래도 자동차들은 물 흐르듯이 잘도 흘러간다. 그러나 만약 자동차들이 질서 없이 자기 마음대로 다닌다면, 서울은 금방 정체된 세상으로 바뀔 것이다. 서로 갈 길을 양보하지 않아서 오도가도 못하는 난장판이 될 것은 불 보듯 뻔하다. 이와 같이 우리들이 범죄행동을 제재하지 않고, 예방에 노력을 하지 않을 경우에 세상은 수세미같이 변하고 만다.

범죄행동의 예방을 위한 노력은 여러 측면에서 나타난다. 가장 알기 쉬운 것이 바로 법(laws), 규범(norms), 규약(agreements), 규칙(regulations) 등이 존재한다는 것이다. 이런 것들 모두의 목적은 규율과 규약에 어긋나는 행동을 했을 경우에 벌을 받게 된다는 것을 전제조건으로 내세운다. 사실 어떤 범죄행동이라도 아주 강한 벌을 받게 된다면, 그리고 이런 벌의 효과가 범행 전에 머릿속에 깊이 박혀진다면 범죄행동은 그렇게 많이 일어나지 않을 성싶다. 어찌 보면 벌(punishments)이 모든 범죄행동의 목을 죄는 기능을 할 것처럼 보인다. 그러나 당장 배가 고파 죽을 지경이면, 그런 벌의 효과도 무용지물이다. 배가 고파 죽을 지경에 있는 사람은 우선 먹고 봐야 한다. 그래서 먹을 것을 가진 곳이 은행이면 은행을 털고, 동네 사람이 가졌으면 우선 뺏고 본다. 또한 죽이고 싶도록 미운 사람이 있으면, 우선 죽이고 볼 것이다. 그러니 범죄는 아무리 노력해도 근절될 수 없는 그런 것이다.

미국도 우리 나라도 한때 "범죄와의 전쟁"을 선포한 적이 있다. 요즈음(1999) 코소보 난민들을 보면서 세상 사람들은 전쟁이 얼마나 처참한지를 깨닫는다. 말이야 범죄와의 전쟁이지만, 실제로는 범죄인과의 전쟁이다. 어찌나 이들이 극심하게 놀아 대는지 견딜 재간이 없어서 그리 했나 보다. 정부는 마약을 거래하고, 사람을 죽이고, 남이 가진 것을 뺏고, 강간하고, 심지어는 어린아이를 성폭행하는 범죄인을 섬멸하겠다는 강한 의지를 표현하였지만 별다른 성과를 거두지는 못했다.

정부의 강력한 조치에 범죄는 잠시 주춤했다가 잡초같이 다시 고개를 든다. 그렇다고 두 손 놓고 있을 수 없는 일이기에 틈틈이 으름장을 놓지만 범죄인은 잠시 놀라는 척하고 능청을 떠는 격이다.

범죄란 어찌 할 도리가 없는 그런 것인가? 각 학문이 여러 측면에서 해결 방안을 제시하고 사회에 기여를 한다. 그런 덕분에 이 정도로 범죄를 막고, 예방하고 있는 것이다. 이제 심리학에서 범죄행동의 수정과 예방을 위해서 어떤 제안을 할 수 있는지를 살펴볼 것이다. 이를 위해서 제2장의 인생이라는 시차원상에서 제시된 성격 이론을 다시 상기하며 각 이론이 주장하는 범죄예방의 방안을 찾아가 보자.

1. 성격 이론을 통한 범죄행동의 예방과 수정

1-1. Jung의 분석심리학

Jung은 사람들의 정신적 주체가 집단 무의식이라 했다. 이것은 태고인으로부터 시대를 거쳐 오면서 조상들이 경험한 정서적 누적이다. 그래서 현재를 살고 있는 각 사람이 차지하는 몫은 모래사장에 있는 한 알의 모래에 불과하다. 그래서 Jung의 이론을 가지고 범죄의 예방을 논함은 어불성설이며, Jung의 이론에서 범죄예방의 아이디어를 얻고자 하는 경우에는 실망할 수밖에 없는 것이다. 그러나 변화와 성숙이 바로 자아의 몫이라는 것을 감안한다면, Jung의 이론도 범죄예방을 위해서 간과되지 말아야 한다.

사람들은 어린 시기에 집단 무의식에 묻혀 있지만, 나이가 들어 가면서 점차 집단 무의식에서 자아를 분화시킨다. 이런 과정에서 친구를 만나고, 직업을 얻고, 결혼하고, 자식을 낳고 하는 외적 일들을 수행해 간다. 그런 외적 사건들이 원만히 해결되는 경우에 집단 무의식의 영향하에 있는 내면의 세계를 다시 보게 된다. 이렇게 내면과 외면의 세계를 모두 관찰할 수 있는 사람은 전일(wholeness)의 상태를 갖는 것이며, 의식의 균형을 소유한 사람이 된다. 즉 이런 사람은 의식의 4요소인 감각, 직관, 사고, 감정이 서로 당기고 밀면서 균형을 이루고 동일한 힘을 갖게 되어 정신적으로 건강한 사람이 된다.

Jung이 지적한 것같이 우리들은 두 개의 목표를 갖는다. "하나는 자연목표(natural aim)이며, 다른 하나는 문화목표(cultural aim)이다"(홍성화 역, p. 186). 전자는 자녀를 낳아서 종족을 유지하는 것인데, 이를 위해서 돈을 벌고, 사회적 지위도 얻고, 결혼하는 그런 것이다. 이런 목표가 이루어진 후에 자연인을 넘어서 문화목표에 이르는 것이다. 문화목표야말로 인간이 취할 최고의 선이며, 이런 정점에 이르렀을 때, 세상은 온통 바뀌고 만다. 즉 외계(外界)의 자연 상태에서 내계(內界)의 문화 상태로 관심을 전환한다. 이것이 모든 사람들이 추구하는 인생의 최대 과업이다.

내계와 외계를 모두 정복한 사람은 극소수에 불과하지만, 보통 사람들은 내계 목표(inner aim)는 뒤로 하고 외계목표만을 향해서 정진하고 있다. 내계의 목표는 결국 자신의 사회적 적응이기에 사람들은 이 목표에 의해서 자신의 발전을 도모한다. 그래서 이런 이유 때문에 "자신의 변화와 성숙은 개인의 책임이다"(홍성화 역, p.188, 1985).

책임의 문제란 개인이 어떤 환경에 처해 있든지 난관을 극복하고 구하는 목표를 달성해야 한다는 뜻이다. 그러므로 "우리는 우리의 영원한 마음의 심층에 있는 창작력을 불러 다시 복권시키고 우리의 이성 수준까지 올려서 이성과 본능의 평형을 이룰 수 있다. 그러나 이 변화는 개인만이 시작할 수 있다"(홍성화 역, p.189, 1985). 이런 이유 때문에 우리들이 아무리 집단 무의식의 영향을 받고 있다 하여도, 불만스런 환경조건을 무조건 조상의 탓으로 돌릴 수만은 없다.

세상을 놀라게 했던 신모씨

신모씨는 살인죄로 무기징역을 선고받고 복역중에 97년 1월 20일 탈옥하였으나 그 후 2년 6개월만인 1999년 7월 15일 한 시민의 신고로 체포되었다. 신은 1967년 전북 김제의 한 농가에서 4남 1녀 중 3남으로 태어났다. 8살에 어머니를 여의고 홀아버지 밑에서 자랐다. 어렸을 때부터 크고 작은 도둑질을 많이 하였다. 어려운 살림 때문에 남의 밭과 가게에서 먹을 것을 훔쳐 먹기 시작한 게 도둑 인생의 시작이었다. 발이 빨라서 도망가면 아무도 잡지 못했다. 신모씨는 어려서부터 싸움을 잘했다. 패배를 인정하기 싫어했고, 원하는 것은 반드시 손에 넣는 성격이었다. 학교 생활에는 의욕이 없었고, 초등학교 시절부터 가출을 시작, 중학교에 진학한지 석 달만에 퇴학당했다. 그가 옥살이를 처음 한 것은 아버지의 손에 의해서였다. 아들의 버릇을 고쳐 주기 위하여 아버지가 신고했기 때문이다. 소년원의 일 년 동안 그는 범죄에 눈을 떴다. 신은 일기를 썼으며, 부산교도소의 무기수로 있으면서 영어, 일어 회화를 공부하는 그런 사람이었다(조선일보 1999년 7월 16일).

위 예문의 인물은 지금까지 살아오면서, 거의 모든 시간을 음지에서만 생활하였고, 양지를 모르고 지냈다. 그러나 그는 일기를 쓰고, 외국어를 배우려 했다는 점을 감안할 때, 조건만 좋으면 다분히 훌륭하게 성장했을 가능성도 지닌다. 그에게 기회가 없었지만, 언젠가는 그의 열등 의식[1]이 머리를 들고 올라올 때가 있을 것으로 생각한다. 왜냐하면 우리의 정신은 목적적이

1) 본질 자체가 열등한 것이 아니라, 생활 형편 때문에 어두운 면이 계속 음지에 머물고 있을 수 있다. 그러나 우리들의 정신은 목적적이기에 균형을 유지하기 위해서 개인 무의식에 자리잡고 있던 열등 의식이 의식에 올라와 정신 현상에 영향을 줄 수 있다. 이때에 범죄의 가

기에 언제나 열등 의식이 어둠 속에만 머물고 있지 않기 때문이다. 신모씨를 예로써 제시하는 이유는 사람들이 정신 건강을 위해서 여러 가지 경험을 고루 갖추어야 한다는 것을 주장하기 위함이다. 또한 인간이 갖는 두 가지 목표 중에서 첫번째 외계의 자연목표를 달성할 수 있을 때, 내계의 정신력을 의식에 불러들여서 나쁜 짓을 하지 않고, 창의적이고 발전적인 내계의 목표를 달성 하는 것이다.

Jung의 이론은 대립 원칙을 주장하므로, 우리들이 일방적인 삶보다는 음지와 양지를 다 경험하는 생활을 하는 경우에 건전한 정신을 갖는다. 이런 측면에서 생각할 때, 범죄예방을 위해서 모든 사람들은 생활의 여러 측면을 골고루 경험해야 한다. 그러나 이런 것들이 뜻대로 되는 것은 아니다. 잘사는 사람은 계속 잘살 수 있고, 못사는 사람은 계속 못살 수도 있다. 그래서 정신 건강을 위해서 잘사는 사람이 일부러 어렵게 살아야 한다는 것은 말도 안 된다. 또한 못사는 사람이 갑자기 잘살 수 있는 것은 더더욱 힘들다. 그러면 양면의 경험을 갖는다는 생각을 버리란 말인가?

우리들의 생활 자체는 일방적일 수 있지만, 생활하면서 양면을 추구할 수도 있다. 예를 들어서 부모의 교육, 종교적 가르침, 교양 서적을 통해서 양면을 보게 할 수도 있다. 그러나 이들이 일방적 측면만을 볼 때, 문제가 발생된다. 예를 들어서 일명 오렌지족, 야타족으로 지칭받는 사람들이 바로 이런 사람들이다. 또한 앞에서 예를 든 신모씨, 지존파 등은 자신들의 생활을 일방적으로 따라 가고 있었다. 그래서 음지만을 생각하고 양지를 보려고 하지 않았기에 범죄인으로 전락하고 말았다.

Jung의 이론을 통해서 범죄예방을 고려한다면, 목표달성을 위한 의지가 중요하다. 생활 자체는 일방적일 수 있다 해도 목적을 가지고 양방향을 볼 수 있는 여유를 가져야 한다. 혹자는 앞의 제안이 너무 포괄적이어서 별다른 효과를 기대하기 어렵다는 불평을 할 수 있다. 그러나 우리들이 의지만 있으면 정신 건강을 위해서 취해야 할 방법은 여러 측면에서 고려된다. 예를 들어서 여행을 한다든가, 위인전과 교양 서적을 많이 읽든가, 세상의 어두운 면과 밝은 면을 영화나 소설을 통해서 간접적으로 경험하고 깨달을 수 있는 기회가 얼

능성이 나타난다. 그러나 여기서 신씨의 열등 의식은 외국어를 배우고 일기를 쓰는 그러한 의식이다. 만일 그가 사형을 받지 않고 오랜 동안 수감 생활을 한다면 열등 의식이 고개를 들고 나와서 전혀 딴 모습으로 세상에 선보일 것이다.

마든지 있다. 군복무를 기피하려는 젊은이들과 이것을 도와 주는 부모는 생의 일방적인 길을 택하고 있는 격이다. 군생활이 힘들다고 생각하기 때문이지만, 이들은 좋은 기회를 스스로 버리는 격이다. 그래서 군복무를 마친 사람들은 "군에 갔다오지 않은 친구하고는 안 통해"라고 볼멘소리를 흔히 한다.

1-2. Freud의 정신분석학

사람들의 성격이 4~5세경에 이미 완성된다는 Freud의 이론에서 가장 중요시하는 시기는 바로 성기기(phallic stage)다. 그의 주장에 의하면 이 시기에 오이디푸스 콤플렉스를 어떻게 해결했느냐 하는 것이 바로 그의 범죄성향을 나타낸다. 즉 정신 에너지 리비도가 이 단계에서 심하게 고착되지 않고 흘러가서 성인이 되면, 정상적인 사람으로 생활한다는 것이다.

성기기에 두드러지게 나타나는 행동 특성은 동일시(identification)이다. 어린이는 살아남기 위해서 아버지의 비위를 맞추어야 한다. 이를 위한 최선의 방법이 바로 동일시라고 생각한다. 성인이 되어서 동일시를 생각하면 너무나 시시한 일같이 생각될 수 있지만, 그 당시는 생사가 걸린 아주 중대한 사건이다. 또한 Freud 이론에 처음 접한 사람들은 무슨 그런 이야기를 하냐고 반문할 수 있는 것이지만, 이론에 근거한 주장은 그럴 수밖에 없다.

정신질환 30대 놀이터 어린이 3명에 칼 부림

정신과 치료를 받고 있는 30대 남자(이모씨)가 주택가 어린이 놀이터에서 흙놀이를 하던 어린이 3명의 목을 칼로 찔러 한 명은 숨지고, 두 명은 중태다. 이모씨는 놀이터에서 50m쯤 떨어진 홍모씨 집에 들어가서 사람을 죽였다 했고, 홍씨는 바로 경찰에 신고했다. 이모씨는 어른을 죽이면 사형선고를 받지 못할 것 같아서 어린이를 죽였다고 진술했다. 이모씨는 1983년에 중랑구 국립정신병원에 15일 간 입원한 적 있고, 1984년에는 안암동의 한 정신과 병원에서 통원치료를 받은 적이 있다(조선일보, 1999년 7월 17일). 이모씨가 처음 정신병으로 치료를 받은 것은 지금부터 16년 전 일이다. 그러니까 그의 나이 15,6세경이다.

어린이가 엄마를 좋아하는 마음과 살아남아야 한다는 갈등 속에서 취해진 행동이 동일시이다. 동일시를 못 하면 거세당할 수 있다는 생각이 강할수록 많은 양의 리비도가 고착(fixation)된다. 그래서 성인기 초기(15~17세)에 잃어버린 리비도를 다시 찾기 위해서 나타내는 행동을 바로 회귀(regression)라고 부르는데, 이때에 이상행동(abnormal behavior)을 나타낸다는 것이다. 앞의 예문을 보면서 회귀행동을 이해해 보자.

앞의 예로 미루어 보아서, 이모씨는 동일시에 어려움을 가졌을 것이다. 그래서 상당량의 리비도가 성기기에 고착된 것이고, 성인기 초기에 다시 이것을 찾기 위해서 이상행동을 나타낸 것으로 짐작간다. 물론 이런 주장은 Freud의 이론에 입각한 것이라는 것을 다시 상기해야 한다.

자아와 초자아 모두는 원초아에서 분화된 것이다. 자아가 원초아로부터 분화되고, 자아에서 초자아가 형성된다. 그러나 성기기에 많은 리비도를 고착시킨 사람은 자아를 발달시키기 어렵다. 그리고 초자아의 형성은 더 바랄 수 없는 처지다. 이런 사람은 그냥 원초아의 요구에 따라서 행동할 뿐이다. 위의 예가 정신이상자에 해당되는 것이어서 범죄자의 행동에 적용시키기 부당하다는 생각을 할 수 있지만, 범죄자의 정신 구도 역시 자아와 초자아의 불균형을 갖는 사람들이라는 점을 감안하면 이상할 것도 없다.

Freud의 이론에서는 범죄행동을 어떻게 해야지 예방하고 수정할 수 있다고 주장하는가? 다름 아니라, 성기기에서 동일시를 원만하게 해야 한다는 것이다. 이를 위해서는 가정의 화목, 부모의 건재(健在)가 무엇보다 중요하다. "가화만사성(家和萬事成)"이라, 집안이 편안해야 모든 일이 잘 성사될 수 있다는 말에서 보듯이 가정이 화목해야지 우리들의 성격도 편안하고 모나지 않게 된다. 그러면 어떻게 가정의 평안을 만들 수 있을까? 다름 아닌 식구들의 원만한 성격, 쪼들리지 않는 가정 경제, 부모의 화목 등이다. 이런 조건들은 모두가 환경에 의존하는 것이고, 또한 대기만성적이다. 물론 이를 깨달은 성인은 어린이의 원만한 성격 형성을 위해서 노력할 수도 있다. 우리 주위에서 아이들의 성격 형성을 위해서 부단히 노력하는 부모들은 얼마든지 있다. 이런 부모의 가르침을 받은 사람이 범죄인으로 바뀔 확률은 아마도 거의 없을 것 같다.

Freud의 이론에서 범죄예방은 사실 부모들의 아이에 대한 관심이 전부라고 말해도 무방할 것이다. 그러나 이것은 먼 훗날에 대한 범죄의 예방이다. 지금 범죄행동을 저지르는 사람은 어떻게 해야 수정할 수 있을까? 이 질문에 대한 답은 아지랑이 아물거리는 강 너머 멀리 있는 듯 싶다. 성격이 4~5세경에 이미 형성된 것이고 변화에 아주 저항적이라는 것을 알고 있는 이상, Freud의 이론에서 범죄행동의 수정은 찾기 어렵다고 생각된다. "될성부른 나무는 떡잎부터 다르다"는 옛말에서 이해할 수 있듯이 범죄인은 범죄인으로 남아 있어야 한다는 것이 Freud의 주장이다. 왜냐하면 떡잎에서 성격이 완성되기 때문이다. 이런 이유 때문에 각 개인의 입장에서 보면 운(luck)이 좋아야 한다. 부모를 잘 만나고, 가정 형편도 좋아야 하고 등등이다.

1-3. 학습심리학

사람들의 행동은 어떻게 형성되는가? 바로 상과 벌을 통해서 배운다는 것이다. 상을 받은 행동은 지속적이고, 벌을 받은 행동은 약해진다는 이치에 근거한다. 앞에서 설명한 Freud의 이론과 마찬가지로 환경론적 주장이지만, 그것과 학습 이론이 다른 점은 유아기를 벗어나서도 행동의 수정과 예방이 가능하다는 것이다.

행동에서 상이란 기쁨, 금전, 타인의 승인, 자신의 자존심 등이다. "바늘도둑이 소도둑 된다"는 옛말에서 알 수 있듯이, 바늘을 훔쳐서 기분이 좋았으면 다시 그보다 더 큰 것을 훔치고, 훔치기를 계속해서 아주 값나가는 소를 훔친다. 1999년 세간의 관심을 모았던 신모씨는 어렸을 때부터 크고 작은 도둑질을 많이 하였으며, 어려운 살림 때문에 남의 것을 훔쳐 먹기 시작한 것이 소도둑이 되고 말았다 한다.

학습 이론이야말로 인간이 어떻게 살아왔는가에 따라서 행동이 나타난다는 것을 주장한다. 다시 말하면 의지적인 생활을 의미하는 것이 아니라, 수동적인 입장에서 행동의 형성을 보는 것이다. 즉 사람들의 환경이 어떠했고, 그 환경으로부터 어떤 강화를 받았느냐 하는 것이 바로 행동 형성의 설명이 된다. 가정 환경, 또래 집단, 학교 생활, 사회적 규범, 사회 경제적 상황 등 다양한 영향하에서 행동이 만들어진다.

어떻게 폭력범죄를 예방할 수 있을까? 이 질문에 대해서 학습심리학은 "개인을 둘러싼 환경이 좋아야 한다"고 답변한다. 즉 가정, 학교, 또래 집단, 사회-경제적 상황 등이 바람직한 방향으로 흘러가서 이들로부터 얻은 기억이 긍정적이어야 한다.

학습 이론에서 행동을 강화하거나 새로운 행동을 형성하기 위해서 상이 먼저냐 혹은 벌이 우선이냐 하는 논쟁을 벌인다. 예를 들어서 공부를 안 하는 아들에게 공부를 시키기 위해서 벌을 줄 것인가, 조그만 행동에 대해서도 칭찬을 하며 격려할 것인가 하는 문제다. 그러나 대체로 벌보다는 칭찬이 더 효과적이라는 주장이 앞선다. 벌이 더 효과적인 경우는 행위 바로 뒤에 받는 것이다. 곧바로 벌을 주지 않고 후에 준다면, 벌받는 사람은 자신이 왜 벌을 받는지 이유를 모르기에 벌의 효과는 오히려 부정적이다. 그러나 범죄행동에 대해서 칭찬이나 보상은 어울리지 않기에 벌을 적용할 수밖에 없다.

범죄자에게 주어지는 벌은 우리들을 대신해서 국가가 범죄인을 구금하는 것이다. 그러나 구금은 학습 이론상으로 보면 효과를 기대하기 어렵다. 왜냐하면 벌이란 곧 주어져야 하지만, 이런 저런 법적 절차를 밟는 사이에 범행과 처벌 간의 시간적 격차가 길어지기 때문이다. 형을 받은 사람들은 감방에 함께 기거하므로 이들 사이에 사회적 촉진(soical facilitation)도 일어난다. 그래서 교도소에 다녀온 후로 더 기술적이고 과감한 범행을 저지른다.

사회적 촉진은 비슷한 형편의 사람들이 함께 작업할 때, 혼자 일하는 것보다 더 능률적이라는 이론이다. 재소자들은 거의 동일한 형편에서 사회에 불만을 갖는 사람들이다. 이들이 함께 모였을 때, 속죄하기보다는 오히려 자신들의 불공평성을 터트리며 사회에 대한 복수를 모의할 수도 있다. 그렇다고 이들을 개별적으로 구금할 수도 없으므로, 어차피 범죄자로 전락한 사람은 더 강한 범죄를 행할 가능성이 높아진다.

구금의 기능은 벌을 포함해서 예방, 교육, 사회로의 복귀라는 여러 가지 기능을 함께 지니므로 벌의 의미만 생각하고 보아서 효과가 없다고 단정할 수 없기에(Haskell & Yablonsky, 1974) 구금의 효과를 비난할 수만은 없다.

학습심리학에서 폭력범죄를 예방하는 방법으로 어떤 것을 제안할 수 있을까? 학습 이론은 인간의 행동이란 의지에 의해서 환경에 대처하는 것이 아니라, 피동적 입장에서 환경의 영향을 받는 결과로 발생된다고 주장하기 때문에 바람직한 환경과 경험이 폭력범죄를 줄일 수 있는 길이다. 이런 답변은 너무나 당연한 것이어서 알맹이 없는 말에 그치고 말지만, 어쨌든지 그것이 정답이다. 환경이 좋아서 좋은 경험을 하고 그런 경험의 기억들이 저장되어서 우리들의 행동에 영향을 주어야 한다. 환경이 좋아야 한다는 것은 쉽게 말해서 운이 좋을 수도 있고 한편 우리 모두가 노력해서 만들 수도 있다는 의미다.

학습심리학이 폭력범죄와 관련해서 특별히 내세울 수 있는 제안은 돈과 폭력에 의한 보상을 막아야 한다는 것이다. 타인을 폭행해서 보상을 받은 경험을 갖는 사람은 문제가 발생되었을 경우에 폭력으로 대응한다. 그래서 사회는 어린이들에게 태권도, 권투 같은 격투기보다는 탁구, 농구 같은 스포츠를 배우게 하는 것이 범죄행동을 예방하는 길일 수도 있다. 그리고 돈으로 문제를 해결하는 것을 학습한 사람은 돈으로 문제를 해결하려 할 것이다. 그래서 이들이 문제 발생시 돈이 없으면, 어디에서든지 돈을 구하려 하기 때문에 남의 것을 탐하게 된다. 어린이들에게 돈과 폭력으로 문제를 해결하는 것보다 다른 방법으로 해결하는 것을 학습하게 하는 것이 범죄를 예방하는 길이라는 것이 학습심리학의 지적이다.

1-4. Bingswanger와 Boss의 실존주의 심리학

실존주의 이론에서 가장 중요하게 생각하는 것은 현존재의 의미다. 세상에 존재한다는 자체가 빚을 지고 있는 셈이다. 이런 빚을 갚기 위해서 사람들은 의미라는 빛을 발하며 앞을 향해야 한다. Bingswanger와 Boss가 주장한 것같이 우리들은 홀로 외로이 세상에 존재하는 것이 아니라, 타인과 함께 섞여서 생활하는 가운에 발생되는 사건에 의미를 부여하며 존재의 의미를 찾는다. 세상에 빚진 사람은 세상을 원망하고 불평하지 않을 것이다.

사람들은 존재의 의미를 깨닫고 세상의 빛을 발휘하기 위해서 폭넓은 대인 관계를 유지하면서 가능성을 찾아 생활해야 한다. 이런 측면에서 생각할 때, 범죄자들은 폭넓은 대인 관계를 갖지 못하는 것 같다. 이들은 자신들의 현존재를 알지도 못하고, 가능성도 가늠하지 못한다. 범죄자들은 존재의 의미를 깨닫기보다는 오히려 존재 불안감을 갖는다. 이러한 불안감은 바로 자신을 무가치하게 만들어서 미래의 가능성을 버리게 만든다.

실존주의 이론을 통해서 범죄예방의 방안을 찾는 것은 다름 아니라 우리들 모두에게 존재의 의미를 알게 하는 것이다. 우리 자신들의 현존재에 대한 의미를 알게 하는 것이 문제의 해결 방법이다. 대부분의 사람들은 스스로 깨달아서, 선배나 선생님들의 지도를 받아서, 부모의 가르침을 받아서 자신의 존재와 미래의 가능성을 찾을 수 있다. 그러나 범죄인들은 세상의 빛, 현존재, 미래의 가능성 등의 가르침을 받을 기회가 없었을 수도 있다.

어찌 생각하면, 이런 교육은 범죄인들에게 아주 사치스런 것일 수 있다. 당장 해결해야 할 빵 문제, 복수를 해야 하는 분노, 해결해야 할 성욕 같은 일들이 우선적이기 때문이다. 그런 일들이 해결되지 않은 상태에서 생의 의미를 찾으라는 것은 굶주린 사람에게 코 앞에 밥을 두고 애국가를 3절까지 부른 후에 먹으라는 것과 다를 바 없다.

실존주의 이론에 비추어 생각할 때, 우리들이 생의 의미를 찾는 길은 어려운 상황에 떼밀려지기 전에 이미 그런 교육을 받아야 하거나 스스로 깨달아야 한다. 물론 범죄를 저지른 후에 그런 깨달음이 올 수도 있지만, 사후 약방문(事後藥方文) 격이다. 그러나 범죄를 예방하는 길은 이 길밖에 다른 것이 없다.

실존주의 이론에서 한 가지 제안을 한다면, 폭넓은 대인 관계를 갖게 하는 것이다. "성격이 원만한 사람은 대인 관계가 넓다.", "성격이 모나지 않아서 사람을 잘 사귄다."는 말을 주위에서 흔히 듣는다. 사실 이런 사람들이 폭력범죄인으로 전락하는 경우는 찾아보기 힘들다. Bingswanger와 Boss가 우리들의 세계를 내부 세계(eigenwelt), 환경 세계(umbelt), 사회적 세계(midwelt)로 나누고 이들 중에서도 사회적 세계가 바로 현존재의 세계라고 한 것같이 대인 관계가 생의 가장 중요한 부분을 차지한다. 그러나 어떻게 폭넓은 대인 관계를 갖게 하는가? 이것은 또 하나의 다른 문제라고 생각한다. 실존주의 이론에서는 최선의 방법이 원만한 대인 관계라는 것만을 지적할 뿐이다.

실존주의 이론이 앞에서 설명한 다른 것들과 판이하게 다른 점은 인간의 자유의지에 이론의 근거를 두고 있다는 것이다. 환경에 의한 수동적 입장을 수용하는 것이 아니라, 능동적 입장에서 생의 의미를 깨닫게 된다는 것을 지적하고 있다. 이 말의 의미는 인간이라면, 범죄인이든지, 보통 사람이든지 태어날 때부터 가지고 나온 자유의지가 있으며, 이것을 자극하는 것이 바로 범법행동을 예방하고 수정하는 길이라는 뜻이다. 자신이 세상에 존재하는 의미, 세상의 빛을 깨달아 존재불안을 씻어야 한다.

1-5. Maslow의 자아 실현 욕구 이론

Maslow는 인간이 갖는 생의 목표는 자아 실현이지만, 그 단계에 이르기 위해서 사전에 거쳐야 하는 단계들이 있음을 지적한다. 즉 생리적 욕구, 안전 욕구, 소속 욕구, 자아 존중감, 자아 실현이다. 첫 단계가 만족스럽지 못할 때,

다른 욕구로의 전환은 어렵다. 배가 고프고, 목이 마르고, 성욕에 허기진 사람에게 자유의지를 논하며, 자아 실현을 이룰 것을 기대하는 것은 말도 되지 않는다. Maslow의 이론은 자유의지를 통해서 자아 실현을 추구하고 있지만, 우선적으로 생리적 욕구가 어느 정도 만족된 다음에 가능한 이야기이다. 그러나 강력 범죄인들의 상당수는 기본적 욕구의 만족이 어려운 사람들이다.

생리적 욕구 중에서도 먹어야 하는 욕구가 가장 시급한 문제다. 이것이 어려울 때, 범죄의 가능성이 높을 수밖에 없다. 그래서 범죄의 예방을 위해서 기본적으로 사람들이 먹고 마시는 데 어려움이 없게 해야 한다. 실제로 이런 문제가 해결된다면, 범죄율도 상당히 떨어질 것이다. 그러나 Maslow는 욕구계층설을 제시하면서, 생리적 욕구가 큰 문제는 아니라고 생각했었을 것으로 추측한다. 이런 주장을 하는 이유는 본능을 표현할 때, 동물에게는 "instinct", 인간에게는 "instoid" 라고 구별하면서 생리적 욕구는 가볍게 다루고 있기 때문이다.

사람이 생리적 욕구에 묻혀 있다면 동물과 큰 차이가 없지만 Maslow가 이런 사람을 대상으로 자아 실현을 논했을 리도 없다. Maslow이론에서 생리적 욕구는 누구나 기본적으로 채워지는 것처럼 보았기에 비중을 가장 가볍게 두는 것이며, 인간의 자유의지가 행동의 원천임을 의미한다.

Maslow 이론에서는 범죄예방을 위해서 무엇을 제시하고 있을까? 이에 대한 답은 미래에 대한 목표를 갖게 하는 것이다. 생리적 욕구가 부족하지 않은 사람에게는 안전의 욕구를, 안전 욕구가 채워진 사람은 소속의 욕구를, 소속의 욕구가 부족하지 않은 사람에게는 자아 존중감을 갖게 하고, 마지막으로 자아 실현 욕구를 향하게 해야 한다. 그러나 이런 욕구들은 노력 없이 채워지는 것이 아니고, 의지에 의한 노력으로 달성되기 때문에 자유의지의 중요성이 강조된다.

앞에서도 언급했지만, 범죄인들 혹은 범죄의 가능성을 지닌 사람들은 생리적 욕구를 채우기에 급급한 사람들이 많을 것이고, 그래서 바로 윗단계에 있는 안전 욕구도 채우기가 불안한 상태에 있는 사람들이 많을 것이다. 이들은 미래의 목표를 허공에 던져 버린 사람들일 수 있다. 이런 이유 때문에 범죄의 예방 혹은 수정 방법을 위해서는 이들이 우선적으로 생리적 욕구에 부족함이 없게 해야 한다. 그러나 그런 대답은 하나마나이다. 왜냐하면 범죄인들이 먹고 입는 것에 문제가 없도록 해야 한다는 대답이기 때문이다. 그 방법이 효과적이라는 것을 알았어도 어떻게 그런 문제를 해결하느냐 하는 것은 더 큰 문제이다. 그래서 피해 갈 수 없는 길목이다.

한편 생각하면, 우리들이 생리적 욕구에 어려움이 있다 하여도, 지금 당장 해결해야 할 급박한 문제를 안고 있는 사람은 그리 많지 않을 것이다. 그래서 자아 실현 이론에서 범죄예방을 위한 방법은 세상이란 환경에 밀려가는 것이 아니라, 스스로의 의지에 의해서 개척되는 것이라는 것을 알려야 한다. 매우 어려운 주문이지만.

1-6. Rogers의 내담자 중심 이론

Rogers는 현실적 자아와 이상적 자아의 간격이 좁으면 좁을수록 건강한 사람이라는 주장이다. 이런 사람은 자신이 자아 실현의 종자적 아이디어를 갖고 있다는 것을 알고 있다. 그러면 어떤 사람이 두 개의 자아 사이에 좁은 간격을 유지하고 있을까? 범죄인도 어린이도 노인도 모두가 두 개의 자아를 가지며, 또한 자아 실현의 가능성을 가지고 있다. 그러나 이것을 소유하고 있다는 자체를 모르는 사람은 허망한 목표를 정하고 자신을 포기하기 일쑤다.

범죄예방의 가장 빠른 지름길은 자신이 자아 실현의 종자적 아이디어를 갖고 있다는 생각을 갖게 하는 것이다. 우선 이를 위해서 해야 하는 것은 "I am OK"라는 생각을 갖도록 해야 한다. 이런 생각을 갖는 사람은 "You are OK"라는 생각도 가질 것이다. 이 두 가지 생각을 갖는 사람은 자연히 "Everything is OK around us" 라는 생각을 갖게 된다. "OK"라는 의미는 나는 살아가는 데 아무런 문제가 없다. 나는 나를 좋아하고 나아가서는 당신을 사랑한다는 것이다. 이런 생각들이 바로 자아 실현의 종자적 아이디어를 찾게 하는 방안이다.

자신에게 종자적 아이디어가 내재해 있다고 믿는 사람들은 현실적 자아와 이상적 자아의 간격을 터무니없이 크게 잡지 않는다. 적절한 선에서 두 개의 자아를 놓는다. 여기서 적절하다는 뜻은 너무 쉽지도 않고 잡힐 듯 잡힐 듯하는 그런 목표로써 이상적 자아를 정한다. 만약 두 개 자아의 간격이 너무 커서 도저히 감당할 수 없는 그런 것들이라면, 그로부터 받는 스트레스는 정신을 망가뜨리고 말 것이다.

종자적 아이디어를 찾지 못하는 사람은 터무니없는 이상적 자아를 생각하며 자신이 처한 환경의 탓으로 돌려서 사회를 원망하며 복수를 계획할지도 모른다. 아래의 예문은 신모씨의 계획을 소개한 것이다. 이 예문에서 볼 수 있는 바와 같이 그의 계획은 정말 엄청나다. 보통 사람 같으면, 이런 무모한 계획을 생각조차 하지 않았을 것이지만 그는 수행을 위해서 사전 현지 답사까지 한 사람이다.

신모씨의 전쟁 상대에 전, 노 전 대통령 포함

경찰 특별 조사팀의 김명수 팀장은 브리핑에서 신이 자신의 수기에 그들에게 전쟁을 선포한다고 밝힌 대상은 전, 노 전 대통령이었다고 말했다. 김팀장은 "신은 두 전직 대통령의 집이 있는 서울 연희동 일대를 한 시간 정도 둘러보기도 했으나, 경찰의 삼엄한 검문 검색에 위협을 느껴 두 전직 대통령 집의 위치도 확인하지 못했다"고 말했다.(조선일보, 1999년)

자신을 사랑하고, 타인을 사랑하는 사람이 범죄인으로 전락하기는 어렵다. 물론 자신을 사랑하지 않는 사람이 어디 있느냐 하고 반문할 수 있다. 그러나 자신을 귀하게 여기고 사랑하는 사람은 자신을 함부로 굴려서 범죄를 짓지 않는다. 왜냐하면 범죄행동은 자신을 허공에 내던지는 것과 다를 바 없기 때문이다. 혹자는 범죄를 저지르고 도망다니는 것이 바로 자신을 사랑하기 때문이라고 주장할 수도 있지만, 이것은 자기 사랑이 아니라 자기 방어 행동이다. 살아야 하니까 방어하는 것이지, 사랑하기 때문에 방어하는 것은 아니다.

그러면 어떻게 범죄인에게 "I am OK and You are OK"라는 생각을 심어 줄 수 있을까? 우리들은 의지를 갖고 있으니까, 의지로 찾게 해야 한다. 의지로 찾을 수 있지만, 그렇지 못할 경우에는 그가 자아 실현의 종자적 아이디어를 찾도록 교육이나 상담을 통해서 도와 주어야 한다.

1-7. 사후에 대한 신념

우리들은 죽은 후에 어떻게 될까? 영혼이 불멸한가? 이런 질문의 답은 사람들의 행동에 지대한 영향을 주게 마련이다. 영혼이 불멸하다면, 이 세상의 삶은 찰나적 순간이며, 현재의 삶은 영원한 내세를 준비하는 기간이다. 그러나 영혼이 죽음과 함께 사라진다고 믿으면, 현세의 삶을 될수록 편하고 행복하게 마음껏 살아야 한다.

사람들이 영혼의 문제를 심각하게 생각하고 각자의 신념에 따라서 생활한다면 진지한 생활을 하겠지만, 죽음이라는 것을 무시하는지 아니면 망각하고 사는지 대부분의 사람들에게서 생활의 차이를 찾기 어렵다. 멀리 있는 죽음보다 코앞에 닥친 문제가 더 시급해서 생각할 여유를 갖지 못하나 보다. 그러나 다시 생각하면, 우리들의 삶은 죽음과의 싸움을 계속하고 있는 것 같다. 생명보험과 건강보험, 체중감량, 보약, 스트레스 해소, 좋은 음식, 환경 등을 논함은 결국 병과 죽음을 될수록 멀리 하고 싶은 마음에서 나타난 것들이다. 사실 우리들은 알게 모르게 죽음의 문제를 심각하게 생각하고 있지만, 죽음 자체가 쾌한 것은 아니니까 멀리 밀어 두고 꼬집어 염두에 두지 않을 뿐이다.

더욱이 범죄자의 연령은 20～30대가 대부분이다. 이런 연령에 있는 사람들은 죽음의 문제가 자신들에게는 해당 없는 것으로 생각하기 쉽다. 그래서 사후의 신념 때문에 범죄를 저지르고, 안 저지르고 할 것 같지 않다. 그러나 진정한 종교인이라면 나이에 관계없이 범죄를 저지르지 않을 것으로 본다.

세상에 종교인은 많지만, 진정한 종교인은 많지 않은가 보다. 우리 나라에서 종교인은 거의 절반에 이르지만 범죄건수는 날로 증가하는 것을 미루어 그런 생각을 한다.

범죄를 어떻게 예방하고 수정할 수 있을까? 영혼은 불멸하고, 현세는 그것에 비해서 찰나적이라는 신념을 심어 주는 것이 대답이다. 그러나 이것을 어떻게 갖게 하는가? 이것은 간단하게 얻을 수 있는 대답이 아니다. 물론 이를 위해서 종합적인 학문의 조망이 요구된다.

앞에서 논의된 범죄예방 개선 아이디어들은 물에 물탄 듯, 술에 술탄 듯 해서 뾰족한 아이디어를 갖게 하지 못한다. 그러나 성격 이론에서 얻을 수 있는 범죄예방 방안은 그 정도에 그칠 수밖에 없다. 구체적인 방안은 그것을 근거로 해서 아이디어를 찾아야 한다. 예를 들어서 어린 시기에 아버지를 동일시하는 데 어려움이 없어야 한다. 우리들의 정신은 조상의 영향을 받지만, 변화와 성숙은 본인의 책임이다. 자아 실현을 위해서 자신을 사랑해야 한다는 식의 범죄예방 아이디어는 그것 자체가 사용될 수 있는 방안이 아니라, 이것을 토대로 해서 좋은 방안을 모색해야 하는 자극제이다.

2. 사회심리학이 지적하는 범죄예방과 수정 방안

심리학의 영역 중에서 사회심리학이 범죄심리학과 가장 높은 관련성을 갖는다. 왜냐하면, 사회심리학은 희로애락을 주제로 다루면서 인간의 삶을 탐구하기 때문이다. 물론 위에서 언급한 성격 이론들에서 범죄행동의 근본적 원인을 따지고 범죄예방을 위한 개선책을 찾아보았지만, 포괄적인 방안을 제시하기에 이해는 되지만 '범죄예방을 위해서 할 일은 이것이야' 라고 지적하기 어렵다. 그래서 범죄행동을 좀더 구체적으로 다룰 수 있는 사회심리학 이론과 함께 범죄예방의 방안을 찾아보기로 한다.

2-1. 행동으로 본을 보이게 하라

(Behavior leads attitude; Festinger, 1957)

1960년도 초반에 사회심리학이 안고 있는 큰 문제 중의 하나는 태도가 행동을 결정하는가? 행동이 태도를 결정하는가? 하는 것이었다. 그 전까지는 학자들간에 태도가 행동을 결정하는 것으로 알고 있었지만, 1969년 Allan Wicker가 미국의 호텔, 음식점 주인들을 상대로 태도와 행동 간의 연구를 실시하고 아주 놀라운 결과를 발표하였다. 그는 "젊은 중국 부부를 당신의 호텔과 음식점에 손님으로 받겠습니까?" 라는 편지를 띄웠다. 편지의 응답은 90% 이상이 "아니오"라고 하였다. 그러나 Wicker는 중국 부부와 함께 이들 호텔과 음식점을 찾아다니며, 손님으로 받아들이는지를 확인한 결과 90% 이상이 환영하였다. 즉 태도와 행동은 전혀 다른 관계를 나타내었다. 이후부터 학자들은 "태도는 마차고 행동은 마차를 끄는 말이다."라는 생각을 갖게 되었다.

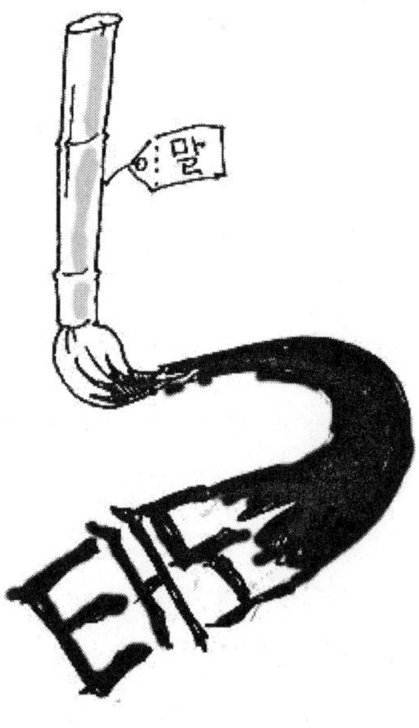

행동(붓)과 태도의 관계

행동이 태도를 결정한다는 주장은 우리들의 생활에서 얼마든지 찾아볼 수 있다.

항간에 "자주 만나는 사람이 더 가까워진다", "이웃 사촌이 먼 친척보다 낫다" 는 등의 말에서 알 수 있듯이 행동이 태도를 결정한다는 것을 짐작할 수 있다.

연극배우들은 무대에 서기 위해서 상당 기간 동안 자주 만나서 역할 연기(role playing)를 한다. 연습하는 과정에서 사랑하는 연인의 관계가 몇 개월씩 이어져 간다. 연극에 몰입하는 사이에 이들에게는 사랑의 감정이 싹튼다. 그래서 이들의 고민 중의 하나가 연극을 끝낸 후에 갖는 감정의 정리라고 한다.

요사이 젊은 여인들의 흡연율이 매우 높다. 담배의 유해론을 무시하고 피우는 여인들을 대상으로 한 금연의 연구가 실시된 적 있다. 연구자(예: Janis & Mann, 1965)들은 한 팀에게는 담배가 유해하다는 정보만 주었고, 다른 팀에게는 암 환자의 역할 연기를 하게 하였다. 두 팀 중에서 정보만을 들은 팀보다는 역할 연기를 하였던 사람들이 더 높은 금연율을 나타내었다.

행동이 태도를 결정한다는 주장은 "the foot-in-the-door phenomenon" 이론(Freedman & Fraser, 1966)이 뒷받침한다. 이 의미는 큰 것을 얻기 위해서는 작은 것을 먼저 주어야 한다는 것이다. 예를 들어서 화장품 외판원이 가정을 방문해서 다짜고짜로 비싼 제품을 사라고 요구한다면, 실패율이 높을 것이다. 그러나 아주 조그만, 마음에 부담을 주지 않는 샘플을 사용해 보라는 요구를 할 때 거절할 사람은 거의 없다. 그런 다음에 본 제품의 구매를 요구하면, 또한 거절할 사람이 많지 않을 것이다.

얼마 전 인기 탤런트 이모양이 자동차 사고를 내었다. 무면허 운전자라는 것이 밝혀졌기에 곤욕을 치뤘다. 이양에게 주어진 벌 중에서 무의탁 노인 수용소에서 노인들을 목욕시키는 일을 100일 동안 하라는 "사회봉사명령"이 있었다. 물론 이양이 노인들에 대한 좋은 감정을 가지고 있었다 하여도, 100일이라는 긴 기간 동안 노인들을 대했으니 더더욱 좋아하는 감정을 갖게 되었을 것이다.

인정머리 없는 시어머니가 돌아갔을 때, 가장 슬피 우는 사람은 심한 구박을 받던 며느리라고 한다. 이들이 주고 받은 감정이 좋은 것은 아니었지만, 늘 마주 대하는 시간이 제일 많았기에 결국은 좋은 감정으로 바뀌었나 보다. 국기에 대한 경례, 순국선열에 대한 묵념에서 애국심이 싹튼다. 이와 같이 행동이 태도를 결정한다는 주장은 우리 생활에서 얼마든지 찾아볼 수 있다.

중국인들이 한국동란에 참전했던 미국인의 세뇌(brain washing)를 위해서 사용했던 방법도 "food-in-the-door techniques"이었다. 처음에 중국인들은 아주 시시한 것(아침 식사가 마음에 들었냐?)에 동의하도록 하고서 나중에 큰 것(미국이 나쁜 나라냐?)에 동의하도록 하였다.

이런저런 이유에서 사회봉사명령이 범죄인의 통제 방법으로 도입되었다. 그러나 지금까지는 경범죄에 해당되는 사람에게 적용된다. 교통법규 위반이 가장 대표적이다. 그러나 이 방법은 중범죄자에게 더 효과적이라고 생각한다. 경범죄자들은 자신이 실수로 벌을 받는다는 생각에서 오히려 반감을 가질 수 있다. 그러나 중범죄자들은 대체로 자신의 실수로 죄를 지었다고 생각하는 비율이 적을 것이다. 그러므로 이들에게 사회봉사명령을 적용하면, 더 큰 태도의 변화를 기대할 수 있을 것이다. 그러나 이들의 관리가 문제라고 주장할 수 있지만, 진짜 문제는 우리들의 이런 마음이 훌륭한 방안을 미리 막아 버리는 것이다. 이런 의구심을 떨쳐 버리면 행동으로 본을 보이는 아이디어가 범죄예방에 좋은 방안으로 밝혀질 것이다.

2-2. 내 잘못이요, 내 탓이라는 생각을 갖게 하라

(fundamental attribution error; Ross, 1977)

필자가 교도소를 방문하고 수감자들을 상담하며 느낀 결과는 "범죄자들은 합리화의 명수구나!"라는 생각을 가졌다. 자신의 잘못은 뒤로 하고 세상과 가정을 탓하는 데 조금의 양보도 없다. 자신의 처지가 이렇게 된 것은 바로 "너 때문이야!"라는 생각이 지배적이다. 이런 생각을 갖는다면, 구속의 의미는 상실된다. 이런 사람들에게 수감의 기간이 길면 길수록 세상에 대한 불만은 더 커지게 마련이다.

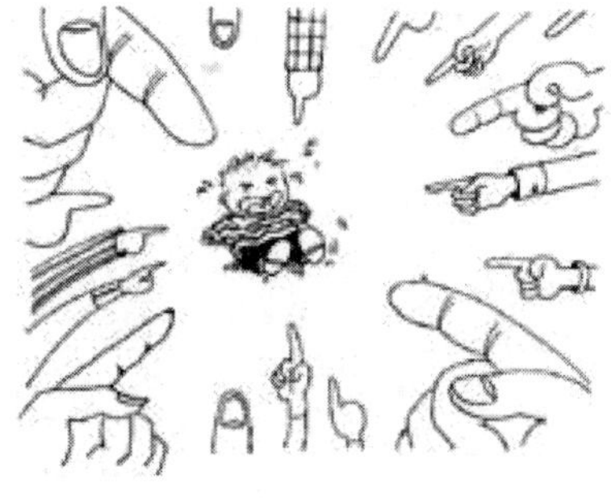

네 탓이다

사람들은 행위의 원인을 내적 혹은 외적으로 돌린다. 이렇게 어떤 행동의 원인을 내적 혹은 외적으로 돌리며 찾는 과정을 귀인 이론(attribution theory)이라 한다. 여기서 내적이란 능력과 노력이며, 외적이란 운과 과제의 난이도를 나타낸다(Weiner, 1980). 사람들은 원인을 찾는 과정에서 일반적으로 나쁜 결과일 경우, 행위자는 운과 과제의 난이도 같은 외적 요인에 핑계를 대지만, 행위자를 바라보는 관찰자는 그런 결과는 행위자가 능력이 없다든가 노력을 하지 않아서 그렇다는 식의 내적 요인으로 해석한다. 즉 관찰자들은 행위의 결과를 행위자의 인적 소인으로 설명한다. 이런 설명은 Ross(1977)에 의해서 기본적 귀인착오라고 불린다. 이것은 말 그대로 사람들이 생활하는 가운데 일상적으로 저지르는 과오 중의 하나다. 여기서 주시할 것은 "과오"다. 그래서 근본적 귀인착오는 말 그대로 잘못이라는 의미다.

범죄자들은 자신들의 처지나 범죄행동을 자신의 책임으로 보는 것이 아니라 세상이 혹은 사회가 그렇게 만들었다고 지각한다. 그러나 범죄자를 바라보는 일반인들은 이들이 질적으로 나쁜 사람들이기 때문에 범죄자가 되었다고 간주한다. 그러나 앞에서도 설명한 것같이 이런 생각은 과오(error)다. 그러므로 그런 과오를 고치면, 행동은 수정될 수 있지 않을까 생각한다. 우리들이 생각하는 "범죄인들은 질적으로 나쁜 사람들이다"라는 생각을 "범죄인들은 질적으로 나쁜 사람이 아니라 환경이 나빠서, 운이 없어서, 그렇게 되었다"라고 인정해 보자.

우리들이 진정으로 환경이 나빠서, 운이 없어서라는 식으로 범죄자를 생각한다면, 이것은 우리 사회에 상당히 중요한 의미를 지닌다. 왜냐하면 범죄자들이 출소한 후에 다시 범죄를 저지르는 이유가 바로 범죄자는 원래가 나쁜 사람들이기에 다시 범죄를 저지를 가능성이 있다고 생각하기 때문이다. 이런 생각은 출소한 사람들이 다시 사회에 발을 붙이기 힘들게 만든다.

당신이 어떤 사업체의 사장이라고 가정해 보자. 당신은 범죄 전과를 갖는 출소자를 사원으로 입사시킬 의향이 있는가? 그를 사원으로 받아들일 의향이 없다면, 이유가 무엇인지? 다시 설명할 필요 없이 그것은 바로 범죄자의 인적 소인을 의심하기 때문이다. 그러나 그런 생각은 당신의 과오라는 것을 깨달아야 한다. 또한 이런 생각을 범죄자들이 알았을 때 얼마나 감격할 것인가?

2-3. 각자가 차지하는 몫은 동일하다 (equity theory; adams, 1965)

항간에 "노력한 만큼 먹는다"라는 말이 있다. 세상 사람들이 차지하는 몫

공평성

은 각기 다르지만, 노력한 대가에 비교할 경우 각자에게 돌아가는 몫은 비율 면에서 동일해야 한다. 우리 나라 사람들은 다른 나라와 비교해서 이상한 신념을 갖는 듯하다. 이런 신념은 다름 아니라, "부자는 나쁜 사람"이라는 생각이 아닐까 한다. 물론 이런 생각을 갖는 이유는 여러 측면에서 찾아볼 수 있다. 예를 들어서 땅 투기, 탈세, 뇌물 등 허다하게 많은 이유들이 부자를 만들어 왔기 때문이다. 그래서 부자는 나쁜 사람이라는 생각을 갖게 할 수 있다. 그러나 건전한 사회란 다름 아니라, 부자가 실제 존경받는 사회이다. 이 말은 노력의 대가만큼 몫을 가졌기에 작은 몫을 가진 사람이 큰 몫을 가진 사람을 비난할 이유가 없다는 것이다. 사회의 모든 사람들이 공평하게 자신의 몫을 차지할 때, 불만의 소리는 자취를 감춘다.

공평원리는 입력된 투자와 출력된 결과의 몫이 모두 동일해야 한다는 주장이다(Adams, 1965). 이러한 원리가 지켜지지 않는지 우리 사회는 가진 자를 비난하는 목소리가 높다. 거액의 돈을 강탈당하고도 서로가 입을 다물기로 약속하고 신고조차 안 한 사례도 있다. 요즈음(1999년 7월) 신모씨의 범죄 관련 뉴스가 연일 뉴스 시간의 반을 차지할 정도다. 신모씨는 2년 6개월 도피 기간 중에 88건의 범죄를 지었다고 한다. 신모씨는 일기에 "큰 도둑은 밖에 있고, 작은 도둑은 감옥에 있다"고 사회를 비난하는 글을 남겼다. 또한 대도로까지 불리던 조모씨는 아주 멋진 말을 한국 사람들에게 남겼다.

무전유죄 유전무죄(無錢有罪 有錢無罪)라. 돈이 없으면 바로 죄고, 돈이 있으면 죄가 없다. 조모씨는 자신이 돈이 없어서 범죄인이 되었다는 강한 생각을 갖는다. 이런 생각을 갖는 사람은 죄를 짓고도 별로 뉘우치지 않는 경향이 있다. 부당한 방법에 의해서 돈을 거머쥔 사람들의 것을 좀 가졌기로 아무런 죄가 아니라는 생각이다.

우리의 사회를 밝게 비추는 사람들, 왼손이 하는 일을 오른손이 모르게 하는 사람들, 다른 사람이 잠잘 시간에 일찍 일어나서 새벽을 깨우며 묵묵히 일하는 사람들은 얼마든지 많다. “한 마리의 미꾸라지가 물을 흐리게 한다”는 속담같이 자신이 노력한 것보다 훨씬 더 많이 먹는 사람은 소수지만 전체인 양 보았을 때, 문제가 발생된다. 범죄자들은 자신들이 못 가진 이유가 정당치 못한 방법으로 많이 가진 사람들 때문이라고 생각하며 그들을 대상으로 범죄를 저지르기 때문에 세상은 온통 가진 사람만 보이고, 착한 사람은 보이지 않나 보다. 평생을 보따리 장사하고, 곰탕을 끓여 판 돈 몇 십억을 대학의 장학금으로 희사하는 할머니들은 안중에도 없을 것이다. 세상이 공평하다는 것을 알게 하는 것이 범죄예방의 길이다.

2-4. 자녀에게 필요 이상의 돈을 주지 말자

(overjustification; Lepper & Green, 1978)

부모가 참견을 하지 않는데도 스스로 열심히 공부하는 철수에게 엄마는 기특한 마음에서 돈을 20,000원 주었다. 물론 먹고 싶은 것을 사 먹으라는 상이다. 며칠 있다가 엄마는 철수에게 다시 30,000원을 주면서 격려를 하였다. 엄마는 상을 주면, 철수가 공부를 더 열심히 할 것이라는 기대를 한 것이다. 엄마가 기대한 대로 철수는 얼마 동안 더 열심히 공부를 하였다. 그래서 그는 더

과잉정당화

많은 돈을 상으로 받았다. 그런데 이상하게 철수는 어느 땐가 연필을 놓고 놀기 시작하였다. 철수는 공부에 흥미를 갖지 못하고, 돈에 더 많은 관심을 가졌다. 그 후부터 철수는 돈을 더 얻으려고 엄마에게 10,000원짜리 책값을 20,000원이라고 속였다. 철수는 친구의 생일 파티에 선물을 사야 한다고 졸라서 30,000원을 타가지고 5,000원짜리 물건을 사서 친구에게 선물한다.

위의 이야기는 우리들이 주위에서 흔히 듣는 것이다. 부유하고 여유가 있는 가정에서 더욱 이런 사태가 발생된다. 일반적으로 부유한 가정은 그렇지 않은 가정보다 이런 이야기의 원천이 된다. "야타족", "오렌지족" 하는 이야기는 오늘날을 사는 한국 사람들이면, 무슨 의미인지 다 잘 알고 있다. 그리고 이런 말의 유래가 서울의 강남 일대에서 시작되었다는 것도 잘 안다. 아울러 이 곳이 우리 나라에서 경제 수준이 가장 높은 곳이라는 것도 인정하고 있다. 아마도 이런 용어가 시골의 어느 구석진 지역에서 시작되었다고 고집부려 봐야 믿을 사람은 없다.

앞에서 예를 든 철수 엄마는 아들이 공부에 흥미를 잃고 돈에 대한 욕심이 강하다는 것을 알고 나서 고민중에 있다. 저놈이 왜 그렇게 변했을까? 이리저리 생각해 봐도 아들의 행동에 변화를 준 이유를 찾기 어려웠다. 그러나 철수를 그렇게 변하게 한 것은 다름 아니라 철수 엄마 자신이다. 철수가 엄마의 참견을 받지 않고도 공부를 열심히 한 것은 그가 공부 자체에 흥미를 가졌기 때문이다. 이때에 철수의 본질적 동기(instrinsic motivation)는 다름 아니라, 공부(studying)하는 즐거움이었다. 철수는 공부가 정말 재미있고, 신나서 하였다. 그러나 엄마에게서 지나친 상을 받고 난 후에는 공부를 하면 상(돈)을 받는다는 생각을 갖게 되었다. 철수는 얼마 동안 돈을 받기 위해서 열심히 공부하였지만, 이런 사이에 그의 본질적 동기는 외부동기(extrinsic motivation)인 돈에 의해서 점점 약해져 갔다. 그래서 철수는 공부보다는 돈을 위해서 공부하게 되었다. 이런 상황은 과잉정당화로써 설명된다.

과잉정당화(overjustification effect)의 의미는 필요 이상의 상을 받아서 본질적 동기가 부패되는 것(corrupt by gift)을 의미한다(Lepper & Green, 1978). 철수는 본질적 동기가 부패되고, 외부적 동기에 더 강한 욕구를 갖게 되었다. 물론 돈을 얻기 위해서 열심히 공부를 하면 되지만, 돈을 얻으려면 반드시 공부만을 필요로 하는 것은 아니다. 공부보다 더 손쉬운 거짓말, 속임수 등과 같은 다른 방법을 통해서 돈을 취할 수 있기 때문이다.

요즘은 자녀를 하나 혹은 두 명만 두고 단산하는 경우가 대부분이다. 그래서 부모들은 자녀에게 더 많은 관심을 보인다. 세 명 혹은 그 이상 자녀를 두는 가정은 이제 찾아보기 힘들다. 자녀를 많이 두면 경제적으로 많은 희생을 치뤄야 하고, 시간적 여유도 없고 매일의 생활이 자녀를 중심으로 맴돌 수밖에 없다. 한편 한두 명의 자녀를 둔 가정은 이들에게 필요 이상의 보호와 상을 주게 된다. 생활의 여유를 갖는 가정일수록 자녀의 본질적 동기를 망쳐 버리기 쉽다. 자녀들이 스스로 찾은 어떤 본질적 동기가 부모의 과잉보상 때문에 부패되기 일쑤이다.

본질적 동기를 상실한 사람은 외부적 동기를 채우기 위해서 여러 가지 방법을 생각하게 될 것이다. 이들이 성장해서 돈을 스스로 얻을 수 없으면, 강압적 힘이나 속임수로 얻을 수밖에 없다. 이것이 바로 범죄행동이고, 이를 행하는 사람이 범죄자임은 말할 필요도 없다. 세상의 부모들은 자녀가 귀엽고, 대견해도 기대 이상의 상을 주지 말아야 한다.

2-5. 고발 정신을 고취하자

(diffusion of responsibility; Latené & Darley, 1970)

뉴욕에서 새벽일을 마치고 3시에 자신의 아파트로 돌아오던 Kitty Genevese라는 여인은 칼을 든 괴한의 공격을 받았다. Kitty는 살려달라고 소리를 질렀다. 이 통에 괴한은 도망갔다가 다시 와서 Kitty를 죽이고 말았다. 그녀의 이웃은 비명소리에 잠을 깨어 창가로 와서 35분 동안이나 구경을 하였지만, 누구도 경찰에 신고하지 않았다. Kitty가 죽어 가는 것을 구경한 이웃은 무려 38명이었다. 이 사건은 지금까지 알고 있는 상식으로는 아주 해석하기 곤란한 것이었다. 왜냐하면 위급한 상황에 있는 사람을 보면, 자신도 모르게 달려가서 구하는 동정-

보는대로 신고

이타심-가설(amphathy-altruism-hypothesis; Baston, 1998)을 상식으로 알고 있었기 때문이다.

Kitty의 이웃은 왜 죽어 가는 사람을 보고도 방관만 하고 있었을까? 하는 의문을 풀기 위해서 Latené와 Darley(1970)은 살인 장면을 목격한 이웃을 한 사람 한 사람 면접하게 되었다. 면접의 결과는 "다른 사람이 신고할 줄 알고 자신은 가만히 있었다"는 것이다. Kitty의 이웃들은 다른 아파트의 불이 켜진 것을 확인했고, 또한 자신들같이 창가에 와서 구경하는 것을 보았다. 그리고 목격자들은 이들 중에서 어느 누가 신고하겠지라는 생각을 하였다. 그러나 모두는 방관자(bystanders)들이었다. 이들은 신고의 책임을 모두에게 밀어 버렸다. Latené와 Darley는 이웃들의 이런 행동을 책임분산(diffusion of responsibility)이라고 이름하였다.

뉴욕은 정말 복잡한 도시다. 이런 도시에 사는 사람들은 될수록 자신들에게 들어오는 정보를 제한하고(Milgram, 1970), 다른 사람을 별로 도우려 하지 않는다(Amato, 1983). 복잡한 도시의 생활은 상당량의 정보를 처리해야 하는 어려움이 있는데, 이에 더해서 남을 돕는 행동은 자신들의 복잡함을 더 복잡하게 만드는 격이다. 이런저런 이유 때문에 대도시의 주민들은 경찰에 신고할 사건이 있어도, 남이 하겠지 하는 막연한 생각에 책임을 지려 하지 않는다.

신모씨의 검거 이야기는 1999년 중반을 떠들썩하게 만들었다. 2년 6개월 동안 경찰의 눈을 피해 도망다니던 그가 한 시민의 신고로 잡히고 말았다. 신모씨의 검거와 같이 모든 사람들이 눈을 크게 뜨고 보는 대로 신고를 한다면, 나쁜 짓을 하고 도망을 다닐 사람은 아무도 없을 것이다. 내가 신고하지 않아도 된다는 생각, 다른 사람들이 신고하겠지 하는 생각은 앞에서 설명한 Kitty의 사건과 같은 범행이 자꾸 발생되게 만든다. 큰 일이든지 작은 일이든지 신고하는 정신에서 범죄는 주눅든다.

2-6. 탈개인화를 막는 사회를 만들자
(deindividuation; Zimbardo, 1969)

우리 모두는 자신을 의식하며 살아간다. 이런 자기 의식(self-awareness)은 나와 너를 구별하게 만든다. 자기 의식은 나 자신을 타인에게 잘 보이려 하고, 규율을 따라서 행동하게 만들고, 타인과 예의 바른 대인 관계를 가지며

탈개인화

생활하게 한다. 자기 의식이란 쉽게 자신의 단속적(團束的) 측면을 갖는다. 그래서 우리들이 목표를 향하게 하고, 흐트러지지 않게 늘 자신에게 관심을 갖게 한다. 이런 자기 의식을 대표하는 얼굴이 바로 각 사람이 가지고 있는 이름이다. 누가 어떤 일을 하면, 다른 사람과 구별하기 위해서 이름부터 제시된다. 범죄를 저지른 사람이 방영될 때, 우선적으로 범죄자의 이름이 보여진다. 이름이 없는 사회를 상상해 보자. 어떤 일들이 벌어질 것인가?

지금까지 자기 의식 때문에 남을 해하려던 마음도 억제하고, 질서를 지키고 싶지 않아도 따라왔지만, 자기 의식을 버린 상태라면 이런 것들은 거추장스럽기만 할 것이다. 그래서 Freud가 주장하는 원초아가 뚜렷하게 부상되는 상태를 맞이할 것이다. 이런 상태를 탈개인화라고 부른다. 탈개인화 상태에서 사람들은 쾌감정(feeling of pleasure)을 얻는다(Zimbardo, 1969). 자기 마음대로 행동할 수 있다는 생각에 기분이 좋을 것이다. 옆에 가는 사람을 툭 쳐 볼 수도 있고, 남의 것을 가질 수도 있다. 이런 장면은 어린이 동화에서 다른 사람의 눈에 띄지 않는 유령이 신나서 돌아다니는 것과 동일할 것이다. 이와 같이 범죄인들은 탈개인화 상태에서 범죄행동을 나타낸다. 범죄인들은 탈개인화를 위해서 대도시를 좋아하고, 가면을 쓰고, 남들이 다 잠든 밤에 행동을 한다.

범죄인들은 분명히 자기 의식이 약할 것이다. 이 말을 뒤집어 하면, 탈개인화가 강하다는 의미다. 그래서 범죄를 예방하는 방법의 하나로 도시의 탈개인화 현상을 통제하는 것이다. 아주 우수꽝스러운 이야기지만, 모든 사람들이 이름표를 달고 다닌다고 생각해 보자. 이런 상황에서 이름표를 달지 않은 사람은 이상한 사람이다. 사실 이름표를 달게 하는 것은 말도 안 되지만, 이런 아이디어를 통해서 범죄예방의 길을 모색할 수 있다. 예를 들어서 자동차 번호판을 서울은 삼각형, 부산은 원형, 종로구는 고동색, 송파구는 하늘색 등으로 구별하는 것이 가능하다. 우리 나라의 번호판은 글씨도 작고, 모두가 초록색이다. 그래서 어찌 생각하면, 사회와 국가가 탈개인화를 조장하는 듯하다.

2-7. 범죄예방을 위한 설득기법을 이용하자

(techniques of persuation; Umstot, 1988)

범죄예방을 아주 간단한 차원에서 생각할 수 있다. 예를 들어서 공부를 안 하는 자녀를 위해서 부모는 왜 공부를 해야 하는지를 깨닫게 한다. 세금을 게을리 내는 시민을 위해서 정부는 세금이 걷힌 정도와 앞으로의 계획을 설명한다. 대통령에 출마한 입후보자는 왜 자신이 당선되어야 하는지를 목청 높여서 역설한다. 자녀의 교육이나, 유권자의 태도, 세금을 걷으려는 정부의 노력 모두는 효과적인 설득을 모색한다. 이와 마찬가지로 범죄도 설득을 통해서 예방될 수 있다. 그러나 대부분의 사회는 범죄 가능자를 설득하기보다는 억압하려고만 하는 듯하다. 그러나 이런 억압은 부메랑 효과(Brehm & Brehm, 1981)를 가질 뿐이다. 공부를 안 한

설득 기법

다고 윽박지르고 야단을 칠 경우에 자녀는 빗나가고 만다. 마찬가지로 범죄 성향을 갖는 사람들에 대한 효과적 설득은 억압보다 더 좋은 결실을 맺는다.

효과적 설득을 위해서 ① 누가 설득하나 ② 전달 내용이 어떤 색조를 띄어야 하나 ③ 어떤 경로를 통해서 전달되어야 하나 ④ 누구에게 전달하나를 생각해야 한다.

1) 누가 설득하나?

설득자는 신용(credibility; Hemsley & Doob, 1978))이 있고, 매력(attractiveness)이 있어야 한다. 범죄예방을 위한 설득자로서 적절한 사람은 대통령, 국무총리, 법무부 장관. 경찰서장 등이라고 생각할 수 있으나 범죄자들의 편에서 보면 신용도 없고 매력도 없는 사람들이다. 왜 범죄를 저지르지 말아야 하는지를 설득하기 위해서 범죄자들에게 효과적인 사람은 주부, 어린이, 노인, 그리고 과거 범죄자일 수 있다. 왜냐하면 이들이 범죄의 대상이기에 호소력이 있고, 범죄자로서 치른 부정적 경험을 전달할 수 있기 때문이다.

2) 전달의 내용이 어떤 색조를 띄어야 하나?

전달되는 내용은 범죄의 예방이다. 그러나 이 내용을 논리적으로 호소할 것인가, 정서에 호소할 것인가 하는 문제다. Dabbs & Janis(1965)에 의하면, 논리적 호소보다는 정서적 호소가 더 효과적이라는 주장이다. 범죄행동과 관련해서 부녀자, 노인, 전과자가 자신의 경험을 토대로 한 정서적 호소를 할 때 더 효과적일 수 있다. 세간을 떠들석하게 만들었던 신모씨는 자신을 못살게 괴롭힌 간수에게 복수하기 위해서 뒤를 쫓았다. 간수가 집에 도착해서 식구들의 환영을 받는 가족의 분위기를 보고 보복을 포기했다고 술회하였다. 범죄자 혹은 범죄 가능성을 갖는 사람에게 논리적 호소는 오히려 반감을 일으킬 수 있다.

지금까지 범죄예방을 위해서 정부가 취한 방법은 겁주기였다. 예를 들면, "범죄와의 전쟁" 이라든가 구속되는 범죄자의 장면을 방영하는 것이다. 1999년 7월 28일 전국 방송 3사가 저녁 뉴스 시간에 상인들에게서 금전을 정기적으로 갈취해 온 조직폭력배를 일제히 소개하면서 이들의 등에 새겨진 문신을 보여 주었다. 이러한 내용은 정서를 자극하는 것이지만, 이런 부정적 정서의 전달은 오히려 범죄자들의 반감을 사게 할 뿐이다. 또한 논리적 사고는 논리적 사고로 맞대결하게 만든다.

3) 어떤 경로를 통해서 전달되어야 하나?

설득의 경로는 TV, 신문과 같은 대중매체가 적절하다. 전달되는 내용이 어려운 것이라면, 문서로써 전달되는 것이 가장 효과적이다(Chaiken & Eagly, 1978). 그러나 범죄와 관련된 내용은 어려울 것이 없다. 그래서 가장 좋은 방법은 TV를 통한 전달이라고 간주된다.

4) 누구에게 전달하나?

설득의 대상은 물론 범죄자, 범죄 가능자들을 목표로 하지만, 일반 시민 모두가 대상이 된다. 그러나 세상에 범죄자로 미리 인정받는 사람은 없다. 생활하는 가운데 범죄의 길에 들어서는 사람도 있게 마련이다. 그러므로 범죄예방 차원에서 우리 모두를 겨냥한 전달이어야 한다. 이 말이 아주 이상하게 들릴 수 있다. 왜냐하면 범죄라는 것을 아주 모르는 사람에게 범죄예방의 설득을 한다는 것은 오히려 범죄로 끌어들이는 것 아니냐라는 반문을 할 수 있기 때문이다. 그러나 미국의 경우에 초등학교에 입학하자마자, "Just, say no to drug"을 가르친다는 것을 감안하면 이상할 것이 전혀 없다.

지금까지 우리 사회는 범죄예방을 위해서 설득을 시도한 적이 없는 것 같다. 처음의 시도는 아주 어색할 수도 있지만, 효과적인 방법이라는 것을 이론(theory)은 강하게 주장한다. 그것도 한 학자가 아니라, 상당수의 연구자들이 입을 모은 것이다.

2-8. 양성성 사회를 만들자
(Androgeny; Ikes & Barnes, 1978)

근육이 울퉁불퉁한 남성을 보면서, 야! 정말 멋있는 사나이라고 격찬하던 시대는 이제 지난 것 같다. 또한 다소곳하고 수동적이고 수줍어하는 여인은 이제 매력적이지 못하다. 이러한 남자와 여자가 바람직한 상으로 받아들여지던 때는 성역할(sex role)이 분명했었다. 남자는 밖에서 일하고, 여자는 집안에서 가사를 하는 그런 역할이 시대의 변천과 더불어 점점 혼합되고 있다. 그래서 이제 가사(housework)는 여자가 전담하는 일이 아니라, 남자도 같이 분담해야 한다.

양성성

성역할 고정관념은 남성성과 여성성을 더 분명하게 만든다. 그래서 남자는 더욱 남자의 역할을 강조하고, 여성은 여성의 역할을 강요당하게 마련이다. 여자가 강요당한다는 의미는 여자도 남자와 같은 권리를 가지고 있지만, 남성에 의해서 그것을 못 한다는 뜻이다. 즉 동일한 권리를 갖지만, 한 쪽이 많은 몫을 차지하면 다른 쪽은 그만큼 차지할 몫을 잃는다. 뺏긴 쪽은 언제나 그 몫을 찾기 위해서 고심할 뿐이다. 이 말의 의미는 성역할을 고집하는 사회는 여자의 불만을 키운다는 뜻이다. Ikes와 Barnes(1978)의 연구에서 전통적 부부보다는 양성성의 부부가 더 만족한 삶을 표시한 것을 보아서도 한 쪽만의 만족은 다른 쪽의 불만족을 의미할 수 있다.

남성성을 추구하는 사회는 남성들이 공격적이고 거친 상을 추구하게 되므로 범죄의 성향이 높아질 수 있다. 그래서 범죄를 예방하는 방법의 하나로 양성성을 추구하는 사회를 지향하는 것이다. 남자도 여자도 선이 있는 역할이 아니라, 어떤 일이든지 모두가 함께 하는 그런 역할을 하게 해야 한다. 다행히 이제 남성과 여성의 역할이 혼합되는 양성성의 사회로 변화되고 있는 중이다. 남자도 설거지, 청소, 시장보기도 해야 한다. 여자도 역시 밖에 나가서 남자들과 같이 돈벌이를 해야 한다.

남성성의 남자와 양성성의 남자 중에서 어떤 남자가 더 공격적일 수 있을까? 분명하게 남성성의 남자가 더 공격적이라는 것은 따질 필요도 없다. 그래서 우리 사회가 남성성의 사회보다는 양성성의 사회로 나아갈 때 범죄율 또한 줄어들 것으로 기대된다. 그러나 우리 사회는 아직 남성성의 사회인 것 같다. 왜냐하면 다음 예에서 보여 주는 것같이 아직도 평등 부부상을 수여하고 있기 때문이다. 부부가 평등하게 생활하는 사람에게 상을 준다는 것은 아직도 남성 우위의 사회라는 것을 의미한다

평등부부상

의사결정, 재산권, 가사노동, 육아, 취미 생활의 5개 분야에서 부부의 평등을 측정하고, 제1회 "평등부부상"의 수혜자를 5쌍 선발하였다. 1쌍; 김선호(68) 한국고등교육 재단이사- 김정한(67) 서남재단이사, 2쌍; 정영준(49) 춘해병원 기획실 - 임인숙(46) 보험설계사, 3쌍; 최정현(34) 시사만화가 - 변재란(33) 영화평론가, 4쌍; 이병권(45) 농지개량조합직원 - 임영숙(44) 농협부녀회장; 5쌍, 정명기(44) 기독교 학생연맹 총무 - 강명순(42) 부스러기 선교회 총무 (조선일보, 1994년 1월 18일).

우리 사회가 점진적으로 양성성의 사회로 흘러가고 있지만, 의도적으로 더 빨리 흘러가게 할 수도 있다. 범죄를 예방하고 줄이는 방법이 양성성 사회를 만드는 것이기 때문이다.

2-9. 편견과 사회적 유목화를 버리자(prejudice; Hamilton, 1979)

세상 사람들은 자신은 물론 타인을 어떤 유목에 포함시키고, 자신이 속한 집단은 자기집단(in-group), 속하지 않은 집단은 타인집단(out-gorup)으로 생각한다. 이런 사회적 유목화(social categorization)는 우리에게 생활화되어 있다. 예를 들면 영호남의 지역 갈등, 학연과 지연 같은 것들이다. 이런 사회적 유목화는 편견을 갖게 하고, 나아가서 고정관념을 나타낸다(Dovidio & Gaertner, 1993).

사람들은 자기집단과 타인집단을 구별하고 다음과 같은 특성을 보인다. ① 자기집단의 구성원들은 자신들의 이질성을 강조하며, 타인집단의 동질성을 내세운다(Wilder, 1978). ② 타인집단 구성원들을 너무나 간단히 기술한다(Linville & Ficher, 1993). ③ 자기 만족으로 타인집단에 대한 고정관념을 갖는다(Allport, 1954).

사회적 유목화는 아주 신속하고 자동적이다. 쉽게 말하면, 주위의 사람들을 아주 간단하게 한 묶음으로 몰아 붙인다는 것이다. 사람들은 타인집단을 언제나 흑과 백의 논리로 보면서 동질성을 강조한다. 그래서 타인집단에 속한 사람은 따질 필요도 없이 모두가 동일한 사람으로 간주된다. 서울 사람은 양파, 강원도 사람은 감자바위 등으로 표현되는 것을 보아서도 알 수 있듯이 사람들을 신속하고 간단하게 한 묶음으로 몰아 붙인다. 그리고 이러한 유목화를 통해서 자기 만족의 기쁨을 얻는다.

범죄인과 비범죄인이라는 사회적 유목화를 생각해 보자. 전과의 기록이 있는 사람은 모두가 동일하게 취급된다. 경범죄자이든지 중범죄자이든지 모두가 동일한 범죄자이며, 이들이 왜 범죄를 저질렀는지 따질 여유도 갖지 않고 동일하게 나쁜 사람으로 생각해 버린다. 전과자들이 사회에 다시 발을 붙이기 힘든 이유가 바로 이것이다. 사람들은 이들이 질적으로 나쁜 사람이니까 언젠가 다시 범죄를 저지를 것이라는 고정된 생각에서 접촉하기를 꺼린다. 그러나 이런 고정관념(stereotyping)은 자기 만족적이다. 자신의 만족을 위해서 다른 사람을 하나로 묶어서 몰아세운 셈이다. 그래서 범죄예방을 위한 길은 사람들에게 범죄인에 대한 고정관념을 불식시키고, 고정관념이 자기 만족적이라는 것을 일깨워 주는 것이다.

편견/사회적 유목화

2-10. 사회적 암시에 무관심하게 만들자

(social suggestibility; Philips, 1985)

앞에서 예로 들었던 신모씨가 구속되면서 입었던 T-셔츠가 청소년들에게 관심을 모았다. 그의 헤어 스타일도 모방의 기미를 보이기까지 했다. 외신에서는 신씨를 한국의 로빈훗이라고 격찬하였다. 정부는 이런 판세를 걱정하며, 신씨는 악랄한 범죄인에 불과하다는 것을 강조하기에 바빴다. 학자들의 글을 신문에 싣고, 신씨에 대한 청소년들의 관심은 대리만족에 불과한 것이라는 것을 일간지에 게재하며 설득을 유도했다.

사람들은 자신들의 태도, 신념 등을 다른 사람의 것과 비교하며 생활한다. 이런 가운데 자신이 다른 사람과 다르면 왜 다른지 이유를 밝히고, 다수

사회적 암시

의 것과 상이한 경우에는 "다수가 옳다"는 생각을 갖고 자신의 것을 변화시킨다. 그러나 어떤 소수의 사람들은 자신의 생각을 비교하지 않고 궁금해하던 차에 어떤 사람이 자신과 동일한 생각을 가지고 어떤 행동을 한 경우, 나만의 생각이 아니라는 판단과 함께 그 행동을 실행에 옮긴다. 그런 사람은 사회로부터 암시를 받은 것이다. "아하! 바로 그것이구나. 나 말고도 그런 생각을 갖는 사람이 또 있구나. 그러니까 나도 그 행동을 해도 돼!" 라고 생각한다.

Phillips(1983)는 치명적인 자동차 사고, 비행기 추락, 자살 같은 사건들은 자살의 보도와 함께 증가한다고 주장한다. 이런 사회적 암시는 일상 생활에서 비일비재하게 발생된다. 1998년 9월 17일자 조선일보에서, 여자 화장실과 수영장 탈의실에서 몰래 카메라로 여성의 나체 사진을 찍어 시중에 판매하던 서양화가 선모, 이모씨에 대한 구속영장을 신청했다고 보도했다. 여체를 보고 싶어하는 사람들에게 이것은 정보며, 그렇게 하고 싶어하던 사람들에게 행동자극을 준 셈이다.

몰래 카메라 없어서 못 팝니다

몰래 카메라를 이용한 심부름센터들의 사생활 침해가 심각한 것으로 밝혀졌지만, 종로 3가, 세운상가, 용산전자 상가 등에서 몰래 카메라용 소형 카메라 판매가 여전히 극성을 부리고 있다. 세운상가에서만 한 달 1,200여 개가 거래되는 실정이다. 경찰은 단속규정이 없어서 어쩔 수 없다는 반응이다(조선일보, 1999년 7월 15일).

몰래 카메라

몰래 카메라가 시중에 눈을 끌기 시작한 것은 불과 1년 전의 일이다. 몰래 카메라를 보도한 사회의 암시가 오히려 판매를 촉진시켰다. 이런 사회적 암시는 몰래 카메라뿐 아니라, 모든 범죄에 해당된다. 입시철에 자살하는 고3 여고생, 은행 갱, 가정파괴범 등의 보도는 범죄를 부추길 뿐이다. 범죄의 예방을 위해서 이런 보도는 간략하게 전하든가, 아예 보도를 안 하는 것이 더 효율적이라고 생각한다. 그러나 세상사가 그렇게 공식처럼 흘러가지는 않는다. 그래서 문제는 꼬리를 물고 이어져 간다.

3. 집필을 마치며

범죄행동의 원인이 과연 무엇인가? 책을 다 읽고도 머릿속에 잡히는 것은 아마도 분명치 않을 것이다. 간혹 어떤 사람이 원인은 "이것이야"라고 장담한다면, 이 사람 역시 이상하게 보일 것이다. 왜냐하면 지금까지 살펴본 결과에 의하면, 범죄행동의 원인은 기대 이상으로 복합적인 것일 수 있기 때문이다. 어떤 한 가지 원인이 범죄행동의 절대적 원인일 경우도 있을 수 있다. 그러나 우리들은 그러한 이유를 알 수 없어서 함부로 "이것이다." 라고 지적할 수가 없다.

본서가 추구한 범죄행동의 원인은 신체 · 생리적 측면에서도 잠깐 소개되었지만, 전적으로는 심리학적 차원에서 탐색한 것들이다. 그러나 범죄행동의 원인은 생리적 · 환경적 · 생리 × 환경적으로 크게 나누어 볼 수 있다. 그래서 지금까지 살펴본 원인들은 전체의 일부에 불과할 수 있고, 어떤 면에서 생각하면 범죄행동의 원인으로서 지적된 것들은 모두가 빈 껍데기에 불과할 수도 있다. 왜냐하면 Taylor(홍성열, 임영식 역, 1991)에 의하면, 범죄행동의 원인은 전적으로 신체 · 생리적이기 때문이다. 그러므로 심리학적 주장은 그 앞에서 빛을 잃고 만다. 또 다른 측면에서 Goldstein(홍성열, 임영식 역, 1995)은 범죄행동이 환경에 의해서 발생된다는 주장이다. Goldstein의 주장을 받아들일 경우에 신체 · 생리적 원인을 주장하는 Taylor는 뒤로 물러서야 한다.

신체 · 생리적 주장, 그리고 환경적 주장을 모두 배제하고 이 둘의 절충적 주장을 받아들인다면, 어느 한 쪽을 내세우는 주장은 힘을 잃는다. 위의 설명을 보아도 범죄행동의 원인이 얼마나 복잡한지 짐작할 수 있다. 사람들은 범죄행동의 원인에 대한 해석에서 일반적으로 어린 시기의 애정결핍, 가정의 분위기 같은 환경적 요인을 내세운다. 이런 설명을 듣는 우리들은 과거 생활이 견디기 어려울 정도로 힘들었을 것이라는 생각을 하며 이해를 하고 더 이상의 생각을 안 하는 것 같다. 그러나 한편 동일한 조건에 있었던 사람들이 모두 범죄인이 되지 않았을 것인데, 하필 왜 그 사람만 그렇게 되었는지 의문을 갖는다. 그래서 우리들은 사회생물학자들이 주장하는 바대로, 인간에게 범죄유전자는 따로 있지 않나 하는 생각도 가져 본다.

본서가 추구하는 범죄행동의 심리학적 해석은 이런저런 이유로 전체의 일부에 불과하다. 그러나 한편으로 이런 해석이 전체가 될 수도 있기에 중요성을 지닌다. 결과적으로 범죄행동은 아주 다양한 원인이 개입되므로 결론을 내리기 어렵다. 그래서 우리들은 끊임없이 노력하는 자세로 탐구할 뿐이다.

참고 문헌

이상현(1992). 범죄심리학. 서울: 박영사.

주왕기(1989). 약물남용. 서울: 세계사.

홍성열, 임영식 역(1991). 집단역학(Forsyth, D. R. (1983). Introduction to Group Dynamics). 서울: 양서원

홍성열, 임영식 역(1991), 범죄행동은 유전적인가[Taylor, L. (1983). Born to Crime, Westport, Connecticut: Greenwood Press], 서울: 성원사.

홍성화 역(1985). 융 심리학(Jacobi, J. (1971). Die Psychology von C. G. Jung, Olten, Swiss: Walter-Verlag). 서울: 교학사.

홍성열, 임영식(1995). 범죄행동은 환경적인가[J. H. Goldstein(1986), Aggression and Crimes of Violence], 서울: 성원사.

Abel, G., Becker, J. V., Blanchard, E. B., & Djenderedjian, A. (1978). Differentiating sexual aggression with penile measures. *Criminal Justice and Behavior*, 5, 315-322.

Abrahamson, D. (1960). *The Psychology of Crime*. N.Y: Jhen Willey & Sons.

Adams, J. S. (1965). Inequity in social exchange In L. Berkowitz (Ed.). Advances in *Experimental Social Psychology*, (Vol. 2), N.Y: Harper & Row.

Ahlstrom, W. M., & Havighurst, R. J. (1971). Four Hundred Losers: *Delinquent Boys in High School*. San Francisco: Jossey-Bass.

Allan, E. A., & Steffensmeier, D. J. (1989). Youth, unemployment, and property crime: Differential effects on job availability and job quality of juvenile and young adult arrest rates. American *Sociological Review*, 54, 107-123.

Allen, V. L., & Wilder, D. A. (1980). Group categorization and attribution of belief similarly. *Small Group Behavior*, 10, 73-80.

Alexander, f. G., & Selesnick, S. t. (1966). *The History of Psychiatry: An evaluation of psychiatric thought and practice from prehistoric times the present*. N.Y.: Harper & Row.

Allport, G. W. (1954). *The Nature of Prejudice*. Reading MA.: Addison-Wesley.

Amato, R. R. (1983). Helping behavior in urban and rural environemnts: Field studies based on a taxonomic organizaztion of helping episodes, Journal of Personality and Social Psychology, 45, 571-586.

Alzenon, M., & Kelley, K. (1988). The incidence of violence and acquaintance rape in dating relationships among college men women. *Journal of College Student Development*, 29, 305-319.

Anastasi, A. (1982). *Psychological Testing.* New York: Macmillan.

Anderson, C. A., & Anderson, D. C. (1994). Ambient temperature and violent crime: Tests of the linear and curvilinear hypotheses. *Journal of Personality and Social Psychology*, 46, 91-97.

Andrew, J. M. (1978). Laterality on the tapping test among legal offenders, *Journal of Clinical Child Psychology.* 7, 149-150.

Angst, J., Scheidegger, P., & Stabl, M. (1993). Efficacy of moclobemide in different patient groups: results of new sub-scales of the Hamilton Depression Rating Scale. Clinical Neurophamacology, 16 (Supplement 2), 55-62.

Arato, M., Demeter, E., & Somogyi, E. (1988). Retrospective psychiatric assessment of 200 suicides in Budapest, Acta Psychiatrica Scandinavia, 77, 454-456.

Arboleda-Florez, J., & Holly, H. (1985). What is mass murder? *Psychiatry*, 6, 409-417.

Armon-Jones(1986). The Social Functions of Emotion. In R, Harre (Ed.). *The Social Construction of Emotions.* pp. 57-82, Oxford: Basil Blackwell.

Arnold, M. B.(1960). *Emotion and Personality; Vol. 1, Psychological Aspects.* N.Y.: Columbia University Press.

Averill, J. R. (1982). Studies in anger and aggression: Implications for theories of emotion. *American Psychologist*, 38, 1145-1180.

Averill, J. R. (1985). The social construction of emotion: With special reference to love. In K. J. Gergen & K. E. Davis (Eds.), *The Social Construction of The Person*, pp. 9-109, N.Y.: Springer-Verlag.

Ax, A. F. (1953). The physiological differentiation between fear and anger in humans. *Psychosomatic Medicine*, 15, 433-442.

Bagley, C., & Ramsay, R. (1986). Disrupted childhood and vulnerability to sexual assault: Long-term sequels with implications for counseling. *Social Work and Human Sexuality*, 4, 33-48.

Baker, A. W., Sylvia, P. D. (1985). Child sexual abuse: a study of prevalence in Great Britain. *Child Abuse and Neglect*, 9, 4, 457-467.

Baldwin, J. D. (1984). Thrill and adventure seeking and the age distribution of crime: Comment of Hirschi and Gottfredson. *American Journal of Sociology*, 90, 1326-1330.

Baldwin, J. D., & Baldwin, J. I. (1977). The role of learning phenomena in the ontogeny of exploration and play. In S. Chevalier-Skolnikoff & F. E. Poirier (Eds.). *Primate Bio-Social Development* (pp.343-406). New York: Garland.

Ball, J. C. Rosen, L., Flueck, J. A., & Nurco, D. N. (1981). The criminality of heroinaddicts: When addicted and when off opiates. In J. A. Inciardi (Ed.). *The Drugscrime Connection* (pp. 39-65). Beverly Hills, CA: Sage.

Ball, J. C., Shaffer, J. W., & Nurco, D. N. (1983). The day-to-day criminality of heroin addicts in Baltimore: A study in the continuity of offense rated. Drug and Alcohol Dependence, 12, 119-142.

Bandura, A. (1977). *Principles of Behavior Modification.* New York: Holt, Rinehart, & Winston.

Barnes, H. E., & Teeters, N. K. (1943). *New Horizons in Criminology.* New York: Prentice-Hall.

Barky, S. L.(1990). *Femininity and Domination.* N.Y.: Routledge.

Baron, L., & Straus, M. A (1987). Four theories of rape: A micro-sociological analysis. *Social Problems*, 34, 467-488.

Baron, R. A., & Ransberger, V. M. (1978). Ambient temperature and the occurrence of collective violence: The "long hot summer" revisited. *Journal of Personality and Social Psychology*, 36, 351-360.

Baraclough, B. M., & Hughes, J. (1987). *Suicide: Clinical and Epidemiological Studies.* London: Croom Helm.

Bars, B. J. (1986). *The Cognitive Revolution in Psychology.* N. Y.: Guilford Press.

Bartol, C. R. (1980). *Criminal Behavior: A Psychological Approach.* Englewood Cliffs, N.J.: Prentice-Hall.

Baston, C. D. (1998). Altruism and a prosocial behavior, In D, T. Gilbert, S. T. Fiske & Lindzey(Eds.), *The Handbook of Social Psychology*(4th ed. Vol, 2. pp. 282-316). New York: McGraw Hill.

Baumelster, R. F., & Tice, D. M. (1985). Self-esteem and responses success and failure: subsequent performance and intrinsic motivation. *Journal of Personality*, 53, 450-467.

Bazelon. D. L. (1974). Psychiatrists and the adversary process. *Scientific American*, 230, 18-23.

Beccaria. L. B. (1775). An *Essay on Crimes and Punishment*(4th Ed.). London: E. Newbery.

Beck, A. T., Steer, R. A., & Newman, C. F. (1993). Hopelessness, depression, and suicidal ideation and clinical diagnosis of depression. *Suicide and Life Threatening Behavior*, 23(2), 139-145.

Becker, G. S. (1968). Crime and punishment: An economic approach. Journal of Political Economy, 76, 169-217.

Bem, S. L. (1985). Gender schema theory: A cognitive account of sex typing. *Psychological Review*, 88, 534-364.

Bennet, I. (1960). Delinquent and Neurotic Children, N.Y.: Basic Books.

Bennett, T., & Wright, R. (1984). The relationship between alcohol use and burglary. *British Journal of Addictions*, 79, 431-437.

Benson, M. L. (1985). Denying the guilty mind: Accounting for involvement in a white-collar crime. *Criminology*, 23, 583-607.

Bentham, J. (1821). *An Introduction to The Principle of Morals and Legislation.* N. Y.: Hanfer Press.

Berne(1987). Adolphe Quetlet and the Origins of Positive Criminology. *American Journal of Sociology*, 92(March): 1140-1169.

Berry, R. E., & Boland, J. P. (1977). *The Economic Cost of Alcohol Abuse.* New York: Free Press.

Bingswanger, L. (1958). The existential analysis school of thought: Insanities life-historical phenomenon and as mental disease: the case of Ilse: The case of Ellen West: Anthropological-clinical study. In R. May, E. Angel, &H. F. Ellenberger (Eds.), Existence: *A New Dimension in Psychiatry and Psychology.* N.Y.: Basic

Books, Inc. Chs. VII, VIII, IX

Bingswanger, L. (1963). *Being-in-the-World*(tras. and with a critical introduction by J. Needleman). N.Y.: Basic Books, Inc. Quotations by permission of the publisher.

Binder, R. (1981). Difficulties in follow-up of rape victims. *American Journal of Psychotherapy*, 35(4), 534-541.

Blau, J. R., & Blau, P. M. (1982). The cost of inequality: Metropolitan structure and violent crime. *American Sociological Review*, 47, 114-129.

Block, M. K., & Heineke, J. M. (1975). A labor theoretic analysis of the criminal choice. *American Economic Review*, 65, 314-325.

Blumer, H. (1969). *Symbolic Interactionism: Perspective and Method.* Engliwood Cliffs, N.J.: Prentice-Hall.

Bolles, R. C. (1975). *Learning Theory.* N.Y.: Rinehart and Winston.

Borgstrom, C. A. (1939). Eine serie von kriminellen zwilligen. *Archiv fur Rassen-und Gesellschaftsbiologie*, 33, 334-343.

Boss. M. (1958). *The Analysis of Dreams.* N.Y.: Philosophical Library.

Boss, M. (1963). *Psychoanalysis and Daseinsanalysis.* N.Y.: Basic Books, Inc. Quotations by permission of the publisher.

Boudreau, J., Kwan, Q., Faragher, W., & Denault, G.(1977). *Arson and Arson Investigation.* Washington, D. C.: Government Printing Office.

Bowbly, J. (1969). *Attachment and Loss, Vol. 1, Attachment: Anxiety.* N.Y.: Basic Books.

Braithwaite, J. (1979). *Inequality, Crime, and Public Policy.* London: Routledge & Kegan Paul.

Brehm, S. S, & Brehm, J. W. (1981). *Psychological Reactance: a theory of freedom and control.* N. Y.: Academic Press.

Brenner, H. M. (1976). *Estimation the social costs of national policy: Implications for mental and physical health and criminal aggressin.* Paper No. 5, Joint Economic Committee, Congress of the United States. Washington, DC: U. S. Government Printion Office.

Breslin, E. E. (1990). "Introduction", In *Therapy for Sexually Abused Children and Their Siblings: Group Therapists' s Guide*, J. Szybalski & S. Setziol (Eds.), San Jose, CA.: Giarretto Institute.

Briere, J., & Runtz, M. (1987). Symptomatology associated with prior sexual abuse in a non-clinical sample. *Child Abuse and Neglect*, 12, 51-69.

Briere, J., Evans, D., Runtz, M., & Wall, T. (1988). Symptomatology in men who were molested as children: A comparison study. American *Journal of Orthopsychiatry*, 58, 457-461.

Brittelbank, A. D., Cole, A., & Hassanjay, F. (1990). Hostility, hopelessness and deliberate self-harm. A prospective follow-up. *Acta Psychiatria Scandinavia*, 81(3), 280-283.

Brown, L. K., Spirito, A. & Hemstreet, A. (1992). Adolescent coping behaviour when confronted with a friend with AIDS. *Journal of Adolescence*, 15, 4, 467-477.

Bugess, A. W., Hartman, R. K., Ressler, J. E., Douglas, J. E., & McComack, A. (1991). Sexual homicide: A motivational model. *Journal of Interpersonal Violence.*

Buikhuisen, W., Bontekoe, E. H. M., van der Plas-Korenhoff, C., & van Buuren, S.

(1984). Characteristics of criminals: The privileged offender. *International Journal of Law and Psychiatry*, 7, 301-313.

Burgess, A., & Holmsgtrom, L. L. (1974). Rape trauma syndrome. American Journal of Psychiatry, 131, 981-986.

Bursik, Jr., R., & Grasmick, H. C. (1995). The collection of data for gang research. In *The Modern Gang Reader* by M. W. Klein, C. L. Maxon, & J. Miller, CA: Roxbury Publishing Company.

Burt, M. R. (1980). Cultural myths and supports for rape. *Journal of Personality and Social Psychology*, 38, 217-230.

Burt, M. R. (1983). Justifying personal violence: A comparison of rapists and the general public. *Victimology*, 8, 131-150.

Busch, K. A., & Schnoll, S. H. (1985). Cocaine-Review of current literature and interface with the law. Behavioral Sciences and the Law, 3, 283-298.

Butcher, J. N. (1995). Clinical personality assessment: an overview. In J. N. Butcher (Ed.), *Clinical Personality Assessment*: Practical Approach (pp. 3-9), Oxford: Oxford University Press.

Cameron, D., & Frazer, E. (1987). *The Lust to Kill; A Feminist Investigation of Sexual Murder*. N.Y.: New York University Press.

Camp, G. M., & Camp, C. G. (1988). The Corrections Yearbook: 1988, South Salem, N.Y.: Criminal Justice Institute.

Campos, J. J., & Stenberg, C. R. (1981). Perception, appraisal and emotion: the onset of social referencing. In C. E. Izard, J. Kagan, & R. B. Zajonc (Eds.), *Emotion, Cognition and Behavior*(pp. 229-263). Cambridge: Cambridge University Press.

Carlhoun, Jr., G., Mores, W. C. (1977). *Psychology in The School*, 14, 313-322.

Carr, E. (1977). The motivation of self-injurious behavior. *Psychological Bulletin*, 84, 800-816.

Carr, R. R., & Meyers, E. J. (1980). Marijuana and cocaine: The process of change in drug policy. In *Drug Abuse Council, The Facts About "Drug Abuse"* (pp. 153-189). New York: Free Press.

Carroll, J. S. (1978). A psychological approach to deterrence: The evaluation of crime opportunities. *Journal of Personality and Social Psychology*, 36, 1512-1520.

Cartwright, D. s. (1975). The nature of gangs. In D. S. Cartwright, B. Tomson, & H. Schwartz(Eds.), *Gang Delinquency, Montersey*, CA.: Brooks/Cole.

Chaiken, J., & Chaiken, M. (1982). *Varieties of Criminal Behavior*. Santa Monica, CA: Rand Corporation.

Chaiken, S. & Eagly, A. H. (1978). Communication modality as a determinant of message persuasiveness and message comprehensibility. *Journal of Personality and Social Psychology*, 34, 605-614.

Chatz, T. L. (1972). Management of male adolescent sex offenders. *International Journal of Offender Therapy*, 2, 109-115.

Chimbos. P. D. (1973). A study of breaking and entering offenses in "Northern City", Ontario. *Canadian Journal of Criminology and Corrections*, 15, 316-325.

Chiricos, T. G. (1987). Rates of crime and unemployment: An analysis of aggregate research evidence. *Social Problems*, 34, 187-212.

Christiansen, K. O. (1970). Crime in a Danish twin population. *Acta Geneticae*

Gemellologiae: Twin Research, 19, 323-326.

Christiansen, K. O. (1974). Seriousness of criminality and concordance among Danish twins. In R. Hood (Ed.), *Crime, criminology, and Public Policy* (pp. 63-77). London: Heinemann.

Church, M. A., & Truss, C. V. (1980), Structure of the Janis-field of inadequacy scale. *Perceptual and Motor Skills*, 50, 935-939.

Clark, D. G., & Blackenburg, W. (1972). Trends in violent content in selected mass media. In G. A. Comstock & E. Rubinstein (Eds.), *Television and social behavior: Volume I* (pp.188-243). Washington, DC: U. S. Government Printion Office.

Cloward, R, A., & Ohlin, L. (1960). *Delinquency and Opportunity.* N.Y.: Free Press.

Cohen, M. A. (1988). Some new evidence on the seriousness of crime, Criminology, 26, 343-353.

Cohen, L. E., & Felson, M. (1979a). On estimation of the social costs of national economic policy: A critical examination of the Brenner study. *Social Indicators Research*, 6, 251-259.

Coleman, J. C. (1976). *Abnormal Psychology and Modern Life*(5th Ed.). Glenview, ILL: Scott, Foresman.

Collins, J. J. (1981). Alcohol careers and criminal careers. In J. J. Collins (Ed.), *Drinking and Crime*(pp. 152-206). New York: Guilford.

Conger, J. J. (1977). *Adolescence and Youth: Psychological Development in a Changing World*(2nd Ed.). N. Y.: Harper & Row.

Conger, J. J., & Miller, W. C. (1966). *Personality, Social Class, and Delinquency.* New York: John Wiley.

Conte, J. R. (1985). Clinical Dimensions of adult sexual abuse of children. *Behavioral Sciences and The Law*, 3, 341-354.

Conte, J. R. (1986). *A Look at Child Sexual Abuse.* Chicago: National Committee for Prevention of Child Abuse.

Cooley, C. H. (1902). *Human Nature and The Social Order.* N.Y.: Scribner' s Press.

Coopersmith, S. (1967). *The Antecedent of Self-Esteem*(2nd Ed.). Palo Alto, CA.: Consulting Psychologist Press, Inc.

Copeland, A. R. (1993). Suicide amongst AIDS patients. *Medicine Science and Law*, 33, 1, 21-28.

Cornelius, R. R.(1996). *The Science of Emotion: Research and Tradition in The Psychology of Emotion.* N.J.: Prentice Hall.

Cornish, D. B., & Clarke, R. V. (Ed.) (1986). *The Reasoning Criminal: Rational Choice Perspectives on Offendings.* N. Y.: Springer-Verlag.

Cowie, J., Cowie, V., & Slater, E. (1968). *Delinquency in Girls.* London: Heinemann.

Culleberg, J., Wasserman, D., & Stefansson. C. G. (1988). Who commits suicide after a suicide attempt? *Acta Psychiatria Scandinavia*, 77: 598-603.

Dabbs, J. M., & Janis, I. L. (1965). Why does eating while reading facilitate opinion change? An experimental inquiry. *Journal of Experimental Social Psychology*, 1, 133-144.

Daitzman, R., & Zuckerman, M. (1980). Disinhibitory sensation seeking, personality and gonadal hormones. *Personality and Individual Differences*, 1, 103-110.

Dalton, K. (1961). Menstruation and crime. *British Medical Journal*, 2, 1752-1753.

DeCatanzaro, D. (1977). *Suicide and Self-Damaging Behavior*. N. Y.: Academic Press.

Decker, S. H., & Salent, B. (1986). Predicting the career criminal: An empirical test of the Greenwood scale, Journal of Criminal Law and Criminology, 77, 215-236.

DeFronzo, J. (1981). Economic assistance to impoverished Americans. *Criminology*, 21, 119-136.

DeMyer-Gapin, S., & Scott, T. J. (1977). Effect of stimulus novelty on stimulation seeking in antisocial and neurotic children. *Journal of Abnormal Psychology*, 86, 96-98.

Deyoung, M. (1982). *The Sexual Victimization of Children*. Jefferson, NC.: McFarland.

Dichiaara, A., & Gallaiher, J. F. (1984). Thirty years of deterrence research: characteristics, causes and consequences. *Contemporary Crisis*, 8(June), 243-263.

Dietz, P. E. (1986). Mass, serial and sensational homicides. *Bulletin of the New York Academy of Medicine*, 62, 477-491.

Dijk, J. J. M, van. (1988). Ideological trends within the victims' movement: an international perspective. In M. Magure and J. Pointing (Eds.). *Victims of Crime*: New Deal, Milton Keynes: Open University.

Divasto, P. (1985). Measuring the aftermath of rape. *Journal of Psychosocial Nursing and Mental Health Services*, 28(2), 33-35.

Domino, J., & Donaldson, M. (1987) Prior physical and sexual abuse in women with chronic headaches. *Clinical correlates, Headache*, 27, 310-314.

Dovidio, J. F., & Gaertner, S. L. (1993). Stereotypes and evaluative intergroup bias, In D. M. mackie & D. L. Hamilton(Eds.), *Affect, Cognition and Stereotyping* (pp. 167-193). San Diego, CA.: Academic Press.

Dupont, R. I., Goldstein, A. & O' Donnell, J. (1978). *Handbook on Drug Abuse* (pp. 241-244). Rockville, MD.: National Institute on Drug Abuse.

Durkheim, E. (1938). *The Rules of Sociobiological Method*(trans. S. A. Solovay & J. H. Muller), N.Y.: Free Press.

Edwards, S. M. (1989). *Policing Domestic Violence*. London: Sage.

Egan, G. (1982). *The Skilled Helper*. Belmont, CA: Wadsworth.

Ehrenkranz, J., Bliss, E., & Sheard, M. H. (1974). Plasma testosterone: Correlation with aggressive behavior and social dominance in man. *Psychosomatic Medicine*, 36, 469-475.

Ekman, P. (1984). Expression and the nature of emotion. In K. Scherer & P. Ekman (Eds.). *Approaches to Emotion* (pp. 319-343), Hillsdale, N.J.: Erlbaum.

Elias, R. (1986). *The Politics of Victimization*. Oxford: Oxford University Press.

Ellies, R., & Taylor, M. S. (1983). Role of self-esteem within the job search processes, Journal of Applied Psychology, 38, 632.

Elliott, D. M., & Briere, J. (1990). *Predicting molestation history in professional women with the Trauma Symptom* Checklist: Pater presented at the annual meeting of the Western Psychological Association, L. A.

Elliott, D. M., & Gavrielson, D. L. (1990). *Impaired object relations in professional women molested as children*: Paper presented at the annual meeting of the American Psychological Association, L. A.

Elliott, D. S., & Ageton, S. S. (1980). Reconciling race and class differences in self-reported and official estimates of delinquency. *American Sociological Review*, 45, 95-110.

Elliott, G. L. (1984). Dimensions of the self-concept a sources of further distinctions in the nature of self consciousness in the nature of self-consciousness. *Journal of Youth and Adolescence*, 13, 285-307.

Epstein, S. (1973). The self-concept revisited: or a theory of a theory. *American Psychologists*, 28, 404-416.

Erickson, M. L., & Empey, L. T. (1963). Court records, undetected delinquency, and decision-making. *Journal of Criminal Law, Criminology and Police Science*, 54, 456-469.

Eron, L. D., Huesmann, L. R., Lefkowitz, M. M., & Walder, L. O. (1972). Does television cause aggression? *American Psychologist*, 27, 253-263.

Ewing, J. A. (1967). Addictions Ⅱ: Non-narcotic addictive agents. In A. N. Freedman & H. S. Kaplan (Eds.). *Comprehensive Textbook of Psychiatry* (pp.1003-1011). Baltimore: Williams & Wilkins. MA: Element Books, Inc.

Farrington, D. P. (1988). Advancing knowleldge about delinquency and crime: the need for a coordinated program of longitudinal research, Behavioral Sciences and the Law, 6, 307-331.

Fagan, J., & Wexler, S. (1987). Family origins of violent delinquents. *Criminology*, 25, 643-669.

Fagan. J. (1989). The social organization of Drug use and drug dealing among urban gangs. *Criminology*, 27, 633-669.

Falk, P. (1989). Lesbian mothers, Psychosocial assumptions in family law. *American Psychologist*, 44, 941-947.

Feeney, F. (1986). Robbers as decision-makers. In D. B. Cornish & R. V. Clarke (Eds.), *The Reasoning Criminal: Rational Choice Perspectives on Offending* (pp. 53-71). New York: Springer-Verlag.

Fehr, B. (1988). Prototype analysis of the concepts of love and commitment. *Journal of Personality and Social Psychology*, 55, 557-579.

Fehr, B., & Russel, J. A. (1984). Concept of emotion viewed from a prototype perspective. *Journal of Experimental Psychology*: General, 113, 464-486.

Felson, M., & Cohen, L. E. (1977). Criminal acts and community structure: *A routine activity approach*. Working papers in applied social statistics, Department of Sociology, University of Illinois at Urbana-Champaign.

Felson, R. B., & Steadman, H. J. (1983). Situational factors in disputes leading to criminal violence. *Criminology*, 21, 59-74.

Ferreira, A. J., & Winter, W. D. (1968). Information exchange and silence in normal and abnormal families. *Family Process*, 7, 251-276.

Ferster, C. (1961). Positive reinforcement and behavioral deficits of autistic children. *Child Development*, 32, 437-456.

Festinger, L. (1954). A Theory of Social Processes. *Human Relations*, 7, 117-140.

Field, L. H., & Williams, M. (1970). The hormonal treatment of sexual offenders. *Medicine, Science, and the Law*, 10, 27-34.

Finkelhor, D. (1984). *Child Sexual Abuse: New Theory and Research*, N. Y.: Free Press.

Finkelhor, D. (1986). *A Sourcebook on Child Sexual Abuse.* Newbury Park, CA.: Sage Publication.

Fitts, J., Adams, F., Richard, B., Thomas, B., Thomas, M., & Thompson, W. (1971). *The Self Concept and Self-Actualization.* Nasville, Tenn.: Counselor Recording Tests.

Fitzhugh, K. B. (1973). Some neurological features of delinquent subjects, Perceptual and Motor Skills, 36, 494.

Forman, B. (1980). Cognitive modification of obsessive thinking in a rape victim: A preliminary study. *Psychological Reports,* 47(3), 819-822.

Forster, G., Prichard, S., Munday, P., & Goldmeir, D. (1987). Risk of AIDS after rape. Genitourinary Medicine, 63, 217.

Forward, S., & Buck, C. (1978). *Betrayal of Innocence: Incest Narcist Devastation,* N.Y.: Penguin Books

Frank, E., & Stewart, B. (1984). Depressive symptoms in rape victims: a revisit. *Journal of Affective Disorders,* 7(1), 77-95.

Fraser, B. C. (1981). Sexual child abuse: The legislation and the law in the United States. In *Sexually Abused Children and Their Families,* B. P. Mrazek, & H.C. Kempe, N.Y.: Pergamon.

Freeman, R. B. (1983). Crime and unemployment. In J. Q. Wilson (Ed.), *Crime and Public* Policy (pp. 89-106). San Francisco: Institute for Contemporary Studies.

Freedman J. L., & Fraser, S. C. (1966), Compliance without pressure: The foot-in-the-door technique. *Journal of Personality and Social Personality.*

Fremouw, W. J., Perczel, M., Ellis, T. E. (1990). *Suicide Risk: Assessment and Response Guidelines.* N.Y.: Pergamom Press.

Freud, S. (1964). *New Introductory Lectures.* In Vol. 22 of The Standard Edition, London: Hograth.

Flower, L. (1997). *The Element of World Religions.* Rockport,

Freud, S. (1946). *Some character-types met with psycho-analytic work.* In Collected Papers, Vol. 4, London: Hogarth, 12-68.

Freud, S. (1961). The Ego and The Id and Other Works. In Vol. 19.

Frodi, A., Macaulay, J., & Thome, P. (1977). Are women always less aggressive than men? a review of the experimental literature. *Psychological Bulletin,* 84, 634-660.

Gabrielli, W. F., & Mednick, S. A. (1980). Seniority and delinquency. *Journal of Abnormal Psychology,* 89, 654-661.

Galliher, J. F.(1989). *Criminology: Human Right, Criminal Law and Crime.* Englewood Cliffs, N.J: Prentice Hall.

Geothals, G. R., & Darley, J. M. (1977). Social comparison theory: Attributional approach. In J. M. Suls & R. L. Miller (Eds.), *Social Comparison Process: Theoretical and Empirical Perspectives* (pp. 259-278). Washington, DC.: Hemisphere.

Gergen, K. (1971). *The Concept of Self.* N.Y.: Holt, Rinehart & Winston.

Gerrard, N, L. (1964). The core member of the gang. *British Journal of Criminology,* 4, 361-371.

Ghali, M. A. (1982). The choice of crime: An empirical analysis of juveniles' criminal choice. *Journal of Criminal Justice,* 10, 433-442.

Gibbon, J. S. (1978). Evaluation of a social work service for self-poisoning patients. *British Journal of Psychiatry*, 133(8): 111-118.

Giordano, P., & Cernkovich, S. (1979). On complication to the relationship between liberation and delinquency. *Social Problems*, 26, 467-481.

Glover, E. (1960). *The Roots of Crime.* N.Y.: International Universities Press.

Glueck, S., & Glueck, E. (1950). *Unraveling Juvenile Delinquency.* New York: Commonwealth fund.

Goddard, H. H. (1914). *Feeble-mindedness: Its causes and consequences.* New York: Macmillan.

Goddard, H. H.(1917). *Feeblemindedness: Its Causes and Consequences.* N. Y: MacMillan.

Godthals, G. R., & Reckman, R. F. (1973). The perceptions of consistency in choice shifts, Journal of Experimental Social Psychology, 15, 570-581.

Gold, E. R. (1986). Long-term effects of sexual victimization in childhood: An attributional approach. *Journal of Interpersonal Violence*, 4, 397-399.

Gold, L. H. (1962). Psychiatric profile of the firesetter. *Journal of Forensic Sciences*, 7, 404-417.

Gold, M. (1970). *Delinquent Behaviour in an American City.* Monterey, CA.: Brooks/Cole.

Goldstein, P. J. (1981). Getting over: Economic alternatives to predatory crime among street drug users. In J. A. Inciardi (Ed.), *The Drugs-Crime Connection* (pp. 67-84). Beverly Hills, CA.: Sage.

Gondolf, E. W. (1985). *Men Who Batter.* Holmes Beach, FL.: Learning Publishing Co.

Goodwin, D. W., Crane, B., & Guze, S. B. (1971). Felons who drink: An 8-year follow-up. *Quarterly Journal of Studies on Alcohol*, 32, 136-147.

Goy, R. W. (1968). Organizing effects of androgen on the behavior of monkeys. In R. P. Michael (Ed.), *Endocrinology and Human Behavior* (pp. 12-31). London: Oxford University Press.

Grasha, A. F. (1978). *Practical Applications of Psychology.* Cambridge, Mass.: Winshrop.

Greene, R. L. (1980). *The MMPI: An interpretive manual.* New York: Grune & Stratton.

Grinspoon, L. (1977). *Marijuana Reconsidered.* Cambridge, MA: Harvard University Press.

Groth, N. A. (1978). Guidelines for Assessment and Management of the Offender. In *Sexual Assault of Children and Adolescents*, A. Burgess, N. Gorth, L. Holmstrom, & S. Sgroi (Eds.), Lexington, MA.: Lexington Books.

Guthrie, E. R. (1938). *The Psychology of Human Conflict: The clash of motives within the Individual.* N.Y.: Haper.

Guthrie, E. R. (1952). *The Psychology of Learning* (2nd Ed.). N.Y.: Harper & Row.

Hagedorn, J. M. (1988). *People and Folks: Gangs, Crime and the Underclass in a Rustbelt city.* Chicago: Lakeview Press.

Hanson, C. L., Henggler, S. W., Haefele, W. F., & Rodick, J. D. (1984). Demographic, individual, and family relationship correlates of serious and repeated crime among adolescents and their siblings. *Journal of Consulting and Clinical Psychology*, 52, 528-538.

Harder, T. (1967). The psychopathology of infanticide. *Acta Psychiatria Scandinavica*, 42, 196-245.

Hare, R. D. (1978). Electrodermal and cardiovascular correlates of psychopathy, In R. d. Jare & D. Schalling(Eds.). Psychopathic behavior(pp. 107-144), N.Y.: John Wiley.

Hare, R. D. (1984). Performance of psychopaths on cognitive tasks related to frontal lobe function, Journal of Abnormal Psychology, 93, 133-140.

Hare, R. D., & Connolly, J. F. (1987). Perceptual asymmetries and information processing in psychopaths. In S. A. Mednick, T. E. Moffitt, & S. A. Stack (Eds.), *The Causes of Crime: New Biological Approaches* (pp. 218-238). New York: Cambridge University Press.

Hare, R. D.,& Forth, A. E. (1985). Psychopathy and lateral preference. *Journal of Abnormal Psychology*, 94, 541-546.

Hare, R. D., & McPerson, L. (1984). Violent and aggressive behaviour by criminal psychopaths. *International Journal of Law and Psychiatry*, 53, 7-16.

Harow. C. W. (1989). *Injuries from Crime. Bureau of Justice Statistics Special Report*, NCJ-116881, Washington: US Department of Justice.

Harre, R., & Parrott, W. G. (1996). Embarrassment and the treat on character. In R. Harre & W. G. Parrot (Eds.), *The Emotions: Social, Cultural, and Biological Dimensions.* Thousand Oaks: Sage Publications.

Harris, L. J. (1979). *Survivor grief following a drunk driving crash.* Paper presented to World Congress of Victimology, Orlando.

Hartup, W. W. (1983). Peer relations. In E. M. Hetherington (Ed.), *Handbook of Child Psychology: Vol. 4. Socialization, Personality, and Social Development* (pp. 413-457). New York: John Wiley.

Haskell, M. R., & Yablonsky, L. (1974), *Criminology: Crime and Criminology.* Chicago: Rand McNally Publishing Co.

Hawton, K., Kirk, J., & Hawkins, M. (1993). Factors associated with suicide after parasuicide in young people. *British Medical Journal*, 306: 1641-1644.

Hazan, C., & Shaver, P. R. (1987). Romantic love conceptualized as an attachment process. *Journal of Personality and Social Psychology*, 52, 511-524.

Hemsley, G. d., & Doob, A. N. (1978). The effect of looking behavior on perceptions of communicator' s credibility. *Journal of Personality and Social Psychology*, 8, 136-144.

Henn, F. A., Herjanic, M., & Vanderpearl, R. H. (1976). Forensic psychiatry: Profiles of two types of sex offenders. *American Journal of Psychiatry*, 133, 694-696.

Hentig, H. von. (1948). *The Criminal and His Victim.* New Heaven, CT.: Yale University Press.

Henderson, A. S. (1989). Editorial: psychiatric epistemology and the elderly. *International Journal of Geriatric Psychiatry*, 249-253.

Herzog, E., & Sudia, C. E. (1973). Children in fatherless families. In B. M. Caldwell & H. N. Riccuti (Eds.), *Review of Child Development Research: Volume 3* (pp.141-232). Chicago: University of Chicago Press.

Hetherington, E. M., Cox, M., & Cox, R. (1979). Play and social interaction in children following divorce. *Journal of Social Issues*, 35, 26-49.

Hetherington, E. M., Stouwie, R., & Ridberg, E. H. (1971). Patterns of family interaction and child rearing attitudes related to three dimensions of juvenile delinquency. *Journal of Abnormal Psychology*, 77, 160-176.

Higgins, E. T., Strauman, T., & Klein, R. (1986). *Self-Discrepancy and Emotional Problems.* N.Y.: New York Univ.

Hirschi, T. (1969). *Causes of Delinquency.* Berkeley, CA: University of California Press.

Hirschi, T., & Gottfredson, M. (1983). Age and the explanation of crime. *American Journal of Sociology*, 89, 552-584.

Hirschi, T., & Hindelang, M, J. (1977). Intelligence and delinquency: A revisionist review. *American Sociological Review*, 42, 571-587.

Hoffman-Bustamante, D. (1973). The nature of female criminality. Issue in *Criminology*, 8, 117-136.

Hollenberg, E., & Ragan, C. (1991). *Child Sexual Abuse: Selected Projects.* Washington, D.C.: National Center on Child Abuse and Neglect.

Holmes, R., & DeBurger, J. D. (1985). Profile in terror: The serial murderer. *Federal Probation*, 49, September 1985.

Holmstrom, L. & Gurgess, A. (1980). Rapists' s talk: Linguistic strategies to control the victim. *Deviant Behavior*, 1, 101-125.

Hootin, E. A. (1939). *The American Criminal: An Thropological Study.* Westport, Conn.: Greenwood Press.

Hough, M. (1987). Offenders' choice of target: Findings from victim surveys. *Journal of Quantitative Criminology*, 3, 355-369.

Howe, G. W., Feinsein, C., & Reiss, D. (1993). Adolescent adjustment to chronic physical disorders: comparing neurological conditions. *Journal of Child Psychology and Psychiatry*, 34(7), 1153-1171.

Hudson, B., Cullen, R., & Roberts, C. (1993). *Training for Work with Mentally Disordered Offenders.* London: CCETSW.

Hull, C. L. (1943). *Principles of Behavior: An introduction to behavior theory*, N.Y.: Appleton-Century-Crafts.

Hunter, H. (1977). XYY males: Some clinical and psychiatric aspects nerving from a survey of 181 males in hospitals for the mentally handicapped. 131, *British Journal of Psychology*, 497.

Hutchings, B., & Mednick, S. A. (1975). Registered criminality in the adoptive and biological parents of registered male criminal adoptees. In R. R. Fieve, D. Rosenthal, & H. Brill (Eds.), *Genetic Research in Psychiatry* (pp. 105-116). Baltimore: Johns Hopkins University Press.

Inciardi, J. A. (1970). The adult firesetter, a typology. *Criminology*, 3, 145-153.

Ikes, W., & Barnes, R. d. (1978). Boys and girls together - and alienated; On enacting ped sex roles in mixed-sex dyads. *Journal of Personality and Social Psychology*, 36, 3.

Ipema, D. (1979). Rape: The process of recovery. *Nursing Research*, 28(5), 272-275.

Izard, C. (1977). *Human Emotions.* N.Y.: Plenum.

Jacoby, J. E., Weiner, N. A., Thornberry, T. P., & Wolfganf, M. E. (1973). Drug use in a birth cohort. In National Commission on Marijuana and Drug Abuse. *Drug use in America: Problems in perspective* (pp. 300-343). Washington, DC: U. S. Government Printing Office.

Jaffe, L. T., & Archer, R. P. (1987). The prediction of drug use among college students from the MMPI, MCMI, and sensation seeking scales. *Journal of Personality Assessment,* 51, 243-253.

Janis, I. L., & Mann, L. (1977). Decision-Making: A psychological analysis of conflict, choice and committment, N.Y.: Free Press.

James, W. (1890). *The Principles of Psychology.* Cambridge: Harvard University.

James, W. (1892). *Psychology: The Brief Course.* N.Y: Henry Holt.

Johnson, E., & Payne, J. (1986). The decision to commit a crime: an information processing analysis. In D. B. Cornish & R. V. Clarke (Eds.), *The Reasoning Criminal: Rational Choice Perspectives on Offending* (pp. 39-52). New York: Springer-Verlag.

Joutsen, M. (1987). *The Role of the Victim of Crime in European.* Criminal Justice Systems, Helsinki: HEUDI.

Jung, C. G. (1917). *Two Essays on Analytical Psychology.* In Vol. 7 of the collected works of C. G. Jung, Princeton. N.J.: Princeton University Press, 1953 and 1966.

Jung, C. G. (1958). *Psychology and Religion*: West and East.

Jung, C. G. (1961). *Freud and Psychoanalysis.* Vol. 4.

Kahneuman, D., & Tversky, A. (1973). The simulation heuristic. In D. Khaneman, P. Slovic, & A. Tversky (Eds.), *Judgement Under Uncertainty: Juristics and Biases* (pp. 201-208), N.Y.: Cambridge University Press.

Kaplan, J. (1984). Alcohol, law enforcement and criminal justice. In the American Assembly (Ed.), *Alcoholism and Relateds* (pp. 78-90). Englewood Cliffs, N.J.: Prentice-Hall. Problem

Katz, S., & Mazur, M. (1979). *Understanding the Rape Victim: A Synthesis of Research Findings,* N.Y.: Wiley.

Kehrer, C., & Mittra, S. S. (1978). Pennsylvania offers a good approach to assisting incarcerated veterans. *American Journal of Corrections,* 40, 6-9.

Kellam, S. G., R. G., Brown, H. C., & Ensminger, M. E. (1982). The long-term Evolution of the family structure of teenage and older mothers. *Journal of Marriage and the Family,* 44, 539-554.

Kelley, C. (1977). *Crime in the United States 1976: Uniform Crime Reports,* Washington, D. C.: U.S. Government Printing Office.

Kandal, E., Brennan, P. A., Mednick, S. A., & Michelson, N, M. (1989). Minor physical anomalies and recidivistic adult violent criminal behavior, Acta Psychiatrica Scandinavica, 79, 103-107.

Kerfoot, M., Butler, A. (1988). *Problems of Childhood and Adolescence.* Basingstoke: MacMillan.

Kerlinger, F. N. (1973). *Foundations of Behavioral Research* (2nd Ed.), New York: Holt, Rinehart, and Winston.

Kilpatrick, D. G., Best, C. L., & Veronen, L. J. (1984). *Mental Health Consequences of Criminal Victimization: A random community survey.* Presented at APA, Toronto, Ontario, Canada.

Kilpatrick, D. G., Saunders, B. E., Veronen, L. J., Best, C. L., & Von, J. M. (1987). Criminal victimization: life time prevalence, reporting to police, and psychological impact. *Crime and Delinquency*, 33, 4, 379-389.

Kinnear, L. Karen(1995). *Childhood and Sexual Abuse; A Reference Handbook*(Contemporary World Issued). Portland: Booknews.

Kinsinger, J. (1973). Women Who Threaten Suicide. *Omega*, 4, 73-84.

Kipper, D. A. (1977). The Kahn Test of Symbol Arrangement and Criminality. *Journal of Clinical Psychology*, 33, 777-781.

Kirschner, D. (1992). Understanding adoptees who kill: Dissociation, patricide and the psychodynamics of adoption. *International Journal of Offender Therapy and Comparative Criminology*, 36, 323-333.

Klein, M. (1971). *Street Gangs and Street Workers*. Englewood Cliffs, N.J.: Prentice-Hall.

Klein, M. W., & Crawford, L. Y. (1994). Group, gangs, and cohesiveness. In The *Modern Gang Reader* by M. W. Klein, C. L. Maxon, & J. Miller, CA: Roxbury Publishing Company.

Klein, M., & Maxon, C. L. (1986). Rock' sales in South Los Angeles. *Sociology and Social Research*, 69, 561-565.

Knight, G. P., & Dubro, A. F. (1984). Cooperative, Competitive, and individualistic social values: an individualized regression and clustering approach. *Journal of Personality and Social Psychology*, 46, 98-105.

Knox, G. W. (1995). *An Introduction to Gangs*, Buchanan, MI.: Vande Vere Publishing Co.

Kornhauser, R. R. (1978). *Social Sources of Delinquency: An appraisal of analytic models*. Chicago: University of Chicago Press.

Koss, M., & Burkhart, B. (1989). A conceptual analysis of rape victimization. *Psychology of Women Quarterly*, 13, 27-40.

Koss, M., Dinero, T., Seibel, C., & Coxs, S. (1988). Stranger and acquaintance rape: Are there differences in the victim' s experience? *Psychology of Women, Quarterly*, 12, 1-24.

Kosson, D. S., & Newman, J. P. (1986). Psychopathy and the allocation of attentional capacity in a divided-attention situation. *Journal of abnormal Psychology*, 95, 257-263.

Kovecses, Z. (1990). *Emotion Concepts*. N.Y.: Springer-Verlag.

Krebs, D., & Adinolf, A. A. (1975). Physical attractiveness, social relations, and personality style. *Journal of Personality and Social Psychology*, 31, 245-253.

Kuhl, J. (1986). Motivation and information processing: A new look at decision making, dynamic change and action control. In R. M. Sorrenrino & E. T. Higgins (Eds.), Handbook of Motivations and Cognition: Foundations of Social behavior(Vo;. 1, 404-434), N.Y.: Guildford Press.

Kyvik, K. O., Stenager, E. N., & Svendsen, A. (1994). Suicides in men with IDDM. *Diabetes Care*, 3, 4, 149-153.

Lab, S. P., & Hirschel, J. D. (1988). Climatological conditions and crime: The forecast is...? *Justice Quarterly*, 5, 281-299.

Lakoff, G., & Kovecses, Z. (1983). The cognitive model of anger inherent in American English. *Berdkley Cognitive Science Report*. No. 10.

Lange, J. (1930). *Crime and Destiny*(trans. C. Haldance). New York: Charles Boni.

Langevin, R., & Handy, L. (1987). Stranger homicide in Canada: A national sample and a psychiatric sample. *Journal of Criminal Law and Criminology*, 78, 398-429.

Langevin, R., Ben-Aron, M. H., Coulthard, R., Day, D., Hucker, S. J., Purins, J. E.,Roper, V., Russon, A. E., & Webster, C. D. (1985). The effect of alcohol on penile erection. In R. Langvein (Ed.), *Erotic Preference, Gender Identity and Aggression in Men*: New Research Studies, Hillsdale, N.J.: Erlbaum.

Langevin, R., Ben-Aron, M. H., Wright, P., Marchese, M., & Handy, L. (1988). The sexual killer. *Annuals of Sex Research*, 1, 263-301.

Langevin, R., Paitich, D., Orchard, B., Handy, L., & Russon, A. (1983). Childhood and family background of killers seen for psychiatric assessment: A controlled study. *Bulletin of the American Academy of Psychiatry and the Law*, 11, 331-341.

Larsen, R. W. (1980). *Bundy: The Deliberate Stranger*. Englewood Cliffs, N.J.: Prentice Hall.

Lascari, A. D. (1972). The abused child. *Journal of Abnormal Psychology*, 84, 508-518.

Latene, B,, & Darley, J. M. (1970). The Unresponsive bystander: Why doesn' t he help? N.Y.: Appleton-Century-Crofts.

Latane, B., & Ninda, S. (1981). Ten years of research on group size and helping. *Psychological Bulletin*, 89, 308-324.

Laub, J. H., & Sampson, R. J. (1988). Unraveling families and delinquency: A reanalysis of the Gluecks' data. *Criminology*, 26, 355-380.

Lawson, R. (1994). The challenge of the new poverty. Lessons from Europe and America. *Internationale Politick and Gesellschaft*, 2, 162-174.

Lecky, P. (1945). *Self-Consistency: A Theory of Personality*. Garden, N.Y: Doubleday Anchor.

Leenaars, A. A. (1998). *Suicide Notes*. N.Y.: Human Sciences Press.

Lefkowitz, M. M., Eron, L. D., Walder, L. O., & Huesmann, L. R. (1977). *Growing Up to be Violent: A Longitudinal Study of The Development of Aggression*. New York: Pergamon.

Lembert, E.(1951). *Social Pathology*. N.Y: McGraw-Hill.

Lembert, E.(1957). *Human Deviance: Social Problems and Social Control*. Englewood Cliffs, N.J.: Prentice-Hall.

Lepper, M. R., & Green, D. (1970). *The Hidden Costs of Reward*, Hillsdale, NJ: Erlbaum.

Lester, D. (1968). Suicide as an aggressive act. *Journal of Psychology*, 66, 83-86.

Levenson, R. W. (1992). Automatic nervous system differences among emotions. *Psychological Science*, 3, 23-27.

Levin, B. (1976). Psychological characteristics of firesetters. Fire *Journal*, 70, 36-41.

Lewin, K. (1951). *Field Theory in Social Sciences*. N.Y.: Harper.

Lewontin, R. C.(1982). *Human Diversity*. N.Y: Scientific American Book.

Libow, J., & Doty, D. (1979). An exploratory approach to self-blame and self-derogation by rape victims. *American Journal of Orthopsychiatry*, 49(4), 670-679.

Liebert, R. M., & Speigler, M. D. (1982). *Personality, Strategies and Issues*. Homewood Ill.: The Dorsey Press.

Linehan, M. M., Heard,. & Armstrong, H. E. (1993). Naturalistic follow-up of a behavioral treatment for chronically para-suicidal borderline patients. *Archives of General Psychiatry*, 50, 971-974.

Linville, P. W., & Fischer, G. W. (1993). Exemplar and abstraction models of perceived group variability and stereotypically. *Social Cognition*, 11, 92-125.

Loeber, R., & Snyder, H. N. (1990). Rate of offending in juvenile careers: Findings of constancy and change in lambda. *Criminology*, 28, 97-109.

Loehlin, J. C., & Nichols, R. C. (1976). *Heredity, Environment and Personality*. Austin: University of Texas Press.

Loftin, C., & Hill, R. (1974). Regional subculture and homicide: An examination of the Gastil-Hackney thesis. *American Sociological Review*, 39, 714-724.

Lomboroso, C. (1895). *The Female Offender*. N.Y.: D. Appleton.

Lomboroso, C., & Ferrero, W. (1911). *The Female Offender*. London: Fisher Uniwin.

Lomboroso, C., & Fevrreo, G. (1911). *Criminal Man. According to the Classification of Caesare Lomboroso*. N.Y: G. P. Putman' s Sons.

Lombroso, C. (1911). *Crime, Its Causes and Remedies*. Boston: Little, Brown.

Lurgio, A. J. (1987). Are all victims alike? the adverse, generalized, and differential impact of crime. *Crime and Delinquency*, 33, 4, 452-467.

Lutz, C. (1983). Parental goals, ethnopsychology and the development of emotional meaning. *Ethos*, 11, 246-262.

Maccoby, E. E., & Jacklin, C. N. (1974). The Psychology of Sex Differences, Standford, CA: Standford University.

MacDonald, J. M. (1975). *Armed Robbery Offenders and Their Victims*. Springfield, IL.: Charles C. Thomas.

MacDonald, J. M. (1976). *Psychiatry and The Criminal* (3nd Ed.). Springfield, IL: Charles C. Thomas.

MacDonald, J. M. (1977). *Bombers and Firesetters*. Springfield, Ill.: Charles C. Thomas.

Maccoby, E. E., & Jacklin, C. N. (1974). *The Psychology of Sex Differences*. Stanford, CA: Stanford Univ. Press

Magargee, E. I. (1965). Relation between barrier scores and aggressive behavior. *Journal of Abnormal and Social Psychology*, 70, 307-311.

Maguire, M. (1980). The impact of burglary upon victims. *British Journal of Criminology*, 20, 261-275.

Maguire, M., & Corbett, C. (1987). *The Effects of Crime and The Work of Victim Support Schemes*. Aldershot: Gower.

Marsh, H. W., & Parker, J. w. (1984). Determinants of students self-concept; Is it better to be a relatively large fish in a small pond even if you don' t learn toswim as well? *Journal of Personality and Social Psychology*, 47, 213-231.

Maslow, A. H. (1968). *Toward a Psychology of Being* (2nd Ed.), Princeton, N.J.: Wan Nostrand.

Maslow, A. H. (1970). *Motivation and Personality* (Rev. Ed.), N.Y.: Harper & Row.

Maslow, A. H. (1971). *The Farther Reaches of Human Nature*. N.Y.: Viking.

Masters, F., & Greaves, D. (1967). The Quasimodo complex. British *Journal of Plastic Surgery*, 20, 204-210.

Matthews, R. (1979). Testosterone levels in aggressive offenders. In M. Sandler (Ed.), *Psychopharmacology of Aggression* (pp. 123-130). New York: Raven Press.

Maume, D. J. (1989). Inequality and metropolital rape rates: A routine activity approach. *Justice Quarterly*, 6, 513-527.

Mawby, R. I., & Walklate, S. (1994). *Critical Victimology.* Newbury, CA: Sage.

McCandless, B. (1961). *Children and Adolescents: Behavior and Development.* N.Y.: Holt, Reinehart & Winston.

McClelland, E. C. (1985). How motives, skills, and values determine what people do, *American Psychologist*, 40, 812-825.

McCord, J., & McCord, W. (1958), The effects of parental role model on criminality. *Journal of Social Issues*, 14, 66-75.

McCord, W., McCord, J., & Zola, I. K. (1959). *Origins of crime: A new evaluation of the Cambridge-Somerille study.* New York: Columbia University Press.

McCormack, A., Azarovitz, J. L., Eddy, L, A., Michaud, L. A., & Pailes, L. A. Sexual assaults on college campuses: Peer to peer harassment. A. W. Burgess (Ed.), *Rape and Sexual Assault III.* N.Y.: Garland Publishing Co.

Mead, M. (1935). *Sex and Temperament in Three Primitive Societies.* N.Y.: William Morrow and Company.

Mednick, B., Reznick, C., Hocevar, D., & Baker, R. (1987). Long-term effects of parental divorce on young adult male crime. *Journal of Youth and Adolescence*, 16, 31-45.

Mednick, S. A., Brennan, P., & Kandel, E. (1988). Predisposition to violence. *Aggressive Behavior*, 14, 25-33.

Megargee, E. I. & Cook, P. E. (1970). The relation of TAT and inkbloit aggressive content scales with each other and with criteria of overt aggressiveness in juvenile delinquents.· *Journal of Projective Techniques and Personality Assessment*, 31, (1), 48-60.

Megargee, E. I. (1965). The prediction of violence with psychological tests. In C. D. Spielberger (Ed.), *Current Topics in Clinical and Community Psychology* (Vol. 2, pp. 97-156), N.Y.: Academic Press.

Megargee, E. I., & Mendelsohn, G. A. (1962). A cross-validation of 12 MMPI indices of hostility and control. *Journal of Abnormal and Social Psychology*, 65, 431-438.

Menninger, K. (1938). *Man Against Himself.* N.Y.: Harcourt Brace & World.

Merton, R. K.(1938). Social structure and anomie. *American Association Review*, 3(October), 672-682.

Messner, S. F. (1980). Income inequality and murder rates: Some cross-sectional findings. In R. Tomasson (Ed.), *Comparative Social Research*: Vol. 3 (pp. 185-198). Greenwich, CT: JAI Press.

Messner, S. F., & Tardiff, K. (1986). Economic inequality and levels of homicide: An analysis of urban neighborhoods. *Criminology*, 24, 297-317.

Messner. (1986). Television violence and violent crime: An aggregate analysis. *Social Problems*, 33, 218-235.

Mezey, G., & King, M. (1989). The effects of sexual assault on men: A survey of 22 victims. *Psychological Medicine*, 19(1), 203-215.

Milavsky, J. R., Kessler, R. C., Stipp, H., & Rubens, W. S. (1982). *Television and Aggression: A Panel Study.* New York: Academic Press.

Milgram, S., & Shortland, R. L. (1973). *Television and Antisocial Behavior: Field Experiments.* New York: Academic Press.

Miller, N. E. (1951). Learning Drives and Rewards. S. Stevens (Ed.), *Handbook of Experimental Psychology*, pp. 435-472, N.Y.: McGraw-Hill.

Miller, W. B. (1958). Lower class culture as a generating milieu of gang delinquency. *Journal of Social Issues*, 14, 5-19.

Miller, W. B. (1980). Gangs, groups and serious youth crime. In Schichor, D., & Kelly, D. H. (Eds.). *Critical Issues in Juvenile Delinquency Lexington*, pp, 115-138. MA: D. C. Health.

Miller, W. B.. (1974). Processes in delay of gratification. Advances *in Experimental Psychology*, 7, 249-292.

Millon, T., & Millon, R. (1974). *Abnormal Behavior and Personality*. Philadelphia: W. B. Saunders.

Mischel, W. (1969). Processes in dalay of gratification, Advances in Experimental Psychology, 7, 249-1018.

Moffitt, L. C. (1977). *Religiosity: The Propensity of the Human Phonotype*. Commac, N.Y.: Nova Science Publishers, Inc.

Money, J., Ehrhardt, A. A. (1972). *Man and Women, Boy and Girl: The differentiation and dimorphism of gender identity from conception to maturity*. Baltimore: Johns Hopkins Unive. Press.

Monte, C. F. (1980). *Beneath The Mask: An introduction to theories of personality*. N.Y.: Holt, Rinehart and Winston.

Monti, D. J. (1994). *Winnable Gangs in Suburbs and Schools*. Cambridge: Blackwell.

Mooney, J. (1993). *The North London Domestic Violence Survey*. Paper Presented to British Criminology Conference, Cardiff.

Moore, J. W. (1978). *Homeboys*. Philadelphia: Temple University Press.

Morash, M. (1983). Gangs, Group, and Delinquency. *British Journal of Criminology*, 23 309-335.

Morton, J., Addison, H., Hunt, L., & Sullivan, J. (1953). A clinical study of remensruala tension. *American Journal of Obstetrics and Gynecology*, 65, 1182-1191.

Moyer, K. E. (1971). The physiology of aggression and the implication for aggression control. In J. L. Singer(Ed.), *The Control of Aggression and Violence*. N.Y.: Academic Press.

Murphy, S., Kitchen, J., Harris, J., & Forster, S. (1989). Rape and semiconversion to HIV. *British Medical Journal*, 299, 718.

Murray, H. A. (1962). *Explorations in Personality*. N.Y.: Science Editions.

Myers, D. G. (1987). *Social Psychology* (2nd, ed.). N.Y,.: McGraw Hill.

Naffine, N., & Gale, F. (1989). Testing the nexus: Crime, gender, and unemployment. *British Journal of Criminology*, 29, 144-156.

Nathan, P. E. (1988). The addictive personality in the behavior of the addict. *Journal of Consulting and Clinical Psychology*, 56, 183-188.

NCCAN(National Center on Child Abuse and Neglect). (1981). *Study Findings: National Study of the Incidence and Severity of Child Abuse and Neglect*. Washington, DC: U.S. Department of Health and Human Services.

Neilson, J. (1968). The XYY Syndrome in a mental hospital. British *Journal of Psychology*.

Newman, J. P., & Kosson, D. S. (1986). Passive avoidance learning in psychopathic and nonpsychopathic offenders. *Journal of Abnormal Psychology*, 95, 252-256.

Newman, J. P., Widom, C. S., & Nathan, P. E. (1985). Passive avoidance in syndromes of disinhibition: Psychopathy and extroversion. *Journal of Personality and Social Psychology*, 48, 1316-1327.

Nurco, D. N., Cisin, I. H., & Balter, M. B. (1981). Addict careers I. A new typology. *International Journal of the Addictions*, 16, 1305-1325.

O' Cornnor, J. (1967). *The Fiscal Crisis of the State*. N.Y.: St. Martin' s Press.

Olweus, D. (1980). Familial and temperamental determinants of aggressive behavior in adolescent boys: A causal analysis. *Developmental Psychology*, 16, 644-660.

Padilla, F. M. (1992). . New Brunswick, N.J.: *The Gang as an American Enterpriser*. Rutgers University Press.

Page, J. D. (1975). *Psychopathology: The Science of Understanding Deviance*. Chicago: Aldine Publishing Co.

Panella, D. H., Cooper, P. F., & Henggeler, S. W. (1982). Peer relations in adolescence. In S. W. Henggeler (Ed.), *Delinquency and Adolescent psychopathology: A Family Ecological Systems Approach* (pp. 139-161). Lyttleton, MA: Wright-PSG.

Paternoster, R. (1987). The deterrent effect of the perceived certainty and severity of punishment: A review of the evidence and issues. *Justice Quarterly*, 4, 173-217.

Pecora, P. J., & Martin, M. B. (1994). *Risk Factors Associated with Child sexual Abuse: A Selected Summary of Empirical Research*. Denver, CO.: American Humane Association.

Pentland, B., & Rothman, G. (1982). Incarcerated Vietnam-service veterans-Stereotypes and realities. *Journal of Correctional Education*, 33, 10-14.

Peter, S. (1988). Child sexual abuse and late psychological problems, pp. 101-117. In G. E. Wyatt & G. J. Powell (Eds.), *Lasting Effects of Child Sexual Abuse. Newbery* Park, CA.: Sage.

Peters, S. D. (1984). *The Relationship between Childhood Sexual Victimization and Adult Depression among afro-American and White Women*, Ph. D. Dissertation, University of California at Los Angeles. University Microfilms No. 84-28, 555.

Peterson, M. A., & Braiker, H. B. (1980). *Doing Crime: A Survey of California Prison Inmates*. Santa Monica, CA: Rand.

Phillips, D. (1983). The impact of mass media violence on U. S. homicides. *American Sociological Review*, 48, 560-568.

Piaget, J. (1954). *The Construction of Reality in The Child*. New York: Basic Books.

Platt, S. (1984). Unemployment and suicidal behavior: a review. *Social Science and Medicine*, 19, 93-115.

Platt, S., Bille-Brahe, U., & Kerkhof, A. (1992). Parasuicide in Europe: the WHO EURO multi-centre study on parasuicide: Introduction and preliminary analysis for 1989. *Acta Psychiatria Scandinavia*, 85, 97-104.

Polk K., & Schafer, W. E. (1972). *Schools and Delinquency*. Englewood Cliffs. N.J: Prentice-Hall.

Pollak, O. (1950). *The Criminality of Women*, N.Y.: A. S. Barnes.

Pope, C. E. (1977). *Crime-Specific Analysis: An Empirical Examination of Burglary offender characteristics*. Washington, D. C.: Government Printing Office.

Pritchard, C. (1993). Re-analyzing children' s homicide and undetermined deaths as an indication of improved child protection: a reply to Creighton. *British Journal of Social Work*, 23, 6, 645-652.

Pritchard, C. (1995). *Suicide - The Ultimate Rejection?: A Psych-Social Study*. Philadelphia: Open University Press.

Pulkinen, L. (1982). Self-control and continuity from childhood to late adolescence. In P. B. Baltes & O. G. Brim (Eds.). *Lifespan Development and Behavior*. Vol. 4 (pp. 63-105). New York: Academic Press.

Putnam, F. W. (1988). *Diagnosis and Treatment of Multiple Personality Disorder*. N.Y.: Guildford.

Quay, H. C. (1965). Psychopathic personality as pathological stimulation-seeking. *American Journal of Psychiatry*, 122, 180-183.

Quinney, R. (1966). Structural characteristics, population areas, and crime rates in the Unite States. *Journal of Criminal Law, Criminology and Police Science*, 57, 42-52.

Quinney, R. (1970). The Social Reality of Crime. N.Y: Little Brown.

Quinsey, V. L. (1986). Men who have sex with children. In D. N. Weisstub (Ed.), *Law and Mental Health: International Perspectives* (Vol. 2), N.Y.: Pergamon Press.

Rabkin, J, G. (1979). Criminal behavior of discharged mental patients: A critical appraisal of the research. *Psychological Bulletin*, 86,1-27.

Rada, R. T., Laws, D. R., & Kellner, R. (1976). Plasma testosterone levels in the rapist. *Psychosomatic Medicine*, 38, 257-268.

Rahe, R. H., & Holmes, D. (1980). Measuring stress: study of illness and illness patterns. *Journal of Psychosomatic Research*, 13, 355-379.

Raine, A., & Venables, P. H. (1981). Classical conditioning and socialization: A biosocial interaction. *Personality and Individual Differences*, 2, 273-283.

Rappport, J., & Lassen, G. (1965). Dangerousness-arrest rate comparisons of discharged patients and the general population. *American Journal of Psychiatry*, 132, 444-446.

Reckless, W. C. (1961). A new theory of delinquency and crime. *Federal Problem*, 25(December); 42-46.

Reckless, W. C., & Dinitz, D. (1972). *The Prevention of Juvenile Delinquency: An Experiment*. Columbus: Ohio State University Press.

Reckless, W. C., Dinitz, S., & Murray, E. (1956). Self-concept as an insulator against delinquency. *American Sociological Review*. 21, 744-746.

Reid, J. B., Taplin, P. S., & Loeber, r. (1981). A social interactional approach to the treatment of abusive families, In R. B. Stuart(Ed.), *Violent Behaviors; Social Learning Approaches to Prediction, Management, and Treatment* (pp. 83-101). N.Y.: Brunner/Mazel.

Rensik, P. (1970). Murder of the newborn: a psychiatric review of nematocide. *American Journal of Psychiatry*, 126, 58-63.

Rensick, H. S. (1979). *It starts with people: Experiences in drug abuse prevention*. Rockville, MD: National Institute on Drug Abuse.

Ressler, R. K., Bugess, A. W., & Douglas, J. E. (1988). *Sexual Homicide Pattern and Motives*. Lexington: D. C. Health.

Revitch, V. L., & Carrigan, W. F. (1965). Sex murder and the potential sex murder. *Diseases of the Nervous System*, 26, 640-648.

Rimm, D. C., & Sommervil, J. W. (1977). *Abnormal Psychology*. N.Y.: Academic Press.

Robinson, E., & Robinson, L. (1964). Arson with special reference to pyromaniac. New York. *Journal of Medicine*, 1964, 2, 797-798.

Robins, L. N. (1966). *Deviant Children Grown Up: A Sociological and Psychiatric Study of Sociopathic Personality*. Baltimore: Williams & Wilkins.

Roffman, R. A. , & Barnhart, R. (1987). Assessing need for marijuana dependence treatment through an anonymous telephone interview. *International Journal of the Addictions*, 22, 639-651.

Rogers, C. R. (1959). A theory of therapy, personality and interpersonal relationships as developed in the client-centered framework. In Sigmund Koch (Ed.), Psychology: A Study of a Science, Vol. III, *Formations of the Person in the Social Context*. N.Y.: McGraw-Hill.

Rogers, C. R. (1961). *On Becoming a Person*. Boston: Houghton Mifflin Co.

Rogers, C. R. (1969). *Freedom to Learn*. Columbus: Charles E. Merrill Publishing Co.

Rogers, C. R. (1974). In Retrospect: Forty-Six Years. *American Psychologist*, 29, No. 2, 115-123.

Roffman, R. A. , & Barnhart, R. (1987). Assessing need for marijuana dependence treatment through an anonymous telephone interview. *International Journal of The Addictions*, 22, 639-651.

Rosanoff, A. J., Handy, L. M., & Rosanoff, I. A. (1934). Criminality and delinquency in twins. *Journal of Criminal Law and Criminology*, 24, 923-934.

Roseman, I. J. (1984). Cognitive determinants of emotion. In P. Shaver (Ed.), *Review of Personality and Social Psychology: Vol. 5, Emotions, relationships and health* (pp. 11-36). Beverly Hills, CA.: Sage.

Roseman, N. J., Wiest, C., & Swartz, T. S. (1994). Phenomenology, behaviors, and goals differentiate discrete emotions. *Journal of Personality and Social Psychology*, 67, 206-221.

Rosenberg, M. (1965). *Society and The Adolescent Child*. N.Y: Princeton University Press.

Rosenblatt, E., & Greenland, C. (1974). Female crimes of violence. *Canadian Journal of Criminology and Corrections*, 16, 173-180.

Rosenquist, C. M., & Megargee, E. I. (1969). *Delinquency in Three Cultures*. Austin, TX: University of Texas Press.

Rosenthal, D. (1971). *Genetics of Psychopathology*. N.Y.: McGraw-Hill.

Ross, L. (1977). The Intuitive Psychologist and his Shortcomings: Distortions in the attribution Process. In L. Berkowitz (Ed.). *Advances in Experimental Social Psychology* (Vol. 10, pp. 173-220). N.Y.: Academic Press.

Rotter, J. (1966). Generalized expectancies of internal versus external reinforcement. *Psychological Monographs*, 80, No. 1.

Rowe, D. C. (1983). Biometrical genetic models of self-reported delinquent behavior: A twin study. *Behavior Genetics*, 13, 473-489.

Rowe, D. C. (1985). Sibling Interaction and Self-Reported Delinquent Behavior: a study of 265 twin pairs. *Criminology*, 23(May), 223-240.

Rowe, D. C., & Osgood, D. W.(1984), Heredity and Sociological Theories of Delinquency: a consideration. *American Sociological Review*, 49(August), 526-540.

Russell, D. E. H. (1973). *The Politics of Rape: The Victim' s Perspectives*. N.Y.: Stein &

Day.

Russell, D. E. (1983). The incidence and prevalence of intrafamilial and extrafamilial sexual abuse of female children. *Child Abuse and Neglect*, 7, 133-146.

Russell, D. E. (1986). *The Secret Trauma: Incest in the Lives of Girls and Women.* N.Y.: Basic Books.

Rutter, M., & Giller, H. (1984). *Juvenile delinquency: Trends and perspectives.* New York: Guilford.

Rutter, M., Maughan, B., Mortimore, P., Ouston, J., & Smith, A. (1979). *Fifteen Thousand Hours: Secondary Schools and Their Effects on Children.* Cambridge, MA: Harvard University Press.

Rutter, M., Yule, B., Quinton, D. Rowlands, O., Yule, W., & Berger, M. (1975). Attainment and adjustment in two geographical areas: Ⅲ. Some factors accounting for area differences. *British Journal of Psychiatry*, 126, 520-533.

Rychlak, J. F. (1981). *Introduction to Personality and Psychotherapy: A Theory-Construction Approach.* Boston: Houghton Mifflin Company.

Sahakian, W. S. (1976). *Introduction to the Psychology of Learning.* Chicago: Rand McNally College Publishing Co.

Sales, E., Baum, M., & Shore, B. (1984). Victim readjustment following assault. *Journal of Social Issues*, 40, 1, 17-136.

Sameroff, A. J., Seifer, R., & Zax, M. (1982). *Early development of children at risk for emotional disorder.* Monographs of the Society for Research in Child Development.

Sampson, R. J., & Castellano, T. C. (1982). Economic inequality and personal victimization. *British Journal of Criminology*, 22, 363-385.

Santa Clara Criminal Justice Pilot Program. (1972). *Burglary in San Jose, Springfield*, VA.: U. S. Department of Commerce.

Sarri, R. C. (1987). Unequal protection under the law: Women and the criminal justice system. In J. Figueira-McDonough & R. C. Sarri (Eds.), *The Trapped Woman: Catch-22 in Deviance and control* (pp. 394-426). Newbury Park, CA: Sage.

Scarr, H. A. (1973). *Patterns of Burglary* (2nd Ed.). Washington, D. C.: U. S. Government Printing Office.

Schalling, D. (1987). Personality correlates of plasma testosterone levels in young delinquents: An example of person-situation interaction? In S. A. Mednick, T. E. Moffitt, & S. A. Stack (Eds.), *The Causes of Crime: New Biological Approaches* (pp. 282-291). New York: Cambridge University Press.

Scheidenmandel, D., & Kann, C. (1969). *The Mentally Ill Offender: A Survey of Treatment Programs.* Washington, D. C.: The APA Joint Information Service.

Schilit, R., & Gomberg, E. S. (1991). *Drugs and Behavior: A Sourcebook for the Helping Professions.* Newbury Park, CA.: Sage Publications, Inc.

Schneideman, E. S. (1985). *Definition of Suicide.* N.Y.: Wiley Inter-Science.

Schultz, J. W. (1982). Trauma, crime and the affirmative defense. *Colorado Law Review*, 11, 2401-2403.

Schwartz, G. E., Weinberger, D. A. (1981). Cardiovascular differentiation of happiness, sadness, anger and fear following imagery and exercise. *Psychosomatic Medicine*, 43, 343-364.

Schwitzgebel, R. K. (1977). Professional accountability in the treatment and release of dangerous persons. In B. D. Dales (Ed.), *Perspectives in Law and Psychology: The Criminal Justice System*, Vol. 1. N.Y.: Plenum Press.

Scott, J. E., & Schwalm, L. A. (1988). Rape rated and the circulation rates of adult magazines. *Journal of Sex Research*, 24, 241-250.

Scott, P. D. (1973). Fatal battered baby cases. *Medicine Science and the Law*, 13, 196-207.

Sedikides, C. (1993). Assessment, enhancement and verification determinants of the self-evaluation process. *Journal of Personality and Social Psychology*, 65, 317-338.

Seligman, M. (1974). Depression and learned helplessness. In R. J. Friedman & M. Catz (Eds.). *The Psychology of Depression*. N.Y.: Halstead.

Selzer, M. (1971). The Michigan Alcoholism Screening Test: The quest for a new diagnostic instrument. *American Journal of Psychiatry*, 127, 1653-1658.

Sgroi, S.. (1982). *Handbook of Clinical Interventions in Child Sexual Abuse*. Lexington, MA.: Lexington Books.

Shaffer, J. W., Nurco, D. N., Ball, J. C., Kinlock, T. W., Duszynski, K. R., & Langrod, J. (1987). The relationship of preaddiction characteristics to the types and amounts of crime committed by narcotic addicts. *International Journal of the Addictions*, 22, 153-165.

Shannon, L. W. (1982). *Assessing the relationship of adult criminal careers to juvenile careers: A summary*. Washington, DC: Office of Juvenile Justice and Delinquency Prevention.

Shantz, C. U. (1983). Social cognition. In J. H. Flavell & E. M. Markman (Eds.), Cognitive Development, Vol. 3. In P. H. Mussen (Ed.), *Carmichalė Manual of Psychology* (4th ed., pp. 459-555). N.Y.: Wiley.

Shapland, K. (1984). Victims, the criminal justice system and compensation. *Biritsh Journal of Criminology*, 24, 2, 131-149.

Shavelson, R. J., Hubner, J. J., & Stanton, G. C. (1976). Self-concept: validation of construct interpretation. *Review of Educational Research*, 46, 407-421.

Shaver, O. R., Hazan, C., & Bradshaw, D. (1988). Love as attachment: the integration of three behavioral systems. In R. J. Steinberg & M. L. Barnes (Eds.), *The Psychology of Love*, pp. 68-99, New Haven: Yale University Press.

Shaw, C. R., & McKay, H. D. (1942). *Juvenile Delinquency and Urban Areas*. Chicago: University of Chicago Press.

Sheldon, W. (1949). *Varieties of Delinquent Youth*. N.Y.: Harper and Brothers.

Sheldon, W. (1954). *Atlas of Men*. New York: Harper.

Shephere, D. M., & Barraclough, B. M. (1978). Suicide reporting: information or entertainment? *British Journal of Psychiatry*, 132: 267-276.

Shostrom, E. L. (1974). *Manual for the Personal Orientation Inventory*. San Diego: Edits/Educational & Industrial Testing Service.

Shore, M. F. (1971). Psychological theories of the causes of antisocial behavior. *Crime and Delinquency*, 17, 456-468.

Siegel, R. K. (1982). Cocaine Smoking. *Journal of Psychoactive Drugs*, 14, 271-359.

Siehe, V. (1990). *Sibling Abuse: Hidden Physical, Emotional, and Sexual Trauma*, Lexington. MA.: Lexington Books.

Smith, T. W. (1984). The polls: gender and attitudes toward violence, *Public Opinion*

Quarterly, 48, 384-396.

Simon, R. J., & Sharma, N. (1979). Women and crime: Does the American experience generalize? In F. Adler & R. J. Simon (Eds.). *The Criminology of Deviant Women* (pp. 391-400). Boston: Houghton Mifflin.

Simon, R. L., Robertson, J. F., & Downs, W. R. (1989). The nature of the association between parental rejection and delinquent behavior. *Journal of Youth and Adolescence*, 18, 297-310.

Skinner, B. F. (1967). Autobiography. In A *history of psychology in autobiography* by E. G. Boring & G. Lindzey, pp. 387-413, N.Y.: Appleton-Century-Crofts.

Skinner, F. F. (1953). *Science and Human Behavior.* N.Y.: Free Press.

Slater, E. (1953). Genetic investigations in twins. *Journal of Mental Science*, 99, 44-52.

Smith, C. A., & Lazarus, R. S. (1993). Appraisal components, core relational themes, and the emotions. *Cognition and Emotion*, 7, 233-269.

Smith, H., & Israel, E. (1987). Sibling incest: a study of the dynamics of 25 cases. *Child Abuse and Neglect*, 11, 101-108.

Smith, J. P.(1970). Society and Drugs: A short sketch. In P. H. Blachly (Ed.), *Drug Abuse Data Debate* (pp. 169-175). Springfield, IL.: Charles C. Thomas.

Smith, T. W. (1984). The polls: Gender and attitudes toward violence, Public Opinion Quarterly, 42, 18-30.

Snyder, C. R. (1994). *The Psychology of Hope.* N.Y.: Free Press.

Spellman, E. V. (1993). Anger and insubordination. In A. Garry & M. Pearsail (Eds.), *Women, Knowledge and Reality: Explorations in Feminist Philosophy*, pp. 263-273. Boston: Uniwin Hyman.

Spergel, I. (1990). Youth Gangs: Continuity and Change. In M. Torny & N. Morris(Eds.), *Crime and Justice: A Review of Research, Vol. 12,* Chicago: University of Chicago.

Sperry, R. W. (1993). The impact and promise of the cognitive revolution. *American Psychologist*, 48, 878-885.

Spinetta, J. J., & Rigler, D. (1972). The child abusing parent: a psychological review. *Personality Bulletin*, 77, 196-304.

Steadman, H. J., & Cocozza, J. J. (1974). *Careers of the Criminally Insane.* Lexington, Mass.: Lexington Books.

Steiner, C. (1974). *Scripts People Live: Transactional Analysis of Life Scripts.* New York: Bantam Books.

Stone, L. J., & Church, J. (1979). *Childhood and Adolescence: A Psychology of The Growing Person* (4th Ed.), New York: Random House.

Straus, M. A., Gelles, R. J., & Steinmetz, S. K. (1980). *Behind Closed Doors: Violence in The American Family.* Garden City, N.Y.: Anchor/Doubleday.

Summit, R. (1983). Child sexual abuse accommodation syndrome. *Child Abuse and Neglect.* 7, 177-193.

Sutherland, E. H.(1939). *Principle of Criminology* (3rd Ed.), Philadelphia: J. B. Lippincott.

Sutherland, E. H., & Cressey, D. R. (1978). *Principles of Criminology* (10th Ed.). New York: Harper & Row.

Sykes, G. M., & Mates, D. (1970). Techniques of delinquency. In M. E. Wolfgang, L. Savitz, & N. Johnston (Eds.). *The Sociology of Crime and Delinquency* (2nd Ed, pp.

292-299). New York: John Wiley.

Symonds, M. (1980). The second injury to victims, In L. Kivens (Ed.), *Evaluation and Change: Services for Survivors.* Minneapolis. MN.: Minneapolis Research Foundation.

Syndulko, K. (1978). Electrocortical investigations of sociopathy. In R. D. Hare & D. Schalling (Eds.), *Psychopathic Behavior: Approaches to Research* (pp. 406-416). New York: John Wiley.

Tasto, D., & Insel. P. (1977). The premenstrual and menstrual syndromes. In S. Rachman (Ed.). *Contributions to Medical psychology,* Vol. 1. Oxford: Pergamon Press.

Taylor, C. S. (1990). "Gang imperialism", pp. 103-115, In *Gangs in America* by C. R. Huff (Ed.). Newbury Park, CA: Sage.

Taylor, Gus, (1962). *Organized Crime in America.* Ann Arbor: University of Michigan Press.

Taylor, I., Watson, P., & Young J. (1973). *The New Criminology: For A Social Theory of Deviance.* London: Ront ledge and Kagan Paul.

Taylor, L. (1983). Born to Crime: *The Generic Causes of Criminal Behavior. Westport,* Connecticut: Greenwood Press.

Taylor, T., & Watt, D. C. (1977). The relation of deviant symptoms and behaviour in a normal population to subsequent delinquency and maladjustment. *Psychological Medicine,* 7, 163-169.

Tennabaum, F. (1938). *Crime and Community.* N.Y: Columbia University Press.

Tennenbaum, D. J. (1977). Personality and criminality: A summary and implications of the literature. *Journal of Criminal Justice,* 5, 225-235.

Tetreault, P. A., & Barnett, M. A. (1987). Reactions to stranger and acquaintance rape. *Psychology of Women Quarterly,* 11, 353-358.

Thrasher, F. M. (1927). *The Gang. Chicago*: University of Chicago Press.

Tice, D. M. (1993). The social motivations of people with low self-esteem. In R. Baumeister (Ed.), *Self-Esteem: The Puzzle of Low Self-Regard* (pp. 55-85), N.Y.: Plenum Press.

Tienari, P. (1963). Psychiatric illnesses in identical twins. Acta *Psychiatric Scandinavica,* 39 (Suppl. 171).

Tittle, C. R., Villemez, W. J., & Smith, D. A (1978). The myth of social class and criminality: An empirical assessment of the empirical evidence. *American Sociological Review,* 43, 643-656.

Thronberry, T. B., Krohn, M. D., & Lizotte, A. J. (1995). "The role of juvenile gangs in facilitating delinquent behavior", In *The Modern Gang Reader* by M. W. Klein, C. L. Maxon, & J. Miller, CA: Roxbury Publishing Company.

Toch, H. (1993). *Violent Men: An Inquiry in The Psychology of Violence.* Washington, D.C: American Psychological Association.

Tolman, E. C. (1932). *Purposive Behavior in Animals and Men.* N.Y.: Appleton-Century-Crafts.

Tolman, E. C., & Gleitman, H. (1949). Studies in learning and motivation: I. Equal reinforcements, in both end-boxes, followed by shock in one end-box. *Journal of Experimental Psychology,* 39, 710-819.

Trial Magazine. (1977). *The Forgotten Men,* pp. 20-21.

Tuner, R. H. (1956). Role-taking, role standpoint and reference-group behavior.

American Journal of Sociology, 61, 316-328.

Turk, A. (1969). *Criminality and the Legal Order.* Chicago: Rand McNally.

Umstot, D. D. (1988). *Understanding Organizational Behavior* (2nd ed.). N.Y.: West Publishing Co.

U.S. House Select Committee on Narcotics Abuse and Control. (1985). *Annual Report for the Year 1984*, Washington, DC.: Government Printing Office.

UNICRI (1995). *Criminal Victimization in The Developing World.* Rome: UNICRI.

Vigil, J. D. (1988). *Barrio Gangs: Street Life and Identify in Southern California.* Austin, TX.: University of Texas Press.

Vigil, J. D., & Yun, S. c. (1990). Vietnamese youth gangs in Southern California. In R. Huff (Ed.). *Gangs in America.* Newberry Park, CA.: Sage.

Vogel, R. & Wolferdorf, M. (1989). Suicide and mental illness in the elderly. Psycho-*pathology*, 22, 202-207.

Vold, G. B.(1958). *Theoretical Criminology.* London: Oxford University.

Wadsworth, M. F. (1976). Delinquency, pulse rates and early emtional deprivation, British Journal of Criminology, 16, 245-256.

Waldo, G. P., & Chiricos, T. G. (1972). Perceived penal sanctions and self-reported criminality: A neglected approach to deterrence research. *Social Problems*, 19, 522-540.

Waldo, G. p., & Dinitz, S. (1967). Personality attributes of the criminal: An analysis of research studies, 1950-1965. *Journal of Research in Crime and Delinquency*, 4, 185-202.

Wallkate, S. (1989). *The Victim and the Criminal Justice Process.* London: Victimology, Unwin Hyman.

Waller, I. (1990). "The police: first in aid?". In A. J., Lurigo, W. G. Skogan, R. C. Davis (Eds.). *Victims of Crime: Problems, Policies, and Programs.* Newbury Park, CA: Sage.

Walters, G. D. (1990). *The Criminal Lifestyle: Patterns of Serious Criminal Conduct.* Newbury Park, CA: Sage.

Walters, G. D. (1992). *Foundations of Criminal Behavior: The Development of Knowledge* (Vol. 1). N.Y.: Praeger.

Walters, G. D. (1992). *Foundations of Criminal Science.* New York: Praeger publisher.

Walters. G. D. (1988). Crime, popular mythology and personal responsibility. *Federal Probation*, 52, 18-26.

Walters. G. D., Solomon, G. S., & Walden, V. R. (1982). Use of the MMPI in prediction psychotherapeutic persistence in groups of male and female our patients. *Journal of Clinical Psychology*, 8, 80-83.

Walters, G. D. , & White, T. W. (1989), The thinking criminal: a cognitive model of lifestyle criminality. *Criminal Justice Research Bulletin*, 4, No. 4.

Ward, C. A. (1995). *Attitudes Toward Rape: Feminist and Social Psychological Perceptives.* Thousand Oaks, CA.: Sage Publications.

Ward, C., Newlon, B., Krahe, B., Myambo, K., Payne, M., Tastaban, Y., Yuksel, S., Ghadially, R., Kumer, U., Lee, H. B., Cheung, F. M., Upadhyaya, S., Patnoe, J., Kirby., Vasquez Gomes, A., Parra, E., and Colosio, C. (1988). The Attitudes toward Rape Victims Scale: Psychometric data from 14 countries. *Social and*

Behavioral Sciences Documents, 18, No. 2877.

Ward, D. A., Jackson, M., & Ward, R. E. (1969). Crimes of violence by women. In D. J. Mulvihill & M. M. Tumin (Eds.). *Crimes of Violence* (pp. 843-909). Washington, DC: U. S. Government Printing Office.

Ward, D., Jackson, M., Ward, R. (1969), Crimes of violence by women. In D Mulvihill (Ed.), *Crimes of Violence*, Vol. 13. Washington, D. C.: U. S. Government Printing Office.

Warr, P., & Jackson, P. (1988). Adapting to the unemployed role: a longitudinal investigation. *Social Science and Medicine*, 25, 1, 1219-1224.

Weaver, F. M., & Carroll, J. S. (1985). Crime perceptions in a natural setting by expert and novice shoplifters. *Social Psychology Quarterly*, 48, 349-359.

Weinberg, T., & Kamel, G. W. (1983). *S and M: Studies in Sadomasochist*. N.Y.: Prometheus Books.

Weiner, B. (1980). A cognitive attribution-emotion-action model of motivated behavior: an analysis of judgment of help0giving. *Journal of Personality and Social Psychology*, 39, 186-200.

Wells, L. E., & Marwell, G. (1976). *Self-Esteem; Its Conceptualization and Measurement*. Beverly Hills, CA: Sage.

Werner, e. E., & Smith, R. S. (1977). *Kauai' s Children Come of Age*. Honolulu: University of Hawaii Press.

West, D. J. (1982). *Delinquency: Its Roots, Careers, and Prospects*. Cambridge, MA: Harvard University Press.

West, D. J., & Farrington, D. P. (1973). *Who Becomes Delinquent?* London: Heineman.

West, D. J., & Farrington, D. P. (1977). *The Delinquent Way of Life: Their Report of The Cambridge Study in Delinquent Development*. London: Heineman.

Wicker, A. W. (1971). An examination of the other variables explanation of attitude-behavioral responses to attitude objects. *Journal of Personality and Social Psychology*, 19, 18-30.

Wiehe, V. R. (1990). Early life events and later behavioral outcomes in a British longitudinal study. In S. B. Sell, R. Crandall, M. Roff, J. S. Strauss, & W. Pollin (Eds.). *Human Functioning in Longitudinal Perspective* (pp. 168-177). Baltimore: Williams & Wilkins.

Wiehe, V. R. (1991). *Perilous Rivalry: When Siblings Become Abusive*. Lexington, M.A.: Heath/Lexington Books.

Wilder, D. A. (1978). Predictions of belief homogeneity and similarity following social categorizations. *British Journal of Social Psychology*, 23, 323-333.

Wilkinson, K. (1980). The broken home and delinquent behavior: An alternative interpretation on contradictory findings. In T. Hirschi & M. Gottfredson (Eds.), *Understanding Crimes: Current Theory and Research* (pp. 21-42). Beverly Hills, CA: Sage.

Williams, J. B. (1974). *Narcotics and Drug Dependence*. Beverly Hills, CA: glance Press.

Williams, J. B. (1967). *Narcotics and Hallucinogens: A Handbook* (rev. Ed.), Beverly Hills. CA: glance Press.

Williams, L. S. (1984). The classic rape: When do victims report? *Social Problems*, 31, 459-467.

Williams, M. B. (1990). *Child sexual abuse and post-traumatic stress disorder: The enduring effect.* Doctoral Dissertation, Fielding Institute. Santal Babara, CA.

Wilson, J. Q., & Herrnstein, R. J. (1985). *Crime and Human Nature.* New York: Simon & Schuster.

Winn, S., & David, M. (1980). *Ted Bundy: The Killer Next Door.* N.Y.: Bantam Books.

Winokur, G., Coryell, w. & Maser, J. D. (1994). Recurrently situational depression. A study of course, phenomenology and familial psychopathology. *Journal of Affective Disorder,* 31,(3), 203-210.

Wlado, G. P., & Chiricos, T. G. (1972). Perceived penal sanctions and self-reported criminality: A neglected approach to deterrence research. *Social Problems,* 19, 522-540.

Wolfgang, M. E., Figlio, R. M., & Sellin, T. (1972). *Delinquency in A Birth Cohort.* Chicago: University of Chicago Press.

Wolford, M. R. (1972). Some attitudinal, psychological and sociological characteristics of incarcerated arsonists. *Fire and Arson Investigator,* 16, 8-13.

Wordsworth, M. E. J. (1976). Delinquency, pulse rates and early emotional deprivation. *British Journal of Criminology,* 16, 245-256.

Wylie, R. C. (1974). The Self-Concept(revised Wol. 1): A review of methodological Considerations and Measuring instruments, Lincoln: University of Nebraska.

Yager, T., Laufer, R. S., & Gallops, M. S. (1984). Some problems associated with war experience in men of the Vietnam generation. *Archives of General Psychiatry,* 41, 327-333.

Yeudall, L. T., Fromm-Auch, D., & Davies, P. (1982). Neuropsychological impairment of persistent delinquency. *Journal of Nervous and Mental Diseases,* 170, 257-265.

Yochelson, S., & Samenow, S. E. (1976). *The Criminal Personality* (Vol. 1): A Profile for Change. N.Y.: Jason Aronson.

Yoshimasu, S. (1961). The criminological significance of the family in the light of the studies of criminal twins. *Acta Criminologiae et Medicinae Legalis Japanica,* 27, 117-141.

Zajonc, R. B. (1965). *Social facilitation,* Science, 149, 269-274.

Ziller, R. (1969). The alienation syndrome: A triadic pattern of self-other orientation. *Sociology,* 32, 287-300.

Zimbardo. P. G. (1969). The Human Choice: Individuation, research, and order versus deindividuation impulse, and chaos. In W. J. Arnold & D. Levine (Eds.), *Nebraska Symposium on Motivation* (1969). Lincoln: University of Nebraska Press.

Zuckerman, M. (1974). The sensation seeking motive. In B. A. Maher (Ed.), Progress in *Experimental Personality Research*: Vol 7. (pp. 79-148). New York: Academic Press.

Zuckerman, M., Kolin, E. A., Price, L., & Zoob, I. (1964). Development of a sensation-seeking scale. *Journal of Consolation Psychology,* 8, 477-482.

찾아보기

인 명

내 용

저자 소개

홍성열

배재고등학교를 졸업하고 중앙대학교 심리학과를 거쳐 동 대학교 대학원에서 심리학으로 석사학위를 받은 후, 한국행동과학연구소와 한국보건사회연구원에서 연구원으로 재직하였다. 그 후 Pepperdine 대학교에서 석사학위(MA)를, Brigham Young 대학교에서 사회심리학으로 박사학위(Ph.D.)를 취득하였다. University of Florida와 San Diego University 교환교수, 한국심리학회 상벌윤리위원장, 경찰청 범죄심리분석 자문위원, 한국교정학회장, 초대 한국수사심리학회장 등을 역임하였으며, 현재는 강원대학교 심리학과 교수로 재직 중이다.

[저 · 역서]

『범죄행동은 유전적인가?』(공역, 성원사, 1991)
『집단역학』(역, 양서원, 1991)
『범죄행동은 환경적인가?』(공역, 성원사, 1995)
『사회과학도를 위한 기초통계』(학지사, 1998)
『범죄심리학』(학지사, 2000)
『사회과학도를 위한 연구방법』(시그마프레스, 2000)
『사회심리학』(시그마프레스, 2004)
『한국교정학』(공저, 한국교정학회, 2007)

이 외에도 범죄와 교정에 관한 논문을 꾸준히 발표하고 있다. 또한 교도관이 애독하는 월간지 『교정연구』와 수사관이 즐겨 보는 월간지 『수사연구』의 고정 칼럼을 통해 근 10년간 범죄행동과 범죄자 프로파일링에 관한 글을 전해 왔다.

범죄심리학

2000년 10월 20일 1판 1쇄 발행
2013년 9월 10일 1판 9쇄 발행

지은이 • 홍 성 열 (kiish@netsgo.com)
펴낸이 • 김 진 환
펴낸곳 • ㈜ 학지사
121-837 서울시 마포구 서교동 352-29 마인드월드빌딩 5층
대표전화 • 02) 330-5114 팩스 • 02) 324-2345
등록번호 • 제313-2006-000265호
홈페이지 • http://www.hakjisa.co.kr
커뮤니티 • http://cafe.naver.com/hakjisa

ISBN 978-89-7548-395-0 03180

정가 **18,000**원

저자와의 협약으로 인지는 생략합니다.
파본은 구입처에서 교환하여 드립니다.

이 책을 무단으로 전재하거나 복제할 경우 저작권법에 따라 처벌을 받게 됩니다.

인터넷 학술논문원문서비스 **뉴논문** www.newnonmun.com